青云林海全景

大连软件园

大连软件园夜景

地址：沙河口区东北路　　电话：845476

大连新型企业集团有限公司

博海生化有限责任公司——新型企业集团在吉林市经济技术开发区成立的全资子公司。目前各项工作进展顺利，现已完成土地预购、技术引进合同签定等前期工作。现在正进行工程初步设计和主反应器等长周期设备的国际招标工作。该项目属于“十一五”国家科技支撑计划重点项目：“非石油路线制备大宗化学品关键技术开发”课题。本项目立足于农业大省——吉林省、座落在全国著名的化工产业基地——吉林市，资源丰富、产销链结完整，相信本项目的顺利建设投产，不仅为企业带来良好的经济效益、促进吉林省农业的发展、增加农民收入，而且能够对吉林市及其周边上下游相关项目的招商引资和健康协调发展起到带动作用。从而为吉林市政府“奋斗三年 总量翻番”的目标做出贡献。

水榭花都，由大连新型企业集团·赤峰金日房地产有限公司投资开发。该项目建筑面积70余万平方米。根据政府领导的期望，该小区将成为自治区环境最好、规模最大、等级最高、品位最佳的国际化生活城。

金润花园项目是2005年由大连新型企业集团投资，由其子公司大连辽大房地产开发有限公司承建，大连新型物业管理有限公司亲情服务的一个百万平米大型人文生活城。该小区位于金州东山成熟居住区，与自然相拥，俯瞰繁华，自然景观与社区生态园林相互辉映，金润花园是新型人为老百姓倾情打造的又一超大规模生活城，是大大连新市区最具人文气息的首席规模社区。

大连金石国际会议中心是我国东北地区规模最大、档次最高、功能最齐全、设施最先进，融清静、幽雅于一体的一家国际标准的会议中心和休闲度假酒店，总建筑面积为55万平方米，绿化面积为55万平方米，拥有225套豪华客房，可同时接待400余人，其中豪华别墅17栋，豪华套房23套。酒店座落在中国独一无二、世界极其罕见、地球不能再生的神力雕塑公园----金石滩国家旅游度假区的西部半岛，依山傍海，景色宜人，宛如世外桃源。与金石国际会议中心相毗领的金湾高尔夫球场是目前中国最大的海滨灯光高尔夫球练习场。金石马术基地是集马术、培训、表演、比赛、速度赛马为一体的综合马术俱乐部。

南岭花园是新型企业集团2007年开发的又一标志性住宅小区，项目座落于甘井子区南关岭街道，建筑面积约为7.8万平方米，建筑形态为多层和小高层。项目周边配套设施完善，南关岭小学、地区医院、十九中学、万盛购物广场等满足居者生活所需，多条公交线路齐聚于此，为业主出行提供方便。新的南关岭火车站建成后必将提升整个区域的楼市水平，南岭花园项目也定会随着区域价值的升温而给购房者带来更大的期待。

龙畔金泉是大连新型集团在泉水新区全力打造的一个两百余万平米的大型生活社区，该项目二组团现以准现房面世。

南山风情一条街，位于南山中心位置，七七街，济南街，望海街及山林街围合而成，她占地11公顷，建筑面积4.4万平方米，街长700米，这里拥有50%绿化率，7万平方米绿化面积，共136栋别墅，融商务、居住为一体的大型别墅区。点缀在绿树草坪中的纯白的圣母雕像，憨态可掬的日本小童、入口的喷泉广场……无不散发着别处无法复制的气质。

哈达家居购物中心是大连新型企业集团于2005年投资10亿元在吉林市兴建的第一个大型商业项目，建筑面积10万平方米，2007年4月正式开盘招商，仅10天时间招商率便突破60%大关，受到省内外家居建材商家的热烈追捧。

哈达家居购物中心将凭借“区位优势、交通优越、设施一流、服务一流”的优势特点，打造成为吉林市“商贸中心、流通中心、物流中心、信息中心”，逐步发展成为“集约性、连锁性、专业化、规范化”的特大型家居商品交易市场。

中国石油天然气股份有限公司大连石化分公司

厂区一角

中国石油大连石化公司年原油加工能力2050万吨，能生产汽油、煤油、柴油、润滑油基础油、石蜡、苯类、聚丙烯、EPS等产品。海陆运输设施完善，拥有6座码头，5千至10万吨级泊位15个，年吞吐能力2500万吨，是中国重要的石油产品出口和转运基地之一。2006年销售收入520.6亿元，是国内最大的炼油化工企业。

厂区一角

蒸馏雪景

环保型厂区

大连冰山集团有限公司

大连冰山集团是我国最大的制冷空调成套设备生产基地、农业深加工制冷装备生产基地、石油化工通用机械装备生产基地之一，是中国工业制冷行业里唯一集中国驰名商标、中国名牌、中国出口名牌三项荣誉称号于一身的行业排头兵。

改革开放以来，冰山集团通过抢抓机遇、改革创新，保持了年平均20%以上的发展速度。集团目前拥有43个企业，其中有1个上市公司，11个内资公司（国内合资伙伴），31个外资公司（国外合资伙伴），在册职工1.2万人，总资产106亿元。冰山集团坚持走自主创新和引进吸收消化再创新的道路，先后与日本三洋、美国英格索兰、德国林德等世界500强公司建立了31家中外合资企业，不断延伸产业链，研制开发高科技、低能耗、环保节能型产品。集团现已形成工业制冷成套装备、农副产品深加工成套装备、食品流通领域冷冻冷藏成套装备、中央空调成套装备、石油化工成套装备五大成套装备产品，其中75%已达到国际同行业先进水平，25%达到了国内领先水平。冰山集团凭借优良的产品品质和优异的服务质量，以诚信赢得了国内外客户的广泛赞誉，产品出口日本、美国、欧洲、东南亚等六十几个国家和地区。工业制冷产品国内市场占有率60%，冷冻冷藏产品国内市场占有率70%。冰山集团将继续以高新技术为先导，不断推进企业科技创新和进步，提升企业的品牌地位与核心竞争力，把企业做大做强，跨入国际制冷行业一流企业的行列。

冰山集团实现区域供热供冷的大型海水热泵机组

冰山集团制造的填补国内制冷空白的JZA510型螺杆制冷机

1000万吨蒸馏装置

裂化装置

蒸馏装置

三苯装置

地址：大连市甘井子区山中街1号
电话：86773114

大连东展集团有限公司

总经理：杨 萌

大连东展集团有限公司成立于2001年4月份，是由北台钢铁集团、北营钢铁集团、大连东腾投资有限公司、北方投资公司等6家公司组建的股份制企业，注册于大连市沙河口区。东展集团以内陆国有企业的沿海发展战略作为起点，紧紧抓住国家振兴东北老工业基地和进一步对外开放的双重机遇，弘扬“思危图变抢先机，与时俱进求发展”的企业精神，在依托于北钢集团业务支持和自身现代化管理手段的基础上，实现了贸易、物流、金融和实业四业并举的发展局面，业务模式不断创新、市场网络日益拓展、经济效益稳步提升。

经营领域：

东展·贸易（钢铁、机加、炉料、化工、建筑）

东展·物流（船舶、航运、汽运、货代、仓储、加工、配送）

东展·金融（担保、典当、房地产、个人金融、期货、上市）

东展·实业（钢铁、门窗）

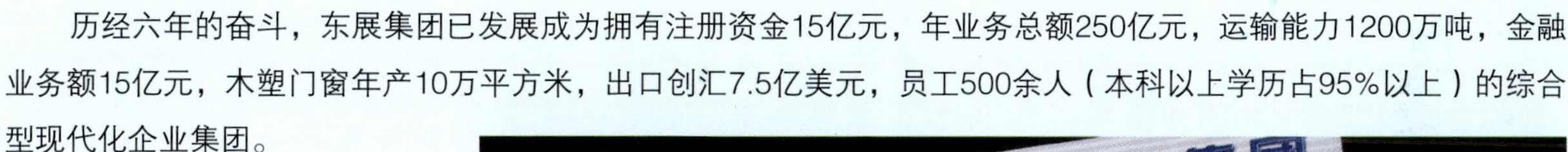

历经六年的奋斗，东展集团已发展成为拥有注册资金15亿元，年业务总额250亿元，运输能力1200万吨，金融业务额15亿元，木塑门窗年产10万平方米，出口创汇7.5亿美元，员工500余人（本科以上学历占95%以上）的综合型现代化企业集团。

将依据党中央、国家以及辽宁省的战略决策，在大连市建设东北亚国际航运中心开发长兴岛重要决策，以及在北钢集团内陆沿海地区的战略发展方针指导下，重点开展多航线、多用途的内外贸船舶的投资运营业务，并全力推进东展集团香港上市工作，搭建专业化的金融业务和资本运作平台，形成以商贸物流产业为核心、以金融资本产业为辅助的业务布局，朝着专业化和多元化的综合性跨国企业集团的目标迈进，至2012年力争实现业务额600亿元的经营目标。

办公大楼夜景

冰山集团为国家西气东输工程装备的低温分离器

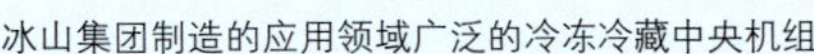

冰山集团制造的应用领域广泛的冷冻冷藏中央机组

冰山集团制造的节能环保的商用一拖多中央空调

冰山集团为农产品深加工装备的真空冷冻干燥设备

地址：沙河口区西南路

电话：86662552

瓦房店轴承集团有限责任公司

瓦房店轴承集团有限责任公司（以下简称瓦轴集团）始建于1938年，是我国目前规模最大的轴承制造企业，在轴承工业的综合排名中为国内第一位，世界为第十三位,其ZWZ品牌轴承为中国轴承行业的第一品牌。

瓦轴集团的主导产品为工业轴承、等速万向节和高精密滚珠丝杠。13000多个规格的轴承和等速万向节产品全部拥有自主知识产权，占世界全部常规轴承品种的26%。产品广泛应用于铁路、汽车、冶金、矿山、通用机械、石油、水利、电力、机床、化工、IT产业、工业机器人、航空、航天等领域。其主要产品国内市场占有率为25%。

董事长：王路顺

商标、中国名牌产品、国家免检产品、国家出口推荐产品和最具市场竞争力品牌，是国内唯一的集以上5项荣誉一身的轴承企业。2006年实现销售收入 35.4亿元，利润1.68亿元。

瓦轴集团在大幅度进行企业运营调整的进程中，实施了“四个加速工程”，促进企业健康快速发展，并进行了全方位的改革。经过几年来的改革和发展，瓦轴的历史包袱问题全部解决，在集团所属的20个子公司中全部实现了产权多元化。世界多家跨国公司都与瓦轴建立了合资企业。企业在保证财务稳健的前提下，按照世界先进水平的标准要求，进行了大规模的技术改造，取得了长足进步。

几年来，在国家及省市的大力支持下，根据公司“四个加速工程”的战略部署，瞄准国际先进水平，坚持高起点、高水平、强投入、快产出的原则，进行了大规模、立体化的技术改造。在改造过程中始终坚持“一条主线，七个同步”的方针，即以高新技术改造企业为主线，做到市场开发、产品开发、工艺开发、装备开发、物流改造、环境改造和员工素质提高“七个同步”。“十五”期间完成了19个主体项目的改造。通过技术改造，实现了产品升级，提升了工艺装备水平，在发展出口、替代进口、节能环保、增加效益上取得了突出的进步。为企业发展后劲奠定了坚实的基础，大大提高了企业市场竞争力，扩大了市场份额和出口量。

瓦轴工业园区

地址：沙河口区中山路
电话：83690000

大连港集团有限公司

董事长：袁福秀

2006年是大连港发展史上值得浓墨重彩的一年。在大连市委、市政的领导下，大连港集团的干部职工开拓进取，顽强拼搏，实现了港口建设发展的新突破。一是港口吞吐量增幅创历史之最，为全市港口吞吐量突破2亿吨做出了决定性的贡献，集团吞吐量完成1.45亿吨，较上年增长20.1%，净增2400多万吨，高出全国平均增幅5个百分点；集装箱完成321.2万TEU，较上年增长21.2%，其中外贸箱量仍保持东北腹地90%以上的市场份额。二是港口建设再创佳绩，比较优势更加明显。全年完成基本建设、技术改造投资41.3亿元。经过几年的建设发展，大连港集团的资产总额已达到245亿元，码头设施能力和专业化水平全面提升，功能结构更加完善。三是大连港股份有限公司于4月28日在香港联交所成功上市，募集资金约25亿港元，超额认购冻结资金利息达1亿港币，实现了零成本发行。此外，我们在老港区搬迁改造、生产布局调整、港口资源整合、集疏运体系建设等方面也都取得了重大进展和明显成效。

2007年，大连港集团将认真贯彻中央和省市经济工作会议精神，按照又好又快发展要求，提升能力，优化结构，扩大合作，创新管理，适度超前，构建和谐，以“港口经营国际化，港口服务物流化，港口管理数字化”战略为指导，全力打造“三大基地”、“四大系统”和“六大中心”，巩固和加强在大连东北亚重要国际航运中心建设中的核心和旗舰地位，为大连市的经济发展做出贡献。

地址：大连市中山区港湾街1号

电话：82621114

新港油品码头

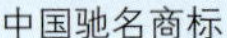
中国驰名商标

被授予中国名牌产品

产品质量免检证书

“十一五”期间瓦轴集团具备了迅速扩大规模、加速技术改造、提升企业竞争力的机遇和条件。瓦轴以重大装备配套轴承为主的精密技术与制造工业园已全面开始建设，园区占地面积27.5万平方米，总建筑面积为12万平方米。产品水平、工艺水平、装备水平达到国际当代水平。园区项目紧紧围绕着国务院提出的16个重大技术专项配套轴承，能够为风力发电、精密机床、高速机车、大型重机等国产化进行配套，产品80%以上可以替代进口。目前，园区用于生产特大型精密轴承与转盘轴承的厂房已经投入生产。其中为风力发电装备配套的轴承，使用寿命可达20年；300公里/小时的高速铁路轴承，技术性能和产品质量达到了国内领先水平；为大型机床配套的高精密圆柱滚动轴承，是国内最大、精度最高的滚动轴承；城市轨道交通车辆轴箱轴承，技术性能和产品质量上达到了国内领先水平，填补了国内空白。

瓦轴集团已成为中国工业500强企业、全国百名优秀企业，中国工业技术开发实力百强企业、中国机械工业十大杰出企业、牢固地树立起了在中国轴承工业的领先地位，并使这种优势在进一步地提升和扩大。瓦轴集团的发展，赢得了社会与客户的广泛赞誉和各级政府的充分肯定，公司先后荣获全国质量管理先进企业、全国设备管理先进企业、全国守合同重信用企业、全国用户满意企业、中国企业管理杰出贡献奖、全国质量效益型先进企业等诸多荣誉。

“十一五”期间瓦轴总的发展战略方针是：全面贯彻中央振兴东北老工业基地的战略方针，在实施新型工业化的进程中，以提高企业的核心竞争能力为重点，按照国际化的经营、市场化的机制和现代化的管理模式，对瓦轴进行全面改革和改造，推进“四个加速工程”，实现“六个翻番目标”，完成十大改造项目，建设“三大制造基地”，进入世界轴承十强行列。

地址：瓦房店市北共济街1-1号　　电话：88500797

瓦轴工业园设备

中国网通(集团)有限公司大连市分公司

2006年是大连网通创新转型稳步发展的一年。电话用户达到297万，其中小灵通用户93.3万户；宽带用户达到45.8万。启动2008宽带酒店、农村信息化、中小企业信息化、社区信息化、“企信通”、家校e联、114电话导航等多项新业务。

大连网通客户服务以“超越客户期待”为目标，逐步提升服务层次，2006年投入专项资金用于营业厅新建和改造，改善了客户服务环境和服务形象。扩建话务台席100多个，增加营业人员、话务人员近200人，10060接通率由原来的60%提高到了95%以上。在全国质量万里行的明察暗访中，被抽检窗口单位合格率达到100%，营业厅人员的站立式服务被全国质量万里行行动组专家誉为大连两大服务亮点之一。

2006年，在网通集团的客户满意度测评中，取得全国省会城市和计划单列市公众客户满意度第一、商务客户满意度第二名的好成绩；被中国通信企业协会授予“全国通信行业用户满意企业”称号；被大连消费者协会授予“重质量讲诚信单位”和“关注消费者权益十佳企业”称号；被评为“辽宁省职工道德建设十佳单位”、“百佳劳动关系和谐企业”、“大连市先进单位”；获得了“辽宁省五一奖状”。

油码头罐区及码头泊位

汽车码头

DCT码头

辽宁移动通信有限责任公司大连分公司

中国移动通信海陆空尊崇空间全构筑新闻发布会

作为第一个在境外挂牌上市的中国电信企业，中国移动通信已经连续五年被《财富》杂志评为世界500强企业，三次被《福布斯》选入其“全球400家A级最佳大公司”，是唯一连续三年入榜的中国企业。是唯一同时获得国际著名信用评级机构标准普尔公司和穆迪公司评级等同于国家主权级的中国公司。以392亿美元的品牌价值位列“全球最强100品牌排名”第四位。中国移动通信已成为全球网络规模及客户规模最大的移动通信运营商，通信客户总数超过了2.5亿户。

中国移动通信集团辽宁有限公司大连分公司是大连行政区划内设立的移动通信企业。作为大连唯一一家运营移动业务的运营商，大连移动网络覆盖全面，技术领先，业务丰富，功能完善，管理先进，智能化程度高。经过不断升级优化，为的大连地区构建了一个通达世界各地的绿色优质网络，网络覆盖大连所有的农村乡镇。目前，大连移动拥有全球通、动感地带、神州行三大品牌，客户数达280万，网络容量达到近400万，是大连地区最大的移动通信运营商。

面对消费者多层次的消费需求，大连移动不断拓展移动业务，从最初单一的语音通话服务到如今的语音、数据、图像多媒体通信服务，实现了业务多元化，服务个性化，移动电话从个人的通信工具变成了一个功能齐全的信息控制处理终端，满足了不同客户群的不同消费需求。

创新推出的VIP延伸服务、“话费误差、双倍返还”诚信服务、跨区服务、八项承诺等举措极大地提升了客户价值；持续推进业务创新，率先推出并成功推广了短信、彩铃、彩信、飞信等众多深受客户喜欢的新业务。同时，大连移动以GPRS以及短信为主要载体，为客户提供包括企业直联、IP电话、GPRS上网、企业信息发布、移动办公、无线GPS定位、无线POS、CMNET等业务在内的企业整体解决方案和行业典型解决方案，推出了政府、电力、交通、石油等近二十个行业进行了应用，移动行业信息化大大推进了社会信息化的进程。

秉承中国移动“正德厚生、臻于至善”的核心价值观，以创新精神打造世界一流企业，中国移动通信集团辽宁有限公司大连分公司在创造出令人翘楚业绩的基础上，将站在新的起点，瞄准新的战略发展目标，更好的履行好“创无限通信世界、做信息社会栋梁”的企业使命，努力“成为卓越品质的创造者”，为满足人民群众日益提高的通信信息需求，提升国民经济信息化水平，促进社会进步做出新的贡献。

地址：中山区上海路4号
电话：13941101860

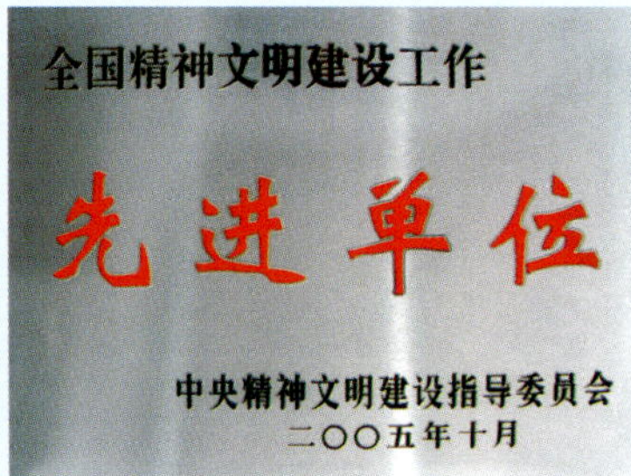

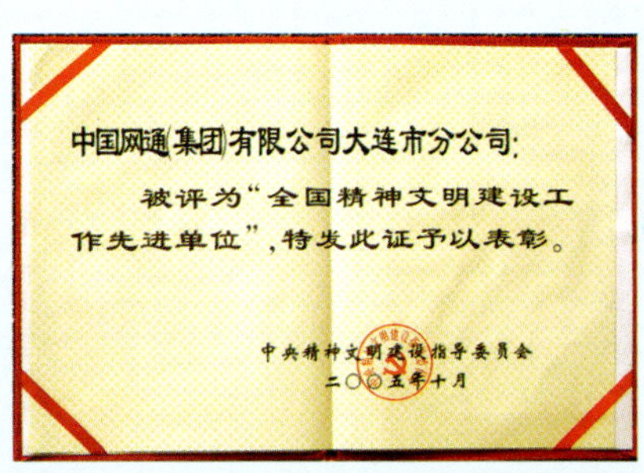
中国网通(集团)有限公司大连市分公司:

被评为"全国精神文明建设工作先进单位",特发此证予以表彰。

中央精神文明建设指导委员会
二〇〇五年十月

大连服务亮点——营业厅人员的站立式服务

地址：中山区解放路168号　　　　电话：82330101

大连南海集团有限公司

董事长、总经理：张忠林

大连南海集团有限公司在集团董事长兼总经理张忠林同志的带领下，遵循国家宏观产业政策，以振兴东北老工业基地建设和齐立于大连市四大基地建设为创业理念，经过二十多年的艰苦卓绝的奋进，不断地调整创新，依靠自力积储资本实力，广纳社会技术力量，建成大型设备制造业的集团经济，成为我国石化设备制造重点企业之一，又是大型结构设备制造的创新者。即能生产单项尖端产品，又能承担整套工程项目产品，即能生产常规产品，又能承担高压高强产品。曾经多次承担国产化聚丙烯生产关键装置，创造国内技术领先水平，填补国内空白，受国家科技进步奖。进入新世纪以来，曾两度承担国家重点项目——大石化350万吨重油催化整套175台装置和常减压蒸馏66台装置，创造亚洲最大的先进工程，使我国轻质油首次达到标准做出贡献，被国务院评为优秀工程，被中企联列为创世纪记录工程。产品生产实力的增强，主导压力容器产品晋升为三级高压设计、生产资质、国际设计、生产资质。还经国家发给压力管道、起重设备制造安装、压力管件、高强紧固件、阀门制造许可证等10项生产资质，产品覆盖炼油、冶金、矿山、港口、电力建筑等机械设备生产领域。首创每小时6000吨的堆取料机、电站锅炉、大型卸船机等上百种我国新型钢结构产品，攻克几百项技术工艺，创立我国大型设备制造的先例。南海集团之所以能进入复合型，多功能的设备制造能力，是集

南海办公楼

应急通信车

移动通信营业厅

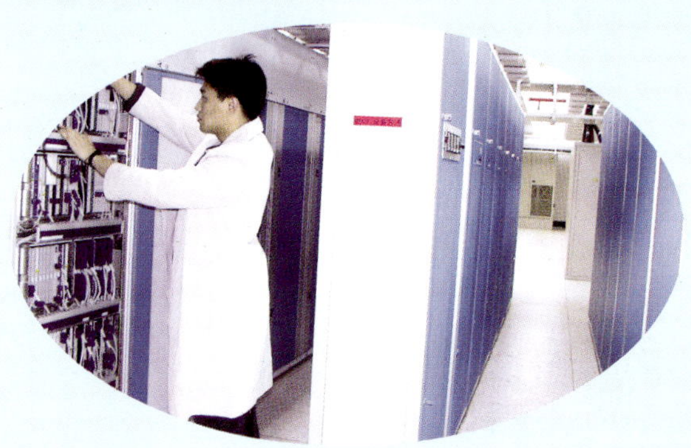

数字交换机房

移动通信营业厅

新的分公司办公厅大楼

辽宁省大连海洋渔业集团公司

辽宁省大连海洋渔业集团公司（辽渔集团）坐落在辽东半岛南端的大连湾畔，系省直国有资产授权经营并建立了现代企业治理结构的特大型渔业联合企业，1945年11月组建成立，迄今资产总额20亿元，员工7600余人，海陆域总面积244万平方米,设有分公司、全资子公司、控股和参股公司33家，经济效益连续多年居全国同行业之首,是国家农业产业化重点龙头企业，获得过全国“五一”劳动奖状、全国守合同重信用企业、国家级花园式企业和辽宁省文明企业标兵、大连市劳动关系和谐企业等诸多国家、省、市级荣誉称号。

董事长、党委书记张毅（右）和总经理许兆滨运筹辽渔集团创新发展方略

辽渔集团董事长、党委书记张毅，十届全国人大代表，两度获得全国劳动模范殊荣，首批享受国务院政府特殊津贴专家，荣膺世界杰出华人勋章，辽宁省优秀创业企业家，出版专著《男人与海》，亚洲最大的贝壳博物馆的创建者；总经理许兆滨，经济学硕士，辽宁省政协委员，多次荣获辽宁省劳动模范、五一奖章和大连市特等劳动模范、五一特等奖章等荣誉，大连市优秀企业家，中国“吃鱼革命”和“旅游渔业”的倡导者，“蓝色饮食文化”的领创人。

历经60余年的建设发展、开拓创新，辽渔集团形成了以大连湾渔港为基地的远洋生产、近外海捕捞、鱼品冷冻加工、客货滚装航运、水产品交易、国际经济贸易、船舶修造、房地产开发、物资动力运输等多产业经营格局，2006年实现捕捞产量3.3万吨、鱼品加工总量1.5万吨、港口吞吐量1515万吨、冷库冷藏量3.4万个千吨日，实现销售收入14亿元，完成企业增加值3.6亿元，实现利税总额9400万元（利润5300万元）。辽渔集团被誉为“中国渔业先进生产力的代表”、“现代化的中国渔城”。

大连湾渔港——亚洲第一大现代化人工港

团主要领导人以自己高级经济师、高级工程师的复合型人才，亲自承担南海设计研究所长，亲自培植60多名中高级工程技术力量和300多名操作技术工作队伍，聚集较强技术力量。同时还储备1000多台的先进设备，厂区面积100万平方米，全部资产自力储备，良性健康发展。10多年来，南海奉行："依法制造、技术先进、安全可靠、顾客满意"的质量方针，健全质量保证体系，出厂产品无一质次，连续10多年被评为省级"重合同、守信誉"的单位。集团荣获全国优秀企业、创新企业、省、市名星企业。董事长张忠林荣获全国企业家、全国五一劳动奖章、省劳动模范、省优秀共产党员等各项荣誉。

卸船机

环管反应设备

代运聚丙烯装置

1850吨压力的压力机是我国江北之最

为大石化生产的350万吨/年催化装置

大化集团有限责任公司

大化集团有限责任公司（以下简称大化），始建于1933年，是中国最大、最早的基本化工原料、化学肥料生产基地，是中国石油化工企业100强之一，全集团共有34个分、子公司，其中包括两个中外合资企业，一个B股上市公司。现有员工7000人，总资产110亿元；年工业总产值20亿元、销售收入34亿元、利税1.3亿元、进出口总额1.2亿美元，其中出口创汇9千万美元。

主导产品以年产30万吨合成氨为核心，已形成年产80万吨纯碱、50万吨氯化铵、30万吨复合肥、20万吨硫酸、3万吨浓硝酸、10万吨硝铵、4.5万吨硝盐、22万吨焦炭、90万吨海盐及各种气体的生产能力，有年吞吐能力200万吨的自营码头。

创一流企业、出一流产品、育一流人才"的经营宗旨，先后获得100多项省部级以上荣誉称号；1998年公司通过质量体系认证；从2003年至今，大化的"工联"牌纯碱和"大　地"牌农业氯化铵分别被评为"中国名牌"产品，成为辽宁省唯一一家有两种产品获此殊荣的企业，去年，大化的纯碱获得辽宁省自主出口名牌产品。

董事长、总经理：邢学朴

2002年大化提出实施"搬迁调整改造方案"，将用4到5年时间（2005-2009年），重点发展三大产业：围绕这三大产业，主要开发两大基地：

一是石油化工产业基地：位于大连市开发区大孤山，毗邻太平洋石化，占地2.2平方公里，目前主要规划4个新建项目：30万吨/年甲醇、70万吨芳烃/年、120万吨/年对苯二甲酸和配套热电站项目。整个石化基地总投资92亿元、项目全部投产后，可实现销售收入180亿元、利税30亿元。

二是海洋化工、精细化工产业基地：位于瓦房店市炮台镇的松木岛，占地2.1平方公里，承接老厂区搬迁项目。主要生产装置有年产30万吨合成氨、60万吨联碱、20万吨硝铵、3万吨浓硝酸、50万吨复混肥和1千吨镁铝水滑石装置。总投资27.5亿元，年实现销售收入27.6亿元、利税6.3亿元。

深水灯光围网渔轮在海上捕捞作业的上网场景

年叫行拍卖能力达60万吨的国际水产品交易大厅

3万吨级公共型保税冷库

全国最大的豪华客滚渡轮“渤海金珠”号驶往大连湾新港

承修韩国金枪鱼钓船“海城636号”

辽宁省名牌产品——“远洋”牌系列水产制品受到市民青睐

地址：甘井子区大连湾街道188号
电话：87127000

大化三十万吨合成氨装置

大化商标

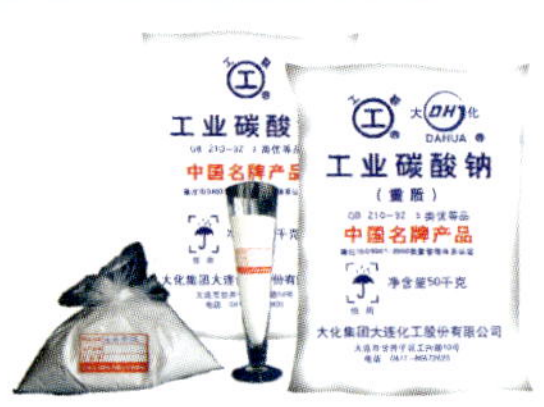

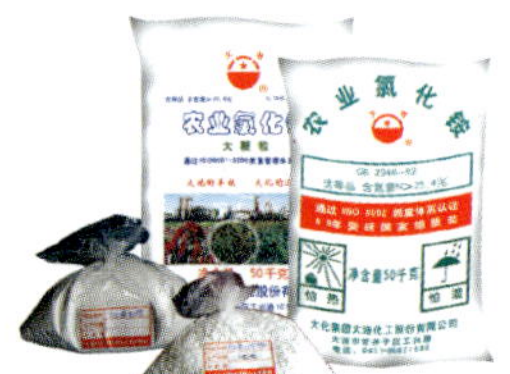

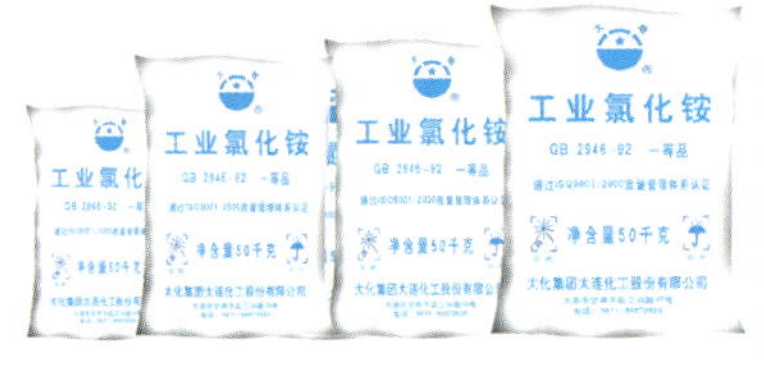

大化产品

大化集团大孤山新厂区规划图

地址：大连市甘井子区工兴路10号
邮编：116032
电话：0411-86893688
销售电话：0411-86792520
传真：0411-86671199
网址: www.dahuag.com.cn

大连市技师学院

大连市技师学院是市劳动和社会保障局直属的事业单位，是大连市唯一一所公办技师学院，主要承担中、高级技能人才培养和普惠制就业培训工作。

近几年，学院发展迅速。学院先后被认定为国家高级技工学校、机电类高技能人才培训基地；被辽宁省认定为技师学院、省技校集团铆焊专业核心校、数控专业成员校。并与大连交通大学合作共同培养高学历、高技能人才，成为东北首批高等院校与技师学院联合培养"双高"人才的基地，受到市政府和社会各界的广泛关注，为学生今后就业和发展奠定扎实的基础。国家劳动和社会保障部副部长张小建，市委书记孙春兰、张成寅，市长夏德仁等领导先后视察学院，对学院与高等院校合作培养高学历、高技能人才给予了高度评价。

学院专业以我市人才紧缺的车、钳、铆、焊、数控等十几个二产专业为主；其中，省级示范专业两个，市级品牌专业4个。学院师资力量雄厚，教师队伍结构合理。现有教师中，大学以上学历占90%，副教授（含高级讲师）占70%，技师、高级技师占40%以上。学院有高级工班学生600多名，技师班学生150多名。学院教师和学生先后荣获大连市首届职业技能大赛冷作工状元、辽宁省工具钳工专业技能大赛亚军、大连市十大"双师型"标兵教师等荣誉称号，在大连市两届职业技能大赛中，学院分别以包揽焊工组个人前5名和前4名的优异成绩，蝉联两届团体冠军；获得钳工专业个人第一名；荣获全国数控杯技能大赛辽宁选拔赛个人第二名。并多次代表辽宁省参加全国大赛。

学院与大连石油化工公司、重工·起重集团、大连西太平洋石油化工有限公司、东电二公司、大连冰山集团、大连鑫耀机械设备有限公司、大连机床集团、大连光洋科技工程有限公司、盘起工业（大连）有限公司等市内外知名企业建立了稳定的合作关系，毕业生就业率始终稳定在98%以上。

学院同时承担我市普惠制就业培训任务，现开设电工、制冷、车、钳、铆、焊、数控和烹饪、面点等30多个专业，年均培训5000人次。自57年建校以来，共为社会培养中高级技能人才2万多名，培训各类人员8万人次。

学校全景

2007

大连统计年签

DALIAN STATISTICS YEARBOOK

目录 CONTENT

彩 版 专 栏

大连长兴岛临港工业区 …… 封面
亿达集团有限公司 …… 封二
大连新型企业集团有限公司 …… F 1
中国石油天然气股份有限公司大连石化分公司 …… F 2
大连冰山集团有限公司 …… F 3
大连东展集团有限公司 …… F 4
瓦房店轴承集团有限责任公司 …… F 5
大连港集团有限公司 …… F 6
中国网通（集团）有限公司大连市分公司 …… F 7
辽宁移动通信有限责任公司大连分公司 …… F 8
大连南海集团有限公司 …… F 9
辽宁省大连海洋渔业集团公司 …… F10
大化集团有限责任公司 …… F11
大连大雪集团有限公司 …… F12
大连市技师学院 …… F13

金融、保险、公积金、信用担保、资产管理

中国银行业监督管理委员会大连监管局 …… C 1
财政部驻大连市财政监察专员办事处 …… C 3
中国农业发展银行大连市分行 …… C 4
大连银行 …… C 5
中国农业银行大连市分行 …… C 7
广东发展银行大连分行 …… C 9
上海浦东发展银行大连分行 …… C11
招商银行大连分行 …… C13
华夏银行股份有限公司大连分行 …… C15
中国民生银行股份有限公司大连分行 …… C17
中国人寿保险股份有限公司大连市分公司 …… C19
中国长城资产管理公司大连办事处 …… C20
大连市住房公积金管理中心 …… C21
大连市企业信用担保有限公司 …… C23
大连市福利彩票发行中心 …… C25
大连市总商会南安商会 …… C26

城建、交通运输

大连新型企业集团有限公司 …… C27
大连伯远房地产实业发展有限公司 …… C29
大连铁路房地产开发有限责任公司 …… C31
大连金湾实业有限公司 …… C33
大连风景园林管理处 …… C35
大连公交客运集团有限公司 …… C37
中海客轮有限公司 …… C39
中铁渤海铁路轮渡有限责任公司 …… C41
大连交通运输集团洲际物流有限公司 …… C43
大连正信土木工程建设监理有限公司 …… C45

集团、公司

东北电业管理局第二工程公司 …… C46
大显集团有限公司 …… C47
大连金玛商城企业集团有限公司 …… C49
大连供电公司 …… C51
中国石油天然气股份有限公司
东北润滑油销售分公司 …… C53
大连享成实业总公司 …… C54
大连金星实业总公司 …… C55
大连步云山温泉 …… C57
大连华克吉来特汽车消声器有限公司 …… C61

中国银行业监督管理委员会大连监管局

2006年，大连银监局按照中国银监会统一部署，依法履行监管职责，大力加强银行业监管，积极推动银行业改革，较好地维护和促进了大连银行业的稳定与发展。

—— 继续坚持风险为本的监管理念，创新风险处置和防范机制，强化外部监督与内部防控合力，促进“三降”目标的实现。贯彻落实宏观调控政策，加强窗口指导和风险提示，督促机构加强信贷管理，加大不良贷款核销力度，调整和改善信贷结构，有效防范信用风险。深入开展案件专项治理工作，围绕防范操作风险“八个重点环节”和“十个联动”开展案件治理督察、巡查，重点防堵新案、查处陈案、挽回损失、追究责任和督促整改，多管齐下，建立案件专项治理长效机制。

—— 大力支持金融创新。本着“开拓思路、创新手段、力求实效”的原则，积极推动小企业贷款六项机制建设，搭建银企合作平台，营造小企业贷款发展良好氛围，有效缓解辖内小企业融资难问题。完成《大连市银行业创新与发展报告（2006）》，成功举办“大连银行业：创新与发展”论坛活动，建立创新活动统计分析与反馈机制，指导银行业机构制定创新发展规划，促进金融创新的规范发展。

—— 高度关注地方法人机构风险变化，从

局长原飞（中）接受新闻媒体采访

大连银监局组织召开了大连市银行业金融机构2006年工作会议

大连银监局组织召开了大连市银行业金融机构2007年工作会议

C O N T E N T

党政机关、区市县

大连海事法院 …… C62
大连市商业局（粮食局） …… C63
大连市工商行政管理局 …… C65
大连市公安局 …… C67
大连市公安局交通警察支队 …… C69
大连市信息产业局 …… C71
大连市对外贸易经济合作局 …… C72
大连市旅游局 …… C73
大连市接待办公室 …… C75
大连市土地储备交易中心 …… C77
瓦房店市人民政府 …… C79
庄河市人民政府 …… C81
长海县人民政府 …… C83
大连长兴岛临港工业区 …… C85
大连经济技术开发区 …… C89
大连高新技术产业园区 …… C91
沙河口区李家街道 …… C93
开发区湾里街道 …… C94
大连市盐政稽查支队 …… C95
甘井子区营城子镇后牧城驿村 …… C97

文化、卫生、教育、科研

开发区电视台 …… C99
一重集团大连设计院 …… C100
半岛晨报 …… C101
大连医科大学 …… C103
大连妇幼保健院 …… C104
大连市红十字会 …… C105
大连市交通规划勘察设计院 …… C106
大连大学 …… C107
大连理工大学城市学院 …… C109
大连市第三十九中学 …… C110
大连市金州高级中学 …… C111
大连市农业科学研究院 …… C113
大连市消防技术监督检测站 …… C115
大连市勘察测绘研究院有限公司 …… C117
中国石油大连润滑油研发中心 …… C119
步云山温泉 …… 封底

特别鸣谢：

大连三寰集团有限公司

大连银监局认真开展现场检查工作

大连银监局参加银监会第一届职工运动会

发展战略高度把握监管重点，围绕体制改革、股权转让、公司治理、内部控制、资本充足、关联交易等方面强化监管，着力提高大连银行风险抵御能力和可持续发展能力。针对农村信用社改革的不同模式，加强分类指导，实行差别监管，积极推进深化农村信用社改革工作。

——整合监管资源，优化监管流程，创新监管制度、手段和方式，规范市场准入监管，提升非现场监管能力，强化现场检查成效，增强监管合力，监管工作的专业性、科学性和有效性明显提高。

——按照对外开放与审慎监管并重、强化监管与改善服务并举的监管工作新思路，持续分类监管和风险评级，加强同质同类银行比较分析，促进了辖内各银行业机构的健康发展。

大连银监局参加银监会第一届职工运动会并取得优秀组织奖

地址：西岗区黄河街130号　　电话：39659999

财政部驻大连市财政监察专员办事处

专员：苏晖

财政部驻大连市财政监察专员办事处是财政部派驻大连履行中央财政监督和某些管理职能的派出机构，于1995年1月1日正式成立，其主要职责是：

（一）监督检查各地区有关部门和单位执行国家财税政策、法令、制度的情况，维护财税秩序；反映国家预算执行中的新情况和新问题，以及与中央财政有关的经济信息；

（二）监缴中央财政非税收性专项收入；

（三）根据财政部部署对有关单位申报中央财政专项支出资金情况就地进行初审核证，并对使用情况进行监督；对国家基本建设投资使用情况及中央有关部门、企业自收自支的国家预算外建设基金的征集、使用情况进行监督检查；

（四）根据财政部部署和国家国有资产管理局的要求，承担中央企（事）业单位国有资产和国家股权收益分配等监督工作；

（五）就地审查稽核某些中央财政收入的减免、退库事项，并根据财政部授权就地办理某些收入退库的核批事宜；

（六）对集中向中央财政解缴税利的行业及分支机构的税利解缴情况进行稽核监督；

（七）对会计师事务所等社会中介机构工作中涉及执行财政、税务、财务、会计法令、规章的合法性、公正性进行监督；

（八）财政部交办的其他工作。

2006年，在财政部党组的领导下，认真执行财政部的各项部署，经过全办同志的共同努力，很好地完成了各项财政管理、监督和专项检查任务，全年共受理各种审核审批事项涉及资金164亿元；完成179户中央基层预算单位的198个银行账户的审批、备案和年检工作；征收、监缴中央非税收入1.3亿元，查出各种违规资金35.5亿元，收缴入库1.55亿元，并且认真完成了财政部交办的各项其他工作。

地址：中山区七星街81号　电话：82733023

中国农业发展银行大连市分行

THE AGRICUL TURE DEVELOPMENT BANK OF CHINA DALIAN BRANCH

中国农业发展银行大连市分行成立于1997年3月9日，目前下设1个市分行营业部、6个支行，现有在职干部职工175人。截至2006年末，全行各项贷款余额68.89亿元，各项存款余额6.19亿元。

成立十年来，在总、省行党委及大连市委、市政府的正确领导下，在有关部门的大力支持下，按照农业政策性银行的办行宗旨和职能要求，大连市分行认真贯彻落实党中央、国务院金融、农业政策，坚决执行上级行及地方政府收购资金供应管理及粮食购销各项规定要求，充分发挥农发行支持农业发展，支持农民卖粮增收，支持粮食企业经营，确保粮食安全，确保农村稳定的职能作用，成为了大连市金融领域一支不可缺少的重要力量。十年来，全行共发放各类贷款174亿元，保证了粮食流通体制改革的顺利实施。近年来，市分行转变办行理念，积极向经营要效益、向管理要效益、向拓展新业务要效益，业务经营工作取得显著成效。从2004年开始连续三年实现盈利，利润总计达15074万元。

十年来，全行精神文明建设工作也取得了丰硕成果。市分行先后被辽宁省委、省政府评为“文明机关”，被大连市财贸工会等单位评为财贸系统“六创”竞赛先进单位。有3家支行被大连市委、市政府评为“文明单位”；有2家支行被省银行业协会评为“优质文明服务单位”；有5家支行获总行级“信贷管理先进单位”、“文明建设先进单位”等称号。

当前，我国已进入了工业反哺农业、城市支持农村的新的发展阶段，党中央、国务院高度重视农业、农村、农民问题，提出了“建设社会主义新农村”的伟大目标，对农发行支持新农村建设寄予深切的厚望。2006年，国家有关部门已批准农发行扩大贷款范围，由现有的粮棉油产业化龙头企业扩大到农、林、牧、副、渔业范围内的产业化龙头企业，并获准开办农业科技贷款业务。今年又批准开办农村基础设施建设贷款、农业综合开发贷款和农业生产资料贷款三项新业务。为此，中国农业发展银行总行提出了“中国农业发展银行，建设新农村的银行”的口号。今后，农发行大连市分行将充分履行支农职能，为我市社会主义新农村建设做出新的更大的贡献！

贷款企业粮食运输码头

地 址：大连市西岗区花园广场　　电 话：0411－83685266

市分行党委书记、行长：黎春奇

市分行办公楼夜景

市分行召开会议安排部署工作

贷款企业粮食储备库

大　连　银　行

董事长：陈占维

行长：王劲平

大连银行前身大连市商业银行成立于1998年3月28日，是一家由大连市国有股份、中资法人股份及个人股份共同组成的地方性股份制商业银行。经中国银行业监督管理委员会批准，大连市商业银行于2007年2月17日更名为大连银行。3月，大连银行获准筹建天津分行，实现跨区域经营，并正向全国性股份制商业银行稳步迈进。

几年来，在大连市委、市政府的正确领导下，在各级金融监管部门的大力支持下，大连银行秉承“稳健经营、科学发展”的经营理念，以完善法人治理结构、增强风险控制能力和建立资本约束机制为手段，以支持东北老工业基地振兴和地方经济发展为己任，进一步明确了服务于地方经济、服务于中小企业、服务于大连市民的市场定位，先后为大连市基础设施改造、区域经济发展提供了一揽子金融支持，实现了中小企业融资的一站式服务。不断创新业务品种，完善服务渠道，提高服务质量和科技含量。北方明珠公交IC卡、代发社会养老保险等金融产品的推出，都极大地方便了市民生活。

省委书记李克强与陈占维董事长亲切握手

大连银行揭牌仪式

近两年来，大连银行资产质量不断提高，盈利能力持续增强，各项经营指标实现了历史性突破。2006年末，大连银行资产规模611亿元，各项存款余额516亿元，各项贷款余额333亿元。市场占有率贷款居大连市第一位、存款居大连市第二位。实现利润4.3亿元，不良贷款比例4.2%，实收资本34.15亿元，资本充足率8.7%，市场竞争力不断提升。2006年，大连银行在中国《银行家》杂志社推出的中国商业银行竞争力评价中，在全国23家大型城市商业银行中位列第9位，在英国《银行家》杂志全球前一千家大银行排名中，位列第896位。

市长夏德仁调研工作

授匾仪式

战略合作

地址：中山区中山路　　　　电话：82311311

中国农业银行 大连市分行
AGRICULTURAL BANK OF CHINA DALIAN BRANCH

党委书记、行长：王志峰

中国农业银行大连市分行于1979年恢复成立，是总行直属分行，下设17个分支行，营业网点184个。大连农业银行坚持以客户为中心，以市场为导向，以效益为目标的经营理念，不断深化改革，创新金融产品，提高服务水平，努力构建服务、产品、文化的竞争优势，致力于高质量、高效益、可持续发展，充分利用技术和网点优势努力提供多元化的金融产品和服务，积极支持大连市经济发展和社会主义新农村建设，与客户共赢发展，业务经营保持又快又好的良好发展态势。2006年本外币各项存款比年初增加82亿元，各项贷款增加35.9亿元；中间业务收入同比增加32.2%，经营利润同比增加1.48亿元，业务发展实现了历史性的新突破。

* 市农业银行业务经营实现历史性突破

2006年，市农业银行紧紧抓住大连建设“一个中心、四大基地”的有利时机，以科学发展观为指导，认真落实总行各项工作部署，全面超额完成了总行下达的各项经营指标。与年初相比，本外币各项存款增加82亿元，各项贷款增加35.9亿元；中间业务收入同比增加32.2%，经营利润同比增加1.48亿元，业务发展实现了历史性的新突破。

* 市农业银行加快业务创新步伐

2006年市农业银行先后新办短期融资券、预付款保函、利率掉期、多元化组合用信、出具贷款承诺函、应收账款融资、票据逆回购业务等新业务，满足了一批优质大客户的个性化金融需求，在丰富服务手段的同时，赢得了竞争优势。

* 市农业银行大力支持社会主义新农村建设

2006年，市农业银行坚持以“三农”为己任，在进一步巩固和拓展城市有效市场的同时，加大对县域经济的支持力度。在坚持信贷原则、保证自身效益的基础上，充分发挥传统优势，大力扶持涉农企业。通过主动降低贷款“门槛”，开通信贷“绿色通道”，简化贷款手续，提高办贷效率，重点支持县域产业化龙头企业、种植养殖企业和县域房地产企业。2006年新投放涉农贷款28.6亿，重点支持了224家涉农企业，带动了农民增收增富。

农业银行办公楼

中国农业银行与亿达集团有限公司银企合作签约仪式

市农业银行金钥匙理财团队

地址：中山区中山路　　　电话：82510800

伴你成长——小苗与大树

广东发展银行大连分行

行长：李明星

广东发展银行是经国务院和中国人民银行批准组建的，于1988年9月8日成立的股份制商业银行。2006年12月，包括中国人寿、国家电网、中国信托、IBM信贷和美国花旗银行等投资财团顺利并购广东发展银行。至此，我国最早的股份制商业银行之一的广东发展银行完成重组。重组后的广东发展银行摈弃了不良资产的羁绊，500多家网点和13000多名员工在国际一流专家的带领下，在国外先进经营模式的培育下，向世人展示一个新的广发，其强大的股东资源及明显的优势互补关系顺应了金融一体化发展的必然趋势，必将为客户利益的最大化带来独特的优势。

大连分行成立于1997年4月28日，全辖共13家网点和400多名员工，业务辐射东北三省，与多家大的行业龙头企业建立了密切的合作伙伴关系，与同业建立了良好的竞争关系，在社会上树立了良好的形象，打造了一支综合素质较高的员工队伍。成立10年来，大连分行累计发放贷款400多亿元，累计上缴利税1.4亿元，致力于为社会公众和地方经济发展提供优质金融服务，严格按照现代商业银行的经营管理原则进行规范经营、稳健发展。面对中国银行业全面开放后的竞争与挑战，大连分行在行长李明星的带领下，积极工作，努力进取，各项业务取得了长足的发展，有力地支持了大连市地方经济建设。同时，大连分行将继续发扬与时俱进、开拓创新的时代精神，推进各项业务稳健协调发展，努力建设成为管理先进、服务优良、信誉卓著、竞争有力的一流的现代化商业银行。今天的大连分行更以积极的姿态努力建设一家以客户为中心，在风险控制、产品创新、客户和员工满意度方面居于市场领先地位的银行。

2006年广发行系统上半年信用卡工作会议

分行第二届会计技能大赛

分行营业部大厅一角

广发银行信用卡路演宣传活动

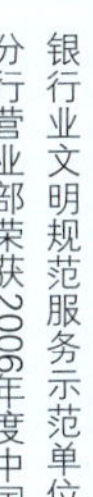

分行营业部荣获2006年度中国银行业文明规范服务示范单位

唱响祖国——分行主题歌咏大会

地址：中山区中山广场3号　　电话：82553811

上海浦东发展银行大连分行

分行成立五周年庆典

上海浦东发展银行（以下简称“浦发银行”）成立于1993年1月，注册资本金39.15亿元，是全国性股份制上市商业银行。成立10余年来，浦发银行以“笃守诚信，创造卓越”为理念，稳健经营，锐意进取，各项业务发展迅速，主要经营指标在国内同业中名列前茅。浦发银行2004年底被英国《银行家》杂志列入世界银行1000强，排在270位，2005年亚洲商业银行300强排名第32位。2005年，浦发银行被英国《银行家》杂志授予“亚太地区年度科技与业务整合奖”，是唯一来自中国大陆的获奖单位。目前，浦发银行已在全国四十一个城市设立了350家分支机构，并在香港设立代表处，全国性商业银行的机构布局基本建成。

浦发银行大连分行成立于2001年5月，是浦发总行在东北地区开设的首家分行，现辖高新园区、开发区、站前、中山、西岗、学苑广场、和平广场七家支行。分行成立以来，以“建设起点较高，特色鲜明，竞争力强，与国际接轨的客户首选银行”为奋斗目标，以市场营销为核心，以产品创新为动力，以强化机制体制建设为保证，积极进取，稳健经营，各项业务保持快速健康发展态势，整体经营逐步走入规模、质量、效益协调发展的良性轨道，截止2006年末，大连分行共有员工319人，各项存款余额188亿元，各项贷款余额181亿元，实现税前利润40748万元，人均利润148万元。存贷款在大连市股份制商业银行中位列首位，人均利润指标在大连市商业银行中连续五年排名第一。

面向未来，大连分行将携沪上银行理财精明之传统，倚入世开放、金融改革之天时，融南北名城、金融、航运中心之优势，创稳健高效、智力服务之品牌，服务社会，回报大众。

用爱心奉献社会

金融产品推荐会

员工户外活动

分行丰富多采的文艺活动

地 址：大连市中山区中山广场3号
电 话：0411-82553630
传 真：0411-82553388
邮 编：116001

华夏银行股份有限公司大连分行

行长：汤卫东

华夏银行股份有限公司大连分行成立于1999年9月19日。七年来，一贯秉承“不求最大，但求最佳，努力创建精品银行”的管理理念，稳健经营，积极创新，逐步形成了符合自身实际的经营管理模式，规模发展适度，资产质量优良，主要经营指标在大连银行业名列前茅。目前，华夏银行大连分行共有分行营业部、三八广场支行、解放路支行、开发区支行、奥林匹克广场支行、西安路支行、站北支行、马栏广场支行、五一广场支行等9个营业网点、4个自助银行，员工总数247人。

截至2006年末，全行总资产达到132.72亿元，一般性存款余额90.86亿元，其中储蓄存款余额19.63亿元。2006年全行累计实现利润1.77亿元，人均利润74.2万元，人均利润连续两年在全市商业银行中排名均为第二。不良贷款一直保持较低水平,去年末五级分类不良贷款145万元，不良率0.01%，利息回收率100.1%，2005年、2006年连续两年获得总行“资产质量优胜奖”。每年都能够较好地完成总行下达的各项经营指标，自2002年起连续四年获得华夏系统“全国先进行”的光荣称号。

华夏银行大连分行以支持地方经济发展为己任，大力支持大化集团有限公司、大连重工集团有限公司、珍奥核酸有限公司、中国华录松下电子有限公司等一批在相关业务领域中处于龙头地位的企业，近年来累计对上述大型企业发放信贷资金120余亿元。积极推进个人业务发展，“华夏丽人卡”、“至尊金卡”知名度逐渐深入人心，个人住房信贷品种不断推陈出新，多种多样的理财产品满足了广大市民的不同理财需求，去年在大连市举办的“十佳理财机构”评选活动中，华夏银行荣获“最佳潜力奖”，在大连银监局、银行业协会举办的活动中，荣获最具美誉度理财机构、最佳理财产品银行（人民币）、最佳银行卡发卡银行、最佳创新银行等四项殊荣。随着盈利水平的提高，上缴税金不断增加，去年华夏银行上缴各项税款7800万元，连续三年进入大连市纳税百强企业名录，有力支持了大连地方经济建设。

回顾近年来的发展，华夏银行大连分行不断苦练内功，加强管理，改革经营机制，完善服务功能，经营规模不断扩大，经济效益持续增长，资产质量不断提高，迈上了稳步发展的轨道，必将在推动地方经济建设中发挥更大的作用。

服务技能比赛

颁奖仪式

地址：大连市中山区同兴街25号　　电话：82530456

中国民生银行股份有限公司大连分行

党委书记、行长：郭世邦

中国民生银行大连分行于1999年6月10日开业，是中国民生银行总行在东北地区设立的首家分行，也是目前唯一一家分行，现下辖十家支行级机构。成立八年来，始终坚持“服务大众、情系民生”的经营理念，充分发挥“新银行、新体制”优势，面对日趋激烈的金融市场竞争形势，在依法合规经营的前提下，不断进行产品创新、制度创新和服务创新，各项业务稳健快速发展，企业核心竞争力不断提高，以实际行动实践了“调整与提升”的战略发展思想，取得了令人瞩目的成绩。2006年是中国民生银行全面实现业务转型的改革年，该行抓住公司业务集中经营改革和零售银行人、财、物“三分离”改革的契机，乘势而上，在规模效益、经营管理、风险控制等方面均保持了强势发展态势，并创造了多项佳绩。截止到2006年末，该行各项存款余额163亿元，比2005年增长了26亿元，增长率为19%；各项贷款余额95亿元，比

客户经理培训班

保安人员军事技能汇报表演

民生银行办公楼

2005年增长了13亿元，增长率为16%；储蓄存款余额32.4亿元，比2005年增长了10.8亿元，增长率为50%，储蓄存款在分行全部存款中的占比已接近20%，业务结构日趋合理；个人贷款余额13.4亿元，比2005年增长了2.5亿，增长率为21%；实现税后利润9078万元，比2005年增加2978万元，增长了49%。在业务发展的同时，该行还不断加大资产负债结构的调整，狠抓内控管理，资产质量和风险控制水平也逐年提高，真正走出了一条“低风险、快增长、高效益”的发展道路，在大连地区树立起充满生机与活力的“民生”品牌形象。

每个“民生人”的心中都有一个梦，一个“百年老店”的梦……

党中央振兴大东北的战略决策，给腾飞的大连注入了新的无穷的动力，志存高远的中国民生银行大连分行站在新的起点上，将深深扎根于辽宁和东北经济发展的沃土，紧跟总行的改革步伐，突出科技兴行、制度治行、人才立行观念，立足大连，辐射辽宁，服务东北，不断开拓进取，锐意进取，在建设“大大连”的征途上向着更高更远的目标迈进！

“纪念长征胜利七十周年”主题竞技大赛

第三届职工运动会

地址：中山区延安路28号　　　　电话：82802661

2006年度客户答谢晚会

公司业务集中经营改革动员大会

全体员工

高尔夫邀请赛

分行成立七周年

收获梦想 感恩民生晚会

中国人寿保险股份有限公司 大连市分公司

魏成和总经理（左一）为获奖者颁奖

中国人寿保险股份有限公司是根据《中华人民共和国公司法》于2003年6月30日在北京注册成立。并于2003年12月17日、18日，分别在纽约和香港两地成功上市，在中国保险市场居领先地位。2007年1月9日，携王者风范，中国人寿A股成功在国内上市，引起轰动。

大连市分公司是总公司下属的35个省级、计划单列市分公司之一，下设20个分支机构，公司机关设有14个部门，共有员工4000余人。

2006年，在总公司的正确领导下，在大连市保监局和地方政府的关心支持下，本着更新观念、深化改革、调整结构、强化管理、突出效益的发展思路，努力拼搏，加快发展，很好地完成了各项工作任务。全年共实现保费收入14.5亿元。截止目前，公司共有有效保单53万件，累计为全市365万人次，提供了2347亿元的保险保障。

2007年大连市分公司将深入贯彻十六届六中全会和“国十条”精神，全面落实总公司“积极均衡，整合转型，创新超越”的总体工作方针，牢固树立科学发展观，以公司“打基础，调结构、严管理、增效益、强改革、提素质、敢创新、大服务”的经营发展思路为切入点，抢抓机遇，只争朝夕，唱响公司主旋律，打好发展翻身仗，努力实现公司的三年发展目标。同时，抓好城区销售资源的整合，加快农村市场的开拓，为构建社会主义和谐社会，服务广大民众做出新的贡献。

周玉杰副总经理（左二）为高端客户答疑

王培方副总经理（右二）为保户送赔款

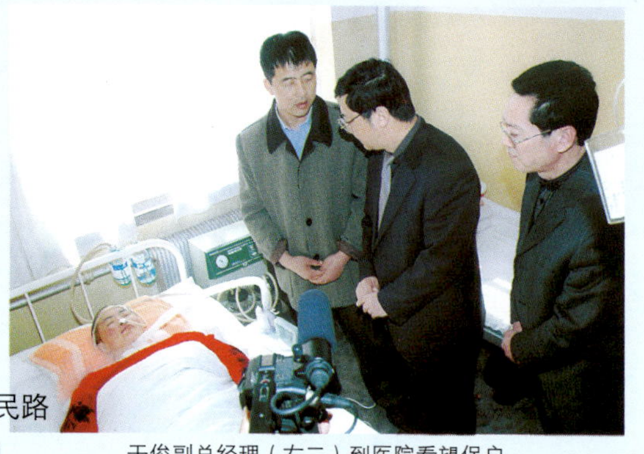
于俊副总经理（右二）到医院看望保户

春游拔河比赛

地址：中山区人民路
电话：82806801

中国长城资产管理公司大连办事处

总经理：谷云凯

中国长城资产管理公司是经国务院批准成立的国有独资金融企业。公司注册资本金100亿元人民币，作为直属分支机构的大连办事处经财政部和中国人民银行批准于2000年2月26日正式成立。六年多来，大连办事处始终坚持以稳健经营、规范发展为经营方针，以保全资产，开拓效益为经营目标，各项业务经营工作取得了显著成绩，为保全国有资产，化解金融风险，促进企业改革，支持经济发展做出了积极的贡献，先后获得“全国创建文明行业工作先进单位”、“全国五一劳动奖状”、“先进办事处党委”等荣誉称号。

不辱使命，政策性资产处置圆满收官。2000年大连办事处收购大连市农行政策性不良资产和债转股37.17亿元。六年多来，办事处紧紧围绕加快有效处置资产，提高现金回收率这个中心，大胆探索，勇于实践，因地制宜，多管齐下，采取多种有效措施，加快资产处置进度，提高现金回收率。截至2006年末，共处置原值近30亿元，现金回收率超过了总公司核定的责任目标，办事处连续六年在总公司系统经营计划综合考核排名中名列前茅。向国家交出了一份满意的答卷。

转型发展，商业化资产处置经营迈出了坚实的步伐。2005年6月，办事处收购了辽宁省工行鞍山、丹东、辽阳、营口、盘锦5个地市不良资产，共2133户，本金总额为178.39亿元。为确保整体盈利，服务发展双重目标，坚持整体加快，全面推进，分类运作的原则，确立了分类管理，区别对待；统筹考虑，着力经营；控制成本，提高效益；精心规划，目标考核；规范程序，控制风险的指导思想，采取逐户制定处置策略、建立资产信息管理台帐、定期公告维权保全资产、完善抵押保证手续、借助政府、法院、中介机构、与辽宁省政府联合打包处置等有效措施，不断加快资产处置进度，努力提高经营效益。截至2006年末，已处置商业化资产原值25.86亿，现金回收成果显著。

科学管理，注重加强全面建设。大连办事处始终把科学管理，加强全面建设放在首位，持之以恒，常抓不懈。首先，有一支过硬的员工队伍，现有员工全部拥有大专以上学历。多人拥有律师，注册会计师，评估师等专业资格，通过努力建设学习型企业，不断提高政治业务素质，打造了一支敢于吃苦善打硬仗的员工队伍。其次，有一套完整的内控制度。2005年以来，结合办事处资产收购、处置、经营、管理和财务收支等实际情况，实施打造铁规章、铁档案和铁账本“三铁工程”，先后制定了10多项规章制度，达到方方面面有制度，上下前（台）后（台）有规定；档案管理达到省特级标准。再次，有一种积极向上生动活泼的企业文化。办事处坚持发扬“不辱使命，追求卓越的公司精神”，坚持经常性的思想政治工作和谈心活动，干部员工和谐相处；通过组织丰富多彩文体活动，激发员工爱岗敬业的热情，通过实施创建先进处室，先进个人和“职工之家”活动，不断掀起比学赶帮热潮，办事处连续多年被授予“模范职工之家”荣誉称号。

完成政策性资产处置光荣使命，迎来商业化资产经营的明天。中国长城资产管理公司大连办事处正集中精力，拓宽商业化资产经营渠道，加强与政府、金融、企业的紧密联系，以真诚的态度，务实的作风，优良的服务，期待着与各地政府、债权人和各方投资者合作，期待着与众多合作者共创双赢局面，为振兴东北老工业基地提供全方位的支持。

地址：西岗区花园广场　电话：83683388

大连市住房公积金管理中心

中心领导班子

2006年，市住房公积金管理中心紧紧围绕“创新发展思路、完善经营模式、控制运营风险、提升管理内涵”的主导思路扎实开展工作。不仅全面完成了各项主要业务指标，而且完成了开发区住房公积金管理机构接收工作，彻底理顺了我市房改资金机构体制，实现了全市统一管理，并在进一步深化业务创新和管理创新、大力规范业务操作和内控监督、深化便民服务、实现好职工群众利益方面取得了突出成绩，推动我市房改资金管理工作进一步走上科学化、规范化、制度化轨道。全市当年归集房改资金51.64亿元，其中住房公积金44.28亿元；运用房改资金48.97亿元，其中发放个人住房政策性贷款14916户、20.36亿元；提取廉租住房建设补充资金8500万元，向住房“双特困”家庭发放廉租住房租金补贴1920户次、345万元。

截至2006年末，全市有1.9万个单位、133.4万名职工建立住房公积金制度，覆盖率92%；累计归集房改资金334.76亿元，归集余额161.43亿元，其中累计归集住房公积金200.93亿元，余额111.27亿元；累计运用房改资金331.7亿元，其中累计发放个人住房政策性贷款11.94万户、115.28亿元；我市住房公积金归集余额和个人住房政策性贷款发放总额双双突破百亿元大关。全市累计提取廉租住房建设补充资金3.49亿元，累计发放廉租住房租金补贴6419户次、1063万元，为解决弱势群体住房问题发挥了积极作用。

2006年，中心荣获全国建设系统党风廉政建设先进单位，辽宁省文明行业标兵、党风廉政建设先进单位、住房公积金管理先进单位，大连市软环境建设先进单位等荣誉称号。

市住房公积金管理委员会对我市房改资金工作进行决策

2006年12月8日，市住房公积金管理中心开发区办事处挂牌

利用“七一”房改周年纪念日开展房改资金义务宣传活动

在市直机关第六届运动会上，中心获得第三名的好成绩

地址：中山区武汉街51号
电话：82655568

大连市企业信用担保有限公司

——全国十大最具影响力的担保机构

董事长：刘忠

再担保合作签约仪式

大连市企业信用担保有限公司成立于2002年8月，是由市、县两级财政共同出资组建的政策性担保机构，目前注册资金增加到2.78亿元人民币，公司以“服务中小企业、振兴地方经济”为经营宗旨，采取“政策性资金、企业化管理、市场化运作”的经营模式，致力于为中小企业提供融资担保服务。

公司前身——大连CGF（Credit Guarantee Funds）是英国国际发展署援助项目，英方专家对员工进行了专业指导和系统培训，经过多年实践，公司逐步将国际通用的贷款担保规则和先进的项目管理技术与本地区中小企业实际情况有机结合起来，总结出一套行之有效的业务操作标准和风险控制体系，依托雄厚的担保资金实力、高素质的专业队伍、先进的风险控制技术和广泛的业务合作网络，公司的担保规模连年大幅增长。

公司的融资类业务品种齐全，贴近中小企业实际需求，可以为中小企业在流动资金、贸易融资、固定资产投资、国企改制、管理层收购、融资租赁等方面的融资需求提供担保，此外在诉讼保全、贸易履约、工程履约等非融资领域也提供担保服务。公司还采取联合担保、再担保等形式，解决担保规模瓶颈问题，使企业获得更多的发展资金。截至2006年末，公司已为大连市的2300多户企业提供了融资咨询服务，为400多户企业提供了融资担保，担保金额累计达33.8亿元。

经过多年的扎实工作，公司的审核能力和管理水平得到了社会各界的认同，树立了良好的担保品牌和公司形象，2005年，公司被评为“全国十大最具影响力的担保机构”之一，是我省唯一一家获此殊荣的专业担保机构，公司还先后被评为“大连市最具特色信用担保机构”和“AAA级信用企业”。

公司注重承担社会责任。公司出资3300万元，与辖区市县政府共同组建了10个担保公司，开展下岗失业人员小额贷款担保工作，累计为下岗失业人员提供小额贷款担保4.6亿元，为2万多下岗工人创业和再就业提供了资金支持。公司还担任了大连市信用担保协会会长单位、辽宁省信用担保协会副会长单位，积极推动信用担保体系和社会信用体系建设。

在五年多的发展历程中，大连市企业信用担保有限公司在各级领导和社会各界的支持下有效地发挥了信用担保平台作用，在促进经济发展、引导资金流向、增加财政收入、扩大社会就业等方面发挥了积极的作用，公司愿继续与社会各界携手并肩、共同努力，为促进民营经济发展、为建设诚信大连做出新的贡献。

新春联谊会

银企对接融资担保签字仪式

爱心助学仪式

地 址：大连市中山区中山路88号天安国际大厦48层
电 话：88817688（总机）

大连市福利彩票发行中心

在各级党委、政府的重视和领导下，在有关部门、社会各界及广大彩民积极支持和热心参与下，大连市福利彩票发行中心靠着勇于创新，自强不息的精神，在福彩发行的20年时间里创造了大连市福彩事业独有的文明和创业的奇迹。20年来，我市福利彩票发行高举“有奖募捐”旗帜，各项工作得到了飞速发展，累计发行福利彩票29.9327亿元，筹集福彩公益金10.5亿元，资助了全市城乡几千个社会福利和社会公益项目，实现了动员社会力量加快发展社会福利事业的初衷，为我市和谐社会的建设做出了积极贡献。

福利彩票，福满大连。滨城大地到处洋溢着“扶老、助残、救孤、济困”的公益主题；爱心、趣味、大奖、幸运更是走进了寻常百姓心里。当人们购买福利彩票的时候，将获取两种慰藉：一是中华民族传统文明道德的传承展现——乐善好施、积德行善；二是奉献爱心，善有回报，博取大奖。福彩，已成为两个文明中的一朵奇葩。

遵循福彩公益金“取之于民、用之于民”的使用原则。福彩公益金为我市福利事业的发展推波助澜，成果斐然。在城乡老年人、残疾人、孤残儿童福利服务设施的改造和建设，城乡社区公益服务设施建设，城乡扶贫帮困，临时救济，优抚对象医疗保障，低保对象提标等方面投入了近3亿元福利公益金。特别是国家民政部开展的“星光计划”、“明天计划”、“蓝天计划”和“霞光计划”都是由福彩公益金直接资助，为老年人、残疾人和孤残儿童的健身娱乐、手术康复等发挥了直接的作用。同时，每年拿出80多万元公益金资助了千余名贫困家庭大学生。真正让全市人民和弱势群众充分感受到福利彩票为他们带来得福利保障。可以自豪的说福利彩票的发行有效填补了我市社会福利设施空白，改善了社会福利条件，提高了社会福利水平，使更多的贫困群体享受到了改革发展的成果。为构建和谐社会和促进社会文明发挥了不可替代的作用。

回首大连市福利彩票发行中心坎坷而辉煌的短暂历史，福彩人豪情满怀，展望福彩事业的美好前景，大连福彩人任重道远而又信心倍增。大连福彩中心，正以勇潮头敢争先的魄力，向着“更快、更高、更强、更好”的目标迈进！

民政局星光计划项目

福利彩票实战技巧培训会

大连市“刮刮乐”即开型福利彩票福佳·新天地专营店首卖现场

福彩助学公益活动

福利彩票投注站喜中一等奖

地址：中山区武昌街10号　电话：82311017

大连市总商会南安商会

大连市总商会南安商会成立于2004年8月2日，是由在大连市从事生产经营的福建省南安籍工商界人士自愿组成的民间商会组织，是继温州商会之后在大连诞生的第二家异地商会，会员272人。

南安商会是大连市工商联（总商会）的直属基层商会组织，受大连市工商联的领导和南安市工商联的指导。商会成立的宗旨是广泛联系和团结大连地区的南安籍工商界人士，促进大连和南安两地经济共同发展。

南安商会成立后积极参与各项社会公益活动，如资助贫困大学生、贫困户、为印度洋海啸受灾地区捐款等。特别是只有23岁的年轻会员陈金朝，6年里8次无偿献血达1600毫升，并且捐献了造血干细胞114毫升，救助了一个濒危的年轻生命。

十多年来，3000多南安人在大连工作和生活，大连已成为他们的第二故乡。2005年岁尾，《新商报》举办“魅力创富2005新大连人年度商界精英评选”活动，在10位获奖人中，南安商会占2位，会长洪长福荣获新大连人魅力榜“最具善行力奖”，常务副会长李百义荣获新大连人魅力榜“最具坚韧力奖”。

地址：西岗区新开路　　　电话：83787128

为印度洋海啸受灾地区捐款

资助贫困大学生

大连市总商会南安商会成立大会上会员合影

大连新型企业集团有限公司

董事长：孙才科

大连新型企业集团有限公司成立于1984年，是以房地产开发为主营业务的大型现代化企业，是全国守合同重信用单位，全国房地产开发综合效益百强企业，经国家建设部批准设立的一级资质房地产开发企业，大连市综合实力百强民营企业，国家级守信誉重合同信用单位，连续六年被评为大连市纳税50强企业，公司开发建设的泡崖新区被国家建设部评为2002年度“中国人居环境范例奖”。 2005年公司通过了ISO9000认证，进一步规范了公司的管理。2005年在国家统计局主办的全国房地产业领先企业信息发布会，大连新型企业集团有限公司综合实力在全国房地产开发企业中位居第25位，在整个东北地区排名榜首。2006年公司又入围辽宁省房地产开发企业30强。公司连续5年被大连信誉评级委员会评为AAA级信用企业。

23年来，大连新型企业集团有限公司始终保持着稳定高速的发展势头。公司年平均销售收入达15亿元，2006年公司全年销售收入就达到将近20亿元，为国家实现利税近2亿元。公司先后开发了林茂、新有、中山公寓、南山苑、科学家公寓、泡崖小区、金海花园、龙畔金泉等二十多个居住小区，累计开发建设面积达1200多万平方米,年开发能力达100万平方米以上，在房地产开发方面积累了丰富的经验。大连新型企业集团有限公司所开发的泡崖新区，是大连市的一张靓丽名片，党和国家领导人都先后视察了该小区，对小区的开发建设给予了充分肯定。同时该小区还被国家建设部评为“国家安居工程优秀住宅小区”、“人居环境范例奖”。目前，大连新型企业集团有限公司正全力

龙畔金泉

开发龙畔金泉努力打造第二泡崖小区同时，在刚刚落幕的由辽宁建设厅主办的辽宁省最佳示范新楼盘评比中龙畔金泉顺利获得奖项。同时公司积极实施走出去的发展战略，相继在吉林创办吉林天润房地产开发有限公司并开发了哈达综合家居批发市场项目。哈达综合家居批发市场的顺利建成和招商标志着新型集团向商业地产迈出了成功的一步。

如今，大连新型企业集团有限公司保持着持续、稳定、健康的发展势头，不断扩充产业适时调整，继续坚持百姓理念，2006年在大连市首块经济适用房建设中摘得头牌。建成大连市首块经济使用房“样板间”。回首大连新型企业集团有限公司23年的发展历程，人们清晰看到一条贯穿于企业发展的红线：以企业文化为平台，以管理框架为依托，以塑造团队精神为重点，以为经济发展提供有效保护和全面服务。在这个机制的作用下，新型的建设和企业文化都收获了喜人的成果。新型成为大连乃至全国的大企业，“咱们老百姓，买房到新型”成为广大老百姓的共识。

泡崖小区康居园

地址：沙河口区敦煌路　　电话：84403751

泡崖小区欣乐公园

大连伯远房地产实业发展有限公司

董事长：初志远

大连伯远房地产实业发展有限公司下辖大连广安物业管理有限公司、大连现代轴承有限公司、大连众智科技有公司、大连后远机械有限公司、大连沙龙综合商城等五个控股子公司。

大连伯远房地产实业发展有限公司是由大连市房地产实业发展公司整体改制产生的民营企业。大连市房地产实业发展公司原系大连市房地产管理局所属的全民所有制企业。改制初期公司员工110人，下设3个公司，主要从事房地产经营管理、计算机软件和市场商贸业务，年销售收入500万元左右，改制后在不到3年的时间，公司通过低成本收购和选项投资，已使公司资产规模翻了一倍，年销售收入成倍增长，企业实现了跨越式的发展。

公司的机械电子产品主要有汽车轴承、机床附件、产品销往全国各地；软件产品主要有《道路交通事故分析专家系统》、《煤矿安全监控系统》等，其中《道路交通事故分析专家系统》2003年通过省部级鉴定，2004年被评为大连市政府科技进步二等奖，现广泛应用于大连交管部门；《煤矿安全监控系统》2005年通过国家MA认证，现已在各地煤矿广泛应用，受到煤矿企业和各级煤矿安监部门的普遍好评。

公司还一贯十分重视企业文化建设。特别是改制后，继续贯彻以人为本的方针，注重加强公司文化的重塑，解决公司所有制改变给员工带来的观念冲突、角色冲突和文化冲突。在改制初期，公司提出了“少有所为，老有所养”的口号，并制定了相应的用工政策，大大稳定了员工队伍，保证了改制初期公司的平稳过渡。发展建设中公司又时确定了“不求公司利润最大化，只求企业价值最大化”的发展理念同，确保公司沿着健康稳定可持续发展的轨道前进。 同时，公司通过引进培养一批经营管理、科技开发等高素质人才，使队伍的结构和整体素质有了明显的改善，科技开发、技术创新、经营管理的能力和水平大大提高；通过不断灌输培植新的理念，使员工的思想观念、工作态度和工作水准产生了积极的变化，员工对企业的认同感、归属感、责任感大大增强。公司曾被评为大连市文明单位，大连市企业文化建设先进单位。

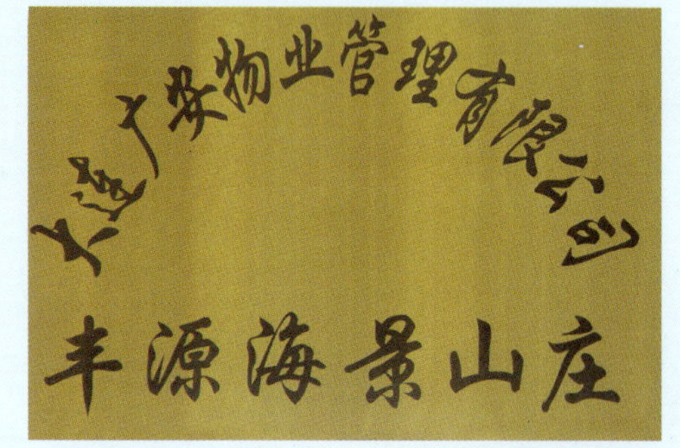

地址：大连西岗区绕山路1号　　电话：0411-84308301　　邮箱：boyuan.dl@163.com

现代轴承有限公司机械车间

现代轴承有限公司机械车间

沙龙综合商城

广安物业管理有限公司丰源海景山庄

大连铁路房地产开发有限责任公司

大连铁路房地产开发有限责任公司，隶属于沈阳沈铁房地产开发集团有限责任公司，是以原大连铁路分局住宅建设管理办公室（1992年成立）改制而成的具有国家三级房地产开发资质的现代化企业。公司一直秉承“团结、求实、创新”的企业精神，恪守“以诚为本、用户至上”的经营原则、坚守“品位源自实力的体现”的经营理念，以超前的设计、优质的管理、扎实的工作为业主提供了优质的服务和高品质的住宅。经过十多年的不懈奋斗和追求，公司先后成功开发建设了日月潭大酒店、七七街住宅小区、世纪家园、山水家园、双兴财富长街等一批精品工程。赢得了社会各界广泛而良好的声誉。

公司现有各类专业技术人员27名，下设预算、规划、工程、销售、财务、综合六部，拥有完善的质保体系和各项管理制度，技术力量雄厚、开发能力强劲。公司荣获“2005年度大连市100家纳税大户”企业称号、连续两年荣获“工商行政免检企业”称号、连续四年荣获沈阳铁路局“多元经营创效明星企业”和“多元经营行业标兵企业”称号。

地址：中山区延安路　　　　电话：62832617

虎滩·山水家园二期

日月潭大酒店

双兴·财富长街

大连金湾实业有限公司

董事长：李沼强

大连金湾实业有限公司是成立于1993年的中外合资企业，注册资本2980万美元，主要从事土地包片开发。现已开发的项目有金湾新城等住宅区，与德国、新加坡、马来西亚、加拿大、日本等国家及中国的香港、台湾等地区合资合作开发的各种工业项目及标准厂房。

金湾新城与双D港毗邻，总投资约8亿元，占地面积46万平方米，规划建筑面积80万平方米，居住人口4万余人。金湾新城项目先后获得开发区“明星楼盘”、“优秀楼盘”和“辽宁省深受公众满意楼盘”等称号。目前，金湾新城六期工程已经封顶，开发面积达20多万平方米。同时，公司正对开发区52号小区南30万平方米土地进行规划，准备建设商业网点及服务式公寓。

公司于2003年通过ISO 9001:2000国际质量管理体系认证，2004年成为中国房地产协会的会员。

在成功开发房地产项目基础上，金湾实业有限公司又与新加坡腾飞公司结成战略合作伙伴关系，在开发区74号小区合作开发大连船舶配套工业园项目，总投资超过1.2亿元，还拟与马来西亚公司在开发区合资开发清真食品及轻工业加工园，计划投资5000万美元。

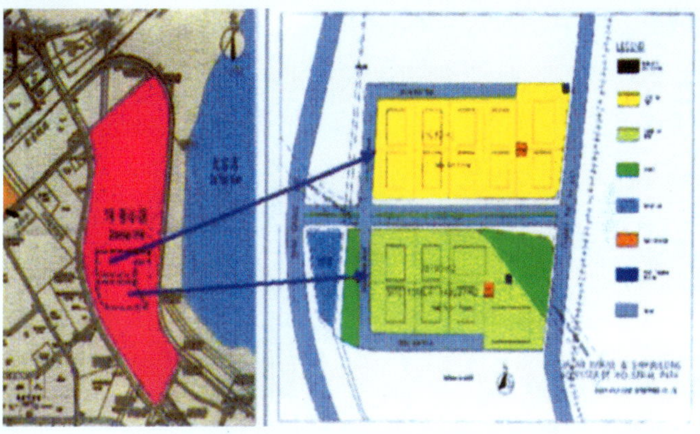

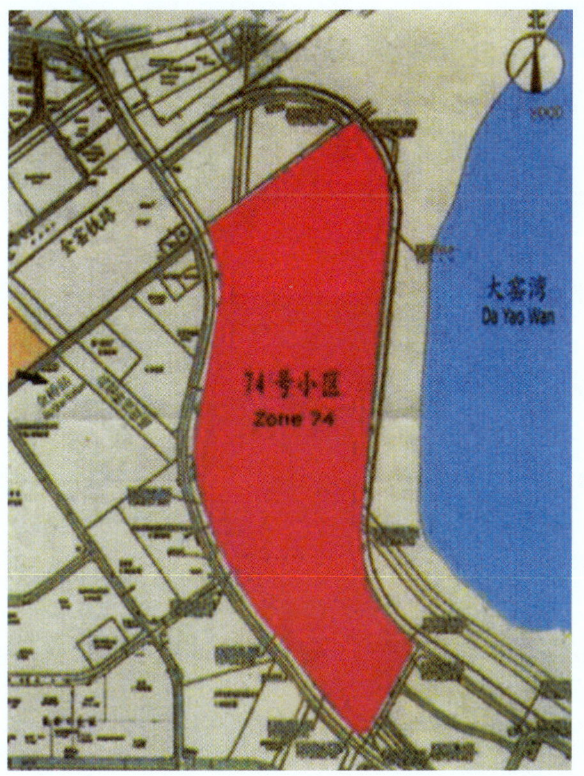

地址：开发区　　电话：87610523

大连风景园林管理处

海之韵公园

大连风景园林处主要管辖南部海滨风景区和付家庄公园、燕窝岭婚庆公园、棒棰岛景区管理所、海之韵公园及劳动公园、劳动公园游乐大世界、植物园等景区的管理。公园、景区以其优美的环境，完善的服务每年都接待中外游客600万人以上。

大连南部海滨风景区是国务院审批的国家级重点风景名胜区，著名的35公里长的滨海路将南部海滨的各大公园、景区景点连接在一起，沿途风光秀丽，景色迷人，构成了以蓝天、青山、碧海、岛屿、礁石、沙滩为特色的大自然画面，形成了大连南部海滨风景独具特色的景观，被称为“中国城市滨海观光第一路”。

海之韵公园位于大连市东端，是著名的旅游风景区。1999年被评为大连市“十大景区”，2000年海之韵广场（海韵观日）被评为“大连八景”，曾多次接待党和国家领导人以及外国元首，是中外游客慕名而来的旅游圣地，年接待游客150万人次。公园象征性建筑海之韵广场是大连唯一的临山观海广场，落差60米的神斧岩瀑布是全市最大的人造瀑布。十八盘裸岩，投入1000余万元建造了海底古生物化石，使十八盘成为大连市海洋文化的重要展示区，被游人称为海底大化石。

付家庄公园位于大连南部海滨风景区中部，是大连最大的海水浴场之一。公园内大型多功能海水泳池，为儿童和初学游泳者提供了亲水、嬉水的场所；海水浴场入围全国首批16家健康浴场，2005年被评为3S景区。每年接待游客150万人次。

为填补大连市没有一站式婚庆公司的空白，风景园林处在燕窝岭设计建设了大连市第一处婚庆主题公园。婚庆公园占地面积3万平方米，园内建有龙凤柱、龙凤广场、连心亭、情侣广场、同心锁和婚庆广场等景观，是大连市最新、最美、最具浪漫色彩的婚庆场所。国内外有大量新婚情侣到此摄影留念。2006全国婚庆主持人大奖赛在这里举行。燕窝岭婚庆公园是目前国内唯一的以婚庆命名的主题公园。

劳动公园

海之韵公园

燕窝岭婚庆公园

地址：劳动公园内
电话：83684091

付家庄公园浴场

大连公交客运集团有限公司

董事长：隋悦家

大连城市公共交通业创立于1909年，已有近百年的历史。2006年7月，市政府批准成立大连公交客运集团。大连公交客运集团有限公司是大连市经营规模最大的国有独资公交企业。集团公司总资产46.5亿元人民币，职工总数12721人。经营范围涉及轻轨交通、有轨电车、无轨电车、公共汽车、小公共汽车、出租汽车等客运，以及公交IC卡、公交广告、车辆维修、电车制造等，形成了门类齐全、配套完整的公共交通服务产业链。集团公司按照现代企业制度要求，建立了“二级核算、三级管理”的管理体系，下设10个汽车、电车和快轨运营公司以及物资分公司、车辆维修分公司、综合经营分公司、票务管理中心、明珠公用卡公司、交通广告公司等单位。

* 四通八达的公交路网，确保市民方便出行

集团公司拥有全市109条公交线路的经营权，其中轻轨线路1条，49.2公里；有轨电车3条，24公里；无轨电车1条，7.5公里；公共汽车60条，713.95公里；小公共汽车28条，360.35公里，还负责经营瓦房店市的19条173.1公里的市郊公交线路。

* 现代化的公交车辆，确保市民舒适出行

集团公司拥有各类公交车辆3298辆。其中轻轨列车15列60辆；有轨电车80辆；无轨电车61辆；公共汽车2456辆；小公共汽车641辆。80%以上的公共汽车为欧Ⅱ排放的环保节能型客车。

* 完善的车辆修造体系，确保市民安全出行

集团公司在所属的18个客运站内设立了车辆保养车间，负责公交车辆的日常保养维护和安全技术检查；车辆维修分公司的3个专业化车辆维修厂，凭借着先进的检测和加工设备，担负起公交车辆的大中修和技术改造。

集团所属的电车工厂是国内唯一的有轨电车制造厂，该厂研制成功了我国第一辆有轨电车和无轨电车、第一辆铰接式有轨电车、第一辆70%低地板双铰接有轨电车。近年来，研制开发的“大连人”牌DL6W型70%低地板双铰接有轨电车已成为最有城市特色的交通工具。

* 万名公交职工的优质服务，确保市民满意出行

在全市的各条公交线路上，近万名司乘人员默默奉献在岗位上，他们迎日出、送月归、战风雨、斗严寒，以整洁的车容、娴熟的技术、微笑的服务奔波在城市的街道上，为300万市民提供出行服务。

* 交通基础工程的建设，确保市民快捷出行

2000年以来，集团公司直接参与了城市轨道交通试验线工程、快轨3号线工程、203路有轨电车线路改扩建工程等一批重点基础设施建设。目前，还承担着快轨3号线续建工程、201路有轨电车线路改造工程、快速公交系统示范

线路工程等重要交通基础设施建设任务。集团公司正在把“建设以城市轨道交通为主体、公共汽电车为基础、出租汽车为补充的立体化的快速集散型公共交通体系”的宏伟蓝图变成现实。

* 明珠公用卡——城市数字化名片

集团所属的大连明珠公用卡股份有限公司是市政府批准的开展城市信息化建设、推广一卡通工程唯一指定单位。经营范围：智能IC卡的制售、充值及结算；智能卡机具终端设备开发、生产；电子技术及产品开发生产、维修服务；计算机应用软硬件开发。大连明珠公用卡系统自2001年7月15日开始运行，目前累计发行明珠公用卡130多万张，已广泛应用于市内大公交、快轨交通、小公汽、旅游巴士、出租汽车、开发区公交、蓝星公交等城市交通行业以及医药零售业、移动公话和部分餐饮、健身等项目，日均用卡量120万笔左右。明珠公用卡的推行极大地方便了持卡市民的经济活动，提升了城市现代化管理水平。

* 公交广告——城市流动的风景线

集团所属的大连交通广告有限公司是大连市公交媒体的专业广告公司，承担着全市公交系统的公交车体、公交车内、候车亭灯箱、站牌灯箱的广告经营发布，多元化的户外广告媒体业已形成独具特色及规模优势的户外广告传播网络，富于创意的设计、制作精美的公交广告车被誉为“城市流动的风景线”。公司拥有素质精良的销售队伍和创意一流的设计人才，引进了先进的广告制作设备，形成策划、创意、设计、制作、发布、维护为一体的服务体系。

* 非凡的经营业绩，得到市民好评和社会认可

2006年，集团公司实现经营总收入8.229亿元，年总客运量108642万人次，年总行驶里程19343万公里。集团公司被国家建设部授予“城市公共交通文明企业”，涌现出隋悦家、高杰等一批国家、省、市级劳动模范和先进人物。

在国家优先发展城市公共交通战略的指引下，大连公交客运集团有限公司以科学发展观统领各项事业，坚持“以人为本”的理念，全面强化集团公司直接管理公交运营的功能。以资本为纽带，以产权优化为内容，以转变职能、明晰产权关系为要求，以促进资源优化配置，提高资本运营效益为目标，最终实现自主经营，自我约束，自我发展。集团公司将认真做好客运服务工作，努力为乘客提供更加安全、舒适、方便、快捷的乘车条件，不断提升乘客和社会的满意度，营造人性化的企业环境，在今后的发展中，将竭尽全力，服务于乘客，回报于社会。

办公地址：大连市中山区青泥街2号17F—19F　　邮政编码：116001

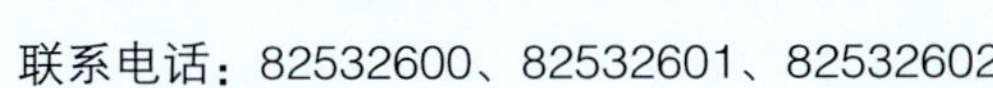
联系电话：82532600、82532601、82532602

有轨电车

轻轨电车

中海客轮有限公司

海姐

中海客轮有限公司隶属于中国海运（集团）总公司，现有客轮9艘，其中客/车滚装船5艘，常规客船2艘，高速客船2艘，经营大连至烟台、大连至威海航线的客/货运输。

2006年，中海客轮有限公司牢固树立“安全第一”、“客轮安全无小事”的思想，始终将安全作为企业的生命线，完善安全管理长效机制，以船舶航行安全、靠离安全和汽车舱安全为重点，强化安全管理全过程预控，抓好客运高峰期的安全工作，实现了客运安全的目标。面向市场开展运输生产，根据旅客需求组织船舶运力。维护港航价格协调机制，促进渤海湾运输市场的良性竞争。在滚装车运输方面，稳定大客户，同时推出优惠政策，吸引车源。在提高旅客服务质量上，注重旅客服务的每个环节，不断完善服务链建设，创新服务内涵，提升服务档次，实现服务的标准化、人性化，精心打造“安全温馨·中海客运”的品牌。实行精细化管理，加强成本控制与资金管理，深化陆岸产业改革，提高企业基础管理水平。加强人才队伍建设和精神文明建设，努力打造一支执行力强、工作效率高的管理团队，增强企业的凝聚力和向心力。

2006年，中海客轮有限公司安全运送旅客307.7万人，与去年同比提高10%；完成货运量1536万吨，与去年同比提高22%；完成车运量21.6万辆，与去年同比提高15%。2006年，公司荣获“辽宁省文明单位标兵”、“中国海运创建文明行业先进单位”、“大连市春运先进单位”等称号。

葫芦岛轮

热情的服务

地址：中山区民主广场1号　　电话：82630160

普陀岛

中铁渤海铁路轮渡有限责任公司

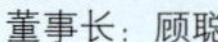

董事长：顾聪

总经理：迟宝璋

中国最长的跨海铁路轮渡——烟大铁路轮渡项目已经于2006年11月6日投入试运营。烟台至大连铁路轮渡项目是我国铁路网规划中东北至长江三角洲地区东部陆海铁路大通道的重要组成部分，是国家“十五”期间重点建设项目。中铁渤海铁路轮渡有限责任公司成立于2002年，由铁道部、山东省政府、大连市政府和中铁二局共同出资组建，主要负责对烟大铁路轮渡项目的建设、经营和管理。

烟大铁路轮渡项目北起旅顺口区长岭子站，南至烟台市珠玑站，纵贯渤海海峡，海上运输距离约86.28海里（159.8公里）。由新建铁路引线34.35公里、新建大连旅顺西站和烟台北站两个港口、初期建造渡船3艘、新建海上安监系统等四部分组成。项目初期投资约30亿元。

烟大铁路轮渡项目的建设和开通标志着东部陆海铁路大通道的全线贯通，形成了衔接两大半岛，辐射东部沿海，连结欧亚两洲的新通道，开辟了东北至山东及东部沿海地区的最短路径，使烟台到大连经铁路运输比绕行山海关缩短距离1600多公里。

中铁渤海1号渡船到港

烟大铁路轮渡项目建造的渡船为我国第一次采用综合全电力推进系统的客滚船，是中国目前最大、技术最先进、装修最豪华、安全性最好、舒适度最佳、船舶价值最高的客滚船。电力推进技术可以使渡船在航行中快捷地前进、后退、横移和回转，保证了频繁靠离港口的安全，同时，废气排放少、噪音低、振动小，具有优越的环保性能和良好的舒适度。针对渤海湾海况复杂，在渡船设计上充分考虑了安全因素，采取了12项安全措施。

在烟大铁路轮渡港区火车、汽车、旅客分别设有专用栈桥，做到了火车、汽车、旅客的安全隔离。铁路栈桥采用了世界上最为成熟的“一对五”滑动道岔技术，作业中栈桥能与渡船随动，满足各种潮位和装载情况下的作业，是目前世界铁路栈桥中的顶级技术；人行活动栈桥是中国客滚船港口第一次采用人性化航空标准设计，旅客能够不受天气的影响，安全、舒适、快捷上下渡船；在公路运输上，北部旅顺西站通过土羊高速公路与沈阳至大连高速公路相连，从哈尔滨、沈阳南下的汽车可以不绕行大连市区直达港口，与港口近在咫尺之间的202国道可以通过开发区的黄海大道直达丹东；南部烟台北站与同江至三亚高速公路相接；西南方向通过莱潍高速、济青高速直达济南；东南方向通过烟青一级公路仅2小时就可抵达青岛，交通十分便捷。

2007年中铁渤海铁路轮渡有限责任公司将根据铁道部和交通部的批准，开通客运滚装运输。届时，公司将以优质的服务热忱欢迎各届朋友光临！

渡船特等舱

中国最先进的铁路栈桥，采用“一对五”滑动道岔技术。

大连交通运输集团洲际物流有限公司

——实力的保障，你可信赖的物流伙伴

大连交通运输集团洲际物流有限公司是集物流方案规划与设计、运输仓储、分拨与配送、集装箱中转为一体的现代化第三方物流企业。具有一级国际货运代理资质，已形成计划、箱管、理货、集装箱大件运输、物流仓储配送、进出口集装箱作业一条龙的经营管理体系。洲际物流有限公司是交通部资质评定具有国家二级资质的企业，并通过了ISO9001质量认证。

该公司设在大连一级物流园区的大窑湾集装箱堆场，是一个设施完备、功能齐全的大型物流基地。占地8万多平方米。其中集装箱堆场6万平方米，可一次性堆存15,000TEU。宽敞通透的库房，面积10,000平方米，可一次性储存货物20,000吨。办公大楼共3层，建筑面积3000平方米。基地配有先进的物流信息网络平台，采用EDI物流系统进行管理，可在最短的时间与客户及相关系统连接沟通，为客户提供优质高效的服务。与物流基地配套的运输、吊装、起重、维修设施一应俱全。有200多台集装箱和大件运输车辆，总计8000多个吨位及各种吨位的装卸机械30台。

该公司的物流基地，距大窑湾港仅2公里，毗邻疏港路，区位重要，得天独厚，交通便捷，是大连海关的监管场地之一。

该公司秉承“专业、专注、专心”的经营理念，继续与中国华录、长春一汽、吉林化工、哈飞集团、大连东芝等大集团、大企业友好合作，再续辉煌；并愿以真诚的服务、良好的信誉与国内外著名的集团、公司、企业携手，互惠多赢，共创美好的明天。

洲际物流有限公司物流基地仓库占地面积10,000平方米，一次性储存量20000吨

集装箱停车场

集装箱运输车

各种吨位的集装箱叉车

地址：中国大连经济技术开发区疏港路84号区（距大窑湾保税港区2公里）

电话：0411-87515399　传真：0411-87511873　邮编：116600

大连正信土木工程建设监理有限公司

董事长：张毅光

大连正信土木工程建设监理有限公司是在大连市土木工程建设监理公司基础上整体改制建立的新型企业。公司始建于1992年，是我国工程建设监理制度以来大连市首批试点企业。是国家建设部审定批准的甲级工程建设监理企业。是大连市首批实现“代建制”试点单位之一。

公司在张毅光董事长的领导下，以领先的管理理念和先进的管理机制，造就了一支过硬的工程管理队伍，从而使经济效益和社会信誉与日俱增，踏踏实实地植根于业界。

公司属知识技术服务型企业，能够独立承担大型公共建筑工程、大型民用建筑工程、大型工业建筑以及与之相配套的建筑设备安装工程及大型建筑精装修工程的建设工程管理业务。公司服务功能完善，可为业主提供工程投资立项，建筑设计过程、施工过程、竣工交验等全过程的工程技术咨询服务、招投标代理服务和建设监理服务。公司按国际标准建立了质量体系，使“规范监理行为，提供满意服务，实现合同承诺，注重持续改进”的质量方针得以有效的运行。平稳地实现了ISO2000版的顺利转换，进一步满足了业主对项目建设的期望和要求。

正规化和专业化的组织和人才结构，是业主对该公司依赖和依靠的基础。公司决策层设有董事会、股东会、监事会；执行层有总经理、副总经理以及土、水、电三总工程师；公司机关设有办公室、经营部、总工办、人事部、财务部、造价信息部、招投标代理公司、建丰造价师事务所和20余个项目监理部。为了适应市场发展的需要该公司还分别在沈阳、长春等地开办了监理分公司，有力的保证了外埠工程监理业务的开展。

公司有史以来，工程管理业绩斐然，为大连的城市建设做出了突出的贡献。先后参与管理和监理的工程建设项目271个，工程总造价215亿元，建筑面积860万平方米。

本公司以“正直的为人，诚挚的信誉”的服务理念，积极练内功，储备人才，逐渐朝着工程项目管理专业公司的目标发展和迈进。愿与国内外业界朋友携手，共创惊世精品。

地址：沙河口区民政街　　电话：84519736

大连森林动物园热带雨林馆项目

天安大厦

东北电业管理局第二工程公司

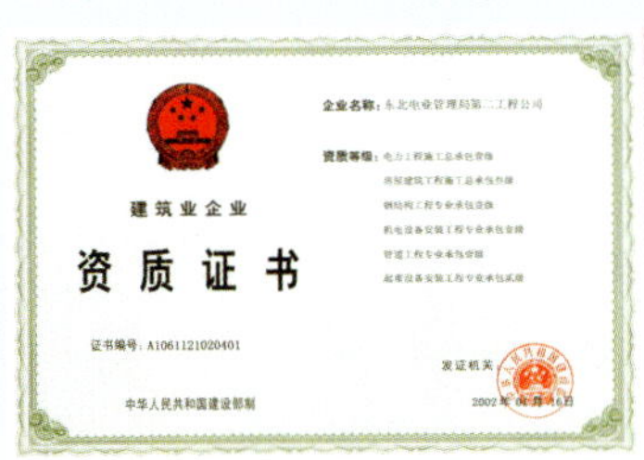
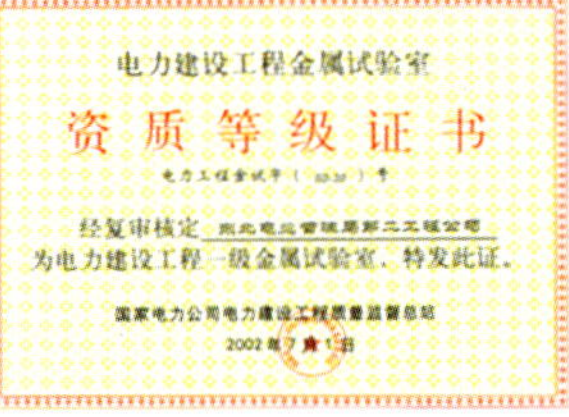

总经理：段广平

东北电业管理局第二工程公司（简称东电二公司）位于风景秀丽的海滨城市大连，是国有火力发电建筑安装综合性施工企业，持有火电站施工不受地点、容量、压力、温度参数限制的国家一级施工资质。具有民有建筑、石油化工设备、通用工业建筑安装、各种条件下的管道施工能力。1997年率选通过ISO9002质量体系认证，2002年通过质量、职业健康安全及环境整合体系认证，迄今为止一直保持体系的持续有效运行。土建、金属试验室具有国家一级资质。

公司在国内外承建的发电厂等工程，均以高质量的产品、一流的服务、赢得了当地政府和用户的好评。

其中，华能大连电厂一期工程2×350MW机组，创造了24个月和29个月分别投产一台和两台35万千瓦机组当时国内最快记录。在二期工程中创下了高标准达标投产记录：实现了自动投入率、保护装置投入率、仪表投入率、机组平均负荷率四个100%。荣获了国家优质工程奖——鲁班奖。在广东大亚湾核电站施工中，所有管道、阀门等，经高压试验一次全部过关。在国内首台引进美国的上海石洞口二电厂1900T/H超临锅炉工程中，获得了部级优质工程奖和美国1992年国际电站奖。1994年成功安装了国内第一台引进美国技术的大连大化集团自备电厂220吨循环流化床锅炉。进入21世纪又承建了国内第一台600MW超超临界机组——华能营口电厂二期工程……

公司先后被评为全国500家最大建筑企业、全国电力工业先进集体、辽宁省40强安装企业、大连市500强企业等多项荣誉。连续多年被评为“双文明单位”、“先进单位”“守合同、重信用”和“AAA信用”企业等等。

在市场大潮中搏击奋进的东电二公司人，将秉承依法经营、规范管理、团结务实、科学发展的经营方针，在建设和谐企业的进程中不断努力创新。

地址：大连市沙河口区黄浦路355号
电话：0411-84752111
传真：0411-84752100
邮编：116023
网址：http://www.ddegs.com

DAXIAN 大显集团有限公司

大连大显集团有限公司是一个以视像、通信信息以及关键零部件产品为主、集技工贸一体的大型电子信息产业集团。是国家重点扶持的520家国有大型企业和国家确定的CDMA手机19家定点企业之一。集团所属各类企业近50家，员工总数达12000余人。

大连大显集团有限公司是在原大连显像管厂的基础上，于1995年末组建而成。集团组建以来，企业规模不断扩大。至2004年底，累计总资产近128亿元，实现销售收入470亿元，实现利税32亿元，出口创汇总额达到27亿美元，在2004年中国电子百强排行榜中名列第19位。在国家统计局最新公布的大型工业企业排名中列第92位，在中国通信企业综合实力50强排名第24位，是辽宁省电子信息产业第一创税大户和第一出口创汇大户。

大显集团与国外多家知名企业保持着良好的合作关系，目前集团拥有十几家合资企业。产品已由原来的一管、一枪发展到包括彩电、汽车音响、手机、数字无绳电话、电缆调制解调器、宽带数字接入设备、显像（示）管、电子枪、电子枪零件、精密轴、线路板、注塑件、模具、汽车CD音响机芯、电位器、环保节能设备等多门类系列产品百余种以上，不仅在国内市场占有相当份额，而且也出口到世界许多国家。

地址：开发区双D港辽河东路2号
电话：87407788
网址：www.daxian.cn

大连金玛商城企业集团有限公司

董事长：王延和

大连金玛集团总部座落在风景秀丽的大连开发区，是以工业、商业、房地产业、矿业、农业五大产业为核心，网点遍布辽、黑、蒙三省区的跨行业、跨省区、多元化的现代企业集团。集团现有在编员工2600人，总资产16亿元，直属企业26家，连锁加盟店700多家，年商品销售及工业产值40亿元，年创利税2.6亿元。金玛控股集团下属五个企业集团，分别是工业集团、商业集团、房地产集团、矿业集团、米业集团。

金玛控股集团下属的工业集团——大连金玛科技产业（集团）有限公司注册资金3000万美元，总投入资金4000万美元，是以碳化硼为主导产品的现代化企业集团。其主要产品碳化硼被国家科技部列为国家“火炬计划项目”。公司下属四个子公司，分别是：大连金玛精细工程陶瓷有限公司、润鸣新素材（大连）有限公司、内蒙古通辽金玛科技产业有限公司和黑龙江双鸭山金玛科技产业有限公司。公司与中国科学院上海硅酸盐研究所组建了联合实验室，通过了ISO9001:2000 质量管理体系认证。产品远销欧美、亚太、中东地区，是中国碳化硼行业的绩优者。

金玛控股集团所属的商业集团是集大型购物中心、超市、批发市场、公寓、酒店、典当等行业为一体的商贸业，营业面积40多万平方米，年商品交易额40亿元,经营网点遍布辽、黑、蒙三省区。

金玛商城有限公司位于大连开发区中心，建筑面积8.1万平方米，从业人员5000多人。商城内设有区内最大的外企零部件专业市场、农副产品批发零售市场、大型服装、工艺品、体育用品、鞋帽专业市场。

金玛通辽批发城位于内蒙古通辽市，占地19.6万平方米，建筑面积22万平方米，是内蒙古东部最大的商品批发

金玛集团总部

大连金玛科技集团花园式工厂

大连金玛商城有限公司

胡锦涛主席在金玛通辽批发城与业主座谈

市场，商品年交易额20亿元人民币。党和国家领导人胡锦涛、郝建秀等先后与批发城员工座谈和视察批发城工作。

金玛超市是中国连锁经营协会理事单位，也是商务部“万村千乡”市场工程的示范单位。现有10家直营店、700多家连锁加盟店，员工700人，直加营连锁店经营总面积6万平方米，商品2万余种。

金玛房地产集团是金玛控股集团的核心支柱产业。注册资本1000万元人民币，主要担负大连地区及东北三省房地产开发、销售、房屋中介、房屋租赁、小区物业管理等业务，公司年综合开发能力20万方米。

金玛慕氏矿业集团是大连金玛控股集团下属五大集团之一，是主要从事矿业行业的大型企业。经营领域包括地质勘测、硼矿开采、冶炼、高尔夫球场和农场经营等。

大连金玛控股集团所属的米业集团——黑龙江响水米业股份有限公司是一家以生产、开发、销售生长于镜泊湖区域石板地上的千年贡米——响水大米为主导产业的现代化企业。公司注册资金3000万元人民币，下属宁安市响水米业有限公司、牡丹江响水酒业有限责任公司、响水米业公司密山分公司、响水米业公司虎林分公司等；年加工响水米能力3万吨，库存能力5万吨。

集团以建立现代企业制度为核心，以创新经营为前提，以推进流程式管理为重点，以亲情化服务为基础，推进集团滚动式、跳跃式发展，企业先后荣获 “中国民营500强企业”、“中国商业名牌企业”、“中国十佳诚信民营企业”、“中国商业信用企业”、“中国AAA级信用企业”、“繁荣地方经济明星企业”等荣誉称号；董事长王延和先生也荣获了“中国改革十大杰出人物”、“中国双优民营企业家”、“全国商业优秀创业企业家”等荣誉称号。

地址：大连高新技术园区双D港数字2路23号
电话：0411-39216669 87645555 39216622
传真：0411-39216633 87623917 39216800 39216789
网址：www.dljm.cn www.jinmakeji.com
邮编：116600

内蒙古通辽金玛科技公司

大连金玛超市庄河店

金玛慕氏矿业集团勘探车队

金玛黑龙江响水米业产品——贡米

金玛矿业集团所属高尔夫俱乐部

大连供电公司

局长：尹昌新

书记：孙少军

大连供电公司隶属于辽宁省电力有限公司，是国家大一型供电企业。承担大连地区6区、3市（县级）、1县和4个国家级对外开放先导区的供电任务，供电区域1.26万平方公里，用电客户225万，用电人口600万。公司1992年实行供农电合署办公，现辖11个供电分公司、11个专业工区和大连电力建设集团有限公司、大连电力电器集团有限公司等多家企业。

截止2006 年底，公司在册职工总数7194人, 管辖35千伏及以上变电所180（农电47）座；变压器282（农电69）台，总容量10914（农电568）兆伏安。有35千伏及以上架空线路270（农电23）条，3996.40（农电352）公里。完成售电量153.58亿千瓦时，连续两年位居东北地区售电量之首。

2006年，公司荣获“全国推行卓越绩效模式先进企业”、“全国用户满意服务”、国家电网公司文明单位、国家电网公司“四五”普法先进单位、辽宁省文明单位标兵、辽宁省电力行业优秀企业和辽宁省电力行业实施用户满意工程先进单位,省公司“双文明单位标兵”和“安全生产先进单位”等称号。从2004年开始，连续三年在大连市民主评议政风行风中名列全市社会公共服务类第一名。

2007年3月4日，辽宁大连突然遭受了百年不遇的风暴袭击，大连电网受到前所未有的重创。在抗灾抢险过程中，大连供电公司广大干部职工肩负起电网企业的责任，在国家电网公司、辽宁省电力公司和大连市政府的正确指挥下，众志成城，进行了一场艰苦卓绝的战风雪、保供电之战，取得了抗灾抢险的胜利，赢得了广大客户和社会各界的广泛赞誉，用自己的行动践行了“努力超越、追求卓越“的企业精神和以人为本、忠诚企业、奉献社会的企业理念。在今年“3.4”抗风雪、保供电中荣获大连市先进单位和省公司功臣单位称号。

损坏的电网迅速恢复

市委书记张成寅视察抢修现场

市长夏德仁、副市长王承敏视察抢修现场

冒雪抢修电网

晚间电网抢修

公司获得"全国五一劳动奖状"

地址：中山区中山路　　　电话：82529091

大连享成实业总公司

党委书记、总经理：王有双

大连享成实业总公司隶属于大连市甘井子区大连湾街道前盐居委会，占地面积3.5平方公里，员工2380人，固定资产2.2亿元，下属企业15家，是一个集工业、远洋捕捞、海水养殖、水产品加工、交通运输、工程建筑、建筑材料、矿业等多种经营业务为一体的综合性企业。

在大连振兴老工业基地和建设东北亚国际航运中心的重要时期，大连前盐滚装新港工程正式启动，此项工程一期投资3.5亿元，建设期24个月，建成后将改变当前我市客货运滚装码头分散的局面，成为全市最大的客货运滚装码头中心。新建的滚装新港为大连至烟台滚装航线，全程89海里，港口一期工程将新建万吨级滚装泊位4个，码头进深917米，码头岸线长738米，每个泊位长度177米，总能力可达每日16个航班，最大港口设计年吞吐能力为36.8万辆次，年旅客量为324.4万人次。

大连前盐滚装新港已列入到大连城市发展规划中，因其为净化城市环境提供了保障，被环保学家称为“绿色港口”。此港口围堰工程已经完成，欢迎中外客商到我公司投资建港。

根据大连市统一规划，连接市内第二条东北路的光明路和贯通泉水居住我2#、4#公路全都在前盐通过。大连市今年54万平方米经济适用房坐落在前盐，并马上开工建设。乘着道路和经济适用房的建设，前盐将迎来历史上最好的发展机遇。前盐明天将更加美好。

地址：甘井子区大连湾街道　　电话：86872847

享成实业办公楼

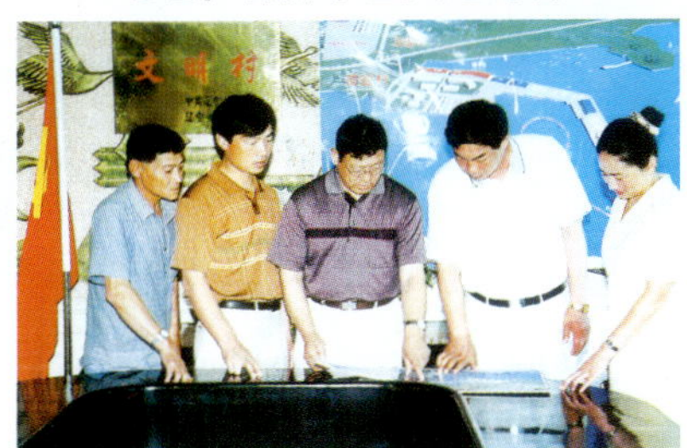
领导班子

前盐客运滚装码头围堰工程开工典礼

前盐客运滚装码头围堰工程合拢

前盐客运滚装码头围堰工程开工典礼

农村新貌

前盐港

后山住宅

大连金星实业总公司

总经理：金国财

大连金星实业总公司是原泡崖村的经济实体，是甘井子区村级集体企业，是城乡转换的历史演变中，承担了地区经济发展和富裕广大居民的重要职责。公司座落在甘井子区泡崖街道所在地，位于甘井子的中心地带，与大连周水了国际机场毗邻，地址位置得天独厚。全公司总面积2平方公里，人口1235人，职工447人。

改革开放以来，大连金星实业总公司领导班子和全体员工，解放思想，与时俱进，坚持以经济建设为中心，集中精力搞建设，一心一意谋发展，决心尽快走上富裕之路。根据区位优势，大连金星实业总公司审时度势，从1992年开始与瓣型集团合作，共同开发建设泡崖新区，使之成为大连一道亮丽的风景线，被联合国官员誉为国际最佳人居小区，多次受到党和国家领导人的视察，使泡崖地区的面貌发生了翻天覆地的变化。

伴随着合作开发，大连金星实业总公司的经济有了长足发展。多年来，公司坚持：“以招商引资为龙头，以工副业项目为基础，以商饮服务为重点，以养殖加工为辅助”的指导思想，三产联动，协调发展。先后发展了奶牛

总公司办公楼

地址：甘井子区金新路

电话：86487543

日本丸信机械厂（独资）

场、蛋鸡场、混凝土搅拌站、建材厂、综合市场等十个企业。年产商品奶2800吨，商品蛋900吨，商品混凝土60万立方米，建筑材料、铆焊加工等也都具备了相当的能力，成为具有一定实力的综合性公司。经过坚持不懈的努力，公司经济实力明显增强，地区文明程度空前提高，率先实现了农村城市化，成为文明遐迩和令人羡慕的地方。公司多次被大连市委、市政府评为“文明单位”。

金星总公司畜牧公司

经过开展保持共产党员先进性教育活动，大连金星实业总公司进一步贯彻落实“三个代表”重要思想，关注民生，尊重民意，为群众办了很多安身立命的好事。在早已建成8栋住宅楼，解决了430户居民住房问题后，近年来又筹措近千万元资金，为400多名在职职工搞了养老、医疗等五项保险，彻底解除了广大职工的后顾之忧。今年还为300多名退休职工提高了50%的退休金，使职工和居民得到了殷切的实惠。

2006年是“十一五”计划的开局之年。大连金星实业总公司领导班子决心把握新的发展契机，自强不息，开拓进取，把工业小区建设作为经济发展的重中之重，在去年投资2000多万元，完成了近万平方米高标准工业厂房建设基础上，今年又投巨资建设的近万平方米高标准工业厂房，正在紧张施工之中。力争到“十一五”期末，完成投资1.5亿元，实现8万平方米高标准工业厂房规划建设目标，引进一批大、高、外项目，实现筑巢引凤，借财生财，助推公司经济发展，形成拉动效应。力争在全区率先实现全面小康的奋斗目标。

金星亚田混凝土厂

金星农贸市场

大连步云山温泉

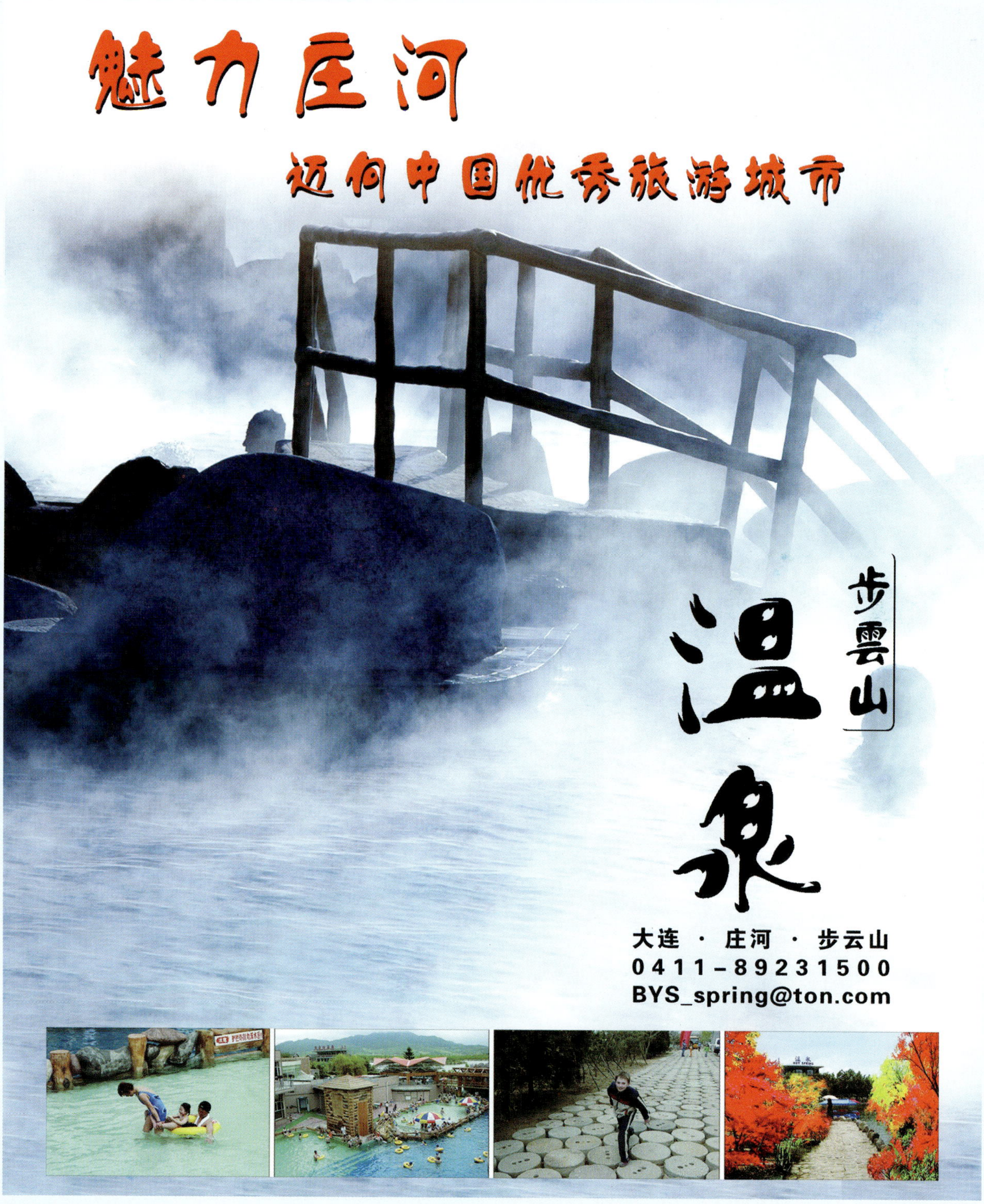
魅力庄河
迈向中国优秀旅游城市
步雲山
温泉
大连 · 庄河 · 步云山
0411-89231500
BYS_spring@ton.com

大连十大浪漫景点
中国最受游客喜爱的地方
中国魅力景区

她建设在辽南第一高山脚下
她座落在通往北方桂林--冰峪的必经之路旁
她的身旁流淌着大连人民的生命泉--碧水蛤蜊河
她的身下孕育着优质的地下宝藏--温泉
她是健康旅游的绝佳去处
她是绝无污染的待开发处女地
她是……

哪里有过炎炎七月还生长在冻土之上的冰育山荷
哪里见过大片亚热带植物天女木兰和女儿树生长在北国高山
哪里见过生长在世界地质奇观“古石河”上的原始森林
哪里有人品尝过从天而降的秋生鱼，敢问她的幼鱼又在何方
哪里……

这里正向都市人民呼唤！
来吧，这里是自然！
来吧，这里是深山！
来吧，这里有朴实的人民！
来吧，这里是自然的画卷！
来吧，这里的源头活水有点甜！
来吧，这里的森林、碧水、蓝天在期待！
来吧，这里的山珍野味望眼欲穿！
来吧，这里的温泉将荡涤尘埃！
来吧，这里的温泉将还您健康！
来吧，这里将使您身心愉悦！

这里就是步云山！
这里就是步云山温泉！

大连步云山温泉

大连步云山温泉是2002年开始投资开发的大连市立项的重点生态旅游工程，开发面积1平方公里，一期投资1.1亿人民币，完成建筑面积4.26万平方米，2005年7月正式对外营业。历史悠久的步云山温泉位于辽南第一峰——步云山脚下，是辽宁省最好的温泉之一。步云山温泉现有温泉供水站7座，最高水温61度。经中科院院士林学钰为首的专家组鉴定，步云山温泉属低矿化度、碳酸钠型水，弱碱性。水中含有26种对人体有益的微量元素，命名为“氟硅复合型热医疗矿泉水”，可广泛用于淋浴、理疗、保健、桑拿、游泳、戏水等。度假区内16栋欧式别墅楼座落于中心区的龙潭湖畔，每栋别墅第一层均设有客厅、厨房、餐厅，可自行备餐，第二层设有三室四卫，每室均有温泉洗浴设施。度假区主宾馆建筑面积3.2万平方米，按四星级宾馆设计建造、设计。宾馆内会议、住宿、洗浴、游泳、戏水、娱乐、健身、理疗等服务功能齐全，环境优越，可接待大型会议、旅游团体和中外宾客，接待能力1500人/天。宾馆大厅内流水潺潺，鱼翔浅底，商服设施明亮齐全，装饰典雅古朴，散发着浓重的文化艺术气息。烧烤园设在岩洞之内，上下三层，别具匠心。国际温泉俱乐部建筑面积8800平方米，有日式温泉大浴场1600平方米，集温泉游泳、戏水、沐浴、桑拿、理疗、康复和娱乐为一体，日可接待会员800人，食宿300人。度假区内还设有“九朵莲花”温泉、“日式露天风侣汤池”、“湖中温泉游池”、“五小”连池温泉等特色温泉项目。位于度假区中心区域的大型景观湖泊——龙潭湖，水域面积36万平方米，沿岸有树木36万株，生态环境优越。度假区内由4万多盘石磨铺设的广场、通道和景观，使游客如置身石磨的海洋之中，在感念先人的艰辛和坚韧的同时，激发与时俱进的信心和勇气。步云山温泉所收藏的石磨、石碾、石礤正在申报三项吉尼斯世界记录。

2006年度大连步云山温泉共接待海内外游客16万人次。

大连步云山温泉被授予：

“中国魅力景区”，“中国最受游客喜爱的地方”，“中国社会信赖度假区”，“辽宁省十佳风景名胜区”，“大连市浪漫之都十大浪漫景点”，和“庄河市先进旅游景区”。

大连步云山资源开发有限公司获得：

“全国旅游服务行业质量服务信誉AAA级单位”，“辽宁省区域经济发展特殊贡献奖获奖单位”，“诚信辽宁——百佳诚信示范单位”，“辽宁省优秀服务单位”，“辽宁省先进矿业企业”，“辽宁省社会公益事业优秀单位”，“辽宁省质量服务信誉AAA企业”，“大连市十佳‘3S’旅游示范单位”，“大连市创佳工作先进集体”，“大连市信用等级AAA级单位”，“庄河重质量讲诚信消费者满意示范单位”等荣誉称号。

大连步云山温泉生态度假区

中国最受游客喜爱的地方

第二届中国旅游营销年会
二零零七年一月十六日

李一力，工学硕士，高级工程师。1986年研究生毕业后留在大连海事大学任教，现任大连步云山温泉生态度假区总经理。

李一力被授予：

“中国新时期创业之星”，“中国魅力景区建设突出贡献人物”，“辽宁省优秀企业家”，“诚信辽宁——百佳诚信人物”，“大连市创佳工作先进个人”，“庄河市旅游工作先进个人”。

2006年9月24日李一力在人民大会堂荣获了“中华十佳世纪英才人物”荣誉称号，第九届全国政协副主席孙孚凌亲自为其颁奖。

李一力担任的社会职务：

“辽宁省非公有制经济研究会副理事长”，“辽宁省情研究会特约研究员”，“辽宁经济理事会副理事长”，“辽宁省企业发展战略研究副理事长”，“辽宁经贸理事会副理事长”，“ 辽宁经济研究会副理事长”“辽宁可持续发展研究会理事”，“辽宁省企业文化联合会常务理事”，“大连市温泉旅游协会副会长”。“大连市作家企业家联合会常务理事”，“庄河市旅游协会副会长”。

李一力

中华十佳英才人物

中国新时期创业之星

中国魅力景区建设突出贡献人物

辽宁省优秀企业家

诚信辽宁——百佳诚信人物

大连市创佳工作先进个人

庄河市旅游工作先进个人

李一力担任的社会职务

辽宁省非公有制经济研究会副理事长

辽宁省情研究会特约研究员

辽宁经济理事会副理事长

辽宁省企业发展战略研究副理事长

辽宁经贸理事会副理事长

辽宁经济研究会副理事长

辽宁可持续发展研究会理事

辽宁省企业文化联合会常务理事

大连市温泉旅游协会副会长

大连市作家企业家联合会常务理事

庄河市旅游协会副会长

大连华克吉来特汽车消声器有限公司

总经理刘福兵（右）、常务副总经理于孝源在研究工作

大连华克吉来特汽车消声器有限公司成立于1996年4月，是专业生产汽车排气系统（汽车消声器、转化器、排气歧管等）的中美合资企业。公司投资总额1500万美元，技术力量雄厚，设备先进，主要为一汽大众、一汽轿车、华晨金杯、江铃全顺等十余家汽车厂配套排气系统。

产品开发能力：依靠美国和欧洲技术中心的支持并随着技术队伍素质的不断提高，公司已经具备采用项目管理方式与主机厂同步启动、同步发展的产品开发能力。

制造能力和测试能力：公司经过多年的滚动发展，已形成多条消声器生产线、总成焊接线和制管线，并从欧美引进了具有国际先进水平的转化器封装线和数台多模数控弯管机。现有的进口关键设备60余台。另外，公司还可以进行材料性能检验分析和部分排气系统性能检测，检测设备包括三坐标测量机、管形测量机、气密检测仪、焊接剖切显微镜、盐雾试验机、冷流试验台、零部件疲劳振动试验台等。精密B&K噪声分析仪可进行相关性能试验及分析。

质量保证能力：从97年至今，公司陆续通过ISO9002、QS9000、VDA6.1及ISO/TS16949质量体系认证。

公司荣誉：公司多次获得政府授予的各种荣誉称号，其中包“优秀外商投资企业”、“大连市外商投资企业十大人均高利税企业”等奖励。另外公司还连续多年被各主机厂评为“优秀、核心、A级供应商”。

(详细信息请访问我们的网www.walker-dalian.com)

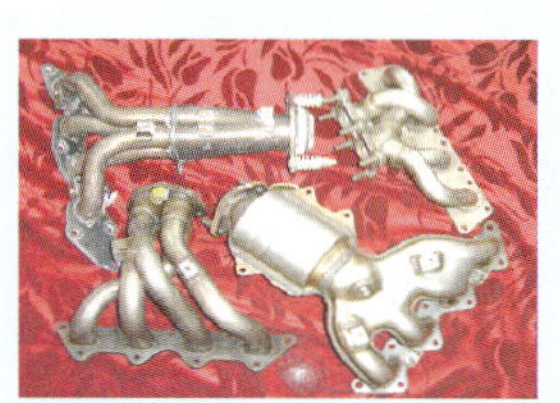

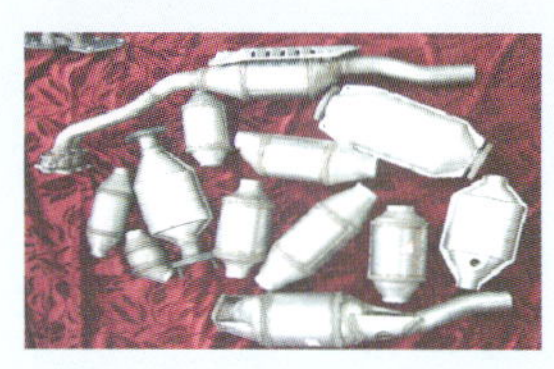

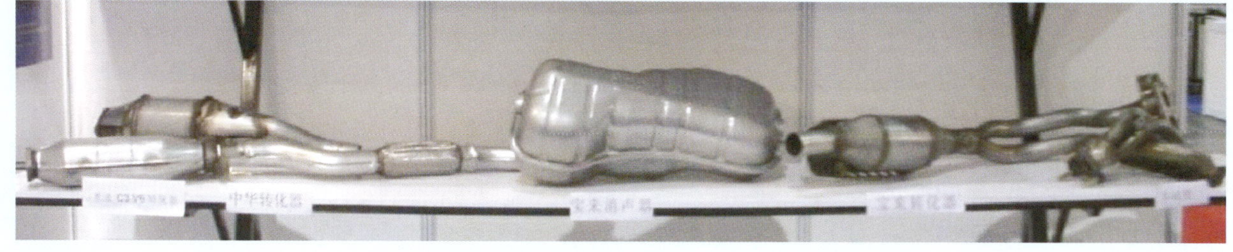

大连海事法院

院长：王永奎

开庭实录

根据全国人民代表大会常务委员会《关于在沿海港口城市设立海事法院的决定》，大连海事法院于1984年6月1日正式成立。大连海事法院现由辽宁省委、省政府和省高级法院共同管理，国家正厅级建制，受大连市人民代表大会常务委员会监督并向其报告工作。

2006年度总结表彰大会

大连海事法院是国家在东北三省设置的唯一审理海事海商案件的审判机关。管辖区域范围东自鸭绿江口的延伸海域和鸭绿江水域，西至辽宁省与河北省交界处的山海关海域，包括渤海一部分和黄海一部分海域，海岸线2920公里，2002年，最高法院确定黑龙江、松花江、乌苏里江三江流域的海事海商案件由大连海事法院专门管辖。

大连海事法院审理管辖区域内的一审海事、海商案件，上诉审法院为辽宁省高级法院。根据国家编委、最高法院、省编委、省高级法院的决定，设立锦州、鲅鱼圈、东港、长海、哈尔滨法庭，为大连海事法院派出机构；内设立案庭、海事庭、海商庭、审监庭、执行庭、政治部、研究室、办公室等机构。针对海事案件具有涉外性、专业性的特点，大连海事法院培养了一支熟悉法律、外语、航运等专业知识的法官队伍。现在法官中获硕士学位及具有法律、航海或外语等双学历的法官占相当比例，部分法官曾在国外留学和研修。

大连市商业局（粮食局）

2006年，在市委、市政府的领导下，市商业局以进一步提升商贸业的现代化、国际化、便民化水平为目标，突出重点，扎实推进，全市商业经济整体运行质量有了新的提高。社会消费品零售总额839.3亿元，同比增长14.7％，增幅同比提高1.2个百分点。

焦正家局长在品牌万里行启动仪式上讲话

农村现代流通网络体系基本形成。2006年新建改建农家店848个，超额完成省政府、市政府确定的工作任务。截止2006年底，全市累计完成农家店1462个，覆盖面达到72%。县区商业的现代化水平得到进一步提升，农村现代商品流通网络基本形成，农村消费对全市消费增长的贡献率不断提高。市熟食品交易中心和獐子岛渔业集团公司、础明集团公司列入到商务部的“双百市场工程”中，3家企业得到了国家655万元的直补和贴息补助。

焦正家局长在流通会后接受媒体采访

商业网点改造各具特色。以特色商业街改造建设为重点，按照“布局合理、业态超前、特色鲜明、环境优美”的原则，加大商业网点改造力度，提升了大连城市的现代化、国际化形象。对同泰街、勤俭街、高尔基路咖啡街、婚庆广场、松江路、锦华日本料理街等商业街的铺面、人行步道及灯光、广告牌匾和公共配套设施等进行了改造整治。青泥洼商业街荣获“全国著名商业街”称号。

食品安全体系不断完善。新建放心食品专柜专区108个，新增优质农副产品专柜、专区51个，新推出绿色市场试点单位和市场准入定点市场10家；棒棰岛肉联厂屠宰生产线被认定为国家绿色生产线；棒棰岛食品集团5种产品获国家绿色产品称号。加大了生猪定点屠宰监管力度，制定了大连市《加强生猪产品流通管理的通告》，理顺了定点屠宰的管理体制，调整了充实人员，规范了执法队伍。

加强商业规划与调控。编制了《2006-2020年大连市城市商业网点规划》。修改了《大连市城市商业网点管理条例》和《大连市城市商业项目听证办法》。编写完成了《大连市商业网点普查分析报告》，形成了商业发展的指导性意见。

粮食工作进展顺利。为进一步完善储备粮体系建设，与开封市、盘锦市签订了粮食产销合作协议，建立了粮食产销长期合作机制。清理了98年以来的粮食挂帐,彻底解决了“三老”问题。完成了年度粮食收购和轮换工作，实现了市级储备粮的推陈出新、安全储存。

刘俊文副市长在品牌万里行启动仪式上讲话

参观商业设施

特色商业区——新天地广场

农村连锁超市

大连市粮食经营企业"诚信经营"签约大会

大连市工商行政管理局

——发挥职能作用，为振兴东北老工业基地助力

2006年4月1日是大连市工商局建局60周年，这一年，市工商局不断深化服务型工商建设，按照科学发展观的要求积极构建和谐社会，促进地方经济又好又快发展。一是发挥职能作用，努力推进新型产业基地和航运中心建设。下放外资企业注册登记权限，实行大项目跟踪服务制和登记注册限时承诺等制度，使市场主体准入环境进一步优化。全市新登记各类企业12，455户，同比增长7.3%；支持企业深化改革和做大做强。运用商标战略支持企业自主创新，全市驰名商标达到9件。发挥协会作用，建立为中小企业服务的融资、法律等14个服务平台，组织银企对接34次，为民营企业融资8412万元。二是积极支持新农村建设。出台准入便农、合同帮农、品牌兴农、经纪活农、红盾护农五个方面33条优惠政策，深入开展了“红盾护农”行动，查扣假种子19800公斤、假农药1221公斤、不合格化肥645吨，推进了社会和谐。三是维护公平竞争的市场秩序。深入开展保护注册商标专用权和广告市场专项整治，全市媒体广告违法率由年初的10.03%，下降到4.51%。着力打击各类商业欺诈行为，端掉传销窝点673个，驱散传销人员11329人次。四是建立完善的食品安全监管机制，努力营造健康安全的消费环境。在全市220处市场推行了食品准入制，强化了食品安全专项整治，查处违法案件1280余件，查扣不合格食品13.88万公斤。加强了食品监测，对不合格食品全部做了退市和相应处理。同时，着力提升内部管理能力，加强工商文化建设，举办了全国“工商行政管理文化论坛”，加强阳光政务建设，“阳光所”被市纪委评为创新品牌。

纪念大连市工商局建局60周年大型文艺晚会

局党组进行讨论学习

同人民政协报、大连市政协联合举办全国“工商管理文化论坛”

加强对流通领域的食品安全监管工作

开展红盾护农工作，促进新农村建设

加强旅游市场监管

工商执法人员在查处假冒产品

大连市公安局

大连市公安局是主管本市公安工作的市政府职能部门，下设十二个区、市（县）公安（分）局，全市总警力万余人。建局60多年来，大连市公安局始终以维护国家长治久安，保障人民安居乐业为神圣使命，在市委、市政府的领导下，为保障大连的政治安全、社会安定和人民生活安宁，付出了巨大努力，做出了突出贡献，得到了社会各界的广泛赞誉。近年来，市委、市政府高度重视公安工作，认真贯彻落实《中共中央关于进一步加强和改进公安工作的决定》，在组织、警力、经费、装备等方面，为公安机关解决了一些长期困扰公安工作的体制性、机制性、保障性问题，有力地推动了公安事业的发展。大连市公安局以此为动力，坚持把维护社会稳定置于各项工作的首位，严厉打击各种违法犯罪活动，大力推进社会治安防控体系建设，确保了全市社会治安持续稳定。坚持从严治警，全面强化队伍正规化建设，队伍战斗力和整体素质不断增强，近年来相继涌现出了赵振金、邹连本等一大批先进典型，全局有13名民警被公安部授予“全国公安英模”称号。坚持服从服务于经济建设这个中心，坚持全心全意为人民服务的宗旨，全面改进各项公安行政管理工作，转变公安机关工作作风，深化警务公开，提高工作效能，广泛接受社会监督，推出了一系列便民利民措施，努力为大连经济发展和人民群众生活提供更多更好的服务。

在我市加快老工业基地振兴和“东北亚重要国际城市”建设的征程中，全市公安机关以科学发展观为统领，以促进“平安和谐”为主线，全面提高公安工作水平和公安队伍战斗力，切实为大连经济社会发展、人民群众安居乐业，创造稳定的社会环境，提供有力的安全保障和良好的服务。

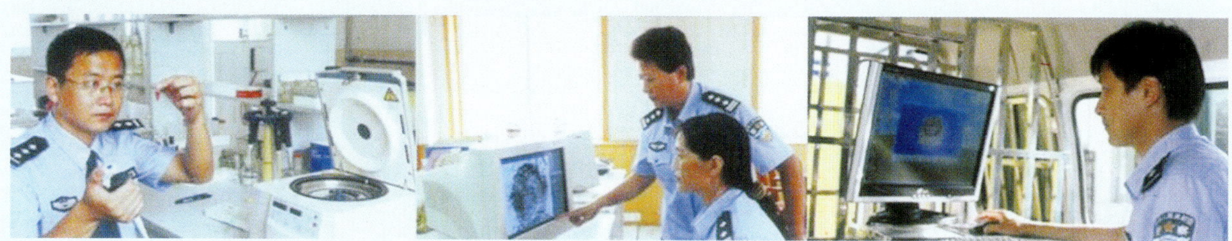

公安

公安特警
POLICE

大连市公安局交通警察支队

市委书记张成寅来支队视察工作

大连交警支队属于副局级建制，下设12个处室（政治处、纪检组、办公室、行政处、指挥调度室、法制考核处、科技管理处、交通秩序管理处、案件审理处、机动车管理处、驾驶人管理处、机动车检测中心）、8个大队（中山、西岗、沙河口、甘井子、旅顺、高速公路一、二、三），共有民警842人。并担负对5个区市县（开发区、金州、普兰店、瓦房店、庄河）、长兴岛临港工业区及海港、民航大队的业务指导。

自2000年以来，在全市交通民警的共同努力下，我市的道路交通管理工作在全国城市道路交通管理实施畅通工程评比中，连续5年取得第一名的成绩，大连市被授予全国实施畅通工程模范管理城市，市交警支队被记一等功和二等功各一次。2004年在CCTV全国10个最具活力的城市评比中市民对交通满意率达82.95%。2005 年在全国文明城市的评比中，支队被评为“全国精神文明先进单位”。

近年来，大连交警支队按照市政府提出的“城市保畅通、农村保安全”发展战略要求，努力推进城区的畅通工程和农村地区的创建平安畅通县区工作，使这两项工作一直走在全国和全省前列，呈现城乡交通协调发展的良好局面。

在发挥道路交通管理职能的同时，他们始终坚持“创一流业绩，必须建设一流队伍”的发展思路，大力加强交警队伍正规化建设。一段时间以来，他们紧密围绕“岗位练兵”和“抓基层、打基础、苦练基本功”活动，强化队伍建设，并在全省公安系统介绍经验。与此同时，他们努力提高执法水平和执法质量，力争公平、公正、公开，不断简化办事程序，方便群众，体现执法中的“人性化”。

指挥中心

交通安全宣传

现场事故处理

与此同时，他们逐步加快城市交通指挥控制中心建设速度。全面推广应用了“道路交通违法信息管理系统”。完成了沈大高速公路超速自拍设备联网和“交警信息平台”、“危险品运输系统”、“智能交通系统”、“机动车号牌识别系统”的应用。实行了非现场执法邮递告知办法。启用了“168信息查询系统”。进一步实现了“道路交通违法行为计算机处理系统”和“车辆牌照自动识别系统”的联网应用；拓展了“交通信号控制技术系统”的适用范围；增强“路阻自动报警系统”对路面交通的监视、调控和干预能力，推行了“警务运行新机制”，科学、有效、最大限度地发挥编码定位和快速反应的管理效能。其中，“公安交通紧急事件快速反应处理系统”等几十个科技成果获得国家、省市科技进步奖项。为此，该支队还荣获了“大连市电子信息技术推广应用项目先进集体”称号。

多年来，大连交警支队坚持通过不同的形式、采取多种措施，持续地开展交通安全和交通法制宣传教育，切实加强源头管理，防范交通事故的发生。在全国开展的交通安全“进家庭、进学校、进社区、进企业、进乡镇”活动中，该支队被评为全国优胜单位。

大连市信息产业局

局长：江亲瑜

大连市信息产业局是全市主管电子信息产品制造业、软件业、信息服务业，推进城市信息化，负责城市无线电频率资源管理和空中电波监测与执法的市政府组成部门。1998年，根据《中共辽宁省委、辽宁省人民政府关于大连市党政机构改革方案的通知》，将原市信息产业局和原电子工业管理局合并，正局级建制。市信息产业局同时加挂大连市信息化办公室牌子，负责履行大连市信息化工作领导小组所赋予的各项职能。局内设12个处（室），65个行政编制。

2006年，在市委、市政府的正确领导下，全局紧紧抓住东北振兴和沿海开放的双重机遇，全面贯彻落实市委九届十一次全会和十次党代会精神，加快电子信息和软件产业基地建设，大力推进信息技术在各个领域的应用，全面加强依法行政和机关建设，圆满完成了各项工作任务。全年信息产业实现销售收入595亿元，同比增长25.3%；出口44.5亿美元，同比增长27.2%；其中，电子信息产品制造业全年实现销售收入450亿元、出口40亿美元、同比分别增长20%、25%。产业规模占全省的比例从2005年的67%提高到70%。软件产业全年实现销售收入145亿元，同比增长45%；出口4.5亿美元，同比增长50%，实现了“十一五”的良好开局。

展望未来，全局机关工作人员将在局党委的带领下，再接再厉，奋发向上，认真贯彻全国信息产业工作会议和市委十届二次全会暨全市经济工作会议精神，坚持自主创新和国际合作并举，以英特尔超大规模集成电路项目为龙头，全力打造电子信息和软件产业基地，加速提升城市信息化水平，推动信息产业和信息化建设又好又快发展。

英特尔芯片项目落户大连

大连市对外贸易经济合作局

大连市对外贸易经济合作局是市政府管理全市对外贸易经济合作工作的综合职能部门。在市委市政府的正确领导下，市外经贸局开拓创新、锐意进取，全面推进我市对外开放工作向更大规模、更高层次、更宽领域发展。2006年是“十一五”规划的起步之年，在“十五”时期快速发展的基础上，全年外经贸工作实现了又好又快发展。

一、外贸进出口

2006年1－12月份，全市自营进出口完成293.24亿美元，同比增长24.66%。其中，外贸出口156.55亿美元，同比增长25.9%；自营进口136.69亿美元，同比增长23.27%。

二、利用外资

2006年1－12月份，全市新批准外商投资企业853家，注册外资金额47.29亿美元，实际使用外资22.45亿美元，同比增长124.1%。

截至2006年末，全市累计批准外商投资企业11,981家，注册外资金额405.13亿美元，实际使用外资222.49亿美元。全市已建成开业投产的外商投资企业4，010家。

三、国外经济技术合作

2006年1－12月份，共签订对外承包和劳务合作合同900项，合同金额35，348万美元，同比增长16.7%；营业额28，050万美元，同比增长12%；外派劳务29，150人次，同比增长10%；月末在外人数40，238人。

四、对外交往

2006年1－12月份,共接待日本、韩国、美国及港澳地区等70多个国家和地区来连洽谈贸易的客商12.7万人次。

大连市旅游局

——大连旅游业再创辉煌

2007年2月8日，大连市被国家旅游局和世界旅游组织正式命名为“2006中国最佳旅游城市”。这是大连市在率先全面振兴老工业基地、建设旅游名城、加快构建和谐大连进程中取得的巨大成果，是大连旅游业乃至整个城市向现代化、国际化方向迈进的重要里程碑。

旅游产业持续实现又好又快发展。通过开展创建中国最佳旅游城市活动，打造了“浪漫之都”城市品牌，形成了领先世界的概念性旅游产品。以海滨休闲度假和绿色旅游为特色，创造性地开发了夏季“3S”和冬季“3S”系列旅游产品。旅游业吸纳直接从业人员23万人，占全市城镇就业职工的12.8%。2006年，大连市共接待海外游客70万人次、国内游客2150万人次；旅游总收入260亿元，增长23.3%，与地区生产总值的比值从2000年的7.6%攀升到2006年的10.1%。

城市综合服务功能不断完善。市政府投入近百亿元，着力建设和改造道路桥梁、污水和垃圾处理等基础设施。增开了国际航空航线8条，改造了国际邮轮游客通关服务设施。开通了环城观光巴士。设立了96181旅游咨询投诉服务中心。建成旅游咨询服务中心24个，星级旅游厕所500个。健全了城市旅游咨询、导示和景区解说系统，建设了多语种旅游网站、导游图和宣传资料等旅游信息服务体系，现代化的旅游综合服务体系已经初步形成。

城市旅游的国际化水平快速提升。国际旅游交流日益频繁，旅游业的国际化水平显著提高。与10多个国家和地区的50多个城市建立了稳定的旅游合作关系。大连国际服装节、大连赏槐会等节庆活动已成为国际交流的重要平台。2006年全市共接待海外旅游团队1000多个，接待国际邮轮7艘，国际旅游政务交往50多次。“中国夏季达沃斯论坛”将于2007年9月6日－8日在大连举行。

大连市创建中国最佳旅游城市动员大会

大连市接待办公室

领导班子

大连市接待办公室其前身为市政府交际处，组建于1946年，主要承担着为市五大班子公务接待提供服务保障，参与国家领导人来连和重要大型会议的接待任务等职能。随着我市改革开放的发展和城市声誉的提高，来连视察、访问的国家领导、外国政要和在连召开的大型重要会议，次数越来越多，规模越来越大。市接待办曾多次圆满地完成了胡锦涛、江泽民、吴邦国、温家宝、贾庆林、黄菊、吴官正、李长春、罗干等党和国家领导人，以及俄罗斯前总统叶利钦、菲律宾前总统科拉松·阿基诺等外国政要的接待任务；完成了亚欧经济部长会议、WTO非正式小型部长会议等重要会议的接待任务。2006年共接待党和国家领导人17人次；省（部）级以上领导176人次；司局（市地）级领导135人次；接待各类会议80批次，人数达11200人次。

市接待办始终坚持服从和服务于全市的经济建设和社会发展。2003年以来，克服各种困难，多方筹措资金，先后投入5，000多万元，用于基地的基础建设和装修改造，不断改善接待条件，完善服务功能。先后装修改造了棒棰岛宾馆1.2.4.6.7号别墅楼、9号主楼和大连宾馆、大连饭店的客房、餐厅等重点部位。汽车公司自筹资金200万元对车辆换型更新，目前拥有奥迪A6等高档次轿车、高档考斯特中巴等政务接待用车50余辆。努力营造一流接待基地，已经形成了具有一定规模，集吃、住、行、娱等系列服务为一体的功能完备、设施先进、环境优雅、服务优质的专业化、规范化的接待全系。市接待办还大力推进素质工程，培养了一大批懂经营、善管理、业务精、技术硬的专业人才。现有烹调、面点高级技师5人、技师28人，客房、餐厅服务高级技师1人、技师6人、高级工133人，其他各类技术人员313人。同时在全面推行经营承包责任制的基础上，不断深化企业干部人事、劳动用工和分配制度改革，给企业经营带来了生机和活力。三年来，实现利润每年递增20%以上，年人均收入每年递增15%,资产负债率已控制在20%以下，确保了国有资产保值增值，为大连的经济和社会发展做出了贡献。

棒棰岛宾馆远眺

对外友好交流

大连饭店

大连市土地储备交易中心

中心主任：王君

2006年，市土地储备交易中心坚持以科学发展观为统领，以“一个中心、四个基地”建设为核心，以市政府确定的主要任务为重点，全面贯彻落实中央及省、市的一系列指示精神，比较圆满地完成了市政府赋予的各项工作任务。

全年计划出让土地350公顷，实际落实362.62公顷（含公示项目1.81公顷）。其中，普通住宅建设用地占供地总量的80%左右，做到了供应结构合理。市内四区共组织交易土地52幅，总用地面积约360.81公顷，总建筑面积约609.80万平方米。

拆迁工作进展顺利。按照拆迁属地化管理的要求，先后协调组织了尖山街、台山街、春华山等旧城区拆迁任务。总占地面积146公顷，拆除建筑面积75万平方米，动迁居民总户数6461户；朱棋路地区土地储备工作开始启动。按照市政府的工作部署，启动了朱棋路地区的土地储备先期工作，组织完成了启动区约11平方公里的动迁摸底测算。根据市领导的指示精神，组织人员对市内四区范围内已取得中标手续的经营性房地产开发建设项目实施跟踪管理，对102个在建房地产开发项目和已批未建的84个项目进行了登记统计，恢复了《房地产开发项目手册》；半截子工程建设取得了重大进展，除2个项目正在配合法院进行处理外，其余的已全部启动；大连港东港区的搬迁改造工作按照计划加快推进，已形成净地72.8公顷，综合开发建设工作进展顺利，11月10日举行了“大连东部港区搬迁改造项目启动暨辽宁出入境检验检疫局综合办公楼奠基仪式”，标志着东部港区开发建设正式启动。

房地产宏观调控取得明显成效。按照国家有关抑制房价增长过快的有关规定，从供地源头上加强调控。将普通住宅建设用地控制在供地总量的80%左右；对挂牌出让的项目进行“双竞”、“双限”；对中低价位、中小户型普通商品住宅的标准及对廉租房、经济适用房和限价商品房等房地产开发项目用地均做了明确规定。保证了房地产市场健康平稳地发展。

招商项目推介会

瓦房店市人民政府

——迅速崛起的瓦房店市

市委书记：徐长元

市长：蔡有彬

瓦房店地处辽东半岛中西部、大连市的北大门，北接营口盖州市，东连大连普兰店市，南临大连金州区，西至渤海之滨。早在四五千年前先民们就在这里繁衍生息，自辽代初年始设州治，治所即今复州城镇，经历了扶州、复州、复县等历史演变，至1985年撤县建市。全市陆域面积3793.5平方公里，人口102.6万。

依山傍海中的瓦房店，孕育着人与自然的灵气。境内现存文化古迹多处，横山书院为清代辽南地区最高学府。在皮影戏、辽南影调戏基础上逐步发展起来的辽南戏被命名为辽剧，瓦房店为辽剧发展基地。境内有金刚石、石灰石、花岗岩、金等30余种矿藏，其中金刚石探明储量占全国的54%，石灰石探明储量15亿立方米。

瓦房店交通便捷，哈大铁路、沈大高速公路、黑大公路纵贯南北，公路网化密集；是东北亚航运中心的重要组成，拥有港口多处，附近具备建设30万吨级以上深水码头的条件，规划建设已经启动。

瓦房店历史上是辽南工业重镇，曾有“大辽宁、小瓦房店”之称，工业门类齐全，基础雄

投资12亿元的瓦轴集团精密技术与制造工业园

投资2.5亿元的大连成达食品有限公司

新兴的旅游度假胜地

厚，是“中国轴承工业的故乡”，全市有工业企业9000家，形成机械制造、建材、食品、化工、电子等优势产业，西郊、祝华、松木岛三个工业区列入大连市“一岛十区”规划。这里也是国家主要水果生产基地，拥有“苹果之乡”的美誉；是国内暖温带高效节能日光温室生产的发源地；海岸线长461.2公里，素有“黄金海岸”之称，生产海珍品和海盐，是国家重要的海产品水产基地，复州湾盐场为全国四大盐场之一。围绕海滨、温泉和滑雪，12个旅游景区逐步打造出山、海、岛、泉、城相得益彰的新兴旅游胜地。

改革开放以来，尤其是近年来，瓦房店的发展突飞猛进。2006年，实现地区生产总值283亿元，同比增长18%；固定资产投资140亿元，增长40%；社会消费品零售总额53亿元，增长15.7%；地方财政一般预算收入10.7亿元，增长32.2%；城镇居民人均可支配收入8806元，增长12.7%；农民人均纯收入6000元，增长15%。瓦房店市在第六届全国县域经济基本竞争力评价中位居第四十四位，财政一般预算收入位居辽宁省县（市）第一位，在辽宁省首届生活质量排行榜中位居县（市）第一位，连续三年入围福布斯中国大陆最佳商业城市百强排行榜，在东北县级地区率先进入全国无公害果菜十强市行列，成为国家卫生城市，并通过国家环境保护模范城市验收。

在东北地区率先进入全国无公害果菜十强市行列

投资11.4亿元的大连机床集团祝华机电园

2006年成为东北县级首家国家卫生城市，并通过国家环境保护模范城市验收

庄河市人民政府

在第十二届家具展上，我市获得“中国实木家具产业基地”称号

庄河市位于辽东半岛东侧中部、黄海北岸，地处东北亚经济圈的中心，介于大连、丹东两座城市中间节点。陆域面积4086平方公里，占大连市的三分之一，海域面积2900平方公里，海岸线长285公里。辖22个乡镇、4个街道办事处，人口92万。是国家的工业基地和能源基地，也是中国黄、渤海岸最具吸引力的投资热点地区之一。2006年全市实现生产总值191亿元，增长16%；地方财政一般预算收入7.1亿元，增长29%；固定资产投资110亿元，增长31.2%；农民人均纯收入6000元，增长16.8%。在中国县域经济基本竞争力百强县（市）中列第70位。

自然资源丰富。淡水资源充沛，境内有大小河流360余条，水库44座，年淡水总量在18.8亿立方米以上，占大连地区的60%，是大连城市主要水源地。旅游资源得天独厚，现已开发知名旅游景区10余处。国家地质公园、4A级冰峪旅游度假区以其奇特的石英岩地貌和亚洲面积最大、保持最完整的赤松林闻名于世。海王九岛旅游度假区被中国大文豪郭沫若先生称为“海上画屏”，奇特海岛风光国内少有。矿产资源丰富，硅石、河砂、黄金等矿藏储量大，品质好，极具开发潜力。

特色农产品享誉中外。耕地面积10万多公顷，是全国无公害农产品生产示范基地和辽宁省水果、食用菌出口基地市。杂色蛤、河豚鱼、大骨鸡、绒山羊、食用菌、优质大米、黑岛鸭蛋和歇马杏构成闻名中外的“八大地方特产”。广阔的海域盛产杂色蛤、文蛤等40多种贝类和河豚鱼、海参、梭子蟹等海珍品，享有“世界贝库”美誉。水产品产量居辽宁省县级首位。已建成世界最大的河豚鱼养殖、加工基地，活鱼出口量占全国的90%以上。是名副其实的海洋大市、渔业大市、水产大市。

工业基础雄厚。形成了家具、电子、机械加工、轻纺、机电、建材、食品加工、化工、服装等优势产业格局。家居产业起步早，发展迅速。全市现有实木家具企业1500多家，就业人员2万多人。2006年，全市家具业实现产值56.7亿元，增加值16.9亿元，利税5.2亿元，出口总量占全国10%以上。大连华丰家具有限公司为世界最大的实木家具生产企业，在全国同行业中名列产量第一、销量第一、出口量第一，荣获中国驰名商标和中国名牌产品殊

庄河市区一撇——黄海广场

庄河港万吨级码头

荣，其产品畅销国内各地和东南亚、欧美等国家、地区。2007年6月12日，中国家具协会在第十二届中国国际家具展览会上，正式授予庄河“中国实木家具产业基地”。大连宇宙电子公司的二极管产量居世界第二。即将建成投产的庄河电厂为目前中国最大的海滨热电厂。全市共规划建设市乡重点工业园区13个，建成区面积25.7平方公里，已落地大项目200多个，有120个建成投产。

城市独具魅力。庄河是中外少有的有山、有海、有岛、有河、有林的城市，气候适宜，环境优美。正全力打造生态型海滨城市品牌，已成为中国东北地区最美丽的县级城市和最适合人居的城市之一。

交通四通八达。大丹高速公路和201、305国道与沈大、沈丹公路相连，构成环型高速公路网。城庄铁路连接东北铁路网。庄河港是黄、渤海沿岸距离日本、韩国最近的港口。境内建设中的辽宁滨海公路旅游专线横贯东西。筹建中的东北东部铁路直达俄罗斯。

投资环境优越。成立了市行政服务中心，在全国率先实施了“全程办事代理制”，对所有行政许可事项实行“一门受理送达、干部全程代理、限时满意办结”，为中外投资者提供最优的行政环境、法治环境、诚信环境和治安环境。

对外开放成果显著。已与国内外100多个城市和地区建立了友好合作关系，共进驻外资企业550余家。

文化积淀较厚重。是全国中小学写字教育基地和劳动技术教育基地，中国“民间艺术之乡”、“田径之乡”，中国生态、科技、中医、体育、文化、广播电视等工作先进县（市）。

庄河电厂一号机组

大连轮胎厂生产车间

国家珍稀鸟类黑脸琵鹭

国家AAAA级冰峪沟旅游风景度假区

大门山森林公园

长海县人民政府

长海县地处辽东半岛东侧的黄海北部海域，由142个岛、坨、礁组成，海域面积7720平方公里，陆域面积119平方公里，辖2镇3乡，人口7.49万。

作为全省唯一的海岛县，渔业一直是长海县的主导产业。“十五”期间，在对国际国内海洋渔业形势审时度势的基础上，长海县迈出了调整传统渔业结构的历史性步伐，走出一条由“猎捕型渔业”向“栽培型渔业”转变、“资源开发”与“生态保护”并重的现代渔业发展之路。至2005年末，远洋渔船由“九五”期末的39艘发展到132艘，海洋捕捞年产量和年产值分别比“九五”期末增长45.8%和81.8%。在全国捕捞业呈零、负增长的形势下，长海县捕捞业在竞争中迅速壮大，船队规模和生产水平在全国同行业中始终处于领先地位。科学引导渔民由低效益养殖品种向名、特、优、新高效养殖品种调整。虾夷扇贝、海参、海胆、鲍鱼、魁蚶等高附加什海珍品增养殖量迅速扩张。“十五”期末，海水增养殖总规模和产品产值分别比“九五”期末增长2.4倍和1.8倍，成为全国最大的海珍品底播增殖基地。

实行“工业强县”战略。水产品加工业迅速发展，渔业精深加工比例大大提高，产品发展到26大类、100多个品种，远销欧美、日本、东南亚等十多个国家和地区。獐子岛渔业在省内率先建成海洋有机食品生产基地，獐子岛牌荣获中国驰名商标。“十五”期末与“九五”期末相比，全县工业总产值增长2.2倍，其中水产品加工业产值增长2.5倍。

以旅游业为龙头的第三产业呈现强劲的发展态势。大长山岛和哈仙岛被评为全国农业旅游示范点，金贝广场被评为全国农业旅游示范点，金贝广场被评为全国工业旅游示范点。在辽宁省旅游局和《辽宁日报》联合举办的“辽宁最美的地方”评选中，长山群岛荣获“辽宁最美的岛屿”称号。

全面实施“蓝天碧海”工程。境内无大型工业污染企业，多年来海域环境质量和大气环境质量一直保持国家一级标准。森林覆盖率达63%，经过3年的创建工作，下辖的5个乡镇全部成为大连市生态示范乡镇，长海县成为“大连市生态示范乡镇”县（市）。

环海公园

城镇区一隅

网箱养鱼

浮筏养殖

广鹿马祖庙会

五彩太平洋

大连长兴岛临港工业区

——投资的热土 大连经济腾飞的强力引擎

省委书记李克强视察长兴岛

市委常委、管委会主任：姚家凯

省长张文岳视察长兴岛

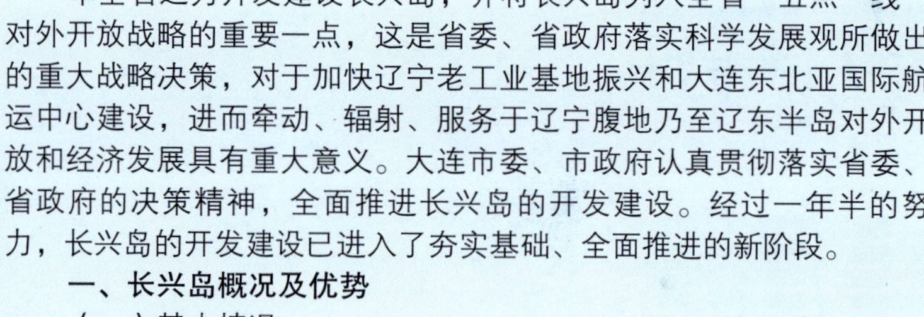

举全省之力开发建设长兴岛，并将长兴岛列入全省“五点一线”对外开放战略的重要一点，这是省委、省政府落实科学发展观所做出的重大战略决策，对于加快辽宁老工业基地振兴和大连东北亚国际航运中心建设，进而牵动、辐射、服务于辽宁腹地乃至辽东半岛对外开放和经济发展具有重大意义。大连市委、市政府认真贯彻落实省委、省政府的决策精神，全面推进长兴岛的开发建设。经过一年半的努力，长兴岛的开发建设已进入了夯实基础、全面推进的新阶段。

一、长兴岛概况及优势

（一）基本情况

长兴岛位于辽东半岛和大连渤海岸线的中端，现有人口4.1万人，陆地面积252.5平方公里，是中国第五大岛（台湾、海南、舟山、崇 明），长江以北第一大岛。2002年被列为省级开发区，2005年6月24日成立临港工业区，是大连市4个对外开放先导区之一。

（二）长兴岛优势

长兴岛拥有大连渤海岸最为优良的港口资源，是继大窑港湾港区之后，可供大连未来数10年内持续发展的重要港址。交通部已将其纳入到《振兴东北老工业基地公路水路交通发展规划》中，是重点发展的优良深水港区之一。其优势主要表现在：

1、临港条件优越

①长兴岛环岛岸线91.6公里，可用于建港和发展临港工业岸线40公里，其中适于建港岸线24公里，工业岸线16公里；

长兴岛大桥

②离岸400米即可达到20米等深线，离岸1公里即可达到30米等深线，可建集装箱、大型散装货和通用码头。是整个渤海湾中最优良的港口资源。

2、可利用面积大

①长兴岛平均海拔55米，最高峰塔山328.7米；

②全岛252.5平方公里，除海拔60米以上的高山66平方公里外可用地186.5平方公里；

③另外还有55平方公里盐田可利用，这样以来，186.5平方公里加55平方公里，共241.5平方公里可以利用，这在大连各港口中发展空间最为广阔。

3、区位优势明显

长兴岛位于辽东半岛的中端，海上西距秦皇岛港84海里，南距旅顺口59海里、大连92海里，北距营口港101海里；陆上北距营口130公里、沈阳292公里，南距大连123公里，东距沈大高速公路29公里、哈大铁路支线15公里。既是面向环渤海经济圈最优良的出海口，又是通往东北腹地最便捷的大通道，对于联系辽宁中部城市群和东北经济区具有重要的战略位置。

4、地理条件独特

长兴岛三面环海，一面海峡，是个独立的岛屿，可以形成封闭区域，便于封闭管理，适合设立出口加工区和自由贸易区。

5、开发成本低

①长兴岛至今未进行大规模开发建设，较好的保持了原有自然面貌；

②现有林地65.3平方公里，荒地57.3平方公里，合计122.6平方公里。

③土地瘠薄，农民人均纯收入来自农业仅占3.5%；

二、开发建设进展情况

（一）管理体制和运行机制得到逐步健全和完善

根据工业区开发建设需要，并结合长兴岛的现状，组建了相应的组织机构。2005年成立了管委会和党工委，并按照少而精的原则，配备了职能机构；撤销了长兴岛镇建制，设立了长兴岛街道办事处；2006年组建了大连长兴岛开发建设投资有限公司，作为市级投融资平台，承担投融资职能；设立了市环保局长兴岛办事处、市工商局长兴岛分局、市国土资源房屋局长兴岛分局，为全面履行开发建设管理职能奠定了基础。

管理体制得到进一步理顺，管理职能逐渐明确。除了一些社会管理职能外，与开发建设和经济发展密切相关的管理职能已从瓦房店市分离出来，并与市里相应部门进行了全面对接，使管委会在管理体制和管理职能方面具有相应的独立性，能够有效地对全岛经济和社会实行统一管理。土地管理体制和财政体制是制约长兴岛开发建设的体制因素，经过多方努力和工作，得到全面理顺。征地和供地可以直接向省、市报件，提高了工作效率，节省了征地成本，增加了财政收入；市政府已同意从2006年开始，对长兴岛实行新的财政体制，并决定3年内每年定补2000万元，有效地缓解了财政压力。

内部运行机制和管理制度得到进一步规范和完善。出台了政府采购、工程招投标、工程预决算、行政事业单位财务、软贷款使用、土地招拍挂等管理办法和规定，进一步明确了土地征用、房地产开发、农民建房房屋产权管理等方面的工作程序，从制度上规范了行政管理行为，确保行政行为公开、公正、公平，从源头上遏制了腐败现象发生和不正当的行政行为。

市委书记张成寅视察长兴岛

市长夏德仁视察长兴岛

长兴岛风光

（二）规划设计等前期工作全面展开

经省政府同意，《长兴岛开发总体规划》已于2006年8月25日得到省发改委批复；港口、产业、城市发展3个专业规划已编制完成。委托新加坡裕廊国际完成了78.6平方公里产业区概念性总体规划和10平方公里产业起步区控制性详细规划；编制完成了综合区和公共港区控制性详细规划；全岛地形图测绘成果，已通过省测绘局验收并投入使用；组织编制了全岛热力、电力、住宅建设等专项规划。为全岛基础设施建设和招商引资创造了条件。

完成了全岛区域环评的编制工作，已进入专家评审阶段。影响全岛开发建设的最大法律障碍——斑海豹自然保护区调整工作取得较大突破，相关文件已通过国家环保总局审查，并在国家级专家评审会上得以原则通过，有望在今年得到国务院的批复。

完成了长兴岛镇级土地利用总体规划调整，并经市政府和省政府批准，集中调出规划建设用地8.64平方公里，基本保证了近期建设用地需要。同时，积极推进农用地转用工作。所有这些前期工作，为全面、有序开发长兴岛奠定了基础。

（三）基础设施建设快速推进

长兴岛外围基础设施大配套项目主要包括：入岛铁路、疏港高速公路、供电、供水等，目前已全部启动，进展情况良好，将在今年全部开工建设。田家至长兴岛铁路工程预可研已通过铁道部组织的专家评审，并得到铁道部立项批复，工可研已通过评审，正在进行工程初步设计；市政府与铁道部已签订投资合同；五岛至长兴岛15公里路由

大连长兴岛临港工业区

定位选线已结束，正在着手征地动迁工作。疏港高速公路已完成前期工作，工程招投标已结束，待土地征用后即可开工建设。岛外66千伏电网改造和增容工程已完工送电，新建岛内66千伏塔山变电所和220千伏送变电工程可研已通过省供电公司组织的专家评审，已开工建设。长兴岛应急引水工程已完成前期工作，输水管线工程招投标结束，已开工建设。

港口是长兴岛赖以生存和发展的最重要的基础条件。2006年2月20日开工建设的港口起步工程进展顺利，1个5万吨、2个7万吨级通用泊位已完成填海工程，疏浚工程、钢管桩制作、主体工程、阴极保护工程的招投标工作。填海工程已完成工程量的96%，其他工程正在按计划顺利进行。为港口配套的航道、防波堤工程项目建议书已得到市发改委批复，工可研已通过专家评审，正在进行招投标，今年可开工建设。大连港集团与长兴岛开发建设投资有限公司于2006年9月12日正式签署协议，共同出资组建了大连长兴岛码头有限公司，负责公共港区的投资建设和经营管理。12月8日，管委会、大连港集团、新加坡万邦集团三方签署框架协议，2007年3月12日签署正式合同。

岛内基础设施配套正在有计划全面展开。岛内城八公路西段2006年7月竣工投入使用；东段于2006年8月开工，目前已达到了通车条件，极大地改善了岛内交通状况。为公共港区及STX造船产业基地配套的11公里道路和产业区60公里道路及给水、雨水、污水等管网工程已开工建设。完成了5条10KV电力线路升级改造，保证了港口、新港小区和产业项目建设用电和临时用电需要。通过招商，采取市场化运作方式，启动了综合区和产业区供暖工程，新建锅炉房两座，全部开机运行，结束了岛内靠小锅炉供暖的历史。

（四）动迁安置工作进展顺利

50平方公里动迁区内2658户，7823人，基本完成安置工作 。新港住宅小区37.45万平方米住宅楼全面竣工。配套建设的供暖、供气、供水工程和小学、幼儿园已投入使用。为小区服务的商业区已建成。道路、绿化和硬覆盖一期工程已完成，二期工程正在建设中。小区休闲广场和路灯工程已完成年度计划。新港小区已成为岛内配套最完善、环境最优美的居住小区。

为了配合城区建设、基础设施建设和产业项目建设用地需要，出台了局部动迁安置政策，实行失地农民生活保障制度，有利地推进了局部动迁工作的开展，保证了各项建设需要。共实施局部动迁51户、146人，并按照失地农民保障办法的规定，对区内6个村、2398户、7544人实行生活保障。为了加快招商引资步伐，配合韩国STX项目建设，启动了葫芦山周围滩涂海域动迁工程，完成了一期3100亩滩涂养殖项目动迁，二期动迁工程也接近尾声。同时，完成了铁路、高速公路、城区路网等项目的动迁普查工作，为下一步动迁工作打下了基础。

（五）招商引资势头强劲

工业区自成立以来，党工委和管委会就非常重视招商工作，把招商引资和项目引进作为长兴岛开发建设的生命线，加大宣传力度，努力提高长兴岛在国内外的知名度，制作完善了招商宣传材料，创建了招商网站，制定了招商优惠政策，参加了省市政府组织的赴上海、深圳、长春、广州、香港、日本、韩国、俄罗斯、欧洲等国内外大型招商宣传活动，并与国外驻连机构和省市涉外招商部门建立了良好的关系，在极短时间内打开了招商引资局面。到目前，共接待中外考察团组200多个，洽谈项目108个。已签约项目45个，总投资240亿元，其中外资项目16个，总投资30亿美元，新注册外资企业15家，实际利用外资5052万美元；签约内资项目29个，总投资56亿元；目前已开工项目22个，另外还有在谈推进项目50多个，投资总额150亿元。

值得一提的是，长兴岛产业定位的造船及船舶配套、装备制造、石油化工、精品钢材、港口物流5大主导产业，在项目引进方面都有突破。世界第六大造船企业韩国STX集团已有6个项目落户长兴岛，总投资达9.02亿美元，这是改革开放以来，辽宁省引进的最大的韩资项目；新加坡万邦集团修造船和海洋工程项目，中集集团海洋工程项目也正式签约，将极大地拉动长兴岛造船及船舶配套产业的发展。船舶配套产业园共引进项目17个。可以预见的是，在不久的将来，长兴岛南部海岸将建成全国最大的修造船和海洋工程制造基地，将成为引领长兴岛开发建设的主导产业和龙头产业。另外，俄罗斯塞沃斯公司石油化工项目、香港隆星石化国际事业有限公司特种蜡加工项目等一批大项目都有新的进展，我们相信，今年将是项目进驻的丰收年。

在省市政府和有关部门的支持下，我区与新加坡的合作得到了国务院以及商务部、外交部等国家有关部委的高度重视和支持，已指定中新投资促进委员会研究长兴岛同新加坡合作需国务院推动的事项，重要成果和双边合作事项已纳入中新双边合作联系会议议题。目前，长兴岛与新加坡合作框架方案已经初步形成，将在规划、管理、人才培养、环保、旅游、公务员培训方面进行全面合作，对提升长兴岛国际地位和形象，提高工业区整体管理和服务水平具有重大意义。同时，以此为契机，长兴岛的国家级开发区问题已由省政府承报国务院，国务院已经批转商务部会同有关部委提出意见。

（六）投融资工作进展良好

开发建设长兴岛必须有充足的资金作为保障，尽快搭建一个具有投资与融资功能的市级平台显得十分重要。为此，2006年初就开始着手投融资平台的搭建工作，仅用了不到半年时间就完成了开发建设投资有限公司的注册登记等手续办理。同时根据国家开发银行的要求，制定了基础设施融资方案，并通过了开行评审，签订了80亿元贷款项目总合同和3个子项目共18亿元的借款合同。这充分表明了国家、省、市对开发长兴岛的信心和决心，也有效解决了长兴岛开发建设中的资金难题。到目前，已承接开行贷款13.7亿元，加上软贷款前期筹集的3.4亿元过桥贷款，共筹集资金达17.1亿元。自工业区成立以来，全区累计完成固定资产投资达32亿元，大量的资金投入，形成了长兴岛日新月异的发展变化。

三、“十一五”期间长兴岛开发建设总体思路

（一）总体发展目标

“十一五”是长兴岛开发建设打基础、树形象、立地位的关键时期，《大连长兴岛开发总体规划》要求我们利用15年时间，基本完成长兴岛的开发建设任务，并提出了“十一五”期末总体发展目标是：到2010年，完成全部基础设施建设，初步形成以装备制造业为主要特色的临港产业区，形成大连东北亚重要国际航运中心组合港区框架；服务体系进一步完善，现代物流中心和临港产业区很好地整合在一起；初步建成5个5～7万吨级多功能泊位，年通过能力800万吨，承接大连港部分航运任务，开始涉及国际航运任务。工业总产值达到800亿元以上。在规划区内初步形成城市框架。

（二）具体发展目标

一是综合经济实力大幅度提升。到2010年全区国民生产总值要达到80亿元；财政一般预算收入达到7亿元；“十一五”期间累计固定资产投资达到500亿元；累计实际利用外资20亿美元，利用内资250亿元。

二是五大主导产业框架基本形成。船舶制造及配套产业、装备制造业初具规模；精品钢材产业，石油化工产业开始启动；物流产业初步形成。

三是公共港区建设初具规模，基础设施配套比较完善。完成港区综合性物流中心和加工区建设；能够承接国际国内航运任务和本区企业货物运输；国际航运中心组合港框架基本形成。

四是基础设施大配套基本完成。以铁路、公路为主体的集疏运体系比较完善；供水、供电、供热、通讯等基础设施满足开发建设需要。

五是产业区基础设施建设全部完成，达到“九通一平”标准；综合区建设初具规模，建成区面积达到20平方公里，并开始启动主城区开发建设。

六是生态环境全面改善。绿化、美化、净化、亮化达到大连市区水平；旅游业档次有较大提高，海岛特色旅游基本形成。

七是和谐长兴岛建设初见成效。社会保障体系基本形成；社会治安防控体系初步建立；社会事业协调发展。

八是人民生活水平全面提高。居民人均收入达到大连市区水平；社会救济、社会福利覆盖全岛；弱势群体得到全面呵护；基本消除特困户和困难户。

（三）2007年工作安排

2007年是长兴岛开发建设承前启后、全面推进的至关重要的一年。在新的一年里，党的十七大的召开，必将对全面建设小康社会、扩大对外开放、加快经济发展产生重大推动作用；国家支持东北老工业基地振兴的政策和措施将得到全面落实；辽宁省实施“五点一线”开放战略和大连市建设重要国际性城市将进入全面实施阶段；为长兴岛配套的重大基础设施项目将全面开工建设，长兴岛的投资环境将得到根本性改变；一批重大产业项目将落户长兴岛，产业定位中的五大主导产业形象将得到进一步确立。所有这些，充分表明我们面临着难得的发展机遇，机遇大于挑战。2007年全区工作总的指导思想是：以邓小平理论和“三个代表”重要思想为指导，学习贯彻十六大历次全会精神，全面落实科学发展观，进一步健全和理顺工业区的管理体制和运行机制，全力推进重大基础设施项目建设，加大招商引资工作力度，积极构建和谐长兴岛，全面加强党的建设，把长兴岛的开发建设推向一个新的高度。

1、继续健全和理顺管理体制和运行机制，建立职能完善、职权明确、机制灵活的管理体系。

2、全力推进基础设施建设，进一步优化投资环境。基础设施建设总投资达28亿元。

3、加大招商引资工作力度，进一步扩大对外开放。全年，实际到位外资必保1.5亿美元，力争2亿美元，实际到位内资必保15亿元，力争20亿元。

4、强化财税和投融资工作，保证开发建设的资金需求。全年工商税收必保1.8亿元，财政一般预算收入必保1.5亿元。

5、超前准备，做好周边互动课题研究。

6、强化社会管理，努力构建和谐长兴岛。

7、以“作风年”和“行政效能年”活动为牵动，全面加强机关建设和党的建设，努力提高执政能力和水平。

大连经济技术开发区

大连开发区是1984年9月经国务院批准兴办的第一个国家级经济技术开发区。经过22年的开发建设，已成为东北地区开放程度最高、现代产业最为集聚、管理体制与国际惯例最为接轨的地区，成为国家级开发区中最具经济实力、最具城市化特点和最具影响力的现代化区域之一。

大连开发区位于辽东半岛南端大孤山半岛，地处环渤海和东北亚经济圈的前端，是东北和远东地区进入太平洋，走向世界的海上门户。距大连市中心27公里，与市区隔海相望。区域管辖面积332平方公里，建成区面积50平方公里，总人口50万，其中户籍人口22.8万。海、陆、空交通四通八达，城区环境优美，各种服务设施齐全。有著名的国家AAAA级旅游景点金石滩国家旅游度假区，及童牛岭、大黑山、泊石湾浴场等旅游风景区。

大连开发区经济活力强，发展潜力大。建区22年来，主要经济指标年均增长率在30%以上。截止2006年末,全区累计批准来自46个国家和地区的外商及港澳台投资项目2154个，世界500强企业有42家在开发区投资。投资总额212.9亿美元，合同外资136.8亿美元，实际使用外资68.1亿美元，项目平均投资额988.3万美元，其中投资额超千万美元的项目505个，超亿美元的项目18个。正在形成石油化工、电子信息、装备制造、汽车零部件、修造船产业集群，实现产值占规模以上工业企业总产值的84%。正在建设光电子产业园、IT产业园、模具工业园等产业基地。随着中远船务、冰山、大显、鞍钢、一汽等企业集团与国际企业的成功合作，中国一重研究设计院等12个研发机构的进驻，扩大了与母城、与东北腹地直接或间接参与国际经济大循环的领域和范围，已成为大连、辽宁，乃至东北地区经济发展的重要增长极。

管委会广场

黄金海岸

金石发现王国

海滨居住区

大连高新技术产业园区

高新园区管委会

高新园区学苑广场

大连高新技术产业园区成立于1991年3月，由七贤岭产业化基地、软件园、双D港和龙头分园等发展区域构成，总占地面积35.6平方公里。

建区以来，高新区按照“发展高科技，实现产业化”的建区宗旨，坚持“一极两源”功能定位，大力发展高新技术产业，已经成为牵动区域经济发展的引擎和建设创新型城市的示范区。

目前，注册企业2600家，其中三资企业800余家；认定高新技术企业600余家；GE、惠普、戴尔、IBM等世界500强企业项目46个；各项经济指标每年均以30%以上的速度递增。

高新区重点发展软件和信息服务、高端电子视听、先进装备制造、生物与医药、新型材料等特色产业。

软件和信息服务业在国内独占鳌头。目前，有企业470多家，以旅顺南路软件产业带为核心，大连高新区已建成国家软件产业基地、国家软件出口基地、中国服务外包基地城市（大连）首个示范区。

高端电子视听业初具规模。中国华录、大显集团等70多家企业竞相发展；集成电路研发中心已经投入使用。高新区已建成“国家数字视听产品产业园”。

动漫游产业异军突起。目前有50余家动漫游企业，国内一流的动漫公共技术服务平台已投入使用。高新区被国家广电总局和文化部先后授予“国家动画产业基地”和“国家动漫游戏产业振兴基地”。

先进装备制造产业链条完备。大连机床、大森数控等300余家科技含量高、研发力量雄厚的企业汇集于此，高新区正以先进技术标准打造装备制造基地。

生物医药产业集群效应突出。珍奥集团、天维药业等100多家企业发展迅猛。国内一流的生物医药公共实验室大连生物技术中心已经投入使用并被国家科技部授予“国家生物医药产业基地”；中科院北方生物技术研发中心、大连理工大学科技园、海事大学科技园、辽中医研发中心等一批科研院所落户高新区。

高新园区大连软件园

高新区创业孵化体系完备，已建成海

外学子创业园、国际孵化器等9个专业孵化器，孵化面积30万平方米，在孵企业600多家。

高新区内建有大连理工大学等12所高校、50所科研机构，近百个研发中心，8个公共技术服务平台，11个博士后工作站，各类专业人才7万余人。拥有授权专利2500余项，国家863项目近30个。

高新区注重生态与人文环境的打造，通过ISO14001环境管理体系认证；连续三年被大连市评为软环境建设先进单位。

高新园区双D港生物研发中心鸟瞰图

高新园区“动漫走廊”

高新园区龙头分园区微电子科技大厦

高新园区创业服务中心

高新园区凌水湾科技文化商务中心

蓬勃和谐的李家街道

李家街道党工委领导班子

李家街道庆祝中国共产党建党85周年大型交响音乐会

劳模公园开园仪式

少先队员们正在教育馆接受“八荣八耻”社会主义荣辱观教育

沙河口区李家街道位于大连市区的西北部，紧邻周水子国际机场，通过华北路、西南路、西北路三条主干路与城市中心区紧密相连。辖区面积9.1平方公里，管辖锦绣、绿波、李家三个小区。街道办事处成立于改革开放之初的1981年3月，现下设10个社区，有居民3.5万户，人口10.1万人是全区管辖面积较大并以新开发住宅群为主体的宜商宜居街道。街道历届领导班子带领干部群众艰苦创业，曾创造出全市和东北地区街道层面经济效益第一的佳绩。近年来又大力招商引企，发展总部经济，建设社区商贸中心，构筑临港物流一条街，经济工作始终保持了持续发展的良好态势。街道坚持以人为本，服务群众，共创和谐，创办起七媳妇就业服务广场、锦绣大市场、社区托老所、外来流动人口公寓、社区义务流动诊所、社区初保所、残疾人康复中心等公益服务设施；创建起劳模公园市民教育基地、街道文体俱乐部等教育、文体活动阵地；推出了辖区单位共驻共建“六联创”活动、社区党建品牌工程、“读名著、听名曲、学名人”三名工程社区居民听证会邻里互助舒心工程“一保六助”缓助工程等和谐社区建设的新型系列载体活动；创办了全市首个社区“小巷讲坛”，建立起全市首家社区党建研究室，开办了全市首家社区党建网站，成立了全市首个街道非公企业党委、编辑了全市首份社区思想政治工作研究杂志，使全街的社区服务体系不断健全，精神文明建设成果丰硕，党的建设明显加强，和谐社区建设扎实推进。先后获得全国文明单位全国社区服务示范街道等24项国家级荣誉称号，辽宁省先进党委等288项省级荣誉称号，以及大连市红旗党委等356项市级荣誉称号。现正为创建经济实力雄厚、社区和睦温馨、文化氛围浓郁、生态环境良好、服务体系完善、城区管理顺畅、社会稳定和谐的社会主义现代化新街区而奋斗。

地址：沙河口区锦绣路47号　电话：86837221

社区听证会听出和谐来

开发区湾里街道

街道党工委书记：刘广发

街道办公室主任：丛 克

湾里街道位于开发区东南部，土地面积55.45平方公里，海域面积4.1万亩，海岸线16公里。街道下辖5个自然村、6个社区，实有人口60,000余人。

金港安迪生物制品有限公司

2006年完成企业总产值36.5亿元，同比增长35%；完成固定资产投资4.22亿元，同比增长57.8%；实际利用外资1,216万美元，同比增长46.5%；实际利用内资2,029万元，同比增长31%；出口创汇3496.3万美元，同比增长27.1%；民营企业实现营业收入40.4亿元，同比增长43.4%；完成开发区全口径税收收入超过1亿元，实现本级税收收入4186万元，同比增长40.1%；人均收入1.2万元，同比增长10%。街道连续两年在开发区镇街主要工作综合绩效考核中排在首位，被评为大连市2004—2005年度先进单位，2006年度先导区十佳单位。

金港中小企业配套园

湾里街道的大发展得益于街道党工委、办事处坚持贯彻党的十六大精神和“三个代表”重要思想，始终紧紧抓住振兴东北老工业基地、大连建设东北亚航运中心和开发区快速发展的历史性机遇，创造性地提出了“以工业、以港兴街”和“企业进园区、农民进厂区、农户进社区”的发展思路，为街道经济在新时代、新形势下的发展壮大摸索出一条切实可行的道路，那就是大力建设标准厂房，招商引资。

湾里街道的大发展还得益于强有力的基层党组织建设和党员干部的模范带头作用。街道党工委在全街范围内广泛开展了“三送、三帮，三服务”主题实践活动和农村党员设岗定责活动，探索和建立了“知民情，解民忧、办民事、合民意”四个机制，使先进性教育真正成为群众满意工程，同时为各项工作的顺利开展提供了坚强有力的思想、组织和纪律保证集体经济的大发展、辖区居民的增收、社会保障事业的不断完善，鼓舞了湾里街道干部群众继续抢抓机遇、开拓创新的干劲，凝聚了湾里干部群众团结一致、锐意进取的人心。百尺竿头更进一步，如今，湾里街道党委班子又提出了“强化机遇意识、责任意识，平庸就是过，慢进就是错”的口号，进一步解放思想，扎实工作，开拓创新，加快发展，带领湾里广大干部群众为率先实现小康社会而努力奋斗。

地址：开发区湾里　　电话：87300290

大连市盐政稽查支队

支队长：姜波

支队政委：薛立新

大连市盐政稽查支队成立于2003年12月，为隶属于大连市经委的全额事业单位，在市内四区和其它县（市）区设立七个直属大队。

支队的主要职责是受市经委委托，负责大连地区盐业行政执法和市场监督管理工作。依据国家《盐业管理条例》、《食盐加碘消除碘缺乏危害条例》、《食盐专营办法》和《辽宁省盐业管理条例》，对违法事实明确并有法定依据适合简易程序的违法行为实施现场处罚，对擅自开发和破坏盐资源及罚款在4万元以上的案件提出处罚意见，报上级主管机关审批；对立案查处的案件进行调查取证，并依法进行处罚。

支队自成立以来，把“内强素质、外树形象”工程作为支队建设和发展的重要工作。2006年在市经委的正确领导下，支队认真贯彻落实市政府有关部门关于食品安全的指示精神，整合执法力量，加大了执法力度，通过采取日常巡查与重点打击相结合，查获了几个大案要案，有力地打击了涉盐违法行为，确保食盐市场的安全卫生。同时多渠道加大普及碘盐的宣传力度，营造良好的舆论氛围，增强群众自觉抵制假冒伪劣盐产品的意识。为提高合理、合法行政能力，支队在全体工作人员中开展了以学习社

大连市盐政稽查支队“一教两训”成果汇报会

会主义荣辱观、科学发展观、盐政执法业务知识为主要内容的学习教育活动，提高了执法人员的政治思想素质和业务水平，提升了执法队伍整体的执法水平。支队还通过完善盐政法规章制度，加强执法监督检查，促进和保障行政执法工作的顺利开展和文明执法。

在市卫生、工商、公安等有关部门和新闻媒体的大力支持下，2006年支队共查处各种涉盐违法案件184起，没收违法盐产品1458吨，罚没款31.7万元，端掉假冒私盐窝点2个，确保市盐业公司各种盐的销售量完成22.23万吨，比年计划增加2.2万吨，较好地维护了我市盐业市场的正常秩序，为我市碘盐普及工作做出了积级的贡献。支队先后获得国家发改委"全国食盐市场管理先进单位"、辽宁省盐务管理局"省食盐专营先进单位"、辽宁省经委系统法制宣传教育工作先进集体的光荣称号。

实行食盐专营是消除碘缺乏危害、提高人口素质、利国利民的一项重要举措，是"政府重视、部门协作、社会参与"的系统工程。希望社会各界共同关心我市的消除碘缺乏危害工作，对非法生产、运输、销售食盐、以工业盐、劣质盐等充当食盐销售、加工的违法行为进行举报。

市经委赵文旗副主任参加支队2006年度工作总结大会

市经委、市盐业公司党委、支队领导合影

先进集体代表会上颁奖

支队"一教两训"成果汇报

支队机关地址：大连市西岗区胜利路122号
监督及举报电话：84314919
传真：84314776
邮编：116021

甘井子区营城子镇后牧城驿村

党总支书记、总经理：吴世胜

村委会领导班子

地处驰名中外的沿海开放城市--大连市甘井子区营城子镇辖区内的后牧城驿村，座落在渤海边缘。全村户数有1238户，人口有3496人，全村拥有土地面积7.3平方公里。

后牧城驿村地处大连市郊区，地理位置十分优越，距市中心20公里，距大连周水子国际机场12公里，距大连海港码头25公里，距旅顺羊头洼海港码头30公里，距连旅铁路线1公里，距大连北路公路线1.5公里，交通便捷。

后牧城驿村气候适宜，四季分明，日照充足，冬无严寒，夏无酷暑，素有“不是江南，胜似江南”的美誉。土质肥沃，是种植蔬菜的专业村，有菜田2242亩，先后被国家农业部和大连市政府命名为蔬菜无公害生产基地，多年来为大连市的菜篮子工程作出了很大贡献。充分利用村海岸线长的特点，积极发展水产养殖业，已建成有规模的虾参养殖基地3000多亩，使农民致富又多了一条途径。针对“大大连”建设的要求，按照镇政府的规划，该村在原有工业的基础上，又积极招商引资，发展了十几家企业，为该村、工、农、渔全面规划发展打下了坚实的基础。

大连天城实业总公司是后牧城驿村在村办企业基础上组建起来的集工、农、渔、贸于一体的新型现代化企业，2005年实现销售收入近5亿元，其生产的汽车、船用零部件及机电零部件远销日本和东南亚，深受海外用户欢迎。

展望未来，该村在党总支书记、村委会主任、大连天城实业总公司经理—吴世胜同志的带领下，广交朋友、明礼诚信、精诚团结、致富于农，为后牧城驿村美好的明天而奋斗。

地址：甘井子区营城子镇　　电话：86750351

工业产品

工业产品

无公害蔬菜

无公害水产养殖场

大连开发区电视台

大连开发区电视台自1995年开始筹建。现有事业编制56个（其中在岗54人），另临时聘用25人。下设广告公司，聘用25人；实行差额拨款包干自理的财务体制，年财政拨款600万元，不足部分自理；现开办新闻综合和经济生活两个频道，节目覆盖整个新市区65000余户、45万多人。此外，我台已实现网上传输，内容当日更新，成为众多媒体重要的新闻源。十多年来，全台干部职工精神振奋、开拓进取、执着追求，各项事业长足发展，业绩喜人。分别被授予大连市“文明单位”、全区“先进党总支”、“先进单位”荣誉称号，另有多名同志分别被授予大连市“劳动模范”、开发区“特等劳动模范”、“劳动模范”、“优秀共产党员”等荣誉称号，还有20余人次被评为各方面业务工作先进集体、先进个人等荣誉称号。

领导班子

记者采访

新闻人员

文艺晚会

栏目组

地址：开发区辽河西路65-2号
电话：87628899

一重集团大连设计院

院长：王光儒

一重集团大连设计院于2000年7月从一重集团总部迁至大连经济技术开发区。伴随着中国冶金行业的发展壮大和重型装备制造业的从无到有，该研究院已在大型冶金成套设备、锻压设备、矿山设备、大型核电石化设备的设计研制中取得了辉煌的业绩。

20世纪50－70年代，中国第一套1150毫米初连机、第一台1.25万吨水压机、第一套国产化1700毫米热连轧机等国家经济建设急需的母机产品设计制造成功，标志着该研究院具有自主开发研制大型成套设备的能力。

2000–2006年是该院自主创新的重要阶段，期间开发出具有独立知识产权的鞍钢1700毫米、2150毫米热连轧机和鞍钢1780毫米、2130毫米冷连轧机，以及宽厚板轧机等中高端市场需求成套产品和国家急需的现代化军工产品，中国一重产品在国内市场的占有率得到提升。该院部分产品已出口到菲律宾、越南、美国、俄罗斯等国家。

近几年来，该院获得国家级科技进步一等奖5项、二等奖10项、三等奖11项，获得省部级科技进步一等奖10项、二等奖28项、三等奖18项，获国家发明专利2项、实用新型专利15项。

建龙简舟900毫米冷连轧机

鞍钢2150毫米热连轧机

鞍钢2130毫米冷连轧机

地址：开发区9号办公小区东北大街96号
电话：87611279

研究院办公楼

《半岛晨报》是辽宁日报传媒集团于1997年9月创办的综合性都市报，是大连地区具有深度影响力的媒体之一。2007年，《半岛晨报》以每天40万份的发行量，每年1.8亿的广告收入，稳居大连影响力最强、发行量最大、广告效果最佳、经济运行质量最好的都市主流媒体首席。

作为一张有着浓重社会责任感的报纸，《半岛晨报》一直是大连报业市场中的先行者，是全国首届“最具竞争力20强都市报”、“大连市民最喜爱的商标（品牌）”、“2006年度全国十大创新都市报”。

10年间，《半岛晨报》投入大量版面、人力、物力、财力支持大连市的公益事业，从推动民生福利事业到为大连市的多项精神文明建设工作策划、主办的一系列活动，如“戒除网瘾”专场讲座、“相约警营 平安你我”、十大孝子评选、高考中考咨询会、清除城市白斑、金秋畅游大黑山、半岛圆梦、领跑2007等等活动高潮迭起，受到政府、社会的广泛好评，《半岛晨报》作为一个成熟的主流媒体履行着巨大的社会责任。

2007年，《半岛晨报》喜庆创刊10周年。《半岛晨报》创刊以来，精英云集，坚持“市民报、市场报、地域报”的定位，坚持“离事实最近，离百姓最近”的办报宗旨，关注倾听大连都市脉搏，及时发布国内外新闻、政策性信息，为读者提供最及时、最前沿、最便捷的衣、食、住、行服务咨讯。以全国知名品牌与公信力优势、信息优势和广泛覆盖的发行网络与庞大的读者群为基础，积极开展多元化经营，进一步扩展良好的发展势头，开启新的十年。

A08 大连新闻

爱心
大连的另一张名片

2007年1月23日，成功改版。版面新颖，视觉独特，关注民生，营造和谐。覆盖辽宁新闻网络，倡导人文和谐大连。

A09

相约警营
平安你我

2007年4月2日起，大连市公安局、《半岛晨报》与多家媒体联合开展“相约警营 平安你我”大型系列主题宣传活动，构建大连和谐、融洽和通畅的警民关系。

2007年1月1日，“领跑2007”健康跑活动为大连增添喜庆气氛，万名市民以全新健康理念迎接新年。

大连医科大学

校领导合影

大连医科大学创建于1947年，原校名为关东医学院。1948年，关东医学院并入大连大学，更名大连大学医学院。1950年撤消大连大学建制，大连大学医学院独立，为大连医学院。1969年，大连医学院瘵校南迁贵州省遵义市，成立遵义医学院。1978年学校在大连医学院原址复办，仍称大连医学院。1994年1月，经原国家教委批准，更名为大连医科大学。

学校现已发展成为以医学为主，文学、理学、管理学、法学等多学科发展的医科大学。

学校占地面积36.68万平方米（含直属附属医院），建筑面积43.57万平方米，固定资产总值13.98亿元，各类教学、科研仪器设备总值5.74亿元。学校现有14个二级学院，8个教学部（系），10所附属医院，其中2所为直属附属医院，1所附属卫生学校，132个临床教学基地。

学校现有各类、各层次在校学生13658人，其中博士、硕士研究生1448人，本科生4437人，高职学生717人，有来自19个国家和地区的外国留学生及港澳台学生782人，成人教育学生3250人，独立学院学生3027人。

学校现有教职工及医护人员4300余人，其中正高级职称541人，副高级职称690人，博、硕士研究生导师500余人。

学校现有1个博士后科研流动站，1个一级学科博士学位授权点，12个二级学科博士学位授权点，5个一级学科硕士学位授权点，50个二级学科硕士学位授权点，2个专业硕士学位授权点，50个二级学科硕士学位授权点，2个专业硕士学位授权点。设有1个七年制专业，14个普通本科专业，8个高等职业技术教育专业。学校现有5个辽宁省重点学科，2个部级实验室，5个省级重点实验室和23个科研所。

学校广泛开展国内、外交流与合作，先后与26个国家和地区的72所高等院校和38个科研院所建立了合作关系。

学校两所直属附属医院均为三级甲等医院，总床位3000余张。两所附属医院在多层螺旋CT冠状动脉成像、心房颤动导管介入消融治疗、中西医结合治疗急腹症方面已经达到国内领先水平。脑血管介入溶栓治疗和器官移植等也跨入到国内先进行列。

大连医科大学新校园选址于旅顺南路西段9号，新校园总规划用地面积为1.509平方公里，一期规划建筑面积约38万平方米，共有45个单体建筑，一期工程于2005年11月8日全面开工，将于2007年9月竣工使用。

传承历史，开创未来。全校师生正在为建设国内先进的、多层次。多学科、特色鲜明的教学研究型医科大学而奋斗。

附属二院全景

新校园航拍

大连市妇幼保健院

院长：毕丽华

大连市妇幼保健院系原大连市妇产医院和市妇幼保健院合并而成，座落于大连市沙河口区敦煌路1号。医院拥有国内外先进的医疗设施，高水平的医疗技术，多层次的服务功能，是大连市唯一一所集医疗、保健、科研、教学于一体的市级妇幼保健和妇产专科医院，是大连医科大学和大连大学的教学医院。医院附设大连市计划生育科学技术研究所、儿童保健研究所、大连市生殖健康保健中心、新生儿“两病”筛查中心；下设1个分部、2个门诊部，总建筑面积2.8万平方米。

办公大楼

医院现有职工760人，卫生技术人员占82%，高级技术职称132人，有5个硕士培养点，6名硕士生导师。医院设有临床部和保健部。临床部设有病床450张，9个病区，13个临床科室，10个医技科室，还设有10多个专科专病和专家门诊。医院年门诊量43万余人次，年收治病人1.6万余人次，年开展各种大中手术9000余例，年分娩婴儿8000余名；保健部设有妇女保健和儿童保健门诊，是大连地区妇幼卫生保健三级网络的网头单位，承担着11个区、市、县妇幼保健业务指导、网络管理、科研、培训等项任务。

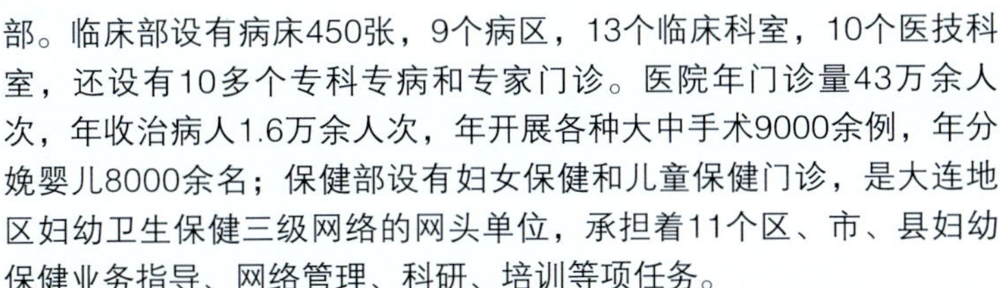

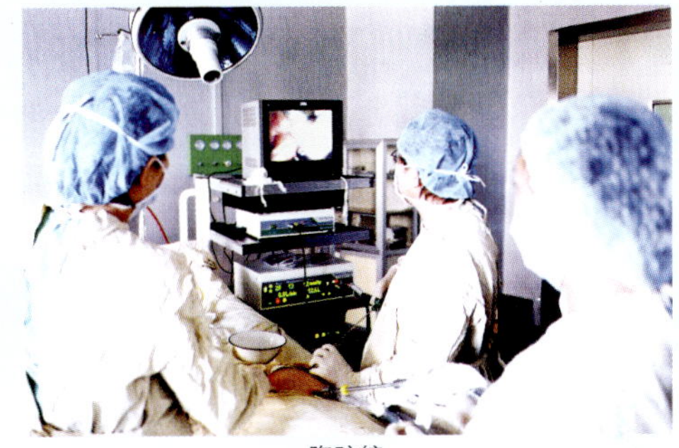
腹腔镜

科技兴院是医院不断发展的动力。近年来，医院共承担省、市各种科研课题近20项，荣获省市科技成果奖4项。医院还把学科建设和人才培养作为医院发展的核心竞争力，与日本、澳大利亚、韩国等国家和国内先进的医疗团体进行广泛的学术交流，先后派出30余人次到国外学习或请专家来院讲座和手术演示，加强学术交流，不断提高医院的内涵建设。医院的生殖医学学科被评为大连市一级医学重点学科，生殖健康保健中心是大连市唯一一所经过国家卫生部批准开展“人类辅助生殖技术”的生殖健康保健中心。

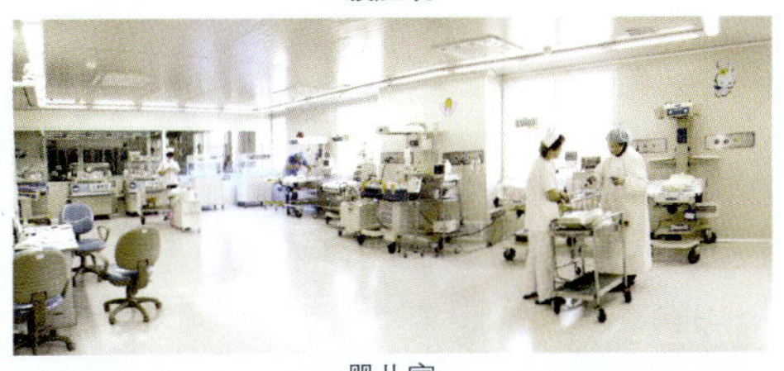
婴儿室

医院始终坚持科技兴院、质量建院、以章治院的原则，以病人为中心，以质量为生命，不断提高医疗质量和服务水平。近年来，医院先后荣获省十佳爱婴医院、省“三八”红旗先进集体、省文明医院及大连市精神文明建设先进单位等荣誉称号。

地址：沙河口区敦煌路　　电话：84401818

家化走廊

大连市红十字会

2006年是实施“十一五”规划的开局之年，也是全面落实《大连市红十字事业2005—2009年发展规划》的关键一年。一年来，我会围绕市委、市政府的中心工作，在强化红十字宣传，深化红十字青少年工作，壮大志愿者队伍，广泛开展群众性救护培训，积极组织动员捐献造血干细胞，启动遗体捐献，拓宽劝募渠道、扩大救助范围等方面做了大量工作，取得了新的成绩。

一、加强红十字队伍建设，整合社会资源，强化红十字宣传

全市基层组织、高校红十字会和红十字示范校建设得到了进一步的规范和加强，会员和志愿者队伍不断壮大。到2006年，全市红十字会系统共有基层组织754个，会员单位444个，成人会员46399人，青少年会员92078人，志愿者3793人。

纪念“5.8”世界红十字日大型广场宣传活动

整合社会行业资源，争取企业赞助，联合开展宣传活动。年内先后开展纪念“5.8世界红十字日”、卫生救护现场演练、红十字运动知识宣传、无偿献血和捐献造血干细胞知识宣传等大型广场宣传活动。组织民选名医深入到普兰店市、旅顺口区农村进行“健康援助进农家”的送医送药活动。各区市县红十字会结合各自实际，组织开展了义诊、红十字宣传、社区服务、预防疾病及逃生避险知识宣传等内容丰富多彩的活动。

连心救助基金成立暨连心网站开通仪式

二、拓宽募集渠道，扩大救助范围，少儿先心病救助项目获得广泛关注

2006年大连市红十字会本着“广泛募集，重点救助”的原则，开展了以“少儿白血病”和“红十字扶贫救心”为主题的专项募捐活动，组织红十字青少年到繁华商业街“卖旗”募捐，对企业开展定向募捐，在公共场所和店铺设置募捐箱。与市精神文明办、新商报等单位联合发起成立了大连市“连心救助专项基金”，开通了“连心网”站，代表城市精神的“连心”被评为大连市2006文明的感动特别大奖、央视《封面2006》真情感动奖。在“博爱送万家活动”中，为北三市贫困家庭发放救助款4.3万元，各县市区红十字会也投入相应资金和物资，通过走访慰问贫困家庭，免费送医送药，设立救助基地，减免医疗费，发放“爱心赠药卡”等多种形式，把红十字的博爱温暖送到贫困群众中去。

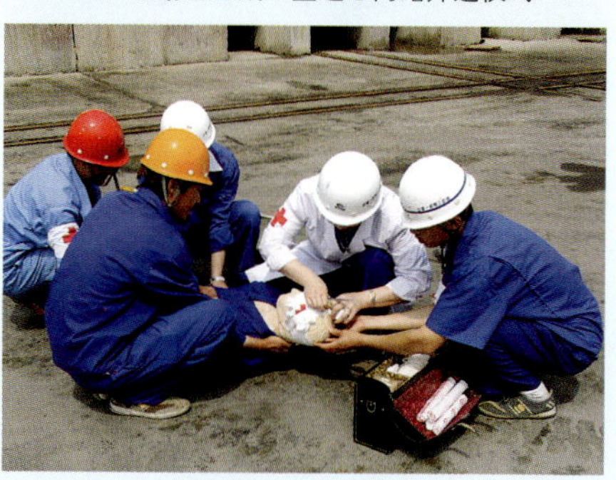
企业救护员培训演练现场

三、积极组织宣传无偿献血和造血干细胞志愿捐献，逐步扩大救护培训的普及面

开展“6.14世界无偿献血者日”活动，宣传无偿献血，表彰献血明星。进一步完善捐献者服务中心的功能，广泛招募造血干细胞志愿捐献者。把造血干细胞捐献与企业精神文明建设相结合，在多家医疗单位和企事业单位和高校开展主题捐献活动，全年已完成干细胞血样采集2714人份，完成2例捐献，截止目前，全市造血干细胞志愿者血样采集入库累计人数已超过1万份，初配成功56人，8人完成捐献，血样入库率、入库数及完成捐献人数均占全省各项指标总数的三分之一。此项工作位居全省第一，全国前列。积极推动我市遗体捐献工作，启动我市遗体捐献的登记受理工作，目前已为申请捐献遗体的31名志愿者做好了登记。

成立了大连市红十字会救护培训基地，与大连电视台联合拍摄纪实片《我成了救护员》在黄金时段播放，提高卫生救护培训的社会知名度。加强救护员队伍培训，深入学校、社区和各级单位，设立红十字工作站，推出“校园生命呵护行动”，举办各类救护培训班。坚持有偿培训与无偿培训相结合、以无偿培训为主的培训模式，深入企业一线，把救护培训与安全生产相结合，为生产一线职工进行有针对性的救护培训。全年市红十字会共在企业中举办救护培训班22期，培训救护员1000余人。举办救护知识讲座15期，受益人数达3000人次。甘井子区和沙河口区还分别成立了我市第一支社区红十字急救志愿者服务队和民兵海上救护队。为此，我市荣获“全国红十字卫生救护工作先进集体”。

大连市交通规划勘察设计院

院长：徐德兴

大连市交通规划勘察设计院是从事公路勘察设计、公路和河海工程咨询、公路监理和交通科研的综合性设计院。已获得ISO9001国际质量体系认证证书。现持有公路工程设计、公路工程咨询甲级资质证书，公路工程勘察、河海港口工程咨询、公路工程监理乙级资质证书。

该院现成为中国公路勘察设计协会、中国公路学会桥梁和结构工程学会等八个相关学会的理事单位。

该院从事区域公路网中长期规划、公路工程和港口、客货站场工程项目咨询，编制项目建议书、工程（预）工可研报告，编制工程招、投标文件、编制工程概预（估）算；承担公路工程、桥梁及隧道工程监理。

该院技术力量雄厚，装备精良，测设手段先进。

该院完成了大连市2020年前干线公路、县乡公路和农村公路网19300多公里公路规划编制工作；完成了大连至庄河、土城子至羊头洼港等210多公里高速公路设计；完成了大连至旅顺等270多公里一级公路设计；完成了3000多公里二级公路设计；完成了大连后盐特大枢纽型互通立交和近40座大桥（9000多延米）及18座互通立交、隧道设计。

该院承担的“大庄”高速公路和旅顺南路等多项工程设计和交通科研项目分别获得国家、省市的优秀设计奖和科技进步奖。

该院坚持“质量第一、卓越设计、优质服务、信誉至上”为质量方针。院长徐德兴愿加强与各界朋友的技术交流与合作、竭诚为用户服务。

地址：大连市甘井子区华北路305号　电话：0411-86583229
邮编：116033　电子邮箱：jt-psd@dl.gov.cn

大连-庄河高速公路跨线桥

大连至旅顺（南线）一级公路一瞥

沈大高速公路后盐出口大型互通立交一瞥

沈大高速公路延伸线——“土羊”段夏家河海湾大桥一瞥（正在施工中）

大 连 大 学

大连大学是一所服务大连、面向全国，拥有九大学科门类的市属多学科综合性普通高等学校。学校成立于1987年10月，1995年在大连经济技术开发区新建了占地面积108万平方米、建筑面积30余万平方米的校园。

学校现有20个学院，38个本科专业，5个硕士点；专任教师899人，其中正高职138人，博士145人；全日制在校学生1.3万人，外国留学生140余人，成人教育学院本专科在校生4000余人。

近年来，学校启动教改课题164项，其中国家级和省级课题32项；建有教学实验基地80余个，学生培养质量明显提高，考取研究生比率和一次性就业率逐年上升。学生在国际国内大学生数学竞赛、全国英语比赛等赛事中均取得优异成绩。

学校现已建成生物有机化学、信息科学与工程2个省级高校重点实验室和辽宁省生物医学材料示范中心，有先进设计技术中心、环境工程研究中心、结构与岩土工程技术研究中心和性别研究中心6个重点学科基地，还有19个其他实验室及38个科研所（中心）。近年业共承担国家各类基金课题63项，2002年、2003年连续2年获批的国家自然科学基金项目数量在辽宁省60余所高校中居第四位，在研国家级科研项目55项。

大连大学注重开展国际间交流与合作。先后与日本金泽大学、美国特洛伊州立大学、澳大利亚南十安星大学等20余所高校建立友好合作关系，聘请外国专家与知名学者来校任教、讲学、访问，学校也组团或派教师出国进修、考察和开展学术交流。

时任省委书记闻世震来校视察

大学生素质教育基地

地址：开发区

电话：87402952

学苑文化广场

大连理工大学城市学院

大连理工大学城市学院经国家教育部批准成立于2003年3月，是东北首家按新机制、新模式设立的独立学院，是大连理工大学与大连松源企业集团合作创办的新型普通本科院校。

学院地处美丽的滨海城市——大连，位于充满勃勃生机的大连经济技术开发区，背靠风景秀丽的大黑山风景区，环境优美，气候宜人，交通便利。学院占地近千亩，校舍面积23万平方米。校园内花团锦簇，绿树成荫，办学设施齐全、先进，为学生创造了一流的学习和生活条件。

学院根植于大连理工大学，由大连理工大学全面负责学院的教学和管理。学院依托大连理工大学雄厚的师资队伍、丰富的教学资源和管理经验，采用新机制组建了一支以专职教师为主、兼职教师为辅的学院教师队伍。

学院充分发挥大连理工大学的综合办学优势，根据社会经济发展的需求设置专业。目前设有电子与计算机工程学院、管理学院、外国语学院、艺术学院及新闻与公共管理系等5个院（系）和1个基础教学部，53个本科专业（方向）。学院面向全国招生，2006年在校本科生6288人。学生毕业后颁发大连理工大学城市学院毕业证书，符合条件者，由大连理工大学学位委员会授予学士学位。

学院全面贯彻党的教育方针，面向学生，服务社会，发扬“团结、进取、求实、创新”的优良传统，坚持“以学生为中心、理论联系实际”的办学理念，积极进取、不断创新，以严谨的治学态度，鲜明的办学特色，努力实现“建设一流环境，实施一流教育，创办一流学院，培养一流人才”的办学目标，把大连理工大学城市学院建设成为国内一流的新型独立学院。

地址：开发区铁山西路31号

电话：82171568

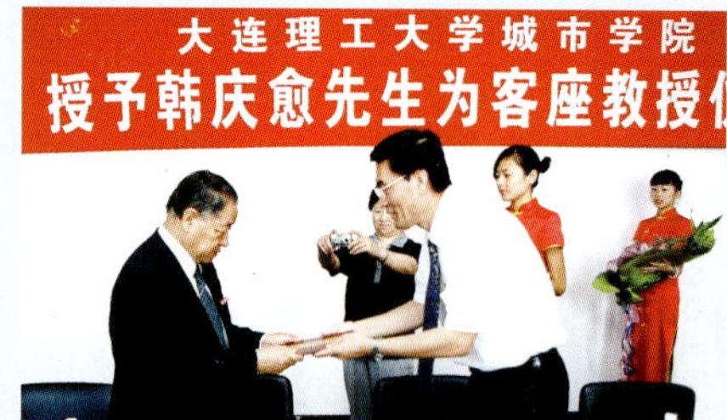

聘任特聘教授

外语学习

图书馆自习

学生表彰

发展中的大连市第三十九中学

团结向上的领导集体

三十九中学现有34个教学班，近1600多名学生，121名教职员工。学校占地面积近12600平方米，学校总建筑面积17010平方米，有配置齐全规范的专用教室及各种文体活动场馆，装配了现代化的一流教学设施。所有这一切，都为师生提供了实现理想、激发智慧的宏大舞台。

学校坚持全面贯彻党的教育方针，积极推进素质教育，以培养学生的创新精神和实践能力为重点，使学生在德、智、体、美几方面都得到发展。树立“以人为本，办人民满意的学校，为学生的终身发展奠基”的办学理念。在学校管理中，坚持“视高质量为生命、置严管理与始终”的原则，努力构建和谐校园，搭建师生共同发展的舞台。深化课程改革，加强教师培训工作，使教师的发展走向专业化。努力开发学生潜能，培养学生健康的个性和良好的思想品质；广泛开展国际交流活动，开阔师生的视野，为学生的终身发展创造条件。在历史的进程中，三十九中培养出一届又一届合格的毕业生，为上一级学校输送了一批又一批优秀的人才。这里是一片求知求真的沃土，这里是创新发展的摇篮。

大连市第三十九中学，已经走过45年的跋涉岁月。进入二十一世纪以来，在省、市、区各级教育主管机关的亲切关怀和大力的支持下，全体师生与社会各界共同努力，三十九中学已经走在了大连教育的前列，荣获中央教科所“十五”科研教改先进单位、全国劳动技术教育先进学校、辽宁省模范学校、辽宁省文明单位、辽宁省继续教育先进单位、辽宁省“三八红旗”集体、大连市模范学校、大连市中小学信息工程建设先进单位、大连市文明单位、大连市教育管理研究先进集体、大连市绿色学校、大连市国防教育先进单位、大连市爱国卫生先进集体、中山区德育特色学校、中山区科研先进单位、中山区示范学校、中山区教师继续教育先进单位。

地址：中山区济南街52号　电话：82706846

市区领导视察三十九中

班主任工作专题研讨

国际文化交流活动

丰富多采的校园文化活动

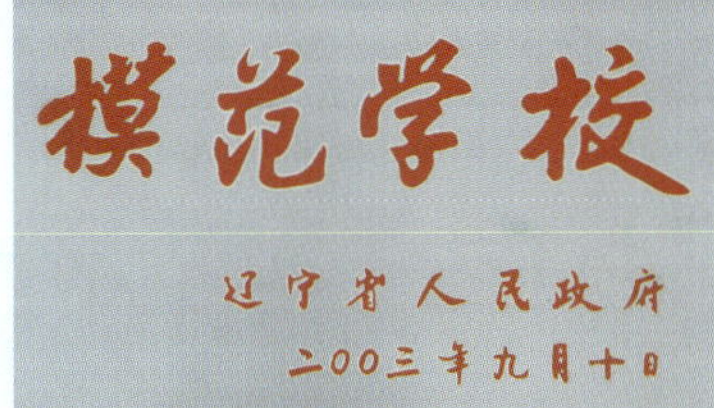

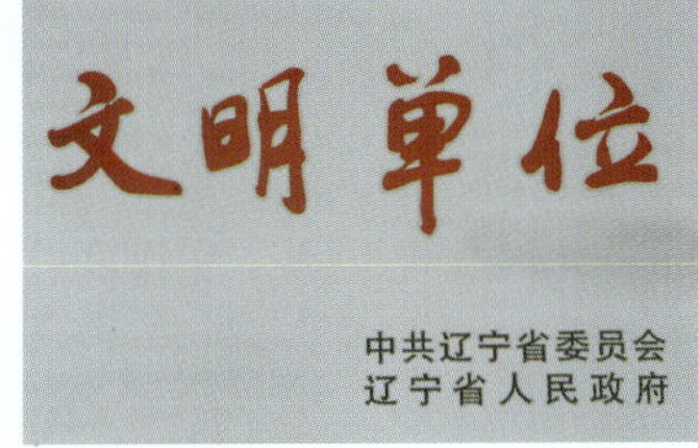

大连市金州高级中学

——高中教育的领航者

书记、校长：刘国敏

大连市金州高级中学始建于1946年，是由金州区政府创办的第一所独立高中，1988年被辽宁省人民政府批准为首批省级重点高中。2004年10月7日迁入新址。现有在职教职工245人，在校生共3500人。总占地面积110000平方米，建筑面积53000平方米。学校先后获得“教育部十五重点课题普通高中实验研究基地”、“中国人民解放军沈阳军区国防生生源基地”、“辽宁省社会信誉知名学校”、“省对口支援工作先进单位”省级“中小学党建工作先进单位”、省“贯彻中学生日常行为规范先进学校”、省级“花园式单位”、省“课间操活动优秀学校”、省“中小学图书馆示范校”、市区两级“中小学德育工作先进集体”、市“中小学大课间操活动窗口学校”、市“规范化考点”、“市绿化工作先进单位”、“市文明单位”、“市中小学办学设施标准化学校”、金州区“人民满意最佳窗口”单位、区“大课间活动第一操”、区“管理规范学校”等荣誉，同时，金州高中还是辽宁师范大学、大连大学等高等院校的教育实习学校。2004年12月，顺利通过辽宁省示范性高中评估专家组的验收，是目前金州区唯一一所辽宁省示范性高中。

建校60余年来，金州高中共为国家培养了近四万名毕业生。从金州高中走出的众多学子中，有为新时期青年思想政治工作立下汗马功劳的著名演讲艺术家曲啸同志，有在中国航天事业写下历史篇章、做出卓越功勋的“神舟五号”飞船总设计师戚发轫先生，以及不胜枚举的科技工作者、教授、学者、作家、诗人、优秀教师等社会各方面高素质的人才。原国家教委主任李铁映、原国家体委主任伍绍祖、原国家教委 副主任柳斌等各级领导先后视察过金州高中。

校领导班子全体成员

时任市委书记孙春兰（右三）来我校视察工作

大连市市长夏德仁（右三）来我校视察工作

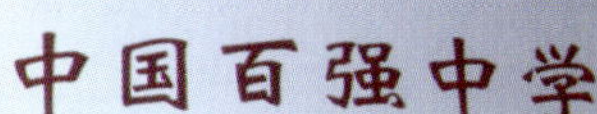

中学名校校长论坛组委会
二OO五年十月 中国·北京

辽宁省中小学图书馆
示范校
辽宁省教育厅

大连市金州高级中学
辽宁省示范性高中
辽宁省教育厅
二OO四年十二月

CBE 中国基础教育
网络实验学校
教育部基础教育课程教材发展中心
北京师范大学
中国基础教育网
2005年5月

地 址：大连市金州区拥政街道九里新村

电 话：87855003 87855005

大连市农业科学研究院

院长：张维东

大连市农业科学研究院是大连市唯一的以从事果树、蔬菜、粮油作物、食用菌等新品种选育、引进和高产栽培技术为主要研究内容，重点解决本地区农业生产中关键性技术问题的综合性农业科研单位，现隶属于大连市科学技术局。

建院50余年，先后承担国家、省、市科研项目280项，通过技术鉴定成果117项，有97项成果获奖,其中国家级5项，省级40项，市级70项，这些科研成果不仅适合我市农业生产，有的还辐射外省和全国，已有近八成应用于生产中，据不完全统计，年创社会效益15亿元以上。

全院有耕地面积52公顷，有在职职工187人，其中高级职称18人，中级职称28人，初级职称30人，固定资产1100余万元，为农业科技服务的硬件设施有：海南繁育基地、冷库、带地下室的种子储备库、化验分析室、生物工程研究室、科技档案室、资料室、农业技术培训中心、变电所等一应俱全，与多家兄弟院所进行科研联合攻关，同日本、韩国、加拿大、美国、法国、澳大利亚、荷兰等十几个国家和地区进行学术交流并引进技术成果。该院始终将促进社会主义新农村农业生产和经济发展作为己任，坚持以市场为导向，以科研为依托，以科技产业化为中心的工作理念，现已人才济济，硕果累累。大樱桃、罐藏黄桃、葡萄、菜豆、食用菌等系列新品种（系），有的不仅填补国内空白，而且其主要农艺性状和加工技术指标均达到国际同类产品的先进水平。由该院组织实施的“大连市农业科技成果孵化中心成果展示基地”已成为农业科研和生产示范的亮点；“大连金州国家农业科技园区农业新品种科技示范园”、“大连有机栽培绿色食品生产示范基地”以点带面延伸了农业最新技术与成果的展示，为拉动大连市农村经济的发展和大连市新农村建设做出了突出的贡献；正在谋划和运作的集孵化、研发、展示、服务等功能为一体的“大连市现代农业科技综合服务大厦”，依托大连市农业科学研究院优势资源，集成大连市五大优势产业农业科技资源，发挥其在本市乃至东北三省的科技引领和排头兵职能。通过研发和孵化互动，成果与技术叠加，展示与服务并举，打造成为聚集和集成大连市涉农科研资源的研发、展示、孵化和服务的中心平台，必将对社会主义新农村建设、大连市及整个东北地区的农业和农村经济的发展产生极大的拉动和引领作用。

专家讲课

生物工程

副市长刘俊文视察工作

副市长戴玉林视察工作

市科技局刘晓英局长视察指导工作

大樱桃新品种美早

工厂化无土栽培技术

罐藏桃新品种金露

地 址：大连市甘井子区营城子镇　邮 编：116036
电 话：0411—86700342　传 真：0411—86700345
E-mail：1949nky@163.com　网 址：www.dlnky

大连市消防技术监督检测站

大连市消防技术监督检测站是经市政府大编发〔1993〕56号文件批准的事业单位,是依法设置、依法授权、通过辽宁省技术监督局计量认证，在大连地区从事建筑工程自动消防系统、消防产品、阻燃产品唯一法定检验机构，所出具检验报告具有法律效率。开展的业务范围是：依据国家的法律法规标准，负责全市自动消防系统质量监督检验及自动消防设备的产品质量监督检验，提高建筑物抗御火灾的能力。坚持科学公正求实的原则，以“质量第一”为根本，以优质高效准确为检测工作目标。协助市政府举行大型国际会议的防火检验工作，保障人民生命和公共财产安全。

十几年来，在市政府、市公安消防局及相关部门的关怀指导下，检测具有代表性的大型公建、宾馆、厂房有：香格里拉、世茂大厦、星海国宝、国际博览中心、凯伦国际大厦、长兴购物广场、西太平洋炼油厂、圣亚海洋世界、国家粮食储备库等几千个重点消防工程。为大连市推行政务公开，优化经济发展，社会稳定，人民群众安居乐业，创造良好的消防安全环境、为建设工程获奖评优提供大量技术数据和检验报告。

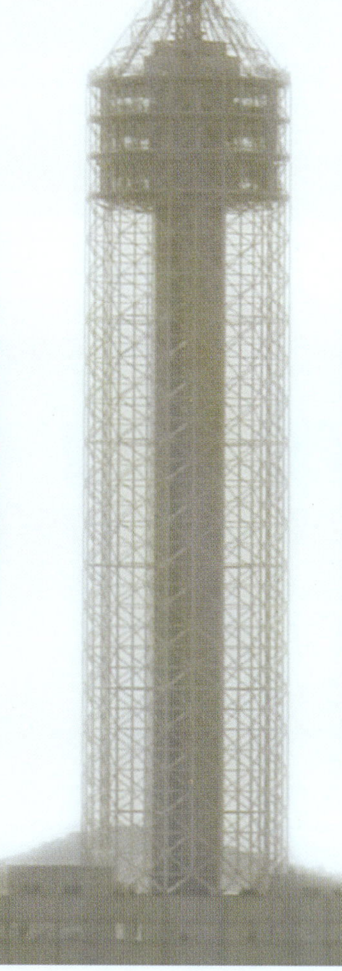

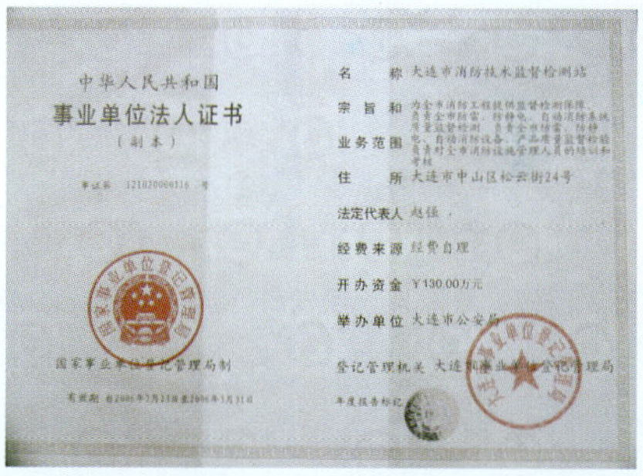

大连市勘察测绘研究院有限公司

大连市勘察测绘研究院有限公司，成立于1953年，2006年1月改制为有限公司，是大连市同时拥有甲级勘察和甲级测绘资质的企业。

公司现有职工168人，其中教授级高级工程师3名、国际A级海道测量师1人，注册工程师8名，高级工程师24名、工程师49名、及60余名中青年技术骨干组成的技术和管理团队。同时具有国家建设部审批的工程勘察综合类甲级资 质；国土资源部审批的地质灾害防治工程和治理工程甲级勘察甲级评估资质；国家测绘局审批的测绘甲级资质；省建设厅审批的地基基础工程检测资质；基坑及边坡检测及监测专业资质；勘察甲级实验室资质的单位。

公司下设测量综合事业部、数据生产与维护事业部、岩土工程勘察事业部、检测与地质灾害评估事业部、土地事务事业部、城市空间数据研究所等六个专业队伍。经营范围涵盖：岩土工程（含勘察、测试、设计、施工、监测、检测、咨询、监理、工程治理）和土工试验，水文地质勘察等；地基基础工程检测及咨询；地质灾害危险性评估和防治工程勘察及设计咨询。工程测量、摄影测量与遥感、地籍测绘、房产测绘、行政区划界线测绘、地理信息系统工程、海洋测绘、测绘业务咨询、测绘数据监理等。技术人员专业涉及岩土工程、航测、工程测量、地理信息、地图编制、计算机应用、经济、管理、法律等领域。

近五年来公司先后获得国家科技进步二等奖一项；建设部二等奖二项；省测绘科技进步一等奖4项；省、市优秀工程勘察设计奖、科学技术成果奖等30余项。荣获“全国勘察设计先进单位”、“重合同、守信用”单位、“免检单位”等荣誉。2002年7月公司通过了ISO9001:2000质量体系认证。我公司愿以科学的管理、精湛的技术、求真务实的态度，为广大客户服务。

地址：大连市沙河口区成仁街397号
电话：84310868

2007
大连统计年鉴
电 子 版

中国石油大连润滑油研发中心

中国石油大连润滑油研发中心（原大连石化公司研究院）成立于1955年，是一个在润滑油和添加剂研究方面有较长历史并具有很强实力的科研单位，目前隶属于中国石油天然气股份有限公司润滑油分公司。主要从事润滑油、添加剂产品开发，产品分析检测、台架评定等科研工作。

中

中心的分析、评定手段完善、科研设施齐全，拥有多套国际一流、国内领先的分析、评定设备。

2006年度大连润滑油研发中心职工大会

中心科研项目以内燃机油和工业用油新产品开发为主，同时开展了相关添加剂、特种蜡和工艺的研究。多年来，大连润滑油研究开发中心已经形成了内燃机油、工业用油、金属加工用油及特种产品等方面的技术优势。

中心目前共取得科研成果200多项，在内燃机油、液压油、齿轮油、热处理油等多个研究领域处于国内领先地位，且多数科研成果均已工业化，为中国石油唯一润滑油品牌——“昆仑”提供强有力的技术支撑。

大连统计年鉴

DALIAN STATISTICAL YEARBOOK

2007

大连市统计局 编

Compiled by

Dalian Bureau of Statistics

（京）新登字041号

图书在版编目（CIP）数据

大连统计年鉴. 2007/大连市统计局编
-北京：中国统计出版社，2007.8
ISBN 978-7-5037-5165-3

Ⅰ. 大…
Ⅱ. 大…
Ⅲ. 统计资料— 大连市 — 2007
— 年鉴
Ⅳ. C832. 313 - 54
中国版本图书馆CIP数据核字（2007）第051830号

大连统计年鉴—2007

作　　者/ 大连市统计局
责任编辑/ 郑淼淼、朱元旦、鲍立新
E-mail/yearbook@stats.gov.cn
责任校对/ 朱元旦、鲍立新
封面设计/ 统　之
出版发行/ 中国统计出版社
通信地址/ 北京市西城区三里河月坛南街57号　中国统计出版社
邮　　编/ 100826
电　　话/（010）63376907
印　　刷/ 大连日升印刷有限公司
经　　销/ 新华书店
开　　本/ 889×1194 毫米 1/16
字　　数/ 82万字
印　　张/ 45
印　　数/ 1-10000
版　　别/ 2007年9月第1版
版　　次/ 2007年9月第1次印刷
书　　号/ ISBN 978-7-5037-5165-3/F·2465
定　　价/ 198.00元

《大连统计年鉴》编辑委员会

Editorial Staff of Dalian Statistics Annals

Chief Examiner: Wang Chengmin

Editor in Chief: Gao Lian

Deputy Editor: Zhang Kezhi, Yin Zhongke, An qi, Yuan chengliang, Xing Guojun, Jiang Meihua, Xu bing

Editor: (In Surname Strokes Sequence)

Yu Fuling	Wang Hua	Wang Zhenwei	Sun Chao
Xu min	Liu Qing	Zhu Yuandan	Lian Hong
Li xuefen	Li Min	Chen Shirong	Chen Lili
Zhang jinli	Shan lianfeng	Sang Fengmin	Cheng feng
Cheng Yuling	Tan Qinghai		

Liability Editor: Zheng Miaomiao Zhu Yuandan Bao Lixin

Lists of Contributing Editorial Commission: (In Surname Strokes Sequence)

Wang Jinping	Wang Zhifeng	Wang Yanhe	Wang Lushun
Yin Changxin	Yin Jun	Shun Caike	Shun Yinhuan
Liu Guomin	Liu Bingqiang	Li Shaoqiang	Li Mingxing
Li Zhongjun	Zhang Zhonglin	Zhang Weidong	Zhang He
Zhang Yi	Xing Xuepu	Wu Shisheng	Yuan Fuxiu
Tang Weidong	Chen Hongjun	Chi Baozhang	Yang Meng
Xu Dexing	Jin Guocai	Hong Changfu	Guo Shibang
Yuan Fei	Jiang Bo	Chu Zhiyuan	Sui Yuejia
Cai Xuefu	Cai Youbin	Jiang Fan	Mu Chuanjiang
Han Shengfu	Tan Zhenyao		

编 者 说 明

一、《大连统计年鉴（2007）》通过大量的统计数据，真实地记录了大连市2006年社会经济等方面的发展变化情况，是国内外各界人士了解大连、认识大连的重要工具书。

二、本《年鉴》文字资料登载了大连市2006年国民经济和社会发展统计公报；数字资料分为综合、固定资产投资、对外经济贸易和旅游、农业、工业、建筑业、交通运输邮电业、贸易、财政、科技、能源、教育、文化、卫生、民政、环保、司法、体育和其他事业、城市公用事业、人口就业和劳动报酬、物价与人民生活、企业集团、区市县主要经济指标等。

三、本《年鉴》的资料主要源于2006年统计年报，部分来自定期抽样调查。《年鉴》采用的国民经济行业分类，是按照中华人民共和国国家标准《国民经济行业分类和代码》划分的；登记注册类型是按照国家统计局、国家工商管理局合发的《关于划分企业登记注册类型的规定》划分的。

四、本《年鉴》配有电子版。为了便于读者查阅和使用，每个细目编排了主要指标解释，并在"附录"中刊登了国家和辽宁省2006年统计公报。

五、本《年鉴》表中的符号使用说明："…"或"-"表示数据不足本表最小单位数；"空格"表示该项统计指标数据不详或无该项数据；"#"表示其中的主要项。

七、本《年鉴》在编辑出版过程中，得到各方面大力支持，在此一并表示感谢。

·编 者·

General Descriptions

I. Dalian Statistical Yearbook 2007 is an annual statistics publication, which covers very comprehensive data in Dalian 2007 and therefore reflects various aspects of social and economic development of Dalian City. This Yearbook is also the key reference book for people from various social circles at home and abroad to get acquainted with Dalian.

II. The statistical reports in this Yearbook reflect information in national economy and social development of Dalian 2006 while the statistical data mainly describe general survey, investment in fixed assets, foreign trade and economic cooperation and tourism, agriculture, industry, construction, transport, post and telecommunication services, domestic trade, local government finance, education, culture, public health, civil affairs, environmental protection, jurisdiction, sports and other undertakings, public utility, population, employment and labor rewards, price indices and people's livelihood, enterprise group and main economic indicators of region, city and county.

III. The major data sources of this publication are obtained from 2006 annual statistical report, and some from regular sample surveys. Yearbook classified national economy by businesses in accordance with Classification and Code of Occupations in National Economy, and registered businesses according to Provisions on Registration Classification of Businesses issued by State Statistical Bureau and State Industrial and Commercial Administration.

IV. This Yearbook is provided with electronic version. To facilitate readers' reference and use, each subsection is provided with explanations of main indicators. In addition, national and Liaoning provincial statistical bulletins 2006 are listed in the Appendix.

V. Explanatory notes for notations used in this book: "..." or "—"indicates that the figure is not large enough to be measured with the smallest unit in the table; "blank "indicates that the date not available; "#" indicates the major items of the total.

VI. The copyright of this Yearbook is exclusively owned by Dalian Statistical Bureau. No part of this Yearbook may be reprinted, reproduced by any means, nor transmitted or inputted to any information network without the prior written permission of Dalian Statistical Bureau, otherwise any infringement must be indicted through legal procedures.

VII. We herein express our gratitude to those people for their assisting us in editing and publishing this Yearbook.

Witer

目　　录

文章选编

2006年大连市国民经济和社会发展统计公报 …… 7

综　合

1-1.行政区划基本情况 …… 24
1-2.土地面积、人口密度及各区（市）县户数、人口 …… 25
1-3.大连市平均气温 …… 26
1-4.大连市降水量 …… 26
1-5.大连市日照时数 …… 27
1-6.大连市日平均风速 …… 27
1-7.大连市平均气压 …… 28
1-8.大连市大风日数 …… 28
1-9.大连市极端气温情况 …… 29
1-10.大连市社会经济发展主要指标 …… 30
1-11.总产出 …… 36
1-12.按当年价格计算的地区生产总值构成项目 …… 38
1-13.按不变价格计算的地区生产总值 …… 40
1-14.按当年价格计算的地区生产总值 …… 42
1-15.按支出法计算的地区生产总值 …… 42
1-16.按行业划分的资本形成总额 …… 43
1-17.最终消费支出 …… 44
1-18.居民消费水平 …… 45
主要统计指标解释 …… 46

人口就业与劳动报酬

统计图表 …… 48
2-1.国有单位从业人员和劳动报酬情况 …… 50
2-2.城镇集体单位从业人员和劳动报酬情况 …… 62
2-3.其他单位从业人员和劳动报酬情况 …… 74
2-4.单位从业人员变动情况 …… 86
主要统计指标解释 …… 88

固定资产投资、房地产开发与建筑业

统计图表 …… 92
3-1.全社会固定资产投资完成情况 …… 94
3-2.全社会50万元以上建设项目完成情况 …… 96
3-3.全社会50万元以上建设项目投资资金来源情况 …… 97
3-4.全社会50万元以上建设项目投资分组情况 …… 98
3-5.房地产开发投资完成情况 …… 104
3-6.房地产开发资金来源情况 …… 108
3-7.房地产开发施工、竣工面积及竣工房屋价值情况 …… 112
3-8.商品房销售面积情况 …… 116
3-9.商品房销售额情况 …… 120
3-10.商品房销售套数情况 …… 124

3-11.商品房出租和空置情况 128
3-12.房地产开发经营情况 132
3-13.建筑业企业生产情况 136
3-14.建筑业企业财务情况 156
3-15.劳务分包建筑业企业主要指标 172
主要统计指标解释 180

农　业

统计图表 184
4-1.农村基层组织、从业人员及基础设施情况 188
4-2.主要农产品生产情况 192
4-3.水果园参及芦苇生产情况 196
4-4.蔬菜及特种作物生产情况 198
4-5.畜牧业生产情况 200
4-6.渔业生产情况 204
4-7.林业生产情况 206
4-8.农林牧渔业总产值（现价） 208
4-9.农林牧渔业总产值（不变价） 212
4-10.农林牧渔业增加值 216
4-11.农业主要物资消耗 216
4-12.农业机械（动力）拥有量汇总表 220
主要统计指标解释 222

工　业

5-1.2006年主要产品产量 224
5-2.全部国有及年产品销售收入500万元及以上非国有工业企业主要经济指标 226
5-3.独立核算国有控股工业企业主要经济指标 238
5-4.年产品销售收入500万元及以上集体工业企业主要经济指标 250
5-5.年产品销售收入500万元及以上“三资”工业企业主要经济指标 256
5-6.全部国有及年产品销售收入500万元及以上非国有大中型工业企业主要经济指标 268
主要统计指标解释 280

交通运输和邮电业

统计图表 284
6-1.全社会客货运输总量（换算周转量） 289
6-2.旅客运输完成情况 290
6-3.货物运输完成情况 291
6-4.各种运输方式客货运输量构成及变化 292
6-5.沿海港口及航空港吞吐量 293
6-6.邮电业务完成情况 294
6-7.邮电通信到达水平 295
6-8.民用车辆拥有量 296
6-9.民用运输船舶拥有量 297
6-10.大连境内公路线路里程 297
主要统计指标解释 298

国内贸易

7-1.社会消费品零售总额 300
7-2.亿元以上商品交易市场成交情况 301

7-3.限额以上批发零售业商品购进、销售、库存情况表 302
7-4.星级住宿业和限额以上餐饮业经营情况表 308
7-5.限额以上批发和零售企业财务状况 312
7-6.星级住宿业和限额以上餐饮企业财务状况 336
主要统计指标解释 352

外经、外贸及旅游业

统计图表 354
8-1.大连市利用外资情况 355
8-2.大连市外商直接投资国别（地区）分布情况 356
8-3.大连市外商直接投资行业分布情况 357
8-4.外商及港澳台投资企业经营状况 358
8-5.对外劳务承包工程及劳务合作情况 360
8-6.大连口岸进出口总值 360
8-7.大连地区（在地经营单位）进出口分企业类型情况 360
8-8.自营进出口总值分国别（地区）情况 361
8-9.自营进出口总值分企业类型情况 364
8-10.大连市进口50强企业排序 365
8-11.大连市出口50强企业排序 366
8-12.旅游收入和主要宾馆酒接待游客情况 367
8-13.旅行社基本情况 367
8-14.星级宾馆酒店数量及接待能力 368
8-15.会展业情况 368
8-16.接待海外旅游者情况 369
主要统计指标解释 370

财政、金融

9-1.地区财政预算资金收入情况 374
9-2.地区财政预算资金支出情况 375
9-3.银行金融机构现金收支情况 376
9-4.银行金融机构本外币信贷收支情况 377
9-5.大连市保险业经营状况表 378
9-6.大连市证券业经营状况表 379

城市公用事业

10-1.城市园林绿化、建设用地情况 382
10-2.城市房屋面积及城市维护建设资金收支情况 382
10-3.城市道路、公共交通、环境卫生情况 383
10-4.全市用电情况 384
10-5.城市供水、排水、煤气、液化石油气情况 385

能源

统计图表 388
11-1.规模以上工业企业能源购进、消费及库存 390
11-2.规模以上工业企业水消费 394
11-3.规模以上工业企业主要能源产品销售情况 394
11-4.规模以上工业企业主要能源地区流向情况 394
11-5.规模以上工业企业分行业综合能源消费量 395
11-6.规模以上工业企业能源各品种分行业消费表 396

11－7.规模以上工业企业能源购进、消费及库存(能源合计) 402
11－8.规模以上工业企业能源购进、消费及库存(原煤) 404
11－9.规模以上工业企业能源购进、消费及库存(洗精煤) 406
11－10.规模以上工业企业能源购进、消费及库存(其他洗煤) 408
11－11.规模以上工业企业能源购进、消费及库存(煤制品) 410
11－12.规模以上工业企业能源购进、消费及库存(型煤) 412
11－13.规模以上工业企业能源购进、消费及库存(煤粉) 414
11－14.规模以上工业企业能源购进、消费及库存(焦炭) 416
11－15.规模以上工业企业能源购进、消费及库存(其他焦化产品) 418
11－16.规模以上工业企业能源购进、消费及库存(焦炉煤气) 420
11－17.规模以上工业企业能源购进、消费及库存(其他煤气) 422
11－18.规模以上工业企业能源购进、消费及库存(天然气) 424
11－19.规模以上工业企业能源购进、消费及库存(原油) 426
11－20.规模以上工业企业能源购进、消费及库存(汽油) 428
11－21.规模以上工业企业能源购进、消费及库存(煤油) 430
11－22.规模以上工业企业能源购进、消费及库存(柴油) 432
11－23.规模以上工业企业能源购进、消费及库存(燃料油) 434
11－24.规模以上工业企业能源购进、消费及库存(液化石油气) 436
11－25.规模以上工业企业能源购进、消费及库存(炼厂干气) 438
11－26.规模以上工业企业能源购进、消费及库存(其他石油制品) 440
11－27.规模以上工业企业能源购进、消费及库存(热力) 442
11－28.规模以上工业企业能源购进、消费及库存(电力) 444
11－29.规模以上工业企业能源购进、消费及库存(其他燃料) 446
11－30.规模以上工业企业能源购进、消费及库存情况附表(能源合计) 448
11－31.规模以上工业企业能源购进、消费及库存情况附表(原煤) 450
11－32.规模以上工业企业能源购进、消费及库存情况附表(洗精煤) 452
11－33.规模以上工业企业能源购进、消费及库存情况附表(其他洗煤) 454
11－34.规模以上工业企业能源购进、消费及库存情况附表(焦炭) 456
11－35.规模以上工业企业能源购进、消费及库存情况附表(其他焦化产品) 458
11－36.规模以上工业企业能源购进、消费及库存情况附表(焦炉煤气) 460
11－37.规模以上工业企业能源购进、消费及库存情况附表(其他煤气) 462
11－38.规模以上工业企业能源购进、消费及库存情况附表(原油) 464
11－39.规模以上工业企业能源购进、消费及库存情况附表(汽油) 466
11－40.规模以上工业企业能源购进、消费及库存情况附表(煤油) 468
11－41.规模以上工业企业能源购进、消费及库存情况附表(柴油) 470
11－42.规模以上工业企业能源购进、消费及库存情况附表(燃料油) 472
11－43.规模以上工业企业能源购进、消费及库存情况附表(液化石油气) 474
11－44.规模以上工业企业能源购进、消费及库存情况附表(炼厂干气) 476
11－45.规模以上工业企业能源购进、消费及库存情况附表(其他石油制品) 478
11－46.规模以上工业企业能源购进、消费及库存情况附表(热力) 480
11－47.规模以上工业企业能源购进、消费及库存情况附表(电力) 482
11－48.规模以上工业企业水消费(取水总量) 484
11－49.规模以上工业企业水消费(地表水) 485
11－50.规模以上工业企业水消费(地下水) 486
11－51.规模以上工业企业水消费(自来水) 487
11－52.规模以上工业企业水消费(管道供应的未经达标处理的水) 488
11－53.规模以上工业企业水消费(中水) 489
11－54.规模以上工业企业水消费(中水) 490
11－55.规模以上工业企业水消费(其他水) 491

11－56.规模以上工业企业水消费(重复用水) 492

科教文卫体和其他社会事业

12－1.工业企业科技活动情况 494
12－2.大连市各级各类学校概况 502
12－3.普通高等学校情况 504
12－4.大连市共青团组织情况 508
12－5.大连市文化艺术基本情况 509
12－6.大连市卫生机构情况 510
12－7.全市平均每千人口医院床位与医生情况 511
12－8.大连市房屋概况 512
12－9.大连市工会基本情况 513
12－10.大连市审计工作情况 514
12－11.大连市律师办理各类法律事务情况 514
12－12.大连市公证工作情况 515
12－13.大连市人口情况 515
12－14.大连市人口自然变动情况 516
12－15.大连市人口机械变动情况 516
12－16.大连市计划生育、节育情况 517
12－17.大连市妇联工作情况表 518
12－18.大连市残联工作情况 519
12－19.大连市档案工作情况 526
12－20.大连市科学技术普及情况 527
12－21.大连市科协青少年科技教育情况 527
12－22.科技服务与科技传媒情况 528
12－23.大连市文联工作情况 529
12－24.大连市法院审结案件情况 529
12－25.大连市老龄事业情况 530
12－26.大连市结婚及离婚登记情况 530
12－27.大连市各类技术合同情况 531
12－28.大连市国内专利申请受理情况 531
12－29.大连市专利授权情况 531
12－30.大连市质量监督情况 532
12－31.大连市全民健身活动设施情况 533
12－32.大连市二级裁判员发展情况 534
12－33.大连市二级运动员发展情况 534
12－34.大连市举办体育业务情况 536
12－35.大连市各类学校《国家体育锻炼标准》达标情况（一） 536
12－36.大连市各类学校《国家体育锻炼标准》达标情况（二） 537
12－37.大连市少年儿童业余体校在训学生情况 537
12－38.大连市在队优秀运动员情况 538
12－39.大连市体育系统从业人员情况 538
12－40.大连市体育运动学校运动班学生情况 539
12－41.大连市社会指导员人数 539
12－42.大连市广播电视覆盖情况 540
12－43.大连市人工造林情况 540
12－44.大连市区环境质量情况 541
12－45.大连市工业废水、废气污染防治情况 541
12－46.大连市工业废水、工业废气主要污染物排放情况 542

12－47.大连海区海洋环境质量状况 …… 542
主要统计指标解释 …… 543

物价与人民生活

统计图表 …… 550
13－1.城市居民消费价格分类指数 …… 551
13－2.主要商品平均价格 …… 555
13－3.500户居民家庭住房情况 …… 576
13－4.500户居民家庭平均每月每百户主要消费品拥有量 …… 578
13－5.500户居民家庭人口情况 …… 579
13－6.500户居民家庭不同收入分组收支主要指标 …… 580
13－7.500户居民家庭现金收支情况 …… 581
13－8.500户居民家庭消费支出情况 …… 582
13－9.工业品出厂价格指数 …… 591
13－10.原材料、燃料、动力购进价格指数 …… 593
13－11.农村住户基本情况 …… 594
主要统计指标解释 …… 616

企业集团

14－1.大连市企业集团主要经济指标 …… 618
14－2.企业景气指数 …… 624
14－3.企业家信心指数 …… 625
企业集团统计说明 …… 626

区市县主要经济指标

15－1.中山区社会经济发展主要指标 …… 628
15－2.西岗区社会经济发展主要指标 …… 629
15－3.沙河口区社会经济发展主要指标 …… 630
15－4.甘井子区社会经济发展主要指标 …… 631
15－5.旅顺口区社会经济发展主要指标 …… 632
15－6.金州区社会经济发展主要指标 …… 633
15－7.瓦房店市社会经济发展主要指标 …… 634
15－8.普兰店市社会经济发展主要指标 …… 635
15－9.庄河市社会经济发展主要指标 …… 636
15－10.长海县社会经济发展主要指标 …… 637

附　录

附录一　2006年全国国民经济和社会发展统计公报 …… 640
附录二　2006年辽宁省国民经济和社会发展统计公报 …… 661
附录三　大连经济技术开发区2006年经济发展情况 …… 671
附录四　大连保税区2006年经济发展情况 …… 674
附录五　大连高新技术产业园区2006年经济发展情况 …… 676
2006年商品房销售额50强企业排序 …… 680
2006年商品房销售面积50强企业排序 …… 681
2006年自营出口总额50强企业排序 …… 682
2006年规模以上工业销售收入50强企业排序 …… 683
2006年规模以上工业利税50强企业排序 …… 684
2006年限额以上零售业销售额50强企业排序 …… 685
2006年限额以上批发业销售额50强企业排序 …… 686
2006年纳税百强企业排序 …… 687

2006年大连市国民经济和社会发展统计公报

大连市统计局

（2007年3月9日）

2006年，大连市人民在市委、市政府的正确领导下，认真落实科学发展观，紧紧抓住东北振兴和沿海开放双重机遇，积极应对各种新形势和新挑战，加快经济结构调整和增长方式转变，推动国民经济持续健康快速发展，各项社会事业全面进步，全面完成了市十三届人大四次会议确定的各项任务，实现了“十一五”的良好开局。

一、综 合

经济总量：综合经济实力持续增强。初步核算，全市实现地区生产总值2569.7亿元，按可比价格计算比上年增长16.5%，为1996年以来的最快增幅。其中，第一产业增加值208.6亿元，增长10.9%；第二产业增加值1229亿元，增长20.3%；第三产业增加值1132亿元，增长13.6%。三次产业构成比例为8.1∶47.8∶44.1，对经济增长的贡献率分别为5.6%、57%和37.4%。按常住平均人口计算，全市人均生产总值42579元，按年末汇率折算5453美元。

财政税收：经济效益水平显著提高。实现地方财政一般预算收入196.1亿元，比上年增长29.5%，为1994年分税制改革以来的最快增幅。其中，市本级89.9亿元，增长25.9%；区市县级106.2亿元，增长32.8%。实现地方财政一般预算支出266.5亿元,比上年增长28.3%。其中，基本建设、社会保障及抚恤社救、科技三项费和教育支出分别增长11.3%、61.3%、23.5%和23.1%。国税局组织各项税收162.04亿元，增长18.1%；地税局组织各项税收148.26亿元，增长23.2%。海关代征税收168.93亿元(大连海关数)，增长8.2%。

价格指数：居民消费价格涨幅平稳，工业品价格涨幅回落。居民消费价格同比指数为101.4，与上年持平。其中，消费品价格指数和服务项目价格指数分别为101.0和102.3(见表一)。工业品出厂价格同比指数为102.67，比上年回落1.53个百分点。原材料、燃料及动力购进价格同比指数为108.32，比上年回落7.7个百分点。

表一　　居民消费价格总指数

指　　标	以上年同期价格为100
居民消费价格总指数（%）	101.4
其中：消费品价格指数	101.0
服务项目价格指数	102.3
其中：食　品	102.5
烟酒及用品	100.2
衣　着	100.8
家庭设备用品及维修服务	101.5
医疗保健及个人用品	100.5
交通和通信	98.2
娱乐教育文化用品及服务	96.1
居　住	108.0

二、农业

农业生产：农业生产喜获丰收。全年完成农林牧渔及服务业现价总产值390.5亿元，比上年增长13.9%(按可比价格计算，增长11%)。其中，农业产值92.3亿元，林业产值3.6亿元，牧业产值108.2亿元，渔业产值148.7亿元，农林牧渔服务业产值37.7亿元，分别比上年增长17.2%、-10.7%、22.2% 、5.7%和22.4%。水产、畜牧、蔬菜、水果和花卉五大优势产业产值占农林牧渔业及服务业总产值的比重达81.4%。

农牧产品产量：农牧产品产量全面增长。完成粮食总产量152.2万吨，单产5446.6公斤/公顷，分别比上年增长12.3%和11.4%；水果总产量106.7万吨，蔬菜总产量254.6万吨，分别增长8.8%和5.8%；肉、蛋、奶总产量分别为65.3万吨、23.4万吨和12万吨，分别增长27%、5.3%和17.5%。粮食、蔬菜、水果、肉类、禽蛋和奶类总产量均创历史最好水平。

渔业：完成地方水产品总产量216.1万吨，比上年下降1.8%。其中，海水养殖产品产量129.5万吨，下降2.9%。优质高效海珍品生产快速发展。其中，海参、杂色蛤和虾夷扇贝产量分别为2万吨、24.5万吨和16.2万吨，分别增长24.9%、21%和25.1%。新增海参、滩涂贝类、赤贝(魁蚶)和虾夷扇贝增养殖面积分别为0.6万公顷、0.8万公顷、1.2万公顷和0.67万公顷，新增陆地工厂化养殖面积6万平方米。

林业：完成植树造林面积50.2万亩，农村植树1.01亿株，造林平均成活率达到90%以上。其中，荒山造林35万亩，海防林基干林带5.21万亩，道路绿化860公里，河流绿化430公里。新建绿化村121个。全市林木绿化率达到42.99%。

农业建设：引进农业新品种、新技术289项，推广新技术90项，重点推广测土配方施肥等十大农业增产增效技术。新增投资1000万元以上的农产品加工龙头企业56家，投资总额19.8亿元，分别比上年增长11%和66.4%。新增8家省级农业产业化重点龙头企业，总数达到49家；新增5个省级现代农业示范基地，总数达到43家。新发展国家认证的无公害农产品15个，总数达到205个；绿色食品39个，总数达到208个；有机食品15个，总数达到43个。新建国家级农业标准化示范区2个、省级农业标准化示范区1个、市级农业标准化生产综合示范区10个。旅顺口区、金州区被评为首批国家级农业标准化示范县。

水利建设：新建各类水源工程1045项；改善灌溉面积10万亩，发展节水灌溉面积7.16万亩；治理水土流失面积33.05万亩；新修加固河道堤防287.1公里；除险加固水库17座。

三、工业

工业生产：工业经济持续增长。实现全部工业增加值1058.8亿元，按可比价格计算比上年增长20.8%。其中，规模以上工业企业(即全部国有及国有控股和年产品销售收入500万元及以上非国有工业企业，下同)完成增加值851.8亿元，按可比价格计算比上年增长27.6%，加快6.4个百分点。在规模以上工业增加值中，重工业652.5亿元，增长27.6%，加快7.4个百分点；轻工业199.3亿元，增长27.6%，加快2.7个百分点。实现销售产值3415.1亿元，比上年增长 27.9%。主要工业产品产量快速增长。其中，金属

表二　主要工业产品产量

产品名称	计算单位	绝对量	比上年增长（%）
啤酒	千升	444528	9.4
软饮料	万吨	14.8	0.9
服装	万件	1211.3	4.0
橡胶轮胎外胎	万条	474.4	37.9
中成药	吨	525.9	73.3
水泥	万吨	678	22.7
原油加工量	万吨	2156.9	9.6
平板玻璃	万重量箱	558.3	45.3
煤气	万立方米	28663	7.1
金属切削机床	万台	4.7	10.2
滚动轴承	万套	9519.2	1.5
金属轧制设备	万吨	5.1	1.1倍
制冷空调设备	万台(套)	74.4	63.0
起重设备	万吨	6.4	35.4
改装汽车	辆	879	1.04倍
程控交换机	万线	21.6	44.0
机车	辆	256	26.7
冷柜	万台	14.2	17.4
移动通信手持机(手机)	万部	180	69.8
打印机	万台	140	47.2
发电量	亿千瓦时	153.2	17.1

轧制设备、中成药、移动通信手持机(手机)和制冷空调设备分别增长1.1倍、73.3%、69.8%和63%(见表二)。工业产品产销率为98.63%。

工业基地建设：全年完成工业投资535.9亿元，比上年增长38.5%。“四个基地”实现工业增加值566亿元，按可比价格计算比上年增长26.3%。其中，石化工业216.9亿元，增长22.5%；现代装备制造业228.5亿元，增长27.9%；船舶制造业50.9亿元，增长36.1%；电子信息产品工业69.7亿元，增长25.7%。

重大项目建设取得突破。重工·起重风电设备、瓦轴集团重大精密轴承基地、中远船务30万吨级浮船坞、一汽大柴道依茨发动机、大众一汽30万台发动机等一批大项目竣工投产；机床集团数控系统及功能部件产业化等项目进度加快；船舶重工高新平台建设、鞍钢新轧——蒂森克虏伯二期、福佳大化对二甲苯、逸盛大化对苯二甲酸等项目开工建设。产业集群加快形成，大连湾临港装备制造业基地初具规模。大化、大钢、大水泥搬迁改造进展顺利。大力推进循环经济发展，重点支持燃料电池、中水回用等10大工业循环经济示范项目，推广了水源热泵、风力发电等10大节能节水技术和产品。

工业经济效益：全年工业经济效益综合指数150.63，比上年提高13点。实现主营业务收入3303.2亿元，比上年增长21.9%；利税总额122.3亿元，增长15.9%；盈亏相抵后实现利润总额39.8亿元，下降4.5%。如剔除油价影响，实现利税149.9亿元，增长29.2%；盈亏相抵后实现利润96.3亿元，增长33.6%。

四、建筑业和房地产开发

建筑业：资质以上建筑企业完成总产值546.6亿元，比上年增长20.4%。按施工产值计算的全员劳动生产率为13.3万元/人，增长20.7%。

房地产开发：房地产开发施工面积2196.1万平方米，比上年增长39.9%；竣工面积537.8万平方米，增长37.7%。完成商品房销售额284.5亿元，增长27.9%，其中住宅销售额242.7亿元，增长23.6%。商品房销售面积628.8万平方米，增长9%，其中住宅销售面积570.2万平方米，增长6.8%。

五、固定资产投资

投资总量：固定资产投资规模继续扩大。完成全社会固定资产投资总额1469.5亿元，比上年增长32.3%。其中，城镇投资1203.6亿元，增长31.6%；农村投资265.8亿元，增长35.9%。在城镇固定资产投资中，建设项目投资866.4亿元，增长33.4%；房地产开发投资337.2亿元，增长27.1%。

投资结构：按产业划分，第一产业投资55.81亿元，增长4.4%；第二产业投资576.63亿元，增长44.8%；第三产业投资837.04亿元，增长27.1%，其中航运业118.2亿元，增长22.5%。三次产业投资比例由上年的4.8∶35.9∶59.3调整为3.8∶39.2∶57.0。

按所有制类型划分，国有经济投资402.35亿元，增长34.8%；非国有经济投资1067.14亿元，增长31.4%。国有与非国有经济投资比例由上年的26.9∶73.1调整为27.4∶72.6。

城市建设项目：全市完成城建重点项目131项，实现投资额261.3亿元，比上年增长30.3%。椒金山隧道、西部通道和胜利桥、北岗桥、菜市桥改扩建工程竣工通车。完成西北路等10条中心城区交通干道的拓宽改造，快轨金州线、201路有轨电车改扩建工程、市区至开发区应急路建设快速推进。煤气新厂二期储柜、制气装置已经完工。香海热电厂二期1号机组投入运营。凌水河污水处理厂竣工投产，马栏河等3座污水处理厂建设进展顺利。梭鱼湾、砬夏河综合整治工程全面完成。中心城区生活垃圾应急处置工程投入使用，城市生活垃圾焚烧厂建设加快。完成煤气管网改造21.3公里，新建煤气主干线22.7公里；分别完成供水管网、排水管网改造75公里和30公里；改造城市二次加压泵站182处；改造城市居民室内旧管网5万户；解决城市居民用水困难8.7万户；新增供热面积410万平方米。

六、国内贸易

消费品市场：城乡消费市场协调发展。实现社会消费品零售总额839.3亿元，比上年增长14.7%，加快1.2个百分点。其中，城市零售额783.9亿元，增长14.7%；农村零售额55.4亿元，增长13.9%。按行业划分，批发和零售业零售额695.9亿元，增长15.4%；住宿和餐饮业零售额133.9亿元，增长11.7%；其他行业零售额9.5亿元，增长2%。按商品类别划分，吃品零售额390.4亿元，增长16%；穿品零售额157.8亿元，增长14.3%；用品零售额271.6亿元，增长11.8%。

居民消费：消费结构升级加快。全年限额以上批发零售业商品零售额245.7亿元，比上年增长24.2%。其中，汽车类增长35.9%，家用电器类增长14.8%，家具类增长14.4%，通讯器材类增长24.1%，体育娱乐用品类增长14.4%，文化办公用品类增长12.7%，金银珠宝类增长15.8%。

商贸设施建设：新建超万平方米大型商业网点33个。新建星海新天地、规划老虎滩渔人码头等两条特色商业街。青泥洼商业街荣获“中国著名商业街”称号，友谊商城、麦凯乐总店、大商新玛特被商务部评定为全国“金鼎级百货店”。深化“千村百镇”工程，新建改建农家店848个。新建放心食品专柜、专区108个，新增优质农副产品专柜、专区51个，新推出绿色市场试点单位和市场准入定点市场10家。

七、对外经济

利用外资：利用外资成倍增长。全年实际使用外商直接投资22.45亿美元，比上年增长124.1%，其中第二产业13.18亿美元，第三产业9.16亿美元，所占比重分别为 58.7%和40.8%。引进外资的质量和水平进一步提升。先进制造业和现代服务业引进外资金额分别占实际使用外资总额的50.1%和29%，分别增长174.4%和209.5%。新批准外商投资企业853家，其中投资额超1000万美元的大项目141个。德国大众汽车等20家世界500强企业在连实际投资2.8亿美元，增长82.9%。

对外贸易：对外贸易持续快速增长。据海关统计，大连地区内企业(含省公司)完成进出口总额317.96亿美元，比上年增长24.3%。其中，进口145.38亿美元，增长23.1%；出口172.58亿美元，增长25.4%。完成自营进出口总额293.24亿美元，比上年增长24.66%。其中，进口136.69亿美元，增长23.27%；出口156.55亿美元，增长25.9%。机电产品、高新技术产品出口分别占自营出口总额的45.3%和22.9%(见表三)。

表三

自营进出口额完成情况

指　　标	绝对数(亿美元)	比上年增长（%）
进出口总额	293.24	24.66
出口额	156.55	25.90
其中：一般贸易	48.92	34.62
加工贸易	100.72	21.46
其中：机电产品	70.97	27.27
高新技术产品	35.89	21.83
进口额	136.69	23.27
其中：一般贸易	41.28	5.01
加工贸易	76.96	30.19
其中：机电产品	50.10	16.13
高新技术产品	29.75	21.25

对外合作：对外经济技术合作势头良好。全年签订对外承包和劳务合作合同900项；合同金额3.5亿美元，比上年增长16.7%；实现营业额2.8亿美元，增长12%。外派劳务人员2.9万人次，增长9.4%。新批对外投资项目17项，总投资额8000万美元，其中中方投资额占99.5%。

八、交通、邮电和旅游

交通运输：交通运输业加快发展。运输企业完成客货换算周转量2562亿吨公里，比上年增长29.6%，加快11.6个百分点。实现货物周转量2503.2亿吨公里，增长30.2%。实现旅客周转量123.3亿人公里，增长11.8%(见表四)。

表四　货物、旅客周转量及港口货物吞吐量

指　　标	单　位	绝对数	比上年增长（%）
货物周转量	亿吨公里	2503.2	30.2
其中：公路	亿吨公里	67.3	7.4
水运	亿吨公里	2260.0	33.9
民航	亿吨公里	0.6	24.5
旅客周转量	亿人公里	123.3	11.8
其中：公路	亿人公里	34.4	4.5
水运	亿人公里	8.6	9.0
民航	亿人公里	31.4	29.3
港口货物吞吐量	亿　吨	2.0	17.3
港口集装箱吞吐量	万标箱	321.2	19.5

沿海港口货物吞吐量突破2亿吨，比上年增长17.3%，其中外贸吞吐量0.7亿吨，增长9.9%。集装箱吞吐量321.2万标箱，增长19.5%。旅客吞吐量616.1万人次，与上年基本持平。周水子国际机场完成旅客吞吐量635.1万人次，增长17.5%；货邮吞吐量14.51万吨，增长12.4%。

航运中心建设：国际航运中心建设取得重大进展。大窑湾保税港区申办成功。港口基础设施建设全面推进，全年实施建设项目48项，完成投资72亿元，新增生产泊位23个、年吞吐能力5000万吨。我国最大的汽车物流码头——大连汽车码头建成投产。大连湾通用杂货泊位完工，航道改扩建工程竣工通航。大窑湾二、三期6个泊位建设和北岸开发进展顺利。长兴岛公共港区3个通用泊位建设步伐加快。金窑铁路复线竣工通车，烟大铁路轮渡试运营，长兴岛铁路和铁路集装箱中心站建设项目启动，土羊高速公路、大窑湾疏港高速公路、沈大与丹大高速公路连接线、大庄高速公路西段等主体工程基本完工。大连机场航线总数达到119条，其中国内航线76条，国际和特别行政区航线43条；与15个国家、90个国内外城市通航，其中国际、特别行政区通航城市36个。

邮电通信：完成邮电业务总量115.6亿元，比上年增长23.1%。其中，邮政业务总量6亿元，增长

26.3%；电信业务总量109.6亿元，增长23%。完成特快专递260.7万件，增长24.6%。邮政储蓄年末余额115.7亿元，增长19.3%。截至年末，城乡固定电话用户达324.8万户，与上年基本持平；移动电话用户达331万户，增长10.5%；国际互联网宽带用户48.8万户，可比口径增长38.9%。

旅游：全年共接待国内游客2150万人次，比上年增长13.2%；接待海外游客70万人次，增长16.7%。实现旅游总收入260亿元，增长 23.3%。其中，国内旅游收入222.9亿元，增长25.2%；旅游创汇4.65亿美元，增长16.3%。截至年末，全市拥有旅游宾馆(饭店)190家，增加12家，其中星级宾馆(饭店)159家，增加4家；旅行社373家，增加11家，其中国际旅行社27家。本市创建“中国最佳旅游城市”取得成功。

会展：全年举办展会119个，其中2万平方米以上的展览项目13个，占总项目数的10.9%；展览面积87.8万平方米；参展企业18525家，其中来自70个国家的海外企业1326家；参观人数475万人次。成功举办首届中国(大连)国际服装纺织品博览会(原大连国际服装博览会，现晋升为国家级展会)。成功申办2007年“世界经济论坛成长峰会——全球成长型企业年会(即中国夏季达沃斯)”。

九、金融、证券和保险

金融：金融业健康平稳运行。金融机构本外币各项存款年末余额3974.8亿元，比年初增加518.6亿元，增长15%。其中，居民储蓄存款年末余额1866.5亿元，比年初增加201.3亿元，增长12.1%。本外币贷款余额2974.5亿元，比年初增加419.4亿元，增长16.3%。全市银行间外汇市场共开放243场，办理外汇交易3468笔；成交金额折合15.62亿美元。截至年末，全市拥有银行业金融机构37家。

保险：保险业实现保费收入64.9亿元，比上年增长13.3%。其中，财产险19.8亿元，增长21.2%；人身险45.2亿元，增长10.1%。支付各类保险赔款及给付17.45亿元，增长25.2%。其中，财产险10.9亿元，增长20.9%；人身险 6.6亿元，增长33%。全市保险深度(即保费收入占GDP比重)为2.5%，保险密度(即人均保费收入)为1141元/人。全市保险业资产总额达198.7亿元。截至年末，全市拥有保险法人机构2家、省级分公司21家。

期货：大连商品交易所期货合约成交量2.4亿手，比上年增长21%，占全国期货市场总成交量的53%，交易量连续7年居全国首位；成交额5.2万亿元，增长10%，占全国期货总成交额的25%。其中，玉米期货合约的成交量和成交额分别为1.4亿手和2万亿元，期货交易量居世界第二。全年交割粮食101万吨，交割金额22.8亿元。豆油期货合约成功上市。截至年末，全市拥有期货经纪公司6家，异地期货经纪公司大连营业部54家。

证券：大连港集团、獐子岛渔业等6家企业成功在海内外上市，融资36.8亿元。全市共有19家上市公司，其中A股公司16家，B股公司2家，发行A、B两种股票公司1家。大通证券成功实施破产重整。截至年末，全市拥有证券公司1家、证券分公司1家、证券营业部38家。

十、科技和质量技术监督

高新技术：全市完成高新技术产业产值1730亿元，比上年增长31.1%，其中规模以上工业高新技术产品产值1323亿元，增长31%。实现高新技术产业增加值420亿元，比上年增长35.5%，其中规模以上工业企业高新技术产品增加值327亿元，增长37.9%。实施中高档数控机床关键技术研发等8个重大科技项目。光洋科技公司32轴6通道5坐标联动数控系统研发取得突破性进展；具有国内领先水平的大连光电研发中心建成使用，美明公司年产30万片高品质蓝绿外延片项目投入生产，长城光电公司自主研发成功新型全彩LED显示屏；大连软件知识产权保护服务中心投入运营；“中日友好大连人才培训中心”落成使用；双金属复合导线、水性聚氨酯涂料等一批创新成果快速实现产业化；“水溶性人参皂苷Rg3中间体”和“新胚胎生物技术”等项目快速推进。

科技成果：全年吸引并到位国内外各类科技资助超过10亿元。实施各类科技计划项目385项，其中国家级88项、省级119项、市级178项。有67项科技成果获国家、省级科技奖励，其中国家级7项、省级60项。全年实现技术交易额27.6亿元，比上年增长55.5%。本市通过科技部“全国科技企业孵化器体系建设试点城市”验收。新建科技孵化器及二次孵化基地5个，新增孵化面积23万平方米，市级以上孵化器总数达30家，总孵化面积达60万平方米。中科院大连科技创新园启动建设。

知识产权：全年专利申请7104件，比上年增长27.5%，其中发明专利申请1409件，增长42.2%；专利授权2118件，增长44%。成功举办2006年中国国际专利技术与产品交易会，23个国家和地区8000多个专利项目参展。首次发布《大连市知识产权保护状况白皮书》。

质量技术监督：质量技术监督部门年内对21类产品进行了质量监督抽查，综合合格率为85.4%。对3200家企业、5679个批次的产品开展定期检验，合格率为89%。共立案查处假冒伪劣案件248件；查处假冒伪劣商品货值330万元；端掉制假窝点49个。

全年采用国际标准和国外先进标准182项，累计采标2852项，居于省内各市首位。制定地方农业标准技术规范7项；建立标准化良好行为企业试点20家。办理组织机构代码证书4万余户，办理条码系统成员580余户。计量器具受检27.6万台(件)，其中强制检定器具19.3万台(件)。加强特种设备安全监查，共检查电梯8355部、锅炉3692台、压力容器3240台、起重机械3388台、厂内机动车5836台等。

加大名牌产品开发与保护力度。截至年末，本市中国名牌产品数量达到12个，138种产品获得辽宁省名牌产品称号，继续保持了中国名牌数量和辽宁名牌数量在全省的领先地位。另有5个产品获得国家免检产品资格，本市的国家免检产品数量在有效期范围内的已达到15个。大连海参、大连鲍鱼获得地理标志保护产品。

十一、教 育

全市共有普通高等学校21所(另有民办二级学院8所)，中等职业学校115所，普通高中80所，九年义务教育阶段学校1159所，幼儿园1529所。各级各类学校(含幼儿园)共有在校生111.5万人。

基础教育:全市学前3年幼儿入园率达到85.1%。小学学龄人口净入学率为99.3%。初中学龄人口净入学率为99.4%。高中阶段教育毛入学率为92.5%。义务教育阶段在校生55万人，比上年下降4%；普通高中在校生12.4万人，比上年增长1%。市县两级投资1.3亿元，在农村全面实施了免费义务教育，农村中小学公用经费达到省定标准。

中等职业教育：中等职业学校在校生10.9万人，比上年增长6%。其中，普通中等专业学校2.7万人，增长4.6%;职业中专（职业高中）3.7万人，增长5.7%;技工学校4.1万人，增长9.7%。各类中等职业学校毕业生近3万人。在校生千人以上规模的中等职业学校达到33所，国家级重点职业学校12所，省级重点职业学校23所。

普通高等教育:普通高等院校本、专科(含高职)在校生20.1万人，比上年增长10.6%。其中，市属高等院校普通本、专科(含高职)2.5万人，增长5.1%;民办高等职业院校及普通高校民办二级学院5万人，增长20.7%。在连高校和研究所博士、硕士研究生2.5万人，增长13.9%。普通高等教育机构博士毕业生476人，硕士毕业生4737人，本科毕业生2.7万人，专科毕业生1.2万人。

成人教育：成人高等院校在校生5.7万人，其中独立设置的成人高等学校1.6万人，普通高校成人教育学院4.1万人。高等教育自学考试19.6万科次，年内0.5万人获得本、专科毕业证书。教育部门批准的民办非学历培训机构855个，结业人数21.7万人，在学人数24.4万人。

中小学教师：小学专任教师学历达标率为99.5%，其中专科及以上学历达到67.5%，提高4.4个百分点；初中专任教师学历达标率为99.1%，其中本科及以上学历达到57.2%,提高4.6个百分点；普通高中专任教师学历达标率为96.6%。

办学设施：农村中小学办学设施标准化工作继续推进，已有270多所初中、小学达到市级标准。面向农村的远程教育网络已经建成。全市高中生均校舍面积达到12平方米。6个市级重点实训基地基本建成。瓦房店市、普兰店市、庄河市和金州区职业教育中心达到省级标准化建设要求。在连普通高等院校新增校舍面积 69.2万平方米。

十二、文 化

截至年末，全市拥有专业艺术表演团体7个，公共图书馆12个，文化艺术馆12个，农村文化站116个，公共博物馆7个。

艺术表演：市直专业剧团完成国内外演出900余场。其中，大连杂技团完成了上海国际合作组织峰会、“中韩文化年”开幕式及哈萨克斯坦共和国国庆等一系列重大外事演出任务。杂技《大连女孩——车技》获第二十七届法国明日国际杂技节银奖，杂技《大连男孩——腾飞》夺得中国文化艺术政府最高奖“文华奖”。

社会文化活动：继续组织了“打造文化大连”系列活动，命名“大连市特色文艺活动基地”33个；实施大连市电影放映“2131工程”，组织45支放映队，为农民演出4200余场，观众达80万人次。确定了大连市第一批非物质文化遗产代表作项目26个。庄河市被命名为“全国文化先进县(市)”。

新闻出版：年末全市共有报纸19种，期刊(包括高校的校报、学报)54种，出版社(含高校、音像出版社)6家。

文化市场管理：强化文化市场管理。开展了音像市场专项整治及“反盗版百日行动”等系列活动，检查各类文化娱乐场所5.7万家次，打掉贩卖盗版音像制品黑窝点7处，处罚违法违规经营单位1121家，吊销各类文化经营许可证37家，收缴盗版音像制品77.7万张。

文博工作：关东厅博物馆旧址和万忠墓被国务院公布为国家级文物保护单位，国家级文物保护单位达到9个；完成鸿胪井遗址的保护和鸿胪井刻石回归前的相关工作；大连市党史馆(中华工学会旧址纪念馆)开馆；完成市级以上166处文物保护单位的档案制作。

十三、卫 生

截至年末，全市拥有各类医疗机构2531个(含诊所1714个、卫生所287个)，其中医院238家(含110家乡镇卫生院)。编制床位数28579张，实有床位数28153张；卫生工作人员4.2万人，其中卫生技术人员3.4万人。每千人拥有医院床位4.57张、医生2.59人。人均期望寿命80.02岁。全市孕产妇死亡率为21.3/10万，婴儿死亡率为6.36‰。全市孕产妇系统管理率和儿童系统管理率分别达到90.93%和92.12%。

预防保健：市内四区建立57个社区卫生服务中心，社区卫生服务实现城区人口全覆盖。农村初级卫生保健得到巩固。建设农村无害化厕所7000座；完成农村饮水工程122项，保证了13万农民的饮水安全，农村自来水普及率达到62.63%。新创建省级卫生乡镇1个、省级卫生村3个。瓦房店市通过国家卫生城市的检查验收。全市免疫规划疫苗的接种率保持在95%以上，实现了消除碘缺乏病目标。

新型农村合作医疗：新型农村合作医疗进展顺利。截至年末，全市211.7万农民参加了以大病统筹为主的新型农村合作医疗，参合率达到87%，建立了基本覆盖全市农村居民的新型农村合作医疗制度。

医学科研：全市组织科技成果鉴定54项，其中21项科技成果获得省科技进步奖。组织完成卫生新技术评审工作，其中186项准入应用于临床。

十四、体　育

群众体育：完成全市各区市县的国民体质网络建设。市体育总会及所辖40个单项体育协会，参加国际交流活动9次、省级以上赛事24次、市级以上赛事129次。开展国际徒步大会、国际马拉松赛、全民健身周、万人太极拳展演等系列群众体育活动300余项，其中第四届国际徒步大会参加人数达到27万人，创造了世界徒步史上参加人数之最，本市成功当选为中国大陆唯一的“国际徒步城市”。首次表彰全市“百名全民健身优秀社会体育指导员”，新增社会体育指导员800名。实施“农民体育健身工程”，开展为全市100个自然村建设100个标准篮球场工作。本市被评为全国“推广健身气功十佳城市”。

竞技体育：竞技体育水平不断提高。大连籍运动员在第十五届多哈亚运会上获得8枚金牌。加强了6所“市竞技体育后备人才重点基地”和126所“青少年传统体育运动学校”的建设。首次表彰全市“百名竞技体育后备人才培养优秀教练员”。年内共举办、承办市级以上比赛46项、188次。

十五、环境保护

环境质量：环境质量总体状况良好。空气中四项污染物均值全部达到国家二级标准，空气污染指数(API)Ⅱ级以上(良好)天数338天，其中Ⅰ级(优)天数74天。近岸海域水质总体保持稳定，市区南部沿海、大窑湾、小窑湾、营城子湾水质各项监测指标年均值符合国家二类海水水质标准。饮用水源水质保持良好，符合国家地表水Ⅲ类水质标准。城市交通噪声符合国家规定标准。

建设项目管理：完成大连市“城市发展规划环境影响评价”工作。全年审批建设项目5938个，验收竣工项目3435个；环保投资5.2亿元，占审批建设项目总投资3%。

环境污染防治：对146个环境污染项目进行治理，完成污染治理133项，关、停、并、转、迁污染企业27家，削减二氧化硫662吨、烟尘1433吨、COD 2091吨。发放排污许可证265家，对25家企业强制进行清洁生产审核，11家企业通过ISO14000环境管理体系认证。建成翰洋医疗废物集中处置中心。全面推进

“打击环境违法行为环保专项行动”，重点开展了饮用水源地整治等14项专项行动，检查企业5629家，查处违法企业386家，限期治理企业80家，停业治理企业50家。完成环境安全风险源排查523家，限期整改39家。完成危险废物转移7965次、7.6万吨。完成83家企业833枚放射源现场检查，办理转让放射源349枚。机动车尾气年检车辆10万余台、路检车辆6万余台。受理环境信访6098件，处理率100%，群众满意率达到90%以上。

城市环境综合整治：完成千山心城等10个区域拆炉并网工程，拆除锅炉206台、烟囱168根，并网供热面积280万平方米；共削减烟尘344.4吨、二氧化硫322吨、氮氧化物268.8吨。关闭鞍钢石灰石矿水泥分厂和31个非煤矿山。完成大化南渣场整治工程。通过国家环境保护模范城市复查验收。瓦房店市被国家环保总局批准命名为县级环境保护模范城市。

自然生态保护：建成长海县国家级生态示范区。庄河市桂云花等3个乡镇获得“大连市生态示范乡镇”称号。

城市园林绿化：完成城市植树78万株，新增公共绿地150万平方米，人均公共绿地面积达到10.6平方米，城市绿化覆盖率达到42.8%。

十六、人口和就业

人口和计划生育：年末户籍总人口为572.1万人，比上年末净增6.7万人，机械增长占主导因素。其中，非农业人口328.9万人，比重为57.5%。人口出生率5.52‰，死亡率5.56‰，自然增长率-0.04‰，出生及死亡人口数量均保持正常年份水平。平均初育年龄为27.9岁，比上年提高了0.3岁。符合政策生育率99.7%，综合节育率85.7%，晚婚率90.1%。男性平均初婚年龄28.4岁，与上年持平；女性平均初婚年龄26.4岁，提高了0.3岁。农村计划生育家庭奖励扶助制度工作稳步推进，全市有7422名符合政策的扶助对象领到了农村部分计划生育家庭奖励扶助金，比上年增加1368人；1478名符合条件的计划生育特殊家庭扶助对象得到扶助。

从业人员：城镇集体以上单位年末从业人员89.8万人，其中在岗职工81.3万人。乡村年末实有从业人员137.7万人，其中第一产业70.7万人。

企业注册登记：据市工商局统计，全市年内新注册登记各类企业12455户，比上年增长2.3%；注册资本(金)528.54亿元，比上年增长60.5%。其中，外商投资企业738户，投资总额45.79亿美元，注册资本32.96亿美元，外方认缴出资额29.39亿美元；私营企业10604户，从业人员16.2万人(其中投资者2.2万人)，注册资本(金)124.97亿元。新登记个体工商户3.7万户，从业人员5.4万人，资金额18亿元。

城镇就业：年内实现城镇就业与再就业16万人，其中下岗失业人员就业12.2万人，困难群体及大龄失业人员再就业2.7万人。城镇登记失业率控制在2.9%。全年发放下岗失业人员小额担保贷款1.6亿元，筹集再就业资金4.1亿元。为1.2万名从事个体经营业的再就业人员及1146户商贸服务型企业减免税收1.9亿元。为 5.9万名“4050”人员发放社保补贴1.04亿元。实施普惠制培训11.2万人，其中再就业和新增长劳动力培训6.6万人，农村转移劳动力培训 4.6万人。扶持创业带头人1450人，带动就业7781人。职业技能鉴定9.4万人，其中5.6万人获得职业资格证书。

十七、人民生活和社会保障

居民收入：城乡居民收入持续增长。城市居民年人均可支配收入13350元，比上年增长11.3%；年人均消费支出10534元，增长5.4%。农村居民年人均纯收入6984元，比上年净增1081元，增长18.3%，净增额创历史新高；年人均生活消费支出4282元，增长14%。城市居民家庭恩格尔系数39.9%，农村居民家庭恩格尔系数39.8%。

房改资金：当年归集房改资金51.64亿元，其中住房公积金44.28亿元，分别比上年增长10.4%和18.5%。运用房改资金48.97亿元，其中发放个人住房政策性贷款20.36亿元，分别比上年下降2.9%和10.1%。截至年末，全市房改资金累计归集余额161.43亿元，其中住房公积金余额111.27亿元；累计运用房改资金余额70.54亿元，其中个人住房政策性贷款余额69.2亿元。

社会保险及保障：截至年末，全市养老保险参保人数134.9万人，比上年末增长5%;征缴保险费55亿元，比上年末增长11.5%。其中，企业参保人数120.9万人，征缴保险费47.3亿元，分别增长4.9%和16.8%。47.7万名企业离退休人员全部按时足额领取了基本养老金。失业保险参保人数91.9万人，征缴保险费5.1亿元，分别比上年末增长4.3%和13.3%。医疗保险参保人数204.8万人，比上年末增长8.5%。工伤保险参保人数118.7万人，征缴保险费1.8亿元，分别比上年末增长15.1%和28.6%。生育保险参保人数91.5万人，征缴保险费0.9亿元，分别比上年末增长5.2%和12.5% 。

社会保障实现“四提高”：提高企业退休人员养老金标准，由734元提高到889元，增长21%；提高城镇居民最低生活保障线标准，由240元提高到280元，增长16.7%；提高企业职工最低工资标准，整体上浮33%；提高失业保险金标准，由245元提高到360元，平均增幅38.6%。出台了《大连市农民工工伤保险实施办法》和《农民工基本医疗保险暂行办法》。建立了企业离退休人员采暖补贴专项资金制度，为14万名企业离退休人员发放采暖费补贴1.5亿元。

社会救助：截至年末，城市低保对象9.4万人，保障面3%。全年累计发放保障金1.3亿元，累计救助城市困难居民114万人次。投入353万元，救助患重大疾病的城乡困难居民997人次。制订了《大连市城市困难居民医疗救助办法》，7.6万名没有参加城镇职工基本医疗保险的城市低保对象纳入医疗救助范围。农村低保对象4.8万人，保障面1.9%。全年累计发放农村低保金4685万元，首次实现动态管理下的应保尽保。市县两级补贴资金2250万元，帮助1700户农村困难群众改造危房。投入临时救济和灾害救助资金4488万元，救助城乡困难居民27.6万人次。87个农村乡镇全部建成救助超市，形成覆盖农村的救助救援应急网络。

社会福利事业：出台了《大连市开展"敬老行动"的实施意见》。全年新批、改建城镇养老福利机构40所，新增城市养老机构床位2594张；改建完成农村区域性中心敬老院25所。为3015名城镇特困老人提供货币化居家养老补贴380万元。为1.2万名老年人投保意外伤害险。福利彩票销售总额达到10亿元，比上年增长44%；筹措公益金3.5亿元，居全国各市第三位，全省各市首位。市慈善总会荣获"中华慈善事业突出贡献奖"。"2006大连慈爱月"活动，共有2300多家企业、30多万名市民参加，全年接收社会捐赠款物价值1.23亿元。实施慈善救助项目23个，设立慈善医疗机构3个，救助各类困难群众3.2万人次。

注：

1.本公报各项统计数据均为初步统计数或初步核算数。

2.地区生产总值、各产业增加值绝对数按现价计算，增长速度按可比价计算。

3.年末户籍人口数为市公安局统计口径；人口出生率、死亡率和自然增长率为市人口和计划生育委员会统计口径。

4.恩格尔系数是指居民家庭食品消费支出占家庭消费总支出的比重。

本公报已在市政府网站——中国大连(www.dl.gov.cn)上发布，并于2007年3月15日在《大连日报》上全文刊载。

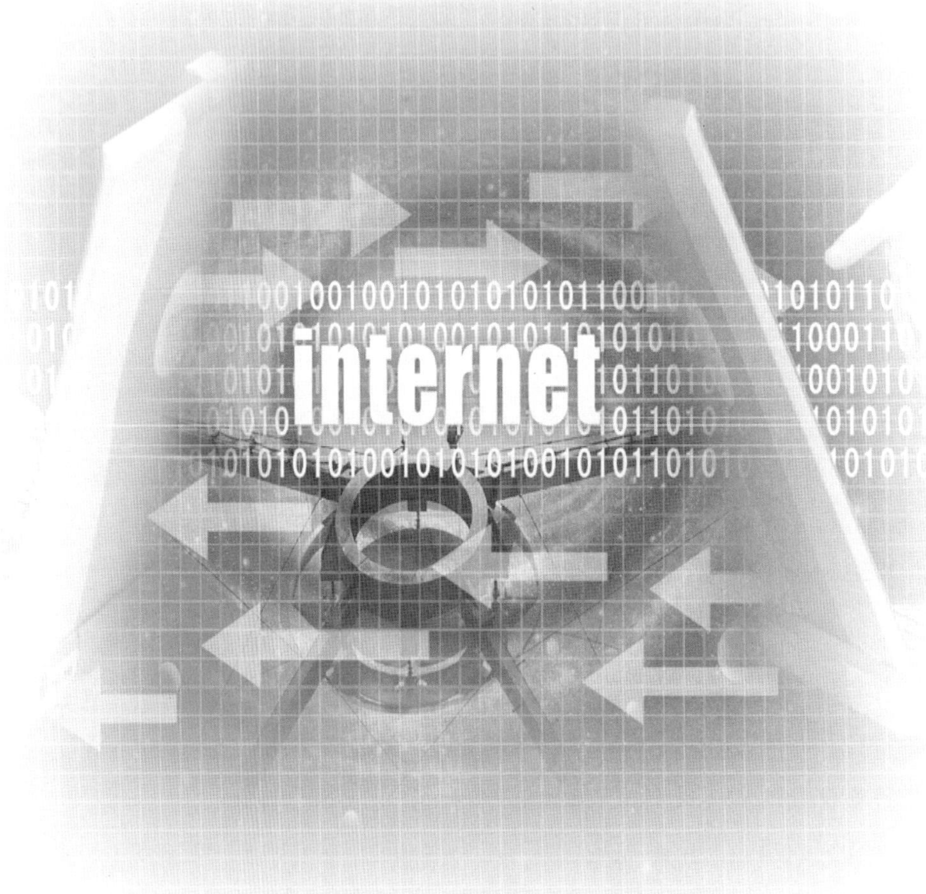
internet

综 合

大连统计年鉴 2007

责任编辑

李雪芬　陈文龙

应　涛　桑凤民

1-1 行政区划基本情况（一）

地　区	街道、乡镇名称
中山区	街道：海军广场街道、桂林街道、人民路街道、青泥洼桥街道、昆明街道、葵英街道、桃源街道、老虎滩街道
西岗区	街道：香炉礁街道、站北街道、北京街道、日新街道、人民广场街道、白云街道、八一路街道
沙河口区	街道：中山公园街道、白山路街道、兴工街道、春柳街道、马栏街道、南沙河口街道、黑石礁街道、李家街道、星海湾街道
甘井子区	街道：周水子街道、椒金山街道、甘井子街道、南关岭街道、泡崖街道、中华路街道、兴华街道、机场街道、辛寨子街道、红旗街道、凌水街道、泉水街道、大连湾街道 乡镇：革镇堡镇、营城子镇
旅顺口区	街道：登峰街道、市场街道、得胜街道、光荣街道、水师营街道、龙王塘街道、铁山街道、江西街道、北海街道、双岛湾街道、三涧堡街道、长城街道、龙头街道、 乡镇：旅顺开发区
金州区	街道：拥政街道、友谊街道、光明街道、中长街道、站前街道、先进街道、马桥子街道、海青岛街道、大孤山街道、董家沟街道、湾里街道、金满街道 乡镇：华家屯镇、二十里堡镇、三十里堡镇、亮甲店镇、登沙河镇、杏树屯镇、石河满族镇、大魏家镇、向应镇、大李家镇、得胜镇、七顶山满族乡
瓦房店市	街道：新华办事处、文兰办事处、岭东办事处、共济办事处、铁东办事处、祝华办事处、岗店办事处、太阳办事处、长兴岛办事处 乡镇：复州城镇、复州湾镇、松树镇、得利寺镇、万家岭镇、许屯镇、永宁镇、谢屯镇、炮台镇、李店镇、老虎屯镇、东岗镇、李官镇、仙浴湾镇、赵屯乡、土城乡、阎店乡、西杨乡、驼山乡、三台满族乡、交流岛乡、泡崖乡、杨家满族乡
普兰店市	街道：丰荣街道、铁西街道、太平街道、南山街道 乡镇：皮口镇、城子坦镇、大刘家镇、杨树房镇、双塔镇、安波镇、四平镇、沙包镇、瓦窝镇、元台镇、大谭镇、夹河庙镇、莲山镇、星台镇、墨盘乡、同益乡、乐甲满族乡
庄河市	街道：城关街道、新华街道、兴达街道、昌盛街道 乡镇：青堆镇、徐岭镇、黑岛镇、栗子房镇、大营镇、塔岭满族镇、仙人洞镇、蓉花山镇、长岭镇、荷花山镇、城山镇、光明山镇、大郑镇、明阳镇、吴炉镇、王家镇、鞍子山乡、太平岭满族乡、步云山乡、桂云花满族乡、兰店乡、石城乡
长海县	乡镇：大长山岛镇、獐子镇、小长山乡、广鹿乡、海洋乡

1-1 行政区划基本情况（二）

单位：个

地　　区	街　道	居委会	乡	镇	村委会
大连市	79	522	22	60	1002
市区小计	62	395	1	14	287
中山区	8	51	–	–	–
西岗区	7	45	–	–	–
沙河口区	9	86	–	–	–
甘井子区	13	122	–	2	47
旅顺口区	13	13	–	1	66
金州区	12	78	1	11	174
县（市）小计	17	127	21	46	715
瓦房店市	9	48	9	14	294
普兰店市	4	36	3	14	163
庄河市	4	36	6	16	235
长海县	–	7	3	2	23

1-2 土地面积、人口密度及各区（市）县户数、人口

地　　区	土地面积（平方公里）	户　数（户）	人　口（人）	人口密度（人/平方公里）
大连市	12573.85	1985156	5720810	455
中山区	40.10	131539	351648	8769
西岗区	23.94	114964	308252	12876
沙河口区	34.71	229802	652638	18803
甘井子区	451.52	231853	654655	1450
旅顺口区	512.15	81159	207619	405
金州区	1352.54	253848	702294	519
长海县	156.89	25837	74303	474
瓦房店市	3576.40	357972	1025805	287
普兰店市	2769.90	275257	824974	298
庄河市	3655.70	282925	918622	251

1-3 大连市平均气温

单位：℃

	全年	1月	2月	3月	4月	5月	6月	7月	8月	9月	10月	11月	12月
大　连	11.4	−2.4	−2.2	3.7	9.2	16.1	20.4	22.6	25	21	16.4	7	−0.2
瓦房店	10.3	−5.3	−4.2	2.4	8.8	16.9	20.7	23	24.9	20.3	14.9	4.4	−3.1
金　州	11.2	−3.3	−2.8	3.6	9.1	16.2	20.6	23.2	25.3	21	16	6.4	−1.2
普兰店	10.3	−5.4	−4	2.4	8.9	16.7	20.5	23.1	25	20	14.9	4.6	−3.2
长　海	10.8	−2.6	−2.4	2.7	7.8	14.5	17.3	21.7	24.4	21.4	17.4	7.6	0.1
庄　河	9.4	−6.4	−5.1	1.3	8	15.5	18.5	22.3	24.6	19.2	14.7	4.2	−3.7
旅　顺	11.2	−2.3	−1.6	4.1	8.6	15	19.3	22.4	24.2	20.4	16.3	7.4	0.2

注：本表数据由市气象局提供。

1-4 大连市降水量

单位：毫米

	全年	1月	2月	3月	4月	5月	6月	7月	8月	9月	10月	11月	12月
大　连	493.8	8.7	21	6	29	31	72.2	117.2	105.7	9.8	73.3	13.9	6
瓦房店	643.4	0.8	20.6	10.2	25.7	56.9	83.4	190.6	148	9.7	91.7	5.1	0.7
金　州	494.4	2.9	14.5	4.8	23	34.9	93.3	112.8	143.8	13.8	39.4	8.3	2.9
普兰店	501.9	5.7	16.3	10.8	21.3	37.4	59.2	182.8	100.6	9.1	47.4	8.5	2.8
长　海	445.5	9.8	19.8	6.6	28	20.5	53.7	140.2	127.9	0.5	32.4	3.2	2.9
庄　河	677.9	6.8	20.9	10.7	33	39.6	125.6	214.7	150.8	1.4	69	3.8	1.6
旅　顺	435	2.6	16.5	2.1	28.7	32.2	55.4	121.1	110.7	11.5	39.7	9.3	5.2

注：本表数据由市气象局提供。

1-5 大连市日照时数

单位：小时

	全年	1月	2月	3月	4月	5月	6月	7月	8月	9月	10月	11月	12月
大　连	2498.9	175.4	191.7	234.2	218.4	256.3	235.2	173.1	221.6	248.6	211.2	169	164.2
瓦房店	2358.4	171.9	191.5	241.3	204	227.6	193.3	152.5	193.1	259.8	207.8	165.1	150.5
金　州	2221.4	173.7	176.9	215	212.5	218.3	193.4	121.8	170.9	257.3	183.4	144.5	153.7
普兰店	2416.5	186.1	191.8	225.6	207.7	232.8	197.4	155.3	190.4	260.7	209.5	185.5	173.7
长　海	2341.4	192.9	197.2	220.3	219	224.2	152.9	126.6	189.6	255.8	205.4	191.4	166.1
庄　河	2293.9	185.4	174.5	211	206.2	238.9	166.7	130	183.1	258.4	194.1	176.9	168.7
旅　顺	2309.9	157.2	182.8	226.1	212.4	228.2	216.7	143.7	185.3	258.9	205.1	158.4	135.1

注：本表数据由市气象局提供。

1-6 大连市日平均风速

单位：米/秒

	全年	1月	2月	3月	4月	5月	6月	7月	8月	9月	10月	11月	12月
大　连	2.9	2.8	3.5	3.3	3.7	3	2.5	2.6	2.4	2.2	3	3.1	3
瓦房店	2.8	2.9	3.4	3.6	4.2	3.2	2.9	2.5	2.2	1.9	2.4	2.5	2.5
金　州	2.6	2.3	2.6	3	3.5	2.9	3.2	2.8	2.2	2	2.3	2.6	2.4
普兰店	2.2	1.9	2.7	2.7	3.2	2.5	2.5	2.1	1.7	1.3	1.7	2.2	2
长　海	3.5	3.6	4.3	3.9	4	3.2	2.6	2.6	2.6	2.9	4	4.3	3.9
庄　河	2.6	2.2	2.8	3.2	3.7	3	2.8	1.9	1.9	2.1	2.2	2.8	2.5
旅　顺	3.6	4.5	4.7	4	4.7	3.1	2.7	2.7	2.7	2.5	3.7	4.2	4.2

注：本表数据由市气象局提供。

1-7　大连市平均气压

单位：百帕

	全年	1月	2月	3月	4月	5月	6月	7月	8月	9月	10月	11月	12月
大　连	1005.7	1016.4	1016.2	1006.2	1000.7	1000.9	994.5	994.8	997.9	1005.1	1008.5	1010	1017.1
瓦房店	1002.5	1013.1	1012.7	1002.8	997.6	997.8	991.6	991.9	994.9	1001.9	1005.3	1006.8	1013.7
金　州	1011.8	1022.8	1022.7	1012.5	1006.8	1006.8	1000.3	1000.6	1003.7	1010.9	1014.5	1016.2	1023.4
普兰店	1012.3	1023.5	1023.2	1013	1007.4	1007.4	1001	1001.2	1004.2	1011.4	1014.9	1016.8	1024.1
长　海	1012.5	1023.3	1023.1	1013.1	1007.4	1007.8	1001.6	1001.6	1004.5	1011.6	1015	1016.7	1023.9
庄　河	1011.9	1022.7	1022.4	1012.4	1006.8	1007.3	1001.2	1001.1	1004	1011	1014.4	1016.1	1023.2
旅　顺	1009.2	1020	1020	1010	1004	1004.2	997.8	998	1001.4	1008.7	1012.1	1013.7	1020.9

注：本表数据由市气象局提供。

1-8　大连市大风日数

单位：天

	全年	1月	2月	3月	4月	5月	6月	7月	8月	9月	10月	11月	12月
大　连	8	–	2	–	3	–	–	–	–	–	2	–	1
瓦房店	22	–	3	5	5	1	–	–	–	1	1	5	1
金　州	11	–	2	3	3	–	1	–	–	–	1	1	–
普兰店	4	–	1	–	2	–	–	–	–	–	–	1	–
长　海	15	–	4	1	3	–	–	–	–	1	2	3	1
庄　河	5	–	1	1	2	–	–	–	1	–	–	–	–
旅　顺	49	1	8	7	10	1	1	2	–	–	5	7	7

注：本表数据由市气象局提供。

1-9　大连市极端气温情况

单位：℃、天

	极端最高	极端最低	无霜期
大　连	31	-17	221
瓦房店	32.5	-19.2	236
金　州	30.9	-17.6	247
普兰店	31.9	-18.8	190
长　海	31	-18.1	248
庄　河	31.1	-20.7	167
旅　顺	30.8	-15.4	252

注：本表数据由市气象局提供。

1-10 大连市社会经济发展主要指标（一）

项　　目	单　位	2005年	2006年
一、人口和土地面积			
年末户籍人口总数	万人	565.33	572.08
#非农业人口	万人	317.44	328.88
#市区人口	万人	281.11	287.71
人口自然增长率	‰	1.26	1.14
年末户籍总户数	万户	195.79	198.52
市辖区	个	6	6
市辖县（市）	个	4	4
土地面积	平方公里	12574	12574
#建成区土地面积	平方公里	248	258
二、从业人员			
年末城镇单位从业人员	万人	87.78	89.77
第一产业	万人	1.55	1.51
第二产业	万人	45.87	46.95
第三产业	万人	40.36	41.31
年末在岗职工人数	万人	80.70	81.29
#国有单位	万人	30.06	31.18
城镇集体单位	万人	3.30	3.19
其他单位	万人	47.33	46.91
#外商投资单位	万人	22.77	22.90
港澳台投资单位	万人	3.78	3.47
年末乡村实有劳动力	万人	134.07	137.74
三、生产总值			
生产总值（当年价格）	亿元	2152.23	2569.67
第一产业	亿元	183.33	208.6
第二产业	亿元	1001.76	1229.04
#工业	亿元	858.18	1058.84
建筑业	亿元	143.58	170.2
第三产业	亿元	967.14	1132.03
#交通运输、仓储及邮政业	亿元	213.35	259.78
信息传输、计算机服务和软件业	亿元	106.34	139.07

1-10　大连市社会经济发展主要指标（二）

项　　目	单　位	2005年	2006年
批发和零售业	亿元	145.84	167.94
住宿和餐饮业	亿元	59.63	66.65
金融保险业	亿元	88.15	101.49
房地产业	亿元	64.8	78.96
其他服务业	亿元	289.02	318.13
人均生产总值	元	35751	42579
四、固定资产投资			
全社会固定资产投资额	亿元	1110.49	1469.49
#第一产业	亿元	53.49	56.53
第二产业	亿元	398.28	564.5
第三产业	亿元	658.71	848.47
#城镇投资	亿元	856.81	1211.69
#建设项目	亿元	591.47	874.45
房地产开发	亿元	265.34	337.23
#农村投资	亿元	253.68	257.8
五、农林牧渔业			
1、农林牧渔及服务业总产值（当年价格）	亿元	342.82	390.46
农业	亿元	78.79	92.33
林业	亿元	3.99	3.56
牧业	亿元	88.53	108.16
渔业	亿元	140.70	148.69
农林牧渔服务业	亿元	30.81	37.72
2、农林牧渔业劳动力	万人	70.80	70.74
3、农作物播种面积	万公顷	32.31	32.75
#粮食作物	万公顷	27.73	27.95
4、农业生产条件			
农用机械总动力	万千瓦	296.57	299.08
化肥施用量（折纯）	万吨	14.09	14.59
5、主要产品产量			
粮食	万吨	135.56	152.21
#谷物	万吨	116.83	131.18

1-10 大连市社会经济发展主要指标（三）

项　　目	单　位	2005年	2006年
蔬菜	万吨	240.60	254.61
水果	万吨	98.12	106.74
肉类	万吨	51.55	65.34
禽蛋	万吨	22.24	23.41
水产品	万吨	227.96	219.4
#地方	万吨	220.07	216.07
大牧畜年底存栏	万头	36.51	32.08
六、规模以上工业※			
1、工业总产值（当年价格）	亿元	2562.80	3437.46
（1）按经济类型划分			
#国有企业	亿元	130.01	208.81
集体企业	亿元	23.18	18.86
外商及港澳台投资企业	亿元	1066.81	1340.30
#国有及控股企业	亿元	1361.65	1301.19
（2）按轻重工业分			
轻工业	亿元	515.53	686.89
重工业	亿元	2047.27	2750.58
（3）按企业规模分			
大型企业	亿元	1144.88	1561.29
中型企业	亿元	837.46	1012.55
小型企业	亿元	580.45	863.62
2、主要经济指标			
企业单位数	个	2110	2954
工业增加值	亿元	643.98	976.87
资产总计	亿元	2579.13	3316.80
流动资产年平均余额	亿元	1241.77	1643.38
固定资产净值年平均余额	亿元	864.85	1031.36
主营业务收入	亿元	2554.01	3383.81
利税总额	亿元	98.09	128.02
利润总额	亿元	34.60	42.78
从业人员平均人数	人	569861	682459

注：规模以上工业的统计范围为全部国有和年主营业务收入500万元及以上非国有工业企业。

1-10　大连市社会经济发展主要指标（四）

项　　目	单　位	2005年	2006年
七、建筑业			
企业单位数	个	976	1110
建筑业总产值	亿元	455.4	548.4
房屋建筑施工面积	万平方米	3728.15	4332.1
#新开工面积	万平方米	2451.62	3029.2
房屋建筑竣工面积	万平方米	1960.0	2327.4
年末从业人员数	万人	25.90	33.1
利税总额	亿元	39.4	43.0
八、交通运输、邮电及用电量			
客运总量	万人次	12311	12834
#铁路	万人次	1438	1494
公路	万人次	10045	10391
水运	万人次	610	670
民航	万人次	219	279
货运总量	万吨	25651	28712
#铁路	万吨	1837	2029
公路	万吨	17838	19002
水运	万吨	4985	6488
民航	万吨	3.71	4.43
旅客周转量	亿人公里	110.28	123.30
货物周转量	亿吨公里	1923.33	2503.22
民用汽车拥有量	辆	317018	398218
沿海港口旅客吞吐量	万人次	615.4	616.06
沿海港口货物吞吐量	万吨	17085	20046
空港旅客吞吐量	万人次	540.75	635.11
空港货邮吞吐量	万吨	12.91	14.51
邮电业务总量（2000年不变价）	亿元	93.87	124.06
移动电话期末用户	万户	299.88	331.34
固定电话期末用户	万户	326.29	324.83
国际互联网用户数	万户	89.53	75.19
全年用电量	亿千瓦小时	169.48	183.93

1-10 大连市社会经济发展主要指标（五）

项　　目	单　　位	2005年	2006年
#工业用电	亿千瓦小时	111.39	122.47
城乡居民生活用电	亿千瓦小时	28.85	29.89
九、国内贸易			
社会消费品零售总额	亿元	732.01	839.30
#吃	亿元	336.63	390.45
穿	亿元	138.10	157.82
用	亿元	243.06	271.63
烧	亿元	14.21	19.40
#批发零售贸易业	亿元	602.80	695.90
住宿餐饮业	亿元	119.90	133.89
其他行业	亿元	9.31	9.50
十、外经外贸和国际旅游			
1、口岸进出口总额	亿美元	422.87	487.29
#进　口	亿美元	202.36	229.97
出　口	亿美元	220.51	257.32
2、外贸自营进出口总额	亿美元	235.23	293.24
#进　口	亿美元	110.88	136.69
出　口	亿美元	124.35	156.55
3、新批利用外商直接投资项目	个	1058	853
实际利用外商直接投资额	亿美元	10.02	22.45
4、对外承包工程及劳务合作			
合同数	个	820	900
合同额	亿美元	3.01	3.53
营业额	亿美元	2.50	2.81
5、接待海外旅游者	万人次	60	70
旅游外汇收入	亿美元	4.00	4.65
十一、财政、金融			
地方财政一般预算收入	亿元	151.42	196.14
#各项税收	亿元	130.36	162.12
地方财政一般预算支出	亿元	207.70	266.52
金融机构本外币存款年末余额	亿元	3451.03	3974.84

1-10 大连市社会经济发展主要指标（六）

项　　目	单　位	2005年	2006年
#城乡居民储蓄余额	亿元	1665.63	1866.49
金融机构本外币贷款年末余额	亿元	2555.16	2974.53
金融机构人民币存款年末余额	亿元	3214.1	3721.3
#城乡居民储蓄余额	亿元	1532.6	1736.1
金融机构人民币贷款年末余额	亿元	2369.9	2808.3
金融机构现金收入	亿元	5626.13	6746.63
金融机构现金支出	亿元	5664.01	6788.28
金融机构货币净投放	亿元	37.88	41.65
保险业务保费收入	亿元	57.30	64.9
保险业务已决赔款及给付	亿元	13.94	17.45
十二、市政公用事业(市区)			
自来水综合生产能力	万吨/日	143.70	169.2
供水总量	万吨	36061	37443
煤气供气总量	万立方米	23226	25041
液化石油气供气总量	万吨	14.91	15.01
家庭煤气（含液化气）普及率	%	96.79	99.43
园林绿地面积	公顷	11253	10668
建成区绿化覆盖率	%	42.77	42.8
公共汽（电）车运营车辆	辆	4126	4372
出租车数量	辆	9639	9643
十三、价格指数（上年=100）			
居民消费价格指数	%	101.4	101.4
工业品出厂价格指数	%	104.20	102.67
原材料、燃料、动力购进价格指数	%	116.02	108.32
十四、人民生活			
在岗职工平均工资	元	21859	24200
城镇居民家庭人均可支配收入	元	11994	13350
城镇居民家庭人均消费性支出	元	9996	10534
农村居民家庭人均纯收入	元	5903	6984
农村居民家庭人均生活费支出	元	3756	4282

1-11 总 产 出（一）

	按当年价格计算		按不变价格计算		
	绝对额（万元）		绝对额（万元）		以上年为100的指数(%)
	本 年	上 年	本 年	上 年	
总产出	79681756	70485777	78098307	70485777	110.8
第一产业	3904588	3428211	3866529	3428211	112.8
农、林、牧、渔业	3904588	3428211	3866529	3428211	112.8
农业	923258	787878	866744	787878	110.0
林业	35640	39919	37145	39919	93.1
畜牧业	1081625	885294	1104893	885294	124.8
渔业	1486915	1407004	1502225	1407004	106.8
农、林、牧、渔服务业	377150	308116	355522	308116	115.4
第二产业	50827290	46458716	49732765	46458716	107.0
工业	44209805	41373366	43257731	41373366	104.6
采矿业	88257	93320	85962	93320	92.1
制造业	43139130	39990205	42210499	39990205	105.6
电力、燃气及水的生产和供应业	982418	1289841	961270	1289841	74.5
建筑业	6617485	5085350	6475034	5085350	127.3
房屋和土木工程建筑业	5464550	4296391	5346918	4296391	124.5
建筑安装业	660013	460047	645805	460047	140.4
建筑装饰业	398216	275768	389644	275768	141.3
其他建筑业	94706	53144	92667	53144	174.4
第三产业	24949878	20598850	24499013	20598850	118.9
交通运输、仓储和邮政业	10673165	9246790	10463931	9246790	113.2
铁路运输业	374406	357199	366844	357199	102.7
道路运输业	6320049	6041035	6482031	6041035	107.3
城市公共交通业	346423	282132	342654	282132	121.5
水上运输业	1679570	1022890	1358399	1022890	132.8
航空运输业	349561	276770	355096	276770	128.3
管道运输业	16546	12673	14954	12673	118.0
装卸搬运和其他运输服务业	846286	722689	827259	722689	114.5
仓储业	689111	497268	673617	497268	135.5
邮政业	51213	34134	43077	34134	126.2
信息传输、计算机服务和软件业	2304922	1398680	2199017	1398680	157.2
电信和其他信息传输服务业	854922	615447	781618	615447	127.0
计算机服务业	371738	242020	363380	242020	150.1
软件业	1078262	541213	1054019	541213	194.8
批发和零售业	2530133	2320052	2495200	2320052	107.5
批发业	1767480	1521842	1743077	1521842	114.5
零售业	762653	798210	752123	798210	94.2
住宿和餐饮业	1442208	1231864	1432340	1231864	116.3
住宿业	367317	334566	363860	334566	108.8
餐饮业	1074891	897298	1068480	897298	119.1

1-11 总 产 出（二）

	按当年价格计算		按不变价格计算		
	绝对额（万元）		绝对额（万元）		以上年为100的指数(%)
	本 年	上 年	本 年	上 年	
金融业	1406078	1029970	1380371	1029970	134.0
银行业	1120745	790965	1100254	790965	139.1
证券业	109800	98458	107793	98458	109.5
保险业	160058	127857	157132	127857	122.9
其他金融活动	15475	12690	15192	12690	119.7
房地产业	1129750	1086108	1077219	1086108	99.2
房地产开发经营业	406668	513458	367809	513458	71.6
物业管理业	160028	136584	158600	136584	116.1
房地产中介服务业	18578	16485	18160	16485	110.2
其他房地产活动	110579	99401	108093	99401	108.7
居民自有住房服务业	433897	320180	424557	320180	132.6
租赁和商务服务业	845508	537840	826499	537840	153.7
租赁业	49549	21293	48435	21293	227.5
商务服务业	795959	516547	778064	516547	150.6
科学研究、技术服务和地质勘查业	486343	343642	475410	343642	138.3
研究与试验发展	128489	84952	125601	84952	147.8
专业技术服务业	314701	217954	307625	217954	141.1
科技交流和推广服务业	42283	40366	41333	40366	102.4
地质勘查业	870	370	851	370	230.2
水利、环境和公共设施管理业	90065	69887	88822	69887	127.1
水利管理业	6528	5036	6438	5036	127.8
环境管理业	19523	10905	19254	10905	176.6
公共设施管理业	64014	53946	63130	53946	117.0
居民服务和其他服务业	813867	664193	795570	664193	119.8
居民服务业	580200	439612	567156	439612	129.0
其他服务业	233667	224581	228414	224581	101.7
教育	817366	836001	852311	836001	102.0
卫生、社会保障和社会福利业	1040636	753434	1033369	753434	137.2
卫生	921335	707893	916751	707893	129.5
社会保障业	61912	13844	60520	13844	437.2
社会福利业	57389	31697	56098	31697	177.0
文化、体育和娱乐业	515357	383874	536271	383874	139.7
新闻出版业	94293	61021	98120	61021	160.8
广播、电视、电影和音像业	177526	100863	184730	100863	183.1
文化艺术业	8065	5358	8392	5358	156.6
体育	12124	6786	12616	6786	185.9
娱乐业	223349	209846	232413	209846	110.8
公共管理和社会组织	854480	696515	842683	696515	121.0

1-12 按当年价格计算的地区生产总值构成项目（一）

单位：万元

	增加值	劳动者报酬	生产税净额	固定资产折旧	营业盈余
地区生产总值	25696699	11206814	3580595	4283048	6626242
第一产业	2086025	2077132	5	8888	…
农、林、牧、渔业	2086025	2077132	5	8888	…
农业	565462	561958	5	3499	…
林业	17076	17076	–	–	…
畜牧业	412116	410273	–	1843	…
渔业	866130	862651	–	3479	…
农、林、牧、渔服务业	225241	225174	–	67	…
第二产业	12290385	5653400	2336816	2447171	1852998
工业	10588385	4807841	2117299	2352263	1310982
采矿业	35401	22104	8511	3734	1052
制造业	10241905	4703012	2051607	2226439	1260847
电力、燃气及水的生产和供应业	311079	82725	57181	122090	49083
建筑业	1702000	845559	219517	94908	542016
房屋和土木工程建筑业	1400231	716355	184643	68066	431167
建筑安装业	118120	72126	20740	12529	12725
建筑装饰业	159614	47263	10936	7340	94075
其他建筑业	24035	9815	3198	6973	4049
第三产业	11320289	3476282	1243774	1826989	4773244
交通运输、仓储和邮政业	2597845	419624	172420	359839	1645962
铁路运输业	236452	98340	25651	49734	62727
道路运输业	839127	68050	41407	49428	680242
城市公共交通业	128694	35253	14302	41595	37544
水上运输业	802735	93254	41608	83793	584080
航空运输业	88042	25336	8155	17819	36732
管道运输业	12265	3258	42	8939	26
装卸搬运和其他运输服务业	407492	57304	33994	44507	271687
仓储业	60530	24807	5234	62348	−31859
邮政业	22508	14022	2027	1676	4783
信息传输、计算机服务和软件业	1390694	498288	66397	325945	500064
电信和其他信息传输服务业	592461	46959	24973	199448	321081
计算机服务业	200129	71426	21468	49396	57839
软件业	598104	379903	19956	77101	121144
批发和零售业	1679407	380255	582109	126478	590565
批发业	1148447	226851	480460	74064	367072
零售业	530960	153404	101649	52414	223493
住宿和餐饮业	666459	185067	55617	97451	328324
住宿业	160532	63438	23115	66558	7421
餐饮业	505927	121629	32502	30893	320903

1-12 按当年价格计算的地区生产总值构成项目（二）

单位：万元

	增加值	劳动者报酬	生产税净额	固定资产折旧	营业盈余
金融业	1014949	291769	115391	105247	502542
银行业	894059	203964	97924	55924	536247
证券业	67806	18415	5686	5331	38374
保险业	46246	67587	10838	43392	−75571
其他金融活动	6838	1803	943	600	3492
房地产业	789600	101715	125529	479152	83204
房地产开发经营业	299262	45143	112598	25314	116207
物业管理业	49759	36833	6259	16152	−9485
房地产中介服务业	16087	6598	1123	1296	7070
其他房地产活动	13189	13141	5549	25087	−30588
居民自有住房服务业	411303	−	−	411303	−
租赁和商务服务业	386071	161187	37046	60941	126897
租赁业	23428	4825	2173	5153	11277
商务服务业	362643	156362	34873	55788	115620
科学研究、技术服务和地质勘查业	217753	121831	23799	24314	47809
研究与试验发展	56476	44030	1306	8996	2144
专业技术服务业	138631	60372	20979	13231	44049
科技交流和推广服务业	22341	16862	1493	2021	1965
地质勘查业	305	567	21	66	−349
水利、环境和公共设施管理业	48058	29834	1816	12259	4149
水利管理业	4939	3384	−	1593	−38
环境管理业	13554	9730	220	1855	1749
公共设施管理业	29565	16720	1596	8811	2438
居民服务和其他服务业	643815	77308	12835	14475	539197
居民服务业	491265	69212	9330	11417	401306
其他服务业	152550	8096	3505	3058	137891
教育	584192	472682	2864	67311	41335
卫生、社会保障和社会福利业	469773	198072	23052	34268	214381
卫生	420743	167452	22930	30073	200288
社会保障业	11905	9779	1	2119	6
社会福利业	37125	20841	121	2076	14087
文化、体育和娱乐业	344230	123101	24287	67622	129220
新闻出版业	34912	12544	4625	14113	3630
广播、电视、电影和音像业	104701	81949	10000	15766	−3014
文化艺术业	5177	3662	158	507	850
体育	10287	6685	370	1951	1281
娱乐业	189153	18261	9134	35285	126473
公共管理和社会组织	487443	415549	612	51687	19595

1-13 按不变价格计算的地区生产总值（一）

	绝对额（万元）		以上年为100的指数（%）
	本　年	上　年	本　年
地区生产总值	25069550	21522328	116.5
第一产业	2033159	1833326	110.9
农、林、牧、渔业	2033159	1833326	110.9
农业	551131	473804	116.3
林业	16643	20576	80.9
畜牧业	401672	337391	119.1
渔业	844180	787586	107.2
农、林、牧、渔服务业	219533	213969	102.6
第二产业	11978389	10017614	119.6
工业	10313027	8581830	120.2
采矿业	34480	33947	101.6
制造业	9975558	8191838	121.8
电力、燃气及水的生产和供应业	302989	356045	85.1
建筑业	1665362	1435784	116.0
房屋和土木工程建筑业	1370089	1185599	115.6
建筑安装业	115578	112192	103.0
建筑装饰业	156178	90999	171.6
其他建筑业	23517	46994	50.0
第三产业	11058002	9671388	114.3
交通运输、仓储和邮政业	2489317	2133531	116.7
铁路运输业	227804	221815	102.7
道路运输业	785477	732038	107.3
城市公共交通业	127295	107052	118.9
水上运输业	776175	584470	132.8
航空运输业	89436	69708	128.3
管道运输业	8724	7393	118.0
装卸搬运和其他运输服务业	398330	353980	112.5
仓储业	59170	43679	135.5
邮政业	16906	13396	126.2
信息传输、计算机服务和软件业	1321946	1063438	124.3
电信和其他信息传输服务业	541659	426505	127.0
计算机服务业	195630	173439	112.8
软件业	584657	463494	126.1
批发和零售业	1656220	1458442	113.6
批发业	1132591	939362	120.6
零售业	523629	519080	100.9
住宿和餐饮业	661931	596305	111.0
住宿业	159022	137372	115.8
餐饮业	502909	458933	109.6

1-13 按不变价格计算的地区生产总值（二）

	绝对额（万元）		以上年为100的指数（%）
	本　年	上　年	本　年
金融业	996244	881499	113.0
银行业	877581	781178	112.3
证券业	66556	55183	120.6
保险业	45395	39593	114.7
其他金融活动	6712	5545	121.0
房地产业	751049	648008	115.9
房地产开发经营业	270666	321535	84.2
物业管理业	49315	41152	119.8
房地产中介服务业	15726	12578	125.0
其他房地产活动	12892	10274	125.5
居民自有住房服务业	402450	262469	153.3
租赁和商务服务业	377390	359334	105.0
租赁业	22901	20461	111.9
商务服务业	354489	338873	104.6
科学研究、技术服务和地质勘查业	212857	208757	102.0
研究与试验发展	55206	53833	102.6
专业技术服务业	135514	132730	102.1
科技交流和推广服务业	21839	21902	99.7
地质勘查业	298	292	102.1
水利、环境和公共设施管理业	47047	45500	103.4
水利管理业	4870	4329	112.5
环境管理业	13248	12311	107.6
公共设施管理业	28929	28860	100.2
居民服务和其他服务业	629341	575620	109.3
居民服务业	480220	418375	114.8
其他服务业	149121	157245	94.8
教育	609168	550013	110.8
卫生、社会保障和社会福利业	466577	432720	107.8
卫生	418650	388807	107.7
社会保障业	11637	10618	109.6
社会福利业	36290	33295	109.0
文化、体育和娱乐业	358201	297186	120.5
新闻出版业	36328	27587	131.7
广播、电视、电影和音像业	108951	91127	119.6
文化艺术业	5387	4642	116.0
体育	10705	9097	117.7
娱乐业	196830	164733	119.5
公共管理和社会组织	480714	421035	114.2

1-14 按当年价格计算的地区生产总值

	绝对额（万元）		构成（以地区生产总值为100，%）	
	本　年	上　年	本　年	上　年
地区生产总值	25696699	21522328	100	100
第一产业	2086025	1833326	8.1	8.5
第二产业	12290385	10017614	47.8	46.6
第三产业	11320289	9671388	44.1	44.9

补充资料：

1.年平均户籍人口(万人)	本年	603.5	上年	602.0
2.常住人口人均地区生产总值(元)	本年	42579	上年	35751

1-15　按支出法计算的地区生产总值

单位：万元

	代码	按当年价格计算		按可比价格计算			
				绝对额（万元）		以上年为100的速度	
		2006年	2005年	2006年	2005年	2006年	2005年
支出法地区生产总值	01	25696699	21522328	25073512	21522328	116.5	114.2
一、最终消费支出	02	9735644	8518212	9543548	8518212	112.0	112.7
居民消费支出	03	6613439	5988159	6464450	5988159	108.0	113.2
农村居民	04	984577	904028	962568	904028	106.5	103.9
城镇居民	05	5628862	5084131	5501882	5084131	108.2	117.2
政府消费支出	06	3122205	2530053	3079098	2530053	121.7	111.3
二、资本形成总额	07	14396506	10893375	14077606	10893375	129.2	127.1
固定资本形成总额	08	13329251	10047387	13042320	10047387	129.8	149.8
存货增加	09	1067255	845988	1035286	845988	122.4	42.0
三、货物和服务净流出	10	1564549	2110741	1452358	2110741	68.8	76.8
流　出	11	16360000	12555045	15190343	12555045	–	–
流　入	12	14795451	10444304	13737985	10444304	–	–
统计误差	13	–	–	–	–	–	–

说明：
1.货物和服务净流出 = 流出－流入。
2.支出法地区生产总值 = 最终消费支出 + 资本形成总额 + 货物和服务净流出。
3.统计误差等于Q302表（当年价格）、Q304表（可比价格）地区生产总值减去支出法当年价格和可比价格的地区生产总值。
4.当按可比价格计算的货物和服务净流出、统计误差为负数或零时，可以不填以上年为100的速度。

1-16 按行业划分的资本形成总额

单位：万元

	代码	2006年	2005年
固定资本形成总额	01	13329251	10047387
第一产业	02	506277	198456
1.农林牧渔业	03	506277	198456
第二产业	04	5230395	3711164
2.采掘业	05	29042	20939
3.制造业	06	4423922	3346745
4.电力、煤气及水的生产和供应业	07	408131	237012
5.建筑业	08	369300	106468
第三产业	09	7592579	6137767
6.交通运输、仓储和邮政业	10	1619315	1269338
7.信息传输、计算机服务和软件业	11	257323	109041
8.批发与零售业	12	157641	394238
9.住宿和餐饮业	13	142657	94375
10.金融业	14	61261	107904
11.房地产业	15	3296807	2557148
12.其它行业	16	2057575	1605723
存货增加	17	1067255	845988
第一产业	18	137039	123550
1.农林牧渔业	19	137039	123550
第二产业	20	821270	875528
2.工业	21	638991	819745
3.建筑业	22	182279	55783
第三产业	23	108946	−153090
4.交通运输、仓储和邮政业	24	75051	−7440
5.批发与零售业	25	34782	−148037
6.住宿和餐饮业	26	−887	2387
7.其它行业	27	–	–

说明：本表按当年价格计算

1-17 最终消费支出

单位：万元

	代码	2006年	2005年	备　注
最终消费支出	01	9735644	8518212	—
一、居民消费支出	02	6613439	5988159	—
（一）农村居民	03	984577	904028	—
1.食品类支出	04	209764	213354	—
2.衣着类支出	05	70687	59617	—
3.居住类支出	06	113193	79519	—
4.家庭设备、用品及服务类支出	07	33123	28568	—
5.医疗保健类支出	08	67640	57585	—
6.公共医疗消费支出	09	4465	5090	—
7.交通和通信类支出	10	53460	89667	—
8.文教娱乐用品及服务类支出	11	99532	93244	—
9.金融中介服务虚拟支出	12	162857	155557	—
10.金融机构实际服务消费支出	13	165	145	—
11.保险服务消费支出	14	18391	19417	—
12.自有住房服务虚拟支出	15	126845	78869	—
13.其它商品和服务类支出	16	24455	23396	—
（二）城镇居民	17	5628862	5084131	—
1.食品类支出	18	1797727	1656471	—
2.衣着类支出	19	475897	407902	—
3.居住类支出	20	451769	425844	—
4.家庭设备、用品及服务类支出	21	227695	174649	—
5.医疗保健类支出	22	374499	367913	—
6.公共医疗消费支出	23	102733	80947	—
7.交通和通信类支出	24	449734	431392	—
8.文教娱乐用品及服务类支出	25	501385	494572	—
9.金融中介服务虚拟支出	26	595635	505854	—
10.金融机构实际服务消费支出	27	260	248	—
11.保险服务消费支出	28	62694	54429	—
12.自有住房服务虚拟支出	29	220542	164104	—
13.实物消费支出	30	143748	121047	—
14.其它商品和服务类支出	31	224544	198759	—
二、政府消费支出	32	3122205	2530053	—

说明：本表按当年价格计算

1–18 居民消费水平

	代码	计量单位	2006年	2005年	以上年为100的速度		备 注
					2006年	2005年	
当年价格居民消费水平	01	元/人	10958	9947	110.2	114.6	–
农村居民	02	元/人	5594	4858	115.2	109.0	–
城镇居民	03	元/人	13167	12224	107.7	115.3	–
可比价格居民消费水平	04	元/人	10712	9947	107.7	112.7	–
农村居民	05	元/人	5469	4858	112.6	107.0	–
城镇居民	06	元/人	12870	12224	105.3	113.5	–
居民年平均人口	07	万人	603.50	602.00	100.2	100.5	–
农村居民	08	万人	176.00	186.10	94.6	97.1	–
城镇居民	09	万人	427.50	415.90	102.8	103.3	–

主要统计指标解释

【总产出】是指一定时期内一个国家（或地区）常住单位的所有货物和服务的价值，既包括新增价值，也包括转移价值。它反映常住单位生产活动的总规模。总产出按生产者价格计算。

【增加值】是指常住单位生产过程创建的新增价值和固定资产的转移价值。

【劳动者报酬】是指劳动者因从事生产活动所获得的全部报酬。它包括劳动者获得的各种形式工资、奖金和津贴，既包括货币形式的，也包括实物形式的，它还包括劳动者所享受的公费医疗和医药卫生费、上下班交通补贴和单位支付的社会保险费等。

【生产税净额】是指生产税减生产补贴后的差额。生产税指政府对生产单位生产、销售和从事经营活动以及从事生产活动使用某些生产要素，如固定资产、土地、劳动力所征收的各种税、附加费和规费。

【固定资产折旧】是指一定时期内为弥补固定资产损耗按照核定的固定资产折旧率提取的固定资产折旧，或按国民经济核算统一规定的折旧率虚拟计算的固定资产折旧。它反映了固定资产在当期生产中的转移价值。

【营业盈余】是指常住单位创造的增加值扣除劳动者报酬、生产税净额和固定资产折旧后的余额。它相当于企业的营业利润加上生产补贴，但要扣除从利润中开支的工资和福利等。

【最终消费】是指常住单位在一定时期内对于货物和服务的全部最终消费支出。最终消费分为居民消费和政府消费。

【资本形成总额】是指常住单位在一定时期内对固定资产和存货的投资支出合计，包括固定资本形成总额和存货增加。

人口就业与劳动报酬

责任编辑

刘青 王忠 魏林

在岗职工工资总额构成

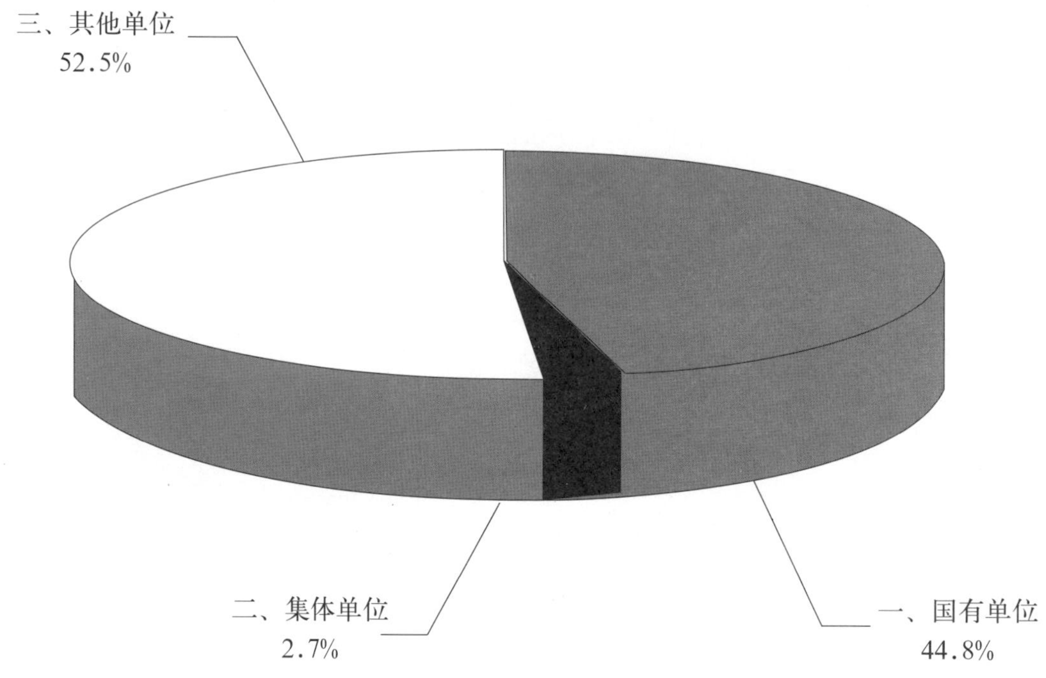

计量单位：千元

总　　计	19494336	百分比（%）
一、国有单位	8734895	44.8
二、集体单位	533993	2.7
三、其他单位	10225448	52.5

各行业在岗职工人均工资

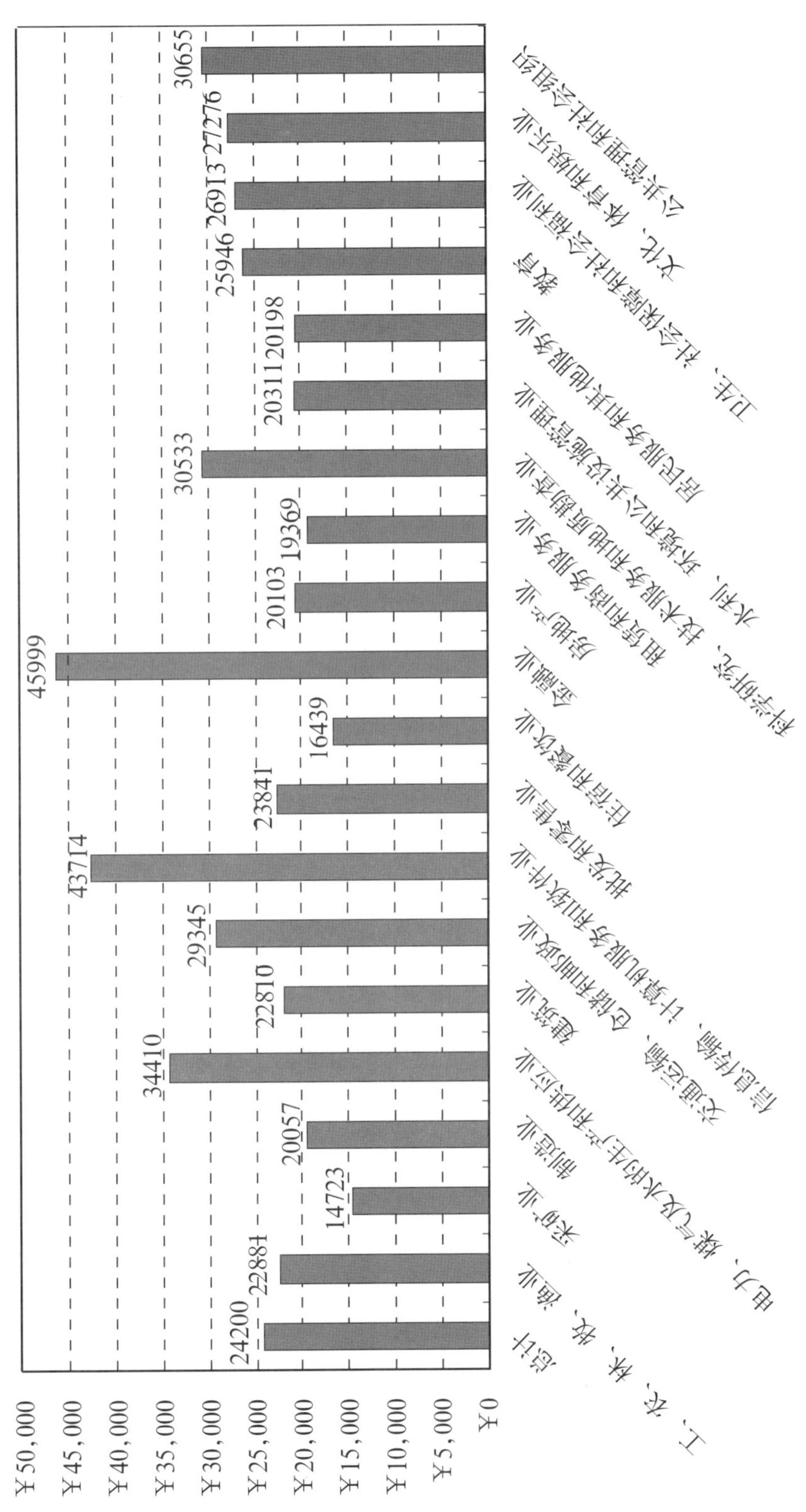

2-1　国有单位从业人员

	单位数（个）	年末人数（人）				
		（一）从业人员	女　性	使用农村劳动力	在岗职工	专业技术人　员
总　　计	**8283**	**897662**	**400466**	**181222**	**812857**	**258060**
# 国有控股	4082	452992	172844	12191	428582	187026
Ⅰ.国有单位合计	3595	325499	129962	5360	311786	150450
一、按隶属关系分组						
1.中　　央	225	72845	20527	1125	70324	29796
2.省、自治区、直辖市	110	29378	12106	447	28323	15747
3.地　　区	781	96572	36496	246	91827	34963
4.县及县以下	2469	126467	60735	3542	121076	69791
5.其　　他	10	237	98	–	236	153
二、按企业、事业、机关分组						
1.企　　业	691	124355	35645	2383	120665	37414
# 地　　方	532	68675	21439	1376	66996	16645
2.事　　业	2163	150517	80843	2670	142649	104615
# 地　　方	2124	138752	76251	2552	131394	95998
3.机　　关	741	50627	13474	307	48472	8421
# 地　　方	714	45227	11745	307	43072	8011
三、按国民经济行业分组						
(一)农、林、牧、渔业	160	7588	2158	481	7044	2522
1.农业	11	2321	851	460	1796	215
2.林业	5	144	23	–	144	43
3.畜牧业	3	277	118	18	277	51
4.渔业	2	3168	674	–	3168	1083
5.农、林、牧、渔服务业	139	1678	492	3	1659	1130
(二)采矿业	2	2917	379	–	2917	365
1.煤炭开采和洗选业	–	–	–	–	–	–
2.石油和天然气开采业	–	–	–	–	–	–
3.黑色金属矿采选业	–	–	–	–	–	–
4.有色金属矿采选业	–	–	–	–	–	–
5.非金属矿采选业	2	2917	379	–	2917	365
6.其他采矿业	–	–	–	–	–	–
(三)制造业	96	31916	7463	921	31250	8496
1.农副食品加工业	3	206	53	–	206	93
2.食品制造业	3	368	174	–	368	56
3.饮料制造业	–	–	–	–	–	–
4.烟草制品业	–	–	–	–	–	–
5.纺织业	1	5	3	–	5	3
6.纺织服装、鞋、帽制造业	1	10	8	–	10	1
7.皮革、毛皮、羽毛（绒）及其制品业	–	–	–	–	–	–
8.木材加工及木、竹、藤、棕、草制品业	2	36	12	–	36	16
9.家具制造业	1	36	10	28	36	5
10.造纸及纸制品业	1	18	7	–	18	3
11.印刷业和记录媒介的复制	6	204	102	–	193	56
12.文教体育用品制造业	–	–	–	–	–	–
13.石油加工、炼焦及核燃料加工业	2	1147	292	–	1147	407
14.化学原料及化学制品制造业	11	1235	386	7	1173	332
15.医药制造业	1	166	68	–	166	23
16.化学纤维制造业	–	–	–	–	–	–
17.橡胶制品业	–	–	–	–	–	–

和劳动报酬情况(一)

年末人数(人)								
女性	长期职工	临时职工	其他从业人员	聘用的离退休	港澳台及外籍人员	(二)离岗职工	内部退养	放长假职工
116811	**746522**	**66335**	**84805**	**9263**	**1542**	**43222**	**29168**	**6345**
89259	414771	13811	24410	4330	150	35168	24338	4872
75973	300307	11479	13713	3965	80	23787	17343	2393
9822	67575	2749	2521	568	24	7177	5021	803
6916	26714	1609	1055	797	45	1863	1194	328
18633	90229	1598	4745	1595	11	10712	8657	827
40544	115556	5520	5391	1004	–	4031	2469	433
58	233	3	1	1	–	4	2	2
12028	117896	2769	3690	771	3	17706	13034	1811
5806	65655	1341	1679	309	–	11130	8443	1031
61376	134943	7706	7868	3047	77	4364	3421	561
57920	124626	6768	7358	2941	56	3843	2991	543
2569	47468	1004	2155	147	–	1717	888	21
2425	42451	621	2155	147	–	1637	888	16
579	6997	47	544	4	–	1396	493	161
50	1796	–	525	–	–	749	21	3
12	132	12	–	–	–	–	–	–
27	272	5	–	–	–	39	6	33
124	3168	–	–	–	–	540	439	101
366	1629	30	19	4	–	68	27	24
67	2917	–	–	–	–	558	517	41
–	–	–	–	–	–	–	–	–
–	–	–	–	–	–	–	–	–
–	–	–	–	–	–	–	–	–
–	–	–	–	–	–	–	–	–
67	2917	–	–	–	–	558	517	41
–	–	–	–	–	–	–	–	–
2435	30955	295	666	344	3	5293	3242	833
32	206	–	–	–	–	62	37	25
29	368	–	–	–	–	10	4	6
–	–	–	–	–	–	–	–	–
–	–	–	–	–	–	–	–	–
3	5	–	–	–	–	–	–	–
–	10	–	–	–	–	–	–	–
–	–	–	–	–	–	–	–	–
6	36	–	–	–	–	–	–	–
3	11	25	–	–	–	–	–	–
1	18	–	–	–	–	5	5	–
24	190	3	11	9	–	–	–	–
–	–	–	–	–	–	–	–	–
181	1147	–	–	–	–	920	920	–
120	1172	1	62	44	–	303	85	218
3	166	–	–	–	–	–	–	–
–	–	–	–	–	–	–	–	–
–	–	–	–	–	–	–	–	–

2-1　国有单位从业人员

	单位数（个）	年末人数（人）				
		(一)从业人员	女　性	使用农村劳动力	在岗职工	专业技术人　员
18.塑料制品业	–	–	–	–	–	–
19.非金属矿物制品业	7	3092	659	128	3043	382
20.黑色金属冶炼及压延加工业	3	44	16	–	44	16
21.有色金属冶炼及压延加工业	1	17	6	–	12	5
22.金属制品业	1	7	2	–	2	–
23.通用设备制造业	14	5914	1181	550	5884	1425
24.专用设备制造业	8	1012	298	2	1000	246
25.交通运输设备制造业	22	16807	3508	142	16360	5046
26.电气机械及器材制造业	2	61	32	–	59	33
27.通信设备、计算机及其他电子设备制造业	3	1180	544	–	1145	282
28.仪器仪表及文化、办公用机械制造业	1	41	15	8	33	20
29.工艺品及其他制造业	2	310	87	56	310	46
30.废弃资源和废旧材料回收加工业	–	–	–	–	–	–
(四)电力、燃气及水的生产和供应业	43	13125	2954	7	13004	3212
1.电力、热力的生产和供应业	31	9180	1729	5	9174	2579
2.燃气生产和供应业	3	2220	617	–	2186	336
3.水的生产和供应业	9	1725	608	2	1644	297
(五)建筑业	20	7005	862	567	6932	2248
1.房屋和土木工程建筑业	13	4201	425	560	4128	1654
2.建筑安装业	6	2798	435	7	2798	593
3.建筑装饰业	–	–	–	–	–	–
4.其他建筑业	1	6	2	–	6	1
(六)交通运输、仓储和邮政业	117	37278	10445	555	37081	10638
1.铁路运输业	1	35	8	–	35	1
2.道路运输业	27	3764	1185	306	3754	979
3.城市公共交通业	10	9815	4097	–	9788	1130
4.水上运输业	13	15052	2474	5	15006	6004
5.航空运输业	1	554	220	–	554	208
6.管道运输业	2	847	258	–	847	228
7.装卸搬运和其他运输服务业	14	3036	388	176	3035	1373
8.仓储业	41	1795	475	68	1795	481
9.邮政业	8	2380	1340	–	2267	234
(七)信息传输、计算机服务和软件业	14	372	85	–	371	218
1.电信和其他信息传输服务业	8	295	58	–	294	148
2.计算机服务业	6	77	27	–	77	70
3.软件业	–	–	–	–	–	–
(八)批发和零售业	134	5522	2930	30	5410	1554
1.批发业	98	2942	985	30	2844	1296
2.零售业	36	2580	1945	–	2566	258
(九)住宿和餐饮业	53	3702	1860	99	3316	848
1.住宿业	49	3483	1755	99	3097	830
2.餐饮业	4	219	105	–	219	18
(十)金融业	55	8949	4418	2	7765	5702
1.银行业	44	8091	4047	1	6948	5270
2.证券业	4	195	66	–	195	194
3.保险业	2	513	252	1	474	142
4.其他金融活动	5	150	53	–	148	96
(十一)房地产业	66	4174	1065	–	4125	907

和劳动报酬情况（一）

年末人数（人）								
女性	长期职工	临时职工	其他从业人员	聘用的离退休	港澳台及外籍人员	（二）离岗职工	内部退养	放长假职工
–	–	–	–	–	–	–	–	–
90	2915	128	49	–	–	1072	395	47
6	44	–	–	–	–	13	2	11
2	12	–	5	2	3	–	–	–
–	2	–	5	5	–	–	–	–
306	5834	50	30	30	–	263	158	105
101	989	11	12	12	–	197	158	22
1346	16339	21	447	227	–	2293	1345	383
9	59	–	2	2	–	–	–	–
152	1145	–	35	5	–	35	26	8
10	33	–	8	8	–	2	–	2
11	254	56	–	–	–	118	107	6
–	–	–	–	–	–	–	–	–
999	12443	561	121	21	–	907	846	61
741	8647	527	6	6	–	203	172	31
138	2162	24	34	12	–	490	462	28
120	1634	10	81	3	–	214	212	2
438	6031	901	73	71	–	764	519	114
295	3227	901	73	71	–	467	247	89
143	2798	–	–	–	–	297	272	25
–	–	–	–	–	–	–	–	–
–	6	–	–	–	–	–	–	–
2710	36429	652	197	55	–	6866	5904	404
1	35	–	–	–	–	–	–	–
398	3418	336	10	8	–	256	199	39
499	9788	–	27	–	–	1759	1535	178
1181	14751	255	46	46	–	3694	3564	100
92	554	–	–	–	–	–	–	–
97	847	–	–	–	–	183	45	–
170	3028	7	1	1	–	441	103	30
163	1741	54	–	–	–	435	360	57
109	2267	–	113	–	–	98	98	–
49	371	–	1	1	–	14	14	–
23	294	–	1	1	–	14	14	–
26	77	–	–	–	–	–	–	–
–	–	–	–	–	–	–	–	–
656	5403	7	112	34	–	632	473	66
521	2842	2	98	33	–	329	238	28
135	2561	5	14	1	–	303	235	38
383	3051	265	386	37	–	295	194	12
375	2875	222	386	37	–	295	194	12
8	176	43	–	–	–	–	–	–
2733	7313	452	1184	12	–	607	606	1
2581	6603	345	1143	–	–	599	599	–
66	192	3	–	–	–	5	4	1
44	370	104	39	10	–	3	3	–
42	148	–	2	2	–	–	–	–
329	3995	130	49	33	–	977	900	74

2-1 国有单位从业人员

	单位数（个）	年末人数（人）				
		(一)从业人员	女性	使用农村劳动力	在岗职工	专业技术人员
# 1.房地产开发经营	21	2250	454	–	2234	338
2.物业管理	17	783	245	–	762	157
3.房地产中介服务	3	181	23	–	181	29
(十二)租赁和商务服务业	150	5150	1441	6	5076	1066
1.租赁业	–	–	–	–	–	–
2.商务服务业	150	5150	1441	6	5076	1066
(十三)科学研究、技术服务和地质勘查业	220	8254	2560	46	7612	5312
1.研究与试验发展	28	3538	1085	30	3079	2182
(1) 自然科学研究与试验发展	8	1641	493	30	1234	891
(2) 工程和技术研究与试验发展	8	1445	425	–	1393	1009
(3) 农业科学研究与试验发展	5	298	84	–	298	142
(4) 医学研究与试验发展	2	54	39	–	54	48
(5) 社会人文科学研究与试验发展	5	100	44	–	100	92
2.专业技术服务业	153	3804	1205	9	3641	2578
# (1) 气象服务	13	214	92	–	214	181
(2) 地震服务	6	50	9	3	47	27
(3) 海洋服务	4	143	31	–	143	76
(4) 测绘服务	3	62	22	–	62	31
(5) 技术检测	63	1518	498	6	1479	993
(6) 环境监测	10	482	163	–	480	411
(7) 工程技术与规划管理	36	1055	307	–	941	684
3.科技交流和推广服务业	36	423	147	7	417	268
4.地质勘查业	3	489	123	–	475	284
(十四)水利、环境和公共设施管理业	121	13934	6737	1148	13300	1967
1.水利管理业	48	1716	399	6	1692	518
2.环境管理业	32	6433	4203	1049	6392	482
3.公共设施管理业	41	5785	2135	93	5216	967
(十五)居民服务和其他服务业	53	1407	405	15	1327	403
1.居民服务业	37	747	286	10	701	176
2.其他服务业	16	660	119	5	626	227
(十六)教育	919	77460	44115	915	73925	65398
# 1.初等教育	458	21566	14424	485	21040	20384
2.中等教育	315	29191	16997	170	28171	26229
3.高等教育	30	23437	10606	237	21733	16642
(十七)卫生、社会保障和社会福利业	294	34314	22172	239	31918	24241
1.卫生	207	32181	21081	239	29877	23349
2.社会保障业	31	957	457	–	929	468
3.社会福利业	56	1176	634	–	1112	424
(十八)文化、体育和娱乐业	151	7300	3005	20	6705	4257
1.新闻出版社	18	1966	827	–	1961	1419
2.广播、电视、电影和音像业	26	1738	665	–	1348	989
3.文化艺术业	79	2232	1050	–	2108	1466
4.体育	20	987	339	17	947	240
5.娱乐业	8	377	124	3	341	143
(十九)公共管理和社会组织	927	55132	14908	309	52708	11096
# (1)中国共产党机关	41	1630	424	–	1615	321
(2)国家机构	802	52239	13985	302	49861	10392
(3)人民政协和民主党派	13	337	108	–	337	106
(4)群众社团、社会团体和宗教组织	70	901	386	7	870	252

和劳动报酬情况（一）

年末人数（人）								
女性	长期职工	临时职工	其他从业人员	聘用的离退休	港澳台及外籍人员	（二）离岗职工	内部退养	放长假职工
96	2218	16	16	16	–	23	5	18
63	715	47	21	5	–	141	107	31
8	181	–	–	–	–	–	–	–
532	5008	68	74	24	–	473	415	45
–	–	–	–	–	–	–	–	–
532	5008	68	74	24	–	473	415	45
1856	7564	48	642	290	–	630	488	16
756	3078	1	459	161	–	292	256	14
310	1234	–	407	109	–	200	199	–
317	1393	–	52	52	–	64	36	7
52	297	1	–	–	–	28	21	7
36	54	–	–	–	–	–	–	–
41	100	–	–	–	–	–	–	–
938	3624	17	163	109	–	103	45	2
82	213	1	–	–	–	–	–	–
6	45	2	3	–	–	–	–	–
26	143	–	–	–	–	–	–	–
17	62	–	–	–	–	–	–	–
355	1470	9	39	10	–	2	2	–
156	480	–	2	2	–	35	30	1
238	938	3	114	92	–	66	13	1
101	387	30	6	6	–	1	1	–
61	475	–	14	14	–	234	186	–
752	10447	2853	634	142	–	674	519	151
179	1691	1	24	14	–	48	48	–
187	3978	2414	41	15	–	173	119	54
386	4778	438	569	113	–	453	352	97
141	1284	43	80	49	–	51	38	13
78	659	42	46	46	–	44	33	11
63	625	1	34	3	–	7	5	2
38571	71904	2021	3535	1292	77	1114	786	166
13553	20934	106	526	203	–	351	298	13
16006	27769	402	1020	516	–	357	328	18
7477	20275	1458	1704	531	77	310	80	126
17344	30150	1768	2396	1313	–	531	286	171
16816	28244	1633	2304	1299	–	512	268	170
272	879	50	28	4	–	12	12	–
256	1027	85	64	10	–	7	6	1
1949	6511	194	595	55	–	206	161	31
634	1932	29	5	5	–	18	18	–
407	1335	13	390	5	–	65	51	14
788	1987	121	124	45	–	65	52	5
64	916	31	40	–	–	21	14	7
56	341	–	36	–	–	37	26	5
3450	51534	1174	2424	188	–	1799	942	33
94	1614	1	15	13	–	25	24	–
3209	48725	1136	2378	157	–	1745	892	31
28	313	24	–	–	–	12	12	–
114	857	13	31	18	–	17	14	2

2-1 国有单位从业人员

	平均人数（人）					
	（一）从业人员	在岗职工	其他从业人员	聘用的离退休	港澳台及外籍人员	（二）离岗职工
总计	**892081**	**805552**	**86529**	**9302**	**1539**	**44850**
# 国有控股	451249	427227	24022	4167	149	36302
Ⅰ.国有单位合计	**324274**	**310533**	**13741**	**3814**	**81**	**25224**
一、按隶属关系分组						
1.中央	73226	70841	2385	528	24	7682
2.省、自治区、直辖市	28632	27581	1051	785	46	1984
3.地区	96277	91495	4782	1522	11	11276
4.县及县以下	125894	120372	5522	978	–	4277
5.其他	245	244	1	1	–	5
二、按企业、事业、机关分组						
1.企业	124115	120506	3609	741	3	18761
# 地方	67924	66217	1707	317	–	11698
2.事业	149720	141829	7891	2967	78	4610
# 地方	138057	130649	7408	2863	57	4071
3.机关	50439	48198	2241	106	–	1853
# 地方	45067	42826	2241	106	–	1773
三、按国民经济行业分组						
(一)农、林、牧、渔业	7865	7332	533	6	–	1476
1.农业	2387	1879	508	–	–	761
2.林业	135	135	–	–	–	–
3.畜牧业	281	281	–	–	–	41
4.渔业	3157	3157	–	–	–	605
5.农、林、牧、渔服务业	1905	1880	25	6	–	69
(二)采矿业	2943	2943	–	–	–	607
1.煤炭开采和洗选业	–	–	–	–	–	–
2.石油和天然气开采业	–	–	–	–	–	–
3.黑色金属矿采选业	–	–	–	–	–	–
4.有色金属矿采选业	–	–	–	–	–	–
5.非金属矿采选业	2943	2943	–	–	–	607
6.其他采矿业	–	–	–	–	–	–
(三)制造业	31721	31057	664	341	3	5632
1.农副食品加工业	212	212	–	–	–	61
2.食品制造业	383	383	–	–	–	14
3.饮料制造业	–	–	–	–	–	–
4.烟草制品业	–	–	–	–	–	–
5.纺织业	5	5	–	–	–	–
6.纺织服装、鞋、帽制造业	6	6	–	–	–	–
7.皮革、毛皮、羽毛（绒）及其制品业	–	–	–	–	–	–
8.木材加工及木、竹、藤、棕、草制品业	36	36	–	–	–	–
9.家具制造业	34	34	–	–	–	–
10.造纸及纸制品业	18	18	–	–	–	5
11.印刷业和记录媒介的复制	205	194	11	9	–	–
12.文教体育用品制造业	–	–	–	–	–	–
13.石油加工、炼焦及核燃料加工业	1182	1182	–	–	–	968
14.化学原料及化学制品制造业	1278	1215	63	44	–	302
15.医药制造业	166	166	–	–	–	–
16.化学纤维制造业	–	–	–	–	–	–
17.橡胶制品业	–	–	–	–	–	–

和劳动报酬情况（二）

	劳动报酬和生活费（千元）							平均劳动报酬（元）	
内部退养	（一）从业人员	在岗职工	其他从业人员	聘用的离退休	港澳台及外籍人员	（二）离岗职工	内部退养	在岗职工	离岗职工
31194	**21152887**	**19494336**	**1658551**	**141978**	**354184**	**492603**	**401426**	**24200**	**10983**
26015	12768878	12393003	375875	56741	32870	439907	359665	29008	12118
18633	8925849	8734895	190954	50857	2360	309970	262514	28129	12289
5436	2664955	2616018	48937	9651	937	111888	101329	36928	14565
1278	923408	905637	17771	12884	1203	16734	13522	32836	8434
9177	2659625	2595003	64622	17036	220	122560	95545	28362	10869
2739	2670370	2610752	59618	11280	–	58749	52079	21689	13736
3	7491	7485	6	6	–	39	39	30676	7800
13931	3567692	3506192	61500	11889	62	207307	188420	29096	11050
8943	1593153	1573667	19486	4638	–	108164	96521	23765	9246
3660	3857970	3750514	107456	38185	2298	56300	48665	26444	12213
3212	3342457	3241924	100533	35785	1423	45933	39235	24814	11283
1042	1500187	1478189	21998	783	–	46363	25429	30669	25021
1042	1325284	1303286	21998	783	–	43985	25429	30432	24808
556	194368	189013	5355	75	–	5231	3460	25779	3544
22	23137	18057	5080	–	–	119	46	9610	156
–	2512	2512	–	–	–	–	–	18607	–
6	4295	4295	–	–	–	209	47	15285	5098
501	131685	131685	–	–	–	4733	3257	41712	7823
27	32739	32464	275	75	–	170	110	17268	2464
553	44357	44357	–	–	–	5953	5651	15072	9807
–	–	–	–	–	–	–	–	–	–
–	–	–	–	–	–	–	–	–	–
–	–	–	–	–	–	–	–	–	–
–	–	–	–	–	–	–	–	–	–
553	44357	44357	–	–	–	5953	5651	15072	9807
–	–	–	–	–	–	–	–	–	–
3565	799776	790464	9312	4413	62	59363	52430	25452	10540
37	4634	4634	–	–	–	473	294	21858	7754
6	7714	7714	–	–	–	118	72	20141	8429
–	–	–	–	–	–	–	–	–	–
–	–	–	–	–	–	–	–	–	–
–	390	390	–	–	–	–	–	78000	–
–	49	49	–	–	–	–	–	8167	–
–	–	–	–	–	–	–	–	–	–
–	365	365	–	–	–	–	–	10139	–
–	546	546	–	–	–	–	–	16059	–
5	240	240	–	–	–	38	38	13333	7600
–	3147	3050	97	77	–	–	–	15722	–
–	–	–	–	–	–	–	–	–	–
968	58090	58090	–	–	–	24736	24736	49146	25554
105	31146	30467	679	512	–	2193	1092	25076	7262
–	1660	1660	–	–	–	–	–	10000	–
–	–	–	–	–	–	–	–	–	–
–	–	–	–	–	–	–	–	–	–

2-1 国有单位从业人员

	平均人数（人）					
	（一）从业人员	在岗职工	其他从业人员	聘用的离退休	港澳台及外籍人员	（二）离岗职工
18.塑料制品业	–	–	–	–	–	–
19.非金属矿物制品业	2972	2923	49	–	–	1126
20.黑色金属冶炼及压延加工业	44	44	–	–	–	13
21.有色金属冶炼及压延加工业	18	13	5	2	3	–
22.金属制品业	7	2	5	5	–	–
23.通用设备制造业	5824	5794	30	30	–	284
24.专用设备制造业	1023	1011	12	12	–	200
25.交通运输设备制造业	16771	16334	437	220	–	2485
26.电气机械及器材制造业	61	59	2	2	–	–
27.通信设备、计算机及其他电子设备制造业	1070	1032	38	5	–	40
28.仪器仪表及文化、办公用机械制造业	79	67	12	12	–	2
29.工艺品及其他制造业	327	327	–	–	–	132
30.废弃资源和废旧材料回收加工业	–	–	–	–	–	–
(四)电力、燃气及水的生产和供应业	13039	12931	108	21	–	927
1.电力、热力的生产和供应业	9084	9078	6	6	–	219
2.燃气生产和供应业	2224	2190	34	12	–	489
3.水的生产和供应业	1731	1663	68	3	–	219
(五)建筑业	7479	7446	33	31	–	982
1.房屋和土木工程建筑业	4181	4148	33	31	–	667
2.建筑安装业	3292	3292	–	–	–	315
3.建筑装饰业	–	–	–	–	–	–
4.其他建筑业	6	6	–	–	–	–
(六)交通运输、仓储和邮政业	37367	37156	211	66	–	7137
1.铁路运输业	35	35	–	–	–	–
2.道路运输业	3804	3794	10	8	–	259
3.城市公共交通业	9853	9819	34	–	–	1740
4.水上运输业	15013	14956	57	57	–	4011
5.航空运输业	547	547	–	–	–	–
6.管道运输业	845	845	–	–	–	143
7.装卸搬运和其他运输服务业	3046	3045	1	1	–	424
8.仓储业	1844	1844	–	–	–	461
9.邮政业	2380	2271	109	–	–	99
(七)信息传输、计算机服务和软件业	376	375	1	1	–	14
1.电信和其他信息传输服务业	299	298	1	1	–	14
2.计算机服务业	77	77	–	–	–	–
3.软件业	–	–	–	–	–	–
(八)批发和零售业	5826	5712	114	38	–	679
1.批发业	3052	2950	102	37	–	354
2.零售业	2774	2762	12	1	–	325
(九)住宿和餐饮业	3729	3271	458	37	–	306
1.住宿业	3506	3048	458	37	–	306
2.餐饮业	223	223	–	–	–	–
(十)金融业	8767	7624	1143	12	–	623
1.银行业	7925	6816	1109	–	–	615
2.证券业	184	184	–	–	–	5
3.保险业	506	474	32	10	–	3
4.其他金融活动	152	150	2	2	–	–
(十一)房地产业	3571	3516	55	38	–	1056

和劳动报酬情况（二）

	劳动报酬和生活费（千元）							平均劳动报酬（元）	
内部退养	（一）从业人员	在岗职工	其他从业人员	聘用的离退休	港澳台及外籍人员	（二）离岗职工	内部退养	在岗职工	离岗职工
–	–	–	–	–	–	–	–	–	–
433	48941	48736	205	–	–	4769	2486	16673	4235
2	878	878	–	–	–	68	11	19955	5231
–	318	227	91	29	62	–	–	17462	–
–	150	60	90	90	–	–	–	30000	–
174	152028	151770	258	258	–	2242	2009	26194	7894
158	18261	18098	163	163	–	1959	1827	17901	9795
1527	442747	435689	7058	2932	–	20281	17452	26674	8161
–	1303	1268	35	35	–	–	–	21492	–
29	18811	18450	361	42	–	131	106	17878	3275
–	1010	735	275	275	–	24	–	10970	12000
121	7348	7348	–	–	–	2331	2307	22471	17659
–	–	–	–	–	–	–	–	–	–
864	465479	464056	1423	452	–	10857	10405	35887	11712
186	371421	371379	42	42	–	3105	2796	40910	14178
461	53268	52648	620	360	–	5532	5404	24040	11313
217	40790	40029	761	50	–	2220	2205	24070	10137
609	256697	255219	1478	1402	–	10079	7953	34276	10264
315	136606	135128	1478	1402	–	5791	3789	32577	8682
294	119977	119977	–	–	–	4288	4164	36445	13613
–	–	–	–	–	–	–	–	–	–
–	114	114	–	–	–	–	–	19000	–
6215	1075111	1071244	3867	1342	–	87150	81888	28831	12211
–	924	924	–	–	–	–	–	26400	–
214	74419	74231	188	157	–	3121	2892	19565	12050
1512	182310	181852	458	–	–	15386	13143	18520	8843
3869	530432	529261	1171	1171	–	57047	55582	35388	14223
–	34290	34290	–	–	–	–	–	62687	–
45	29675	29675	–	–	–	2055	1227	35118	14371
93	109774	109760	14	14	–	4484	4417	36046	10575
383	39545	39545	–	–	–	3681	3251	21445	7985
99	73742	71706	2036	–	–	1376	1376	31575	13899
14	10643	10632	11	11	–	275	275	28352	19643
14	8920	8909	11	11	–	275	275	29896	19643
–	1723	1723	–	–	–	–	–	22377	–
–	–	–	–	–	–	–	–	–	–
498	159943	158683	1260	479	–	7785	7123	27781	11465
253	116477	115362	1115	473	–	5246	4977	39106	14819
245	43466	43321	145	6	–	2539	2146	15685	7812
201	70118	65082	5036	252	–	3365	3058	19897	10997
201	66780	61744	5036	252	–	3365	3058	20257	10997
–	3338	3338	–	–	–	–	–	14969	–
622	433344	404965	28379	186	–	14276	13781	53117	22915
615	347176	319459	27717	–	–	13831	13448	46869	22489
4	62212	62212	–	–	–	330	218	338109	66000
3	16340	15694	646	170	–	115	115	33110	38333
–	7616	7600	16	16	–	–	–	50667	–
979	69512	68544	968	612	–	3461	2966	19495	3277

2-1　国有单位从业人员

	平均人数（人）					
	（一）从业人员	在岗职工	其他从业人员	聘用的离退休	港澳台及外籍人员	（二）离岗职工
#1.房地产开发经营	1704	1683	21	21	–	23
2.物业管理	763	741	22	5	–	161
3.房地产中介服务	179	179	–	–	–	–
(十二)租赁和商务服务业	4923	4850	73	23	–	497
1.租赁业	–	–	–	–	–	–
2.商务服务业	4923	4850	73	23	–	497
(十三)科学研究、技术服务和地质勘查业	8197	7619	578	276	–	638
1.研究与试验发展	3468	3062	406	155	–	300
(1) 自然科学研究与试验发展	1594	1234	360	109	–	205
(2) 工程和技术研究与试验发展	1428	1382	46	46	–	65
(3) 农业科学研究与试验发展	294	294	–	–	–	30
(4) 医学研究与试验发展	54	54	–	–	–	–
(5) 社会人文科学研究与试验发展	98	98	–	–	–	–
2.专业技术服务业	3826	3672	154	103	–	101
# (1) 气象服务	210	210	–	–	–	–
(2) 地震服务	50	46	4	1	–	–
(3) 海洋服务	143	143	–	–	–	–
(4) 测绘服务	58	58	–	–	–	–
(5) 技术检测	1525	1487	38	10	–	2
(6) 环境监测	476	474	2	2	–	36
(7) 工程技术与规划管理	1087	982	105	85	–	63
3.科技交流和推广服务业	418	412	6	6	–	1
4.地质勘查业	485	473	12	12	–	236
(十四)水利、环境和公共设施管理业	14059	13304	755	131	–	706
1.水利管理业	1802	1775	27	14	–	48
2.环境管理业	6244	6202	42	16	–	176
3.公共设施管理业	6013	5327	686	101	–	482
(十五)居民服务和其他服务业	1394	1314	80	49	–	51
1.居民服务业	739	693	46	46	–	44
2.其他服务业	655	621	34	3	–	7
(十六)教育	77302	73761	3541	1265	78	1184
#1.初等教育	21747	21208	539	206	–	379
2.中等教育	29216	28240	976	494	–	388
3.高等教育	22987	21236	1751	518	78	320
(十七)卫生、社会保障和社会福利业	33561	31261	2300	1276	–	563
1.卫生	31451	29243	2208	1262	–	544
2.社会保障业	949	921	28	4	–	12
3.社会福利业	1161	1097	64	10	–	7
(十八)文化、体育和娱乐业	7227	6632	595	56	–	209
1.新闻出版社	1929	1924	5	5	–	18
2.广播、电视、电影和音像业	1741	1351	390	5	–	66
3.文化艺术业	2266	2142	124	46	–	65
4.体育	908	872	36	–	–	19
5.娱乐业	383	343	40	–	–	41
(十九)公共管理和社会组织	54928	52429	2499	147	–	1937
#(1)中国共产党机关	1621	1606	15	13	–	25
(2)国家机构	52045	49592	2453	116	–	1882
(3)人民政协和民主党派	335	335	–	–	–	13
(4)群众社团、社会团体和宗教组织	902	871	31	18	–	17

和劳动报酬情况（二）

	劳动报酬和生活费（千元）							平均劳动报酬（元）	
内部退养	（一）从业人员	在岗职工	其他从业人员	聘用的离退休	港澳台及外籍人员	（二）离岗职工	内部退养	在岗职工	离岗职工
5	24336	23997	339	339	–	86	33	14258	3739
127	16273	15837	436	80	–	1801	1496	21372	11186
–	2042	2042	–	–	–	–	–	11408	–
439	95468	94557	911	239	–	2820	2640	19496	5674
–	–	–	–	–	–	–	–	–	–
439	95468	94557	911	239	–	2820	2640	19496	5674
500	241271	232987	8284	4832	–	8559	8126	30580	13415
267	104212	98056	6156	3351	–	5771	5562	32024	19237
205	56299	50926	5373	2568	–	4523	4514	41269	22063
40	39098	38315	783	783	–	713	595	27724	10969
22	5551	5551	–	–	–	535	453	18881	17833
–	1460	1460	–	–	–	–	–	27037	–
–	1804	1804	–	–	–	–	–	18408	–
46	117395	115544	1851	1204	–	1353	1294	31466	13396
–	8950	8950	–	–	–	–	–	42619	–
–	1022	1000	22	10	–	–	–	21739	–
–	3394	3394	–	–	–	–	–	23734	–
–	2251	2251	–	–	–	–	–	38810	–
2	45825	45382	443	65	–	83	83	30519	41500
31	14191	14173	18	18	–	736	691	29901	20444
13	37086	35722	1364	1107	–	534	520	36377	8476
1	9746	9694	52	52	–	1	–	23529	1000
186	9918	9693	225	225	–	1434	1270	20493	6076
545	275298	266709	8589	965	–	8630	6844	20047	12224
48	33632	33464	168	91	–	334	308	18853	6958
118	104184	103892	292	105	–	2182	791	16751	12398
379	137482	129353	8129	769	–	6114	5745	24283	12685
38	32657	31734	923	587	–	604	497	24151	11843
33	19151	18587	564	564	–	494	437	26821	11227
5	13506	13147	359	23	–	110	60	21171	15714
851	1957549	1921780	35769	9423	2298	21918	19578	26054	18512
334	441811	437818	3993	1282	–	9027	7815	20644	23818
356	650469	641133	9336	4148	–	8678	8385	22703	22366
82	787232	768922	18310	3302	2298	2418	1664	36208	7556
320	910847	873120	37727	23727	–	7142	5604	27930	12686
302	861097	824633	36464	23623	–	6428	4949	28199	11816
12	23548	23097	451	32	–	567	567	25078	47250
6	26202	25390	812	72	–	147	88	23145	21000
166	201775	184544	17231	667	–	4046	3624	27826	19359
18	69472	69382	90	90	–	362	362	36061	20111
52	60608	45441	15167	72	–	1654	1469	33635	25061
52	45070	43828	1242	505	–	1005	935	20461	15462
13	20245	19875	370	–	–	363	269	22792	19105
31	6380	6018	362	–	–	662	589	17545	16146
1098	1631636	1607205	24431	1193	–	48456	26611	30655	25016
24	52741	52626	115	108	–	708	347	32768	28320
1047	1541361	1517330	24031	924	–	46778	25331	30596	24855
13	11492	11492	–	–	–	385	385	34304	29615
14	25110	24825	285	161	–	585	548	28502	34412

2-2　城镇集体单位从业人员

	单位数（个）	年末人数（人）				
		(一)从业人员	女　性	使用农村劳动力	在岗职工	专业技术人　员
II、城镇集体单位合计	**520**	**33400**	**11012**	**10530**	**31927**	**6054**
一、按企业、事业、机关分组						
1.企　　业	465	31835	9891	10530	30424	5253
2.事　　业	55	1565	1121	–	1503	801
3.机　　关	–	–	–	–	–	–
二、按国民经济行业分组						
(一)农、林、牧、渔业	15	1208	316	560	1202	131
1.农业	2	41	31	38	41	7
2.林业	1	16	4	–	16	1
3.畜牧业	2	192	122	10	192	23
4.渔业	3	888	140	512	882	34
5.农、林、牧、渔服务业	7	71	19	–	71	66
(二)采矿业	6	407	148	92	407	62
1.煤炭开采和洗选业	–	–	–	–	–	–
2.石油和天然气开采业	–	–	–	–	–	–
3.黑色金属矿采选业	–	–	–	–	–	–
4.有色金属矿采选业	–	–	–	–	–	–
5.非金属矿采选业	6	407	148	92	407	62
6.其他采矿业	–	–	–	–	–	–
(三)制造业	167	11419	4189	2122	10934	1666
1.农副食品加工业	6	181	42	115	181	19
2.食品制造业	3	76	37	6	73	12
3.饮料制造业	–	–	–	–	–	–
4.烟草制品业	–	–	–	–	–	–
5.纺织业	–	–	–	–	–	–
6.纺织服装、鞋、帽制造业	7	582	534	79	574	33
7.皮革、毛皮、羽毛（绒）及其制品业	3	688	357	485	688	13
8.木材加工及木、竹、藤、棕、草制品业	3	58	14	20	53	9
9.家具制造业	2	6	1	–	6	1
10.造纸及纸制品业	2	131	53	67	131	9
11.印刷业和记录媒介的复制	8	159	70	–	97	16
12.文教体育用品制造业	1	–	–	–	–	–
13.石油加工、炼焦及核燃料加工业	–	–	–	–	–	–
14.化学原料及化学制品制造业	8	198	82	–	188	53
15.医药制造业	–	–	–	–	–	–
16.化学纤维制造业	–	–	–	–	–	–
17.橡胶制品业	2	54	34	–	48	4
18.塑料制品业	5	153	84	8	153	26
19.非金属矿物制品业	14	1348	420	603	1348	103
20.黑色金属冶炼及压延加工业	5	560	187	95	548	78
21.有色金属冶炼及压延加工业	1	–	–	–	–	–
22.金属制品业	18	784	237	16	725	125
23.通用设备制造业	28	1370	343	234	1293	211
24.专用设备制造业	3	38	9	–	34	11
25.交通运输设备制造业	31	4030	1431	238	3803	772

和劳动报酬情况（一）

年末人数（人）								
女性	长期职工	临时职工	其他从业人员	聘用的离退休	港澳台及外籍人员	（二）离岗职工	内部退养	放长假职工
2372	22763	9164	1473	311	–	2682	1810	417
1861	21288	9136	1411	255	–	2634	1765	414
511	1475	28	62	56	–	48	45	3
–	–	–	–	–	–	–	–	–
35	493	709	6	6	–	71	71	–
4	41	–	–	–	–	–	–	–
–	16	–	–	–	–	–	–	–
7	182	10	–	–	–	–	–	–
5	183	699	6	6	–	71	71	–
19	71	–	–	–	–	–	–	–
29	407	–	–	–	–	233	187	46
–	–	–	–	–	–	–	–	–
–	–	–	–	–	–	–	–	–
–	–	–	–	–	–	–	–	–
–	–	–	–	–	–	–	–	–
29	407	–	–	–	–	233	187	46
–	–	–	–	–	–	–	–	–
577	10347	587	485	169	–	1385	976	152
6	174	7	–	–	–	–	–	–
3	56	17	3	–	–	1	1	–
–	–	–	–	–	–	–	–	–
–	–	–	–	–	–	–	–	–
–	–	–	–	–	–	–	–	–
11	534	40	8	–	–	19	2	17
6	638	50	–	–	–	10	7	3
5	41	12	5	5	–	–	–	–
–	6	–	–	–	–	1	–	1
7	131	–	–	–	–	–	–	–
12	90	7	62	43	–	–	–	–
–	–	–	–	–	–	–	–	–
–	–	–	–	–	–	–	–	–
13	188	–	10	10	–	13	2	–
–	–	–	–	–	–	–	–	–
–	–	–	–	–	–	–	–	–
3	48	–	6	6	–	–	–	–
7	153	–	–	–	–	18	–	–
30	1157	191	–	–	–	3	3	–
38	545	3	12	12	–	87	87	–
–	–	–	–	–	–	–	–	–
35	725	–	59	5	–	43	4	26
47	1244	49	77	39	–	39	28	11
6	29	5	4	–	–	2	–	2
292	3767	36	227	37	–	1105	814	76

2-2 城镇集体单位从业人员

	单位数（个）	年末人数（人）				
		(一)从业人员	女　性	使用农村劳动力	在岗职工	专业技术人　员
26.电气机械及器材制造业	10	902	198	156	893	142
27.通信设备、计算机及其他电子设备制造业	1	25	21	–	25	8
28.仪器仪表及文化、办公用机械制造业	3	37	10	–	37	9
29.工艺品及其他制造业	3	39	25	–	36	12
30.废弃资源和废旧材料回收加工业	–	–	–	–	–	–
(四)电力、燃气及水的生产和供应业	3	79	34	39	79	20
1.电力、热力的生产和供应业	1	17	6	17	17	8
2.燃气生产和供应业	–	–	–	–	–	–
3.水的生产和供应业	2	62	28	22	62	12
(五)建筑业	36	5805	1239	675	5088	948
1.房屋和土木工程建筑业	15	2770	255	535	2193	641
2.建筑安装业	14	2862	909	140	2724	263
3.建筑装饰业	5	145	69	–	143	31
4.其他建筑业	2	28	6	–	28	13
(六)交通运输、仓储和邮政业	17	5592	1570	3922	5588	461
1.铁路运输业	–	–	–	–	–	–
2.道路运输业	4	812	183	–	812	116
3.城市公共交通业	4	25	8	–	25	5
4.水上运输业	2	54	13	–	54	5
5.航空运输业	1	353	258	–	353	67
6.管道运输业	–	–	–	–	–	–
7.装卸搬运和其他运输服务业	2	3962	920	3903	3958	152
8.仓储业	3	332	151	19	332	114
9.邮政业	1	54	37	–	54	2
(七)信息传输、计算机服务和软件业	1	40	9	2	40	5
1.电信和其他信息传输服务业	–	–	–	–	–	–
2.计算机服务业	–	–	–	–	–	–
3.软件业	1	40	9	2	40	5
(八)批发和零售业	132	1818	743	2	1778	445
1.批发业	75	1451	569	2	1421	360
2.零售业	57	367	174	–	357	85
(九)住宿和餐饮业	26	664	405	126	626	105
1.住宿业	17	346	200	–	314	64
2.餐饮业	9	318	205	126	312	41
(十)金融业	–	–	–	–	–	–
1.银行业	–	–	–	–	–	–
2.证券业	–	–	–	–	–	–
3.保险业	–	–	–	–	–	–
4.其他金融活动	–	–	–	–	–	–
(十一)房地产业	15	336	168	25	277	65
# 1.房地产开发经营	1	–	–	–	–	–
2.物业管理	11	306	162	25	255	61
3.房地产中介服务	–	–	–	–	–	–
(十二)租赁和商务服务业	39	4524	1256	2916	4512	1290
1.租赁业	2	83	47	–	83	73

和劳动报酬情况（一）

年末人数（人）								
女性	长期职工	临时职工	其他从业人员	聘用的离退休	港澳台及外籍人员	（二）离岗职工	内部退养	放长假职工
38	723	170	9	9	–	40	24	16
7	25	–	–	–	–	1	1	–
4	37	–	–	–	–	–	–	–
7	36	–	3	3	–	3	3	–
–	–	–	–	–	–	–	–	–
9	74	5	–	–	–	–	–	–
1	12	5	–	–	–	–	–	–
–	–	–	–	–	–	–	–	–
8	62	–	–	–	–	–	–	–
208	3978	1110	717	10	–	314	145	145
88	1353	840	577	2	–	66	26	16
105	2454	270	138	6	–	248	119	129
12	143	–	2	2	–	–	–	–
3	28	–	–	–	–	–	–	–
132	1677	3911	4	4	–	105	33	2
–	–	–	–	–	–	–	–	–
59	812	–	–	–	–	99	28	1
3	25	–	–	–	–	–	–	–
4	46	8	–	–	–	6	5	1
25	353	–	–	–	–	–	–	–
–	–	–	–	–	–	–	–	–
3	55	3903	4	4	–	–	–	–
38	332	–	–	–	–	–	–	–
–	54	–	–	–	–	–	–	–
1	40	–	–	–	–	–	–	–
–	–	–	–	–	–	–	–	–
–	–	–	–	–	–	–	–	–
1	40	–	–	–	–	–	–	–
171	1778	–	40	21	–	384	258	23
140	1421	–	30	14	–	235	155	20
31	357	–	10	7	–	149	103	3
47	542	84	38	11	–	–	–	–
37	301	13	32	5	–	–	–	–
10	241	71	6	6	–	–	–	–
–	–	–	–	–	–	–	–	–
–	–	–	–	–	–	–	–	–
–	–	–	–	–	–	–	–	–
–	–	–	–	–	–	–	–	–
–	–	–	–	–	–	–	–	–
30	277	–	59	9	–	62	53	8
–	–	–	–	–	–	–	–	–
28	255	–	51	1	–	61	53	8
–	–	–	–	–	–	–	–	–
563	1891	2621	12	7	–	46	32	14
41	83	–	–	–	–	–	–	–

2-2　城镇集体单位从业人员

	单位数（个）	年末人数（人）				
		(一)从业人员	女　性	使用农村劳动力	在岗职工	专业技术人　员
2.商务服务业	37	4441	1209	2916	4429	1217
(十三)科学研究、技术服务和地质勘查业	8	206	59	30	194	74
1.研究与试验发展	–	–	–	–	–	–
(1) 自然科学研究与试验发展	–	–	–	–	–	–
(2) 工程和技术研究与试验发展	–	–	–	–	–	–
(3) 农业科学研究与试验发展	–	–	–	–	–	–
(4) 医学研究与试验发展	–	–	–	–	–	–
(5) 社会人文科学研究与试验发展	–	–	–	–	–	–
2.专业技术服务业	4	124	22	–	119	48
# (1) 气象服务	–	–	–	–	–	–
(2) 地震服务	–	–	–	–	–	–
(3) 海洋服务	–	–	–	–	–	–
(4) 测绘服务	–	–	–	–	–	–
(5) 技术检测	1	31	4	–	31	7
(6) 环境监测	–	–	–	–	–	–
(7) 工程技术与规划管理	1	44	6	–	44	9
3.科技交流和推广服务业	4	82	37	30	75	26
4.地质勘查业	–	–	–	–	–	–
(十四)水利、环境和公共设施管理业	4	121	55	19	121	26
1.水利管理业	1	74	45	–	74	21
2.环境管理业	1	6	2	–	6	2
3.公共设施管理业	2	41	8	19	41	3
(十五)居民服务和其他服务业	11	214	96	–	194	41
1.居民服务业	8	99	49	–	79	26
2.其他服务业	3	115	47	–	115	15
(十六)教育	20	402	381	–	368	317
# 1.初等教育	–	–	–	–	–	–
2.中等教育	1	2	1	–	2	1
3.高等教育	–	–	–	–	–	–
(十七)卫生、社会保障和社会福利业	20	565	344	–	519	398
1.卫生	18	552	331	–	506	396
2.社会保障业	–	–	–	–	–	–
3.社会福利业	2	13	13	–	13	2
(十八)文化、体育和娱乐业	–	–	–	–	–	–
1.新闻出版社	–	–	–	–	–	–
2.广播、电视、电影和音像业	–	–	–	–	–	–
3.文化艺术业	–	–	–	–	–	–
4.体育	–	–	–	–	–	–
5.娱乐业	–	–	–	–	–	–
(十九)公共管理和社会组织	–	–	–	–	–	–
# (1)中国共产党机关	–	–	–	–	–	–
(2)国家机构	–	–	–	–	–	–
(3)人民政协和民主党派	–	–	–	–	–	–
(4)群众社团、社会团体和宗教组织	–	–	–	–	–	–

和劳动报酬情况（一）

年末人数（人）								
女性	长期职工	临时职工	其他从业人员	聘用的离退休	港澳台及外籍人员	（二）离岗职工	内部退养	放长假职工
522	1808	2621	12	7	–	46	32	14
26	171	23	12	7	–	52	30	22
–	–	–	–	–	–	–	–	–
–	–	–	–	–	–	–	–	–
–	–	–	–	–	–	–	–	–
–	–	–	–	–	–	–	–	–
–	–	–	–	–	–	–	–	–
–	–	–	–	–	–	–	–	–
13	119	–	5	5	–	5	5	–
–	–	–	–	–	–	–	–	–
–	–	–	–	–	–	–	–	–
–	–	–	–	–	–	–	–	–
–	–	–	–	–	–	–	–	–
2	31	–	–	–	–	5	5	–
–	–	–	–	–	–	–	–	–
6	44	–	–	–	–	–	–	–
13	52	23	7	2	–	47	25	22
–	–	–	–	–	–	–	–	–
11	102	19	–	–	–	–	–	–
8	74	–	–	–	–	–	–	–
2	6	–	–	–	–	–	–	–
1	22	19	–	–	–	–	–	–
21	127	67	20	6	–	5	3	2
15	79	–	20	6	–	5	3	2
6	48	67	–	–	–	–	–	–
308	341	27	34	34	–	17	17	–
–	–	–	–	–	–	–	–	–
1	2	–	–	–	–	–	–	–
–	–	–	–	–	–	–	–	–
204	518	1	46	27	–	8	5	3
202	505	1	46	27	–	8	5	3
–	–	–	–	–	–	–	–	–
2	13	–	–	–	–	–	–	–
–	–	–	–	–	–	–	–	–
–	–	–	–	–	–	–	–	–
–	–	–	–	–	–	–	–	–
–	–	–	–	–	–	–	–	–
–	–	–	–	–	–	–	–	–
–	–	–	–	–	–	–	–	–
–	–	–	–	–	–	–	–	–
–	–	–	–	–	–	–	–	–
–	–	–	–	–	–	–	–	–
–	–	–	–	–	–	–	–	–
–	–	–	–	–	–	–	–	–

2-2　城镇集体从业人员

	平均人数（人）					
	（一）从业人员	在岗职工	其他从业人员	聘用的离退休	港澳台及外籍人员	（二）离岗职工
Ⅱ、城镇集体单位合计	**32978**	**31864**	**1114**	**328**	**–**	**2913**
一、按企业、事业、机关分组						
1.企　　业	31408	30351	1057	276	–	2862
2.事　　业	1570	1513	57	52	–	51
3.机　　关	–	–	–	–	–	–
二、按国民经济行业分组						
(一)农、林、牧、渔业	1211	1205	6	6	–	68
1.农业	41	41	–	–	–	–
2.林业	16	16	–	–	–	–
3.畜牧业	194	194	–	–	–	–
4.渔业	888	882	6	6	–	68
5.农、林、牧、渔服务业	72	72	–	–	–	–
(二)采矿业	404	404	–	–	–	250
1.煤炭开采和洗选业	–	–	–	–	–	–
2.石油和天然气开采业	–	–	–	–	–	–
3.黑色金属矿采选业	–	–	–	–	–	–
4.有色金属矿采选业	–	–	–	–	–	–
5.非金属矿采选业	404	404	–	–	–	250
6.其他采矿业	–	–	–	–	–	–
(三)制造业	11388	10936	452	176	–	1547
1.农副食品加工业	179	179	–	–	–	–
2.食品制造业	120	118	2	–	–	1
3.饮料制造业	–	–	–	–	–	–
4.烟草制品业	–	–	–	–	–	–
5.纺织业	–	–	–	–	–	–
6.纺织服装、鞋、帽制造业	577	569	8	–	–	19
7.皮革、毛皮、羽毛（绒）及其制品业	564	564	–	–	–	10
8.木材加工及木、竹、藤、棕、草制品业	58	53	5	5	–	–
9.家具制造业	6	6	–	–	–	1
10.造纸及纸制品业	130	130	–	–	–	–
11.印刷业和记录媒介的复制	179	117	62	43	–	–
12.文教体育用品制造业	56	56	–	–	–	–
13.石油加工、炼焦及核燃料加工业	–	–	–	–	–	–
14.化学原料及化学制品制造业	193	183	10	10	–	18
15.医药制造业	–	–	–	–	–	–
16.化学纤维制造业	–	–	–	–	–	–
17.橡胶制品业	57	47	10	10	–	–
18.塑料制品业	153	153	–	–	–	5
19.非金属矿物制品业	1401	1401	–	–	–	3
20.黑色金属冶炼及压延加工业	589	577	12	12	–	89
21.有色金属冶炼及压延加工业	3	3	–	–	–	48
22.金属制品业	798	745	53	5	–	43
23.通用设备制造业	1339	1262	77	39	–	44
24.专用设备制造业	39	35	4	–	–	2
25.交通运输设备制造业	3999	3804	195	38	–	1216

和劳动报酬情况（二）

	劳动报酬和生活费（千元）							平均劳动报酬（元）	
内部退养	（一）从业人员	在岗职工	其他从业人员	聘用的离退休	港澳台及外籍人员	（二）离岗职工	内部退养	在岗职工	离岗职工
2015	547257	533993	13264	4317	–	18933	16144	16759	6499
1972	517375	504826	12549	3677	–	17908	15119	16633	6257
43	29882	29167	715	640	–	1025	1025	19278	20098
–	–	–	–	–	–	–	–	–	–
68	16708	16672	36	36	–	121	121	13836	1779
–	272	272	–	–	–	–	–	6634	–
–	210	210	–	–	–	–	–	13125	–
–	2391	2391	–	–	–	–	–	12325	–
68	12782	12746	36	36	–	121	121	14451	1779
–	1053	1053	–	–	–	–	–	14625	–
193	5077	5077	–	–	–	555	401	12567	2220
–	–	–	–	–	–	–	–	–	–
–	–	–	–	–	–	–	–	–	–
–	–	–	–	–	–	–	–	–	–
–	–	–	–	–	–	–	–	–	–
193	5077	5077	–	–	–	555	401	12567	2220
–	–	–	–	–	–	–	–	–	–
1105	180485	173875	6610	2502	–	8207	7001	15899	5305
–	2232	2232	–	–	–	–	–	12469	–
1	1001	987	14	–	–	3	3	8364	3000
–	–	–	–	–	–	–	–	–	–
–	–	–	–	–	–	–	–	–	–
–	–	–	–	–	–	–	–	–	–
2	7542	7462	80	–	–	68	15	13114	3579
7	6767	6767	–	–	–	28	27	11998	2800
–	660	612	48	48	–	–	–	11547	–
–	73	73	–	–	–	8	–	12167	8000
–	1788	1788	–	–	–	–	–	13754	–
–	2606	1906	700	480	–	–	–	16291	–
–	851	851	–	–	–	–	–	15196	–
–	–	–	–	–	–	–	–	–	–
2	2450	2252	198	198	–	14	14	12306	778
–	–	–	–	–	–	–	–	–	–
–	–	–	–	–	–	–	–	–	–
–	655	528	127	127	–	–	–	11234	–
–	1412	1412	–	–	–	23	–	9229	4600
3	17604	17604	–	–	–	–	–	12565	–
89	11236	11063	173	173	–	362	362	19173	4067
45	27	27	–	–	–	60	6	9000	1250
4	10650	9799	851	90	–	58	20	13153	1349
33	28737	27318	1419	963	–	360	344	21647	8182
2	284	232	52	–	–	–	–	6629	–
885	69243	66454	2789	264	–	6997	6060	17470	5754

2-2 城镇集体从业人员

	平均人数（人）					
	（一）从业人员	在岗职工	其他从业人员	聘用的离退休	港澳台及外籍人员	（二）离岗职工
26.电气机械及器材制造业	843	832	11	11	–	44
27.通信设备、计算机及其他电子设备制造业	25	25	–	–	–	1
28.仪器仪表及文化、办公用机械制造业	39	39	–	–	–	–
29.工艺品及其他制造业	41	38	3	3	–	3
30.废弃资源和废旧材料回收加工业	–	–	–	–	–	–
(四)电力、燃气及水的生产和供应业	79	79	–	–	–	–
1.电力、热力的生产和供应业	17	17	–	–	–	–
2.燃气生产和供应业	–	–	–	–	–	–
3.水的生产和供应业	62	62	–	–	–	–
(五)建筑业	5377	4989	388	10	–	358
1.房屋和土木工程建筑业	2301	2053	248	2	–	66
2.建筑安装业	2901	2763	138	6	–	292
3.建筑装饰业	147	145	2	2	–	–
4.其他建筑业	28	28	–	–	–	–
(六)交通运输、仓储和邮政业	5826	5820	6	6	–	92
1.铁路运输业	–	–	–	–	–	–
2.道路运输业	839	839	–	–	–	86
3.城市公共交通业	43	43	–	–	–	–
4.水上运输业	54	52	2	2	–	6
5.航空运输业	355	355	–	–	–	–
6.管道运输业	–	–	–	–	–	–
7.装卸搬运和其他运输服务业	4143	4139	4	4	–	–
8.仓储业	338	338	–	–	–	–
9.邮政业	54	54	–	–	–	–
(七)信息传输、计算机服务和软件业	40	40	–	–	–	–
1.电信和其他信息传输服务业	–	–	–	–	–	–
2.计算机服务业	–	–	–	–	–	–
3.软件业	40	40	–	–	–	–
(八)批发和零售业	2079	2031	48	29	–	400
1.批发业	1695	1659	36	20	–	252
2.零售业	384	372	12	9	–	148
(九)住宿和餐饮业	743	705	38	11	–	12
1.住宿业	352	320	32	5	–	–
2.餐饮业	391	385	6	6	–	12
(十)金融业	–	–	–	–	–	–
1.银行业	–	–	–	–	–	–
2.证券业	–	–	–	–	–	–
3.保险业	–	–	–	–	–	–
4.其他金融活动	–	–	–	–	–	–
(十一)房地产业	366	311	55	9	–	56
# 1.房地产开发经营	6	6	–	–	–	–
2.物业管理	330	283	47	1	–	55
3.房地产中介服务	–	–	–	–	–	–
(十二)租赁和商务服务业	3959	3947	12	7	–	46
1.租赁业	83	83	–	–	–	–

和劳动报酬情况（二）

	劳动报酬和生活费（千元）							平均劳动报酬（元）	
内部退养	（一）从业人员	在岗职工	其他从业人员	聘用的离退休	港澳台及外籍人员	（二）离岗职工	内部退养	在岗职工	离岗职工
28	12775	12651	124	124	–	201	125	15206	4568
1	1018	1018	–	–	–	25	25	40720	25000
–	435	435	–	–	–	–	–	11154	–
3	439	404	35	35	–	–	–	10632	–
–	–	–	–	–	–	–	–	–	–
–	1077	1077	–	–	–	–	–	13633	–
–	172	172	–	–	–	–	–	10118	–
–	–	–	–	–	–	–	–	–	–
–	905	905	–	–	–	–	–	14597	–
187	95067	91340	3727	102	–	2685	2290	18308	7500
26	38439	36882	1557	20	–	373	314	17965	5652
161	51947	49804	2143	55	–	2312	1976	18025	7918
–	4303	4276	27	27	–	–	–	29490	–
–	378	378	–	–	–	–	–	13500	–
39	104744	104681	63	63	–	832	537	17986	9043
–	–	–	–	–	–	–	–	–	–
34	18012	18012	–	–	–	782	487	21468	9093
–	598	598	–	–	–	–	–	13907	–
5	806	782	24	24	–	50	50	15038	8333
–	6498	6498	–	–	–	–	–	18304	–
–	–	–	–	–	–	–	–	–	–
–	74095	74056	39	39	–	–	–	17892	–
–	3805	3805	–	–	–	–	–	11257	–
–	930	930	–	–	–	–	–	17222	–
–	900	900	–	–	–	–	–	22500	–
–	–	–	–	–	–	–	–	–	–
–	–	–	–	–	–	–	–	–	–
–	900	900	–	–	–	–	–	22500	–
290	40721	40174	547	298	–	4228	3739	19780	10570
186	35642	35207	435	210	–	3724	3331	21222	14778
104	5079	4967	112	88	–	504	408	13352	3405
2	9675	9392	283	79	–	40	7	13322	3333
–	5152	4911	241	37	–	–	–	15347	–
2	4523	4481	42	42	–	40	7	11639	3333
–	–	–	–	–	–	–	–	–	–
–	–	–	–	–	–	–	–	–	–
–	–	–	–	–	–	–	–	–	–
–	–	–	–	–	–	–	–	–	–
–	–	–	–	–	–	–	–	–	–
48	6007	5454	553	147	–	717	647	17537	12804
–	62	62	–	–	–	–	–	10333	–
48	5410	4989	421	15	–	715	647	17629	13000
–	–	–	–	–	–	–	–	–	–
32	62473	62361	112	80	–	1066	1046	15800	23174
–	1242	1242	–	–	–	–	–	14964	–

2-2　城镇集体从业人员

	平均人数（人）					
	（一）从业人员	在岗职工	其他从业人员	聘用的离退休	港澳台及外籍人员	（二）离岗职工
2.商务服务业	3876	3864	12	7	—	46
（十三）科学研究、技术服务和地质勘查业	200	188	12	7	—	51
1.研究与试验发展	—	—	—	—	—	—
（1）自然科学研究与试验发展	—	—	—	—	—	—
（2）工程和技术研究与试验发展	—	—	—	—	—	—
（3）农业科学研究与试验发展	—	—	—	—	—	—
（4）医学研究与试验发展	—	—	—	—	—	—
（5）社会人文科学研究与试验发展	—	—	—	—	—	—
2.专业技术服务业	122	117	5	5	—	4
# （1）气象服务	—	—	—	—	—	—
（2）地震服务	—	—	—	—	—	—
（3）海洋服务	—	—	—	—	—	—
（4）测绘服务	—	—	—	—	—	—
（5）技术检测	30	30	—	—	—	4
（6）环境监测	—	—	—	—	—	—
（7）工程技术与规划管理	45	45	—	—	—	—
3.科技交流和推广服务业	78	71	7	2	—	47
4.地质勘查业	—	—	—	—	—	—
（十四）水利、环境和公共设施管理业	122	122	—	—	—	—
1.水利管理业	75	75	—	—	—	—
2.环境管理业	6	6	—	—	—	—
3.公共设施管理业	41	41	—	—	—	—
（十五）居民服务和其他服务业	217	197	20	6	—	5
1.居民服务业	102	82	20	6	—	5
2.其他服务业	115	115	—	—	—	—
（十六）教育	408	378	30	30	—	19
# 1.初等教育	—	—	—	—	—	—
2.中等教育	2	2	—	—	—	—
3.高等教育	—	—	—	—	—	—
（十七）卫生、社会保障和社会福利业	559	512	47	31	—	9
1.卫生	546	499	47	31	—	9
2.社会保障业	—	—	—	—	—	—
3.社会福利业	13	13	—	—	—	—
（十八）文化、体育和娱乐业	—	—	—	—	—	—
1.新闻出版社	—	—	—	—	—	—
2.广播、电视、电影和音像业	—	—	—	—	—	—
3.文化艺术业	—	—	—	—	—	—
4.体育	—	—	—	—	—	—
5.娱乐业	—	—	—	—	—	—
（十九）公共管理和社会组织	—	—	—	—	—	—
# (1)中国共产党机关	—	—	—	—	—	—
(2)国家机构	—	—	—	—	—	—
(3)人民政协和民主党派	—	—	—	—	—	—
(4)群众社团、社会团体和宗教组织	—	—	—	—	—	—

和劳动报酬情况（二）

	劳动报酬和生活费（千元）							平均劳动报酬（元）	
内部退养	（一）从业人员	在岗职工	其他从业人员	聘用的离退休	港澳台及外籍人员	（二）离岗职工	内部退养	在岗职工	离岗职工
32	61231	61119	112	80	–	1066	1046	15818	23174
28	4183	3859	324	234	–	333	220	20527	6529
–	–	–	–	–	–	–	–	–	–
–	–	–	–	–	–	–	–	–	–
–	–	–	–	–	–	–	–	–	–
–	–	–	–	–	–	–	–	–	–
–	–	–	–	–	–	–	–	–	–
–	–	–	–	–	–	–	–	–	–
4	2914	2710	204	204	–	65	65	23162	16250
–	–	–	–	–	–	–	–	–	–
–	–	–	–	–	–	–	–	–	–
–	–	–	–	–	–	–	–	–	–
–	–	–	–	–	–	–	–	–	–
4	1035	1035	–	–	–	65	65	34500	16250
–	–	–	–	–	–	–	–	–	–
–	885	885	–	–	–	–	–	19667	–
24	1269	1149	120	30	–	268	155	16183	5702
–	–	–	–	–	–	–	–	–	–
–	2040	2040	–	–	–	–	–	16721	–
–	1232	1232	–	–	–	–	–	16427	–
–	127	127	–	–	–	–	–	21167	–
–	681	681	–	–	–	–	–	16610	–
3	2701	2561	140	44	–	14	–	13000	2800
3	1202	1062	140	44	–	14	–	12951	2800
–	1499	1499	–	–	–	–	–	13035	–
19	6635	6394	241	241	–	129	129	16915	6789
–	–	–	–	–	–	–	–	–	–
–	89	89	–	–	–	–	–	44500	–
–	–	–	–	–	–	–	–	–	–
1	8764	8136	628	491	–	6	6	15891	667
1	8548	7920	628	491	–	6	6	15872	667
–	–	–	–	–	–	–	–	–	–
–	216	216	–	–	–	–	–	16615	–
–	–	–	–	–	–	–	–	–	–
–	–	–	–	–	–	–	–	–	–
–	–	–	–	–	–	–	–	–	–
–	–	–	–	–	–	–	–	–	–
–	–	–	–	–	–	–	–	–	–
–	–	–	–	–	–	–	–	–	–
–	–	–	–	–	–	–	–	–	–
–	–	–	–	–	–	–	–	–	–
–	–	–	–	–	–	–	–	–	–
–	–	–	–	–	–	–	–	–	–
–	–	–	–	–	–	–	–	–	–

2-3 其他单位从业人员

	单位数（个）	年末人数（人）				
		(一)从业人员	女性	使用农村劳动力	在岗职工	专业技术人员
Ⅲ、其他单位合计	**4168**	**538763**	**259492**	**165332**	**469144**	**101556**
一、按登记注册类型分组						
(一)内资	2242	227331	79180	22387	205465	59502
1.股份合作	296	14554	5738	1021	13791	4956
2.联营	19	550	158	18	541	122
其中：国有联营	6	124	55	–	124	14
集体联营	2	29	3	16	29	6
3.有限责任公司	1448	123390	36988	15533	116534	31047
其中：国有独资	37	16109	3705	255	16060	4953
4.股份有限公司	349	80186	33071	4861	66610	21514
5.其他	130	8651	3225	954	7989	1863
(二)港、澳、台商投资	379	37746	19416	14891	34672	6019
(三)外商投资	1547	273686	160896	128054	229007	36035
二、按企业、事业分组						
1.企　　业	4168	538763	259492	165332	469144	101556
2.事　　业	–	–	–	–	–	–
三、按国民经济行业分组						
(一)农、林、牧、渔业	38	6300	1886	892	6257	1318
1.农业	6	197	70	9	176	82
2.林业	5	19	12	–	19	11
3.畜牧业	3	380	211	257	380	61
4.渔业	21	5636	1544	584	5626	1151
5.农、林、牧、渔服务业	3	68	49	42	56	13
(二)采矿业	4	144	54	44	99	25
1.煤炭开采和洗选业	–	–	–	–	–	–
2.石油和天然气开采业	–	–	–	–	–	–
3.黑色金属矿采选业	–	–	–	–	–	–
4.有色金属矿采选业	–	–	–	–	–	–
5.非金属矿采选业	4	144	54	44	99	25
6.其他采矿业	–	–	–	–	–	–
(三)制造业	1942	369305	189231	148352	323722	48427
1.农副食品加工业	158	18953	11853	12492	18145	1779
2.食品制造业	66	5508	2795	1806	5114	1224
3.饮料制造业	8	1835	719	20	1826	337
4.烟草制品业	–	–	–	–	–	–
5.纺织业	50	9833	7034	5169	7453	949
6.纺织服装、鞋、帽制造业	206	46095	35215	28893	42216	3409
7.皮革、毛皮、羽毛（绒）及其制品业	28	11007	8519	8828	10453	454
8.木材加工及木、竹、藤、棕、草制品业	77	7801	3320	4620	7292	1076
9.家具制造业	36	16409	5763	3168	15830	750
10.造纸及纸制品业	31	1718	802	684	1541	250
11.印刷业和记录媒介的复制	52	3557	1899	1005	3016	914
12.文教体育用品制造业	14	1458	690	570	1430	122
13.石油加工、炼焦及核燃料加工业	5	5331	1084	–	5327	948
14.化学原料及化学制品制造业	107	14689	3723	1772	13872	2891
15.医药制造业	22	3033	1499	382	2918	748
16.化学纤维制造业	9	639	437	370	561	41
17.橡胶制品业	22	2595	1338	580	2494	779

和劳动报酬情况（一）

年末人数（人）								
女性	长期职工	临时职工	其他从业人员	聘用的离退休	港澳台及外籍人员	(二)离岗职工	内部退养	放长假职工
38466	423452	45692	69619	4987	1462	16753	10015	3535
21823	189083	16382	21866	3560	26	15614	9183	3283
2038	13372	419	763	587	–	1556	855	177
28	494	47	9	9	–	3	3	–
5	109	15	–	–	–	–	–	–
–	29	–	–	–	–	–	–	–
9786	104891	11643	6856	2197	16	7967	4558	2205
1337	16040	20	49	42	–	2435	688	1634
9343	62898	3712	13576	460	10	5666	3580	751
628	7428	561	662	307	–	422	187	150
2525	29535	5137	3074	336	160	327	234	62
14118	204834	24173	44679	1091	1276	812	598	190
38466	423452	45692	69619	4987	1462	16753	10015	3535
–	–	–	–	–	–	–	–	–
432	4131	2126	43	19	–	142	88	36
24	171	5	21	1	–	77	77	–
7	19	–	–	–	–	–	–	–
31	329	51	–	–	–	–	–	–
365	3585	2041	10	6	–	65	11	36
5	27	29	12	12	–	–	–	–
5	86	13	45	–	2	–	–	–
–	–	–	–	–	–	–	–	–
–	–	–	–	–	–	–	–	–
–	–	–	–	–	–	–	–	–
–	–	–	–	–	–	–	–	–
5	86	13	45	–	2	–	–	–
–	–	–	–	–	–	–	–	–
17121	293478	30244	45583	2613	991	8076	3500	2896
678	13037	5108	808	19	14	49	6	41
450	4057	1057	394	47	25	5	2	3
111	1792	34	9	8	1	40	9	31
–	–	–	–	–	–	–	–	–
508	6805	648	2380	64	32	240	–	5
2380	35122	7094	3879	124	56	163	85	70
252	10291	162	554	24	7	19	4	5
459	5951	1341	509	37	25	20	18	–
259	15109	721	579	29	10	8	3	5
89	1237	304	177	70	9	37	35	2
325	2860	156	541	37	9	69	19	10
48	1256	174	28	6	10	25	–	25
417	5326	1	4	–	3	–	–	–
818	13631	241	817	140	36	2860	326	1535
421	2687	231	115	5	3	133	103	30
11	476	85	78	4	8	–	–	–
222	2471	23	101	15	5	22	1	21

2-3 其他单位从业人员

	单位数（个）	年末人数（人）				
		(一)从业人员	女　性	使用农村劳动力	在岗职工	专业技术人　员
18.塑料制品业	72	10996	6600	5188	8236	1141
19.非金属矿物制品业	80	8718	2570	2594	8161	1406
20.黑色金属冶炼及压延加工业	19	8289	1324	283	7518	792
21.有色金属冶炼及压延加工业	11	1077	221	144	993	98
22.金属制品业	107	13373	4702	5203	11527	1653
23.通用设备制造业	279	51406	14063	10853	46540	7706
24.专用设备制造业	87	18688	5985	4313	17162	3752
25.交通运输设备制造业	99	19533	4754	2308	18722	5491
26.电气机械及器材制造业	91	35524	26172	20659	25237	3893
27.通信设备、计算机及其他电子设备制造业	83	39488	28472	20991	30949	4754
28.仪器仪表及文化、办公用机械制造业	76	7349	4838	3221	5345	700
29.工艺品及其他制造业	44	4103	2793	2236	3742	315
30.废弃资源和废旧材料回收加工业	3	300	47	–	102	55
(四)电力、燃气及水的生产和供应业	19	5909	1564	12	5796	1080
1.电力、热力的生产和供应业	12	2978	703	12	2865	648
2.燃气生产和供应业	4	217	63	–	217	27
3.水的生产和供应业	3	2714	798	–	2714	405
(五)建筑业	198	21467	3423	7020	20362	7274
1.房屋和土木工程建筑业	63	13646	1889	5496	13245	5366
2.建筑安装业	73	5355	1143	540	4975	1313
3.建筑装饰业	46	1856	311	548	1608	496
4.其他建筑业	16	610	80	436	534	99
(六)交通运输、仓储和邮政业	195	14373	4121	426	13979	4397
1.铁路运输业	1	730	130	–	710	117
2.道路运输业	26	1454	173	125	1394	367
3.城市公共交通业	30	2129	596	5	1979	399
4.水上运输业	21	2623	575	30	2614	768
5.航空运输业	5	2558	924	–	2558	939
6.管道运输业	–	–	–	–	–	–
7.装卸搬运和其他运输服务业	77	2839	1054	74	2727	1247
8.仓储业	33	1892	633	192	1849	508
9.邮政业	2	148	36	–	148	52
(七)信息传输、计算机服务和软件业	154	12605	4463	293	12086	5152
1.电信和其他信息传输服务业	6	3713	1613	69	3409	1563
2.计算机服务业	16	2110	492	91	2027	440
3.软件业	132	6782	2358	133	6650	3149
(八)批发和零售业	575	25662	13137	1108	23744	6341
1.批发业	406	11041	4690	468	10199	3306
2.零售业	169	14621	8447	640	13545	3035
(九)住宿和餐饮业	174	19297	10377	2859	17152	2973
1.住宿业	78	10266	5376	921	8994	1976
2.餐饮业	96	9031	5001	1938	8158	997
(十)金融业	142	32384	19056	1479	19294	13593
1.银行业	53	14589	7633	–	14471	10427
2.证券业	29	822	372	–	732	497
3.保险业	50	16343	10747	1479	3463	2255
4.其他金融活动	10	630	304	–	628	414
(十一)房地产业	378	16534	5646	1606	13715	4389

和劳动报酬情况（一）

年末人数（人）								
女性	长期职工	临时职工	其他从业人员	聘用的离退休	港澳台及外籍人员	(二)离岗职工	内部退养	放长假职工
401	7752	484	2760	34	50	166	49	117
410	7253	908	557	77	32	134	98	26
220	7493	25	771	62	22	725	573	13
21	993	–	84	74	–	–	–	–
474	10608	919	1846	102	90	215	82	99
2190	44851	1689	4866	758	127	1759	1011	628
1037	16231	931	1526	172	50	245	185	23
1311	18260	462	811	182	38	777	707	70
1572	23108	2129	10287	191	106	145	58	60
1672	26195	4754	8539	41	144	99	41	53
228	5218	127	2004	236	62	116	83	21
122	3309	433	361	55	17	5	2	3
15	99	3	198	–	–	–	–	–
340	5790	6	113	113	–	196	183	13
154	2859	6	113	113	–	106	93	13
8	217	–	–	–	–	72	72	–
178	2714	–	–	–	–	18	18	–
1407	13994	6368	1105	275	16	1141	853	35
919	7349	5896	401	65	3	1065	806	31
319	4737	238	380	60	7	75	47	3
136	1407	201	248	141	5	–	–	–
33	501	33	76	9	1	1	–	1
1253	13743	236	394	117	41	593	235	95
36	710	–	20	–	–	–	–	–
80	1268	126	60	13	5	222	4	–
88	1960	19	150	29	7	130	54	40
148	2608	6	9	2	7	39	28	10
264	2551	7	–	–	–	–	–	–
–	–	–	–	–	–	–	–	–
472	2657	70	112	50	8	69	29	32
151	1841	8	43	23	14	133	120	13
14	148	–	–	–	–	–	–	–
1878	11972	114	519	66	139	474	470	4
685	3409	–	304	–	–	473	469	4
153	2010	17	83	14	69	1	1	–
1040	6553	97	132	52	70	–	–	–
3199	23380	364	1918	367	55	3204	2043	344
1497	9952	247	842	263	39	1002	603	53
1702	13428	117	1076	104	16	2202	1440	291
1214	14152	3000	2145	314	88	136	104	21
809	7708	1286	1272	203	57	94	72	11
405	6444	1714	873	111	31	42	32	10
7184	18203	1091	13090	37	56	2028	2014	13
5519	13603	868	118	3	31	1853	1844	8
236	675	57	90	8	–	7	7	–
1238	3363	100	12880	24	25	141	136	5
191	562	66	2	2	–	27	27	–
1486	12671	1044	2819	392	43	304	260	35

2-3 其他单位从业人员

	单位数（个）	年末人数（人）				
		（一）从业人员	女　性	使用农村劳动力	在岗职工	专业技术人　员
其中：1.房地产开发经营	259	8618	2640	187	8064	2975
2.物业管理	94	7272	2719	1416	5043	1223
3.房地产中介服务	13	390	206	2	356	112
(十二)租赁和商务服务业	154	3677	1521	184	3357	1884
1.租赁业	9	211	38	–	211	22
2.商务服务业	145	3466	1483	184	3146	1862
(十三)科学研究、技术服务和地质勘查业	76	3134	1180	121	2791	1754
1.研究与试验发展	11	639	164	–	628	275
（1）自然科学研究与试验发展	3	260	90	–	254	153
（2）工程和技术研究与试验发展	6	333	60	–	330	94
（3）农业科学研究与试验发展	2	46	14	–	44	28
（4）医学研究与试验发展	–	–	–	–	–	–
（5）社会人文科学研究与试验发展	–	–	–	–	–	–
2.专业技术服务业	53	2222	898	111	1913	1417
其中：（1）气象服务	–	–	–	–	–	–
（2）地震服务	–	–	–	–	–	–
（3）海洋服务	–	–	–	–	–	–
（4）测绘服务	3	50	9	–	48	23
（5）技术检测	7	294	196	96	293	44
（6）环境监测	–	–	–	–	–	–
（7）工程技术与规划管理	33	1529	551	6	1229	1047
3.科技交流和推广服务业	12	273	118	10	250	62
4.地质勘查业	–	–	–	–	–	–
(十四)水利、环境和公共设施管理业	16	1365	563	35	974	434
1.水利管理业	1	19	7	–	19	14
2.环境管理业	3	156	36	–	81	61
3.公共设施管理业	12	1190	520	35	874	359
(十五)居民服务和其他服务业	61	2275	986	677	1868	411
1.居民服务业	29	1415	718	620	1161	181
2.其他服务业	32	860	268	57	707	230
(十六)教育	12	644	339	20	488	266
其中：1.初等教育	1	115	73	–	70	70
2.中等教育	5	387	204	–	276	148
3.高等教育	–	–	–	–	–	–
(十七)卫生、社会保障和社会福利业	8	1701	1066	9	1559	1292
1.卫生	8	1701	1066	9	1559	1292
2.社会保障业	–	–	–	–	–	–
3.社会福利业	–	–	–	–	–	–
(十八)文化、体育和娱乐业	22	1987	879	195	1901	546
1.新闻出版社	1	24	12	–	20	11
2.广播、电视、电影和音像业	6	898	365	–	844	340
3.文化艺术业	3	53	30	–	52	5
4.体育	1	102	34	–	98	56
5.娱乐业	11	910	438	195	887	134
(十九)公共管理和社会组织	–	–	–	–	–	–
其中:(1)中国共产党机关	–	–	–	–	–	–
(2)国家机构	–	–	–	–	–	–
(3)人民政协和民主党派	–	–	–	–	–	–
(4)群众社团、社会团体和宗教组织	–	–	–	–	–	–

和劳动报酬情况（一）

年末人数（人）								
女性	长期职工	临时职工	其他从业人员	聘用的离退休	港澳台及外籍人员	（二）离岗职工	内部退养	放长假职工
999	7768	296	554	205	33	67	60	2
402	4302	741	2229	154	7	201	164	33
53	356	–	34	31	3	34	34	–
763	3255	102	320	144	17	189	36	11
6	188	23	–	–	–	–	–	–
757	3067	79	320	144	17	189	36	11
692	2777	14	343	249	8	111	71	31
105	628	–	11	11	–	61	26	29
73	254	–	6	6	–	61	26	29
26	330	–	3	3	–	–	–	–
6	44	–	2	2	–	–	–	–
–	–	–	–	–	–	–	–	–
–	–	–	–	–	–	–	–	–
561	1899	14	309	233	3	24	19	2
–	–	–	–	–	–	–	–	–
–	–	–	–	–	–	–	–	–
–	–	–	–	–	–	–	–	–
7	48	–	2	2	–	2	2	–
19	293	–	1	–	1	–	–	–
–	–	–	–	–	–	–	–	–
412	1216	13	300	230	1	22	17	2
26	250	–	23	5	5	26	26	–
–	–	–	–	–	–	–	–	–
113	940	34	391	85	–	75	75	–
5	19	–	–	–	–	–	–	–
15	81	–	75	75	–	–	–	–
93	840	34	316	10	–	75	75	–
189	1212	656	407	58	1	28	27	1
92	514	647	254	15	1	26	26	–
97	698	9	153	43	–	2	1	1
162	461	27	156	46	–	–	–	–
39	60	10	45	45	–	–	–	–
101	271	5	111	1	–	–	–	–
–	–	–	–	–	–	–	–	–
864	1477	82	142	91	–	–	–	–
864	1477	82	142	91	–	–	–	–
–	–	–	–	–	–	–	–	–
–	–	–	–	–	–	–	–	–
164	1730	171	86	1	5	56	56	–
4	20	–	4	–	–	4	4	–
91	842	2	54	–	–	47	47	–
4	41	11	1	1	–	5	5	–
20	98	–	4	–	4	–	–	–
45	729	158	23	–	1	–	–	–
–	–	–	–	–	–	–	–	–
–	–	–	–	–	–	–	–	–
–	–	–	–	–	–	–	–	–
–	–	–	–	–	–	–	–	–
–	–	–	–	–	–	–	–	–

2-3 其他单位从业人员

	平均人数（人）					
	（一）从业人员	在岗职工	其他从业人员	聘用的离退休	港澳台及外籍人员	（二）离岗职工
Ⅲ、其他单位合计	**534829**	**463155**	**71674**	**5160**	**1458**	**16713**
一、按登记注册类型分组						
(一)内资	229278	206036	23242	3663	27	15517
1.股份合作	14534	13717	817	648	–	1575
2.联营	524	515	9	9	–	3
其中：国有联营	124	124	–	–	–	–
集体联营	29	29	–	–	–	–
3.有限责任公司	124724	117257	7467	2266	16	8059
其中：国有独资	16253	16204	49	43	–	2192
4.股份有限公司	80752	66450	14302	446	11	5433
5.其他	8744	8097	647	294	–	447
(二)港、澳、台商投资	37014	33666	3348	337	158	343
(三)外商投资	268537	223453	45084	1160	1273	853
二、按企业、事业分组						
1.企　　业	534829	463155	71674	5160	1458	16713
2.事　　业	–	–	–	–	–	–
三、按国民经济行业分组						
(一)农、林、牧、渔业	6120	6079	41	19	–	144
1.农业	195	175	20	1	–	79
2.林业	20	20	–	–	–	–
3.畜牧业	313	313	–	–	–	–
4.渔业	5528	5519	9	6	–	65
5.农、林、牧、渔服务业	64	52	12	12	–	–
(二)采矿业	149	104	45	–	2	–
1.煤炭开采和洗选业	–	–	–	–	–	–
2.石油和天然气开采业	–	–	–	–	–	–
3.黑色金属矿采选业	–	–	–	–	–	–
4.有色金属矿采选业	–	–	–	–	–	–
5.非金属矿采选业	149	104	45	–	2	–
6.其他采矿业	–	–	–	–	–	–
(三)制造业	365211	318525	46686	2666	994	7905
1.农副食品加工业	19202	18172	1030	21	14	45
2.食品制造业	5268	4882	386	47	26	5
3.饮料制造业	1791	1782	9	8	1	46
4.烟草制品业	–	–	–	–	–	–
5.纺织业	9849	7197	2652	65	31	240
6.纺织服装、鞋、帽制造业	45085	41233	3852	125	57	181
7.皮革、毛皮、羽毛（绒）及其制品业	10895	10296	599	30	7	20
8.木材加工及木、竹、藤、棕、草制品业	7546	7017	529	37	25	22
9.家具制造业	16013	15492	521	31	10	8
10.造纸及纸制品业	1742	1564	178	70	9	42
11.印刷业和记录媒介的复制	3560	2949	611	37	10	79
12.文教体育用品制造业	1411	1378	33	6	10	29
13.石油加工、炼焦及核燃料加工业	5279	5275	4	–	3	–
14.化学原料及化学制品制造业	15376	14691	685	141	36	2267
15.医药制造业	2895	2796	99	5	3	147
16.化学纤维制造业	624	557	67	4	8	–
17.橡胶制品业	2543	2450	93	15	5	40

和劳动报酬情况（二）

	劳动报酬和生活费（千元）							平均劳动报酬（元）	
内部退养	（一）从业人员	在岗职工	其他从业人员	聘用的离退休	港澳台及外籍人员	（二）离岗职工	内部退养	在岗职工	离岗职工
10546	11679781	10225448	1454333	86804	351824	163700	122768	22078	9795
9686	5424622	4962133	462489	58361	15686	150082	110761	24084	9672
858	285602	275835	9767	7951	–	9878	8804	20109	6272
3	12026	11966	60	60	–	14	14	23235	4667
–	2094	2094	–	–	–	–	–	16887	–
–	299	299	–	–	–	–	–	10310	–
4931	2662865	2546096	116769	38872	1231	73472	47600	21714	9117
748	467844	466949	895	716	–	18584	3626	28817	8478
3687	2331169	2003423	327746	7740	14455	64617	53258	30149	11893
207	132960	124813	8147	3738	–	2101	1085	15415	4700
237	686760	600818	85942	6455	40613	2287	1652	17846	6668
623	5568399	4662497	905902	21988	295525	11331	10355	20866	13284
10546	11679781	10225448	1454333	86804	351824	163700	122768	22078	9795
–	–	–	–	–	–	–	–	–	–
91	129468	128738	730	444	–	740	481	21177	5139
79	4835	4556	279	14	–	405	405	26034	5127
–	544	544	–	–	–	–	–	27200	–
–	4677	4677	–	–	–	–	–	14942	–
12	118651	118375	276	255	–	335	76	21449	5154
–	761	586	175	175	–	–	–	11269	–
–	1946	1374	572	–	80	–	–	13212	–
–	–	–	–	–	–	–	–	–	–
–	–	–	–	–	–	–	–	–	–
–	–	–	–	–	–	–	–	–	–
–	–	–	–	–	–	–	–	–	–
–	1946	1374	572	–	80	–	–	13212	–
–	–	–	–	–	–	–	–	–	–
3889	7128262	6266606	861656	47469	249940	61490	32185	19674	7779
7	243550	229499	14051	290	1797	192	40	12629	4267
2	87086	80009	7077	1566	2267	40	29	16389	8000
14	44471	44050	421	86	335	278	95	24719	6043
–	–	–	–	–	–	–	–	–	–
–	148032	110095	37937	755	4528	31	–	15297	129
112	619089	555998	63091	4171	7267	498	420	13484	2751
4	147876	139428	8448	258	1510	99	18	13542	4950
20	124273	115754	8519	981	2085	132	108	16496	6000
3	215699	203805	11894	893	1995	30	–	13155	3750
40	27505	25255	2250	716	877	399	395	16148	9500
28	65234	56912	8322	549	808	288	264	19299	3646
–	22511	21231	1280	62	970	55	–	15407	1897
–	305900	304922	978	–	622	–	–	57805	–
370	295490	279620	15870	2938	6431	20000	1044	19033	8822
110	56641	54658	1983	151	296	980	747	19549	6667
–	9381	7580	1801	27	920	–	–	13609	–
1	52565	50824	1741	343	602	141	7	20744	3525

2-3　其他单位从业人员

	平均人数（人）					
	（一）从业人员	在岗职工	其他从业人员	聘用的离退休	港澳台及外籍人员	（二）离岗职工
18.塑料制品业	10960	8208	2752	33	51	163
19.非金属矿物制品业	8513	8004	509	80	32	143
20.黑色金属冶炼及压延加工业	9010	7590	1420	55	22	784
21.有色金属冶炼及压延加工业	1040	956	84	74	–	–
22.金属制品业	12735	10952	1783	118	85	229
23.通用设备制造业	50254	46033	4221	768	126	1865
24.专用设备制造业	18897	17105	1792	170	51	277
25.交通运输设备制造业	19147	18273	874	210	39	901
26.电气机械及器材制造业	34913	24940	9973	178	110	153
27.通信设备、计算机及其他电子设备制造业	38128	29566	8562	43	143	97
28.仪器仪表及文化、办公用机械制造业	8031	5311	2720	236	62	119
29.工艺品及其他制造业	4204	3754	450	59	18	3
30.废弃资源和废旧材料回收加工业	300	102	198	–	–	–
(四)电力、燃气及水的生产和供应业	5960	5847	113	113	–	202
1.电力、热力的生产和供应业	3042	2929	113	113	–	109
2.燃气生产和供应业	213	213	–	–	–	75
3.水的生产和供应业	2705	2705	–	–	–	18
(五)建筑业	23224	20223	3001	319	20	1069
1.房屋和土木工程建筑业	15481	13204	2277	77	3	981
2.建筑安装业	5327	4962	365	60	9	87
3.建筑装饰业	1798	1513	285	175	7	–
4.其他建筑业	618	544	74	7	1	1
(六)交通运输、仓储和邮政业	14282	13907	375	116	39	609
1.铁路运输业	721	699	22	–	–	–
2.道路运输业	1500	1437	63	13	5	229
3.城市公共交通业	2170	2025	145	32	7	131
4.水上运输业	2613	2604	9	2	7	39
5.航空运输业	2481	2481	–	–	–	–
6.管道运输业	–	–	–	–	–	–
7.装卸搬运和其他运输服务业	2818	2720	98	49	7	67
8.仓储业	1836	1798	38	20	13	143
9.邮政业	143	143	–	–	–	–
(七)信息传输、计算机服务和软件业	12574	12046	528	66	139	489
1.电信和其他信息传输服务业	3734	3425	309	–	–	487
2.计算机服务业	2139	2056	83	14	69	2
3.软件业	6701	6565	136	52	70	–
(八)批发和零售业	25462	23596	1866	364	54	3376
1.批发业	11198	10342	856	272	38	1086
2.零售业	14264	13254	1010	92	16	2290
(九)住宿和餐饮业	19091	16633	2458	343	81	138
1.住宿业	10277	8700	1577	225	54	102
2.餐饮业	8814	7933	881	118	27	36
(十)金融业	31014	18993	12021	37	54	2029
1.银行业	14412	14297	115	3	31	1844
2.证券业	821	738	83	8	–	7
3.保险业	15172	3351	11821	24	23	151
4.其他金融活动	609	607	2	2	–	27
(十一)房地产业	16485	13796	2689	404	44	284

和劳动报酬情况（二）

内部退养	劳动报酬和生活费（千元）							平均劳动报酬（元）	
	（一）从业人员	在岗职工	其他从业人员	聘用的离退休	港澳台及外籍人员	（二）离岗职工	内部退养	在岗职工	离岗职工
51	200621	150565	50056	305	18217	952	251	18344	5840
105	178044	161679	16365	1222	10485	683	484	20200	4776
614	176566	159024	17542	873	8477	6416	5382	20952	8184
–	17668	16164	1504	1183	–	–	–	16908	–
87	285227	245433	39794	1762	17015	1162	605	22410	5074
1083	1046338	938627	107711	12076	43466	11195	5750	20390	6003
215	491983	452344	39639	3175	14254	1771	1425	26445	6394
833	597496	580685	16811	3177	6030	13135	12894	31778	14578
59	649442	489604	159838	4692	28384	1412	985	19631	9229
42	814003	632438	181565	1064	55312	693	442	21391	7144
87	140202	101141	39061	3326	12844	907	800	19044	7622
2	61261	57374	3887	828	2146	1	–	15283	333
–	4108	1888	2220	–	–	–	–	18510	–
189	185173	183741	1432	1432	–	2457	2380	31425	12163
96	114934	113502	1432	1432	–	1303	1226	38751	11954
75	3488	3488	–	–	–	876	876	16376	11680
18	66751	66751	–	–	–	278	278	24677	15444
824	447737	398367	49370	5412	1215	11608	10279	19699	10859
772	304216	268051	36165	1243	164	10898	9723	20301	11109
52	107369	100796	6573	822	572	709	556	20314	8149
–	26207	21076	5131	3256	431	–	–	13930	–
–	9945	8444	1501	91	48	1	–	15522	1000
251	506704	493323	13381	1723	7717	4345	2431	35473	7135
–	19469	18995	474	–	–	–	–	27175	–
4	36005	34730	1275	175	269	764	8	24168	3336
58	40968	38339	2629	425	443	897	454	18933	6847
30	97652	93938	3714	34	3680	325	155	36075	8333
–	148798	148798	–	–	–	–	–	59975	–
–	–	–	–	–	–	–	–	–	–
29	102878	100822	2056	652	699	1189	658	37067	17746
130	54406	51173	3233	437	2626	1170	1156	28461	8182
–	6528	6528	–	–	–	–	–	45650	–
483	563853	533187	30666	1768	22628	9163	9103	44263	18738
481	193767	188028	5739	–	–	9082	9022	54899	18649
2	82383	72771	9612	326	9286	81	81	35394	40500
–	287703	272388	15315	1442	13342	–	–	41491	–
2198	577243	548285	28958	5160	4812	24838	19221	23236	7357
641	287014	270395	16619	3849	2977	12075	8813	26145	11119
1557	290229	277890	12339	1311	1835	12763	10408	20967	5573
109	306458	264325	42133	3673	17367	1541	1370	15892	11167
80	197206	169591	27615	2390	14068	1042	926	19493	10216
29	109252	94734	14518	1283	3299	499	444	11942	13861
2016	1135685	819399	316286	547	22674	41363	40597	43142	20386
1836	636186	614471	21715	69	19896	37138	36900	42979	20140
7	41513	39539	1974	50	–	157	157	53576	22429
146	435730	143185	292545	376	2778	3614	3086	42729	23934
27	22256	22204	52	52	–	454	454	36580	16815
239	320721	280279	40442	6649	8355	2805	2503	20316	9877

2-3　其他单位从业人员

	平均人数（人）					
	（一）从业人员	在岗职工	其他从业人员	聘用的离退休	港澳台及外籍人员	（二）离岗职工
#1.房地产开发经营	8817	8252	565	215	32	74
2.物业管理	7016	4924	2092	160	9	174
3.房地产中介服务	376	346	30	27	3	34
(十二)租赁和商务服务业	3705	3356	349	168	17	205
1.租赁业	237	235	2	2	–	–
2.商务服务业	3468	3121	347	166	17	205
(十三)科学研究、技术服务和地质勘查业	3130	2784	346	256	8	100
1.研究与试验发展	643	635	8	8	–	58
(1) 自然科学研究与试验发展	261	258	3	3	–	58
(2) 工程和技术研究与试验发展	336	333	3	3	–	–
(3) 农业科学研究与试验发展	46	44	2	2	–	–
(4) 医学研究与试验发展	–	–	–	–	–	–
(5) 社会人文科学研究与试验发展	–	–	–	–	–	–
2.专业技术服务业	2187	1877	310	243	3	25
#(1) 气象服务	–	–	–	–	–	–
(2) 地震服务	–	–	–	–	–	–
(3) 海洋服务	–	–	–	–	–	–
(4) 测绘服务	51	49	2	2	–	2
(5) 技术检测	271	270	1	–	1	–
(6) 环境监测	–	–	–	–	–	–
(7) 工程技术与规划管理	1547	1243	304	240	1	23
3.科技交流和推广服务业	300	272	28	5	5	17
4.地质勘查业	–	–	–	–	–	–
(十四)水利、环境和公共设施管理业	1358	968	390	85	–	75
1.水利管理业	19	19	–	–	–	–
2.环境管理业	156	81	75	75	–	–
3.公共设施管理业	1183	868	315	10	–	75
(十五)居民服务和其他服务业	2248	1852	396	59	1	32
1.居民服务业	1421	1153	268	16	1	30
2.其他服务业	827	699	128	43	–	2
(十六)教育	634	478	156	46	–	–
#1.初等教育	115	70	45	45	–	–
2.中等教育	380	269	111	1	–	–
3.高等教育	–	–	–	–	–	–
(十七)卫生、社会保障和社会福利业	2068	1940	128	98	–	–
1.卫生	2068	1940	128	98	–	–
2.社会保障业	–	–	–	–	–	–
3.社会福利业	–	–	–	–	–	–
(十八)文化、体育和娱乐业	2114	2028	86	1	5	56
1.新闻出版社	22	18	4	–	–	4
2.广播、电视、电影和音像业	892	838	54	–	–	47
3.文化艺术业	53	52	1	1	–	5
4.体育	87	83	4	–	4	–
5.娱乐业	1060	1037	23	–	1	–
(十九)公共管理和社会组织	–	–	–	–	–	–
#(1)中国共产党机关	–	–	–	–	–	–
(2)国家机构	–	–	–	–	–	–
(3)人民政协和民主党派	–	–	–	–	–	–
(4)群众社团、社会团体和宗教组织	–	–	–	–	–	–

和劳动报酬情况（二）

	劳动报酬和生活费（千元）							平均劳动报酬（元）	
内部退养	（一）从业人员	在岗职工	其他从业人员	聘用的离退休	港澳台及外籍人员	（二）离岗职工	内部退养	在岗职工	离岗职工
67	189524	173809	15715	3411	5782	993	968	21063	13419
136	114048	91286	22762	2841	1005	1642	1365	18539	9437
34	12001	10080	1921	353	1568	155	155	29133	4559
37	85603	78468	7135	2749	2167	570	431	23381	2780
–	6208	6191	17	17	–	–	–	26345	–
37	79395	72277	7118	2732	2167	570	431	23158	2780
60	95686	86528	9158	4171	3279	1120	953	31080	11200
23	19819	19738	81	81	–	425	261	31083	7328
23	5587	5572	15	15	–	425	261	21597	7328
–	13304	13266	38	38	–	–	–	39838	–
–	928	900	28	28	–	–	–	20455	–
–	–	–	–	–	–	–	–	–	–
–	–	–	–	–	–	–	–	–	–
20	65579	59522	6057	4000	579	410	407	31711	16400
–	–	–	–	–	–	–	–	–	–
–	–	–	–	–	–	–	–	–	–
–	–	–	–	–	–	–	–	–	–
2	1254	1206	48	48	–	32	32	24612	16000
–	5018	4936	82	–	82	–	–	18281	–
–	–	–	–	–	–	–	–	–	–
18	45576	39898	5678	3896	324	378	375	32098	16435
17	10288	7268	3020	90	2700	285	285	26721	16765
–	–	–	–	–	–	–	–	–	–
75	32002	23612	8390	1530	–	816	–	24393	10880
–	176	176	–	–	–	–	–	9263	–
–	3368	2011	1357	1357	–	–	–	24827	–
75	28458	21425	7033	173	–	816	–	24683	10880
29	38118	33632	4486	855	246	157	147	18160	4906
28	23097	20277	2820	220	246	152	144	17586	5067
1	15021	13355	1666	635	–	5	3	19106	2500
–	32721	7847	24874	1114	–	–	–	16416	–
–	2760	1656	1104	1104	–	–	–	23657	–
–	28134	4364	23770	10	–	–	–	16223	–
–	–	–	–	–	–	–	–	–	–
–	28392	26074	2318	2048	–	–	–	13440	–
–	28392	26074	2318	2048	–	–	–	13440	–
–	–	–	–	–	–	–	–	–	–
–	–	–	–	–	–	–	–	–	–
56	64009	51663	12346	60	11344	687	687	25475	12268
4	603	536	67	–	–	67	67	29778	16750
47	18369	17734	635	–	–	576	576	21162	12255
5	926	866	60	60	–	44	44	16654	8800
–	28340	17010	11330	–	11330	–	–	204940	–
–	15771	15517	254	–	14	–	–	14963	–
–	–	–	–	–	–	–	–	–	–
–	–	–	–	–	–	–	–	–	–
–	–	–	–	–	–	–	–	–	–
–	–	–	–	–	–	–	–	–	–
–	–	–	–	–	–	–	–	–	–

2-4　单 位 从 业

	（一）年末增加人数					
	合　计	从农村招　收	从城镇招　收	录用退伍军人	录用大中专技校毕业	调　入
总　　计	**120131**	**47279**	**20629**	**1239**	**17496**	**13345**
一、按企业（单位）登记注册类型分组						
（一）国有单位	22669	1560	1890	718	5546	6331
（二）城镇集体单位	3148	1468	238	2	187	798
（三）其他单位	94314	44251	18501	519	11763	6216
二、按国民行业分组						
（一）农、林、牧、渔业	1977	449	548	13	658	121
（二）采矿业	7	–	2	–	2	2
（三）制造业	70794	40551	8875	377	8397	3328
（四）电力、燃气及水的生产和供应业	914	51	88	69	249	361
（五）建筑业	4198	1681	685	24	519	1088
（六）交通运输、仓储和邮政业	7482	1170	779	111	880	526
（七）信息传输、计算机服务和软件业	1533	82	578	4	538	243
（八）批发和零售业	4536	645	1203	105	789	1114
（九）住宿和餐饮业	4183	846	1382	16	455	581
（十）金融业	8724	3	4503	11	1028	804
（十一）房地产业	2363	352	801	32	185	743
（十二）租赁和商务服务业	1178	437	84	17	94	216
（十三）科学研究、技术服务和地质勘查业	922	51	42	19	393	273
（十四）水利、环境和公共设施管理业	854	73	238	55	101	336
（十五）居民服务和其他服务业	1009	647	174	18	82	34
（十六）教育	3998	88	168	46	1566	1732
（十七）卫生、社会保障和社会福利业	2089	41	170	58	828	339
（十八）文化、体育和娱乐业	540	63	90	20	159	164
（十九）公共管理和社会组织	2830	49	219	244	573	1340
（二十）国际组织	–	–	–	–	–	–

人员变动情况

单位：人

		(二) 本年减少人数								
外省调入	其他	合计	离休退休退职	开除除名辞退	终止解除合同	离开本单位仍保留劳动关系职工	死亡	调出	调到外省	其他
552	**20143**	**106856**	**15567**	**8295**	**49982**	**2632**	**790**	**11460**	**310**	**18130**
223	6624	19676	6670	419	3640	1220	397	5196	147	2134
3	455	3948	846	182	1752	139	35	758	–	236
326	13064	83232	8051	7694	44590	1273	358	5506	163	15760
1	188	1156	404	126	352	21	12	36	–	205
–	1	443	87	3	268	80	5	–	–	–
160	9266	63034	7447	6256	35693	1284	341	3237	50	8776
1	96	1519	273	10	425	106	26	669	5	10
7	201	3590	474	35	2245	34	41	382	40	379
31	4016	5588	1546	33	2084	564	87	696	16	578
49	88	1695	35	78	801	7	3	135	4	636
18	680	5259	1150	449	1882	182	22	1078	18	496
16	903	4669	188	295	2606	39	8	390	13	1143
35	2375	6051	105	111	641	106	19	527	42	4542
6	250	2193	120	229	1165	60	14	407	3	198
3	330	1271	90	48	327	9	7	627	–	163
8	144	908	212	4	265	33	10	229	28	155
1	51	851	422	22	87	42	17	128	–	133
–	54	996	56	420	247	3	–	68	3	202
167	398	3869	1457	110	285	28	82	1674	73	233
22	653	1253	556	24	264	8	27	242	9	132
2	44	401	107	21	154	1	9	86	–	23
25	405	2110	838	21	191	25	60	849	6	126
–	–	–	–	–	–	–	–	–	–	–

主要统计指标解释

【单位从业人员】 各单位的从业人员是指在各级国家机关、政党机关、社会团体及企业、事业单位中工作，并取得劳动报酬的全部人员。包括职工、再就业的离退休人员、民办教师以及在各单位中工作的外籍人员和港、澳、台方人员。单位从业人员由职工和其他业务人员组成。

【使用的农村劳动力】 指在国有经济、城镇集体经济、联营经济、股份制经济、外商和港、澳、台投资经济、其他经济单位的从业人员，现仍保留农村户籍关系的人员。使用的农村劳动力是单位从业人员的其中项。

【职工】 指在国有经济、城镇集体经济、联营经济、股份制经济、外商和港、澳、台投资经济、其他经济单位及其附属机构工作，并由其支付工资的各类人员。

按照现行劳动统计制度关于职工概念的定义，对国有经济、城镇集体经济和其他经济单位来说，应坚持不论是编制内的还是编制外的人员；不论是出勤的还是因故未出勤的人员；不论是在国内工作的还是国外工作的；不论是正式的人员还是试用期间的人员；不论是在本单位工作还是临时借到外单位工作的人员，只要由本单位支付工资均应统计为职工。因此，是否作为单位职工人数统计，主要看是否由本单位支付工资，坚持“谁发工资谁统计的原则”。有的职工借到外单位工作，工资由双方共同支付，则应看其基本工资由谁支付，应以谁支付标准工资谁统计的原则来处理。鉴于目前用工制的改革，有的职工下岗后，与原单位仍保留劳动关系，其全部工资由新单位支付，这一具体情况，这部分职工可以由双方单位进行重复统计。

职工统计中不包括下列人员：

1．乡镇企业从业人员

2．私营企业从业人员

3．城镇个体劳动者

4．离休、退休、退职人员

5．再就业的离、退休人员

6．民办教师

7．其他按有关规定不列入职工统计范围的人员：

（1）实行个人承包离店经营不再由原单位支付工资的人员。

（2）从单位领取原材料，在自己家中进行生产的家庭工。

（3）发包给其他单位半成品加工、装配、包装等工作所使用的人员；发包给其他单位的拆洗缝补、房屋修缮、装卸、搬运、短途运输等工作所使用的人员；承包本单位工程或运输业务，其劳动力不由本单位直接组织安排的农村搬运队、建筑队的人员等。

（4）根据国务院国发[1981] 181号文件规定，经省、自治区、直辖市批准有计划从农村就近招用，参加铁

路、公路、输油输气管线、水利等大型土石方工程工作，工程结束后立即辞退，不得调往新施工地区的民工。其他以“民工”名义，从农村招收的参加一般建设的人员，应列入“全部职工”中统计。

（5）参加单位生产劳动的军工和勤工俭学的在校学生，以及大中专、技工学校的实习生。

（6）在社会福利单位中工作，以国家救济为主的人员。

（7）经单位批准停薪留职，保留单位职工身份的人员。如自费上电大、出国探亲以及离厂（店）自谋出路等人员。

（8）在各单位中工作的外方人员和港、澳、台方人员。

在计算职工人数时，对于新招收的人员，从其报到参加工作之日起，不论是否发放当月工资，即应统计为本单位职工。对于自然减员、参军（包括参军后原单位仍发给部分生活费或补贴人员）、不带工资上学的人员，从其离开之日起即不再算本单位的职工。对于调往其他单位的人员，如已在原单位领取工资，其期末人数和平均人数均应由原单位进行统计，调入单位从发放工资之日起统计。

职工按用工期限可分为长期职工和临时职工；按劳动岗位分类可分为工人（生产人员）、学徒、工程技术人员、管理人员、服务人员（包括社会性服务机构人员）和其他人员；按其他分组还可分为合同制职工、正式职工和下岗职工等。

【从业人员劳动报酬】指各单位在一定时期内直接支付给本单位全部从业人员的劳动报酬总额。包括职工工资总额和本单位其他从业人员劳动报酬两部分。

【职工工资总额】指各单位在一定时期内直接支付给本单位全部职工的劳动报酬总额。

【其他从业人员劳动报酬】指各单位在一定时期内直接支付给本单位其他从业人员的全部劳动报酬。包括支付给再就业离退休人员的劳动报酬和外藉、港、澳、台人员的劳动报酬总额。

【下岗职工生活费用】是指用人单位对下岗职工支付的生活补贴费用。他是工资总额的部分，其构成应根据具体情况进入工资总额的相应项内，并在表中单位列。工资总额构成的内容还可以分为标准工资（基本工资）和非标准工资（辅助工资）两部分。

【职工平均货币工资】指企业、事业、机关等单位的职工在一定时期内平均每人所得的货币工资额。它表明一定时期职工货币工资收入的高低程度，是反映职工工资水平的主要指标。计算公式为：

职工平均货币工资=报告期实际支付的全部职工工资总额/报告期全部职工平均人数

【职工平均实际工资】指扣除物价变动因素后的职工平均工资。计算公式为：

职工平均实际工资=报告期职工平均工资/报告期职工生活费价格指数

固定资产投资、房地产开发与建筑业

责任编辑

王振伟　马晓凤

桑　杰　杨振刚

张　宁　黄继东

全社会固定资产投资

城镇建设项目8744534万元

房地产开发3372348万元

农村建设项目2365063万元

农户212954万元

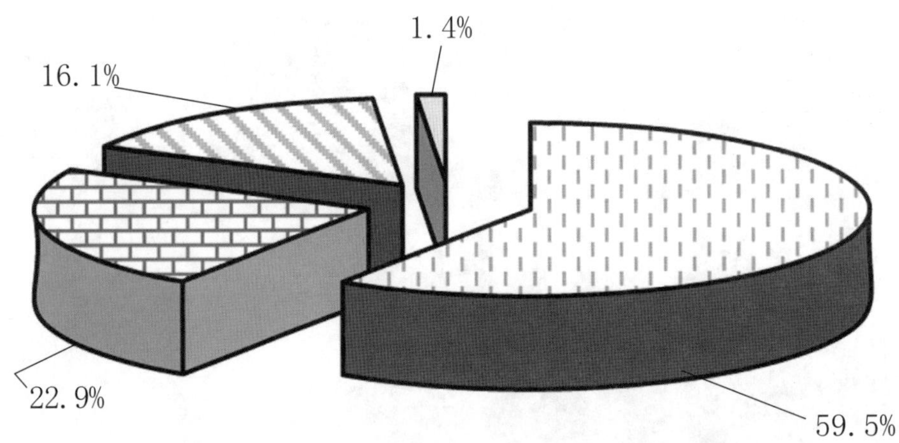

全社会固定资产投资按产业分组

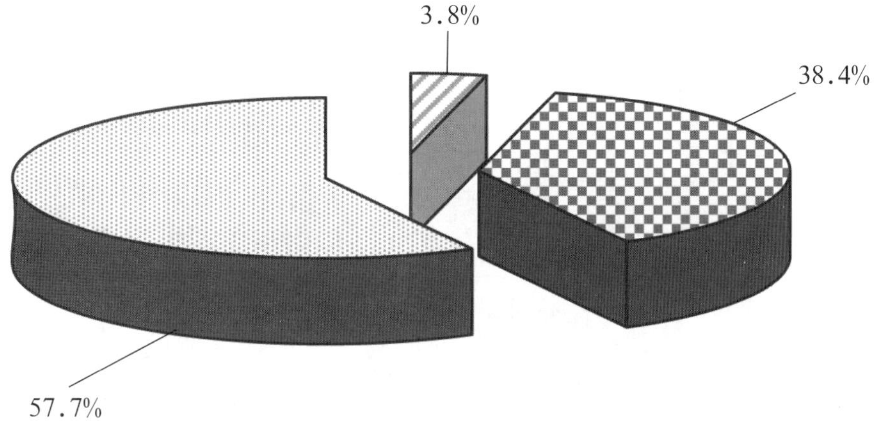

第一产业565265万元　　第二产业5644962万元　　第三产业8484672万元

3-1　全社会固定资产投资完成情况（一）

单位：万元

	合　　计	城镇投资	# 建设项目	# 房地产
总　　计	14694899	12116882	8744534	3372348
#住宅	2771062	2611604	191426	2420178
一、按隶属关系分				
1、中央	1261384	1261384	1247818	13566
2、省(自治区,直辖市)	364601	364601	361122	3479
3、地方	13068914	10490897	7135594	3355303
二、按注册类型分				
1、内资	12768826	10358631	7373621	2985010
2、港澳台投资	646235	579368	385892	193476
3、外商投资	1279838	1178883	985021	193862
三、按控股情况分				
1、国有控股	4983138	4983138	4891762	91376
2、集体控股	1342232	1034884	650968	383916
3、私人控股	6935639	4815392	2335716	2479676
4、港澳台商控股	495488	439191	215673	223518
5、外商控股	938402	844277	650415	193862
四、按三次产业分				
(1) 第一产业	565265	48628	48628	–
(2) 第二产业	5644962	4119400	4119400	–
#工业	5372608	3937473	3937473	–
(3) 第三产业	8484672	7948854	4576506	337234
五、按行业门类和行业大类分				
A、农、林、牧、渔业	565265	48628	48628	–
B、采矿业	32017	5160	5160	–
C、制造业	4890645	3502347	3502347	–
D、电力、燃气及水的生产和供应业	449946	429966	429966	–
E、建筑业	272354	181927	181927	–
F、交通运输、仓储和邮政业	1800874	1733654	1733654	–
G、信息传输、计算机服务和软件业	283687	281587	281587	–
H、批发和零售业	173792	148624	148624	–
I、住宿和餐饮业	157273	138478	138478	–
J、金融业	67537	67537	67537	–
K、房地产业	3640581	3503300	130952	3372348
L、租赁和商务服务业	247324	241894	241894	–
M、科学研究、技术服务和地质勘查业	142235	121545	121545	–
N、水利、环境和公共设施管理业	1104995	1031541	1031541	–
O、居民服务和其他服务业	28792	17397	17397	–
P、教育	310839	303578	303578	–
Q、卫生、社会保障和社会福利业	71451	69921	69921	–
R、文化、体育和娱乐业	203837	177917	177917	–
S、公共管理和社会组织	251456	111881	111881	–
T、国际组织				
房屋施工面积（万平方米）	4173.2	3529.4	1333.3	2196.1
#住宅	1879.5	1786.8	162.3	1624.5
房屋竣工面积（万平方米）	1595.4	1150.5	612.7	537.8
#住宅	515.3	439.6	27.2	412.4
本年新增固定资产	7188866	5078489	3559730	1518759

3-1 全社会固定资产投资完成情况（二）

单位：万元

	农村投资	# 建设项目	# 农户
总　　计	2578017	2365063	212954
#住宅	159458	65888	93570
一、按隶属关系分			
1、中央	–	–	–
2、省(自治区，直辖市)	–	–	–
3、地方	2578017	2365063	212954
二、按注册类型分			
1、内资	2410195	2197241	212954
2、港澳台投资	66867	66867	–
3、外商投资	100955	100955	–
三、按三次产业分			
1、国有控股	–	–	–
2、集体控股	307348	307348	–
3、私人控股	2120247	1907293	212954
4、港澳台商控股	56297	56297	–
5、外商控股	94125	94125	–
四、按三次产业分			
(1) 第一产业	516637	442470	74167
(2) 第二产业	1525562	1525562	–
#工业	1435135	1435135	–
(3) 第三产业	535818	397031	138787
五、按行业门类和行业大类分			
A、农、林、牧、渔业	516637	442470	74167
B、采矿业	26857	26857	–
C、制造业	1388298	1388298	–
D、电力、燃气及水的生产和供应业	19980	19980	–
E、建筑业	90427	90427	–
F、交通运输、仓储和邮政业	67220	50903	16317
G、信息传输、计算机服务和软件业	2100	2100	–
H、批发和零售业	25168	25168	–
I、住宿和餐饮业	18795	18795	–
J、金融业	–	–	–
K、房地产业	137281	18460	118821
L、租赁和商务服务业	5430	5430	–
M、科学研究、技术服务和地质勘查业	20690	20690	–
N、水利、环境和公共设施管理业	73454	73454	–
O、居民服务和其他服务业	11395	7745	3650
P、教育	7261	7261	–
Q、卫生、社会保障和社会福利业	1530	1530	–
R、文化、体育和娱乐业	25920	25920	–
S、公共管理和社会组织	139575	139575	–
T、国际组织	–	–	–
房屋施工面积（万平方米）	643.8	626.6	17.2
#住宅	92.7	75.5	17.2
房屋竣工面积（万平方米）	444.9	407.5	37.4
#住宅	75.7	58.5	17.2
本年新增固定资产	2110377	1897423	212954

3-2 全社会50万元以上建设项目完成情况

单位：万元

指 标 名 称	总 计	城 镇	农 村
计划总投资	25383333	20642417	4740916
#本年新开工项目计划总投资	9695564	7097378	2598186
自开始建设至本年底累计完成投资	15786447	13000791	2785656
本年计划投资	15786447	13000791	2785656
本年完成投资	11109597	8744534	2365063
#住宅投资	257314	191426	65888
#经济适用房	–	–	–
建筑工程	6342236	4975069	1367167
安装工程	519955	457795	62160
设备工器具购置	2885884	2275447	610437
#购置旧设备	–	–	–
#用于更新的设备	342805	320039	22766
其他费用	1361522	1036223	325299
#旧建筑物购置费	3570	3570	–
#土地购置费	103809	70064	33745
本年新增固定资产	5457153	3559730	1897423
本年施工房屋面积（平方米）	19599069	13332775	6266294
#住宅	2378248	1623480	754768
#经济适用房	–	–	–
本年竣工房屋面积（平方米）	10201403	6126545	4074858
#住宅	857414	272368	585046
#经济适用房	–	–	–
本年竣工房屋价值	1303269	835084	468185
#住宅	85779	37465	48314
施工项目个数（个）	3221	1627	1594
#本年新开工	2670	1233	1437
本年投产项目个数（个）	2205	952	1253

3-3　全社会50万元以上建设项目投资资金来源情况

单位：万元

指标名称	总计	城镇	农村
一、本年资金来源合计	**11622980**	**9238914**	**2384066**
1、上年末结余资金	261491	246993	14498
2、本年资金来源小计	11361489	8991921	2369568
（1）国家预算内资金	894376	888682	5694
（2）国内贷款	1776896	1648701	128195
（3）债券	4210	4210	－
（4）利用外资	414123	387901	26222
#外商直接投资	399251	375753	23498
（5）自筹资金	7615951	5428788	2187163
中央各部门自筹	7615951	5428788	2187163
省自筹	7615951	5428788	2187163
地(市)自筹	7615951	5428788	2187163
县自筹	7615951	5428788	2187163
企事业单位自有资金	3693869	2696747	997122
#发行股票	3693869	2696747	997122
（6）其他资金来源	655933	633639	22294
#集资	655933	633639	22294
二、本年各项应付款合计	**346947**	**324499**	**22448**
#工程款	253210	238114	15096

3-4 全社会50万元以上建设项目投资分组情况(一)

单位：万元

指标名称	总计	城镇	农村
总计	**11109597**	**8744534**	**2365063**
一、按隶属关系分			
1、中央	1247818	1247818	–
2、省(自治区,直辖市)	361122	361122	–
3、地方	9500657	7135594	2365063
二、按注册类型分			
1、内资	9570862	7373621	2197241
国有	3031495	3031495	–
集体	518827	253375	265452
股份合作	33438	26853	6585
联营	46860	46080	780
国有联营	12150	12150	–
集体联营	780	–	780
国有与集体联营	–	–	–
其他联营	33930	33930	–
国有独资公司	895974	895974	–
其他有限责任公司	1782468	1415308	367160
股份有限公司	731268	543875	187393
私营个体	2454987	1135196	1319791
私营独资	–	–	–
私营合伙	–	–	–
私营有限责任公司	–	–	–
私营股份有限公司	–	–	–
个体	62550	15547	47003
其他内资	75545	25465	50080
2、港澳台投资	452759	385892	66867
与港澳台商合资经营	127207	109363	17844

3-4 全社会50万元以上建设项目投资分组情况(二)

单位：万元

指标名称	总计	城镇	农村
与港澳台商合作经营	104218	92526	11692
港澳台商独资	131177	101616	29561
港澳台商股份有限	90157	82387	7770
3、外商投资	1085976	985021	100955
中外合资经营	561950	500395	61555
中外合作经营	14786	7966	6820
外商独资	494291	463521	30770
外商股份有限	14949	13139	1810
三、按控股情况分			
1、国有控股	4891762	4891762	–
2、集体控股	958316	650968	307348
3、私人控股	4243009	2335716	1907293
4、港澳台商控股	271970	215673	56297
5、外商控股	744540	650415	94125
四、按三次产业分			
（1）第一产业	491098	48628	442470
（2）第二产业	5644962	4119400	1525562
其中：工业	5372608	3937473	1435135
（3）第三产业	4973537	4576506	397031
五、按行业门类和行业大类分			
A、农、林、牧、渔业	491098	48628	442470
01.农业	51434	4955	46479
02.林业	5140	3940	1200
03.畜牧业	79942	3000	76942
04.渔业	325617	26472	299145
05.农、林、牧、渔服务业	28965	10261	18704
B、采矿业	32017	5160	26857

3-4　全社会50万元以上建设项目投资分组情况(三)

单位：万元

指标名称	总计	城镇	农村
06.煤炭开采和洗选业	–	–	–
07.石油和天然气开采业	–	–	–
08.黑色金属矿采选业	2650	–	2650
09.有色金属矿采选业	9210	–	9210
10.非金属矿采选业	20157	5160	14997
11.其他采矿业	–	–	–
C、制造业	4890645	3502347	1388298
13.农副食品加工业	350763	161622	189141
14.食品制造业	117420	43282	74138
15.饮料制造业	63176	37520	25656
16.烟草制品业	–	–	–
17.纺织业	30164	19471	10693
18.纺织服装、鞋、帽制造业	190449	95073	95376
19.皮革、毛皮、羽毛(绒)及其制品业	18808	9708	9100
20.木材加工及木、竹、藤、棕、草制品业	64566	38562	26004
21.家具制造业	247202	202934	44268
22.造纸及纸制品业	63835	40185	23650
23.印刷业和记录媒介的复制	24090	17790	6300
24.文教体育用品制造业	9327	147	9180
25.石油加工、炼焦及核燃料加工业	461896	460896	1000
26.化学原料及化学制品制造业	360690	307564	53126
27.医药制造业	83435	68055	15380
28.化学纤维制造业	102	–	102
29.橡胶制品业	139054	128214	10840
30.塑料制品业	117054	66563	50491
31.非金属矿物制品业	304128	160158	143970
32.黑色金属冶炼及压延加工业	39618	24881	14737

3-4 全社会50万元以上建设项目投资分组情况(四)

单位：万元

指标名称	总计	城镇	农村
33.有色金属冶炼及压延加工业	14614	3686	10928
34.金属制品业	218024	115614	102410
35.通用设备制造业	974536	665320	309216
36.专用设备制造业	259858	210440	49418
37.交通运输设备制造业	357313	296347	60966
39.电气机械及器材制造业	195952	167692	28260
40.通信设备、计算机及其他电子设备制造	133935	120710	13225
41.仪器仪表及文化、办公用机械制造业	29727	23644	6083
42.工艺品及其他制造业	20559	15919	4640
43.废弃资源和废旧材料回收加工业	350	350	—
D、电力、燃气及水的生产和供应业	449946	429966	19980
44.电力、热力的生产和供应业	368434	352634	15800
45.燃气生产和供应业	7618	7138	480
46.水的生产和供应业	73894	70194	3700
E、建筑业	272354	181927	90427
47.房屋和土木工程建筑业	224912	139251	85661
48.建筑安装业	20076	19660	416
49.建筑装饰业	1783	1303	480
50.其他建筑业	25583	21713	3870
F、交通运输、仓储和邮政业	1784557	1733654	50903
51.铁路运输业	138385	138385	—
52.道路运输业	211717	201187	10530
53.城市公共交通业	349837	349837	—
54.水上运输业	820019	785683	34336
55.航空运输业	16131	16131	—
56.管道运输业	—	—	—
57.装卸搬运和其他运输服务业	11362	11362	—

3-4 全社会50万元以上建设项目投资分组情况(五)

单位：万元

指标名称	总计	城镇	农村
58.仓储业	236806	230769	6037
59.邮政业	300	300	–
G、信息传输、计算机服务和软件业	283687	281587	2100
60.电信和其他信息传输服务业	105375	103275	2100
61.计算机服务业	488	488	–
62.软件业	177824	177824	–
H、批发和零售业	173792	148624	25168
63.批发业	73322	61969	11353
65.零售业	100470	86655	13815
I、住宿和餐饮业	157273	138478	18795
66.住宿业	82549	65874	16675
67.餐饮业	74724	72604	2120
J、金融业	67537	67537	–
68.银行业	14037	14037	–
69.证券业	53500	53500	–
70.保险业	–	–	–
71.其他金融活动	–	–	–
K、房地产业	149412	130952	18460
72.房地产业	149412	130952	18460
L、租赁和商务服务业	247324	241894	5430
73.租赁业	–	–	–
74.商务服务业	247324	241894	5430
M、科学研究、技术服务和地质勘查业	142235	121545	20690
75.研究与试验发展	31477	28587	2890
76.专业技术服务业	44598	27798	16800
77.科技交流和推广服务业	66160	65160	1000
78.地质勘查业	–	–	–

3-4 全社会50万元以上建设项目投资分组情况(六)

单位：万元

指标名称	总计	城镇	农村
N、水利、环境和公共设施管理业	1104995	1031541	73454
79.水利管理业	74171	61103	13068
80.环境管理业	101582	98927	2655
81.公共设施管理业	929242	871511	57731
O、居民服务和其他服务业	25142	17397	7745
82.居民服务业	20345	16097	4248
83.其他服务业	4797	1300	3497
P、教育	310839	303578	7261
84.教育	310839	303578	7261
Q、卫生、社会保障和社会福利业	71451	69921	1530
85.卫生	64931	63871	1060
86.社会保障业	6320	6000	320
87.社会福利业	200	50	150
R、文化、体育和娱乐业	203837	177917	25920
88.新闻出版业	12080	12080	—
89.广播、电视、电影和音像业	24972	24822	150
90.文化艺术业	3800	2450	1350
91.体育	37770	33550	4220
92.娱乐业	125215	105015	20200
S、公共管理和社会组织	251456	111881	139575
93.中国共产党机关	—	—	—
94.国家机构	95203	95203	—
95.人民政协和民主党派	2992	2992	—
96.群众团体、社会团体和宗教组织	6380	280	6100
97.基层群众自治组织	146881	13406	133475
T、国际组织	—	—	—
98.国际组织	—	—	—

3-5 房地产开发

项目	总计	按注册		
		国有经济	集体经济	股份合作经济
计划总投资	12384772	160354	2000	29838
累计完成投资	7491320	122860	1294	10736
本年完成投资	3372348	27051	1294	8726
#商品房建设投资额	2465781	20633	1200	4695
土地开发投资额	603973	1335	94	1698
配套工程投资	272835	1868	–	2297
按构成分：				
建筑工程	1933333	20348	1294	7078
安装工程	214100	2655	–	–
设备工器具购置	40187	–	–	–
其他费用	1184728	4048	–	1648
#旧建筑物购置费	60487	–	–	–
土地购置费	750629	–	–	1648
按工程用途分：				
住宅	2420178	16085	1294	7278
#90平以下住房	1729185	13760	1294	5488
别墅、高档公寓	255760	1329	–	–
经济适用房	104116	–	–	990
办公楼	129513	815	–	–
商业营业用房	382074	2645	–	–
其他	440583	7506	–	1448
本年新增固定资产	1518759	15203	1294	–
本年完成开发土地面积(平方米)	3470959	270446	20000	22000
待开发土地面积(平方米)	2749116	–	–	380
本年购置土地面积(平方米)	4772672	–	20000	24024
本年土地成交价款	582511	–	146	1448

投资完成情况(一)

单位：万元

类型分组						
联营经济	有限责任经济	股份制经济	私营经济	其他经济	港澳台投资经济	外商投资经济
–	5740190	–	3808208	–	1577201	1066981
–	3589947	–	2489431	–	754598	522454
–	1619680	–	1328259	–	193476	193862
–	1129762	–	1006215	–	142957	160319
–	335250	–	196305	–	44085	25206
–	133454	–	121084	–	5805	8327
–	835023	–	883931	–	117549	68110
–	111804	–	89825	–	3031	6785
–	11631	–	22871	–	330	5355
–	661222	–	331632	–	72566	113612
–	19331	–	18592	–	20064	2500
–	366524	–	267931	–	23721	90805
–	1114294	–	991172	–	133967	156088
–	746330	–	821615	–	76772	63926
–	116081	–	108350	–	25918	4082
–	88940	–	10986	–	–	3200
–	87355	–	25993	–	9630	5720
–	160778	–	169345	–	27594	21712
–	257253	–	141749	–	22285	10342
–	765443	–	485616	–	216134	35069
–	1081118	–	1616996	–	208399	252000
–	973014	–	1078076	–	180777	516869
–	2224361	–	1992863	–	210876	300548
–	229276	–	260440	–	18737	72464

3-5 房地产开发

项　　目	按类属关系分				
	中　央	省	地　方	一 级	二 级
计划总投资	65454	8000	12311318	1849422	2546071
累计完成投资	52395	3500	7435425	1152836	1619561
本年完成投资	13566	3479	3355303	545284	589261
#商品房建设投资额	11863	3169	2450749	458166	437605
土地开发投资额	1335	310	602328	59282	118459
配套工程投资	368	–	272467	27836	30297
按构成分：					
建筑工程	10578	–	1922755	385370	390109
安装工程	2655	–	211445	19409	14910
设备工器具购置	–	–	40187	2734	3676
其他费用	333	3479	1180916	137771	180566
#旧建筑物购置费	–	–	60487	5640	13791
土地购置费	–	3169	747460	58696	113111
按工程用途分：					
住宅	11289	2964	2405925	409573	403985
#90平以下住房	9960	2964	1716261	255808	308550
别墅、高档公寓	1329	–	254431	53367	48582
经济适用房	–	–	104116	59958	21268
办公楼	–	–	129513	2880	20612
商业营业用房	246	515	381313	62177	51259
其他	2031	–	438552	70654	113405
本年新增固定资产	–	–	1518759	369644	449711
本年完成开发土地面积(平方米)	51900	–	3419059	546920	184606
待开发土地面积(平方米)	–	–	2749116	198868	173906
本年购置土地面积(平方米)	–	20450	4752222	135360	338068
本年土地成交价款	–	3169	579342	12180	50068

投 资 完 成 情 况（二）

单位：万元

按资质等级分				按控股情况分组				
三 级	四 级	暂 定	其 他	国有控股	集体控股	私人控股	港澳台控股	外商控股
3656159	128700	3855522	–	330490	1380358	7973742	1633201	1066981
2518297	146032	1779254	–	312871	714259	5131233	810503	522454
1112681	28747	966565	–	91376	383916	2479676	223518	193862
757416	18832	693605	–	64807	244956	1822700	172999	160319
169295	6196	228789	–	14088	115494	405100	44085	25206
180950	3719	25547	–	9266	18130	231307	5805	8327
649179	16462	402434	–	61270	125895	1532394	145664	68110
106096	5670	66306	–	4774	21136	178374	3031	6785
17409	786	15582	–	–	1927	32575	330	5355
339997	5829	482243	–	25332	234958	736333	74493	113612
14846	–	26210	–	–	–	37923	20064	2500
240135	4271	328350	–	14771	121585	499747	23721	90805
763578	23358	724121	–	52672	285482	1761927	164009	156088
645258	22258	452576	–	50347	205498	1332642	76772	63926
48987	–	96535	–	1329	35281	189150	25918	4082
20490	–	2400	–	–	4390	96526	–	3200
86867	–	18754	–	7148	–	107015	9630	5720
148034	3270	112257	–	5160	58142	269466	27594	21712
114202	2119	111433	–	26396	40292	341268	22285	10342
460279	52813	137281	–	28862	56321	1182373	216134	35069
1423849	48154	999558	–	305683	194799	2510078	208399	252000
462626	4329	1909387	–	–	816284	1235186	180777	516869
1382550	47683	2598085	–	55687	839868	3365693	210876	300548
221174	1571	293218	–	14771	78877	397662	18737	72464

3-6 房地产开发

项目	总计	按注册		
		国有经济	集体经济	股份合作经济
一、本年资金来源合计	4921197	60968	1294	8225
1、上年末结余资金	844581	6585	–	230
2、本年资金来源小计	4076616	54383	1294	7995
（1）国内贷款	1008198	22000	–	1696
# 银行贷款	887358	22000	–	1696
非银行金融机构贷款	120840	–	–	–
（2）利用外资	88971	–	–	–
#外商直接投资	84971	–	–	–
（3）自筹资金	1290412	13826	1294	1155
#自有资金	764070	3026	–	925
（4）其他资金来源	1689035	18557	–	5144
#定金及预收款	1081803	11624	–	5144
个人按揭贷款	235275	–	–	–
二、本年各项应付款合计	604924	6731	–	4198
#工程款	276253	6252	–	4198

资 金 来 源 情 况（一）

单位：万元

类型分组						
联营经济	有限责任经济	股份制经济	私营经济	其他经济	港澳台投资经济	外商投资经济
–	2267397	–	1891749	–	387385	304179
–	326707	–	353072	–	109850	48137
–	1940690	–	1538677	–	277535	256042
–	388364	–	476760	–	13361	106017
–	350647	–	443100	–	7198	62717
–	37717	–	33660	–	6163	43300
–	–	–	–	–	33920	55051
–	–	–	–	–	30920	54051
–	545428	–	580406	–	118574	29729
–	291359	–	386720	–	71934	10106
–	1006898	–	481511	–	111680	65245
–	562290	–	370095	–	74675	57975
–	145130	–	67663	–	19231	3251
–	296755	–	214730	–	47181	35329
–	101128	–	106264	–	23344	35067

3-6 房地产开发

项目	按类属关系分				
	中央	省	地方	一级	二级
一、本年资金来源合计	26532	3542	4891123	821770	1107918
1、上年末结余资金	4092	42	840447	109769	351201
2、本年资金来源小计	22440	3500	4050676	712001	756717
（1）国内贷款	12000	2100	994098	143244	251550
# 银行贷款	12000	2100	873258	143244	225150
非银行金融机构贷款	–	–	120840	–	26400
（2）利用外资	–	–	88971	46282	–
#外商直接投资	–	–	84971	46282	–
（3）自筹资金	–	1400	1289012	90333	275780
#自有资金	–	–	764070	62142	171928
（4）其他资金来源	10440	–	1678595	432142	229387
#定金及预收款	10440	–	1071363	243262	177709
个人按揭贷款	–	–	235275	17059	42441
二、本年各项应付款合计	3228	–	601696	146477	44479
#工程款	3141	–	273112	44650	21903

资 金 来 源 情 况（二）

单位：万元

按资质等级分				按控股情况分组				
三 级	四 级	暂 定	其 他	国有控股	集体控股	私人控股	港澳台控股	外商控股
1565083	30110	1251515	–	182070	491277	3525368	418303	304179
211701	2855	138567	–	18554	86711	578580	112599	48137
1353382	27255	1112948	–	163516	404566	2946788	305704	256042
332005	1500	265899	–	38400	92876	748544	22361	106017
324401	500	180063	–	38400	56159	713884	16198	62717
7604	1000	85836	–	–	36717	34660	6163	43300
–	–	33071	–	–	–	–	33920	55051
–	–	29071	–	–	–	–	30920	54051
463976	18835	417847	–	35926	136267	969916	118574	29729
273890	6235	233334	–	8026	55766	618238	71934	10106
557401	6920	396131	–	89190	175423	1228328	130849	65245
386551	6920	204116	–	61694	33829	837630	90675	57975
86770	–	85836	–	17653	1643	190328	22400	3251
256676	15100	86871	–	28283	25724	458207	57381	35329
164508	11367	20225	–	21445	7489	178708	33544	35067

3-7 房地产开发施工、竣工面积

项目	总计	按注册		
		国有经济	集体经济	股份合作经济
房屋施工面积	21960841	204780	8700	218597
住宅	16245041	131555	8700	218597
#90平以下住房	10443523	113529	8700	29442
经济适用房	873902	–	–	177480
别墅、高档公寓	1134698	–	–	–
办公楼	802455	9360	–	–
商业营业用房	3133867	33824	–	–
其他房屋	1779478	30041	–	–
本年新开工面积	11262516	156180	8700	21143
住宅	9310935	87989	8700	21143
#90平以下住房	5857785	87989	8700	9468
经济适用房	362125	–	–	–
别墅、高档公寓	334967	–	–	–
办公楼	89359	9360	–	–
商业营业用房	927488	28790	–	–
其他房屋	934734	30041	–	–
房屋竣工面积	5377979	48600	8700	–
住宅	4123735	43566	8700	–
#90平以下住房	2698668	25540	8700	–
经济适用房	551091	–	–	–
别墅、高档公寓	63376	–	–	–
办公楼	57096	–	–	–
商业营业用房	787042	5034	–	–
其他房屋	410106	–	–	–
竣工房屋价值(万元)	1105559	8203	1294	–
住宅	765668	7564	1294	–
#90平以下住房	520167	5618	1294	–
经济适用房	81377	–	–	–
别墅、高档公寓	16993	–	–	–
办公楼	16734	–	–	–
商业营业用房	258331	639	–	–
商品住宅竣工套数(套)	–	–	–	–
住宅	48367	538	125	–
#90平以下住房	31128	288	125	–
经济适用房	7370	–	–	–
别墅、高档公寓	399	–	–	–

及竣工房屋价值情况（一）

单位：平方米

类型分组						
联营经济	有限责任经济	股份制经济	私营经济	其他经济	港澳台投资经济	外商投资经济
–	9513044	–	8302029	–	2155748	1557943
–	7154800	–	6264775	–	1361916	1104698
–	3751306	–	4987188	–	883594	669764
–	644034	–	52388	–	–	–
–	413137	–	347666	–	276647	97248
–	286392	–	158826	–	308553	39324
–	1195149	–	1140262	–	445663	318969
–	876703	–	738166	–	39616	94952
–	5013569	–	4553516	–	690691	818717
–	4101996	–	3771327	–	629789	689991
–	1862915	–	3010099	–	454114	424500
–	362125	–	–	–	–	–
–	136714	–	117885	–	44000	36368
–	36687	–	43312	–	–	–
–	418222	–	355497	–	55043	69936
–	456664	–	383380	–	5859	58790
–	2977224	–	1615380	–	500803	227272
–	2453361	–	1300580	–	154326	163202
–	1367521	–	1077937	–	112000	106970
–	498703	–	52388	–	–	–
–	8977	–	12073	–	42326	–
–	16260	–	37574	–	–	3262
–	255156	–	157307	–	344899	24646
–	252447	–	119919	–	1578	36162
–	566609	–	300829	–	193849	34775
–	461422	–	242222	–	30396	22770
–	276101	–	200044	–	20423	16687
–	72791	–	8586	–	–	–
–	1410	–	5610	–	9973	–
–	5602	–	10542	–	–	590
–	58731	–	29233	–	163000	6728
–	40854	–	18832	–	453	4687
–	29322	–	15314	–	1820	1248
–	15668	–	12687	–	1550	810
–	6642	–	728	–	–	–
–	110	–	19	–	270	–

3-7 房地产开发施工、竣工面积

项目	按类属关系分				
	中央	省	地方	一级	二级
房屋施工面积	86018	29204	21845619	2989539	4273146
住宅	64807	24879	16155355	2229169	3026253
#90平以下住房	64807	2788	10375928	1391355	1614829
经济适用房	–	–	873902	281310	321660
别墅、高档公寓	–	–	1134698	142228	361012
办公楼	–	–	802455	–	126673
商业营业用房	–	4325	3129542	477520	684239
其他房屋	21211	–	1758267	282850	435981
本年新开工面积	86018	29204	11147294	1752838	1816563
住宅	64807	24879	9221249	1422478	1538695
#90平以下住房	64807	2788	5790190	833622	870533
经济适用房	–	–	362125	259585	67290
别墅、高档公寓	–	–	334967	36368	196552
办公楼	–	–	89359	–	–
商业营业用房	–	4325	923163	111934	107686
其他房屋	21211	–	913523	218426	170182
房屋竣工面积	–	–	5377979	1474574	1279283
住宅	–	–	4123735	1044983	925101
#90平以下住房	–	–	2698668	687622	495053
经济适用房	–	–	551091	244333	254370
别墅、高档公寓	–	–	63376	–	–
办公楼	–	–	57096	–	50304
商业营业用房	–	–	787042	292772	207794
其他房屋	–	–	410106	136819	96084
竣工房屋价值(万元)	–	–	1105559	360213	278875
住宅	–	–	765668	237970	147027
#90平以下住房	–	–	520167	149855	98460
经济适用房	–	–	81377	48866	23925
别墅、高档公寓	–	–	16993	–	–
办公楼	–	–	16734	–	15556
商业营业用房	–	–	258331	98198	100085
其他房屋	–	–	64826	24045	16207
商品住宅竣工套数(套)	–	–	48367	12341	10462
#90平以下住房	–	–	31128	7545	5579
经济适用房	–	–	7370	3620	3022
别墅、高档公寓	–	–	399	–	–

及竣工房屋价值情况（二）

单位：平方米

按资质等级分				按控股情况分组				
三级	四级	暂定	其他	国有控股	集体控股	私人控股	港澳台控股	外商控股
8205678	314989	5313995	–	748042	1775478	15599048	2280330	1557943
6340693	244642	3661941	–	530675	1351351	11771819	1486498	1104698
4895402	160801	2192136	–	490558	525985	7873622	883594	669764
270932	–	–	–	–	193794	680108	–	–
208306	–	299211	–	–	15752	745051	276647	97248
219610	–	456172	–	96771	–	357807	308553	39324
897978	30046	989604	–	40549	252172	2076514	445663	318969
747397	40301	206278	–	80047	171955	1392908	39616	94952
4250432	115347	2859810	–	363616	1044838	8220072	815273	818717
3421262	114062	2394925	–	249788	821657	6795128	754371	689991
2523385	30221	1558024	–	227697	368811	4382663	454114	424500
35250	–	–	–	–	–	362125	–	–
88867	–	13180	–	–	–	254599	44000	36368
36616	–	52743	–	43181	–	46178	–	–
389163	1285	292363	–	35515	100523	666471	55043	69936
403391	–	119779	–	35132	122658	712295	5859	58790
1863830	110881	439251	–	165941	236470	4247493	500803	227272
1577039	70580	320770	–	147526	164284	3494397	154326	163202
1221746	70580	223667	–	129500	34942	2315256	112000	106970
52388	–	–	–	–	16314	534777	–	–
42326	–	21050	–	–	–	21050	42326	–
3568	–	3224	–	–	–	53834	–	3262
167131	–	105457	–	7434	18864	391199	344899	24646
116092	40301	9800	–	10981	53322	308063	1578	36162
302534	13783	108123	–	19952	40358	816625	193849	34775
257211	9245	77163	–	17985	27943	666574	30396	22770
209574	9245	53033	–	16039	6286	460732	20423	16687
8586	–	–	–	–	2500	78877	–	–
9973	–	7020	–	–	–	7020	9973	–
672	–	506	–	–	–	16144	–	590
29623	–	27648	–	879	3151	84573	163000	6728
15028	4538	2806	–	1088	9264	49334	453	4687
18262	578	4416	–	1872	1694	41733	1820	1248
14196	578	3230	–	1622	350	26796	1550	810
728	–	–	–	–	168	7202	–	–
270	–	129	–	–	–	129	270	–

3-8 商品房销售

项目	总计	按注册		
		国有经济	集体经济	股份合作经济
商品房销售面积	6287834	88995	34386	26133
住宅	5702064	81216	32029	24761
#90平以下住房	3734279	51438	32029	21350
经济适用房	529069	–	–	–
别墅、高档公寓	198362	16569	–	–
办公楼	96507	–	–	–
商业营业用房	374588	7779	2357	1372
其他房屋	114675	–	–	–
现房销售面积	2204304	66283	34386	4783
住宅	1923650	60458	32029	3411
#90平以下住房	1213731	37710	32029	–
经济适用房	277614	–	–	–
别墅、高档公寓	49702	2841	–	–
办公楼	20163	–	–	–
商业营业用房	195590	5825	2357	1372
其他房屋	64901	–	–	–
期房销售面积	4083530	22712	–	21350
住宅	3778414	20758	–	21350
#90平以下住房	2520548	13728	–	21350
经济适用房	251455	–	–	–
别墅、高档公寓	148660	13728	–	–
办公楼	76344	–	–	–
商业营业用房	178998	1954	–	–
其他房屋	49774	–	–	–

面　积　情　况（一）

单位：平方米

类　型　分　组

联营经济	有限责任经济	股份制经济	私营经济	其他经济	港澳台投资经济	外商投资经济
–	2983306	–	2371089	–	413220	370705
–	2698653	–	2165414	–	352699	347292
–	1296486	–	1676595	–	319196	337185
–	480887	–	48182	–	–	–
–	77614	–	81029	–	14516	8634
–	77531	–	16147	–	2829	–
–	147343	–	143468	–	53473	18796
–	59779	–	46060	–	4219	4617
–	1147607	–	713486	–	160359	77400
–	1018967	–	626312	–	111603	70870
–	449692	–	545460	–	78100	70740
–	277614	–	–	–	–	–
–	13898	–	18447	–	14516	–
–	2758	–	14576	–	2829	–
–	82489	–	55707	–	45927	1913
–	43393	–	16891	–	–	4617
–	1835699	–	1657603	–	252861	293305
–	1679686	–	1539102	–	241096	276422
–	846794	–	1131135	–	241096	266445
–	203273	–	48182	–	–	–
–	63716	–	62582	–	–	8634
–	74773	–	1571	–	–	–
–	64854	–	87761	–	7546	16883
–	16386	–	29169	–	4219	–

3-8 商品房销售

项目	按类属关系分				
	中央	省	地方	一级	二级
商品房销售面积	16836	–	6270998	934694	1199035
住宅	16759	–	5685305	880841	1081356
#90平以下住房	13918	–	3720361	465830	572501
经济适用房	–	–	529069	250585	223281
别墅、高档公寓	16569	–	181793	51769	47706
办公楼	–	–	96507	–	16679
商业营业用房	77	–	374511	37902	74434
其他房屋	–	–	114675	15951	26566
现房销售面积	3108	–	2201196	485491	321331
住宅	3031	–	1920619	470117	231204
#90平以下住房	190	–	1213541	176277	151441
经济适用房	–	–	277614	244333	33281
别墅、高档公寓	2841	–	46861	9768	5373
办公楼	–	–	20163	–	16679
商业营业用房	77	–	195513	11355	65073
其他房屋	–	–	64901	4019	8375
期房销售面积	13728	–	4069802	449203	877704
住宅	13728	–	3764686	410724	850152
#90平以下住房	13728	–	2506820	289553	421060
经济适用房	–	–	251455	6252	190000
别墅、高档公寓	13728	–	134932	42001	42333
办公楼	–	–	76344	–	–
商业营业用房	–	–	178998	26547	9361
其他房屋	–	–	49774	11932	18191

面　积　情　况（二）

单位：平方米

按资质等级分				按控股情况分组				
三级	四级	暂定	其他	国有控股	集体控股	私人控股	港澳台控股	外商控股
2800757	165818	1062800	–	256212	340553	4888191	432173	370705
2496485	161304	963335	–	238081	295398	4449641	371652	347292
1954340	154135	587473	–	199199	137890	2740809	319196	337185
55203	–	–	–	–	9287	519782	–	–
54012	–	39265	–	16569	–	158643	14516	8634
76999	–	–	–	–	–	93678	2829	–
159559	4514	95021	–	15213	16899	270207	53473	18796
67714	–	4444	–	2918	28256	74665	4219	4617
1099179	130098	75268	–	93220	125435	1747890	160359	77400
959141	126661	49457	–	81643	99299	1560235	111603	70870
736561	119492	29960	–	49791	81497	933603	78100	70740
–	–	–	–	–	4781	272833	–	–
23428	–	5523	–	2841	–	32345	14516	–
655	–	–	–	–	–	17334	2829	–
89166	3437	23521	–	10959	9812	126979	45927	1913
50217	–	2290	–	618	16324	43342	–	4617
1701578	35720	987532	–	162992	215118	3140301	271814	293305
1537344	34643	913878	–	156438	196099	2889406	260049	276422
1217779	34643	557513	–	149408	56393	1807206	241096	266445
55203	–	–	–	–	4506	246949	–	–
30584	–	33742	–	13728	–	126298	–	8634
76344	–	–	–	–	–	76344	–	–
70393	1077	71500	–	4254	7087	143228	7546	16883
17497	–	2154	–	2300	11932	31323	4219	–

3-9 商 品 房 销

项目	总计	按注册		
		国有经济	集体经济	股份合作经济
商品房销售额	2845388	39606	9425	12229
住宅	2427036	36154	7702	11864
#90平以下住房	1621857	24467	7702	11429
经济适用房	152251	–	–	–
别墅、高档公寓	157668	15363	–	–
办公楼	79689	–	–	–
商业营业用房	306570	3452	1723	365
其他房屋	32093	–	–	–
现房销售额	897231	24587	9425	800
住宅	701531	22415	7702	435
#90平以下住房	478924	13375	7702	–
经济适用房	77134	–	–	–
别墅、高档公寓	37204	4271	–	–
办公楼	20680	–	–	–
商业营业用房	157606	2172	1723	365
其他房屋	17414	–	–	–
期房销售额	1948157	15019	–	11429
住宅	1725505	13739	–	11429
#90平以下住房	1142933	11092	–	11429
经济适用房	75117	–	–	–
别墅、高档公寓	120464	11092	–	–
办公楼	59009	–	–	–
商业营业用房	148964	1280	–	–
其他房屋	14679	–	–	–

售额情况（一）

单位：万元

联营经济	有限责任经济	股份制经济	私营经济	其他经济	港澳台投资经济	外商投资经济
类型分组						
–	1313198	–	1068387	–	215942	186601
–	1125888	–	932200	–	151698	161530
–	574567	–	726854	–	127139	149699
–	143897	–	8354	–	–	–
–	52310	–	69515	–	9327	11153
–	59825	–	17678	–	2186	–
–	115422	–	105400	–	59670	20538
–	12063	–	13109	–	2388	4533
–	429142	–	274775	–	104926	53576
–	359856	–	218178	–	46692	46253
–	209799	–	179717	–	22133	46198
–	77134	–	–	–	–	–
–	9195	–	14411	–	9327	–
–	1216	–	17278	–	2186	–
–	60474	–	34034	–	56048	2790
–	7596	–	5285	–	–	4533
–	884056	–	793612	–	111016	133025
–	766032	–	714022	–	105006	115277
–	364768	–	547137	–	105006	103501
–	66763	–	8354	–	–	–
–	43115	–	55104	–	–	11153
–	58609	–	400	–	–	–
–	54948	–	71366	–	3622	17748
–	4467	–	7824	–	2388	–

3-9 商　品　房　销

项　　目	按类属关系分				
	中　央	省	地　方	一　级	二　级
商品房销售额	15507	–	2829881	461219	611952
住宅	15468	–	2411568	413713	497870
#90平以下住房	11197	–	1610660	225273	281827
经济适用房	–	–	152251	67658	73864
别墅、高档公寓	15363	–	142305	38656	41098
办公楼	–	–	79689	–	18193
商业营业用房	39	–	306531	43294	88764
其他房屋	–	–	32093	4212	7125
现房销售额	4415	–	892816	173104	181989
住宅	4376	–	697155	161266	79781
#90平以下住房	105	–	478819	84060	51118
经济适用房	–	–	77134	65970	11164
别墅、高档公寓	4271	–	32933	7803	5934
办公楼	–	–	20680	–	18193
商业营业用房	39	–	157567	10840	81660
其他房屋	–	–	17414	998	2355
期房销售额	11092	–	1937065	288115	429963
住宅	11092	–	1714413	252447	418089
#90平以下住房	11092	–	1131841	141213	230709
经济适用房	–	–	75117	1688	62700
别墅、高档公寓	11092	–	109372	30853	35164
办公楼	–	–	59009	–	–
商业营业用房	–	–	148964	32454	7104
其他房屋	–	–	14679	3214	4770

售　额　情　况（二）

单位：万元

按资质等级分				按控股情况分组				
三 级	四 级	暂 定	其 他	国有控股	集体控股	私人控股	港澳台控股	外商控股
1140710	88197	487925	–	107277	190465	2126765	234280	186601
978130	85546	400198	–	100323	169430	1825717	170036	161530
797799	84545	232413	–	86676	60933	1197410	127139	149699
10729	–	–	–	–	3483	148768	–	–
34575	–	39131	–	15363	–	121825	9327	11153
59310	–	–	–	–	–	77503	2186	–
83679	2651	86562	–	6040	16083	204239	59670	20538
19591	–	1165	–	914	4952	19306	2388	4533
400195	68890	39246	–	35791	51084	651854	104926	53576
346768	66739	16936	–	31117	44863	532606	46692	46253
268081	65738	9927	–	20117	38903	351573	22133	46198
–	–	–	–	–	1759	75375	–	–
16853	–	2406	–	4271	–	23606	9327	–
301	–	–	–	–	–	18494	2186	–
39697	2151	21678	–	4480	4483	89805	56048	2790
13429	–	632	–	194	1738	10949	–	4533
740515	19307	448679	–	71486	139381	1474911	129354	133025
631362	18807	383262	–	69206	124567	1293111	123344	115277
529718	18807	222486	–	66559	22030	845837	105006	103501
10729	–	–	–	–	1724	73393	–	–
17722	–	36725	–	11092	–	98219	–	11153
59009	–	–	–	–	–	59009	–	–
43982	500	64884	–	1560	11600	114434	3622	17748
6162	–	533	–	720	3214	8357	2388	–

3-10 商 品 住 宅 销

项　　目	总　　计	按　注　册		
		国有经济	集体经济	股份合作经济
商品住宅销售套数	68715	876	395	504
#90平以下住房	43274	504	395	476
经济适用房	6728	–	–	–
别墅、高档公寓	2945	114	–	–
#现房销售套数	23447	677	395	28
#90平以下住房	15003	399	395	–
经济适用房	3507	–	–	–
别墅、高档公寓	466	9	–	–
#期房销售套数	45268	199	–	476
#90平以下住房	28271	105	–	476
经济适用房	3221	–	–	–
别墅、高档公寓	2479	105	–	–

售　套　数　情　况（一）

单位：套

类　型　分　组						
联营经济	有限责任经济	股份制经济	私营经济	其他经济	港澳台投资经济	外商投资经济
–	32237	–	26806	–	4261	3636
–	14926	–	19370	–	4010	3593
–	6092	–	636	–	–	–
–	1376	–	1332	–	91	32
–	12259	–	8262	–	1231	595
–	5471	–	7164	–	980	594
–	3507	–	–	–	–	–
–	88	–	278	–	91	–
–	19978	–	18544	–	3030	3041
–	9455	–	12206	–	3030	2999
–	2585	–	636	–	–	–
–	1288	–	1054	–	–	32

3-10 商 品 住 宅 销

项　　目	按类属关系分				
	中　央	省	地　方	一　级	二　级
商品住宅销售套数	116	–	68599	10598	12159
#90平以下住房	107	–	43167	5604	5758
经济适用房	–	–	6728	3199	2801
别墅、高档公寓	114	–	2831	901	671
#现房销售套数	11	–	23436	5805	2612
#90平以下住房	2	–	15001	2617	1671
经济适用房	–	–	3507	3116	391
别墅、高档公寓	9	–	457	40	19
期房销售套数	105	–	45163	4793	9547
#90平以下住房	105	–	28166	2987	4087
经济适用房	–	–	3221	83	2410
别墅、高档公寓	105	–	2374	861	652

售套数情况（二）

单位：套

按资质等级分				按控股情况分组				
三级	四级	暂定	其他	国有控股	集体控股	私人控股	港澳台控股	外商控股
29942	1727	12923	–	2740	3085	54900	4354	3636
23147	1658	7107	–	2291	1712	31668	4010	3593
728	–	–	–	–	95	6633	–	–
825	–	508	–	114	–	2708	91	32
11672	1289	1008	–	883	947	19791	1231	595
9051	1220	444	–	528	810	12091	980	594
–	–	–	–	–	43	3464	–	–
307	–	60	–	9	–	366	91	–
18270	438	11915	–	1857	2138	35109	3123	3041
14096	438	6663	–	1763	902	19577	3030	2999
728	–	–	–	–	52	3169	–	–
518	–	448	–	105	–	2342	–	32

3-11 商品房出租

项目	总计	按注册		
		国有经济	集体经济	股份合作经济
出租房屋面积	711712	32868	8700	806
住宅	245695	–	8700	–
#90平以下住房	84700	–	8700	–
经济适用房	–	–	–	–
别墅、高档公寓	–	–	–	–
办公楼	22371	–	–	306
商业营业用房	411146	32868	–	–
其他房屋	32500	–	–	500
不可销售面积	564492	–	–	–
住宅	193560	–	–	–
#90平以下住房	188119	–	–	–
经济适用房	229	–	–	–
别墅、高档公寓	118	–	–	–
办公楼	15992	–	–	–
商业营业用房	199490	–	–	–
其他房屋	155450	–	–	–
空置面积	2435689	39493	10266	3494
住宅	1552067	30311	5723	685
#90平以下住房	913083	27384	5723	266
经济适用房	36847	–	–	–
别墅、高档公寓	114275	–	–	–
办公楼	41632	–	–	1129
商业营业用房	549781	8543	4543	396
其他房屋	292209	639	–	1284
#空置1-3年面积	1218216	31753	10266	112
住宅	883880	29137	5723	112
#90平以下住房	409147	23630	2500	–
经济适用房	17291	–	–	–
别墅、高档公寓	59339	–	–	–
办公楼	28050	–	–	–
商业营业用房	200295	1977	4543	–
其他房屋	105991	639	–	–
空置3年以上面积	276591	4453	–	3116
住宅	102116	–	–	307
#90平以下住房	19308	–	–	–
经济适用房	19556	–	–	–
别墅、高档公寓	13142	–	–	–
办公楼	10320	–	–	1129
商业营业用房	136354	4453	–	396
其他房屋	27801	–	–	1284

和空置情况（一）

单位：平方米

类型分组						
联营经济	有限责任经济	股份制经济	私营经济	其他经济	港澳台投资经济	外商投资经济
–	15754	–	457313	–	160471	35800
–	–	–	235916	–	1079	–
–	–	–	76000	–	–	–
–	–	–	–	–	–	–
–	–	–	–	–	–	–
–	–	–	3600	–	17665	800
–	15754	–	185797	–	141727	35000
–	–	–	32000	–	–	–
–	283758	–	77394	–	190578	12762
–	144798	–	48762	–	–	–
–	139672	–	48447	–	–	–
–	229	–	–	–	–	–
–	–	–	118	–	–	–
–	12730	–	–	–	–	3262
–	10090	–	400	–	189000	–
–	116140	–	28232	–	1578	9500
–	1311635	–	755486	–	231361	83954
–	886598	–	502922	–	117386	8442
–	378871	–	398251	–	94292	8296
–	30860	–	5987	–	–	–
–	51300	–	43806	–	19169	–
–	5225	–	20461	–	11555	3262
–	244008	–	157918	–	102420	31953
–	175804	–	74185	–	–	40297
–	595189	–	452118	–	124540	4238
–	430690	–	310484	–	107734	–
–	79818	–	216925	–	86274	–
–	11304	–	5987	–	–	–
–	–	–	41804	–	17535	–
–	–	–	16495	–	11555	–
–	91257	–	93029	–	5251	4238
–	73242	–	32110	–	–	–
–	202915	–	28786	–	36596	725
–	88990	–	10504	–	2169	146
–	8370	–	10403	–	535	–
–	19556	–	–	–	–	–
–	11407	–	101	–	1634	–
–	5225	–	3966	–	–	–
–	86203	–	10296	–	34427	579
–	22497	–	4020	–	–	–

3-11 商 品 房 出 租

项　　目	按类属关系分				
	中 央	省	地 方	一 级	二 级
出租房屋面积	–	–	711712	23000	469766
住宅	–	–	245695	–	235916
#90平以下住房	–	–	84700	–	76000
经济适用房	–	–	–	–	–
别墅、高档公寓	–	–	–	–	–
办公楼	–	–	22371	–	14400
商业营业用房	–	–	411146	23000	219450
其他房屋	–	–	32500	–	–
不可销售面积	–	–	564492	253322	164814
住宅	–	–	193560	–	119113
#90平以下住房	–	–	188119	–	118884
经济适用房	–	–	229	–	229
别墅、高档公寓	–	–	118	–	–
办公楼	–	–	15992	–	12730
商业营业用房	–	–	199490	189000	5242
其他房屋	–	–	155450	64322	27729
空置面积	639	–	2435050	399487	245654
住宅	–	–	1552067	286796	110248
#90平以下住房	–	–	913083	267924	44585
经济适用房	–	–	36847	–	30860
别墅、高档公寓	–	–	114275	7333	27341
办公楼	–	–	41632	–	1993
商业营业用房	–	–	549781	65967	93568
其他房屋	639	–	291570	46724	39845
#空置1–3年面积	639	–	1217577	96268	102484
住宅	–	–	883880	63510	56661
#90平以下住房	–	–	409147	59940	12188
经济适用房	–	–	17291	–	11304
别墅、高档公寓	–	–	59339	–	25707
办公楼	–	–	28050	–	1993
商业营业用房	–	–	200295	29220	15325
其他房屋	639	–	105352	3538	28505
空置3年以上面积	–	–	276591	24274	51262
住宅	–	–	102116	8174	26569
#90平以下住房	–	–	19308	104	5379
经济适用房	–	–	19556	–	19556
别墅、高档公寓	–	–	13142	101	1634
办公楼	–	–	10320	–	–
商业营业用房	–	–	136354	13873	13353
其他房屋	–	–	27801	2227	11340

和　空　置　情　况（二）

单位：平方米

按资质等级分				按控股情况分组				
三级	四级	暂定	其他	国有控股	集体控股	私人控股	港澳台控股	外商控股
98420	24451	5736	–	32868	9506	473067	160471	35800
8700	–	–	–	–	8700	235916	1079	–
8700	–	–	–	–	8700	76000	–	–
–	–	–	–	–	–	–	–	–
–	–	–	–	–	–	–	–	–
306	–	–	–	–	306	3600	17665	800
56914	24451	5736	–	32868	–	201551	141727	35000
32500	–	–	–	–	500	32000	–	–
120413	–	14933	–	3759	22013	335380	190578	12762
69314	–	5133	–	–	4254	189306	–	–
64220	–	5015	–	–	4025	184094	–	–
–	–	–	–	–	229	–	–	–
–	–	118	–	–	–	118	–	–
3262	–	–	–	–	–	12730	–	3262
5248	–	–	–	–	–	10490	189000	–
42589	–	9800	–	3759	17759	122854	1578	9500
1025728	84749	336014	–	145500	92863	1882011	231361	83954
600234	46885	217189	–	62966	44154	1319119	117386	8442
384139	46466	169969	–	43412	18114	748969	94292	8296
5987	–	–	–	–	11304	25543	–	–
32350	–	44079	–	–	5490	89616	19169	–
26960	–	1124	–	–	1129	25686	11555	3262
255044	2576	101849	–	35117	37117	343174	102420	31953
143490	35288	15852	–	47417	10463	194032	–	40297
431620	54216	189571	–	58675	34325	996438	124540	4238
277813	37111	158070	–	31685	21131	723330	107734	–
153499	36999	146521	–	23930	5786	293157	86274	–
5987	–	–	–	–	11304	5987	–	–
19042	–	11418	–	–	–	41804	17535	–
13378	–	1124	–	–	–	16495	11555	–
98796	–	26177	–	2077	10621	178108	5251	4238
41633	17105	4200	–	24913	2573	78505	–	–
163137	703	37215	–	48270	46272	144728	36596	725
66604	307	462	–	16722	14782	68297	2169	146
13825	–	–	–	95	864	17814	535	–
–	–	–	–	–	–	19556	–	–
11407	–	–	–	–	5490	6018	1634	–
10320	–	–	–	–	1129	9191	–	–
72033	396	36699	–	30927	26496	43925	34427	579
14180	–	54	–	621	3865	23315	–	–

3-12 房 地 产 开 发

项　目	总　计	按　注　册		
		国有经济	集体经济	股份合作经济
一、年初存货	6258667	211211	12854	5617
二、年末资产负债				
流动资产合计	11590889	131628	12820	19786
#存货	6466309	78813	9384	9946
固定资产原价	757424	25676	1069	3653
固定资产累计折旧	147137	6359	451	616
#本年折旧	34311	300	53	184
资产总计	13565407	164807	13638	23840
负债总计	10844301	132442	10343	21148
所有者权益合计	2721106	32365	3295	2692
#实收资本	2110907	27089	2886	2596
国家资本	38793	21736	–	–
集体资本	58290	1153	2886	–
法人资本	942334	4200	–	800
个人资本	690014	–	–	1796
港澳台资本	257880	–	–	–
外商资本	123596	–	–	–
三、损益及分配				
主营业务收入	2547437	43428	14717	5462
土地转让收入	34915	6300	2700	–
商品房屋销售收入	2466401	36251	11869	5455
房屋出租收入	35148	697	148	7
其他收入	10973	180	–	–
主营业务成本	1956019	28249	11938	4813
主营业务税金及附加	153668	3228	913	352
主营业务利润	359755	10617	1644	149
其他业务收入	37635	1179	–	156
其他业务利润	21901	301	7	–61
销售费用	77995	1334	222	148
管理费用	157258	4238	269	408
#税金	10606	281	50	9
差旅费	6357	61	46	4
工会经费	584	12	–	1
财务费用	76504	1336	100	29
#利息支出	62332	1015	90	–1
营业利润	147894	5344	1282	–349
投资收益	798	6	7	–15
营业外收入	8147	174	–	34
营业外支出	11630	702	97	170
利润总额	145209	4822	1192	–500
应缴所得税	74401	1275	495	37
劳动失业保险费	4242	252	4	23
住房公积金及住房补贴	1923	126	–	11
四、工资、福利费				
本年应付工资总额	47947	1357	89	127
本年应付福利费总额	6445	363	15	31
五、全部从业人员年平均人数(人)	16768	578	118	63

经 营 情 况（一）

单位：万元

类　型　分　组						
联营经济	有限责任经济	股份制经济	私营经济	其他经济	港澳台投资经济	外商投资经济
–	1988152	–	1453502	–	716559	1870772
–	5136614	–	3842437	–	1208313	1239291
–	2708362	–	1952540	–	855282	851982
–	196786	–	397934	–	106907	25399
–	40709	–	72063	–	20165	6774
–	9778	–	17318	–	5057	1621
–	5804199	–	4629612	–	1460010	1469301
–	4786678	–	3692697	–	1055001	1145992
–	1017521	–	936915	–	405009	323309
–	673861	–	736780	–	351351	316344
–	7338	–	300	–	6522	2897
–	39671	–	4000	–	9580	1000
–	386764	–	296660	–	73022	180888
–	239088	–	435820	–	10194	3116
–	1000	–	–	–	246313	10567
–	–	–	–	–	5720	117876
–	1342094	–	842021	–	150159	149556
–	15115	–	800	–	–	10000
–	1321397	–	819968	–	133522	137939
–	409	–	17691	–	15053	1143
–	5173	–	3562	–	1584	474
–	1041452	–	657480	–	100314	111773
–	78742	–	52749	–	9173	8511
–	185455	–	108542	–	27638	25710
–	12729	–	21092	–	2297	182
–	11757	–	7406	–	2076	415
–	36445	–	23250	–	13034	3562
–	69785	–	62080	–	13681	6797
–	4427	–	4714	–	1025	100
–	2654	–	2462	–	645	485
–	180	–	376	–	4	11
–	27118	–	31638	–	13674	2609
–	24355	–	21483	–	13416	1974
–	100309	–	22230	–	2359	16719
–	2379	–	−1952	–	927	−554
–	4991	–	1729	–	1045	174
–	5972	–	3879	–	611	199
–	101707	–	18128	–	3720	16140
–	41430	–	19302	–	5788	6074
–	1962	–	1437	–	242	322
–	836	–	772	–	82	96
–	25351	–	13850	–	3451	3722
–	3434	–	1868	–	362	372
–	6702	–	7442	–	1101	764

3-12 房　地　产　开　发

项　　目	按类属关系分				
	中　央	省	地　方	一　级	二　级
一、年初存货	40049	4000	6214618	1937920	1023788
二、年末资产负债					
流动资产合计	74209	55936	11460744	1374007	3011470
#存货	48936	4985	6412388	620031	1586888
固定资产原价	10080	6384	740960	41179	263090
固定资产累计折旧	3363	681	143093	14070	41657
#本年折旧	203	180	33928	2106	6467
资产总计	84848	61639	13418920	1680589	3569890
负债总计	75360	53450	10715491	1403292	2935014
所有者权益合计	9488	8189	2703429	277297	634876
#实收资本	6745	7000	2097162	154650	340153
国家资本	5745	800	32248	5000	2113
集体资本	–	–	58290	6803	12646
法人资本	950	200	941184	104693	190638
个人资本	50	6000	683964	15580	126496
港澳台资本	–	–	257880	1500	7079
外商资本	–	–	123596	21074	1181
三、损益及分配					
主营业务收入	9933	26023	2511481	530640	563935
土地转让收入	6300	–	28615	20500	6240
商品房屋销售收入	3058	25864	2437479	503270	534070
房屋出租收入	–	–	35148	3346	22835
其他收入	575	159	10239	3524	790
主营业务成本	5802	23442	1926775	378244	447949
主营业务税金及附加	665	847	152156	26769	32504
主营业务利润	3173	1734	354848	117806	68707
其他业务收入	707	159	36769	2250	3151
其他业务利润	43	147	21711	2377	5461
销售费用	293	–	77702	7821	14775
管理费用	1918	458	154882	19973	34747
#税金	31	5	10570	1380	2562
差旅费	20	–	6337	633	1191
工会经费	9	–	575	48	95
财务费用	1372	20	75112	13352	18912
#利息支出	1360	–	60972	12479	17110
营业利润	–74	1403	146565	86858	20509
投资收益	864	–	–66	1211	–1122
营业外收入	3	–	8144	2421	1015
营业外支出	13	2	11615	1760	2222
利润总额	780	1401	143028	88730	18180
应缴所得税	419	103	73879	25141	10350
劳动失业保险费	144	–	4098	604	1128
住房公积金及住房补贴	64	1	1858	306	606
四、工资、福利费					
本年应付工资总额	563	4115	43269	6480	11897
本年应付福利费总额	221	16	6208	828	1600
五、全部从业人员年平均人数(人)	165	55	16548	1324	2672

经　营　情　况（二）

单位：万元

按资质等级分				按控股情况分组				
三级	四级	暂定	其他	国有控股	集体控股	私人控股	港澳台控股	外商控股
1791578	145869	1086810	—	347104	454948	2845499	740344	1870772
3733610	142492	2919788	—	320989	1107629	7638003	1284977	1239291
2122521	66904	1862903	—	225519	532324	3945199	911285	851982
267555	5636	76642	—	33118	23350	568618	106939	25399
63731	1091	12913	—	7657	7209	105329	20168	6774
18738	270	2737	—	565	878	26187	5060	1621
4324290	157474	3233475	—	363853	1280911	8903142	1548200	1469301
3326544	121214	2563421	—	308469	1108902	7138769	1142169	1145992
997746	36260	670054	—	55384	172009	1764373	406031	323309
744659	33707	718925	—	45486	115607	1280119	353351	316344
22918	—	1966	—	27758	—	1616	6522	2897
15037	801	19270	—	1153	36885	9672	9580	1000
287330	23641	304749	—	14926	67869	604629	74022	180888
318333	6773	200323	—	1649	10853	664202	10194	3116
87266	2392	110822	—	—	—	—	247313	10567
13775	100	81795	—	—	—	—	5720	117876
1080049	88216	213295	—	139301	149546	1958875	150159	149556
8175	—	—	—	6300	15532	3083	—	10000
1059266	87779	213195	—	131390	130679	1932871	133522	137939
6183	274	100	—	697	155	18100	15053	1143
6425	163	—	—	914	3180	4821	1584	474
825857	66308	174681	—	102573	120783	1520576	100314	111773
68618	6130	16054	—	9247	8958	117779	9173	8511
157086	7978	6960	—	23053	16173	267806	27013	25710
28874	524	281	—	1397	5210	28549	2297	182
11945	433	259	—	497	3240	15673	2076	415
28488	7800	15600	—	4428	3632	52714	13659	3562
66768	2023	29449	—	7381	15465	113860	13755	6797
3636	396	2347	—	452	678	8325	1051	100
2676	55	1615	—	137	1092	3951	692	485
309	19	109	—	26	33	510	4	11
28472	785	14081	—	1909	7890	50422	13674	2609
18423	674	13386	—	1581	7462	37899	13416	1974
73791	5603	−36311	—	14260	−3942	119197	1660	16719
760	80	−142	—	862	35	−472	927	−554
2937	866	528	—	204	348	6365	1056	174
5782	170	976	—	753	1006	9058	614	199
71706	6379	−36901	—	14573	−4565	116032	3029	16140
29783	2622	4116	—	5250	3479	52058	7540	6074
1869	17	567	—	411	436	2831	242	322
839	11	131	—	223	164	1358	82	96
17234	554	10417	—	2470	6866	31399	3490	3722
2312	80	1535	—	511	969	4231	362	372
8745	266	3172	—	907	1283	12694	1120	764

3-13 建筑业企业

项目	企业个数（个）	有工作量的企业个数	建筑业合同情况：签订的合同额	上年结转合同额	本年新签合同额
总计	**1062**	**1013**	**77815797**	**23638636**	**54177161**
# 国有及国有控股企业	57	56	16001571	7196530	8805041
一、按登记注册类型分组					
内资企业	1035	987	76073992	23469906	52604086
国有企业	37	36	10200381	5280546	4919835
集体企业	60	59	2737367	325174	2412193
股份合作企业	15	14	417711	36440	381271
联营企业	2	2	38060	–	38060
国有联营企业	–	–	–	–	–
集体联营企业	–	–	–	–	–
国有与集体联营企业	–	–	–	–	–
其他联营企业	2	2	38060	–	38060
有限责任公司	272	256	29689665	8636746	21052919
国有独资公司	2	2	4598409	1364207	3234202
其他有限责任公司	270	254	25091256	7272539	17818717
股份有限公司	2	2	4775900	1332950	3442950
私营企业	647	618	28214908	7858050	20356858
私营独资企业	8	6	117941	554	117387
私营合伙企业	2	2	234720	27880	206840
私营有限责任公司	600	573	26125335	7432178	18693157
私营股份有限公司	37	37	1736912	397438	1339474
其他企业	–	–	–	–	–
港、澳、台商投资企业	12	12	1453778	138184	1315594
合资经营企业（港或澳、台资）	11	11	1446778	138184	1308594
合作经营企业（港或澳、台资）	–	–	–	–	–
港、澳、台商独资经营企业	1	1	7000	–	7000
港、澳、台商投资股份有限公司	–	–	–	–	–
外商投资企业	15	14	288027	30546	257481
中外合资经营企业	10	10	263864	20614	243250
中外合作经营企业	4	3	12213	4960	7253
外资企业	1	1	11950	4972	6978
外商投资股份有限公司	–	–	–	–	–
二、按国民经济行业分组					
房屋和土木工程建筑业	531	512	68352593	21586667	46765926
房屋工程建筑	366	353	52328262	14617383	37710879
土木工程建筑	165	159	16024331	6969284	9055047

补充资料：年末在用计算机数6338台；年末拥有网站数84个；全年电子商务采购金额886千元；

生 产 情 况 （一）

单位：千元

承包工程完成情况				建筑业总产值			
直接从建设单位承揽工程完成的产值	自行完成施工产值	分包出去工程的产值	从建设单位以外承揽工程完成的产值		装修装饰产值	在外省完成的产值	建筑工程产值
54438763	**54384049**	**54714**	**273441**	**54657490**	**2230474**	**6421386**	**47662950**
9823476	9784772	38704	7221	9791993	85210	2665461	8035686
53117191	53062477	54714	273441	53335918	1970668	6282698	46599238
5920006	5881302	38704	7221	5888523	–	2085269	4464263
2375206	2375206	–	5030	2380236	207251	43371	1831385
378827	378827	–	295	379122	58930	48566	342575
38060	30710	7350	–	30710	–	–	24630
–	–	–	–	–	–	–	–
–	–	–	–	–	–	–	–
–	–	–	–	–	–	–	–
38060	30710	7350	–	30710	–	–	24630
20042861	20041861	1000	98455	20140316	516850	1909354	17906458
2867810	2867810	–	–	2867810	–	504845	2824870
17175051	17174051	1000	98455	17272506	516850	1404509	15081588
2836150	2836150	–	–	2836150	–	126995	2836150
21526081	21518421	7660	162440	21680861	1187637	2069143	19193777
117841	117841	–	–	117841	890	–	104930
161320	161320	–	–	161320	–	33930	161320
19972023	19964363	7660	161440	20125803	1167372	1848143	17822567
1274897	1274897	–	1000	1275897	19375	187070	1104960
–	–	–	–	–	–	–	–
1126256	1126256	–	–	1126256	187811	119138	948563
1119256	1119256	–	–	1119256	180811	119138	941563
–	–	–	–	–	–	–	–
7000	7000	–	–	7000	7000	–	7000
–	–	–	–	–	–	–	–
195316	195316	–	–	195316	71995	19550	115149
181512	181512	–	–	181512	71995	12067	112862
6280	6280	–	–	6280	–	3343	2287
7524	7524	–	–	7524	–	4140	–
–	–	–	–	–	–	–	–
47296576	47277726	18850	94941	47372667	955126	5203569	45024406
37387334	37368484	18850	76931	37445415	907042	3544821	36164242
9909242	9909242	–	18010	9927252	48084	1658748	8860164

全年电子商务销售金额20千元。

3-13 建筑业企业

项目	企业个数（个）	有工作量的企业个数	建筑业合同情况 签订的合同额	上年结转合同额	本年新签合同额
铁路道路隧道和桥梁工程	56	53	9456650	5280091	4176559
水利和港口工程建筑	12	12	4677044	1487540	3189504
工矿工程建筑	5	5	431929	63120	368809
架线和管道工程建筑	29	29	763487	50683	712804
其他土木工程建筑	63	60	695221	87850	607371
建筑安装业	311	296	7550392	1919854	5630538
建筑装饰业	168	160	1432926	110674	1322252
其它建筑业	52	45	479886	21441	458445
工程准备	26	22	210809	12360	198449
提供工程设备服务	1	1	19000	–	19000
其它未列明的建筑活动	25	22	250077	9081	240996
三、按隶属关系分组					
中　央	16	16	11044720	5384796	5659924
地　方	1046	997	66771077	18253840	48517237
省（自治区、直辖市）	12	10	2080040	774718	1305322
地（区、市、州、盟）	60	58	6921598	2844255	4077343
县（区、市、旗）及县以下	974	929	57769439	14634867	43134572
四、按企业资质等级分组					
施工总承包	464	446	69640473	22555323	47085150
特　级	5	5	11338271	2735444	8602827
一　级	41	41	31958344	12933286	19025058
二　级	127	126	15242946	4470328	10772618
三级及以下	291	274	11100912	2416265	8684647
专业承包	598	567	8175324	1083313	7092011
一　级	30	28	1264481	108417	1156064
二　级	123	121	2808290	442623	2365667
三级及以下	445	418	4102553	532273	3570280
五、按营业状态分					
营业	1007	988	77363504	23425676	53937828
停业（歇业）	47	21	369268	180160	189108
筹建	–	–	–	–	–
当年关闭	–	–	–	–	–
当年破产	–	–	–	–	–
其它	8	4	83025	32800	50225
六、按控股情况分					
国有控股	57	56	16001571	7196530	8805041
集体控股	102	100	5231150	975037	4256113
私人控股	887	842	55080205	15338993	39741212
港澳台商控股	6	6	1340428	114494	1225934
外商控股	10	9	162443	13582	148861

生 产 情 况 （一）

3－14 续表

承包工程完成情况				建筑业总产值			
直接从建设单位承揽工程完成的产值	自行完成施工产值	分包出去工程的产值	从建设单位以外承揽工程完成的产值		装修装饰产值	在外省完成的产值	建筑工程产　值
5329974	5329974	－	6970	5336944	502	1113210	5103796
2977387	2977387	－	－	2977387	－	504845	2950461
231030	231030	－	－	231030	3000	10070	131030
751361	751361	－	－	751361	－	5000	141075
619490	619490	－	11040	630530	44582	25623	533802
5427401	5392547	34854	135954	5528501	40035	999774	1270877
1258173	1257163	1010	28203	1285366	1234307	203364	1256702
456613	456613	－	14343	470956	1006	14679	110965
202676	202676	－	987	203663	1006	－	99935
18706	18706	－	－	18706	－	－	－
235231	235231	－	13356	248587	－	14679	11030
6150069	6150069	－	－	6150069	50800	2102062	5350698
48288694	48233980	54714	273441	48507421	2179674	4319324	42312252
1232119	1193415	38704	7221	1200636	－	495422	453776
3777102	3777102	－	7605	3784707	125103	102798	3080309
43279473	43263463	16010	258615	43522078	2054571	3721104	38778167
47633296	47581542	51754	96511	47678053	918461	5886210	44323998
8068922	8068922	－	－	8068922	272934	1818839	7726155
18759036	18730832	28204	－	18730832	268270	2689149	17103613
11872021	11861521	10500	7400	11868921	134699	669753	11071362
8933317	8920267	13050	89111	9009378	242558	708469	8422868
6805467	6802507	2960	176930	6979437	1312013	535176	3338952
892371	892371	－	6890	899261	561235	72166	670975
2310799	2310299	500	66286	2376585	399612	293730	1370959
3602297	3599837	2460	103754	3703591	351166	169280	1297018
54187788	54133074	54714	252735	54385809	2214599	6413586	47461584
189390	189390	－	20706	210096	10040	7800	143211
－	－	－	－	－	－	－	－
－	－	－	－	－	－	－	－
－	－	－	－	－	－	－	－
61585	61585	－	－	61585	5835	－	58155
9823476	9784772	38704	7221	9791993	85210	2665461	8035686
4123572	4123572	－	10025	4133597	296391	151687	3115279
39324292	39308282	16010	256195	39564477	1698466	3485470	35557672
1036136	1036136	－	－	1036136	100451	112838	861203
131287	131287	－	－	131287	49956	5930	93110

3-13 建 筑 业 企 业

			竣工产值	房屋建筑施工面积	
	安装工程	其他产值			本年新开工面积
总　　计	**5518444**	**1476096**	**37699238**	**43320671**	**30291863**
#国有及国有控股企业	1668684	87623	4757489	2401326	1211351
一、按登记注册类型分组					
内资企业	5399087	1337593	36611169	42796245	29833126
国有企业	1344897	79363	2257115	890212	638644
集体企业	417794	131057	2139115	1955784	1634291
股份合作企业	25252	11295	290602	177021	177021
联营企业	–	6080	13970	38381	38381
国有联营企业	–	–	–	–	–
集体联营企业	–	–	–	–	–
国有与集体联营企业	–	–	–	–	–
其他联营企业	–	6080	13970	38381	38381
有限责任公司	1823555	410303	15247219	18597649	12386771
国有独资公司	42940	–	1697645	1492878	559171
其他有限责任公司	1780615	410303	13549574	17104771	11827600
股份有限公司	–	–	1435240	2162456	1427138
私营企业	1787589	699495	15227908	18974742	13530880
私营独资企业	12911	–	104404	45	–
私营合伙企业	–	–	166420	267349	242287
私营有限责任公司	1623100	680136	13741847	17410314	12359905
私营股份有限公司	151578	19359	1215237	1297034	928688
其他企业	–	–	–	–	–
港、澳、台商投资企业	39190	138503	936503	500000	434311
合资经营企业（港或澳、台资）	39190	138503	929503	500000	434311
合作经营企业（港或澳、台资）	–	–	–	–	–
港、澳、台商独资经营企业	–	–	7000	–	–
港、澳、台商投资股份有限公司	–	–	–	–	–
外商投资企业	80167	–	151566	24426	24426
中外合资经营企业	68650	–	139589	24426	24426
中外合作经营企业	3993	–	4453	–	–
外资企业	7524	–	7524	–	–
外商投资股份有限公司	–	–	–	–	–
二、按国民经济行业分组					
房屋和土木工程建筑业	1307229	1041032	31481158	42634494	29784920
房屋工程建筑	624304	656869	26732681	42299967	29506433
土木工程建筑	682925	384163	4748477	334527	278487

生 产 情 况（二）

单位：千元、平方米

		年末自有施工机械设备			从业人员情况		
实行投标承包面积	本年新开工	净 值	总台数（台）	总功率（千瓦）	计算劳动生产率的平均人数（人）	年末从业人员（人）	管理人员
41033208	**28922914**	**4451392**	**83390**	**1751753**	**444506**	**329458**	**37832**
2360933	1183718	546620	5524	203722	57998	28714	5125
40508782	28464177	4374670	81548	1717755	436459	322521	37158
866055	623247	190553	3119	113571	38268	18998	3701
1890440	1599349	189829	7502	149373	23846	20226	2921
177021	177021	51380	1350	18842	3612	3302	438
38381	38381	6404	32	1119	341	316	32
–	–	–	–	–	–	–	–
–	–	–	–	–	–	–	–
–	–	–	–	–	–	–	–
38381	38381	6404	32	1119	341	316	32
18095216	11806255	1522146	26163	608410	165032	121577	12603
1492878	559171	298266	1182	63028	12132	4086	790
16602338	11247084	1223880	24981	545382	152900	117491	11813
2162456	1427138	284831	801	11021	15902	11185	983
17279213	12792786	2129527	42581	815419	189458	146917	16480
–	–	27323	258	11825	751	289	75
267349	242287	28910	323	15264	1447	1016	165
15776830	11653811	1923861	40458	753398	175458	135428	15266
1235034	896688	149433	1542	34932	11802	10184	974
–	–	–	–	–	–	–	–
500000	434311	54867	1193	24467	6198	5533	469
500000	434311	54767	1182	24377	6138	5473	459
–	–	–	–	–	–	–	–
–	–	100	11	90	60	60	10
–	–	–	–	–	–	–	–
24426	24426	21855	649	9531	1849	1404	205
24426	24426	17697	586	5951	1606	1163	178
–	–	2735	37	3056	190	188	21
–	–	1423	26	524	53	53	6
–	–	–	–	–	–	–	–
40438644	28447897	4043053	61234	1428049	379124	277038	30381
40180769	28245102	3094965	52932	1062816	314986	239797	23936
257875	202795	948088	8302	365233	64138	37241	6445

3-13 建 筑 业 企 业

			竣工产值	房屋建筑施工面积	
	安装工程	其他产值			本年新开工面积
铁路道路隧道和桥梁工程	82942	150206	2021355	11478	10518
水利和港口工程建筑	–	26926	1694601	6370	2400
工矿工程建筑	98000	2000	3000	–	–
架线和管道工程建筑	471206	139080	546836	2259	2259
其他土木工程建筑	30777	65951	482685	314420	263310
建筑安装业	4133433	124191	5005703	681076	503142
建筑装饰业	12780	15884	825838	–	–
其它建筑业	65002	294989	386539	5101	3801
工程准备	5726	98002	172250	2300	2300
提供工程设备服务	–	18706	18706	–	–
其它未列明的建筑活动	59276	178281	195583	2801	1501
三、按隶属关系分组					
中　央	799371	–	1823959	487364	305891
地　方	4719073	1476096	35875279	42833307	29985972
省（自治区、直辖市）	731379	15481	1172346	275080	252363
地（区、市、州、盟）	672134	32264	2599547	2494776	1193646
县（区、市、旗）及县以下	3315560	1428351	32103386	40063451	28539963
四、按企业资质等级分组					
施工总承包	2431363	922692	32239553	42229590	29407465
特　级	342767	–	4990674	7792911	5378962
一　级	1472966	154253	11084738	12743212	8248156
二　级	380408	417151	8874554	12035837	8970400
三级及以下	235222	351288	7289587	9657630	6809947
专业承包	3087081	553404	5459685	1091081	884398
一　级	166056	62230	493118	–	–
二　级	893616	112010	2492384	846481	676602
三级及以下	2027409	379164	2474183	244600	207796
五、按营业状态分					
营业	5466032	1458193	37580522	43130892	30288455
停业（歇业）	48982	17903	75191	170379	2008
筹建	–	–	–	–	–
当年关闭	–	–	–	–	–
当年破产	–	–	–	–	–
其它	3430	–	43525	19400	1400
六、按控股情况分					
国有控股	1668684	87623	4757489	2401326	1211351
集体控股	847660	170658	3322902	3200002	2686601
私人控股	2927493	1079312	28668525	37194917	25935174
港澳台商控股	36430	138503	858013	500000	434311
外商控股	38177	–	92309	24426	24426

生 产 情 况（二）

3–14 续表

		年末自有施工机械设备			从业人员情况		
实行投标承包面积	本年新开工	净　值	总台数（台）	总功率（千瓦）	计算劳动生产率的平均人数（人）	年末从业人员（人）	管理人员
–	–	407342	3569	182959	32956	16970	3218
6370	2400	400600	2090	125522	15957	7094	1450
–	–	1981	69	3136	1716	1692	144
–	–	34584	650	13069	5997	5014	665
251505	200395	103581	1924	40547	7512	6471	968
590464	472217	273515	13133	210987	46433	35379	5103
–	–	68414	7116	53841	14556	13304	1743
4100	2800	66410	1907	58876	4393	3737	605
2300	2300	49105	547	20233	2122	1954	296
–	–	–	–	–	125	125	5
1800	500	17305	1360	38643	2146	1658	304
482607	302094	352014	1605	83443	32878	11648	2698
40550601	28620820	4099378	81785	1668310	411628	317810	35134
272821	250104	67121	1465	30882	8636	6214	696
2410076	1130666	421059	4648	96590	28533	21775	3057
37867704	27240050	3611198	75672	1540838	374459	289821	31381
39975679	28042379	3958760	62681	1442810	378801	272346	29605
7792911	5378962	271960	3856	95975	54950	41282	2874
12212498	8215695	1746368	15777	478826	119906	72302	8846
11661911	8777189	1024204	21351	427925	99861	75381	8649
8308359	5670533	916228	21697	440084	104084	83381	9236
1057529	880535	492632	20709	308943	65705	57112	8227
–	–	29110	2534	21666	7311	6195	783
846436	676602	195690	6544	123138	21833	18585	2283
211093	203933	267832	11631	164139	36561	32332	5161
40889104	28922914	4408544	82147	1733978	440338	325837	37254
144104	–	36683	1182	16896	3228	3184	465
–	–	–	–	–	–	–	–
–	–	–	–	–	–	–	–
–	–	–	–	–	–	–	–
–	–	6165	61	879	940	437	113
2360933	1183718	546620	5524	203722	57998	28714	5125
3089496	2612151	412444	11749	262592	38731	33341	4501
35058353	24668308	3428770	65007	1254672	340759	261277	27724
500000	434311	50005	860	22401	5735	5134	370
24426	24426	13553	250	8366	1283	992	112

3-13 建筑业企业

项目	从业人员情况			
	工程技术人员	其中：一级建造师	其中现场施工工人	持证上岗人员
总计	**47542**	**1879**	**246358**	**110877**
# 国有及国有控股企业	4601	412	20394	10241
一、按登记注册类型分组				
内资企业	46605	1827	240994	109545
国有企业	3283	291	12993	7165
集体企业	2760	65	14725	6496
股份合作企业	411	7	2453	926
联营企业	35	–	249	–
国有联营企业	–	–	–	–
集体联营企业	–	–	–	–
国有与集体联营企业	–	–	–	–
其他联营企业	35	–	249	–
有限责任公司	15259	573	94577	39067
国有独资公司	458	41	3227	1716
其他有限责任公司	14801	532	91350	37351
股份有限公司	883	63	9419	5075
私营企业	23974	828	106578	50816
私营独资企业	131	11	84	62
私营合伙企业	336	–	515	515
私营有限责任公司	22201	755	98075	47244
私营股份有限公司	1306	62	7904	2995
其他企业	–	–	–	–
港、澳、台商投资企业	640	44	4462	896
合资经营企业（港或澳、台资）	625	43	4427	861
合作经营企业（港或澳、台资）	–	–	–	–
港、澳、台商独资经营企业	15	1	35	35
港、澳、台商投资股份有限公司	–	–	–	–
外商投资企业	297	8	902	436
中外合资经营企业	270	7	715	334
中外合作经营企业	25	1	142	102
外资企业	2	–	45	–
外商投资股份有限公司	–	–	–	–
二、按国民经济行业分组				
房屋和土木工程建筑业	38031	1283	210724	95569
房屋工程建筑	30876	934	186494	85085
土木工程建筑	7155	349	24230	10484

生　产　情　况（三）

单位：人、千元

主要建筑材料消耗量						补充资料	
钢材（吨）	木材（立方米）	水泥（吨）	平板玻璃		铝材（吨）	企业总产值	在境外完成的营业额
			重量箱	平方米			
2169016	**1158013**	**7102040**	**822686**	**5846863**	**175137**	**55817875**	**1091852**
287818	66994	894531	6458	34944	2468	9910948	24060
2107738	1135855	7036575	783582	5650259	174083	54493653	1087789
184012	60526	574403	6137	32584	1142	5961756	24060
70771	48433	399725	70993	606948	1933	2414422	24458
2343	471	14406	5411	38720	448	380048	–
–	1919	921	–	–	–	30710	–
–	–	–	–	–	–	–	–
–	–	–	–	–	–	–	–
–	–	–	–	–	–	–	–
–	1919	921	–	–	–	30710	–
894766	406980	2776395	286413	1902805	66211	20456362	796
79986	2590	219212	–	–	–	2884823	–
814780	404390	2557183	286413	1902805	66211	17571539	796
58782	34390	339689	29936	199575	538	3515240	986295
897064	583136	2931036	384692	2869627	103811	21735115	52180
2387	295	178130	–	–	–	119161	–
34724	45756	24229	12321	71107	38345	161322	–
782281	489415	2328161	359683	2721293	65348	20178695	52180
77672	47670	400516	12688	77227	118	1275937	–
–	–	–	–	–	–	–	–
56689	19066	59848	39104	196604	1054	1128779	4063
56589	18766	59448	39104	196604	1039	1121779	4063
–	–	–	–	–	–	–	–
100	300	400	–	–	15	7000	–
–	–	–	–	–	–	–	–
4589	3092	5617	–	–	–	195443	–
4589	3092	5617	–	–	–	181639	–
–	–	–	–	–	–	6280	–
–	–	–	–	–	–	7524	–
–	–	–	–	–	–	–	–
2032352	1020869	6844027	775127	5545584	155147	48360633	1064813
1844851	985564	5746044	769619	5521507	154495	38352392	1064813
187501	35305	1097983	5508	24077	652	10008241	–

3-13 建筑业企业

项目	从业人员情况			
	工程技术人员	其中：一级建造师	其中现场施工工人	持证上岗人员
铁路道路隧道和桥梁工程	3653	206	10555	5086
水利和港口工程建筑	1301	53	4451	3166
工矿工程建筑	131	16	1417	274
架线和管道工程建筑	815	40	3535	686
其他土木工程建筑	1255	34	4272	1272
建筑安装业	6174	307	24192	10518
建筑装饰业	2586	213	9054	3959
其它建筑业	751	76	2388	831
工程准备	409	51	1255	506
提供工程设备服务	10	－	110	80
其它未列明的建筑活动	332	25	1023	245
三、按隶属关系分组				
中　央	2029	184	7889	4818
地　方	45513	1695	238469	106059
省（自治区、直辖市）	608	80	4910	1525
地（区、市、州、盟）	2975	184	16202	8010
县（区、市、旗）及县以下	41930	1431	217357	96524
四、按企业资质等级分组				
施工总承包	37077	1320	207749	96355
特　级	2261	143	36733	16747
一　级	10355	623	54244	25900
二　级	13023	320	53903	28499
三级及以下	11438	234	62869	25209
专业承包	10465	559	38609	14522
一　级	1063	114	4391	2064
二　级	3069	168	13258	5380
三级及以下	6333	277	20960	7078
五、按营业状态分				
营业	46841	1841	244003	110633
停业（歇业）	595	38	2130	181
筹建	－	－	－	－
当年关闭	－	－	－	－
当年破产	－	－	－	－
其它	106	－	225	63
六、按控股情况分				
国有控股	4601	412	20394	10241
集体控股	4594	135	24448	10934
私人控股	37682	1300	196537	88613
港澳台商控股	516	27	4248	716
外商控股	149	5	731	373

生 产 情 况（三）

3-14 续表

主要建筑材料消耗量						补充资料	
钢材（吨）	木材（立方米）	水泥（吨）	平板玻璃		铝材（吨）	企 业 总产值	在境外完成的营业额
			重量箱	平方米			
101977	9699	683886	958	4795	143	5375230	–
60364	11286	326812	120	1150	354	3011396	–
3799	44	576	58	232	–	232819	–
6368	2597	6358	125	1060	104	753737	–
14993	11679	80351	4247	16840	51	635059	–
111974	51652	160720	9923	49646	12046	5688058	21000
14939	85385	66465	37634	251613	7944	1293938	6039
9751	107	30828	2	20	–	475246	–
203	16	4298	–	–	–	203683	–
–	–	–	–	–	–	18706	–
9548	91	26530	2	20	–	252857	–
165001	52675	575089	305	2650	1265	6186751	–
2004015	1105338	6526951	822381	5844213	173872	49631124	1091852
39163	8054	71383	2934	29297	427	1230410	–
93632	29201	277989	17305	150611	353	4525662	986295
1871220	1068083	6177579	802142	5664305	173092	43875052	105557
2043153	1021477	6713423	763426	5469873	151573	48716942	1085813
241860	156809	630190	132765	868399	43360	8172617	–
742156	216322	1893602	244602	1680058	39383	19568270	986295
497069	216537	1825816	216790	1676512	49695	11958164	54458
562068	431809	2363815	169269	1244904	19135	9017891	45060
125863	136536	388617	59260	376990	23564	7100933	6039
10374	14138	8582	5596	45952	1529	901742	–
59118	77867	284823	9273	67525	15976	2413651	796
56371	44531	95212	44391	263513	6059	3785540	5243
2148167	1152797	7087527	821693	5841988	174862	55542296	1091852
19981	5052	13283	987	4860	175	213994	–
–	–	–	–	–	–	–	–
–	–	–	–	–	–	–	–
–	–	–	–	–	–	–	–
868	164	1230	6	15	100	61585	–
287818	66994	894531	6458	34944	2468	9910948	24060
176774	105076	629355	94879	821676	32262	4205960	24458
1647261	966913	5515269	682591	4796199	140383	40533081	1039271
53863	15998	57368	38758	194044	24	1036599	4063
3300	3032	5517	–	–	–	131287	–

3-13 建筑业企业

项目	房屋建筑			
	合计	厂房、仓库	住宅	办公用房
总计	**23274390**	**4802435**	**13896071**	**1260988**
# 国有及国有控股企业	1082622	263891	371453	47350
一、按登记注册类型分组				
内资企业	22761454	4494400	13808849	1214040
国有企业	213414	36749	157465	6400
集体企业	1418509	231033	1020467	47645
股份合作企业	105388	6624	98764	–
联营企业	9014	–	9014	–
国有联营企业	–	–	–	–
集体联营企业	–	–	–	–
国有与集体联营企业	–	–	–	–
其他联营企业	9014	–	9014	–
有限责任公司	10285646	2039222	6036571	461242
国有独资公司	862872	220806	213988	40950
其他有限责任公司	9422774	1818416	5822583	420292
股份有限公司	1106099	383053	492648	90254
私营企业	9623384	1797719	5993920	608499
私营独资企业	45	45	–	–
私营合伙企业	190102	104853	85249	–
私营有限责任公司	8570068	1611862	5482728	537441
私营股份有限公司	863169	80959	425943	71058
其他企业	–	–	–	–
港、澳、台商投资企业	488510	303383	78486	35910
合资经营企业（港或澳、台资）	488510	303383	78486	35910
合作经营企业（港或澳、台资）	–	–	–	–
港、澳、台商独资经营企业	–	–	–	–
港、澳、台商投资股份有限公司	–	–	–	–
外商投资企业	24426	4652	8736	11038
中外合资经营企业	24426	4652	8736	11038
中外合作经营企业	–	–	–	–
外资企业	–	–	–	–
外商投资股份有限公司	–	–	–	–
二、按国民经济行业分组				
房屋和土木工程建筑业	22891956	4553315	13824790	1238928
房屋工程建筑	22619577	4475877	13699700	1214765
土木工程建筑	272379	77438	125090	24163

生　产　情　况　（四）

3-14　续表

竣工面积（平方米）

批发和零售用房	住宿和餐饮用房	居民服务业用房	教育用房	文化、体育和娱乐用房	卫生医疗用房	科研用房	其他用房
445183	**261070**	**625709**	**1078840**	**289663**	**105447**	**81199**	**427785**
2400	35872	357741	–	–	–	3915	–
445183	246270	625709	1078840	289663	105447	81199	371854
2400	10400	–	–	–	–	–	–
1631	–	1975	24447	36558	–	–	54753
–	–	–	–	–	–	–	–
–	–	–	–	–	–	–	–
–	–	–	–	–	–	–	–
–	–	–	–	–	–	–	–
–	–	–	–	–	–	–	–
–	–	–	–	–	–	–	–
186483	162676	433903	581723	112913	85929	81199	103785
–	25472	357741	–	–	–	3915	–
186483	137204	76162	581723	112913	85929	77284	103785
119989	–	–	20155	–	–	–	–
134680	73194	189831	452515	140192	19518	–	213316
–	–	–	–	–	–	–	–
–	–	–	–	–	–	–	–
35680	31194	189831	366315	118807	19518	–	176692
99000	42000	–	86200	21385	–	–	36624
–	–	–	–	–	–	–	–
–	14800	–	–	–	–	–	55931
–	14800	–	–	–	–	–	55931
–	–	–	–	–	–	–	–
–	–	–	–	–	–	–	–
–	–	–	–	–	–	–	–
–	–	–	–	–	–	–	–
–	–	–	–	–	–	–	–
–	–	–	–	–	–	–	–
–	–	–	–	–	–	–	–
–	–	–	–	–	–	–	–
445183	261070	625709	1078840	278323	81362	76651	427785
445183	259820	625709	1053818	278323	81362	76651	408369
–	1250	–	25022	–	–	–	19416

3-13 建筑业企业

项目	合计	房屋建筑		
		厂房、仓库	住宅	办公用房
铁路道路隧道和桥梁工程	11478	11478	–	–
水利和港口工程建筑	2400	1200	–	1200
工矿工程建筑	–	–	–	–
架线和管道工程建筑	–	–	–	–
其他土木工程建筑	258501	64760	125090	22963
建筑安装业	378633	247520	70280	20860
建筑装饰业	–	–	–	–
其它建筑业	3801	1600	1001	1200
工程准备	2300	1300	–	1000
提供工程设备服务	–	–	–	–
其它未列明的建筑活动	1501	300	1001	200
三、按隶属关系分组				
中　央	52372	11381	39791	1200
地　方	23222018	4791054	13856280	1259788
省（自治区、直辖市）	100400	18500	61900	12000
地（区、市、州、盟）	1318138	343186	525210	51232
县（区、市、旗）及县以下	21803480	4429368	13269170	1196556
四、按企业资质等级分组				
施工总承包	22637899	4688896	13430798	1231271
特　级	3595903	651659	1981285	230588
一　级	6092879	1637546	2658853	385198
二　级	7030332	1204055	5057164	227781
三级及以下	5918785	1195636	3733496	387704
专业承包	636491	113539	465273	29717
一　级	–	–	–	–
二　级	401797	77529	301090	18657
三级及以下	234694	36010	164183	11060
五、按营业状态分				
营业	23243843	4792962	13874997	1260988
停业（歇业）	11147	9473	1674	–
筹建	–	–	–	–
当年关闭	–	–	–	–
当年破产	–	–	–	–
其它	19400	–	19400	–
六、按控股情况分				
国有控股	1082622	263891	371453	47350
集体控股	1982472	307575	1461954	81388
私人控股	19696360	3922934	11975442	1085302
港澳台商控股	488510	303383	78486	35910
外商控股	24426	4652	8736	11038

生　产　情　况（四）

3-14　续表

竣工面积（平方米）

批发和零售用房	住宿和餐饮用房	居民服务业用房	教育用房	文化、体育和娱乐用房	卫生医疗用房	科研用房	其他用房
–	–	–	–	–	–	–	–
–	–	–	–	–	–	–	–
–	–	–	–	–	–	–	–
–	–	–	–	–	–	–	–
–	1250	–	25022	–	–	–	19416
–	–	–	–	11340	24085	4548	–
–	–	–	–	–	–	–	–
–	–	–	–	–	–	–	–
–	–	–	–	–	–	–	–
–	–	–	–	–	–	–	–
–	–	–	–	–	–	–	–
–	–	–	–	–	–	–	–
445183	261070	625709	1078840	289663	105447	81199	427785
–	–	–	–	–	–	–	8000
3000	26722	357741	–	–	–	3915	7132
442183	234348	267968	1078840	289663	105447	77284	412653
445183	261070	615909	1078840	278323	105447	81199	420963
170989	6693	11000	510490	–	31188	2011	–
99000	101976	522741	335362	122298	30886	79188	119831
81962	7049	25603	165936	100574	25892	–	134316
93232	145352	56565	67052	55451	17481	–	166816
–	–	9800	–	11340	–	–	6822
–	–	–	–	–	–	–	–
–	–	–	–	–	–	–	4521
–	–	9800	–	11340	–	–	2301
445183	261070	625709	1078840	289663	105447	81199	427785
–	–	–	–	–	–	–	–
–	–	–	–	–	–	–	–
–	–	–	–	–	–	–	–
–	–	–	–	–	–	–	–
–	–	–	–	–	–	–	–
2400	35872	357741	–	–	–	3915	–
1631	391	11775	24447	36558	–	–	56753
441152	210007	256193	1054393	253105	105447	77284	315101
–	14800	–	–	–	–	–	55931
–	–	–	–	–	–	–	–

3-13 建筑业企业

项目	合计	竣工房		
		厂房、仓库	住宅	办公用房
总计	**24396423**	**5240023**	**13678206**	**1532566**
# 国有及国有控股企业	1140674	281288	364313	59253
一、按登记注册类型分组				
内资企业	23608359	4757503	13563346	1474240
国有企业	265814	78858	157063	7133
集体企业	1230824	173435	901709	52200
股份合作企业	99522	3195	96327	–
联营企业	8430	–	8430	–
国有联营企业	–	–	–	–
集体联营企业	–	–	–	–
国有与集体联营企业	–	–	–	–
其他联营企业	8430	–	8430	–
有限责任公司	10249487	2076876	5726576	494398
国有独资公司	864760	192330	207250	52120
其他有限责任公司	9384727	1884546	5519326	442278
股份有限公司	1435240	490290	610770	123870
私营企业	10319042	1934849	6062471	796639
私营独资企业	54	54	–	–
私营合伙企业	166420	93830	72590	–
私营有限责任公司	9127048	1760942	5520785	718398
私营股份有限公司	1025520	80023	469096	78241
其他企业	–	–	–	–
港、澳、台商投资企业	763537	478380	105220	47579
合资经营企业（港或澳、台资）	763537	478380	105220	47579
合作经营企业（港或澳、台资）	–	–	–	–
港、澳、台商独资经营企业	–	–	–	–
港、澳、台商投资股份有限公司	–	–	–	–
外商投资企业	24527	4140	9640	10747
中外合资经营企业	24527	4140	9640	10747
中外合作经营企业	–	–	–	–
外资企业	–	–	–	–
外商投资股份有限公司	–	–	–	–
二、按国民经济行业分组				
房屋和土木工程建筑业	24021436	4977681	13629029	1515836
房屋工程建筑	23740983	4910314	13487079	1489850
土木工程建筑	280453	67367	141950	25986

生 产 情 况（五）

3-14 续表

屋价值（千元）							
批发和零售用房	住宿和餐饮用房	居民服务业用房	教育用房	文化、体育和娱乐用房	卫生医疗用房	科研用房	其他用房
526183	250113	650874	1470881	262198	142656	97832	544891
2000	45360	377980	–	–	–	10480	–
526183	222113	650874	1470881	262198	142656	97832	440533
2000	20760	–	–	–	–	–	–
1500	–	1265	38008	26184	–	–	36523
–	–	–	–	–	–	–	–
–	–	–	–	–	–	–	–
–	–	–	–	–	–	–	–
–	–	–	–	–	–	–	–
–	–	–	–	–	–	–	–
–	–	–	–	–	–	–	–
162875	125013	404370	812524	90370	126234	97832	132419
–	24600	377980	–	–	–	10480	–
162875	100413	26390	812524	90370	126234	87352	132419
179070	–	–	31240	–	–	–	–
180738	76340	245239	589109	145644	16422	–	271591
–	–	–	–	–	–	–	–
–	–	–	–	–	–	–	–
41770	26340	245239	470887	118344	16422	–	207921
138968	50000	–	118222	27300	–	–	63670
–	–	–	–	–	–	–	–
–	28000	–	–	–	–	–	104358
–	28000	–	–	–	–	–	104358
–	–	–	–	–	–	–	–
–	–	–	–	–	–	–	–
–	–	–	–	–	–	–	–
–	–	–	–	–	–	–	–
–	–	–	–	–	–	–	–
–	–	–	–	–	–	–	–
–	–	–	–	–	–	–	–
–	–	–	–	–	–	–	–
526183	250113	650874	1470881	256528	110676	88744	544891
526183	248613	650874	1438281	256528	110676	88744	533841
–	1500	–	32600	–	–	–	11050

3-13 建 筑 业 企 业

项　　目	合　计	竣工房		
		厂房、仓库	住宅	办公用房
铁路道路隧道和桥梁工程	9953	9953	–	–
水利和港口工程建筑	2060	660	–	1400
工矿工程建筑	–	–	–	–
架线和管道工程建筑	–	–	–	–
其他土木工程建筑	268440	56754	141950	24586
建筑安装业	370994	260473	48353	15430
建筑装饰业	–	–	–	–
其它建筑业	3993	1869	824	1300
工程准备	2179	1279	–	900
提供工程设备服务	–	–	–	–
其它未列明的建筑活动	1814	590	824	400
三、按隶属关系分组				
中　央	50812	7378	42034	1400
地　方	24345611	5232645	13636172	1531166
省（自治区、直辖市）	146290	65090	57000	16000
地（区、市、州、盟）	1204116	247709	467048	63170
县（区、市、旗）及县以下	22995205	4919846	13112124	1451996
四、按企业资质等级分组				
施工总承包	23747898	5129325	13183789	1512546
特　级	4717313	927016	2396207	260847
一　级	7323639	2042524	2965015	536823
二　级	6502256	1053167	4606655	312187
三级及以下	5204690	1106618	3215912	402689
专业承包	648525	110698	494417	20020
一　级	–	–	–	–
二　级	420777	72704	330143	14190
三级及以下	227748	37994	164274	5830
五、按营业状态分				
营业	24347941	5227493	13642254	1532566
停业（歇业）	14222	12530	1692	–
筹建	–	–	–	–
当年关闭	–	–	–	–
当年破产	–	–	–	–
其它	34260	–	34260	–
六、按控股情况分				
国有控股	1140674	281288	364313	59253
集体控股	1751017	263332	1267470	92270
私人控股	20716668	4212883	11931563	1322717
港澳台商控股	763537	478380	105220	47579
外商控股	24527	4140	9640	10747

生 产 情 况（五）

3-14 续表

屋价值（千元）

批发和零售用房	住宿和餐饮用房	居民服务业用房	教育用房	文化、体育和娱乐用房	卫生医疗用房	科研用房	其他用房
–	–	–	–	–	–	–	–
–	–	–	–	–	–	–	–
–	–	–	–	–	–	–	–
–	–	–	–	–	–	–	–
–	1500	–	32600	–	–	–	11050
–	–	–	–	5670	31980	9088	–
–	–	–	–	–	–	–	–
–	–	–	–	–	–	–	–
–	–	–	–	–	–	–	–
–	–	–	–	–	–	–	–
–	–	–	–	–	–	–	–
–	–	–	–	–	–	–	–
526183	250113	650874	1470881	262198	142656	97832	544891
–	–	–	–	–	–	–	8200
3000	26100	377980	–	–	–	10480	8629
523183	224013	272894	1470881	262198	142656	87352	528062
526183	250113	643074	1470881	256528	142656	97832	534971
225870	5000	9600	832299	–	58870	1604	–
138968	122758	609980	437908	97670	37862	96228	237903
66030	8040	13329	143590	117654	26756	–	154848
95315	114315	10165	57084	41204	19168	–	142220
–	–	7800	–	5670	–	–	9920
–	–	–	–	–	–	–	–
–	–	–	–	–	–	–	3740
–	–	7800	–	5670	–	–	6180
526183	250113	650874	1470881	262198	142656	97832	544891
–	–	–	–	–	–	–	–
–	–	–	–	–	–	–	–
–	–	–	–	–	–	–	–
–	–	–	–	–	–	–	–
–	–	–	–	–	–	–	–
2000	45360	377980	–	–	–	10480	–
1500	415	9065	38008	26184	–	–	52773
522683	176338	263829	1432873	236014	142656	87352	387760
–	28000	–	–	–	–	–	104358
–	–	–	–	–	–	–	–

3-14 建筑业企业

项　目	年初存货	流动资产小计	存　货	长期投资	固定资产合计
总　计	**6128071**	**32327409**	**6135751**	**1248613**	**9575082**
# 国有及国有控股企业	872665	5132497	1041647	91467	1303165
一、按登记注册类型分组					
内资企业	6019375	31811183	6036410	1248275	9464666
国有企业	467390	2519995	589243	47277	744139
集体企业	110097	951527	253422	37120	512366
股份合作企业	13479	143503	41735	6440	71220
联营企业	–	7954	234	–	14207
国有联营企业	–	–	–	–	–
集体联营企业	–	–	–	–	–
国有与集体联营企业	–	–	–	–	–
其他联营企业	–	7954	234	–	14207
有限责任公司	2364312	13167174	2149652	679526	3204283
国有独资公司	120684	1680897	166867	36278	441558
其他有限责任公司	2243628	11486277	1982785	643248	2762725
股份有限公司	1018162	3180207	1106672	30853	688383
私营企业	2045935	11840823	1895452	447059	4230068
私营独资企业	12837	55938	13809	3390	32566
私营合伙企业	125	7805	5805	–	45271
私营有限责任公司	1918779	11182412	1680274	443202	3933980
私营股份有限公司	114194	594668	195564	467	218251
其他企业	–	–	–	–	–
港、澳、台商投资企业	77237	282595	70617	–	63588
合资经营企业（港或澳、台资）	75026	272827	67123	–	63361
合作经营企业（港或澳、台资）	–	–	–	–	–
港、澳、台商独资经营企业	2211	9768	3494	–	227
港、澳、台商投资股份有限公司	–	–	–	–	–
外商投资企业	31459	233631	28724	338	46828
中外合资经营企业	30982	218889	28251	–	38557
中外合作经营企业	464	10021	461	338	6693
外资企业	13	4721	12	–	1578
外商投资股份有限公司	–	–	–	–	–
二、按国民经济行业分组					
房屋和土木工程建筑业	5270659	26851264	4983676	1102489	8154496
房屋工程建筑	4337272	20873625	3855723	798432	6100848
土木工程建筑	933387	5977639	1127953	304057	2053648
铁路道路隧道和桥梁工程	440584	2480648	443606	209532	1026240

财 务 情 况 （一）

单位：千元

固定资产原价	生产经营用	累计折旧	本年折旧	在建工程	无形资产	递延资产	其他资产
13417287	11650815	4016657	775599	103386	828238	590921	35931
2331087	1404878	1034120	203089	5007	167093	13013	4143
13228282	11470955	3934032	762756	101049	821887	587569	35931
1193893	996206	451108	92205	691	115853	4145	1272
747775	672813	238631	32665	640	4791	968	—
105911	101535	34709	6275	—	4523	4303	—
15019	14730	812	190	—	—	—	—
—	—	—	—	—	—	—	—
—	—	—	—	—	—	—	—
—	—	—	—	—	—	—	—
15019	14730	812	190	—	—	—	—
4699209	3707811	1573856	283341	52297	146157	70478	4589
899359	175228	461148	95288	3347	47557	5498	2610
3799850	3532583	1112708	188053	48950	98600	64980	1979
1000709	1000709	332370	65773	20034	104399	104399	—
5465766	4977151	1302546	282307	27387	446164	403276	30070
50269	39834	17703	4839	—	15200	15200	—
47368	45532	2097	1416	—	—	—	—
5076910	4620987	1197006	255959	21707	406493	364341	29984
291219	270798	85740	20093	5680	24471	23735	86
—	—	—	—	—	—	—	—
114187	107869	50619	9597	—	1732	1646	—
113797	107569	50456	9576	—	1732	1646	—
—	—	—	—	—	—	—	—
390	300	163	21	—	—	—	—
—	—	—	—	—	—	—	—
74818	71991	32006	3246	2337	4619	1706	—
58440	56884	22220	2695	2337	2223	742	—
14442	13442	9428	336	—	1186	964	—
1936	1665	358	215	—	1210	—	—
—	—	—	—	—	—	—	—
11184809	9713232	3180435	630335	82654	760496	536500	23821
7920213	7377461	1946935	378712	63347	621735	464279	19039
3264596	2335771	1233500	251623	19307	138761	72221	4782
1549717	1391756	531469	111565	6475	77196	56431	2155

3-14 建筑业企业

项目	年初存货	流动资产小计	存货	长期投资	固定资产合计
水利和港口工程建筑	172083	1585061	228887	9787	638769
工矿工程建筑	29557	469179	20448	73082	92104
架线和管道工程建筑	228730	920882	321338	2300	125335
其他土木工程建筑	62433	521869	113674	9356	171200
建筑安装业	638805	4005909	862785	107135	1056390
建筑装饰业	175150	1094619	224188	24809	208513
其它建筑业	43457	375617	65102	14180	155683
工程准备	7861	136296	12604	5550	77298
提供工程设备服务	11000	79449	10000	320	20524
其它未列明的建筑活动	24596	159872	42498	8310	57861
三、按隶属关系分组					
中　央	467030	2820609	637432	10821	641333
地　方	5661041	29506800	5498319	1237792	8933749
省（自治区、直辖市）	137086	578840	150388	3550	274486
地（区、市、州、盟）	1550757	5302034	1631709	194294	1172870
县（区、市、旗）及县以下	3973198	23625926	3716222	1039948	7486393
四、按企业资质等级分组					
施工总承包	5073244	26484825	4956719	1059072	8054152
特　级	210805	4708472	313859	196160	447137
一　级	3126633	11332727	2837624	498730	3600981
二　级	1006172	6161320	1002427	292686	2221542
三级及以下	729634	4282306	802809	71496	1784492
专业承包	1054827	5842584	1179032	189541	1520930
一　级	108109	1010520	110348	78206	174105
二　级	467753	1776351	332395	20635	548331
三级及以下	478965	3055713	736289	90700	798494
五、按营业状态分					
营业	6106185	32094318	6099420	1244629	9405541
停业（歇业）	21590	210634	33927	3984	156883
筹建	–	–	–	–	–
当年关闭	–	–	–	–	–
当年破产	–	–	–	–	–
其它	296	22457	2404	–	12658
六、按控股情况分					
国有控股	872665	5132497	1041647	91467	1303165
集体控股	443448	2628731	757052	93622	976243
私人控股	4723994	24186777	4261354	1063524	7207190
港澳台商控股	64369	204762	55210	–	51982
外商控股	23595	174642	20488	–	36502

财务情况（一）

3–15 续表

固定资产原价	生产经营用	累计折旧	本年折旧	在建工程	无形资产	递延资产	其他资产
1164645	438125	529416	113676	3540	49047	7376	2420
106506	106353	14402	1953	–	3477	–	–
196275	176607	79557	9303	7571	724	525	206
247453	222930	78656	15126	1721	8317	7889	1
1699061	1454526	658650	114873	14645	54349	43724	8094
322851	299600	118182	16392	3260	7130	4956	3745
210566	183457	59390	13999	2827	6263	5741	271
109509	99917	35518	7987	1628	1616	1294	271
29009	22392	8485	2426	–	4273	4198	–
72048	61148	15387	3586	1199	374	249	–
1305681	572783	668389	141606	4031	60260	5854	3560
12111606	11078032	3348268	633993	99355	767978	585067	32371
417881	299698	143395	25208	–	5591	473	49
1749211	1658934	614558	104989	36155	36826	29158	534
9944514	9119400	2590315	503796	63200	725561	555436	31788
11289238	9720082	3385722	662655	83997	751198	526420	26979
733166	700170	286039	56182	–	382487	382487	–
5338511	4302868	1811041	363432	55258	186147	96526	5803
2930706	2644894	763573	142443	16988	58947	30226	19268
2286855	2072150	525069	100598	11751	123617	17181	1908
2128049	1930733	630935	112944	19389	77040	64501	8952
261389	246900	90345	11089	3060	5608	4733	78
724345	669361	177738	34579	542	27861	27612	5272
1142315	1014472	362852	67276	15787	43571	32156	3602
13216220	11468133	3980244	768235	98507	822823	590597	34916
187018	168633	35022	7011	4879	5402	311	1015
–	–	–	–	–	–	–	–
–	–	–	–	–	–	–	–
–	–	–	–	–	–	–	–
14049	14049	1391	353	–	13	13	–
2331087	1404878	1034120	203089	5007	167093	13013	4143
1374906	1247698	439337	70397	28805	25077	18971	–
9567084	8857561	2483438	491169	67237	632120	557891	31788
88933	87908	36971	8640	–	3	–	–
55277	52770	22791	2304	2337	3945	1046	–

3-14 建 筑 业 企 业

项　　目	资产总计	流动负债合计	长期负债合计	负债合计
总　　计	**44015273**	**22040107**	**986125**	**23026232**
# 国有及国有控股企业	6698365	5161794	95943	5257737
一、按登记注册类型分组				
内资企业	43381942	21755013	985787	22740800
国有企业	3428536	2530132	2132	2532264
集体企业	1505804	745197	1058	746255
股份合作企业	225686	109493	–	109493
联营企业	22161	7671	–	7671
国有联营企业	–	–	–	–
集体联营企业	–	–	–	–
国有与集体联营企业	–	–	–	–
其他联营企业	22161	7671	–	7671
有限责任公司	17201729	8821319	586087	9407406
国有独资公司	2208900	1848576	93811	1942387
其他有限责任公司	14992829	6972743	492276	7465019
股份有限公司	4003842	2245916	298779	2544695
私营企业	16994184	7295285	97731	7393016
私营独资企业	107094	46880	–	46880
私营合伙企业	53076	1734	–	1734
私营有限责任公司	15996071	6914850	97731	7012581
私营股份有限公司	837943	331821	–	331821
其他企业	–	–	–	–
港、澳、台商投资企业	347915	143817	–	143817
合资经营企业（港或澳、台资）	337920	142465	–	142465
合作经营企业（港或澳、台资）	–	–	–	–
港、澳、台商独资经营企业	9995	1352	–	1352
港、澳、台商投资股份有限公司	–	–	–	–
外商投资企业	285416	141277	338	141615
中外合资经营企业	259669	133803	158	133961
中外合作经营企业	18238	3408	180	3588
外资企业	7509	4066	–	4066
外商投资股份有限公司	–	–	–	–
二、按国民经济行业分组				
房屋和土木工程建筑业	36892566	18403236	924570	19327806
房屋工程建筑	28413679	12966171	739743	13705914
土木工程建筑	8478887	5437065	184827	5621892
铁路道路隧道和桥梁工程	3795771	2248043	13639	2261682

财务情况（二）

单位：千元

所有者权益合计	实收资本						
		国家资本	集体资本	法人资本	个人资本	港澳台资本	外商资本
20989041	14139224	1157870	1154135	1289161	10349334	81544	107180
1440628	1100148	1060898	–	2780	29891	4648	1931
20641142	13777244	1136745	1133472	1169247	10301394	36386	–
896272	632334	632334	–	–	–	–	–
759549	631725	–	603193	28532	–	–	–
116193	149132	–	128244	6130	14758	–	–
14490	13000	–	–	–	13000	–	–
–	–	–	–	–	–	–	–
–	–	–	–	–	–	–	–
–	–	–	–	–	–	–	–
14490	13000	–	–	–	13000	–	–
7794323	4924581	423771	402035	400028	3662361	36386	–
266513	262460	262460	–	–	–	–	–
7527810	4662121	161311	402035	400028	3662361	36386	–
1459147	608918	80640	–	70358	457920	–	–
9601168	6817554	–	–	664199	6153355	–	–
60214	59272	–	–	44880	14392	–	–
51342	45380	–	–	–	45380	–	–
8983490	6304652	–	–	565519	5739133	–	–
506122	408250	–	–	53800	354450	–	–
–	–	–	–	–	–	–	–
204098	192248	13202	14688	81980	29490	45158	7730
195455	182248	13202	14688	81980	29490	35158	7730
–	–	–	–	–	–	–	–
8643	10000	–	–	–	–	10000	–
–	–	–	–	–	–	–	–
143801	169732	7923	5975	37934	18450	–	99450
125708	144759	7923	3750	31984	16200	–	84902
14650	21773	–	2225	5950	2250	–	11348
3443	3200	–	–	–	–	–	3200
–	–	–	–	–	–	–	–
17564760	11198418	861063	846542	1079967	8299315	42116	69415
14707765	9121011	271090	585482	859346	7298947	42116	64030
2856995	2077407	589973	261060	220621	1000368	–	5385
1534089	986904	270723	49988	155305	509651	–	1237

3-14 建 筑 业 企 业

项　　目	资产总计	流动负债合计	长期负债合计	负债合计
水利和港口工程建筑	2285084	1763543	91871	1855414
工矿工程建筑	637842	435106	78319	513425
架线和管道工程建筑	1049447	763030	450	763480
其他土木工程建筑	710743	227343	548	227891
建筑安装业	5231877	2822398	51179	2873577
建筑装饰业	1338816	556205	5920	562125
其它建筑业	552014	258268	4456	262724
工程准备	221031	78226	900	79126
提供工程设备服务	104566	107409	–	107409
其它未列明的建筑活动	226417	72633	3556	76189
三、按隶属关系分组				
中　央	3536583	2896098	91286	2987384
地　　方	40478690	19144009	894839	20038848
省（自治区、直辖市）	862516	683188	1729	684917
地（区、市、州、盟）	6706558	4568400	303599	4871999
县（区、市、旗）及县以下	32909616	13892421	589511	14481932
四、按企业资质等级分组				
施工总承包	36376226	18383484	885447	19268931
特　级	5734256	1873808	275000	2148808
一　级	15624388	9598274	491393	10089667
二　级	8753763	4474590	22228	4496818
三级及以下	6263819	2436812	96826	2533638
专业承包	7639047	3656623	100678	3757301
一　级	1268517	668270	78439	746709
二　级	2378450	1073255	3846	1077101
三级及以下	3992080	1915098	18393	1933491
五、按营业状态分				
营业	43602227	21946742	937249	22883991
停业（歇业）	377918	88088	48876	136964
筹建	–	–	–	–
当年关闭	–	–	–	–
当年破产	–	–	–	–
其它	35128	5277	–	5277
六、按控股情况分				
国有控股	6698365	5161794	95943	5257737
集体控股	3723673	2287870	10188	2298058
私人控股	33121399	14373832	879656	15253488
港澳台商控股	256747	103584	–	103584
外商控股	215089	113027	338	113365

财务情况（二）

3-15 续表

所有者权益合计	实收资本						
		国家资本	集体资本	法人资本	个人资本	港澳台资本	外商资本
429670	406830	240110	124080	10780	31860	–	–
124417	44860	280	–	27680	16900	–	–
285967	210160	60360	48370	2895	98535	–	–
482852	428653	18500	38622	23961	343422	–	4148
2358300	2014127	246389	273075	107635	1364690	4208	18130
776691	650738	29525	33518	88089	452441	35220	11945
289290	275941	20893	1000	13470	232888	–	7690
141905	124868	3118	–	12950	101110	–	7690
−2843	10000	–	–	–	10000	–	–
150228	141073	17775	1000	520	121778	–	–
549199	573809	501659	46600	–	21400	4150	–
20439842	13565415	656211	1107535	1289161	10327934	77394	107180
177599	185050	135119	21570	16100	12261	–	–
1834559	1068479	340269	158933	148538	392160	16050	12529
18427684	12311886	180823	927032	1124523	9923513	61344	94651
17107295	10958105	942489	933309	1035880	7939044	42116	65267
3585448	1360175	16475	10356	3500	1329844	–	–
5534721	3391808	688843	190730	476378	1986011	42116	7730
4256945	3278856	169205	399525	254878	2455248	–	–
3730181	2927266	67966	332698	301124	2167941	–	57537
3881746	3181119	215381	220826	253281	2410290	39428	41913
521808	341210	52811	10240	99432	150234	20200	8293
1301349	1083235	51185	48816	81747	890086	3179	8222
2058589	1756674	111385	161770	72102	1369970	16049	25398
20718236	13905141	1156870	1132735	1289161	10137651	81544	107180
240954	206945	1000	21400	–	184545	–	–
–	–	–	–	–	–	–	–
–	–	–	–	–	–	–	–
–	–	–	–	–	–	–	–
29851	27138	–	–	–	27138	–	–
1440628	1100148	1060898	–	2780	29891	4648	1931
1425615	1189205	–	1126144	38192	20631	2988	1250
17867911	11592193	95372	20836	1128275	10298812	39787	9111
153163	128761	–	4930	81980	–	34121	7730
101724	128917	1600	2225	37934	–	–	87158

3-14 建 筑 业 企 业

项 目	工程结算收入	工程结算成本	工程结算税金及附加	工程结算利润
总 计	**52121251**	**46078171**	**1755433**	**4223075**
# 国有及国有控股企业	9532051	8677772	315295	528742
一、按登记注册类型分组				
内资企业	50802712	44907152	1715692	4116928
国有企业	5731797	5193307	190264	338196
集体企业	2596318	2367401	76233	151831
股份合作企业	371203	318750	15103	37350
联营企业	30710	28170	920	1560
国有联营企业	–	–	–	–
集体联营企业	–	–	–	–
国有与集体联营企业	–	–	–	–
其他联营企业	30710	28170	920	1560
有限责任公司	18865126	16733430	648355	1466456
国有独资公司	2786524	2605279	91616	89629
其他有限责任公司	16078602	14128151	556739	1376827
股份有限公司	2358815	2068246	77150	213419
私营企业	20848743	18197848	707667	1908116
私营独资企业	117870	92456	7921	16494
私营合伙企业	161320	148042	5348	7930
私营有限责任公司	19254201	16799850	651507	1770695
私营股份有限公司	1315352	1157500	42891	112997
其他企业	–	–	–	–
港、澳、台商投资企业	1118055	1002176	33663	82216
合资经营企业（港或澳、台资）	1110239	995196	33428	81615
合作经营企业（港或澳、台资）	–	–	–	–
港、澳、台商独资经营企业	7816	6980	235	601
港、澳、台商投资股份有限公司	–	–	–	–
外商投资企业	200484	168843	6078	23931
中外合资经营企业	186799	159329	5662	20806
中外合作经营企业	6161	4250	186	1725
外资企业	7524	5264	230	1400
外商投资股份有限公司	–	–	–	–
二、按国民经济行业分组				
房屋和土木工程建筑业	44514264	39435519	1523507	3516323
房屋工程建筑	34957937	30931302	1205043	2803224
土木工程建筑	9556327	8504217	318464	713099
铁路道路隧道和桥梁工程	5082730	4494065	174190	402357

财务情况（三）

单位：千元

其他业务收入	其他业务利润	经营费用	管理费用	税金	财产保险费	差旅费	工会经费
499378	**190450**	**64572**	**1914046**	**99213**	**13363**	**79988**	**61952**
178790	37532	10242	364620	15140	1221	14210	8452
498691	190143	62940	1842212	98069	12478	77686	60653
76301	23189	10030	220388	9812	357	8507	4552
6473	2688	853	84665	5141	318	2115	3376
955	359	–	31747	1361	201	1100	627
–	–	60	447	22	–	73	62
–	–	–	–	–	–	–	–
–	–	–	–	–	–	–	–
–	–	–	–	–	–	–	–
–	–	60	447	22	–	73	62
320287	131825	16885	684618	34019	2884	33174	24266
17013	−3136	–	66946	3346	799	3378	2594
303274	134961	16885	617672	30673	2085	29796	21672
19760	652	–	38527	1304	3168	816	684
74915	31430	35112	781820	46410	5550	31901	27086
1320	680	999	11850	2345	9	1664	225
3	2	–	2244	69	11	66	204
73552	30718	32149	712125	39591	4386	28905	23927
40	30	1964	55601	4405	1144	1266	2730
–	–	–	–	–	–	–	–
560	189	–	54988	876	695	1291	1150
560	189	–	54226	862	662	1164	1150
–	–	–	–	–	–	–	–
–	–	–	762	14	33	127	–
–	–	–	–	–	–	–	–
127	118	1632	16846	268	190	1011	149
127	118	1002	13934	205	130	423	119
–	–	–	1892	52	60	147	20
–	–	630	1020	11	–	441	10
–	–	–	–	–	–	–	–
279501	140729	38915	1381713	73394	9583	52658	53664
187209	124536	18368	963837	50727	7988	37245	44703
92292	16193	20547	417876	22667	1595	15413	8961
49037	7033	12118	207358	12815	434	6107	3469

3-14 建筑业企业

项目	工程结算收入	工程结算成本	工程结算税金及附加	工程结算利润
水利和港口工程建筑	2854926	2640954	94711	116841
工矿工程建筑	204758	183254	3017	17024
架线和管道工程建筑	792455	633856	26174	130665
其他土木工程建筑	621458	552088	20372	46212
建筑安装业	5831534	5152121	174529	488020
建筑装饰业	1286083	1075083	41630	163157
其它建筑业	489370	415448	15767	55575
工程准备	195909	166882	6418	21834
提供工程设备服务	31899	29556	711	1632
其它未列明的建筑活动	261562	219010	8638	32109
三、按隶属关系分组				
中　央	6001789	5508743	198423	287853
地　方	46119462	40569428	1557010	3935222
省（自治区、直辖市）	1163793	1039332	38591	85819
地（区、市、州、盟）	3619958	3262046	117810	236544
县（区、市、旗）及县以下	41335711	36268050	1400609	3612859
四、按企业资质等级分组				
施工总承包	45131552	40143929	1525372	3427256
特　级	6751972	5987786	224793	539393
一　级	17780818	15952692	596806	1221080
二　级	11840745	10576994	390017	867824
三级及以下	8758017	7626457	313756	798959
专业承包	6989699	5934242	230061	795819
一　级	915640	787462	27067	99621
二　级	2452129	2094355	84411	267960
三级及以下	3621930	3052425	118583	428238
五、按营业状态分				
营业	51868670	45864685	1747046	4195791
停业（歇业）	191620	159996	6366	21994
筹建	–	–	–	–
当年关闭	–	–	–	–
当年破产	–	–	–	–
其它	60961	53490	2021	5290
六、按控股情况分				
国有控股	9532051	8677772	315295	528742
集体控股	4428040	3964199	139506	321102
私人控股	37016593	32418121	1266098	3282107
港澳台商控股	1018542	913080	30650	74812
外商控股	126025	104999	3884	16312

财 务 情 况 (三)

3-15 续表

其他业务收入	其他业务利润	经营费用	管理费用	税金	财产保险费	差旅费	工会经费
34359	5669	2420	78443	4984	715	2933	3048
1790	1789	1463	3784	319	153	780	518
2377	742	1760	84087	1703	123	2261	1054
4729	960	2786	44204	2846	170	3332	872
207946	45055	16864	382056	19484	3106	18928	6094
6206	3537	6213	113680	4333	432	6341	1633
5725	1129	2580	36597	2002	242	2061	561
1455	142	775	13416	756	161	742	276
—	—	—	3622	120	—	10	28
4270	987	1805	19559	1126	81	1309	257
47394	4460	6770	197088	7991	736	6370	5260
451984	185990	57802	1716958	91222	12627	73618	56692
80047	22325	51	67247	1625	118	2831	1265
81287	12102	3558	167809	8509	3956	6532	3790
290650	151563	54193	1481902	81088	8553	64255	51637
307800	142350	34995	1379796	72191	10213	49357	52332
103795	97659	—	61492	3359	350	3866	8150
136436	12002	10240	555577	29778	5909	27301	17448
57602	27012	5910	335943	19639	1765	7102	13337
9967	5677	18845	426784	19415	2189	11088	13397
191578	48100	29577	534250	27022	3150	30631	9620
2476	2295	1490	61970	1222	359	2451	1117
34253	6159	5403	165362	9087	665	10666	3636
154849	39646	22684	306918	16713	2126	17514	4867
495470	189594	61148	1892617	98020	13118	79236	61603
3908	856	3264	17466	1186	245	678	212
—	—	—	—	—	—	—	—
—	—	—	—	—	—	—	—
—	—	—	—	—	—	—	—
—	—	160	3963	7	—	74	137
178790	37532	10242	364620	15140	1221	14210	8452
47430	4343	3233	179451	11148	1184	8891	6115
272695	148421	50267	1310413	71967	10115	55418	46220
463	154	—	49933	786	676	769	1061
—	—	830	9629	172	167	700	104

3-14 建筑业企业

项　　目	财务费用	利息支出	营业利润	营业外收入	营业外支出	利润总额
总　　计	**91645**	**52671**	**2407834**	**30387**	**21003**	**2437085**
# 国有及国有控股企业	30372	22123	171282	2224	3288	147835
一、按登记注册类型分组						
内资企业	85871	48039	2378988	18318	20778	2396381
国有企业	18332	14416	122665	1213	2086	96243
集体企业	413	91	69441	547	823	69248
股份合作企业	684	−52	5278	−	69	5232
联营企业	1	1	1112	−	−	1112
国有联营企业	−	−	−	−	−	−
集体联营企业	−	−	−	−	−	−
国有与集体联营企业	−	−	−	−	−	−
其他联营企业	1	1	1112	−	−	1112
有限责任公司	39983	27412	873680	12783	3578	879182
国有独资公司	11138	8547	8409	945	278	10612
其他有限责任公司	28845	18865	865271	11838	3300	868570
股份有限公司	−13410	−13790	188954	−	1651	235563
私营企业	39868	19961	1117858	3775	12571	1109801
私营独资企业	741	660	4583	−	26	4736
私营合伙企业	−	−	5688	−	−	5688
私营有限责任公司	34526	18741	1054762	3775	12402	1047519
私营股份有限公司	4601	560	52825	−	143	51858
其他企业	−	−	−	−	−	−
港、澳、台商投资企业	4954	3948	22463	12047	215	34310
合资经营企业（港或澳、台资）	4953	3948	22625	12047	215	34472
合作经营企业（港或澳、台资）	−	−	−	−	−	−
港、澳、台商独资经营企业	1	−	−162	−	−	−162
港、澳、台商投资股份有限公司	−	−	−	−	−	−
外商投资企业	820	684	6383	22	10	6394
中外合资经营企业	806	705	6184	22	10	6195
中外合作经营企业	4	−21	−171	−	−	−171
外资企业	10	−	370	−	−	370
外商投资股份有限公司	−	−	−	−	−	−
二、按国民经济行业分组						
房屋和土木工程建筑业	83584	49872	2191755	4639	17353	2209053
房屋工程建筑	54009	27902	1909914	1291	13597	1923840
土木工程建筑	29575	21970	281841	3348	3756	285213
铁路道路隧道和桥梁工程	13799	10660	188233	1389	2180	188078

财 务 情 况 （四）

单位：千元

应交所得税	应付利润	劳动、失业保险费	住房公积金及住房补贴	本年应付工资总额（贷方累计发生额）	主营业务应付工资总额	本年应付福利费总额（贷方累计发生额）	主营业务应付福利费总额	应收工程款	竣工工程	全部从业人员年平均人数（人）
779493	**443488**	**190611**	**61333**	**7915511**	**7901411**	**1032129**	**1030429**	**9146186**	**4390371**	**456004**
46920	26890	86391	30918	1325736	1321565	177222	176608	2012848	570751	59456
769863	432587	188879	60676	7755244	7741144	1010285	1008585	8989436	4267330	447694
31267	13074	36593	15668	804378	802082	105150	104830	450381	236948	39075
21356	25492	9384	6968	376570	376511	49733	49725	146533	94408	24120
1943	4146	1782	395	59892	59625	6763	6708	36048	31326	3746
323	252	–	–	5892	5892	818	818	–	–	346
–	–	–	–	–	–	–	–	–	–	–
–	–	–	–	–	–	–	–	–	–	–
–	–	–	–	–	–	–	–	–	–	–
323	252	–	–	5892	5892	818	818	–	–	346
289155	118413	86575	24139	3063726	3054507	389550	388542	4409310	1825812	169074
2749	4525	39974	10368	381304	380542	53382	53275	1239850	281987	12548
286406	113888	46601	13771	2682422	2673965	336168	335267	3169460	1543825	156526
65946	821	3118	2016	363947	363805	50948	50924	756376	311579	15920
359873	270389	51427	11490	3080839	3078722	407323	407038	3190788	1767257	195413
1594	617	312	38	12462	12462	1516	1516	104334	384	1028
2240	2984	–	–	20163	20163	2530	2530	8740	5360	1451
340051	247204	48782	11306	2838361	2836246	375436	375152	2699846	1470001	180427
15988	19584	2333	146	209853	209851	27841	27840	377868	291512	12507
–	–	–	–	–	–	–	–	–	–	–
7327	8453	855	167	137574	137574	18907	18907	98858	98203	6447
7327	8453	826	167	136494	136494	18756	18756	93413	93203	6387
–	–	–	–	–	–	–	–	–	–	–
–	–	29	–	1080	1080	151	151	5445	5000	60
–	–	–	–	–	–	–	–	–	–	–
2303	2448	877	490	22693	22693	2937	2937	57892	24838	1863
2127	2112	663	358	20564	20564	2653	2653	53219	21193	1617
46	96	168	58	1729	1729	228	228	3603	2575	192
130	240	46	74	400	400	56	56	1070	1070	54
–	–	–	–	–	–	–	–	–	–	–
694073	381148	141531	40471	6913198	6902899	904968	903767	8205492	3661568	386714
615271	332933	51121	10222	5721114	5714584	741866	741261	6117901	2970736	320398
78802	48215	90410	30249	1192084	1188315	163102	162506	2087591	690832	66316
51375	24110	36673	13820	643975	642013	88776	88481	823158	415390	33843

3-14 建筑业企业

项　　目	财务费用	利息支出	营业利润	营业外收入	营业外支出	利润总额
水利和港口工程建筑	10238	6435	33829	945	505	35967
工矿工程建筑	5620	5569	9409	–	–	9948
架线和管道工程建筑	−599	−840	47919	1010	945	48049
其他土木工程建筑	517	146	2451	4	126	3171
建筑安装业	2608	−1064	148411	11832	2802	150700
建筑装饰业	2293	1082	50721	13269	537	60684
其它建筑业	3160	2781	16947	647	311	16648
工程准备	104	43	8456	507	17	8451
提供工程设备服务	962	959	−2952	140	10	−2820
其它未列明的建筑活动	2094	1779	11443	–	284	11017
三、按隶属关系分组						
中　央	21620	15925	73605	1580	2227	72178
地　方	70025	36746	2334229	28807	18776	2364907
省（自治区、直辖市）	4669	3985	36228	378	255	13067
地（区、市、州、盟）	−15416	−16990	96253	13871	2722	113405
县（区、市、旗）及县以下	80772	49751	2201748	14558	15799	2238435
四、按企业资质等级分组						
施工总承包	76611	42197	2113199	4688	17801	2130444
特　级	12690	9995	562870	–	12	610541
一　级	22593	11736	654912	2868	13772	649039
二　级	23571	8491	535322	739	2337	512712
三级及以下	17757	11975	360095	1081	1680	358152
专业承包	15034	10474	294635	25699	3202	306641
一　级	7994	7216	31952	12111	420	44280
二　级	4240	2462	104517	56	216	102930
三级及以下	2800	796	158166	13532	2566	159431
五、按营业状态分						
营业	88270	52594	2404498	30387	21001	2434253
停业（歇业）	3399	111	1985	–	2	1481
筹建	–	–	–	–	–	–
当年关闭	–	–	–	–	–	–
当年破产	–	–	–	–	–	–
其它	−24	−34	1351	–	–	1351
六、按控股情况分						
国有控股	30372	22123	171282	2224	3288	147835
集体控股	−824	−4350	146818	576	1482	149265
私人控股	56856	30665	2063259	15540	16025	2101671
港澳台商控股	4855	3953	20178	12047	207	32018
外商控股	386	280	6297	–	1	6296

财务情况（四）

3－15 续表

应交所得税	应付利润	劳动、失业保险费	住房公积金及住房补贴	本年应付工资总额（贷方累计发生额）	主营业务应付工资总额	本年应付福利费总额（贷方累计发生额）	主营业务应付福利费总额	应收工程款	竣工工程	全部从业人员年平均人数（人）
12691	10159	39997	11410	332381	331389	46513	46374	1083476	158187	16456
1357	1564	1002	319	28640	28640	3537	3537	34646	5150	1732
10464	7950	7554	3595	87421	87125	11135	11061	41207	40807	6117
2915	4432	5184	1105	99667	99148	13141	13053	105104	71298	8168
56667	41410	38629	18626	767161	764119	97061	96632	639602	468713	49345
21143	16135	7809	2011	175445	174980	22188	22152	226869	205069	15381
7610	4795	2642	225	59707	59413	7912	7878	74223	55021	4564
3126	2497	541	161	26525	26525	3548	3548	42779	38624	2168
–	–	157	–	2441	2441	340	340	–	–	126
4484	2298	1944	64	30741	30447	4024	3990	31444	16397	2270
23379	8051	58334	16540	784180	782928	102287	102112	998473	221646	33462
756114	435437	132277	44793	7131331	7118483	929842	928317	8147713	4168725	422542
6293	5559	7974	4336	149340	148404	20858	20729	223011	206621	8752
30330	20152	27517	14798	579183	576892	79991	79620	917305	273532	29289
719491	409726	96786	25659	6402808	6393187	828993	827968	7007397	3688572	384501
679569	368430	141957	45314	7014847	7004661	914189	913048	8078743	3775892	387307
186198	20895	5688	16	1196746	1191317	157236	156792	1793298	973475	54956
228511	114688	89086	30991	2667012	2662849	351286	350671	3780231	1415856	121521
155743	115400	27169	9405	1744183	1743669	223054	222983	1082455	546435	101148
109117	117447	20014	4902	1406906	1406826	182613	182602	1422759	840126	109682
99924	75058	48654	16019	900664	896750	117940	117381	1067443	614479	68697
12960	7971	4848	1939	120389	120015	15318	15305	187267	147224	7627
32303	23265	14199	4093	308620	308023	41061	40928	348363	186293	23252
54661	43822	29607	9987	471655	468712	61561	61148	531813	280962	37818
776493	439947	189692	61318	7869128	7855269	1025810	1024143	9129674	4382553	451744
2518	2623	469	15	33168	32927	4489	4456	16512	7818	3298
–	–	–	–	–	–	–	–	–	–	–
–	–	–	–	–	–	–	–	–	–	–
–	–	–	–	–	–	–	–	–	–	–
482	918	450	–	13215	13215	1830	1830	–	–	962
46920	26890	86391	30918	1325736	1321565	177222	176608	2012848	570751	59456
47332	34341	16751	10428	643075	642524	85272	85175	228013	152886	39365
676520	372420	86385	19575	5810413	5801035	750976	749987	6771817	3562480	350092
6640	7968	650	137	124620	124620	17122	17122	85449	85004	5798
2081	1869	434	275	11667	11667	1537	1537	48059	19250	1293

3-15 劳务分包建筑

指　　标	企业数（个）	有工作量	建筑业总产值	装饰装修产值	计算建筑业劳动生产率的平均人数（人）	年末从业人员（人）
总　　计	**48**	**41**	**178550**	**5264**	**3422**	**2285**
# 国有及国有控股企业	–	–	–	–	–	–
一、按登记注册类型分组						
内资企业	48	41	178550	5264	3422	2285
国有企业	–	–	–	–	–	–
集体企业	8	8	102045	3936	1414	369
股份合作企业	–	–	–	–	–	–
联营企业	–	–	–	–	–	–
国有联营企业	–	–	–	–	–	–
集体联营企业	–	–	–	–	–	–
国有与集体联营企业	–	–	–	–	–	–
其他联营企业	–	–	–	–	–	–
有限责任公司	10	9	11710	1069	717	700
国有独资公司	–	–	–	–	–	–
其他有限责任公司	10	9	11710	1069	717	700
股份有限公司	–	–	–	–	–	–
私营企业	30	24	64795	259	1291	1216
私营独资企业	–	–	–	–	–	–
私营合伙企业	–	–	–	–	–	–
私营有限责任公司	24	18	58547	259	1027	967
私营股份有限公司	6	6	6248	–	264	249
其他企业	–	–	–	–	–	–
港、澳、台商投资企业	–	–	–	–	–	–
合资经营企业（港或澳、台资）	–	–	–	–	–	–
合作经营企业（港或澳、台资）	–	–	–	–	–	–
港、澳、台商独资经营企业	–	–	–	–	–	–
港、澳、台商投资股份有限公司	–	–	–	–	–	–
外商投资企业	–	–	–	–	–	–
中外合资经营企业	–	–	–	–	–	–
中外合作经营企业	–	–	–	–	–	–
外资企业	–	–	–	–	–	–
外商投资股份有限公司	–	–	–	–	–	–
二、按国民经济行业分组						
房屋和土木工程建筑业	18	17	112839	5005	2007	938

业企业主要指标（一）

单位：千元

#管理人员	#工程技术人员	#现场施工工人	固定资产原价	本年折旧	资产总计	负债合计	实收资本
275	**281**	**1730**	**25081**	**1965**	**64763**	**18416**	**41542**
—	—	—	—	—	—	—	—
275	281	1730	25081	1965	64763	18416	41542
—	—	—	—	—	—	—	—
45	29	295	3030	278	17564	8825	8128
—	—	—	—	—	—	—	—
—	—	—	—	—	—	—	—
—	—	—	—	—	—	—	—
—	—	—	—	—	—	—	—
—	—	—	—	—	—	—	—
—	—	—	—	—	—	—	—
87	110	503	9486	839	13922	3432	8950
—	—	—	—	—	—	—	—
87	110	503	9486	839	13922	3432	8950
—	—	—	—	—	—	—	—
143	142	932	12565	848	33277	6159	24464
—	—	—	—	—	—	—	—
—	—	—	—	—	—	—	—
107	106	755	6878	655	26289	5909	18164
36	36	177	5687	193	6988	250	6300
—	—	—	—	—	—	—	—
—	—	—	—	—	—	—	—
—	—	—	—	—	—	—	—
—	—	—	—	—	—	—	—
—	—	—	—	—	—	—	—
—	—	—	—	—	—	—	—
—	—	—	—	—	—	—	—
—	—	—	—	—	—	—	—
—	—	—	—	—	—	—	—
—	—	—	—	—	—	—	—
—	—	—	—	—	—	—	—
122	108	708	8631	825	28513	9909	17243

3-15　劳务分包建筑

指　　标	企业数（个）	有工作量	建筑业总产值	装饰装修产值	计算建筑业劳动生产率的平均人数（人）	年末从业人员（人）
房屋工程建筑	9	8	98987	–	1317	278
土木工程建筑	9	9	13852	5005	690	660
铁路道路隧道和桥梁工程	2	2	2053	–	225	217
水利和港口工程建筑	–	–	–	–	–	–
工矿工程建筑	–	–	–	–	–	–
架线和管道工程建筑	–	–	–	–	–	–
其他土木工程建筑	7	7	11799	5005	465	443
建筑安装业	18	15	13026	210	431	411
建筑装饰业	–	–	–	–	–	–
其它建筑业	12	9	52685	49	984	936
工程准备	2	1	49	49	21	14
提供工程设备服务	3	3	39113	–	357	334
其它未列明的建筑活动	7	5	13523	–	606	588
三、按隶属关系分组						
中　央	–	–	–	–	–	–
地　方	48	41	178550	5264	3422	2285
省（自治区、直辖市）	–	–	–	–	–	–
地（区、市、州、盟）	3	3	6611	3936	258	244
县（区、市、旗）及县以下	45	38	171939	1328	3164	2041
四、按企业资质等级分组						
劳务分包	48	41	178550	5264	3422	2285
一　级	20	16	58764	1118	1267	1203
二　级	8	7	100153	–	1370	336
三级及以下	20	18	19633	4146	785	746
五、按营业状态分						
营业	40	38	176140	5264	3248	2133
停业（歇业）	7	3	2410	–	164	144
筹建	–	–	–	–	–	–
当年关闭	–	–	–	–	–	–
当年破产	–	–	–	–	–	–
其它	1	–	–	–	10	8
六、按控股情况分						
国有控股	–	–	–	–	–	–
集体控股	9	9	104345	3936	1437	392
私人控股	39	32	74205	1328	1985	1893
港澳台商控股	–	–	–	–	–	–
外商控股	–	–	–	–	–	–

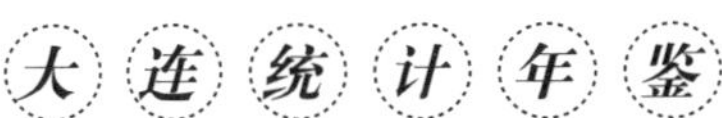

业企业主要指标（一）

3-16 续表

#管理人员	#工程技术人员	#现场施工工人	固定资产原价	本年折旧	资产总计	负债合计	实收资本
35	41	202	3313	340	6104	1861	3869
87	67	506	5318	485	22409	8048	13374
39	32	146	2540	258	3050	–	3050
–	–	–	–	–	–	–	–
–	–	–	–	–	–	–	–
–	–	–	–	–	–	–	–
48	35	360	2778	227	19359	8048	10324
63	94	255	8610	754	18856	7678	9539
–	–	–	–	–	–	–	–
90	79	767	7840	386	17394	829	14760
3	4	7	255	11	5250	30	5200
34	30	270	336	50	1515	108	1050
53	45	490	7249	325	10629	691	8510
–	–	–	–	–	–	–	–
275	281	1730	25081	1965	64763	18416	41542
–	–	–	–	–	–	–	–
29	18	197	2185	178	17617	7901	9003
246	263	1533	22896	1787	47146	10515	32539
275	281	1730	25081	1965	64763	18416	41542
125	118	960	10628	658	23196	1260	19716
39	45	252	3664	350	8216	2097	5229
111	118	518	10789	957	33351	15059	16597
252	261	1621	22968	1820	61603	18003	38991
22	19	103	2083	141	3110	413	2501
–	–	–	–	–	–	–	–
–	–	–	–	–	–	–	–
–	–	–	–	–	–	–	–
1	1	6	30	4	50	–	50
–	–	–	–	–	–	–	–
54	43	295	4484	422	21714	9325	11128
221	238	1435	20597	1543	43049	9091	30414
–	–	–	–	–	–	–	–
–	–	–	–	–	–	–	–

3-15 劳务分包建筑

指标	国家资本	集体资本	法人资本	个人资本	港澳台资本	外商资本
总计	**100**	**10028**	**400**	**31014**	**–**	**–**
# 国有及国有控股企业	–	–	–	–	–	–
一、按登记注册类型分组						
内资企业	100	10028	400	31014	–	–
国有企业	–	–	–	–	–	–
集体企业	–	8128	–	–	–	–
股份合作企业	–	–	–	–	–	–
联营企业	–	–	–	–	–	–
国有联营企业	–	–	–	–	–	–
集体联营企业	–	–	–	–	–	–
国有与集体联营企业	–	–	–	–	–	–
其他联营企业	–	–	–	–	–	–
有限责任公司	100	1900	–	6950	–	–
国有独资公司	–	–	–	–	–	–
其他有限责任公司	100	1900	–	6950	–	–
股份有限公司	–	–	–	–	–	–
私营企业	–	–	400	24064	–	–
私营独资企业	–	–	–	–	–	–
私营合伙企业	–	–	–	–	–	–
私营有限责任公司	–	–	400	17764	–	–
私营股份有限公司	–	–	–	6300	–	–
其他企业	–	–	–	–	–	–
港、澳、台商投资企业	–	–	–	–	–	–
合资经营企业（港或澳、台资）	–	–	–	–	–	–
合作经营企业（港或澳、台资）	–	–	–	–	–	–
港、澳、台商独资经营企业	–	–	–	–	–	–
港、澳、台商投资股份有限公司	–	–	–	–	–	–
外商投资企业	–	–	–	–	–	–
中外合资经营企业	–	–	–	–	–	–
中外合作经营企业	–	–	–	–	–	–
外资企业	–	–	–	–	–	–
外商投资股份有限公司	–	–	–	–	–	–
二、按国民经济行业分组						
房屋和土木工程建筑业	–	8068	400	8775	–	–

业企业主要指标（二）

3-16 续表

营业收入合计		工程结算成本	工程结算税金及附加	费用合计	营业利润	利润总额	从业人员劳动报酬	劳动、失业保险费	全部从业人员年平均人数（人）
	工程结算收入								
154829	**140505**	**127783**	**4629**	**5731**	**2690**	**2437**	**18613**	**2139**	**3820**
—	—	—	—	—	—	—	—	—	—
154829	140505	127783	4629	5731	2690	2437	18613	2139	3820
—	—	—	—	—	—	—	—	—	—
109235	101903	96704	3335	1358	616	738	4192	696	1594
—	—	—	—	—	—	—	—	—	—
—	—	—	—	—	—	—	—	—	—
—	—	—	—	—	—	—	—	—	—
—	—	—	—	—	—	—	—	—	—
—	—	—	—	—	—	—	—	—	—
—	—	—	—	—	—	—	—	—	—
11726	11710	8337	390	1311	1663	1661	3959	361	844
—	—	—	—	—	—	—	—	—	—
11726	11710	8337	390	1311	1663	1661	3959	361	844
—	—	—	—	—	—	—	—	—	—
33868	26892	22742	904	3062	411	38	10462	1082	1382
—	—	—	—	—	—	—	—	—	—
—	—	—	—	—	—	—	—	—	—
27620	20644	17877	662	2472	−140	−153	8946	929	1098
6248	6248	4865	242	590	551	191	1516	153	284
—	—	—	—	—	—	—	—	—	—
—	—	—	—	—	—	—	—	—	—
—	—	—	—	—	—	—	—	—	—
—	—	—	—	—	—	—	—	—	—
—	—	—	—	—	—	—	—	—	—
—	—	—	—	—	—	—	—	—	—
—	—	—	—	—	—	—	—	—	—
—	—	—	—	—	—	—	—	—	—
—	—	—	—	—	—	—	—	—	—
—	—	—	—	—	—	—	—	—	—
—	—	—	—	—	—	—	—	—	—
120048	112688	105404	3719	2362	1451	1567	6431	811	2147

3-15 劳务分包建筑

指　　标	国家资本	集体资本	法人资本	个人资本	港澳台资本	外商资本
房屋工程建筑	–	1769	400	1700	–	–
土木工程建筑	–	6299	–	7075	–	–
铁路道路隧道和桥梁工程	–	–	–	3050	–	–
水利和港口工程建筑	–	–	–	–	–	–
工矿工程建筑	–	–	–	–	–	–
架线和管道工程建筑	–	–	–	–	–	–
其他土木工程建筑	–	6299	–	4025	–	–
建筑安装业	100	60	–	9379	–	–
建筑装饰业	–	–	–	–	–	–
其它建筑业	–	1900	–	12860	–	–
工程准备	–	–	–	5200	–	–
提供工程设备服务	–	–	–	1050	–	–
其它未列明的建筑活动	–	1900	–	6610	–	–
三、按隶属关系分组						
中　央	–	–	–	–	–	–
地　方	100	10028	400	31014	–	–
省（自治区、直辖市）	–	–	–	–	–	–
地（区、市、州、盟）	–	7903	–	1100	–	–
县（区、市、旗）及县以下	100	2125	400	29914	–	–
四、按企业资质等级分组						
劳务分包	100	10028	400	31014	–	–
一　级	–	356	400	18960	–	–
二　级	–	3729	–	1500	–	–
三级及以下	100	5943	–	10554	–	–
五、按营业状态分						
营业	100	9527	400	28964	–	–
停业（歇业）	–	501	–	2000	–	–
筹建	–	–	–	–	–	–
当年关闭	–	–	–	–	–	–
当年破产	–	–	–	–	–	–
其它	–	–	–	50	–	–
六、按控股情况分						
国有控股	–	–	–	–	–	–
集体控股	–	10028	–	1100	–	–
私人控股	100	–	400	29914	–	–
港澳台商控股	–	–	–	–	–	–
外商控股	–	–	–	–	–	–

业 企 业 主 要 指 标（二）

3-16 续表

营业收入合计	工程结算收入	工程结算成本	工程结算税金及附加	费用合计	营业利润	利润总额	从业人员劳动报酬	劳动、失业保险费	全部从业人员年平均人数（人）
98983	98978	94273	3241	380	1085	1084	3692	198	1379
21065	13710	11131	478	1982	366	483	2739	613	768
2053	2053	1416	91	97	449	449	459	104	256
–	–	–	–	–	–	–	–	–	–
–	–	–	–	–	–	–	–	–	–
–	–	–	–	–	–	–	–	–	–
19012	11657	9715	387	1885	−83	34	2280	509	512
19941	12977	10615	419	2159	−136	−118	2808	445	602
–	–	–	–	–	–	–	–	–	–
14840	14840	11764	491	1210	1375	988	9374	883	1071
49	49	20	1	74	−46	−46	157	12	22
1283	1283	901	42	111	229	222	2873	265	359
13508	13508	10843	448	1025	1192	812	6344	606	690
–	–	–	–	–	–	–	–	–	–
154829	140505	127783	4629	5731	2690	2437	18613	2139	3820
–	–	–	–	–	–	–	–	–	–
13821	6611	5156	212	1166	180	180	1233	593	491
141008	133894	122627	4417	4565	2510	2257	17380	1546	3329
154829	140505	127783	4629	5731	2690	2437	18613	2139	3820
21121	20768	17101	701	2274	914	663	10715	1070	1338
100356	100153	94697	3269	896	1368	1348	4694	449	1602
33352	19584	15985	659	2561	408	426	3204	620	880
152439	138115	125865	4551	5160	2867	2614	17450	2046	3636
2390	2390	1918	78	571	−177	−177	1142	93	174
–	–	–	–	–	–	–	–	–	–
–	–	–	–	–	–	–	–	–	–
–	–	–	–	–	–	–	–	–	–
–	–	–	–	–	–	–	21	–	10
–	–	–	–	–	–	–	–	–	–
111535	104203	98204	3404	1569	1136	1258	4498	696	1701
43294	36302	29579	1225	4162	1554	1179	14115	1443	2119
–	–	–	–	–	–	–	–	–	–
–	–	–	–	–	–	–	–	–	–

主要统计指标解释

一、固定资产部分

【全社会固定资产投资】固定资产投资是全社会固定资产再生产的主要手段。通过建造和购置固定资产的活动，国民经济不断采用先进技术设备，建立新兴部门，进一步调整经济结构和生产力的地区分布，增强经济实力为改善人民物资文化生活创造物质条件。这对我国的社会主义现代化建设具有重要意义。

全社会固定资产投资包括国有经济单位投资、城乡集体经济单位投资、其他各种经济类型的单位投资和城乡居民个人投资。按照我国现行计划管理体制，全社会固定资产投资总额分为基本建设、更新改造、房地产开发投资和其他固定资产投资四个部分；城乡集体经济单位投资包括城镇集体所有制单位投资和农村集体所有制单位投资。其他各种经济类型单位投资包括联营经济、股份制经济、中外合资经营、中外合作经营、港澳台独资及其他经济的单位投资。城乡居民个人投资包括城市、县城、县、工矿区所辖范围内的个人建房和农村个人建房及购买生产性固定资产的投资。

【基本建设投资】基本建设是企业、事业、行政单位以扩大生产能力或工程效益为主要目的的新建、扩建工程及有关工作。包括（1）列入中央和各级地方本年基本建设计划的建设项目，以及虽未列入基本建设计划的建设计划，但使用以前年度基建计划内结转投资（包括利用基建设备材料）在本年继续施工的建设项目；（2）本年基本建设计划内投资与更新改造计划内投资结合安排的新建项目和新增生产能力（或工程效益）达到大中型项目标准的扩建项目，以及为改变生产力布局而进行的全厂性迁建项目。（3）国有单位既未列入基建计划，也未列入更新改造计划，总投资在50万元以上的新建、扩建、恢复项目和为改变生产力布局而进行的全厂性迁建项目，以及行政、事业单位增建业务用房和行政单位增建生活福利设施的项目。

【更新改造投资】（1）更新改造是指企业、事业单位对原有设施进行固定资产更新和技术改造，以及相配套的工程和有关工作（不包括大修理和维护工程）包括列入中央和各级地方本年更新改造计划的投资单位（或项目）以及未列入本年计划，但使用上年更新改造计划内结转的投资在本年继续施工的单位（或项目）（2）本年更新改造计划内投资与基本建设计划内投资结合安排的对企、事业单位进行技术改造或更新的项目和增建主要生产车间、分厂等其新增生产能力（或工程效益）未达到大中型项目标准的项目，以及由于城市环境保护和安全生产的需要而进行的迁建工程。（3）国有企、事业单位既未列入基建计划也未列入更新改造计划，属于改建或更新改造的项目，以及由于城市环境保护和安全生产的需要而进行的迁建工程。

【房地产开发投资】包括各种类型的房地产开发公司、商品房建设公司以及其他房地产开发单位统一开发的包括统代建、拆迁还建的住宅、厂房、宾馆、写字楼、办公楼等房屋建筑物和配套的服务设施、土地开发工程，如道路、给水、排水、供热、供电、通讯、平整场地等基础设施工程的投资。包括非房地产企业实际从事房地产开发或经营活动，不包括单纯的土地交易活动。

【其他固定资产投资】全社会固定资产投资中未列入基本建设计划和更新改造和房地产开发投资的建设和购置固定资产的活动。包括：

1.国有单位按规定不纳入基本建设计划和更新改造计划管理，计划总投资在50万元及以上的以下工程：①用油田维护费和石油开发基金进行的油田维护和开发工程；②煤炭、铁矿、森工等采掘采伐业用维简费进行的开拓延伸工程；③交通部门用公路养路费对原有公路、桥梁进行改建的工程；④商业部门用简易建筑费建造的仓库工程。

2.城镇集体经济单位固定资产投资：包括城镇集体经济单位计划总投资在50万元及以上建造和购置固定资产的项目；农村集体经济单位计划总投资在5万元及以上建造和购置固定资产的项目。

3.联营经济、股份制经济、外商投资经济、港澳台投资经济及其他登记注册类型的企、事业单位建造和购置固定资产计划总投资在50万元及以上的未列入基本建设和更新改造计划的项目。

【本年完成投资】是指从本年1月1日起至年末止累计完成的投资。是以货币表示的工作量指标，包括实际完成的建筑安装工程价值，设备、工具、器具的购置费，以及实际发生的其他费用。

【本年房屋施工面积】房屋建筑面积是从房屋外墙线算起的各层平面面积的总和，包括房屋结构（如柱、墙）占用的面积和地下室面积。多层建筑面积按各自然层面积总和计算，包括房屋内楼隔层，突出墙面的眺望间、门斗、有柱雨罩的面积。新建房屋要计算其全部建筑面积，旧房拆除重建计算重建后的全部面积，不扣除原有旧房的建筑面积；临时性房屋不计算面积。

【本年房屋竣工面积】指报告期房屋建筑按要求设计要求已全部完工，达到住人和使用条件，经验收鉴定合格（或达到竣工验收标准），正式移交使用的房屋建筑面积之和。

【新增固定资产】指通过投资活动所形成的新的固定资产价值。包括已经建成投入生产或交付使用的工程价值和达到固定资产标准设备、工具、器具的价值及有关应摊入的费用。它是以价值形式表示的固定资产投资成果的综合性指标，可以综合反映不同时期、不同部门、不同地区的固定资产投资成果。

二、建筑业部分

【建筑业统计单位】指从事房屋、构筑物建造和设备安装活动的法人企业。建筑业法人企业应同时具备的条件是：（1）依法成立，有自己的名称、组织机构和场所，能够承担民事责任；（2）独立拥有和使用资产，承担负债，有权与其他单位签订合同；（3）独立核算盈亏，能够编制资产负债表。

【建筑业总产值】是以货币表现的建筑安装企业在一定时期内生产的建筑业产品的总和。建筑业总产值包括：

（1）建筑工程产值：指列入建筑工程预算内的各种工程价值。

（2）设备安装工程产值：指设备安装工程价值，不包括被安装设备本身价值。

（3）其他产值：建筑业总产值中除建筑工程、安装工程以外的产值。包括房屋构筑物修理产值、非标准设备制造产值、总包企业向分包企业收取的管理费以及不能明确划分的施工活动所完成的产值。

a、房屋、构筑物修理产值：指房屋、构筑物修理所完成的价值，但不包括被修理房屋、构筑物本身的价值和生产设备的修理价值。

b、 非标准设备制造产值：指加工制造没有定型的、非标准的生产设备的加工费和原材料价值，以及附属加工厂为本企业承建工程制作的非标准设备的价值。

【建筑业增加值】指建筑业企业在报告期内以货币表现的建筑业生产经营活动的最终成果。目前建筑业增加值采用分配法（收入法）计算，即从收入的角度出发，根据生产要素在生产过程中应得的收入份额计算。

【房屋建筑施工面积】指在报告期内施工的全部房屋建筑面积，包括本期新开工的房屋面积、上期施工跨入本期继续施工的房屋面积、上期停缓建在本期恢复施工的房屋面积、本期竣工的房屋面积及本期施工后又停缓建的房屋面积。

【房屋建筑竣工面积】指在报告期内房屋建筑按照设计要求全部完工，达到了住人和使用条件，经验收鉴定合格，正式移交使用单位的房屋建筑面积。

【自有机械设备年末总台数】指归本企业所有，属于本企业固定资产的生产性机械设备年末总台数。包括施工机械、生产设备、运输设备以及其他设备。

【自有机械设备年末总功率】指本企业自有施工机械、生产设备、运输设备以及其他设备等列为在册固定资产的生产性机械设备年末总功率，按设定能力或查定能力计算。包括机械本身的动力和为该机械服务的单独动力设备，如电动机等。计算单位用千瓦，动力换算可按1马力＝0.735千瓦折合成千瓦数。电焊机、变压器、锅炉不计算动力。

【工程结算收入】指企业承包工程实现的工程价款结算收入，以及向发包单位收取的除工程价款以外的按规定列作营业收入的各种款项，如临时设施费、劳动保险费、施工机械调迁费等以及向发包单位收取的各种索赔款。

【工程结算利润】指已结算工程实现的利润，如亏损以"－"号表示。计算公式为：

工程结算利润＝工程结算收入－工程结算成本－工程结算税金及附加经营费用

【企业总收入】指与企业生产经营直接有关的各项收入，包括工程结算收入和其他业务收入。计算公式为：

企业总收入＝工程结算收入＋其他业务收入

农业

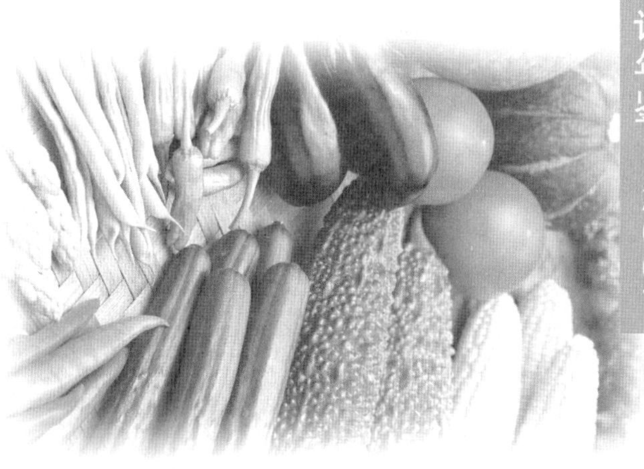

责任编辑

于福崚　张　军

冒建骅　王洪建

全市农作物总播种面积

单位：万亩

500.00
400.00
300.00
200.00
100.00
0.00
484.60
491.23
415.90
419.18
57.29
56.35
农作物总播种面积
粮食作物播种面积
蔬菜、瓜果播种面积
■2005年
□2006年

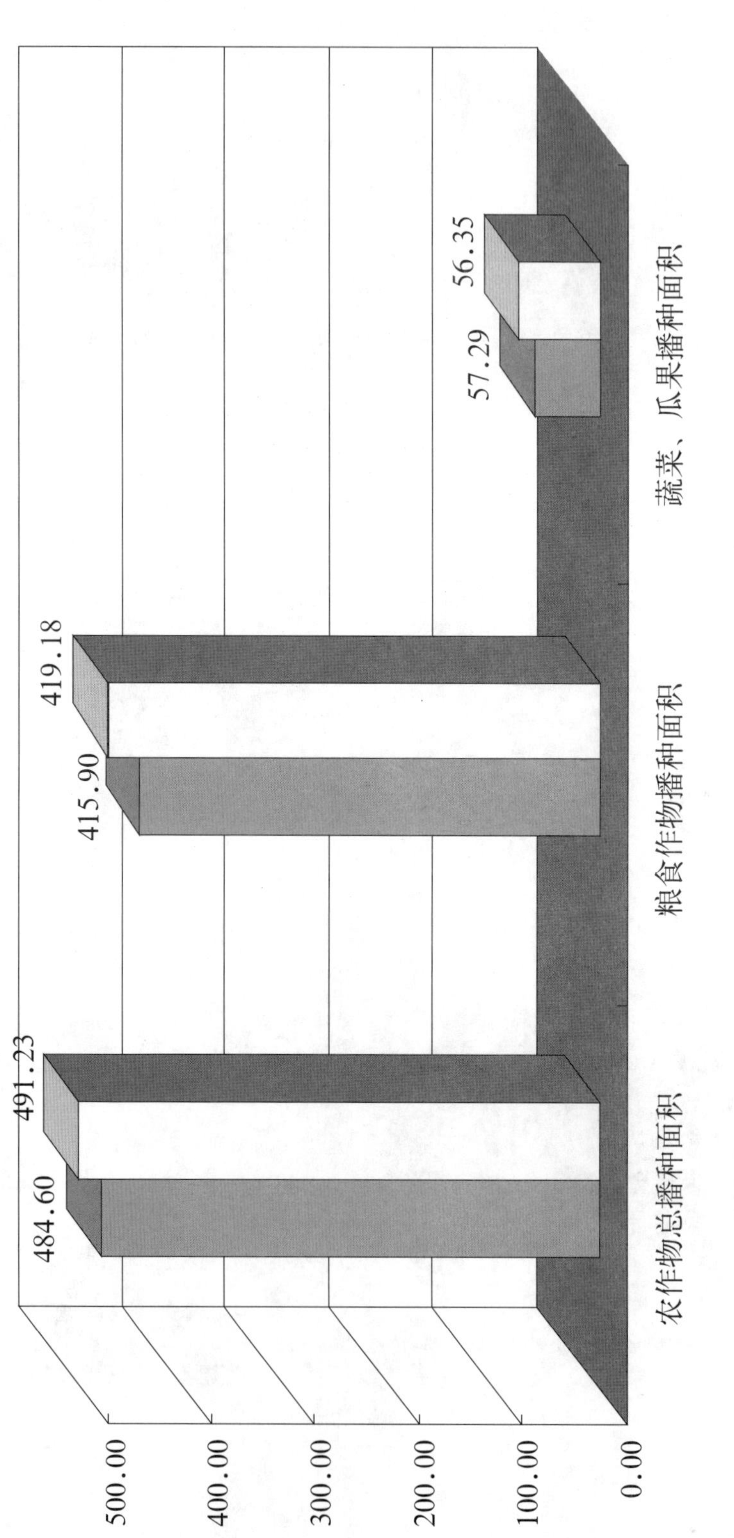

全市粮、菜、果产量

单位：万吨

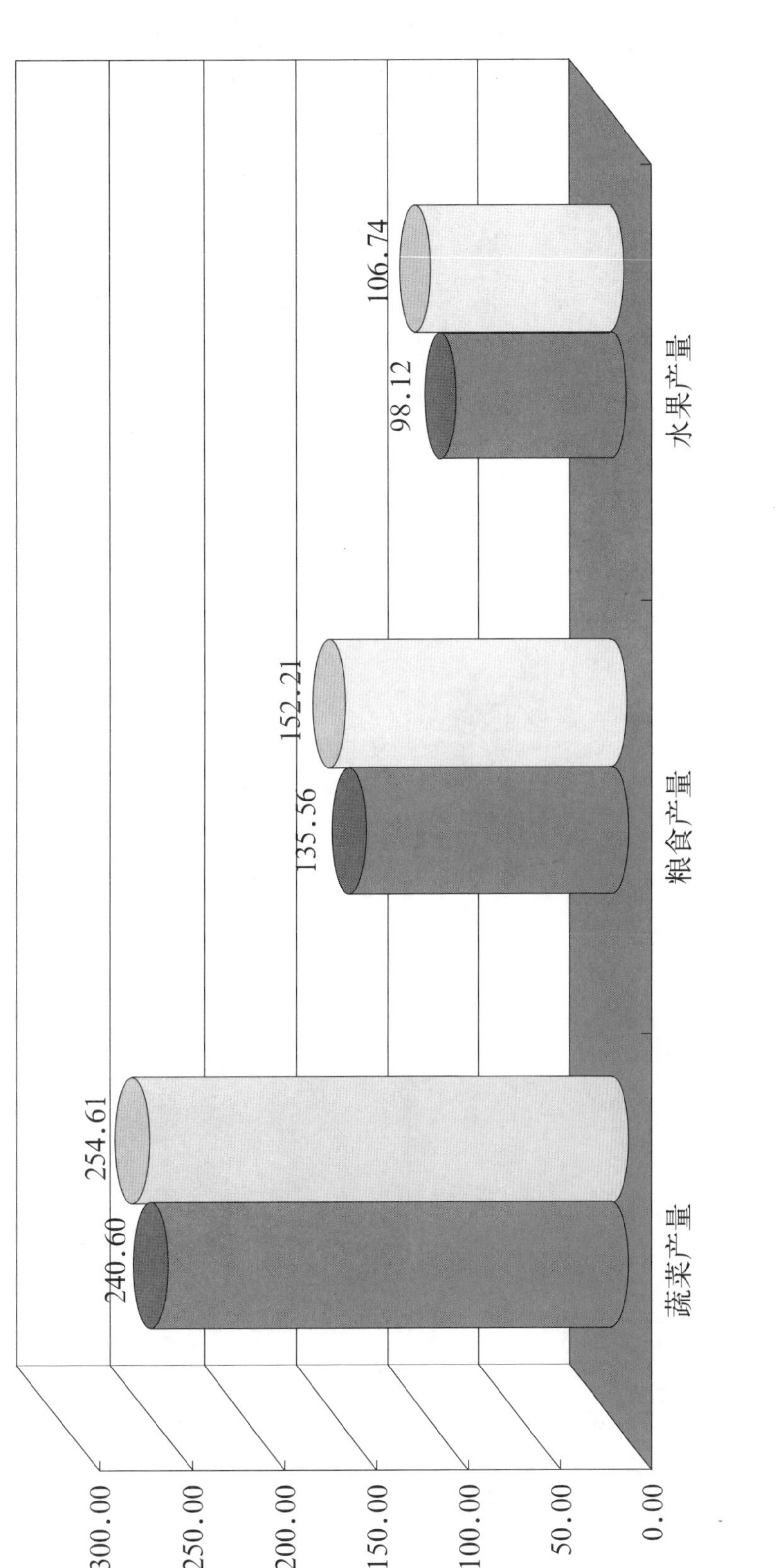

全市农林牧渔业增加值

单位：亿元
250
200
150
100
50
0
208.60
183.33
56.55
47.38
2.06
1.71
41.21
33.74
86.61
78.76
21.40
22.52
农林牧渔业总产值
农业增加值
林业增加值
牧业增加值
渔业增加值
农林牧渔服务业增加值
2005年
2006年

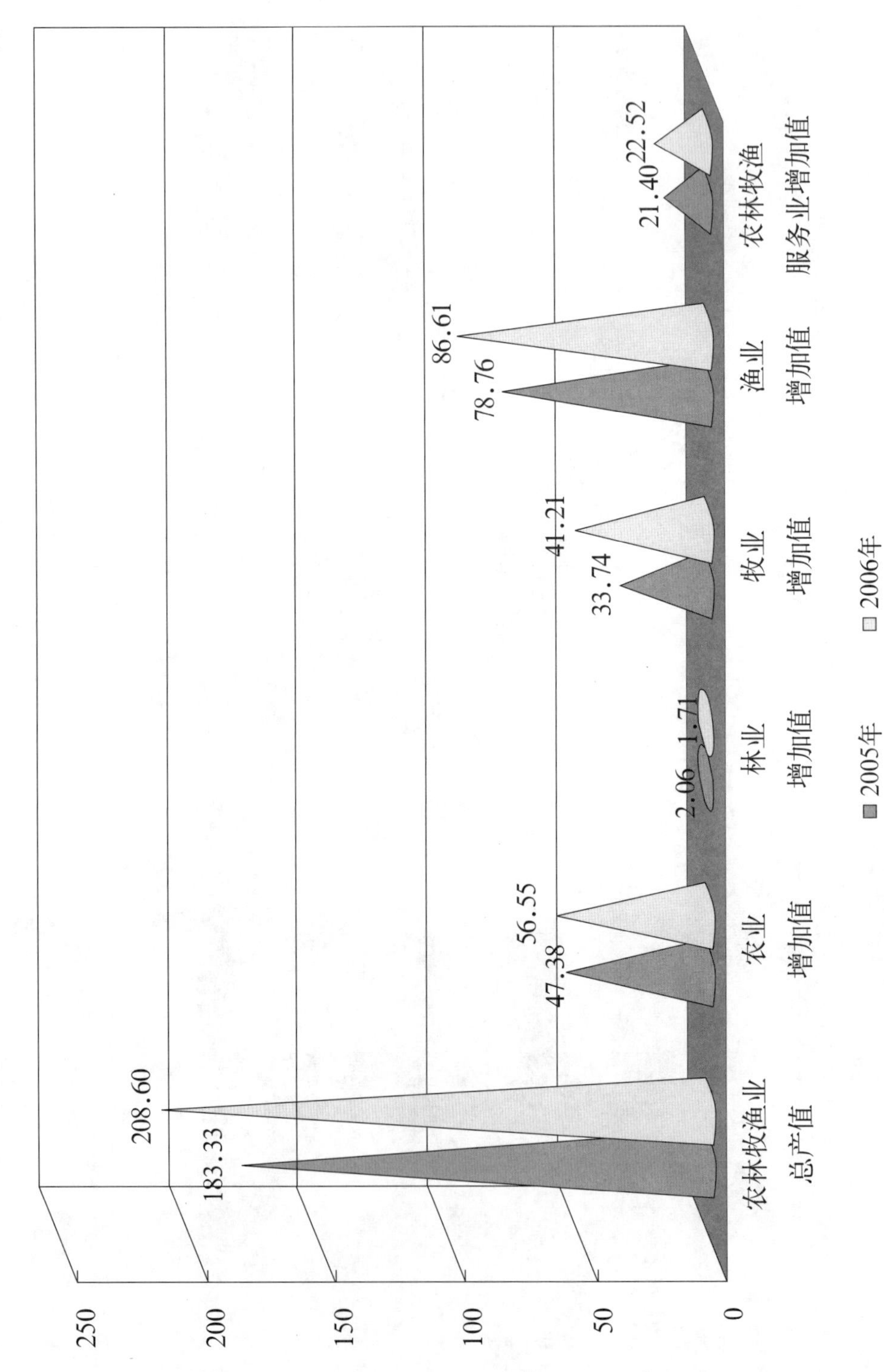

全市农林牧渔业总产值（现行价格）

单位：亿元

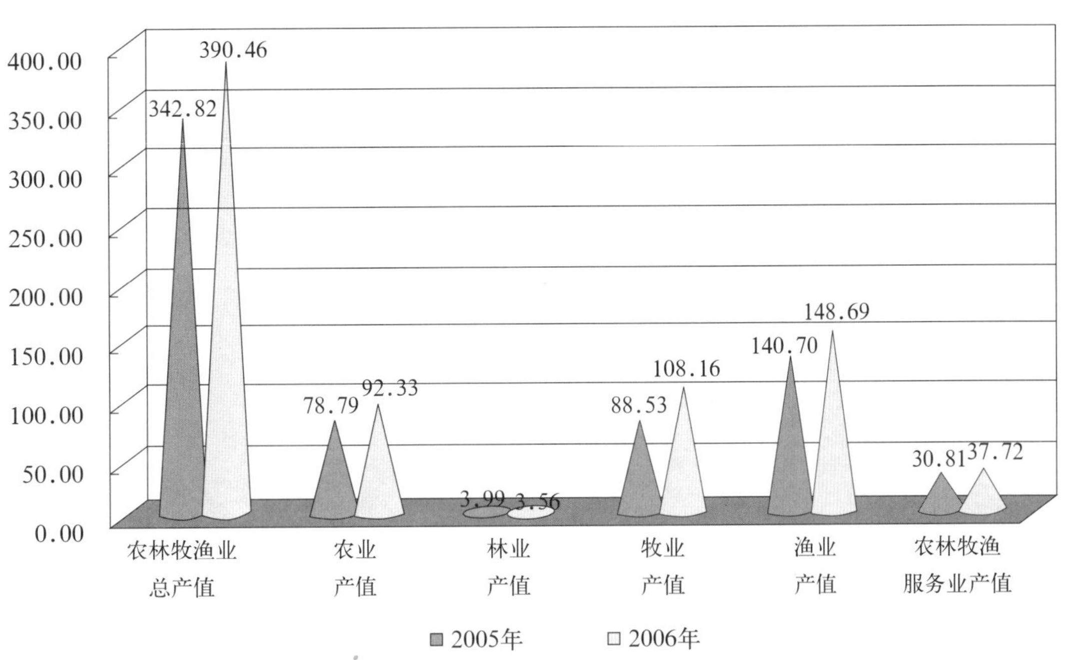

全市农林牧渔业总产值（按1990年不变价）

单位：亿元

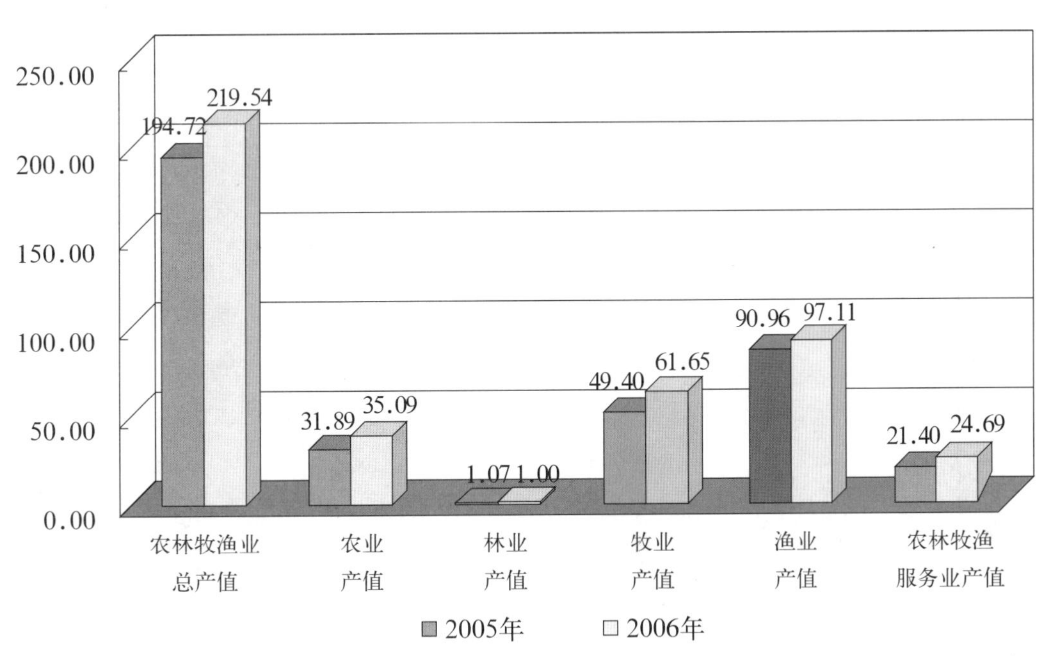

4－1 农村基层组织、从业

	一、农村基层											
	乡镇场个数			#镇个数			乡个数			村委会个数		
	合计	乡镇	农场	合计	乡镇	农场	合计	乡镇	农场	合计	乡镇	农场
大连市	82	76	6	54	54	–	22	22	–	1003	1003	–
区小计	15	9	6	8	8	–	1	1	–	289	289	–
甘井子区	5	2	3	2	2	–	–	–	–	47	47	–
旅顺口区	3	–	3	–	–	–	–	–	–	71	71	–
金州区	5	5	–	4	4	–	1	1	–	131	131	–
开发区	2	2	–	2	2	–	–	–	–	40	40	–
长海县	5	5	–	2	2	–	3	3	–	23	23	–
瓦房店市	23	23	–	14	14	–	9	9	–	292	292	–
普兰店市	17	17	–	14	14	–	3	3	–	163	163	–
庄河市	22	22	–	16	16	–	6	6	–	236	236	–

4－1 农村基层组织、从业

	二、乡村人口与					
	乡村劳动力资源			#劳动年龄内的		
	合计	乡镇	农场	合计	乡镇	农场
大连市	1540370	1535727	4643	1408788	1404425	4333
区小计	364914	360271	4643	338014	333681	4333
甘井子区	75265	70985	4280	68261	64269	3992
旅顺口区	91629	91266	363	86003	85662	341
金州区	151437	151437	–	140135	140135	–
开发区	46583	46583	–	43615	43615	–
长海县	48101	48101	–	46407	46407	–
瓦房店市	392963	392963	–	361312	361312	–
普兰店市	337760	337760	–	309263	309263	–
庄河市	396632	396632	–	353792	353762	–

人员及基础设施情况（一）

单位：个、户、人

组织情况			二、乡村人口与从业人员					
村民小组个数			乡村户数			乡村人口数		
合计	乡镇	农场	合计	乡镇	农场	合计	乡镇	农场
10311	10311	–	940206	940028	178	2861575	2861000	575
1887	1887	–	249200	249022	178	673600	673025	575
323	323	–	59170	58992	178	150660	150085	575
367	367	–	52625	52625	–	145217	145217	–
930	930	–	107175	107175	–	297111	297111	–
267	267	–	30230	30230	–	80612	80612	–
183	183	–	26644	26644	–	82784	82784	–
2589	2589	–	229478	229478	–	726977	726977	–
2613	2613	–	205037	205037	–	641298	641298	–
3039	3039	–	229847	229847	–	736916	736916	–

人员及基础设施情况（二）

4-1 续表

从业人员						(一) 按性别分					
乡村从业人员数			#劳动年龄内的			1. 男			2. 女		
合计	乡镇	农场	合计	乡镇	农场	合计	乡镇	农场	合计	乡镇	农场
1377405	1373087	4318	1276663	1272475	4188	742354	739474	2880	635051	633613	1438
332154	327836	4318	311838	307650	4188	177703	174823	2880	154451	153013	1438
64999	61044	3955	61107	57260	3847	37557	34915	2642	27442	26129	1313
85269	84906	363	80104	79763	341	46271	46033	238	38998	38873	125
141580	141580	–	132182	132182	–	72386	72386	–	69194	69194	–
40306	40306	–	38445	38445	–	21489	21489	–	18817	18817	–
37471	37471	–	36202	36202	–	23957	23957	–	13514	13514	–
362768	362768	–	332272	332272	–	191044	191044	–	171724	171724	–
310499	310499	–	291634	291634	–	166504	166504	–	143995	143995	–
334513	334513	–	304717	304717	–	183146	183146	–	151367	151367	–

4－1 农村基层组织、从业

	三、乡村从业人员					
	1. 农业			2. 工业		
	合计	乡镇	农场	合计	乡镇	农场
大连市	707361	704148	3213	198570	198499	71
区小计	118565	115352	3213	91678	91607	71
甘井子区	12366	9465	2901	24214	24164	50
旅顺口区	29944	29632	312	27527	27506	21
金州区	59092	59092	–	31892	31892	–
开发区	17163	17163	–	8045	8045	–
长海县	25041	25041	–	1388	1388	–
瓦房店市	189058	189058	–	56017	56017	–
普兰店市	195453	195453	–	28965	28965	–
庄河市	179244	179244	–	20522	20522	–

4－1 农村基层组织、从业

	三、乡村从业人员主要行业分布								
	7.住宿和餐饮业			8.其他行业			#外出人员		
	合计	乡镇	农场	合计	乡镇	农场	合计	乡镇	农场
大连市	23646	23646	–	226318	225888	430	186245	186245	–
区小计	10096	10096	–	38992	38562	430	23480	23480	–
甘井子区	3734	3734	–	6480	6065	415	1789	1789	–
旅顺口区	2594	2594	–	8271	8256	15	4187	4187	–
金州区	2865	2865	–	16516	16516	–	13103	13103	–
开发区	903	903	–	7725	7725	–	4401	4401	–
长海县	1257	1257	–	4987	4987	–	3249	3249	–
瓦房店市	6609	6609	–	57758	57758	–	50294	50294	–
普兰店市	2740	2740	–	43041	43041	–	36571	36571	–
庄河市	2944	2944	–	81540	81540	–	72651	72651	–

人员及基础设施情况（三）

4–1 续表

3.建筑业			4.交通仓储及邮政业			5.信息传输、计算机和软件业			6.批发与零售业		
主要行业分类											
合计	乡镇	农场	合计	乡镇	农场	合计	乡镇	农场	合计	乡镇	农场
104352	104218	134	51833	51737	96	5373	5073	300	59952	59878	74
25211	25077	134	22144	22048	96	1885	1585	300	23583	23509	74
5785	5666	119	5446	5350	96	1060	760	300	5914	5840	74
5262	5247	15	4484	4484	–	477	477	–	6710	6710	–
12035	12035	–	9944	9944	–	260	260	–	8976	8976	–
2129	2129	–	2270	2270	–	88	88	–	1983	1983	–
859	859	–	1096	1096	–	102	102	–	2741	2741	–
26070	26070	–	12045	12045	–	1857	1857	–	13354	13354	–
21663	21663	–	8272	8272	–	792	792	–	9573	9573	–
30549	30549	–	8276	8276	–	737	737	–	10701	10701	–

人员及基础设施情况（四）

4–1 续表

四、农村基础设施									附记					
自来水受益村数			通汽车村数			通电话村数			乡镇场重复统计个数			街道办事处个数		
合计	乡镇	农场	合计	乡镇	农场	合计	乡镇	农场	合计	乡镇	农场	合计	乡镇	农场
488	488	–	1001	1001	–	1003	1003	–	–	–	–	41	41	–
266	266	–	289	289	–	289	289	–	–	–	–	28	28	–
47	47	–	47	47	–	47	47	–	–	–	–	4	4	–
71	71	–	71	71	–	71	71	–	–	–	–	10	10	–
116	116	–	131	131	–	131	131	–	–	–	–	11	11	–
32	32	–	40	40	–	40	40	–	–	–	–	4	4	–
7	7	–	21	21	–	23	23	–	–	–	–	–	–	–
114	114	–	292	292	–	292	292	–	–	–	–	4	4	–
64	64	–	163	163	–	163	163	–	–	–	–	4	4	–
37	37	–	236	236	–	236	236	–	–	–	–	4	4	–

4－2　主要农产品

	农作物总播种面积	一、粮食作物及大豆			# 夏收粮食			(一) 谷物		
		播种面积	总产量	单产	播种面积	总产量	单产	播种面积	总产量	单产
大连市	327485	279455	1522072	5447	8353	35065	4198	215711	1311848	6082
区小计	46534	32463	206307	6355	655	3167	4835	26724	185794	6952
甘井子区	2833	1132	5967	5271	–	–	–	872	4482	5140
旅顺	7418	4397	28024	6373	424	2207	5205	4003	26808	6697
金州区	31205	22571	148836	6594	231	960	4156	18131	132902	7330
开发区	5078	4363	23480	5382	–	–	–	3718	21602	5810
长海县	700	616	2932	4760	–	–	–	531	2648	4987
瓦房店市	92599	81277	430873	5301	1348	6114	4536	59092	357680	6053
普兰店市	85275	72641	368526	5073	161	766	4758	57638	325355	5645
庄河市	102377	92458	513434	5553	6189	25018	4042	71726	440371	6140

4－2　主要农产品

	3. 玉米			4. 谷子			5. 高粱			6. 其它谷物	
	播种面积	总产量	单产	播种面积	总产量	单产	播种面积	总产量	单产	播种面积	总产量
大连市	182278	1130183	6200	2204	6557	2975	1088	3912	3596	2542	6986
区小计	25059	177426	7080	320	1213	3791	122	516	4230	282	967
甘井子区	867	4465	5150	–	–	–	3	16	5333	2	1
旅顺	3526	24327	6899	40	220	5500	4	17	4250	9	37
金州区	17127	128058	7477	250	822	3288	102	425	4167	235	779
开发区	3539	20576	5814	30	171	5700	13	58	4462	36	150
长海县	531	2648	4987	–	–	–	–	–	–	–	–
瓦房店市	54996	340001	6182	1209	3546	2933	651	2365	3633	784	2134
普兰店市	50064	289046	5774	581	1552	2671	246	778	3163	684	1438
庄河市	51628	321062	6219	94	246	2617	69	253	3667	792	2447

生产情况（一）

单位：公顷、吨、公斤/公顷

1. 稻谷			2. 小麦			#（1）冬小麦			#（2）春小麦		
播种面积	总产量	单产	播种面积	总产量	单产	播种面积	总产量	单产	播种面积	总产量	单产
27147	161838	5962	452	2372	5248	452	2372	5248	–	–	–
514	3444	6700	427	2228	5218	427	2228	5218	–	–	–
–	–	–	–	–	–	–	–	–	–	–	–
–	–	–	424	2207	5205	424	2207	5205	–	–	–
414	2797	6756	3	21	7000	3	21	7000	–	–	–
100	647	6470	–	–	–	–	–	–	–	–	–
–	–	–	–	–	–	–	–	–	–	–	–
1429	9500	6648	23	134	5826	23	134	5826	–	–	–
6061	32531	5367	2	10	5000	2	10	5000	–	–	–
19143	116363	6079	–	–	–	–	–	–	–	–	–

生产情况（二）

4-2 续表

	#荞麦			（二）豆类合计			#大豆			#绿豆		
单产	播种面积	总产量	单产	播种面积	总产量	单产	播种面积	总产量	单产	播种面积	总产量	单产
2748	3	9	3000	36490	86079	2359	35644	84263	2364	269	457	1699
3429	3	9	3000	3928	10891	2773	3832	10694	2791	43	81	1884
500	–	–	–	22	40	1818	22	40	1818	–	–	–
4111	–	–	–	299	801	2679	298	796	2671	1	5	5000
3315	3	9	3000	3099	8838	2852	3026	8703	2876	30	66	2200
4167	–	–	–	508	1212	2386	486	1155	2377	12	10	833
–	–	–	–	11	30	2727	11	30	2727	–	–	–
2722	–	–	–	11786	27070	2297	11486	26131	2275	120	220	1833
2102	–	–	–	10744	24423	2273	10474	24007	2292	100	147	1470
3090	–	–	–	10021	23665	2362	9841	23401	2378	6	9	1500

4－2 主要农产品

	#红小豆			（三）薯类（折粮）			#马铃薯		
	播种面积	总产量	单产	播种面积	总产量	单产	播种面积	总产量	单产
大连市	472	808	1712	27254	124145	4555	7901	32693	4138
区小计	39	104	2667	1811	9622	5313	228	939	4118
甘井子区	–	–	–	238	1445	6071	–	–	–
旅顺	–	–	–	95	415	4368	–	–	–
金州区	29	69	2379	1341	7096	5292	228	939	4118
开发区	10	35	3500	137	666	4861	–	–	–
长海县	–	–	–	74	254	3432	–	–	–
瓦房店市	89	180	2022	10399	46123	4435	1325	5980	4513
普兰店市	170	269	1582	4259	18748	4402	159	756	4755
庄河市	174	255	1466	10711	49398	4612	6189	25018	4042

4－2 主要农产品

	三、棉花			四、药材	五、蔬菜（含菜用瓜）			六、瓜类（果用瓜）	
	播种面积	总产量	单 产	播种面积	播种面积	总产量	单 产	播种面积	总产量
大连市	31	19	613	253	37564	2546116	67781	2383	107869
区小计	–	–	–	104	11697	769201	65761	867	46864
甘井子区	–	–	–	25	1664	82068	49320	10	277
旅顺	–	–	–	–	2504	140421	56079	176	7720
金州区	–	–	–	79	6919	512475	74068	641	36714
开发区	–	–	–	–	610	34237	56126	40	2153
长海县	–	–	–	–	83	3182	38337	1	13
瓦房店市	31	19	613	107	8069	600591	74432	669	25035
普兰店市	–	–	–	–	9558	686019	71774	425	21802
庄河市	–	–	–	42	8157	487123	59718	421	14155

生产情况（三）

4-2 续表

二、油料作物			#1. 花生			#2. 芝麻			#3.葵花籽		
播种面积	总产量	单 产	播种面积	总产量	单 产	播种面积	总产量	单 产	播种面积	总产量	单 产
5026	13619	2710	4834	12787	2645	5	3	600	4	12	3000
704	2124	3017	657	1990	3029	–	–	–	4	12	3000
2	4	2000	2	4	2000	–	–	–	–	–	–
11	38	3455	11	37	3364	–	–	–	–	1	–
648	1976	3049	644	1949	3026	–	–	–	4	11	2750
43	106	2465	–	–	–	–	–	–	–	–	–
–	–	–	–	–	–	–	–	–	–	–	–
1224	2970	2426	1079	2272	2106	5	3	600	–	–	–
2192	6093	2780	2192	6093	2780	–	–	–	–	–	–
906	2432	2684	906	2432	2684	–	–	–	–	–	–

生产情况（四）

4-2 续表

	#1. 西瓜			#2. 甜瓜			#3. 草莓			七、其它作物	#青饲料
单 产	播种面积	总产量	单 产	播种面积	总产量	单 产	播种面积	总产量	单 产	播种面积	播种面积
45266	1074	58984	54920	551	20643	37465	661	23214	35120	2773	964
54053	689	39087	56730	162	7316	45160	13	186	14308	699	326
27700	7	165	23571	1	12	12000	–	–	–	–	–
43864	137	6683	48781	32	967	30219	7	66	9429	330	219
57276	518	30714	59293	119	5841	49084	3	60	20000	347	107
53825	27	1525	56481	10	496	49600	3	60	20000	22	–
13000	–	–	–	–	–	–	1	13	13000	–	–
37422	272	13770	50625	266	8080	30376	91	1715	18846	1222	238
51299	91	5021	55176	40	1295	32375	240	12203	50846	459	398
33622	22	1106	50273	83	3952	47614	316	9097	28788	393	2

4－3　水果园参

	一、水果							
	1. 年末果园面积(公顷)							
	合计	苹果园	梨园	桃园	猕猴桃园	葡萄园	山楂园	其它
大连市	73069	39913	2800	14280	—	1393	74	14609
区小计	20497	4285	1083	4727	—	320	5	10077
甘井子区	2388	564	283	705	—	126	2	708
旅顺口区	3407	862	399	299	—	31	3	1813
金州区	12221	2238	226	3228	—	69	—	6460
开发区	2481	621	175	495	—	94	—	1096
长海县	120	19	12	66	—	4	1	18
瓦房店市	29299	19363	571	5648	—	847	15	2855
普兰店市	16525	11502	403	2996	—	213	43	1368
庄河市	6628	4744	731	843	—	9	10	291

4－3　水果园参

	一、水果							
	结果株数（万株）							
	猕猴桃	葡萄	山楂	其它	合计	苹果	# 红富士	# 国光
大连市	—	318	2	275	1067355	641854	249846	261162
区小计	—	71	—	149	162797	64565	39473	13651
甘井子区	—	13	—	40	22351	6540	4745	562
旅顺口区	—	6	—	35	36161	20243	15620	2059
金州区	—	31	—	50	83687	28816	13872	7906
开发区	—	21	—	24	20598	8966	5236	3124
长海县	—	—	—	—	404	34	—	—
瓦房店市	—	153	1	85	423927	276708	173328	66536
普兰店市	—	92	—	26	300181	195097	25485	127955
庄河市	—	2	1	15	180046	105450	11560	53020

及芦苇生产情况（一）

单位：吨、公顷、万株

2．果树株数（万株）								3．结果株数(万株)			
合计	苹果	梨	桃	猕猴桃	葡萄	山楂	其它	合计	苹果	梨	桃
5050	2118	199	1234	–	380	8	1111	2947	1330	119	903
1584	248	88	361	–	102	–	785	679	187	49	223
160	21	16	43	–	20	–	60	122	20	13	36
262	50	29	22	–	10	–	151	124	46	21	16
905	130	20	245	–	38	–	472	303	82	8	132
257	47	23	51	–	34	–	102	130	39	7	39
8	1	1	4	–	–	–	2	4	1	–	3
2006	1076	48	527	–	171	1	183	1278	611	27	401
1101	588	21	272	–	105	6	109	723	368	15	222
351	205	41	70	–	2	1	32	263	163	28	54

及芦苇生产情况（二）

4–3 续表

4．水果产量（吨）									二、园参产量（公斤）	三、芦苇产量（吨）
梨	#雪花梨	#鸭梨	桃	猕猴桃	葡萄	山楂	红枣	其它		
47567	3069	6841	286763	–	30196	975	1152	58848	–	19
13145	2584	5531	63094	–	5771	110	795	15317	–	–
2980	786	1403	7284	–	1574	12	35	3926	–	–
6724	1347	3690	4324	–	588	89	20	4173	–	–
1691	159	173	45959	–	1831	3	504	4883	–	–
1750	292	265	5527	–	1778	6	236	2335	–	–
35	–	–	294	–	1	2	–	38	–	–
6351	315	844	100881	–	16233	140	355	23259	–	–
4806	170	466	86928	–	7491	23	2	5834	–	–
23230	–	–	35566	–	700	700	–	14400	–	19

4－4　蔬菜及特种

	一、蔬菜								
	播种面积（公顷）	总产量（吨）	1.叶菜类		#菠菜		#芹菜		
			播种面积	产量	播种面积	产量	播种面积	产量	播种面积
大连市	37564	2546116	17481	1266642	1036	48814	1094	68140	13826
区小计	11697	769201	5112	363148	542	21742	388	20720	3343
甘井子区	1664	82068	661	41107	264	9365	189	8295	78
旅顺口区	2504	140421	1281	81260	91	3555	97	7191	660
金州区	6919	512475	2911	225881	180	8568	92	4823	2366
开发区	610	34237	259	14900	7	254	10	411	239
长海县	83	3182	48	2050	–	–	–	–	40
瓦房店市	8069	600591	3659	289812	135	6327	155	8439	3094
普兰店市	9558	686019	4550	350621	127	7402	351	26970	3915
庄河市	8157	487123	4112	261011	232	13343	200	12011	3434

4－4　蔬菜及特种

	蔬菜								
	#萝卜		#胡萝卜		4．茄果菜类		#茄子		#西红柿
	播种面积	产量	播种面积	产量	播种面积	产量	播种面积	产量	播种面积
大连市	4976	316796	285	13634	4508	300803	1196	64105	2876
区小计	1345	88770	80	3654	1314	89037	472	28138	778
甘井子区	52	1570	16	592	209	8910	60	2465	124
旅顺口区	296	15040	22	986	170	10907	42	1948	125
金州区	891	65532	39	1887	871	65637	344	22428	497
开发区	106	6628	3	189	64	3583	26	1297	32
长海县	17	885	–	–	–	–	–	–	–
瓦房店市	1188	69392	48	1909	663	52136	168	8509	462
普兰店市	1391	94416	42	2183	1574	110681	202	11422	1307
庄河市	1035	63333	115	5888	957	48949	354	16036	329

作物生产情况（一）

单位：公顷、吨、万枝、万盆

# 大白菜	# 圆白菜		# 油　菜		2.瓜菜类		# 黄　瓜		3.块根、块茎类	
产　量	播种面积	产　量	播种面积	产　量	播种面积	产　量	播种面积	产　量	播种面积	产　量
1041092	622	36482	222	8806	4530	331321	3493	259788	7146	435764
252422	447	25570	148	5127	1598	113691	1116	80241	2039	123619
3326	28	1205	69	1752	238	10347	180	8767	73	2217
46215	366	20125	29	786	200	11794	165	9683	518	22970
188804	51	4177	48	2494	1084	86570	718	58311	1291	89646
14077	2	63	2	95	76	4980	53	3480	157	8786
1820	–	–	–	–	5	180	–	–	30	952
262049	75	5066	18	850	1489	127058	1225	106253	1399	86753
307384	36	2185	41	2134	824	56531	720	50375	1763	116808
217417	64	3661	15	695	614	33861	432	22919	1915	107632

作物生产情况（二）

单位：公顷、吨、万枝、万盆

	5．葱蒜类		# 大　葱		# 蒜　头		6．菜用豆类		# 四 季 豆	
产　量	播种面积	产　量	播种面积	产　量	播种面积	产　量	播种面积	产　量	播种面积	产　量
209617	1229	67176	993	54459	100	3731	1678	83340	782	40053
57918	389	20239	358	19115	14	360	717	34137	243	13187
6006	120	5693	120	5693	–	–	138	4516	56	1449
8438	62	2313	54	2067	8	215	138	4991	39	1103
41586	197	11855	176	11063	6	138	404	23251	135	9932
1888	10	378	8	292	–	7	37	1379	13	703
–	–	–	–	–	–	–	–	–	–	–
39236	274	15191	171	8118	25	761	545	26968	305	14791
93150	302	19980	272	18493	16	799	416	22235	234	12075
19313	264	11766	192	8733	45	1811	–	–	–	–

4－4 蔬菜及特种

	蔬菜									
	豇豆		7．水生菜类		#莲藕		8．其它蔬菜		9．食用菌	
	播种面积	产量	播种面积	产量	播种面积	产量	播种面积	产量	播种面积	产量
大连市	60	3157	14	1987	–	–	631	31337	346	27746
区小计	24	1145	11	1014	–	–	500	23197	16	1119
甘井子区	7	500	–	–	–	–	221	8753	4	525
旅顺口区	3	91	–	140	–	–	133	5873	2	173
金州区	14	554	11	874	–	–	141	8388	9	373
开发区	–	–	–	–	–	–	5	183	1	48
长海县	–	–	–	–	–	–	–	–	–	–
瓦房店市	7	197	–	738	–	–	32	1578	8	357
普兰店市	29	1815	1	55	–	–	99	6562	29	2546
庄河市	–	–	2	180	–	–	–	–	293	23724

4－5 畜牧业

	一、畜禽年内出栏数量								
	(一) 大牲畜(头)								(二)猪(头)
	合计	#从事农事劳役	(1).牛			(2).马	(3).驴	(4).骡	
			小计	黄牛	奶牛				
大连市	241708	53514	233964	228137	5827	2146	3274	2324	4115070
区小计	27861	4111	26377	21229	5148	384	673	427	703768
甘井子区	546	18	514	282	232	13	19	–	41775
旅顺口区	1365	116	1283	575	708	17	29	36	83982
金州区	24324	3426	23152	19052	4100	306	560	306	535787
开发区	1626	551	1428	1320	108	48	65	85	42224
长海县	75	68	58	55	3	–	16	1	9198
瓦房店市	66192	10628	64668	64405	263	323	738	463	859529
普兰店市	99920	22501	97714	97411	303	676	1013	517	1733410
庄河市	47660	16206	45147	45037	110	763	834	916	809165

作物生产情况（三）

单位：公顷、吨、万枝、万盆

#香菇(干品)产量	#黑木耳(干品)产量	#蘑菇(鲜品)产量	二、特种作物 花卉种植面积	鲜切花产量	盆栽观赏植物(包括盆景)产量	药材产量	#人参产量	#甘草产量	#枸杞产量	补充资料 蔬菜大棚	蔬菜大棚面积
2	–	24894	128	3876	660	600	–	–	–	77404	6902
–	–	739	93	2441	603	525	–	–	–	18447	1176
–	–	525	11	1122	2	–	–	–	–	4755	162
–	–	105	34	500	168	–	–	–	–	2757	204
–	–	61	39	719	333	525	–	–	–	10407	762
–	–	48	9	100	100	–	–	–	–	528	48
–	–	–	–	–	–	–	–	–	–	94	6
2	–	168	3	124	1	50	–	–	–	20391	1910
–	–	263	15	609	50	5	–	–	–	21104	2118
–	–	23724	17	702	6	20	–	–	–	17368	1692

生产情况（一）

(三)羊(只) 小计	山羊	绵羊	(四)家禽(万只)	(五)兔(只)	(一)大牲畜(头) 合计	#从事农事劳役	1.牛 小计	黄牛	奶牛
561630	541288	20342	13013.21	24707	320790	174366	258320	235153	23167
47909	37552	10357	2904.37	16987	48653	17511	40560	20774	19786
1953	1441	512	126	2701	1824	397	1382	100	1282
6825	4289	2536	576	9753	7319	1349	5710	1136	4574
31184	25208	5976	2106.67	1843	36668	13992	31586	17891	13695
7947	6614	1333	95.7	2690	2842	1773	1882	1647	235
302	302	–	3.05	25	835	604	313	307	6
327357	319576	7781	4766.17	7230	81181	46310	66980	65892	1088
108889	106847	2042	2287.62	465	119277	65832	105725	104096	1629
77173	77011	162	3052	–	70844	44109	44742	44084	658

4－5 畜牧业

	二、年末存栏头数							
				(二)猪(头)	(三)羊(只)			(四)家禽(万只)
	2.马	3.驴	4.骡		小计	山羊	绵羊	
大连市	14020	19822	28628	2042848	735149	716046	19103	3487.14
区小计	2529	2205	3359	331398	40100	32848	7252	853.91
甘井子区	141	80	221	33918	4816	3631	1185	31.2
旅顺口区	798	211	600	42577	6989	5234	1755	371
金州区	1382	1742	1958	229619	23923	20650	3273	411.67
开发区	208	172	580	25284	4372	3333	1039	40.04
长海县	37	377	108	5142	904	904	–	2.86
瓦房店市	1990	4697	7514	341035	435967	427354	8613	786.21
普兰店市	3730	5724	4098	808535	143290	140703	2587	806.16
庄河市	5734	6819	13549	556738	114888	114237	651	1038

4－5 畜牧业

	在年末存栏数量中当年生仔畜								
	(一)大牲畜(头)					(二)猪(头)	(三)羊(只)		
	1.牛		2.马	3.驴	4.骡			1.牛	
	黄牛	奶牛						小计	黄牛
大连市	61374	3475	2109	4106	1294	265825	249576	38106	37157
区小计	5651	2878	275	459	162	46051	10349	3916	3152
甘井子区	12	291	5	–	1	4641	2057	93	51
旅顺口区	145	263	5	14	5	7478	1274	193	86
金州区	5292	2257	235	393	126	31840	5839	3456	2844
开发区	202	67	30	52	30	2092	1179	174	161
长海县	40	2	3	19	4	317	65	5	5
瓦房店市	18997	253	310	1387	348	42609	161104	11264	11218
普兰店市	25539	264	670	1000	292	110867	43040	16345	16294
庄河市	11147	78	851	1241	488	65981	35018	6576	6560

生产情况（二）

4-6 续表

在年末存栏数量中能繁殖母畜										
(五)肉兔(只)	(一)大牲畜(头)					(二)猪(头)	(三)羊(只)			
	1.牛			2.马	3.驴		小计	山羊	绵羊	1.牛
	小计	黄牛	奶牛							小计
44702	138871	122316	16555	6096	10118	175918	397401	385773	11628	64849
25527	25692	11226	14466	787	1063	27602	26739	22233	4506	8529
5690	593	29	564	22	6	1222	2450	1879	571	303
13997	4090	494	3596	34	36	5485	4659	3705	954	408
1310	19932	9794	10138	639	930	19388	16528	14157	2371	7549
4530	1077	909	168	92	91	1507	3102	2492	610	269
4	121	117	4	8	127	96	339	339	–	42
9684	32664	32019	645	855	2516	30528	228404	222973	5431	19250
9487	54497	53517	980	1666	2935	72983	74624	73363	1261	25803
–	25897	25437	460	2780	3477	44709	67295	66865	430	11225

生产情况（三）

4-6 续表

三、肉产量(吨)									
(一)大牲畜			(二)猪	(三)羊			(四)家禽	(五)兔	(六)其它肉类
2.马	3.驴	4.骡		合计	山羊	绵羊			
306	348	307	337810	9182	8865	317	267184	53	71
51	79	54	62018	812	635	177	60017	42	15
2	3	–	3331	51	36	15	2384	4	–
2	3	6	6579	105	72	33	11681	33	2
41	66	43	49381	551	434	117	44217	4	9
6	7	5	2727	105	93	12	1735	1	4
–	2	–	921	9	9	–	41	–	–
57	85	74	67043	5365	5262	103	90557	10	56
103	117	73	134749	1788	1754	34	46683	1	–
95	65	106	73079	1208	1205	3	69886	–	–

4－5　畜牧业

	四、奶类产量（吨）		五、山羊毛产量（公斤）	六、绵羊毛产量（公斤）			七、羊绒产量（公斤）
	小计	牛奶		小计	细羊毛	半细羊毛	
大连市	120033	101555	369847	28773	6406	13217	516924
区小计	90579	84240	6231	15764	74	7728	201
甘井子区	3218	3164	–	1020	–	1020	–
旅顺口区	18002	16926	1028	3876	24	1448	–
金州区	67384	63093	2450	6370	50	1010	95
开发区	1975	1057	2753	4498	–	4250	106
长海县	12	12	–	–	–	–	–
瓦房店市	15839	6421	239620	5051	930	2933	426754
普兰店市	11000	8279	61300	6239	3743	2496	34520
庄河市	2603	2603	62696	1719	1659	60	55449

4－6　渔业

	水产品总产量（吨）			
	合计	海洋捕捞	海水养殖	淡水养殖
大连市	2194035	892841	1294781	6413
大连市(地方口径小计)	2160657	859463	1294781	6413
市直企业小计	39101	39101	–	–
县市区小计	2121556	820362	1294781	6413
长海县	344928	177186	167742	–
瓦房店市	278039	155422	121282	1335
普兰店市	148658	45757	100809	2092
庄河市	370280	109086	259014	2180
甘井子区	197512	91758	105754	–
旅顺口区	306050	119000	187050	–
金州区	206855	70000	136049	806
中山区	109200	34060	75140	–
开发区	160034	18093	141941	–
大连海洋渔业集团公司	33378	33378	–	–

生产情况（四）

4-6 续表

八、蜂蜜产量（公斤）	九、禽蛋产量(吨)	十、蚕茧产量(吨)			十一、肉类总产量(吨)
		小 计	桑蚕茧	柞蚕茧	
1178000	234128	3472	32	3440	653367
13000	91090	–	–	–	127004
–	1123	–	–	–	5868
6000	39516	–	–	–	18604
6000	47052	–	–	–	97768
1000	3399	–	–	–	4764
–	435	–	–	–	978
1165000	32244	382	12	370	174511
–	42063	–	–	–	199859
–	68296	3090	20	3070	151015

生产情况

养殖面积（公顷）			机动渔船		
合 计	海水养殖	淡水养殖	艘数（艘）	总吨位	功率（千瓦）
268872	256660	12212	26586	376888	746361
268872	256660	12212	26533	349723	704490
284	284	–	400	22881	67031
268588	256376	12212	26133	326842	637459
100608	100608	–	9003	89906	185688
27502	26102	1400	1906	39496	83875
16137	10387	5750	546	15169	27802
61250	56840	4410	3689	50584	75617
7186	7186	–	2274	44913	78239
18590	18590	–	2168	27274	61650
19036	18384	652	2262	15069	42053
3539	3539	–	671	26988	49382
14740	14740	–	3614	17443	33153
–	–	–	53	27165	41871

4－7　林业

指　　标	单　位	全　市	甘井子区
一、营林情况			
(一)当年.造林面积	公顷	5752	47
# 国有造林面积	公顷	–	–
1. 按造林方式分			
(1)当年人工造林面积	公顷	5753	47
(2)当年飞机播种造林面积	公顷	–	–
2.按林种用途分			
(1)用材林	公顷	–	–
(2)经济林	公顷	395	–
(3)防护林	公顷	5357	47
(4)薪炭林	公顷	–	–
(5)特种用途林	公顷	–	–
(二)年末实有封山育林面积	公顷	16469	66
# 本年新封面积	公顷	1047	66
(三)迹地更新面积	公顷	23	–
# 人工更新面积	公顷	–	–
(四)低产低效林改造面积	公顷	667	100
(五)零星(四旁)植树	万株	2249.2	120
(六)幼林抚育作业面积	公顷次	13336	–
(七)幼林抚育实际面积	公顷	7960	–
(八)成林抚育面积	公顷	409	–
# 中、幼龄林抚育面积	公顷	409	–
(九)抚育改造出材量	万立方米	744	–
# 中、幼龄林抚育出材量	万立方米	744	–
(十)林木种子采集量	吨	140	–
(十一)当年苗木产量	万株	22357	650
(十二)育苗面积	公顷	3476	200
# 本年新育苗面积	公顷	808	20
(十三)年末实有母树林面积	公顷	8000	–
(十四)年末实有种子园面积	公顷	7400	–
二、主要林产品产量(含自用)		47	–
# 核桃	吨	56	–
板栗	吨	–	–
鲜切花	万支	–	–
盆栽植物	万盆	–	–
观赏苗木	万株	–	–
草坪(卷)	万立方米	–	–

生 产 情 况

旅顺口区	金 州 区	开 发 区	长 海 县	瓦房店市	普兰店市	庄 河 市
133	72	–	–	3167	1167	1167
–	–	–	–	–	–	–
133	72	–	–	3167	1167	1167
–	–	–	–	–	–	–
–	–	–	–	–	–	–
–	–	–	–	273	53	70
133	72	–	–	2894	1114	1097
–	–	–	–	–	–	–
–	–	–	–	–	–	–
–	2330	3159	47	4933	2934	2934
–	67	–	47	267	267	267
–	23	–	–	–	–	–
–	–	–	–	–	–	–
400	–	–	–	–	–	167
170	119.2	40	70	300	680	750
–	816	–	–	3500	–	9020
–	750	–	–	2000	–	5210
–	21	–	81	–	187	120
–	21	–	81	–	187	120
–	–	–	244	–	500	–
–	–	–	244	–	500	–
–	–	–	–	110	–	30
2500	963	121	30	6000	5526	6567
400	509	69	15	800	733	750
60	13	20	–	–	426	269
–	–	–	–	–	–	8000
–	–	–	–	–	–	7400
–	–	–	–	–	–	–
–	–	12	–	5	–	30
–	–	3	–	5	–	48
–	–	–	–	–	–	–
–	–	–	–	–	–	–
–	–	–	–	–	–	–
–	–	–	–	–	–	–

4－8 农林牧渔业

	农林牧渔业总产值	一、农业产值					
		合 计	1.谷物及其他作物				
			小 计	(1)谷物			
				小 计	小 麦	稻 谷	玉 米
大连市	3904588	923258	299559	204588	464	34002	165585
大连市郊区	1253918	225684	44292	30177	436	741	28297
甘井子区	180922	21297	1257	688	–	–	686
旅顺口区	308448	39207	4983	4195	431	–	3651
金州区	485761	149217	34420	22253	5	596	21130
开发区	173540	15963	3632	3041	–	145	2830
市直单位	105247	–	–	–	–	–	–
长海县	344126	1073	677	466	–	–	466
瓦房店市	809110	266568	85750	54551	26	1950	50524
普兰店市	697356	220375	65011	46551	2	6962	38588
庄河市	800078	209558	103829	72843	–	24349	47710

4－8 农林牧渔业

	一、农业产值						
	(1)蔬菜(含菜用瓜)	(2)花卉	(3)其他园艺作物	3.水果、坚果、饮料和香料作物	(1)水果、坚果(含果用瓜)		
					小 计	苹 果	梨
大连市	313524	14566	13934	280052	280052	150907	8597
大连市郊区	101254	12966	10923	55855	55855	16732	2658
甘井子区	12452	481	754	6353	6353	1738	607
旅顺口区	17909	1500	1344	13471	13471	5581	1391
金州区	67300	10785	8325	27993	27993	7104	275
开发区	3593	200	500	8038	8038	2309	385
市直单位	–	–	–	–	–	–	–
长海县	319	–	–	77	77	8	6
瓦房店市	69404	124	100	109985	109985	71980	1002
普兰店市	82124	914	2839	69487	69487	39613	982
庄河市	60423	562	72	44648	44648	22574	3949

总产值（现价）

单位：万元

一、农业产值							
(2)薯类	(3)油料		(4)豆类		(5)其他作物		2.蔬菜园艺作物
	小计	#花生	小计	#大豆	小计	#饲料作物	
47285	6705	6280	28981	28159	11962	2271	342024
3555	1063	1056	3673	3593	5824	1671	125143
553	2	2	14	14	–	–	13687
158	20	19	285	283	325	200	20753
2645	978	972	3045	2983	5499	1471	86410
199	63	63	329	313	–	–	4293
–	–	–	–	–	–	–	–
100	–	–	11	11	100	–	319
18852	1570	1152	9402	8970	1337	217	69628
7049	2866	2866	8164	7973	381	381	85877
17729	1206	1206	7731	7612	4320	2	61057

总产值（现价）

单位：万元

	二、林业产值						
4.中药材	合计	(一)林木的培育和种植	(二)木材采运	(三)林产品	合计	(一)牲畜饲养	1.牛饲养
1623	35640	28433	368	6839	1081625	159921	88125
394	5972	5787	111	74	258014	37124	9052
–	1064	1064	–	–	10140	1183	205
–	2208	2154	–	54	50381	5873	449
394	1607	1496	111	–	186667	28560	7898
–	1093	1073	–	20	10826	1508	500
–	–	–	–	–	–	–	–
–	274	274	–	–	1314	39	21
1205	10604	10469	96	39	306655	65319	35891
–	5756	5641	45	70	280460	35916	27360
24	13034	6262	116	6656	235182	21523	15801

4－8 农林牧渔业

	三、牧业产值						
	2.羊饲养	3.其他牲畜饲养	4.奶产品		(一)牲畜饲养		
					5.毛绒产品		
			小计	#牛奶	小计	羊毛	羊绒
大连市	20897	1520	33894	29131	15485	363	15122
大连市郊区	1900	284	25847	24210	41	34	7
甘井子区	69	–	905	889	4	4	–
旅顺口区	248	17	5152	4875	7	7	–
金州区	1146	225	19276	18171	15	12	3
开发区	437	42	514	275	15	11	4
市直单位	–	–	–	–	–	–	–
长海县	12	2	4	4	–	–	–
瓦房店市	12158	293	4274	1849	12703	220	12483
普兰店市	4049	428	3019	2318	1060	50	1010
庄河市	2778	513	750	750	1681	59	1622

4－8 农林牧渔业

	四、渔业产值						
	合计	(一)海水产品		1.鱼类	2.甲壳类	3.贝类	4.藻类
		小计	#养殖				
大连市	1486915	1482269	901373	565604	106056	335678	65485
大连市郊区	609914	609431	348082	228316	48793	97078	63462
甘井子区	136061	136061	55946	67243	11641	22793	2693
旅顺口区	193388	193388	120388	52776	27968	23986	28809
金州区	96870	96387	62583	22005	9062	32796	3432
开发区	78348	78348	67101	11045	122	17503	28528
市直单位	105247	105247	42064	75247	–	–	–
长海县	302617	302617	197348	189748	4838	64341	1204
瓦房店市	177309	176309	111740	48931	17945	30641	677
普兰店市	127369	125737	82814	25668	8409	38444	142
庄河市	269706	268175	161389	72941	26071	105174	–

总产值（现价）

单位：万元

三、牧业产值								
(二)猪的饲养	1.肉猪	(三)家禽饲养	1.肉禽	2.禽蛋	3.羽绒	(四)其他畜牧业		
						小计	蚕茧	兔
348414	348414	503191	357435	145596	160	70099	2537	64
57422	57422	126745	71033	55712	—	36723	—	50
3765	3765	5187	4484	703	—	5	—	5
7340	7340	35495	11469	24026	—	1673	—	18
42095	42095	81308	52289	29019	—	34704	—	17
4222	4222	4755	2791	1964	—	341	—	10
—	—	—	—	—	—	—	—	—
920	920	355	74	281	—	—	—	—
83886	83886	155566	136003	19563	—	1884	346	13
135206	135206	88513	62435	26078	—	20825	—	1
70980	70980	132012	87890	43962	160	10667	2191	—

总产值（现价）

单位：万元

四、渔业产值							五、农林牧渔产值服务业	六、补充资料
5.其他	(二)内陆水域水产品		1.鱼类	2.甲壳类	3.贝类	4.其他		可比价增长速度
	合计	#养殖						
409446	4646	4163	4350	280	16	—	377150	11
171782	483	—	483	—	—	—	154334	—
31691	—	—	—	—	—	—	12360	—
59849	—	—	—	—	—	—	23264	—
29092	483	—	483	—	—	—	51400	—
21150	—	—	—	—	—	—	67310	—
30000	—	—	—	—	—	—	—	—
42486	—	—	—	—	—	—	38848	—
78115	1000	1000	1000	—	—	—	47974	—
53074	1632	1632	1336	280	16	—	63396	—
63989	1531	1531	1531	—	—	—	72598	—

4-9 农林牧渔业

	农林牧渔业总产值	一、农业产值						
		合计	1.谷物及其他作物					
			小计	(1)谷物				
				小计	小麦	稻谷	玉米
大连市	2195350	350858	86823	63634	158	9714	52583
大连市郊区	693857	85469	11222	8812	148	213	8261
甘井子区	109946	8248	282	211	–	–	208
旅顺口区	146872	15326	1553	1310	147	–	1142
金州区	282840	55373	8160	6261	1	174	5954
开发区	98952	6522	1227	1030	–	39	957
市直单位	55247	–	–	–	–	–	–
长海县	171230	334	187	141	–	–	141
瓦房店市	524884	97452	23090	16908	9	569	15810
普兰店市	329923	83886	20258	15644	1	1951	13441
庄河市	475456	83717	32066	22129	–	6981	14930

4-9 农林牧渔业

	一、农业产值						
	(1)蔬菜(含菜用瓜)	(2)花卉	(3)其他园艺作物	3.水果、坚果、饮料和香料作物	(1)水果、坚果(含果用瓜)		
					小计	苹果	梨
大连市	93276	11750	13934	143741	143741	74454	5413
大连市郊区	24073	10150	10923	28996	28996	7489	1500
甘井子区	2553	481	754	4178	4178	759	340
旅顺口区	4352	1500	1344	6577	6577	2348	767
金州区	16107	8069	8325	14607	14607	3342	193
开发区	1061	100	500	3634	3634	1040	200
市直单位	–	–	–	–	–	–	–
长海县	99	–	–	48	48	4	4
瓦房店市	18618	124	100	54315	54315	32098	713
普兰店市	21887	914	2839	37988	37988	22631	548
庄河市	28599	562	72	22394	22394	12232	2648

总产值（不变价）

单位：万元

一、农业产值							
(2)薯类	(3)油料		(4)豆类		(5)其他作物		2.蔬菜园艺作物
	小计	#花生	小计	#大豆	小计	#饲料作物	
6201	2041	1953	9977	9754	4958	122	118960
437	323	320	1271	1246	379	90	45146
66	1	1	4	4	–	–	3788
19	5	5	96	95	123	11	7196
314	299	296	1030	1013	256	79	32501
38	18	18	141	134	–	–	1661
–	–	–	–	–	–	–	–
13	–	–	3	3	30	–	99
2364	433	348	3161	3046	212	12	18842
893	915	915	2786	2735	20	20	25640
2494	370	370	2756	2724	4317	–	29233

总产值（不变价）

单位：万元

	二、林业产值				三、牧业产值		
4.中药材	合计	(一)林木的培育和种植	(二)木材采运	(三)林产品	合计	(一)牲畜饲养	1.牛饲养
1334	9951	5386	231	4334	616493	38079	14384
105	1645	1520	64	61	152849	8379	1624
–	451	451	–	–	4192	277	34
–	554	500	–	54	27656	1401	79
105	503	439	64	–	116249	6421	1423
–	137	130	–	7	4752	280	88
–	–	–	–	–	–	–	–
–	49	49	–	–	719	7	4
1205	1926	1833	58	35	218429	16641	3975
–	931	874	23	34	113746	8239	6006
24	5400	1110	86	4204	130750	4813	2775

4-9　农林牧渔业

	三、牧业产值						
	2.羊饲养	3.其他牲畜饲养	4.奶产品		(一)牲畜饲养		
					5.毛绒产品		
			小 计	#牛奶	小 计	羊 毛	羊 绒
大连市	2726	483	8262	7267	12224	280	11944
大连市郊区	264	90	6370	6029	31	26	5
甘井子区	11	–	229	226	3	3	–
旅顺口区	41	5	1270	1212	6	6	–
金州区	168	72	4746	4515	12	10	2
开发区	44	13	125	76	10	7	3
市直单位	–	–	–	–	–	–	–
长海县	1	1	1	1	–	–	–
瓦房店市	1574	93	966	459	10033	173	9860
普兰店市	522	135	739	592	837	39	798
庄河市	365	164	186	186	1323	42	1281

4-9　农林牧渔业

	四、渔业产值						
	合 计	(一)海水产品		1.鱼 类	2.甲壳类	3.贝 类	4.藻 类
		小 计	#养殖				
大连市	971179	968450	587865	209381	93042	293124	43915
大连市郊区	371757	371424	209564	106308	30726	88654	42373
甘井子区	87506	87506	54856	26453	1919	27794	4903
旅顺口区	99846	99846	56849	23712	21305	12007	28435
金州区	79599	79266	39237	11661	7418	32338	1460
开发区	49559	49559	36558	4235	84	16515	7575
市直单位	55247	55247	22064	40247	–	–	–
长海县	139843	139843	91198	45072	2789	54927	959
瓦房店市	173487	172936	98762	27368	33769	32844	489
普兰店市	94033	93087	43063	10134	4757	31028	94
庄河市	192059	191160	145278	20499	21001	85671	–

总产值（不变价）

单位：万元

三、牧业产值								
(二)猪的饲养	1.肉猪	(三)家禽饲养	1.肉禽	2.禽蛋	3.羽绒	(四)其他畜牧业		
						小计	蚕茧	兔
144324	144324	397664	292193	105311	160	36426	1167	18
25105	25105	98472	57473	40999	–	20893	–	14
2585	2585	1329	824	505	–	1	–	1
2192	2192	22403	4630	17773	–	1660	–	6
18217	18217	72404	51212	21192	–	19207	–	5
2111	2111	2336	807	1529	–	25	–	2
–	–	–	–	–	–	–	–	–
487	487	225	29	196	–	–	–	–
36960	36960	163559	149439	14120	–	1269	134	4
46282	46282	54470	35264	19206	–	4755	–	–
35490	35490	80938	49988	30790	160	9509	1033	–

总产值（不变价）

单位：万元

四、渔业产值							五、农林牧渔产值服务业
5.其他	(二)内陆水域水产品		1.鱼类	2.甲壳类	3.贝类	4.其他	
	合计	#养殖					
328988	2729	2396	2580	143	6	–	246869
103363	333	–	333	–	–	–	82137
26437	–	–	–	–	–	–	9549
14387	–	–	–	–	–	–	3490
26389	333	–	333	–	–	–	31116
21150	–	–	–	–	–	–	37982
15000	–	–	–	–	–	–	–
36096	–	–	–	–	–	–	30285
78466	551	551	551	–	–	–	33590
47074	946	946	797	143	6	–	37327
63989	899	899	899	–	–	–	63530

4-10　农林牧

	农林牧渔业合计			1. 农业			2. 林业	
	总产值	中间消耗	增加值	总产值	中间消耗	增加值	总产值	中间消耗
大连	3904588	1818563	2086025	923258	357796	565462	35640	18564
区小计	1148671	597411	551260	225684	105426	120258	5972	2909
甘井子区	180922	74238	106684	21297	10638	10659	1064	400
旅顺口区	308448	169622	138826	39207	19915	19292	2208	1179
金州区	485761	263606	222155	149217	68639	80578	1607	829
开发区	173540	89945	83595	15963	6234	9729	1093	501
长海	344126	153323	190803	1073	415	658	274	204
瓦房店	809110	343653	465457	266568	91837	174731	10604	7222
普兰店	697356	329096	368260	220375	74265	146110	5756	2810
庄河	800078	367011	433067	209558	85853	123705	13034	5419

4-11　农业主要

	一、农用化肥施用量总计（吨）						（一）氮　　肥	
	实 物 量					折纯量	实 物 量	
	合 计	种植业	林 业	牧 业	渔 业		合 计	种植业
大连市	450057	444873	3866	464	854	145924	228260	224910
区小计	70807	69102	1060	–	645	23211	31924	30938
甘井子区	6128	5849	76	–	203	2072	2441	2167
旅顺口区	12552	12321	201	–	30	4412	5799	5731
金州区	43889	43297	560	–	32	13819	19476	19241
开发区	8238	7635	223	–	380	2908	4208	3799
长海县	491	475	16	–	–	–	36	35
瓦房店市	136915	135651	876	353	35	46753	69898	68974
普兰店市	116793	115202	1531	60	–	34918	61125	60053
庄河市	125051	124443	383	51	174	41042	65277	64910

渔业增加值

单位：万元

	3．牧业			4．渔　业			5．服务业		
增加值	总产值	中间消耗	增加值	总产值	中间消耗	增加值	总产值	中间消耗	增加值
17076	1081625	669509	412116	1486915	620785	866130	377150	151909	225241
3063	258014	176701	81313	504667	243137	261530	154334	69238	85096
664	10140	5635	4505	136061	55845	80216	12360	1720	10640
1029	50381	37702	12679	193388	103848	89540	23264	6978	16286
778	186667	126674	59993	96870	43064	53806	51400	24400	27000
592	10826	6690	4136	78348	40380	37968	67310	36140	31170
70	1314	866	448	302617	133186	169431	38848	18652	20196
3382	306655	186133	120522	177309	49895	127414	47974	8566	39408
2946	280460	166311	114149	127369	58210	69159	63396	27500	35896
7615	235182	139498	95684	269706	108288	161418	72598	27953	44645

物资消耗（一）

				(二) 磷　　肥				
			折纯量	实 物 量				
林　业	牧　业	渔　业		合 计	种植业	林　业	牧　业	渔　业
2113	415	822	58570	48902	48374	525	1	2
373	–	613	6839	4011	3942	67	–	2
71	–	203	561	664	664	–	–	–
68	–	–	1472	753	748	5	–	–
205	–	30	3710	2310	2266	42	–	2
29	–	380	1096	284	264	20	–	–
1	–	–	–	–	–	–	–	–
536	353	35	19767	10360	10269	91	–	–
1012	60	–	14992	18345	18130	215	–	–
191	2	174	16972	16186	16033	152	1	–

4-11 农业主要

	磷肥	(三)钾肥						
	折纯量	实物量					折纯量	合计
		合计	种植业	林业	牧业	渔业		
大连市	10746	29636	29385	251	–	–	14471	143259
区小计	820	3913	3795	118	–	–	1745	30959
甘井子区	151	382	382	–	–	–	172	2641
旅顺口区	178	859	817	42	–	–	449	5141
金州区	415	2183	2135	48	–	–	1012	19920
开发区	76	489	461	28	–	–	112	3257
长海县	–	4	–	4	–	–	–	451
瓦房店市	2707	12028	11978	50	–	–	5535	44629
普兰店市	3334	5902	5856	46	–	–	2829	31421
庄河市	3885	7789	7756	33	–	–	4362	35799

4-11 农业主要

	#地膜使用量(吨)					地膜覆盖面积(公顷)	三、农用柴油	
	合计	种植业	林业	牧业	渔业		合计	种植业
大连市	2519	2456	20	33	10	16363	222064	33590
区小计	701	688	13	–	–	3606	70998	7392
甘井子区	146	146	–	–	–	541	7816	835
旅顺口区	150	150	–	–	–	648	31921	1469
金州区	386	373	13	–	–	2242	23837	4430
开发区	19	19	–	–	–	175	7424	658
长海县	4	4	–	–	–	–	89042	19
瓦房店市	731	714	–	7	10	6498	22905	13226
普兰店市	439	428	2	9	–	2781	9789	8563
庄河市	644	622	5	17	–	3478	29330	4390

物资消耗（二）

4-13 续表

（四）复合肥					二、农业薄膜使用量（吨）				
实物量				折纯量	合计	种植业	林业	牧业	渔业
种植业	林业	牧业	渔业						
142204	977	48	30	62137	9503	9023	52	384	44
30427	502	–	30	13807	2511	2483	15	13	–
2636	5	–	–	1188	562	562	–	–	–
5025	86	–	30	2313	415	408	–	7	
19655	265	–	–	8682	1465	1444	15	6	–
3111	146	–	–	1624	69	69	–	–	–
440	11	–	–	–	8	8	–	–	–
44430	199	–	–	18744	3108	2979	13	72	44
31163	258	–	–	13763	1933	1774	19	140	–
35744	7	48	–	15823	1943	1779	5	159	–

物资消耗（三）

4-13 续表

使用量（吨）			四、农药使用量（吨）				
林业	牧业	渔业	合计	种植业	林业	牧业	渔业
634	693	187147	8977	8637	224	56	60
291	365	62950	2006	1898	82	7	19
18	20	6943	305	302	3	–	–
36	26	30390	376	365	10	1	–
214	316	18877	1053	965	63	6	19
23	3	6740	272	266	6	–	–
3	–	89020	5	3	2	–	–
177	138	9364	3235	3115	50	34	36
132	131	963	2248	2183	59	1	5
31	59	24850	1483	1438	31	14	–

4-12 农业机械（动力）

	农机总动力（万千瓦）	柴油机	电动机	汽油机	（一）拖拉机动力（万千瓦）
大连市	299.08	224.46	55.65	18.97	39.21
甘井子区	8.5	2.9	5.6	–	0.03
旅顺口区	25.2	16.12	2.41	6.67	1.72
金州区	40.01	32.14	4.32	3.55	2.92
开发区	16.41	14.97	1.43	0.01	0.41
长海县	0.96	0.76	0.08	0.12	0.61
普兰店市	58.01	45.16	9.77	3.08	9.42
瓦房店市	97.13	77.99	15.75	3.39	16.8
庄河市	52.86	34.42	16.29	2.15	7.3

4-12 农业机械（动力）

	（六）农副产品加工机械动力（万千瓦）	柴油机	电动机	（七）运输机械动力（万千瓦）	柴油机
大连市	19.22	4.73	14.49	149.63	134.2
甘井子区	–	–	–	2.47	2.47
旅顺口区	0.3	–	0.3	19.45	12.8
金州区	1.6	0.3	1.3	25.51	22.2
开发区	0.12	0.01	0.11	11.43	11.43
长海县	0.07	0.03	0.04	0.24	0.12
普兰店市	4.56	0.4	4.16	28.9	27.6
瓦房店市	7.77	3.05	4.72	41.25	38.25
庄河市	4.8	0.94	3.86	20.38	19.36

拥有量汇总表（一）

（二）水田专用机械动力（万千瓦）	（三）机动喷雾(粉)器动力（万千瓦）	（四）农用排灌动力（万千瓦）				（五）收获机械动力（万千瓦）	
			柴油机	电动机	汽油机		柴油机
0.04	9.79	42.85	18.28	23.72	0.85	2.99	1.38
–	0.08	5.8	0.2	5.6	–	–	–
–	0.32	1.44	0.24	1.18	0.02	0.22	0.12
0.01	0.66	5.1	2.11	2.84	0.15	0.06	0.06
–	0.12	1.13	0.01	1.12	–	–	–
–	–	0.04	–	0.04	–	–	–
–	2.75	5.94	4.53	1.06	0.35	0.06	0.06
–	3.5	15	8.34	6.43	0.23	1.1	0.34
0.03	2.36	8.4	2.85	5.45	0.1	1.55	0.8

拥有量汇总表（二）

	（八）牧业机械动力（万千瓦）				（九）农田基本建设机械动力（万千瓦）	（十）其它机械动力（万千瓦）
汽油机		柴油机	电动机	汽油机		
15.4	14.06	1.54	12.43	0.09	9.85	11.37
–	–	–	–	–	–	0.12
6.65	0.56	–	0.56	–	0.69	0.49
3.31	0.42	0.15	0.18	0.09	3.06	0.67
–	0.21	0.01	0.2	–	2.98	0.01
0.12	–	–	–	–	–	–
1.3	3.35	–	3.35	–	0.17	2.86
3	3.58	0.95	2.63	–	2.53	5.6
1.02	5.94	0.43	5.51	–	0.42	1.62

主要统计指标解释

【农林牧渔业总产值】是以货币表现的农林牧渔业的全部产品总量和对农林牧渔业生产活动进行的各种支持性服务活动的价值。它反映一定时期内农林牧渔业生产总规模和总成果，是观察农林牧渔业生产水平和发展速度、研究农林牧渔业内部比例关系、农林牧渔业与工业、农林牧渔业与国家建设、人民生活比例关系的重要指标，同时也是计算农林牧渔业劳动生产率和农林牧渔业增加值的基础资料。

按照现行的统计制度规定，农林牧渔业总产值的统计范围是辖区内各种经济组织类型、各个系统的全部农林牧渔业生产单位和非农行业单位附属的农林牧渔业生产活动单位，但不包括农业科学试验机构进行的农业生产。计算范围包括农、林、牧、渔及农林牧渔服务业五业。

【农林牧渔业增加值】是指农、林、牧、渔及农林牧渔服务业生产货物或提供服务活动而增加的价值，为农林牧渔业现价总产值扣除农林牧渔业现价中间投入后的余额。

增加值也叫附加价值或追加价值，是指各单位生产经营的最终成果，即本单位或本行业对社会所作的贡献。从宏观上来说，增加值是计算国内生产总值的基础。即各部门增加值之和就是国内生产总值；从微观上来说，增加值能客观反映企业单位或行业的投入、产出、效益、速度和收入等情况。因此，计算增加值不仅是国民经济宏观管理的需要，也是微观的企业和行业管理的需要。

增加值和总产值相比较，一个最大的优点在于增加值避免了中间产品的重复计算，消除了总产值计算时的重复因素，计算结果是社会最终产品的价值。农林牧渔业增加值的核算范围同农林牧渔业总产值核算范围。

【农作物播种面积】是指播种季节结束时实际播种或移植有农作物的面积，是反映农作物生产规模的重要指标。凡是集中只有农作物的面积，不论种植在耕地上还是非耕地上，也不论面积大小，均应统计为播种面积。但是，不包括调查前作物已经死亡（指成片死亡）和因基本建设或其他原因毁掉的面积。

【果园面积】是指成片种植的果园。包括原有的、垦复的和本年新植定株的面积，以及调查时虽已荒芜，但只要稍加开垦、修正和培育后就恢复生产的面积，不论树龄大小，也不论当年有无收益，都要包括在内。果园面积不包括培育幼苗的苗圃面积。零星种植的果树，不必折算面积。

工 业

责任编辑

张金丽　滕仁伟

徐　杰　张新斌

5-1 2006年主要产品产量（一）

产品名称	计量单位	2006年
原盐	万吨	151.0
发电量	亿千瓦小时	153.2
精制食用植物油	万吨	22.4
鲜冷藏冻肉	万吨	21.3
乳制品	万吨	4.9
白酒（折65度，商品量）	千升	843
啤酒	千升	444528
软饮料	万吨	14.8
化学纤维	万吨	2.6
纱	万吨	2.6
布	万米	2378.5
服装	万件	8642.6
皮鞋	万双	1042.5
皮革服装	万件	104.7
人造板	万立方米	3.4
实木地板(木地板)	万平方米	127.1
复合地板	万平方米	201.8
家具	万件	482.1
机制纸及纸板	万吨	5.8
原油加工量	万吨	2156.9
汽油	万吨	408.8
煤油	万吨	158.7
柴油	万吨	654.1
润滑油	万吨	20.8
燃料油	万吨	224.1
液化石油气	万吨	70.0
焦炭	万吨	14.1
煤气生产量(煤气)	万立方米	28663
硫酸（折100%）	万吨	12.8
浓硝酸（折100%）	万吨	1.0
氢氧化钠（烧碱）（折100%）	万吨	1.1
碳酸钠（纯碱）	万吨	47.3
农用氮、磷、钾化学肥料总计（折纯）	万吨	7.6
化学农药原药（折有效成分100%）	万吨	2.2
纯苯	吨	38155
涂料（油漆）	吨	11459
染料	万吨	2.4
初级形态的塑料(塑料树脂及共聚物)	万吨	33.3
合成洗涤剂	吨	5856

5-1 2006年主要产品产量（二）

产品名称	计量单位	2006年
化学药品原药(化学原料药)	吨	1052.2
中成药	吨	525.9
橡胶轮胎外胎(轮胎外胎)	万条	474.4
塑料制品	万吨	31.4
水泥	万吨	678.0
水泥排水管	千米	10850
商品混凝土	万立方米	206.5
平板玻璃	万重量箱	558.3
粗钢	万吨	161.7
钢材	万吨	203.9
铜材(铜加工材)	吨	2445
铝材	吨	7253
金属集装箱	万立方米	328.5
金属切削工具	万件	20.6
模具	万套	28.4
工业锅炉	蒸发量吨	2791
内燃机	万千瓦	995.6
金属切削机床	台	46647
数控机床	台	6891
起重设备	吨	63888
制冷空调设备	万台(套)	74.4
滚动轴承（轴承）	万套	9519.2
金属冶炼设备（冶炼设备）	吨	62889
金属轧制设备	吨	50790
机车	辆	256
民用钢质船舶	万总吨	122.9
家用电冰箱	万台	94.3
冷柜（含冷冻箱、冷藏箱、展示柜）	万台	14.2
房间空气调节器	万台	174.9
程控交换机	万线	21.6
电话单机	万台	70.6
传真机	万台	32.4
移动通信手持机（手机）	万台	180
打印机	万台	140.0
半导体分立器件	万只	761956
集成电路	万块	1994
彩色电视机	万台	47.7
激光视盘机	万台	292.3
表	万只	133.3

5-2 全部国有及年产品销售收入500万元及

项　　目	企业单位数(个)	亏损企业	工业总产值(当年价格)	新产品产值
总　　计	**2954**	**731**	**343746218**	**45194795**
内资企业	1844	383	209716509	40201463
国有企业	87	36	20880568	3846524
中央企业	26	13	10567128	1990843
地方企业	61	23	10313440	1855681
集体企业	54	13	1885792	35513
股份合作企业	44	14	1228887	222
联营企业	4	1	93549	–
国有联营企业	2	1	71780	–
国有与集体联营企业	1	–	10550	–
其他联营企业	1	–	11219	–
有限责任公司	321	76	85722702	32483284
国有独资公司	11	3	26499417	10540845
其他有限责任公司	310	73	59223285	21942439
股份有限公司	58	8	54724202	925532
私营企业	1276	235	45180809	2910388
私营独资企业	303	30	7373624	63482
私营合作企业	18	4	917024	–
私营有限责任公司	863	183	33027155	2661519
私营股份有限公司	92	18	3863006	185387
港、澳、台商投资企业	204	57	10778718	842762
合资经营企业(港或澳、台资)	106	34	4284766	385240
合作经营企业(港或澳、台资)	19	3	1360742	120630
港澳台商独资经营企业	77	20	5099084	336892
港澳台商投资股份有限公司	2	–	34126	–
外商投资企业	906	291	123250991	4150570
中外合资经营企业	356	103	68260760	2821955
中外合作经营企业	67	18	3499153	61765
外资企业	480	170	48576386	1222030
外商投资股份有限公司	3	–	2914692	44820
在总计中:亏损企业	731	731	79322130	2323399
在总计中:国有控股企业	153	51	187059067	33686762
在总计中:农村工业	41	9	1541509	2310
在总计中:轻工业	1080	341	68688622	9259037
重工业	1874	390	275057596	35935758
在总计中:大型企业	32	6	156128871	32573738
中型企业	255	58	101255381	9438307
小型企业	2667	667	86361966	3182750

以上非国有工业企业主要经济指标（一）

单位：千元

工业销售产值（当年价格）	#出口交货值	工业增加值（当年价格）	全部从业人员年平均数(人)	资产合计	#产成品
340034497	**116232009**	**97686965**	**682459**	**331679502**	**13495912**
207836807	43462025	57677631	382319	226170241	9410054
20643056	2057174	6076011	42065	34462074	567416
10451566	146219	3390545	13390	13234159	230093
10191490	1910955	2685466	28675	21227915	337323
1854448	550452	661955	12872	2062316	54743
1224776	41975	351272	5304	1283825	57307
119879	–	34156	515	153601	2787
100710	–	26513	372	114155	2537
7950	–	3492	110	20112	250
11219	–	4151	33	19334	–
85566441	27249867	22027852	147879	119744629	5518885
26034814	11550880	6549900	41545	32112514	1893986
59531627	15698987	15477952	106334	87632115	3624899
54719783	5599332	12493086	17733	28040969	1033130
43708424	7963225	16033299	155951	40422827	2175786
7212504	493166	2916291	31077	5593557	231548
933453	132830	146468	1656	466085	19529
31789325	6721106	11506477	112578	30718482	1734055
3773142	616123	1464063	10640	3644703	190654
10556566	4521846	3902230	41093	9755631	424033
4217974	1847267	1318694	18723	4457770	253667
1287654	569019	646700	5592	941090	39907
5016812	2089344	1935992	16685	4332498	129659
34126	16216	844	93	24273	800
121641124	68248138	36107104	259047	95753630	3661825
67358396	29902780	18629112	77621	47753102	1997389
3333816	2509384	1075758	16003	2664336	227614
48035890	35835974	15117667	164099	41446662	1435735
2913022	–	1284567	1324	3889530	1087
78944195	15127104	17976640	143417	69568943	2598812
186176930	53168706	45590211	161161	182745996	6051079
1487302	530763	491737	6410	1217588	73209
67194857	32605187	22225156	250476	68052308	3510195
272839640	83626822	75461809	431983	263627194	9985717
155080060	53768449	38915236	197059	151263006	5220429
99823913	39915331	29968960	190009	93427575	4012533
85130524	22548229	28802769	295391	86988921	4262950

5-2 全部国有及年产品销售收入500万元及

项目	企业单位数(个)	亏损企业	工业总产值(当年价格)	新产品产值
有色金属矿采选业	1	–	56420	–
非金属矿采选业	11	1	451620	30800
其他采矿业	1	1	9970	2500
农副食品加工业	268	75	20438432	472413
食品制造业	90	22	2100736	23540
饮料制造业	17	5	2543333	60064
纺织业	94	40	3745306	312179
纺织服装、鞋、帽制造业	195	65	8684831	645363
皮革、毛皮、羽毛(绒)及其制品业	23	7	1353516	52600
木材加工及木、竹、藤、棕、草制	88	39	3783296	93877
家具制造业	47	18	4823898	3675
造纸及纸制品业	59	11	1451412	9080
印刷业和记录媒介的复制	35	19	1393907	92030
文教体育用品制造业	14	4	539377	1280
石油加工、炼焦及核燃料加工业	17	6	92170369	123160
化学原料及化学制品制造业	134	24	9495545	1847201
医药制造业	34	13	3162001	954820
化学纤维制造业	5	3	321280	–
橡胶制品业	24	6	732890	–
塑料制品业	124	37	5908687	1395507
非金属矿物制品业	154	37	6534376	31701
黑色金属冶炼及压延加工业	63	17	14502280	1356930
有色金属冶炼及压延加工业	28	10	1269764	4492
金属制品业	199	38	6802507	286234
通用设备制造业	609	86	45432630	8500046
专用设备制造业	146	32	14864175	3101370
交通运输设备制造业	136	33	33361443	13838955
电气机械及器材制造业	133	26	14490281	1840919
通信设备、计算机及其他电子设备	67	17	30668638	9851695
仪器仪表及文化、办公用机械制造	59	15	2546016	243454
工艺品及其他制造业	17	2	982882	–
废弃资源和废旧材料回收加工业	1	–	55284	–
电力、热力的生产和供应业	41	15	7375501	18910
燃气生产和供应业	7	2	666083	–
水的生产和供应业	13	5	1027532	–

以上非国有工业企业主要经济指标（一）

单位：千元

工业销售产值（当年价格）	#出口交货值	工业增加值（当年价格）	全部从业人员年平均数(人)	资产合计	#产成品
56420	–	22212	286	74050	1137
418999	15240	239448	3894	820000	39569
9970	9770	3800	65	21350	105
20132061	7886130	6002222	50876	16803424	1045111
2002540	602943	790672	11018	2908659	192003
2421201	29117	1036050	4661	3193065	140203
3655254	1599740	1490081	22715	3464657	265910
8424794	5525126	3083726	65184	4523694	158649
1354700	1089259	382151	12972	864071	50517
3572603	2799525	1330390	15022	3186059	136034
4475568	2569834	2025164	19818	4351499	161132
1438306	215482	483713	5041	1372925	59294
1374635	78898	392229	4648	2195985	83113
511028	483246	194811	2407	496450	28973
92064538	18483560	19890554	11165	35773685	1015897
9375074	2177424	2617881	25587	20622199	751514
3226750	836584	1456949	6725	4947651	378108
335740	–	113409	850	96516	963
791598	357564	196293	4953	1476060	70653
5953069	2197355	2144654	17678	9749411	215523
6510380	1879697	2239044	22840	9718962	286310
14975843	3236251	3666117	26731	22451527	1120574
1286805	603562	155065	2120	1000444	58695
6625519	3026011	1941832	22217	6223287	441406
44890496	9136130	14340145	107964	43946472	3091005
14593706	2866120	6001846	31374	17154160	1000489
32824070	16034212	8903096	64858	52432924	595691
14042205	8031700	4451074	42263	10958731	915167
30017852	22677213	7645706	48607	25835614	1004485
2615296	1400931	917436	9734	2267042	61529
1002207	383385	379406	3484	1296818	91546
52546	–	33749	92	91890	2738
7356569	–	2758787	7827	14172073	2307
656623	–	−22674	2434	1111805	29555
989532	–	379927	4349	6076343	7

5-2 全部国有及年产品销售收入500万元及

项目	流动资产年平均余额	固定资产原价	#生产经营用	累计折旧
总计	**164338310**	**174683176**	**151261409**	**64549319**
内资企业	113504546	107599301	91070058	36516688
国有企业	14241921	21772546	18177037	6748475
中央企业	6702183	7494257	5537537	2369358
地方企业	7539738	14278289	12639500	4379117
集体企业	1149215	989619	871451	317435
股份合作企业	736470	480189	415268	200012
联营企业	65244	96003	81365	19368
国有联营企业	41124	76693	62055	12594
国有与集体联营企业	13260	6761	6761	2076
其他联营企业	10860	12549	12549	4698
有限责任公司	63230468	51782755	42810011	18140774
国有独资公司	16353406	15696734	11188206	5295370
其他有限责任公司	46877062	36086021	31621805	12845404
股份有限公司	14900252	15374601	14971712	6486838
私营企业	19180976	17103588	13743214	4603786
私营独资企业	2408945	3034032	2700539	804343
私营合作企业	234620	139896	127175	35641
私营有限责任公司	14854610	12473050	9796215	3399533
私营股份有限公司	1682801	1456610	1119285	364269
港、澳、台商投资企业	5268387	4765072	4107761	1792405
合资经营企业(港或澳、台资)	2616021	2060269	1728555	873013
合作经营企业(港或澳、台资)	424240	428891	277216	129653
港澳台商独资经营企业	2209783	2268185	2095140	786683
港澳台商投资股份有限公司	18343	7727	6850	3056
外商投资企业	45565377	62318803	56083590	26240226
中外合资经营企业	23962644	25713999	23404734	9476412
中外合作经营企业	1199051	1551370	1102739	486586
外资企业	19405287	28881762	25456730	12428636
外商投资股份有限公司	998395	6171672	6119387	3848592
在总计中:亏损企业	31638408	43699138	38818531	15183593
在总计中:国有控股企业	91069225	99870299	88056006	37170631
在总计中:农村工业	516769	671441	600416	159580
在总计中:轻工业	30977669	37983852	32947439	12703661
重工业	133360641	136699324	118313970	51845658
在总计中:大型企业	80194740	74210395	64682103	28479937
中型企业	43080054	57551195	52011698	22569384
小型企业	41063516	42921586	34567608	13499998

以上非国有工业企业主要经济指标（二）

单位：千元

#本年折旧	固定资产净值年平均余额	负债合计	所有者权益合计	主营业务收入	主营业务成本
11146432	**103136455**	**202859100**	**128491852**	**338381233**	**306707747**
5349893	65777317	145876882	79964809	206059264	189768310
904030	13244392	21856668	12276856	20752575	18709956
405653	3570764	8550814	4683345	10357626	9525596
498377	9673628	13305854	7593511	10394949	9184360
36990	665002	1330744	731572	2203698	1931860
28286	279018	832907	450918	1204843	1037520
4261	81468	88210	65391	118760	112435
2750	67872	66621	47534	99591	94321
–	4685	14086	6026	7950	7177
1511	8911	7503	11831	11219	10937
2313356	31204657	85221053	34523576	85928030	74896384
699738	9120646	20047105	12065409	26472636	22106605
1613618	22084011	65173948	22458167	59455394	52789779
1001171	8068937	12327774	15713195	53793435	56386530
1061799	12233843	24219526	16203301	42057923	36693625
214148	2237563	3515590	2077967	7229958	6502318
9377	96271	271975	194110	914994	848871
748851	8819940	18217881	12500601	30247273	26198330
89423	1080069	2214080	1430623	3665698	3144106
321699	2866935	5575124	4180507	10718425	9075807
117043	1216152	2811747	1646023	4420981	3745995
50203	198946	513377	427713	1243782	1041334
153844	1446983	2233918	2098580	5008078	4250319
609	4854	16082	8191	45584	38159
5474840	34492203	51407094	44346536	121603544	107863630
1466069	15574479	30491759	17261343	67783307	61030534
86713	1081808	1299029	1365307	3303567	2988800
3491649	15363454	18663257	22783405	47603664	41470972
430409	2472462	953049	2936481	2913006	2373324
2680483	25014151	39756404	29812539	78239097	79925054
4911609	57996527	120191326	62226120	184357220	173740404
39754	444999	878686	338902	1459279	1308802
1952784	23760534	35744289	32308019	65937847	56749470
9193648	79375921	167114811	96183833	272443386	249958277
4812426	42530821	94894359	56040097	153015862	141903155
3454463	33713254	59183648	34243927	100908636	90965216
2879543	26892380	48781093	38207828	84456735	73839376

5-2 全部国有及年产品销售收入500万元及

项　　目	流动资产年平均余额	固定资产原　价	#生　产经营用	累计折旧
有色金属矿采选业	15330	52140	52140	3320
非金属矿采选业	386444	575071	566448	242575
其他采矿业	2958	19255	19255	7219
农副食品加工业	9236814	6783045	5646334	1612698
食品制造业	1078944	1451938	1253366	434355
饮料制造业	1327278	2336658	2183827	1008935
纺织业	1580042	2424672	2276926	875412
纺织服装、鞋、帽制造业	2176700	2401215	1321249	891885
皮革、毛皮、羽毛(绒)及其制品业	492805	485092	378694	213389
木材加工及木、竹、藤、棕、草制	1636184	1748031	1400984	614284
家具制造业	2024116	2057824	1960767	657188
造纸及纸制品业	665570	824648	716213	307059
印刷业和记录媒介的复制	954820	1529100	1401657	721377
文教体育用品制造业	211809	219520	191502	94538
石油加工、炼焦及核燃料加工业	20159934	21105505	21051986	9616942
化学原料及化学制品制造业	8185829	11227629	10189793	3093323
医药制造业	2183008	2152733	1668798	755240
化学纤维制造业	50208	35204	34436	24760
橡胶制品业	465025	406978	343357	150463
塑料制品业	5189168	4799200	4494779	1881219
非金属矿物制品业	3569607	6846748	6472463	2290572
黑色金属冶炼及压延加工业	9571726	12369380	10389295	4532480
有色金属冶炼及压延加工业	528429	471534	411443	136417
金属制品业	3389900	2684477	2196919	856189
通用设备制造业	24513702	18839306	16461462	7252400
专用设备制造业	9206944	7343705	3520374	1681879
交通运输设备制造业	28709724	21101502	18752006	6730921
电气机械及器材制造业	6089325	5460148	4044489	2714585
通信设备、计算机及其他电子设备	14337627	12607935	10875372	6054960
仪器仪表及文化、办公用机械制造	1175499	1234983	1094457	518991
工艺品及其他制造业	509264	1121463	1037424	468298
废弃资源和废旧材料回收加工业	45160	30690	21560	11753
电力、热力的生产和供应业	3403246	14278241	11571919	6111374
燃气生产和供应业	231922	1065521	948835	286898
水的生产和供应业	1033249	6592085	6310880	1695421

以上非国有工业企业主要经济指标（二）

单位：千元

#本年折旧	固定资产净值年平均余额	负债合计	所有者权益合计	主营业务收入	主营业务成本
1623	51970	48210	25840	56420	48823
23251	322723	456002	363998	433240	304265
1465	4163	16630	4720	9966	8487
353154	4963041	10577749	6225675	19955880	18727219
89757	988975	1508061	1400598	2051580	1726079
99967	1276636	1771277	1421788	2544362	1847579
135603	1526871	1805871	1658786	3466788	3038399
122405	1527260	2083362	2440332	7425431	6271965
10807	237729	604883	259188	1350800	1228673
125897	1168055	2047050	1139009	3602098	3147765
133423	1337871	1928204	2423295	4439678	3395145
47125	510559	687480	685445	1466695	1289290
91679	827304	1345083	850902	1358872	1159253
9395	87801	217204	279246	511664	452183
1342706	10913525	17023331	18750354	91458704	93617303
290725	7961725	13536089	6757560	9927853	8220225
144249	1260768	3454441	1493210	2959413	1824694
1128	23922	58195	38321	355268	347380
31891	226442	920614	555446	723310	614509
316130	3005212	6004708	3744703	6442254	5608225
304095	4404816	6103425	3615537	6442309	5575102
662650	7353929	15778933	6672594	15214177	13783651
31544	341109	486786	513658	1285012	1178652
164834	1768036	3914676	2308611	6504070	5687777
1366437	11361319	25107908	18838564	46273809	39322283
490976	5277040	11891909	5262251	14244821	11888361
895103	12937672	41535416	10897508	30847036	27109095
402563	2636266	5570789	5387942	14270548	12171105
2110696	5742848	14671233	11164381	30180862	26151317
110870	740118	890597	1376445	2568460	2185297
84945	656676	256419	1040399	997532	767247
2236	18233	1815	90075	52546	14154
873153	6648720	9093947	5078126	7318608	6368281
31999	762521	123149	988656	653698	747686
241951	4264600	1337654	4738689	987469	880278

5-2　全部国有及年产品销售收入500万元及

项　　目	主营业务税金及附加	营业费用	管理费用	财务费用
总　　计	**2464722**	**8113035**	**15109343**	**3246875**
内资企业	2035654	4932846	9541480	2097831
国有企业	93791	452543	1365733	217647
中央企业	45060	180616	595929	123875
地方企业	48731	271927	769804	93772
集体企业	9645	22385	144628	11640
股份合作企业	4643	31774	78967	6175
联营企业	849	1803	9800	355
国有联营企业	739	1526	8836	355
国有与集体联营企业	36	277	357	–
其他联营企业	74	–	607	–
有限责任公司	240995	2950899	5171530	1286014
国有独资公司	62386	1383282	2020353	393442
其他有限责任公司	178609	1567617	3151177	892572
股份有限公司	1474718	359561	878043	97931
私营企业	211013	1113881	1892779	478069
私营独资企业	33208	167398	237262	67238
私营合作企业	1217	14746	24285	2990
私营有限责任公司	165112	772965	1462558	394436
私营股份有限公司	11476	158772	168674	13405
港、澳、台商投资企业	84338	344348	496669	102270
合资经营企业(港或澳、台资)	23148	143134	241444	62102
合作经营企业(港或澳、台资)	1516	46985	42251	9067
港澳台商独资经营企业	59654	152179	211841	30700
港澳台商投资股份有限公司	20	2050	1133	401
外商投资企业	344730	2835841	5071194	1046774
中外合资经营企业	283671	1581098	1817793	755479
中外合作经营企业	3517	71883	162099	30202
外资企业	15703	1151551	3025948	249747
外商投资股份有限公司	41839	31309	65354	11346
在总计中:亏损企业	1543971	1153356	3009930	583200
在总计中:国有控股企业	1967834	3665143	6991017	1789508
在总计中:农村工业	4260	38391	68703	17470
在总计中:轻工业	266796	2456987	3734741	623354
重工业	2197926	5656048	11374602	2623521
在总计中:大型企业	1640157	3414875	6931604	1149984
中型企业	570891	2559652	3551293	1214942
小型企业	253674	2138508	4626446	881949

以上非国有工业企业主要经济指标（三）

单位：千元

#利息支出	利润总额	应交所得税	亏损企业亏损额	利税总额	本年应交增值税
3401126	**4278485**	**1749198**	**8199460**	**12801700**	**6058493**
2353050	−956271	1061658	6795004	4728399	3649016
287383	297508	114893	283681	868796	477497
128001	−19691	61083	197991	278018	252649
159382	317199	53810	85690	590778	224848
10739	48440	22095	55180	122351	64266
5936	54426	13786	16317	97428	38359
355	−6036	11	7651	−2403	2784
355	−6181	–	7651	−3658	1784
–	95	–	–	458	327
–	50	11	–	797	673
1209807	2331663	443320	348271	4509846	1937188
389124	709036	126736	34460	1369620	598198
820683	1622627	316584	313811	3140226	1338990
456512	−5463739	49639	5724554	−3851588	137433
382318	1781467	417914	359350	2983969	991489
49109	229367	61404	27043	426681	164106
3682	22922	10891	15718	39945	15806
306382	1343121	314615	289190	2215405	707172
23145	186057	31004	27399	301938	104405
87944	566225	63792	111324	867968	217405
54817	166492	26224	75454	287300	97660
5613	75788	12247	1160	108599	31295
27414	320126	24857	34710	468200	88420
100	3819	464	–	3869	30
960132	4668531	623748	1293132	7205333	2192072
644232	2735825	310608	415721	4549510	1530014
24088	66950	25390	77266	95340	24873
266960	1474540	237825	800145	1862143	371900
24852	391216	49925	–	698340	265285
963522	−8199460	46840	8199460	−6154036	501453
2069387	−2060691	595653	6290910	3316904	3409761
16393	34579	5614	16745	71197	32358
513819	2361589	439421	882296	3584498	956113
2887307	1916896	1309777	7317164	9217202	5102380
1455825	−1186195	583553	5752983	2214180	1760218
1129470	2385326	476331	1097949	5522505	2566288
815831	3079354	689314	1348528	5065015	1731987

5-2　全部国有及年产品销售收入500万元及

项　　目	主营业务税金及附加	营业费用	管理费用	财务费用
有色金属矿采选业	660	668	4779	20
非金属矿采选业	18101	19349	85772	7215
其他采矿业	–	1032	1716	406
农副食品加工业	42674	386200	556924	251402
食品制造业	9816	97111	130557	18927
饮料制造业	100586	245054	120898	24024
纺织业	5269	141103	174714	33603
纺织服装、鞋、帽制造业	9709	281492	418688	52152
皮革、毛皮、羽毛(绒)及其制品业	555	22774	71163	11471
木材加工及木、竹、藤、棕、草制	14120	107915	152030	44656
家具制造业	3177	131210	324203	40143
造纸及纸制品业	3337	39017	79279	12947
印刷业和记录媒介的复制	2682	41439	100815	22932
文教体育用品制造业	270	13452	42078	1439
石油加工、炼焦及核燃料加工业	1742067	460271	1010031	254947
化学原料及化学制品制造业	101188	322089	713117	231350
医药制造业	10275	541698	296484	10780
化学纤维制造业	627	2476	9568	1767
橡胶制品业	2428	17974	57493	7474
塑料制品业	4741	152956	338003	196178
非金属矿物制品业	34768	256753	360783	102090
黑色金属冶炼及压延加工业	49303	329787	566965	418053
有色金属冶炼及压延加工业	3866	21482	39223	7314
金属制品业	14128	146058	324513	84499
通用设备制造业	115346	1548509	2516597	453345
专用设备制造业	52826	389807	1063540	181739
交通运输设备制造业	55978	564202	2078238	229023
电气机械及器材制造业	16633	343215	960958	59546
通信设备、计算机及其他电子设备	11675	1188709	1719733	238679
仪器仪表及文化、办公用机械制造	5994	43592	231168	8667
工艺品及其他制造业	854	55574	81612	7680
废弃资源和废旧材料回收加工业	1428	4335	8721	−304
电力、热力的生产和供应业	23958	51922	282525	227748
燃气生产和供应业	462	76496	59411	−569
水的生产和供应业	5221	67314	127044	5532

以上非国有工业企业主要经济指标（三）

单位：千元

#利息支出	利润总额	应交所得税	亏损企业亏损额	利税总额	本年应交增值税
20	1470	–	–	3194	1064
6764	−2992	1606	14538	46060	30951
330	−1602	–	1602	−1602	–
238289	60618	77962	459492	198092	94800
21089	71142	16344	32428	114310	33352
26792	174090	34224	16872	426265	151589
24191	100635	20275	43088	170530	64626
15943	329654	82020	75272	487406	148043
12489	13853	2996	16531	17884	3476
31551	146124	9308	42926	194419	34175
29730	562114	62968	40666	583318	18027
10798	66117	13093	6858	113684	44230
21916	55904	18140	27664	116969	58383
2217	2844	725	3396	4089	975
573677	−5640186	28580	5727715	−2628207	1269912
263335	403661	65964	89683	718840	213991
23563	256482	22946	31366	365155	98398
200	−1633	489	5293	5175	6181
5416	27553	6661	12811	39793	9812
187290	169148	23382	103886	254457	80568
107856	136822	52168	226619	423654	252064
418888	123344	61930	143557	526359	353712
3021	50555	4535	14327	66344	11923
76183	258011	38005	61419	378747	106608
400126	2211301	400903	132097	3513270	1186623
171116	720739	130464	55386	1191251	417686
175070	1804941	208207	304369	2188948	328029
42931	702568	130517	182309	913615	194414
260392	720580	97526	145999	1018774	286519
6306	116002	18563	10905	165108	43112
2947	81764	8013	5771	122771	40153
–	25232	55	–	28335	1675
232051	501671	108359	117258	948215	422586
−134	67450	964	285	74145	6233
8773	−37491	1306	47072	12333	44603

5-3 独立核算国有控股

项　　目	企业单位数(个)	亏损企业	工业总产值(当年价格)	新产品产值
总　　计	**153**	**51**	**187059067**	**33686762**
内资企业	135	47	136558490	33612352
国有企业	87	36	20880568	3846524
中央企业	26	13	10567128	1990843
地方企业	61	23	10313440	1855681
联营企业	3	1	82330	–
国有联营企业	2	1	71780	–
国有与集体联营企业	1	–	10550	–
有限责任公司	37	7	64939399	29539810
国有独资公司	11	3	26499417	10540845
其他有限责任公司	26	4	38439982	18998965
股份有限公司	8	3	50656193	226018
港、澳、台商投资企业	4	1	135730	74410
合资经营企业(港或澳、台资)	2	1	100050	74410
合作经营企业(港或澳、台资)	2	–	35680	–
外商投资企业	14	3	50364847	–
中外合资经营企业	13	3	47762495	–
外商投资股份有限公司	1	–	2602352	–
在总计中:亏损企业	51	51	56310149	1370127
在总计中:国有控股企业	153	51	187059067	33686762
在总计中:轻工业	36	17	11131468	4927463
重工业	117	34	175927599	28759299
在总计中:大型企业	17	4	124161542	30135577
中型企业	41	10	54229430	3413334
小型企业	95	37	8668095	137851

工业企业主要经济指标(一)

单位：千元

工业销售产值（当年价格）	#出口交货值	工业增加值（当年价格）	全部从业人员年平均数(人)	资产合计	#产成品
186176930	**53168706**	**45590211**	**161161**	**182745996**	**6051079**
136247180	31971715	32882144	149152	154630855	5215494
20643056	2057174	6076011	42065	34462074	567416
10451566	146219	3390545	13390	13234159	230093
10191490	1910955	2685466	28675	21227915	337323
108660	–	30005	482	134267	2787
100710	–	26513	372	114155	2537
7950	–	3492	110	20112	250
64686707	25237484	15748770	99761	98011446	4051860
26034814	11550880	6549900	41545	32112514	1893986
38651893	13686604	9198870	58216	65898932	2157874
50808757	4677057	11027358	6844	22023068	593431
129213	74100	44781	690	260444	28750
94510	74100	27040	465	181773	28720
34703	–	17741	225	78671	30
49800537	21122891	12663286	11319	27854697	806835
47198185	21122891	11545340	10818	24539081	806835
2602352	–	1117946	501	3315616	–
56512839	4623071	11542087	21484	36607917	1010977
186176930	53168706	45590211	161161	182745996	6051079
10892464	5848074	1818642	18354	16445655	866949
175284466	47320632	43771569	142807	166300341	5184130
123844929	34707431	29368741	119031	130961172	3981003
53624722	17175437	14370842	31032	42238954	1546319
8707279	1285838	1850628	11098	9545870	523757

5-3 独立核算国有控股

项目	企业单位数(个)	亏损企业	工业总产值(当年价格)	新产品产值
有色金属矿采选业	1	–	56420	–
非金属矿采选业	2	1	255458	30800
农副食品加工业	3	1	2191780	–
食品制造业	2	1	70230	–
纺织服装、鞋、帽制造业	2	1	71698	–
皮革、毛皮、羽毛(绒)及其制品业	1	–	23950	–
木材加工及木、竹、藤、棕、草制	2	–	103490	74410
家具制造业	1	1	9439	–
印刷业和记录媒介的复制	8	5	721351	90360
石油加工、炼焦及核燃料加工业	6	3	91395242	123160
化学原料及化学制品制造业	13	5	3270464	391358
橡胶制品业	1	–	8720	–
塑料制品业	2	–	111840	–
非金属矿物制品业	5	2	575379	–
黑色金属冶炼及压延加工业	4	1	11336436	1346650
有色金属冶炼及压延加工业	1	1	20970	1670
金属制品业	6	2	178134	13450
通用设备制造业	19	5	15776963	5320406
专用设备制造业	3	–	8570746	2576570
交通运输设备制造业	24	8	26002538	13706045
电气机械及器材制造业	4	–	876782	845321
通信设备、计算机及其他电子设备	6	2	17392396	9147900
仪器仪表及文化、办公用机械制造	2	–	14854	–
工艺品及其他制造业	1	1	56990	–
电力、热力的生产和供应业	20	5	6660927	18662
燃气生产和供应业	3	1	303674	–
水的生产和供应业	11	5	1002196	–

工业企业主要经济指标(一)

单位：千元

工业销售产值（当年价格）	#出口交货值	工业增加值（当年价格）	全部从业人员年平均数(人)	资产合计	#产成品
56420	–	22212	286	74050	1137
230811	15240	147580	3038	654659	20191
2171354	–	113560	1778	2322001	146589
62659	8850	25283	625	51346	1897
76448	48887	27925	716	53833	19683
26090	23870	8723	127	16533	911
103910	100230	34260	634	145639	10587
9439	9370	2455	34	19503	2299
706911	24670	160055	1492	1257632	55876
91286870	18483560	19760854	8801	35366191	1008266
3227670	949357	735393	14662	13015854	253948
8576	–	1200	40	12311	150
104863	–	40708	358	423705	3130
565409	–	143961	3346	1227480	23672
11852054	2374832	3040566	20045	19456603	965023
27970	–	−9510	302	144090	13100
176844	–	15725	1025	216665	31306
15666289	3720244	4354688	30071	17342557	1357756
8422971	977590	3450526	5825	10955761	646085
25650473	14134962	6321888	35872	44933554	329117
894297	863590	24867	811	861638	500764
16877918	11430174	4386447	18462	14656316	595492
14854	–	6374	27	22794	27
58300	3280	10961	369	136891	43396
6632750	–	2525055	5982	12277446	450
298694	–	−123086	2159	1036036	20227
966086	–	361541	4274	6064908	–

5-3 独立核算国有控股

项　　目	流动资产年平均余额	固定资产原　　价	#生　产经营用	固定资产净值年平均余额
总　　计	**91069225**	**99870299**	**88056006**	**37170631**
内资企业	78664590	79266224	68414909	28323587
国有企业	14241921	21772546	18177037	6748475
中央企业	6702183	7494257	5537537	2369358
地方企业	7539738	14278289	12639500	4379117
联营企业	54384	83454	68816	14670
国有联营企业	41124	76693	62055	12594
国有与集体联营企业	13260	6761	6761	2076
有限责任公司	52817800	44112089	36935688	15785789
国有独资公司	16353406	15696734	11188206	5295370
其他有限责任公司	36464394	28415355	25747482	10490419
股份有限公司	11550485	13298135	13233368	5774653
港、澳、台商投资企业	167067	129835	127186	68827
合资经营企业(港或澳、台资)	118460	65924	63275	30839
合作经营企业(港或澳、台资)	48607	63911	63911	37988
外商投资企业	12237568	20474240	19513911	8778217
中外合资经营企业	11619838	14562566	13635159	5048002
外商投资股份有限公司	617730	5911674	5878752	3730215
在总计中:亏损企业	16993460	24809046	23086866	9044087
在总计中:国有控股企业	91069225	99870299	88056006	37170631
在总计中:轻工业	6648779	11405898	10658074	3702741
重工业	84420446	88464401	77397932	33467890
在总计中:大型企业	69067558	62786367	55122425	22673108
中型企业	18716505	30731314	29051182	12758083
小型企业	3285162	6352618	3882399	1739440

工业企业主要经济指标(二)

单位：千元

累计折旧	#本年折旧	负债合计	所有者权益合计	主营业务收入	主营业务成本
4911609	**57996527**	**120191326**	**62226120**	**184357220**	**173740404**
3664339	46542228	101711085	52591220	134601170	127247598
904030	13244392	21856668	12276856	20752575	18709956
405653	3570764	8550814	4683345	10357626	9525596
498377	9673628	13305854	7593511	10394949	9184360
2750	72557	80707	53560	107541	101498
2750	67872	66621	47534	99591	94321
–	4685	14086	6026	7950	7177
1864105	26460672	71331381	26680065	63965853	55462850
699738	9120646	20047105	12065409	26472636	22106605
1164367	17340026	51284276	14614656	37493217	33356245
893454	6764607	8442329	13580739	49775201	52973294
40416	62519	167470	92974	133743	101730
4114	35890	152495	29278	94510	78300
36302	26629	14975	63696	39233	23430
1206854	11391780	18312771	9541926	49622307	46391076
795808	9073801	17401021	7138060	47019955	44204289
411046	2317979	911750	2403866	2602352	2186787
1471440	13136616	17658106	18949811	55542937	58486945
4911609	57996527	120191326	62226120	184357220	173740404
429555	6730424	8343894	8101761	11069673	9950373
4482054	51266103	111847432	54124359	173287547	163790031
2693585	37269086	85553147	45079475	122032207	115148719
1734011	17553279	28921546	13317408	53567597	50680628
484013	3174162	5716633	3829237	8757416	7911057

5-3 独立核算国有控股

项　　目	流动资产年平均余额	固定资产原　价	#生　产经营用	固定资产净值年平均余额
有色金属矿采选业	15330	52140	52140	3320
非金属矿采选业	298212	471850	471780	206586
农副食品加工业	1598400	974198	965772	219996
食品制造业	19828	52121	51814	23308
纺织服装、鞋、帽制造业	36744	30029	30029	13289
皮革、毛皮、羽毛(绒)及其制品业	8400	5514	4400	966
木材加工及木、竹、藤、棕、草制	99816	63287	53886	24914
家具制造业	12604	8019	6819	4111
印刷业和记录媒介的复制	525303	887164	887147	471798
石油加工、炼焦及核燃料加工业	19835685	20891601	20883549	9512517
化学原料及化学制品制造业	4457034	7914313	7310188	2073494
橡胶制品业	12310	1019	1010	808
塑料制品业	135390	152701	152701	39889
非金属矿物制品业	437850	1173062	1138151	392472
黑色金属冶炼及压延加工业	8026353	10998183	9128941	3909049
有色金属冶炼及压延加工业	55220	45950	7650	8820
金属制品业	131719	77904	58812	28443
通用设备制造业	11015000	8224398	7608557	3578643
专用设备制造业	5784200	4282253	1150363	642624
交通运输设备制造业	25443504	17207733	15560771	5711586
电气机械及器材制造业	511476	108315	85242	42624
通信设备、计算机及其他电子设备	8768664	5137504	4136029	2423556
仪器仪表及文化、办公用机械制造	16281	1068	660	674
工艺品及其他制造业	71340	100830	38968	40178
电力、热力的生产和供应业	2540359	13405672	11061260	5844076
燃气生产和供应业	185984	1014402	899380	258089
水的生产和供应业	1026219	6589069	6309987	1694801

工业企业主要经济指标(二)

单位：千元

累计折旧	#本年折旧	负债合计	所有者权益合计	主营业务收入	主营业务成本
1623	51970	48210	25840	56420	48823
16967	252324	368551	286108	234081	135174
43121	796632	2254311	67690	2189816	2222480
2026	29395	23277	28069	62751	45338
2078	17082	44405	9428	74375	59824
178	4660	9823	6710	29350	23950
4722	39297	78450	67189	103910	85876
479	4073	17244	2259	9439	8507
43667	471966	838847	418785	697147	600701
1329608	10812005	16842620	18523571	90322802	92535232
134813	5701189	9353924	3333380	3573603	3034765
58	220	2830	9481	10990	9010
8303	116469	316523	107182	113027	89105
27065	782488	659313	568167	581729	485444
568665	6586414	13813577	5643026	12052871	10861414
3520	32820	123290	20800	24110	21220
5921	50389	158597	58068	166629	135097
420308	4676580	9789055	7553502	16066499	13189048
194363	3297870	8546969	2408792	8225533	6859710
671583	10458362	37667657	7265897	23871129	20991078
7262	64623	606448	255190	901358	857891
334633	2432549	9744734	4911582	17071224	14376920
56	427	17506	5288	14855	11072
4091	59620	59934	76957	57960	44917
817494	6247318	7393405	4884041	6584690	5739815
27196	747802	78672	957364	298789	410749
241809	4261983	1333154	4731754	962133	857244

5-3 独立核算国有控股

项目	主营业务税金及附加	营业费用	管理费用	财务费用
总计	**1967834**	**3665143**	**6991017**	**1789508**
内资企业	1706211	3184480	6321807	1295961
国有企业	93791	452543	1365733	217647
中央企业	45060	180616	595929	123875
地方企业	48731	271927	769804	93772
联营企业	775	1803	9193	355
国有联营企业	739	1526	8836	355
国有与集体联营企业	36	277	357	–
有限责任公司	147961	2499388	4303523	1044080
国有独资公司	62386	1383282	2020353	393442
其他有限责任公司	85575	1116106	2283170	650638
股份有限公司	1463684	230746	643358	33879
港、澳、台商投资企业	–	10024	9968	6879
合资经营企业(港或澳、台资)	–	4960	4350	6810
合作经营企业(港或澳、台资)	–	5064	5618	69
外商投资企业	261623	470639	659242	486668
中外合资经营企业	261623	470639	606976	466511
外商投资股份有限公司	–	–	52266	20157
在总计中:亏损企业	1475867	503951	1126885	227805
在总计中:国有控股企业	1967834	3665143	6991017	1789508
在总计中:轻工业	18812	283868	904359	119891
重工业	1949022	3381275	6086658	1669617
在总计中:大型企业	1625452	2851049	5464773	996825
中型企业	324904	661531	1170997	622223
小型企业	17478	152563	355247	170460

工业企业主要经济指标(三)

单位：千元

#利息支出	利润总额	应交所得税	亏损企业亏损额	利税总额	本年应交增值税
2069387	**-2060691**	**595653**	**6290910**	**3316904**	**3409761**
1659903	-3770551	411554	6100829	-84393	1979947
287383	297508	114893	283681	868796	477497
128001	-19691	61083	197991	278018	252649
159382	317199	53810	85690	590778	224848
355	-6086	-	7651	-3200	2111
355	-6181	-	7651	-3658	1784
-	95	-	-	458	327
987515	1592956	294655	88040	3171739	1430822
389124	709036	126736	34460	1369620	598198
598391	883920	167919	53580	1802119	832624
384650	-5654929	2006	5721457	-4121728	69517
6136	5230	1207	810	8986	3756
6150	160	357	810	1300	1140
-14	5070	850	-	7686	2616
403348	1704630	182892	189271	3392311	1426058
364817	1363160	132967	189271	2804570	1179787
38531	341470	49925	-	587741	246271
579279	-6290910	34078	6290910	-4623476	191567
2069387	-2060691	595653	6290910	3316904	3409761
97354	47351	39558	255019	192432	126269
1972033	-2108042	556095	6035891	3124472	3283492
1322556	-3012854	384161	5746893	74406	1461808
588438	713760	138327	376634	2863061	1824397
158393	238403	73165	167383	379437	123556

5-3 独立核算国有控股

项目	主营业务税金及附加	营业费用	管理费用	财务费用
有色金属矿采选业	660	668	4779	20
非金属矿采选业	14206	16443	75137	6704
农副食品加工业	6491	12049	69153	54610
食品制造业	458	5534	11850	–
纺织服装、鞋、帽制造业	96	5505	14597	221
皮革、毛皮、羽毛(绒)及其制品业	–	1320	2420	380
木材加工及木、竹、藤、棕、草制	345	4157	4642	2936
家具制造业	81	193	720	23
印刷业和记录媒介的复制	517	21544	52488	14706
石油加工、炼焦及核燃料加工业	1736874	447530	981083	256135
化学原料及化学制品制造业	26600	43480	347769	120241
橡胶制品业	130	1010	630	–
塑料制品业	543	1151	13028	5341
非金属矿物制品业	4468	31343	72373	12724
黑色金属冶炼及压延加工业	43987	302745	428022	381934
有色金属冶炼及压延加工业	–	1480	4600	6490
金属制品业	344	1922	18798	1494
通用设备制造业	33840	927078	1154626	177120
专用设备制造业	35615	199835	603606	139690
交通运输设备制造业	27762	422242	1640101	204438
电气机械及器材制造业	141	26418	11295	–961
通信设备、计算机及其他电子设备	8218	1018554	1052721	196018
仪器仪表及文化、办公用机械制造	100	90	1861	552
工艺品及其他制造业	284	7142	12052	282
电力、热力的生产和供应业	21047	25931	242727	203391
燃气生产和供应业	24	72486	44322	–512
水的生产和供应业	5003	67293	125617	5531

工业企业主要经济指标(三)

单位：千元

#利息支出	利润总额	应交所得税	亏损企业亏损额	利税总额	本年应交增值税
20	1470	–	–	3194	1064
6583	−13361	–	14538	25504	24659
57716	−154725	8539	186656	−135564	12670
−42	−369	–	1700	4253	4164
−15	−643	−135	915	44	591
300	1315	129	–	1315	–
2234	5860	908	–	6655	450
–	−85	–	85	−4	–
14708	15972	7438	4682	43323	26834
574840	−5652207	22480	5721797	−2666872	1248461
177031	43069	5678	39238	154785	85116
–	930	90	–	2260	1200
4765	4559	1623	–	8045	2943
11787	−16396	2560	25366	27296	39224
364669	168015	48032	7651	506061	294059
–	−9680	–	9680	−9470	210
1423	6276	1238	140	9563	2943
153858	683267	127725	5347	1261832	544725
137889	415860	88185	–	688845	237370
139850	1560212	128036	119309	1767535	179561
−327	6937	1788	–	7257	179
206668	390460	45014	3434	646648	247970
552	3328	1240	–	4363	935
389	−5437	–	5437	−2900	2253
205793	460129	104757	97648	890467	409291
−76	64747	–	215	64997	226
8772	−40194	328	47072	7472	42663

5-4　年产品销售收入500万元及以上

项　　目	企业单位数(个)	亏损企业	工业总产值(当年价格)	新产品产值
总　　计	**54**	**13**	**1885792**	**35513**
在总计中：亏损企业	13	13	447035	–
在总计中：农村工业	12	1	201862	–
在总计中：轻工业	6	1	691345	–
重工业	48	12	1194447	35513
在总计中：大型企业	–	–	–	–
中型企业	3	2	281962	–
小型企业	51	11	1603830	35513
非金属矿采选业	1	–	36110	–
食品制造业	2	1	20890	–
纺织服装、鞋、帽制造业	2	–	23725	–
造纸及纸制品业	1	–	79430	–
石油加工、炼焦及核燃料加工业	1	1	84352	–
化学原料及化学制品制造业	1	–	28800	–
塑料制品业	1	–	7910	–
非金属矿物制品业	6	–	108709	–
黑色金属冶炼及压延加工业	4	1	39051	–
金属制品业	6	–	72626	–
通用设备制造业	9	3	140971	22810
专用设备制造业	3	–	113210	–
交通运输设备制造业	8	3	418571	12703
电气机械及器材制造业	3	1	84090	–
通信设备、计算机及其他电子设备	1	–	567300	–
电力、热力的生产和供应业	5	3	60047	–

集体工业企业主要经济指标(一)

单位：千元

工业销售产值（当年价格）	#出口交货值	工业增加值（当年价格）	全部从业人员年平均数(人)	资产合计	#产成品
1854448	**550452**	**661955**	**12872**	**2062316**	**54743**
469425	–	114464	5192	544614	15253
197032	–	76917	1162	130231	5544
657112	543502	257499	807	614912	5195
1197336	6950	404456	12065	1447404	49548
–	–	–	–	–	–
289761	–	88195	4067	482429	7182
1564687	550452	573760	8805	1579887	47561
36100	–	15005	55	22230	1568
20870	–	6284	129	59643	151
23932	23932	11996	338	18981	13
75460	–	30809	140	49388	5031
84481	–	46054	1832	267892	7182
27500	3660	22522	60	10139	140
7500	–	2720	52	8084	1626
105548	–	32000	954	103488	4386
38611	–	13244	232	23202	253
66820	–	36151	1121	115633	5381
139424	–	28518	1067	338786	18834
113000	3290	39947	586	191949	–
420275	–	128170	5636	128577	8448
80680	–	25378	253	72844	1730
536850	519570	208410	200	486900	–
77397	–	14747	217	164580	–

5-4 年产品销售收入500万元及以上

项　　目	流动资产年平均余额	固定资产原　价	#生　产经营用	累计折旧
总　　计	**1149215**	**989619**	**871451**	**317435**
在总计中:亏损企业	449885	306521	225624	166578
在总计中:农村工业	94938	45677	37536	19376
在总计中:轻工业	211186	277344	261219	26478
重工业	938029	712275	610232	290957
在总计中:大型企业	–	–	–	–
中型企业	350123	352432	287307	158054
小型企业	799092	637187	584144	159381
非金属矿采选业	6950	17680	16540	3160
食品制造业	47131	31032	18332	15816
纺织服装、鞋、帽制造业	14714	4453	3318	1947
造纸及纸制品业	35860	12959	10669	3575
石油加工、炼焦及核燃料加工业	235823	168701	126422	80811
化学原料及化学制品制造业	8500	2100	2100	1217
塑料制品业	6035	4220	4220	1540
非金属矿物制品业	59586	70641	63806	32073
黑色金属冶炼及压延加工业	21092	9877	7985	7655
金属制品业	72783	41505	31443	15557
通用设备制造业	239579	59299	54075	34409
专用设备制造业	86155	146480	144715	46148
交通运输设备制造业	107701	84300	52906	62044
电气机械及器材制造业	35464	3793	3123	1568
通信设备、计算机及其他电子设备	113481	228900	228900	5140
电力、热力的生产和供应业	58361	103679	102897	4775

集体工业企业主要经济指标(二)

单位：千元

#本年折旧	固定资产净值年平均余额	负债合计	所有者权益合计	主营业务收入	主营业务成本
36990	**665002**	**1330744**	**731572**	**2203698**	**1931860**
14113	135747	354593	190021	819226	813662
2176	25433	77999	52232	194647	181480
3431	251643	360855	254057	688922	539959
33559	413359	969889	477515	1514776	1391901
–	–	–	–	–	–
20887	189502	271476	210953	643178	641728
16103	475500	1059268	520619	1560520	1290132
1920	16010	8120	14110	36110	34449
625	15275	62466	−2823	20843	19277
9	2484	26903	−7922	24505	23260
945	9232	27776	21612	76274	72922
10376	83896	88012	179880	439430	435893
717	1328	10822	−683	7891	6647
206	2770	6350	1734	5424	4801
1823	37716	51141	52347	104049	87544
219	2356	12976	10226	39001	36524
1925	26585	67913	47720	67105	52465
2509	25466	213347	125439	162825	132664
10910	99860	134431	57518	113003	97803
1440	20506	129636	−1059	391563	371537
570	1844	79972	−7128	73524	70013
1852	224652	243710	243190	567300	424500
944	95022	167169	−2589	74851	61561

5-4 年产品销售收入500万元及以上

项目	主营业务税金及附加	营业费用	管理费用	财务费用
总计	**9645**	**22385**	**144628**	**11640**
在总计中:亏损企业	4558	3473	52639	3087
在总计中:农村工业	879	277	5471	384
在总计中:轻工业	132	9098	30251	1576
重工业	9513	13287	114377	10064
在总计中:大型企业	–	–	–	–
中型企业	3123	1104	29098	2479
小型企业	6522	21281	115530	9161
非金属矿采选业	290	–	319	–
食品制造业	19	1388	1253	476
纺织服装、鞋、帽制造业	113	–	1003	–
造纸及纸制品业	–	–	1695	–
石油加工、炼焦及核燃料加工业	2490	–	11091	−1191
化学原料及化学制品制造业	–	–	556	540
塑料制品业	36	–	554	20
非金属矿物制品业	904	225	6388	516
黑色金属冶炼及压延加工业	224	1	800	243
金属制品业	555	1392	8926	1075
通用设备制造业	913	4673	23798	3367
专用设备制造业	455	1021	7568	1380
交通运输设备制造业	2579	254	43716	3059
电气机械及器材制造业	482	187	6191	215
通信设备、计算机及其他电子设备	–	7710	26300	1100
电力、热力的生产和供应业	585	5534	4470	840

集体工业企业主要经济指标(三)

单位：千元

#利息支出	利润总额	应交所得税	亏损企业亏损额	利税总额	本 年应交增值税
10739	**48440**	**22095**	**55180**	**122351**	**64266**
3085	−55180	−	55180	−27816	22806
398	10609	3140	16	20107	8619
476	64544	12010	2370	69228	4552
10263	−16104	10085	52810	53123	59714
−	−	−	−	−	−
2479	−30447	170	33387	−9381	17943
8260	78887	21925	21793	131732	46323
−	1052	351	−	1342	−
476	−1570	−	2370	−1327	224
−	141	35	−	1432	1178
−	4433	1462	−	7583	3150
−1191	−5309	−	5309	9383	12202
540	148	49	−	148	−
20	10	3	−	376	330
529	7777	2611	−	14883	6202
248	1479	399	16	3822	2119
1089	1998	111	−	6055	3502
3277	4399	4039	7940	13703	8391
1380	5432	944	−	9167	3280
3038	−29030	125	31691	−5416	21035
490	−2889	1435	6603	−230	2177
−	61540	10513	−	61540	−
843	−1171	18	1251	−110	476

5-5 年产品销售收入500万元及以上

项目	企业单位数(个)	亏损企业	工业总产值(当年价格)	新产品产值
总计	**1110**	**348**	**134029709**	**4993332**
在总计中:亏损企业	348	348	16626621	579924
在总计中:港、澳、台商投资企业	204	57	10778718	842762
合资经营企业(港或澳、台资)	106	34	4284766	385240
合作经营企业(港或澳、台资)	19	3	1360742	120630
港澳台商独资经营企业	77	20	5099084	336892
港澳台商投资股份有限公司	2	–	34126	–
外商投资企业	906	291	123250991	4150570
中外合资经营企业	356	103	68260760	2821955
中外合作经营企业	67	18	3499153	61765
外资企业	480	170	48576386	1222030
外商投资股份有限公司	3	–	2914692	44820
在总计中:国有控股企业	18	4	50500577	74410
在总计中:农村工业	15	5	878713	2310
在总计中:轻工业	599	204	35321972	1982584
重工业	511	144	98707737	3010748
在总计中:大型企业	13	2	24738177	210140
中型企业	132	34	73648194	3459956
小型企业	965	312	35643338	1323236

“三资”工业企业主要经济指标(一)

单位：千元

工业销售产值(当年价格)	#出口交货值	工业增加值(当年价格)	全部从业人员年平均数(人)	资产合计	#产成品
132197690	**72769984**	**40009334**	**300140**	**105509261**	**4085858**
16173000	9259058	4203944	73245	21361066	1050753
10556566	4521846	3902230	41093	9755631	424033
4217974	1847267	1318694	18723	4457770	253667
1287654	569019	646700	5592	941090	39907
5016812	2089344	1935992	16685	4332498	129659
34126	16216	844	93	24273	800
121641124	68248138	36107104	259047	95753630	3661825
67358396	29902780	18629112	77621	47753102	1997389
3333816	2509384	1075758	16003	2664336	227614
48035890	35835974	15117667	164099	41446662	1435735
2913022	–	1284567	1324	3889530	1087
49929750	21196991	12708067	12009	28115141	835585
841513	471064	255049	2916	498224	48440
34785740	19424643	12022155	155177	30297784	1739447
97411950	53345341	27987179	144963	75211477	2346411
23842852	20428014	8219519	65931	18779841	317346
72962324	34864466	20325414	105241	51114580	1861780
35392514	17477504	11464401	128968	35614840	1906732

5-5 年产品销售收入500万元及以上

项目	企业单位数(个)	亏损企业	工业总产值(当年价格)	新产品产值
其他采矿业	1	1	9970	2500
农副食品加工业	150	48	10214239	43505
食品制造业	50	12	1076904	8060
饮料制造业	10	4	2311213	60064
纺织业	52	23	2294898	301492
纺织服装、鞋、帽制造业	140	53	3842515	607522
皮革、毛皮、羽毛(绒)及其制品业	15	5	1194571	1960
木材加工及木、竹、藤、棕、草制	61	31	2966939	81910
家具制造业	34	13	4432992	–
造纸及纸制品业	17	5	606882	–
印刷业和记录媒介的复制	9	4	196072	1670
文教体育用品制造业	13	3	534647	–
石油加工、炼焦及核燃料加工业	2	–	36120891	–
化学原料及化学制品制造业	40	5	1659347	4349
医药制造业	8	3	2057612	839699
化学纤维制造业	1	–	11862	–
橡胶制品业	10	4	304782	–
塑料制品业	52	18	4756062	1384417
非金属矿物制品业	48	10	3269222	29024
黑色金属冶炼及压延加工业	10	5	3708613	–
有色金属冶炼及压延加工业	7	3	335265	–
金属制品业	54	11	3165505	104695
通用设备制造业	119	33	7860112	276258
专用设备制造业	39	12	3186542	193719
交通运输设备制造业	43	13	11378508	120207
电气机械及器材制造业	46	10	8802143	169600
通信设备、计算机及其他电子设备	41	13	12267620	546511
仪器仪表及文化、办公用机械制造	26	6	1921420	216170
工艺品及其他制造业	10	–	884725	–
废弃资源和废旧材料回收加工业	1	–	55284	–
电力、热力的生产和供应业	1	–	2602352	–

“三资”工业企业主要经济指标(一)

单位：千元

工业销售产值(当年价格)	#出口交货值	工业增加值(当年价格)	全部从业人员年平均数(人)	资产合计	#产成品
9970	9770	3800	65	21350	105
10170174	5272976	2525149	28375	6865391	478305
1066749	479856	393724	5713	1263888	101696
2202640	28947	956577	3750	2786454	133451
2228981	1305615	877704	13649	2198480	152773
3797567	2620890	1470403	43748	2534037	103854
1200866	989890	333359	11216	810390	45661
2761382	2520735	1020413	11800	2641455	94841
4137051	2425613	1891761	17807	3849717	128361
613172	212212	193265	1651	546972	22524
189104	53844	67213	1482	344874	10472
506118	480496	190315	2299	481342	27611
35882181	14137960	8300448	1096	12052814	426442
1633120	563361	604882	2354	1644358	54947
2136049	820233	909096	3168	2608101	305313
11862	–	9265	96	16943	50
332328	297296	78040	1817	262401	11508
4838530	2159477	1723497	12541	8358369	149482
3300350	1794333	1091754	6144	4083343	130593
3794065	1844592	563113	1144	3068719	278064
350665	221875	32762	536	393926	7868
3019500	2175621	916209	7801	2858106	267984
7777090	4005733	2633529	20466	7243421	156107
3208325	1516325	1347396	12969	2332199	115546
10816930	7643180	4063517	17932	13752528	176213
8562201	6720153	2799955	31125	6415487	202566
12166956	10711096	2880638	28360	10049180	423324
1925876	1400660	625108	7795	1480459	29609
902990	357245	354747	2648	1137051	47850
52546	–	33749	92	91890	2738
2602352	–	1117946	501	3315616	–

5-5 年产品销售收入500万元及以上

项目	流动资产年平均余额	固定资产原价	#生产经营用	累计折旧
总计	**50833764**	**67083875**	**60191351**	**28032631**
在总计中:亏损企业	9869108	13334132	11530695	4299264
在总计中:港、澳、台商投资企业	5268387	4765072	4107761	1792405
合资经营企业(港或澳、台资)	2616021	2060269	1728555	873013
合作经营企业(港或澳、台资)	424240	428891	277216	129653
港澳台商独资经营企业	2209783	2268185	2095140	786683
港澳台商投资股份有限公司	18343	7727	6850	3056
外商投资企业	45565377	62318803	56083590	26240226
中外合资经营企业	23962644	25713999	23404734	9476412
中外合作经营企业	1199051	1551370	1102739	486586
外资企业	19405287	28881762	25456730	12428636
外商投资股份有限公司	998395	6171672	6119387	3848592
在总计中:国有控股企业	12404635	20604075	19641097	8847044
在总计中:农村工业	270306	246272	190466	71401
在总计中:轻工业	15424380	17237238	15212129	6726647
重工业	35409384	49846637	44979222	21305984
在总计中:大型企业	8507900	12922901	11552756	5704905
中型企业	24752964	35115207	32589968	15526554
小型企业	17572900	19045767	16048627	6801172

“三资”工业企业主要经济指标(二)

单位：千元

#本年折旧	固定资产净值年平均余额	负债合计	所有者权益合计	主营业务收入	主营业务成本
5796539	37359138	56982218	48527043	132321969	116939437
882501	8487943	13632475	7728591	16062771	15402398
321699	2866935	5575124	4180507	10718425	9075807
117043	1216152	2811747	1646023	4420981	3745995
50203	198946	513377	427713	1243782	1041334
153844	1446983	2233918	2098580	5008078	4250319
609	4854	16082	8191	45584	38159
5474840	34492203	51407094	44346536	121603544	107863630
1466069	15574479	30491759	17261343	67783307	61030534
86713	1081808	1299029	1365307	3303567	2988800
3491649	15363454	18663257	22783405	47603664	41470972
430409	2472462	953049	2936481	2913006	2373324
1247270	11454299	18480241	9634900	49756050	46492806
19237	169603	335934	162290	843650	779831
1080950	10394671	15945263	14352521	34647791	29348271
4715589	26964467	41036955	34174522	97674178	87591166
2131746	6468350	7927938	10851903	23619771	19260935
2318191	19143803	31115426	19999154	73420277	67296418
1346602	11746985	17938854	17675986	35281921	30382084

5-5 年产品销售收入500万元及以上

项　　目	流动资产年平均余额	固定资产原　价	#生　产经营用	累计折旧
其他采矿业	2958	19255	19255	7219
农副食品加工业	4135145	2939307	2546130	782726
食品制造业	603088	755194	660067	288529
饮料制造业	1207433	1988563	1909400	902106
纺织业	1039688	1699171	1601578	711487
纺织服装、鞋、帽制造业	1230223	1387975	1006308	547195
皮革、毛皮、羽毛(绒)及其制品业	457942	459932	355556	202013
木材加工及木、竹、藤、棕、草制	1349631	1550605	1254594	574580
家具制造业	1835109	1812868	1761459	593511
造纸及纸制品业	298670	427489	371809	217975
印刷业和记录媒介的复制	156514	261166	142820	85235
文教体育用品制造业	204270	207958	179940	90207
石油加工、炼焦及核燃料加工业	6892444	7557628	7549542	3563329
化学原料及化学制品制造业	761593	1066609	979342	471819
医药制造业	1475692	1056903	960790	517646
化学纤维制造业	7392	13647	13640	5605
橡胶制品业	114332	182392	136125	82034
塑料制品业	4569028	4204818	3958430	1685117
非金属矿物制品业	1468122	3278116	3163565	1217496
黑色金属冶炼及压延加工业	1472678	2006006	1661699	709519
有色金属冶炼及压延加工业	160206	235936	233194	45940
金属制品业	1618473	1252438	1029489	483849
通用设备制造业	3552422	3874536	3151420	1474814
专用设备制造业	1321889	1200099	1062290	450256
交通运输设备制造业	4197087	8406493	7247067	1838075
电气机械及器材制造业	3577187	4160448	3010359	2305748
通信设备、计算机及其他电子设备	5240312	7139966	6447719	3581931
仪器仪表及文化、办公用机械制造	796100	986951	887262	429626
工艺品及其他制造业	425246	1009042	990190	425076
废弃资源和废旧材料回收加工业	45160	30690	21560	11753
电力、热力的生产和供应业	617730	5911674	5878752	3730215

“三资”工业企业主要经济指标(二)

单位：千元

#本年折旧	固定资产净值年平均余额	负债合计	所有者权益合计	主营业务收入	主营业务成本
1465	4163	16630	4720	9966	8487
201051	2126915	4703950	2161441	9973396	9338175
45603	444843	608154	655734	1086275	933491
92253	1083791	1491248	1295206	2314875	1641907
99574	965622	1074913	1123567	2191645	1941648
70008	842079	1177799	1356238	3951857	3335512
8992	223551	565305	245085	1195171	1085150
113076	1007724	1690564	950891	2799171	2418453
114368	1165067	1644714	2205003	4097707	3117537
23077	198497	203066	343906	637780	547377
20640	176292	153246	191628	190016	160198
9094	80475	213066	268276	506380	449092
469828	4025971	9206966	2845848	35881753	35052370
59478	598632	610262	1034096	1636197	1327524
85127	542211	1690628	917473	2001497	1233647
624	8042	1771	15172	11862	6403
10324	108985	116460	145941	305494	265444
281417	2610730	5137503	3220866	5344700	4633734
125384	1938102	2221632	1861711	3281444	2825440
162849	1335942	1766094	1302625	3796632	3548697
16140	197456	136238	257688	350678	319535
71631	724537	1731559	1126547	2967994	2600543
500245	2186829	3326670	3916751	7708171	6365231
208104	787722	999583	1332616	3147554	2701798
357902	5643639	7701709	6050819	10699510	8361319
294213	1805588	2911701	3503786	8702515	7274741
1765101	3013607	4351253	5697927	12155556	11024327
95334	588232	435853	1044606	1822553	1531541
80355	587682	180116	956935	898722	689175
2236	18233	1815	90075	52546	14154
411046	2317979	911750	2403866	2602352	2186787

5-5　年产品销售收入500万元及以上

项　　目	主营业务税金及附加	营业费用	管理费用	财务费用
总　　计	**429068**	**3180189**	**5567863**	**1149044**
在总计中：亏损企业	23843	408967	1235943	263319
在总计中：港、澳、台商投资企业	84338	344348	496669	102270
合资经营企业(港或澳、台资)	23148	143134	241444	62102
合作经营企业(港或澳、台资)	1516	46985	42251	9067
港澳台商独资经营企业	59654	152179	211841	30700
港澳台商投资股份有限公司	20	2050	1133	401
外商投资企业	344730	2835841	5071194	1046774
中外合资经营企业	283671	1581098	1817793	755479
中外合作经营企业	3517	71883	162099	30202
外资企业	15703	1151551	3025948	249747
外商投资股份有限公司	41839	31309	65354	11346
在总计中：国有控股企业	261623	480663	669210	493547
在总计中：农村工业	816	27946	43999	6570
在总计中：轻工业	143504	1500263	1975559	318042
重工业	285564	1679926	3592304	831002
在总计中：大型企业	925	492231	1514437	67860
中型企业	386284	1609725	1864445	716948
小型企业	41859	1078233	2188981	364236

“三资”工业企业主要经济指标(三)

单位：千元

#利息支出	利润总额	应交所得税	亏损企业亏损额	利税总额	本年应交增值税
1048076	5234756	687540	1404456	8073301	2409477
294458	-1404456	10365	1404456	-1258045	122568
87944	566225	63792	111324	867968	217405
54817	166492	26224	75454	287300	97660
5613	75788	12247	1160	108599	31295
27414	320126	24857	34710	468200	88420
100	3819	464	–	3869	30
960132	4668531	623748	1293132	7205333	2192072
644232	2735825	310608	415721	4549510	1530014
24088	66950	25390	77266	95340	24873
266960	1474540	237825	800145	1862143	371900
24852	391216	49925	–	698340	265285
409484	1709860	184099	190081	3401297	1429814
5492	316	343	13335	5369	4237
262850	1430985	218582	501661	2001562	427073
785226	3803771	468958	902795	6071739	1982404
11259	2448287	232245	6090	2506442	57230
681666	1454284	270700	741964	3632315	1791747
355151	1332185	184595	656402	1934544	560500

5-5　年产品销售收入500万元及以上

项　　目	主营业务税金及附加	营业费用	管理费用	财务费用
其他采矿业	–	1032	1716	406
农副食品加工业	23180	186270	299251	145405
食品制造业	1983	35933	70689	7080
饮料制造业	98550	239243	111463	21759
纺织业	706	83745	119749	18657
纺织服装、鞋、帽制造业	4312	148076	293649	31118
皮革、毛皮、羽毛(绒)及其制品业	–	20497	64589	10504
木材加工及木、竹、藤、棕、草制	11067	97419	123564	34448
家具制造业	1325	115625	308240	30282
造纸及纸制品业	85	23507	40780	4779
印刷业和记录媒介的复制	–	6768	17197	2071
文教体育用品制造业	193	13452	39500	1455
石油加工、炼焦及核燃料加工业	260362	201384	131266	264714
化学原料及化学制品制造业	729	80375	100061	13144
医药制造业	2120	445160	160107	−2990
化学纤维制造业	–	828	1351	251
橡胶制品业	–	8580	24179	1578
塑料制品业	253	128814	270491	181272
非金属矿物制品业	9484	138656	149531	38291
黑色金属冶炼及压延加工业	–	49162	87470	80399
有色金属冶炼及压延加工业	17	3603	14327	−2204
金属制品业	1250	74836	146873	33518
通用设备制造业	3176	248020	461313	35877
专用设备制造业	2648	83133	212148	1732
交通运输设备制造业	1702	317932	681457	91910
电气机械及器材制造业	1800	188132	732981	36089
通信设备、计算机及其他电子设备	515	157235	601363	36589
仪器仪表及文化、办公用机械制造	2183	32186	174086	4204
工艺品及其他制造业	–	46251	67485	6853
废弃资源和废旧材料回收加工业	1428	4335	8721	−304
电力、热力的生产和供应业	–	–	52266	20157

“三资”工业企业主要经济指标(三)

单位：千元

#利息支出	利润总额	应交所得税	亏损企业亏损额	利税总额	本年应交增值税
330	-1602	–	1602	-1602	–
113072	17695	31849	262236	72556	31681
12334	44271	7678	16387	57584	11330
24527	169240	31684	14203	408987	141197
15509	48991	12728	33009	82668	32971
11455	147442	38310	67787	206479	54725
11718	12034	2294	16099	13684	1650
25542	119616	6356	37762	155457	24774
20351	556096	59530	22633	570969	13548
3976	33320	3078	5464	48275	14870
1686	6710	1124	13371	16515	9805
2217	3290	725	2950	3757	274
226860	27747	7890	–	1457890	1169781
13558	132563	11259	8650	171240	37948
7398	121670	8397	5545	155600	31810
200	2989	267	–	3032	43
847	7992	2140	10983	9966	1974
174465	152314	14100	83205	205309	52742
59173	121594	23817	115326	213686	82608
102051	40214	3126	96172	57910	17696
677	17956	-733	488	18482	509
28509	115701	11434	35341	140707	23756
31223	416834	65628	89162	531830	111820
-430	142629	14394	41521	228642	83365
48306	1515074	157156	134812	1556344	39568
19261	464825	66893	157803	547621	80996
48799	265848	40291	122808	296266	29903
3755	80116	8928	9137	105549	23250
2176	84885	7217	–	121822	36937
–	25232	55	–	28335	1675
38531	341470	49925	–	587741	246271

5-6 全部国有及年产品销售收入500万元及以上

项目	企业单位数(个)	亏损企业	工业总产值(当年价格)	新产品产值
总计	**287**	**64**	**257384252**	**42012045**
内资企业	142	28	158997881	38341949
国有企业	26	7	16996297	3844854
中央企业	10	4	9974445	1990843
地方企业	16	3	7021852	1854011
集体企业	3	2	281962	–
股份合作企业	2	–	370156	–
有限责任公司	44	10	75631428	31768456
国有独资公司	9	3	26426285	10540845
其他有限责任公司	35	7	49205143	21227611
股份有限公司	17	1	52283817	877868
私营企业	50	8	13434221	1850771
私营独资企业	6	1	1325871	–
私营有限责任公司	38	6	11110110	1850121
私营股份有限公司	6	1	998240	650
港、澳、台商投资企业	19	3	4184557	569789
合资经营企业(港或澳、台资)	8	2	1192855	220349
合作经营企业(港或澳、台资)	4	–	769453	120630
港澳台商独资经营企业	7	1	2222249	228810
外商投资企业	126	33	94201814	3100307
中外合资经营企业	33	4	55107054	2399436
中外合作经营企业	7	2	1643783	38649
外资企业	84	27	34578235	617402
外商投资股份有限公司	2	–	2872742	44820
在总计中:亏损企业	64	64	62553412	1689869
在总计中:国有控股企业	58	14	178390972	33548911
在总计中:农村工业	4	–	619000	–
在总计中:轻工业	106	23	37866858	8138172
重工业	181	41	219517394	33873873
在总计中:大型企业	32	6	156128871	32573738
中型企业	255	58	101255381	9438307

非国有大中型工业企业主要经济指标(一)

单位：千元

工业销售产值(当年价格)	#出口交货值	工业增加值(当年价格)	全部从业人员年平均数(人)	资产合计	#产成品
254903973	**93683780**	**68884196**	**387068**	**244690581**	**9232962**
158098797	38391300	40339263	215896	174796160	7053836
16794736	2033749	4841045	35280	29671948	495597
9857952	146219	3262318	11395	11236553	204652
6936784	1887530	1578727	23885	18435395	290945
289761	–	88195	4067	482429	7182
365265	–	117591	1584	383844	7905
75459162	25913520	18830081	119597	107376969	4994525
25961382	11550880	6523303	41356	31947673	1893986
49497780	14362640	12306778	78241	75429296	3100539
52353532	5556919	12117459	14675	25384069	848933
12836341	4887112	4344892	40693	11496901	699694
1318159	137996	524703	6326	809876	58858
10499062	4659480	3397587	31765	9853633	579592
1019120	89636	422602	2602	833392	61244
4113444	1898458	1667934	17907	3094839	105436
1173898	1010570	373962	6928	991010	60824
722403	312723	361561	3672	568161	14250
2217143	575165	932411	7307	1535668	30362
92691732	53394022	26876999	153265	66799582	2073690
54343033	23993927	14804622	35558	34643104	1134292
1616998	1465761	330808	6404	1252282	38918
33860629	27934334	10476086	110055	27039069	899393
2871072	–	1265483	1248	3865127	1087
62430037	10056758	13430221	62802	43975744	1327709
177469651	51882868	43739583	150063	173200126	5527322
600500	368000	180924	2160	564405	26617
36844922	20804921	11491834	114302	39230422	2113716
218059051	72878859	57392362	272766	205460159	7119246
155080060	53768449	38915236	197059	151263006	5220429
99823913	39915331	29968960	190009	93427575	4012533

5-6 全部国有及年产品销售收入500万元及以上

项目	企业单位数(个)	亏损企业	工业总产值(当年价格)	新产品产值
非金属矿采选业	2	1	255458	30800
农副食品加工业	30	5	8070531	368390
食品制造业	2	–	190470	650
饮料制造业	4	1	1222594	60064
纺织业	10	4	1660470	219040
纺织服装、鞋、帽制造业	15	3	5419827	396415
皮革、毛皮、羽毛(绒)及其制品业	3	1	751715	–
木材加工及木、竹、藤、棕、草制	9	1	2379700	74410
家具制造业	4	–	3798060	–
印刷业和记录媒介的复制	2	1	629560	90360
文教体育用品制造业	1	1	132973	–
石油加工、炼焦及核燃料加工业	4	2	88969835	123160
化学原料及化学制品制造业	11	2	5420958	1636178
医药制造业	6	1	2350856	925516
橡胶制品业	2	–	175427	–
塑料制品业	14	2	3309184	1317631
非金属矿物制品业	13	6	2871031	–
黑色金属冶炼及压延加工业	5	2	9773241	1346650
金属制品业	5	1	2093259	13450
通用设备制造业	41	4	31734440	8145683
专用设备制造业	15	2	11732407	2663170
交通运输设备制造业	28	8	28812044	13736415
电气机械及器材制造业	24	6	9627508	1230861
通信设备、计算机及其他电子设备	17	5	28167812	9561750
仪器仪表及文化、办公用机械制造	5	1	1140622	71452
工艺品及其他制造业	3	1	764810	–
电力、热力的生产和供应业	8	1	4808282	–
燃气生产和供应业	1	–	218960	–
水的生产和供应业	3	2	902218	–

非国有大中型工业企业主要经济指标(一)

单位：千元

工业销售产值(当年价格)	#出口交货值	工业增加值(当年价格)	全部从业人员年平均数(人)	资产合计	#产成品
230811	15240	147580	3038	654659	20191
7826101	3333146	1989107	21466	6297429	464687
119350	99310	100251	831	141554	57917
1163876	–	669163	3005	1556113	66788
1610510	763383	556274	11455	1808175	128931
5201223	3799461	1633275	20456	2302411	71897
742705	719335	171089	8315	457260	33672
2202865	1857249	849321	7339	1691189	29808
3472882	1892302	1726043	14108	3232707	101992
611710	62240	129746	1679	1015208	55656
114012	114012	45275	530	137145	11107
88911326	18460640	19516168	10315	34987655	837269
5457396	1405557	1156014	17062	16147212	429171
2540606	759322	1120906	4044	3538947	334887
142428	33106	31990	1820	930576	28564
3344104	1613828	1196134	8755	5908153	66039
2863404	1039259	1026544	8916	5133763	137199
10154742	1361870	2804355	21660	18438199	791039
2005532	1883204	350795	3879	1831662	192798
31559943	7137341	9079166	58146	30405371	2520493
11581627	2391485	4742807	19374	13818583	870800
28343546	15291880	7217424	47124	47506833	430566
9231585	7045985	3183394	32131	6986760	708136
27666257	21269036	6698231	43563	22440050	721746
1151442	1117262	337372	5524	892399	21046
785750	218327	315734	2319	1127077	80336
4781082	–	1915535	5057	9090442	–
213980	–	–118383	1997	825141	20227
873178	–	292886	3160	5387908	–

5-6　全部国有及年产品销售收入500万元及以上

项　　目	流动资产年平均余额	固定资产原　价	#生　产经营用	累计折旧
总　　计	**123274794**	**131761590**	**116693801**	**51049321**
内资企业	90013930	83723482	72551077	29817862
国有企业	13049413	18030738	16494402	5739980
中央企业	6265581	5836479	5238382	2100481
地方企业	6783832	12194259	11256020	3639499
集体企业	350123	352432	287307	158054
股份合作企业	269984	20928	19662	9802
有限责任公司	57497181	46499754	38631677	16601911
国有独资公司	16301896	15539401	11064289	5232365
其他有限责任公司	41195285	30960353	27567388	11369546
股份有限公司	13196295	14687444	14343545	6216127
私营企业	5650934	4132186	2774484	1091988
私营独资企业	365070	450822	365144	71718
私营有限责任公司	4917646	3377265	2248240	924761
私营股份有限公司	368218	304099	161100	95509
港、澳、台商投资企业	1447797	1773622	1583529	644235
合资经营企业(港或澳、台资)	586526	514159	431105	207599
合作经营企业(港或澳、台资)	186122	203025	121374	40659
港澳台商独资经营企业	675149	1056438	1031050	395977
外商投资企业	31813067	46264486	42559195	20587224
中外合资经营企业	17264831	18873391	17786555	6973600
中外合作经营企业	413005	945924	552068	269905
外资企业	13147094	20290751	18118437	9500221
外商投资股份有限公司	988137	6154420	6102135	3843498
在总计中:亏损企业	20513871	29831762	28692928	10834941
在总计中:国有控股企业	87784063	93517681	84173607	35431191
在总计中:农村工业	166887	357528	349751	61017
在总计中:轻工业	17113654	23495907	21106713	8086410
重工业	106161140	108265683	95587088	42962911
在总计中:大型企业	80194740	74210395	64682103	28479937
中型企业	43080054	57551195	52011698	22569384

非国有大中型工业企业主要经济指标(二)

单位：千元

#本年折旧	固定资产净值年平均余额	负债合计	所有者权益合计	主营业务收入	主营业务成本
8266889	**76244075**	**154078007**	**90284024**	**253924498**	**232868371**
3816952	50631922	115034643	59432967	156884450	146311018
634879	11926618	18912255	10431143	16863354	15191590
293922	3283877	6911616	4324937	9739914	8943736
340957	8642741	12000639	6106206	7123440	6247854
20887	189502	271476	210953	643178	641728
2249	7348	294277	89567	370265	312629
1971162	27906474	78130790	29246179	75838493	66082161
688957	9023027	19994422	11953251	26399495	22039966
1282205	18883447	58136368	17292928	49438998	44042195
969665	7660768	10828831	14555238	51428881	54201884
218110	2941212	6597014	4899887	11740279	9881026
32487	360727	442750	367126	1325454	1165165
164205	2359897	5674033	4179600	9556905	8045322
21418	220588	480231	353161	857920	670539
86070	1086212	1607680	1487159	4130287	3473708
21829	301860	552737	438273	1172864	967765
5237	101142	342745	225416	740823	598095
59004	683210	712198	823470	2216600	1907848
4363867	24525941	37435684	29363898	92909761	83083645
981144	11335808	23546893	11096211	54739267	49691528
42743	696040	612410	639872	1615953	1508855
2909908	10034033	12332514	14706555	33683485	29551279
430072	2460060	943867	2921260	2871056	2331983
1775012	17092696	22531238	21444506	61970509	64501992
4427596	54822365	114474693	58396883	175599804	165829347
26027	234544	452868	111537	576841	503935
1080825	14271476	19225657	20004765	35731928	29918271
7186064	61972599	134852350	70279259	218192570	202950100
4812426	42530821	94894359	56040097	153015862	141903155
3454463	33713254	59183648	34243927	100908636	90965216

5-6 全部国有及年产品销售收入500万元及以上

项　　目	流动资产年平均余额	固定资产原　　价	#生　产经营用	累计折旧
非金属矿采选业	298212	471850	471780	206586
农副食品加工业	3303995	2843089	2512591	601470
食品制造业	91254	50968	49578	13030
饮料制造业	686247	1133459	1099622	599232
纺织业	817581	1357432	1287700	546397
纺织服装、鞋、帽制造业	1145461	1163808	355182	438663
皮革、毛皮、羽毛(绒)及其制品业	247920	304606	282906	158371
木材加工及木、竹、藤、棕、草制	760815	1102754	864333	368642
家具制造业	1508420	1350826	1350826	401046
印刷业和记录媒介的复制	417377	792431	790530	427456
文教体育用品制造业	62049	37613	37613	12495
石油加工、炼焦及核燃料加工业	19650088	20846921	20796590	9460752
化学原料及化学制品制造业	6002818	8877808	8167601	2256499
医药制造业	1754984	1573576	1255273	614720
橡胶制品业	197114	105354	103178	16346
塑料制品业	3417099	2657158	2536410	1112508
非金属矿物制品业	1317895	4299406	4213978	1399247
黑色金属冶炼及压延加工业	7644377	10014782	8437995	3703928
金属制品业	1124251	576429	498863	189040
通用设备制造业	18167232	12806528	11293173	5458823
专用设备制造业	7473589	5932242	2337955	1302026
交通运输设备制造业	26521333	18925202	16861374	6178970
电气机械及器材制造业	3945044	4047001	3035195	2213496
通信设备、计算机及其他电子设备	12658954	11494657	9954258	5738997
仪器仪表及文化、办公用机械制造	445290	742030	683788	332671
工艺品及其他制造业	432973	972417	900546	398933
电力、热力的生产和供应业	2158922	10644652	9988748	5331599
燃气生产和供应业	142528	876155	788539	223525
水的生产和供应业	880972	5760436	5737676	1343853

非国有大中型工业企业主要经济指标(二)

单位：千元

#本年折旧	固定资产净值年平均余额	负债合计	所有者权益合计	主营业务收入	主营业务成本
16967	252324	368551	286108	234081	135174
133284	2239799	4549944	1747485	7861987	7417459
1940	46077	112725	28829	133985	118274
49755	511863	587967	968146	1277301	782409
78625	833605	833164	975011	1626027	1423042
51090	726547	875286	1427125	4101347	3459712
2983	136384	363603	93657	742705	675730
69739	769582	990539	700650	2202865	1908961
79095	887752	1283427	1949280	3420620	2518479
38076	418588	652885	362323	602228	512953
2833	25254	63738	73407	114012	109200
1311419	10813872	16605696	18381959	88225557	90568995
161706	6476884	11135704	4682958	6068557	5095629
108700	828486	2510491	1028456	2228055	1289346
16346	59927	654395	276181	143301	119738
179480	1608683	4314564	1593589	3904522	3306056
147645	2698614	3220971	1912792	2825998	2471896
480516	5791573	13448328	4989871	10382992	9272727
23435	350359	1527041	304621	2008195	1802746
949369	7309006	17676297	12729074	32952067	27934066
338676	4279404	10097361	3721222	11304797	9526569
769041	11579523	39219418	8287415	26553603	23470107
269816	1783993	3507441	3479319	9375636	7973616
2017373	4903599	12591622	9848428	27862307	24239547
59634	449189	208557	683842	1117128	957300
76861	574694	168539	958538	779919	588303
650448	5451338	5559155	3531287	4787450	4087364
20417	657350	38433	786708	214075	318022
161620	3779806	912165	4475743	873181	784951

5-6 全部国有及年产品销售收入500万元及以上

项　　目	主营业务税金及附加	营业费用	管理费用	财务费用
总　　计	**2211048**	**5974527**	**10482897**	**2364926**
内资企业	1823839	3872571	7104015	1580118
国有企业	82573	416957	1157175	147406
中央企业	39999	176921	540721	58548
地方企业	42574	240036	616454	88858
集体企业	3123	1104	29098	2479
股份合作企业	633	10735	12904	-45
有限责任公司	200601	2703882	4635243	1172448
国有独资公司	62052	1383114	2015136	393635
其他有限责任公司	138549	1320768	2620107	778813
股份有限公司	1467585	285896	812045	83615
私营企业	69324	453997	457550	174215
私营独资企业	3332	75930	33702	5862
私营有限责任公司	62056	318788	382656	163484
私营股份有限公司	3936	59279	41192	4869
港、澳、台商投资企业	73760	148291	142204	28416
合资经营企业(港或澳、台资)	17500	36572	52344	17866
合作经营企业(港或澳、台资)	466	33260	22803	5904
港澳台商独资经营企业	55794	78459	67057	4646
外商投资企业	313449	1953665	3236678	756392
中外合资经营企业	263814	1190758	1120262	581359
中外合作经营企业	874	24244	71671	13099
外资企业	7384	707354	1979848	150588
外商投资股份有限公司	41377	31309	64897	11346
在总计中:亏损企业	1507341	673318	1679409	251191
在总计中:国有控股企业	1950356	3512580	6635770	1619048
在总计中:农村工业	1762	14840	43398	13436
在总计中:轻工业	197659	1519269	2170181	324758
重工业	2013389	4455258	8312716	2040168
在总计中:大型企业	1640157	3414875	6931604	1149984
中型企业	570891	2559652	3551293	1214942

非国有大中型工业企业主要经济指标(三)

单位：千元

#利息支出	利润总额	应交所得税	亏损企业亏损额	利税总额	本年应交增值税
2585295	**1199131**	**1059884**	**6850932**	**7736685**	**4326506**
1892370	−2703440	556939	6102878	1597928	2477529
221120	185360	50041	167965	658381	390448
62007	57410	28304	114829	310495	213086
159113	127950	21737	53136	347886	177362
2479	−30447	170	33387	−9381	17943
−113	29446	3343	−	38171	8092
1108286	1949624	354186	132430	3837774	1687549
389152	708235	126667	34460	1366085	595798
719134	1241389	227519	97970	2471689	1091751
433850	−5510006	37827	5707230	−3929960	112461
126748	672583	111372	61866	1002943	261036
6287	46406	12523	1428	78961	29223
116123	531813	91642	60197	786582	192713
4338	94364	7207	241	137400	39100
23232	194016	35747	13971	359773	91997
11150	49932	12802	9252	87555	20123
3777	52855	8880	−	79049	25728
8305	91229	14065	4719	193169	46146
669693	3708555	467198	734083	5778984	1756980
473345	2236583	236610	193190	3796125	1295728
12062	17635	12935	44493	25957	7448
159434	1063242	167728	496400	1259145	188519
24852	391095	49925	−	697757	265285
620160	−6850932	11986	6850932	−5116926	226665
1910994	−2299094	522488	6123527	2937467	3286205
13159	17804	217	−	33506	13940
238963	1801972	264175	301038	2472368	472737
2346332	−602841	795709	6549894	5264317	3853769
1455825	−1186195	583553	5752983	2214180	1760218
1129470	2385326	476331	1097949	5522505	2566288

5-6 全部国有及年产品销售收入500万元及以上

项　　目	主营业务税金及附加	营业费用	管理费用	财务费用
非金属矿采选业	14206	16443	75137	6704
农副食品加工业	24636	112552	208942	124582
食品制造业	–	3938	4395	3121
饮料制造业	98550	167206	90073	−12266
纺织业	1015	60155	59237	15777
纺织服装、鞋、帽制造业	2879	167055	128326	25185
皮革、毛皮、羽毛(绒)及其制品业	–	10037	39986	8574
木材加工及木、竹、藤、棕、草制	2652	67590	59632	25498
家具制造业	650	91582	249732	30435
印刷业和记录媒介的复制	85	23251	54786	14986
文教体育用品制造业	–	–	6454	1266
石油加工、炼焦及核燃料加工业	1735693	390898	954500	250347
化学原料及化学制品制造业	91665	165777	428880	168560
医药制造业	6368	482676	225489	−5600
橡胶制品业	344	5157	10185	1334
塑料制品业	626	103550	168468	147576
非金属矿物制品业	9029	108650	166509	68958
黑色金属冶炼及压延加工业	46154	273300	432285	333692
金属制品业	44	53956	49291	46692
通用设备制造业	59284	1319064	1736904	348945
专用设备制造业	40672	292670	817892	158187
交通运输设备制造业	42559	482246	1753197	215695
电气机械及器材制造业	5633	233406	703174	27212
通信设备、计算机及其他电子设备	7875	1141391	1566910	206749
仪器仪表及文化、办公用机械制造	1400	9688	112800	1894
工艺品及其他制造业	284	47333	67654	5892
电力、热力的生产和供应业	14226	14664	175551	139031
燃气生产和供应业	–	65783	34440	−439
水的生产和供应业	4519	64509	102068	6339

非国有大中型工业企业主要经济指标(三)

单位：千元

#利息支出	利润总额	应交所得税	亏损企业亏损额	利税总额	本年应交增值税
6583	−13361	−	14538	25504	24659
108863	32095	41822	201761	89805	33074
2430	7955	−	−	7979	24
−10036	107579	11462	8352	286735	80606
10788	82713	13768	9467	111548	27820
3770	249801	59058	7165	328487	75807
9791	8952	−	3886	8952	−
17449	140625	4801	6661	152454	9177
21996	555175	56930	−	559802	3977
14716	1826	3089	4370	24966	23055
1174	−2350	−	2350	−2350	−
568014	−5682607	8558	5712539	−2695446	1251468
208121	129714	28124	20102	338048	116669
7194	213972	18732	9659	284445	64105
47	5593	1610	−	6346	409
143877	192983	12191	6776	238228	44619
87222	2850	20302	173676	125071	113192
314027	53693	48337	24436	407134	307287
41520	68033	2353	16552	71044	2967
319332	1382119	230522	43449	2303329	861926
151761	510780	100614	22603	864237	312785
155843	1576588	156215	235818	1827429	208282
16874	423585	87354	162529	504071	74853
231006	588535	81084	96453	850082	253672
1955	35917	4521	4110	43604	6287
1154	70204	6818	5437	107694	37206
140244	437199	61619	19024	804372	352947
−	52672	−	−	52672	−
9580	−33709	−	39219	10443	39633

主要统计指标解释

【工业】指从事自然资源的开采，对采掘品和农产品进行加工和再加工的物质生产部门。具体包括：（1）对自然资源的开采，如采矿、晒盐、森林采伐等（但不包括禽兽捕猎和水产捕捞）；（2）对农副产品的加工、再加工，如粮油加工、食品加工、轧花缫丝、纺织、制革等；（3）对采掘品的加工、再加工、如炼铁、炼钢、化工生产、石油加工、机器制造、木材加工等，以及电力、自来水、煤气的生产和供应等；（4）对工业品的修理、翻新，如机器设备的修理、交通运输工具（包括小卧车）的修理等。

1984年以前，农村的村及村以下办工业归属农业，1984年以后划归工业。

【工业统计调查单位】工业统计调查单位分为两类：独立核算法人工业企业和工业活动单位。

（1）独立核算法人工业企业，指从事工业生产经营活动的单位。独立核算法人工业企业应同时具备以下条件：①依法成立，有自己的名称、组织机构和场所，能够独立承担民事责任；②独立拥有和使用（或授权使用）资产，承担负债，有权与其他单位签订合同；③会计上独立核算，并能够编制资产负债表。

（2）工业活动单位，指在一个场所从事一种或主要从事一种工业生产活动的经济单位。它包括：独立核算工业企业按主营业务活动（即工业生产活动）划分的主营业务活动单位和非工业企业所属的工业生产活动单位（即原非独立核算工业生产单位）。工业活动单位，一般应同时具备以下三个条件：①具有一个场所，从事一种或主要从事一种工业活动；②单独组织工业生产、经营或业务活动；③单独核算收入和支出。

【轻工业】指主要提供生活消费品和制作手工工具的工业。按其所使用的原料不同，可分为两大类：

（1）以农业为原料的轻工业，是指直接或间接以农产品为基本原料的轻工业。主要包括食品制造、饮料制造、烟草加工、纺织、缝纫、皮革和毛皮制作、造纸以及印刷等工业；

（2）以非农产品为原料的轻工业，是指以工业品为原料的轻工业。主要包括文教体育用品、化学药品制造、合成纤维制造、日用化学制品、日用玻璃制品、日用金属制品、手工工具制造、医疗器械制造、文化和办公用机械制造等工业。

【重工业】是指为国民经济各部门提供物质技术基础的主要生产资料的工业。按其生产性质和产品用途，可以分为下列三类：

（1）采掘（伐）工业，是指对自然资源的开采，包括石油开采、煤炭开采、金属矿开采、非金属矿开采和木材采伐等工业；

（2）原料工业，指向国民经济各部门提供基本材料、动力和燃料的工业。包括金属冶炼及加工、炼焦及焦炭化学、化工原料、水泥、人造板以及电力、石油和煤炭加工等工业；

（3）加工工业，是指对工业原材料进行再加工制造的工业。包括装备国民经济各部门的机械设备制造工

业、金属结构、水泥制品等工业，以及为农业提供的生产资料如化肥、农药等工业。

根据上述划分原则，修理业中以重工业产品为修理作业对象的划为重工业，反之划为轻工业。

【工业总产值】是以货形式表现的，工业企业在一定时期内生产的工业最终产品或提供工业性劳务活动的总价值量。它包括：企业本期生产，并在报告期内不再进行加工，经检验、包装入库（规定不需包括的产品除外）的成品（半成品）价值（不包括用定货者来料加工的成品（半成品）价值），对外加工费收入，自制半成品、在产品期末期初差额价值。

工业总产值采用“工厂法”计算，即以工业作业为一个整体，按企业生产活动的最终成果来计算，企业内部不允许重复计算，不能把企业内部各个车间（分厂）生产的成果相加。但在企业之间、行业之间、地区之间存在着重复计算。

轻重工业总产值的划分也是按“工厂法”计算的，即一个工业企业在正常情况下生产的主要产品的性质属于轻工业，则该企业的全部总产值作为轻工业总产值；一个工业企业生产的主要产品的性质属于重工业，则该企业的全部总产值作为重工业总产值。

【工业增加值】是指工业企业在报告期内以货币形式表现的工业生产活动的最终成果，是企业全部生产活动的总成果扣除了在生产过程中消耗或转移的物质产品和劳务价值后的余额，是企业生产过程中新增加的价值。

【工业销售产值】是以货币形式表现的工业企业在一定时期内销售的本企业生产的工业产品或提供工业性劳务活动的价值总量。包括企业在报告期内实际销售（包括本企业本期生产和非本期生产）的全部成品、半成品价值、对外加工费收入。已销售的成品、半成品不论是本期生产的、还是上期生产的，只要是本期销售出去的均包括在内。企业为本单位在建工程、生产福利部门等提供的成品和自制设备也应视同销售，这部分也应作为销售统计。

工业销售产值的计算范围、计算价格和计算方法与工业总产值一致，但两者计算的基础不同，工业销售产值计算的基础是产品销售总量，工业总产值计算的基础是工业产品生产总量。销售产值不含半成品在制品期末期初差额价值，而工业总产值包括。

【新产品】指采用新技术原理、新设计构思、生产的全新产品或在结构、材质、工艺等某一方面比老产品有明显改进，从而显著提高了生产性能或扩大了使用功能的产品。

【出口交货值】指工业企业交给外贸部门或自营（委托）出口（包括销往香港、澳门、 台湾），用外汇价格结算在国内的批量销售，或在边境批量出口的产品价值，还包括外商来样、来料加工、来件装配和补偿贸易等生产的产品价值。

工业企业主要财务指标和经济效益指标

【资产合计】指企业拥有或控制的全部资产。包括流动资产、长期投资、固定资产、无形及递延资产、其他长期资产、递延税款借项等，即为企业资产负债表的资产总计项。

【流动资产】指企业可以在一年内或者超过一年的一个营业周期内变现或耗用的资产合计。包括现金及各种存款、短期投资、应收及预付款项、存货等。

【固定资产】指企业固定资产净值、固定资产清理、在建工程、待处理固定资产损失所占用的资金合计。

【固定资产原价】指企业在建造、购置、安装、改建、扩建、技术改造某项固定资产时所支出的全部货币总额。它一般包括买价、包装费、运杂费和安装费等。

【固定资产净值】是指固定资产原价减去历年已提折旧额后的净值。

【无形资产】指企业长期使用而没有实物形态的资产。包括专利权、非专利支术、商标权、著作权、土地使用权、商誉等。

【负债合计】指企业承担并需要偿还的全部债务。包括流动负债和长期负债、递延税款贷项等，即为企业资产负债表的负债合计项。

【流动负债】指企业在一年内或者超过一年的营业周期内需要偿还的债务合计，其中包括短期借款、应付及预收款项、应付工资、应交税金和应交利润等。

【长期负债】指企业在一年以上或者超过一年的营业周期以上需要偿还的债务合计，其中包括长期借款、应付债务、长期应付款项等。

【所有者权益】指企业投资人对企业净资产的所有权。企业净资产等于企业全部资产减去全部负债后余额，其中包括投资者对企业的最初投入，以及资本公积金、盈余公积金和未分配利润，对股份制企业即为股东权益。

【产品销售收入】指企业销售产品和提供劳务等主要经营业务取得的收入总额。

【产品销售成本】指企业销售产品和提供劳务等主要经营业务的实际成本。

【产品销售税金及附加】指企业销售产品和提供劳务等主要经营业务应负担的城市维护建设税、消费税、资源税和教育费附加。

【产品销售利润】指企业销售产品和提供劳务等主要经营业务收入扣除其成本、费用、税金后的利润。

【利润总额】指企业在一定时期的最终经营成果。

【利税总额】指企业利润总额、产品销售税金及附加和应交增值税之和。

交通运输和邮电业

责任编辑

陈世荣　刘燕喃

2006年全市运输换算周转量构成比重

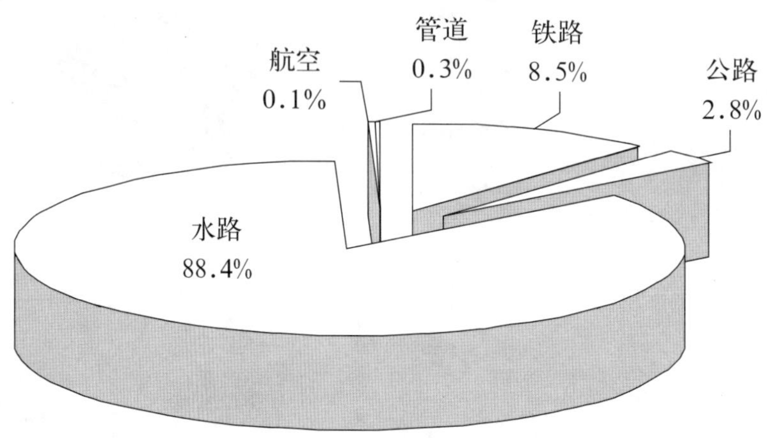

2005年全市运输换算周转量构成比重

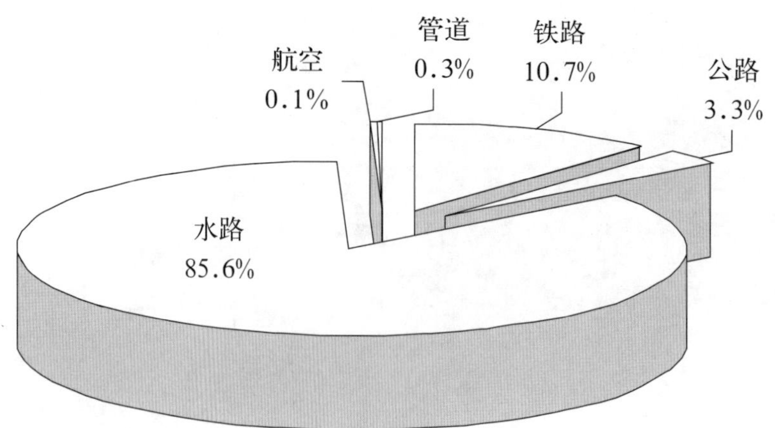

2006年旅客周转量各种运输方式比重

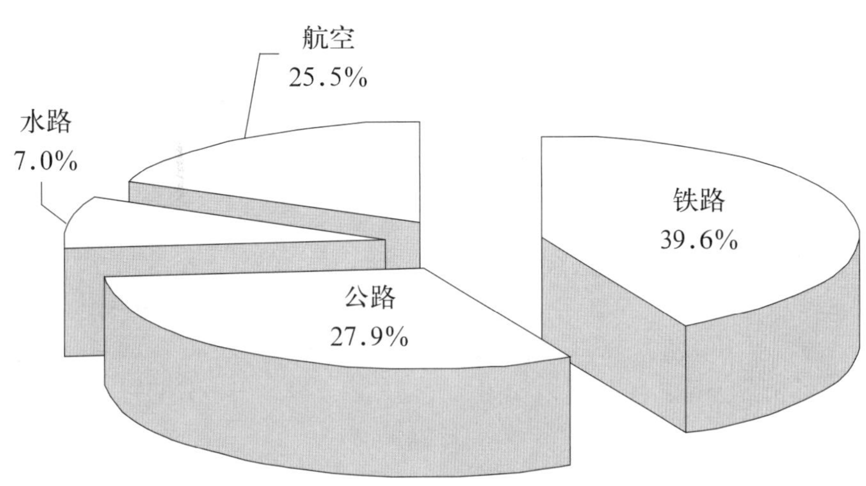

2005年旅客周转量各种运输方式比重

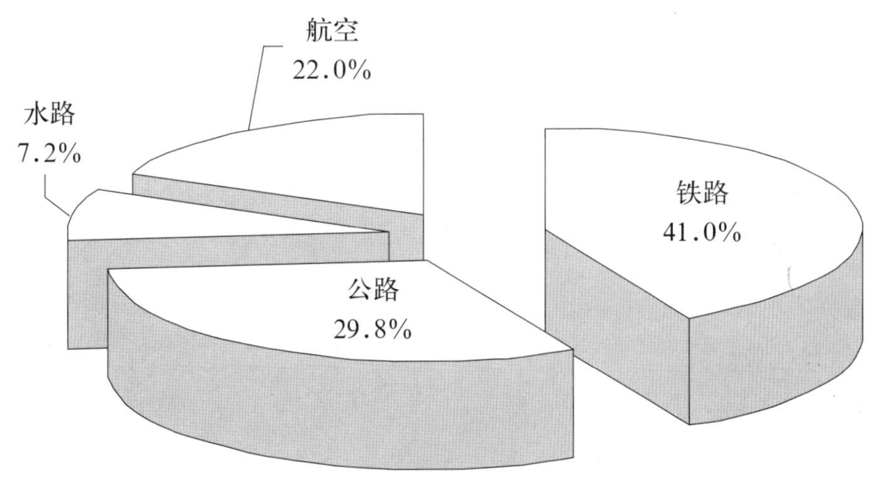

2006年货物周转量各种运输方式构成比重

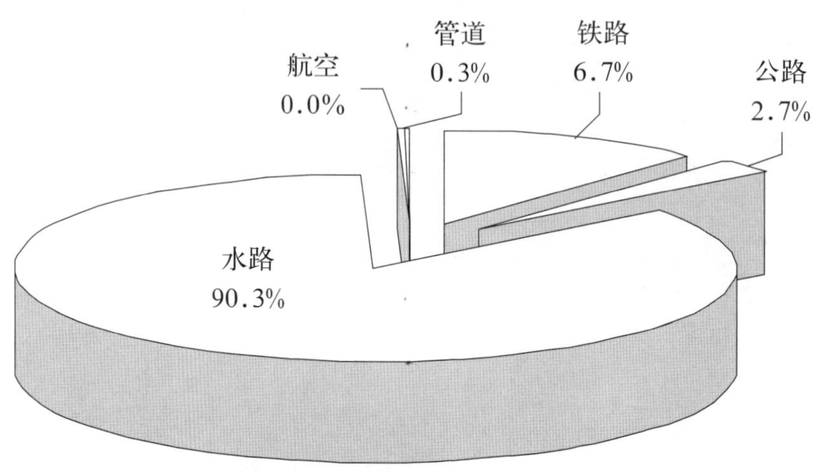

2005年货物周转量各种运输方式构成比重

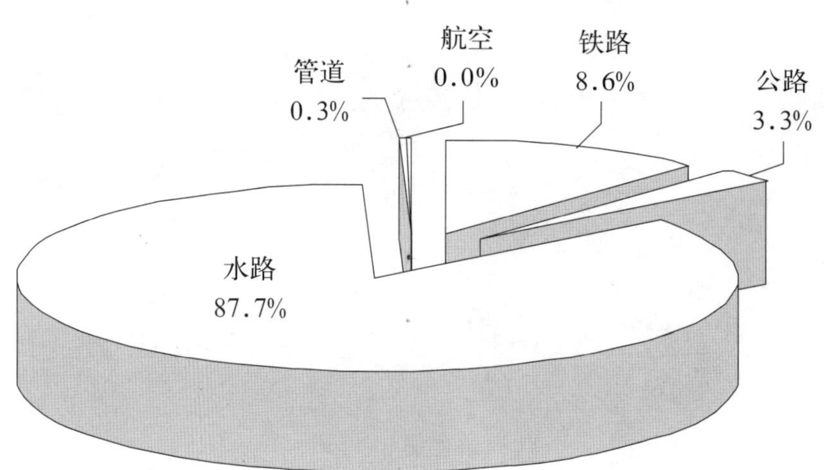

沿海港口旅客吞吐量

单位：万人次

2006年比2005年增长0.1%

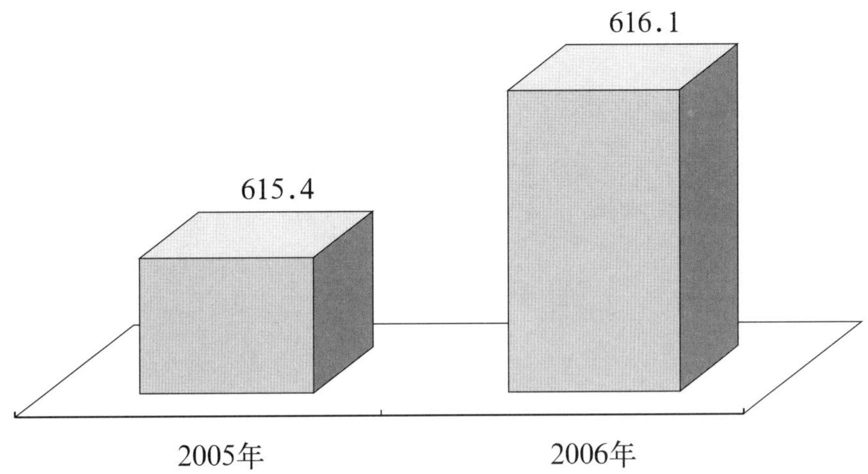

沿海港口货物吞吐量

单位：万吨

2006年比2005年增长17.3%

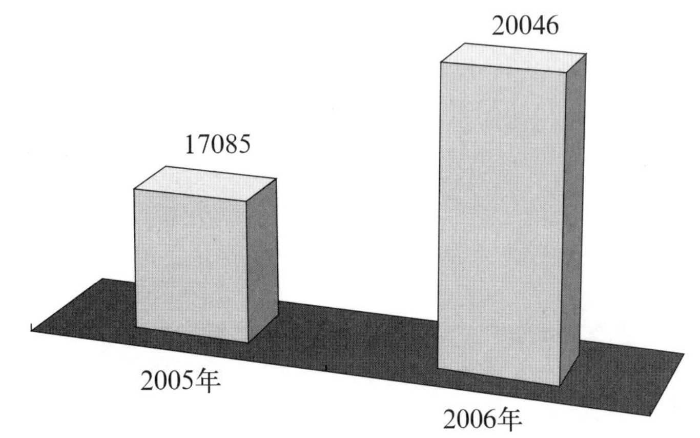

邮电业务总量

单位：亿元

2006年比2005年增长32.2%

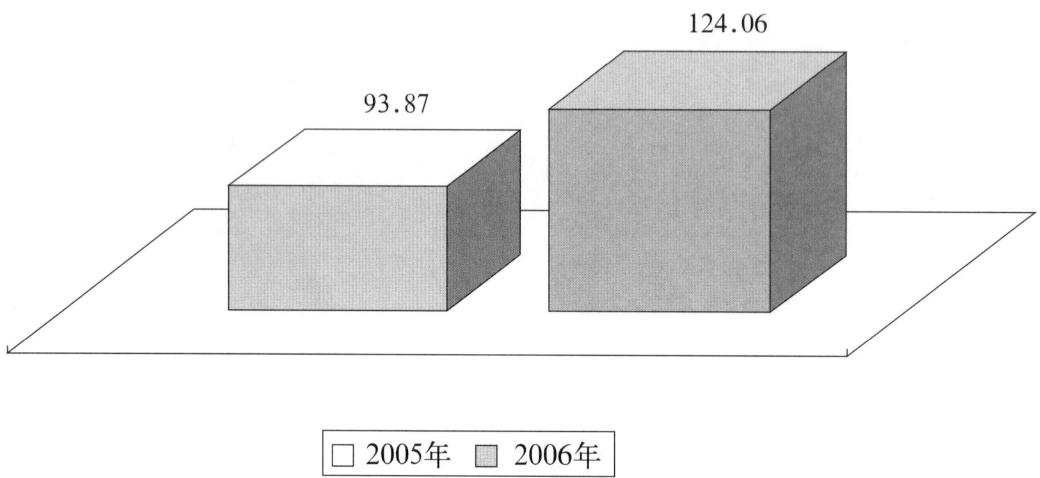

全市住宅电话普及率(%)

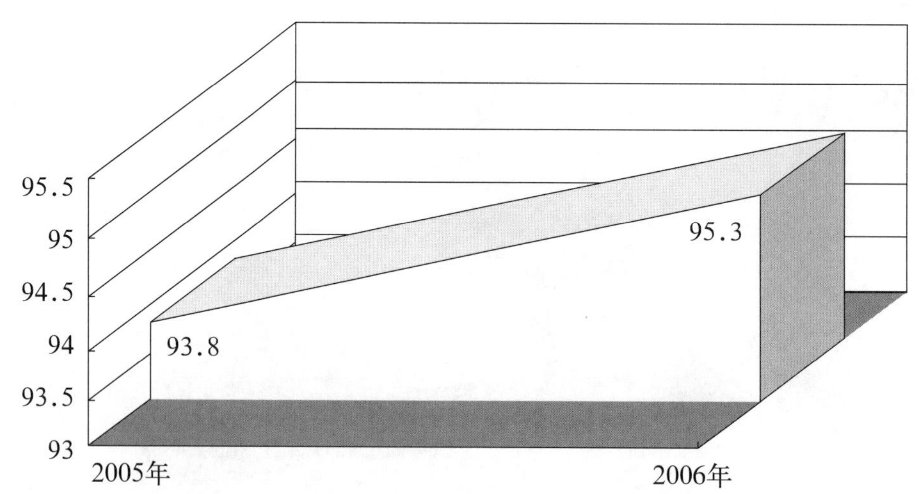

6-1 全社会客货运输总量（换算周转量）

	单 位	2006年	2005年	比2005年±%	构成（%）		
					2006年	2005年	±百分点
全社会运输总量	万吨公里	25621363	19775252	29.6	100.00	100.00	–
1、铁路	万吨公里	2165519	2111666	2.6	8.5	10.7	−2.2
2、公路	万吨公里	707806	659916	7.3	2.8	3.3	−0.6
3、水路	万吨公里	22643165	16916738	33.9	88.4	85.6	2.8
4、航空	万吨公里	28916	22540	28.3	0.1	0.1	–
5、管道	万吨公里	75957	64391	18.0	0.3	0.3	–

6-2 旅客运输完成情况

	单位	2006年	2005年	比2005年±%
一、客运量（同口径）	万人次	12834	12311	4.2
1、铁路(同口径“*”）	万人次	1494	1438	3.9
2、公 路	万人次	10391	10045	3.4
3、水 路	万人次	670	610	9.8
4、航 空	万人次	278.95	218.63	27.6
# 国际航线	万人次	36.74	36.53	0.6
国内航线	万人次	242.21	182.10	33.0
# 港澳航线	万人次	0.21	0.31	-32.2
二、旅客周转量	万人公里	1232987	1102803	11.8
1、铁 路	万人公里	488756	451772	8.2
2、公 路	万人公里	343816	328999	4.5
3、水 路	万人公里	86127	79008	9.0
4、航 空	万人公里	314288.20	243024.30	29.3
# 国际航线	万人公里	46389.90	46835.47	-1.0
国内航线	万人公里	267898.30	196188.83	36.6
# 港澳航线	万人公里	509.10	760.68	-33.1

注：“*”2005年大连铁道有限责任公司因体制改革法人取消，原辖区外管段运量取消。

6-3　货物运输完成情况

	单位	2006年	2005年	比2005年±%
一、货运量（同口径）	万吨	28712	25651	11.9
1、铁路(同口径“*”）	万吨	2029	1837	10.5
2、公 路	万吨	19002	17838	6.5
3、水 路	万吨	6488	4985	30.2
4、航 空	万吨	4.43	3.71	19.3
# 国际航线	万吨	1.06	1.04	1.5
国内航线	万吨	3.37	2.67	26.3
# 港澳航线	万吨	0.004	0.006	-32.4
5、管 道	万吨	1189	988	20.4
二、货物周转量	万吨公里	25032221	19233337	30.2
1、铁 路	万吨公里	1676763	1659894	1.0
2、公 路	万吨公里	673424	627016	7.4
3、水 路	万吨公里	22600102	16877234	33.9
4、航 空	万吨公里	5975.20	4801.14	24.5
# 国际航线	万吨公里	1336.30	1233.93	8.3
国内航线	万吨公里	4638.90	3567.21	30.0
# 港澳航线	万吨公里	9.70	14.42	-32.7
5、管 道	万吨公里	75957	64391	18.0

注：“*”2005年大连铁道有限责任公司因体制改革法人取消，原辖区外管段运量取消。

6-4　各种运输方式客货运输量构成及变化

	单 位	2006年	2005年	比2005年±%	构成（%）		
					2006年	2005年	±百分点
一、客运量	万人次	12833.90	12311.39	4.2	100	100	–
1、铁 路	万人次	1493.95	1437.76	3.9	11.6	11.7	−0.1
2、公 路	万人次	10391.00	10045.00	3.4	81.0	81.5	−0.2
3、水 路	万人次	670.00	610.00	9.8	5.2	5.0	0.2
4、航 空	万人次	278.95	218.63	27.6	2.2	1.8	0.4
二、旅客周转量	万人公里	1232987.29	1102803.33	11.8	100	100	–
1、铁 路	万人公里	488756.09	451772.03	8.2	39.6	41.0	−1.4
2、公 路	万人公里	343816.00	328999.00	4.5	27.9	29.8	−1.9
3、水 路	万人公里	86127.00	79008.00	9.0	7.0	7.2	−0.2
4、航 空	万人公里	314288.20	243024.30	29.3	25.5	22.0	3.5
三、货运量	万吨	28712.35	25651.28	11.9	100	100	–
1、铁 路	万吨	2028.76	1836.73	10.5	7.1	7.2	−0.1
2、公 路	万吨	19002.00	17838.00	6.5	66.2	69.5	−3.3
3、水 路	万吨	6488.00	4985.00	30.2	22.6	19.4	3.2
4、航 空	万吨	4.43	3.71	19.3	–	–	–
5、管 道	万吨	1189.16	987.83	20.4	4.1	3.9	0.2
四、货物周转量	万吨公里	25032221.30	19233336.59	30.2	100	100	–
1、铁 路	万吨公里	1676762.98	1659894.08	1.0	6.7	8.6	−1.9
2、公 路	万吨公里	673424.00	627016.00	7.4	2.7	3.3	−0.6
3、水 路	万吨公里	22600102.00	16877234.00	33.9	90.3	87.7	2.6
4、航 空	万吨公里	5975.20	4801.14	24.5	–	–	–
5、管 道	万吨公里	75957.12	64391.37	18.0	0.3	0.3	–

6-5　沿海港口及航空港吞吐量

	单位	2006年	2005年	比2005年 ±%
一、沿海港口吞吐量				
1、旅客吞吐量	万人次	616.1	615.4	0.1
# 进 港(上岸)	万人次	308.4	306.3	0.7
出 港(上船)	万人次	307.7	309.1	-0.5
2、货物吞吐量	万吨	20046.0	17085.2	17.3
# 进 港(卸船)	万吨	9610.8	8022.5	19.8
出 港(装船)	万吨	10435.2	9062.7	15.1
# 外贸货物吞吐量	万吨	7010.3	6377.3	9.9
# 出港（装船）	万吨	2965.1	2611.5	13.5
3、集装箱吞吐量	万标箱	321.16	268.78	19.5
# 外贸	万标箱	282.54	240.93	17.3
二、航空港吞吐量				
1、旅客吞吐量	万人次	635.11	540.75	17.5
# 进 港(下机)	万人次	315.54	263.96	19.5
出 港(蹬机)	万人次	319.56	276.79	15.5
2、货邮吞吐量	万吨	14.51	12.91	12.4
# 进 港(卸机)	万吨	7.04	5.91	19.0
出 港(装机)	万吨	7.47	7.00	6.8
# 纯货邮吞吐量	万吨	10.90	9.91	10.0

注：纯货邮吞吐量是指不含旅客行李。

6-6　邮电业务完成情况

	计算单位	2006年	2005年	比2005年±%
一、邮电业务总量(2000年不变价)	亿元	124.06	93.87	32.2
1、邮政	亿元	5.99	4.74	26.3
2、电信	亿元	118.07	89.13	32.5
二、主要业务分类				
(一) 邮政				
1、函件	万件	2425.5	3107.6	−21.9
国内	万件	2393.0	3064.7	−21.9
国际及港澳台	万件	32.5	42.9	−24.2
2、特快专递	万件	260.7	209.2	24.6
国内	万件	237.2	193.1	22.8
国际及港澳台	万件	23.5	16.1	46.0
3、汇票	万张	134.6	97.4	38.2
其中：国内	万张	134.1	97.0	38.2
4、包件	万件	73.0	65.0	12.3
5、订销报刊累计份数	万份	8163	7068	15.5
报纸	万份	7530	6358	18.4
杂志	万份	633	710	−10.8
6、报刊流转额	亿元	0.62	0.86	−27.3
7、集邮业务	万枚	947.80	902.70	5.0
8、邮政储蓄期末余额	亿元	115.71	96.95	19.3
(二)电信业务分类				
固定电话通话量	万次	719271	777032	−7.4
其中：本地电话通话量	万次	702217	756165	−7.1
长途电话通话量	万次	17054	20867	−18.3

6-7　邮电通信到达水平

	计算单位	2006年	2005年	比2005年±%
一、邮政				
1、邮政局所总数	处	242	240	0.8
# 提供全功能服务的局所	处	238	236	0.8
2、邮路总条数	条	92	113	-18.6
3、邮路及投递线路	公里	50884	57511	-11.5
# 邮路总长度(单程)	公里	38201	45006	-15.1
农村投递线路	公里	12683	12505	1.4
4、邮政信箱信筒	个	823	945	-12.9
二、电信				
1、电信营业厅	处	217	205	5.9
2、城乡固定电话期末用户	万户	324.83	326.29	-0.4
# 城市	万户	258.86	261.85	-1.1
农村	万户	65.97	64.44	2.4
合计中：无线市话用户	万户	93.31	91.82	1.6
# 住宅电话	万户	259.24	260.34	-0.4
城市	万户	197.27	199.63	-1.2
农村	万户	61.96	60.70	2.1
3、计算机互联网期末用户	万户	75.19	89.53	-16.0
# 宽带接入	万户	48.87	35.16	39.0
4、住宅电话普及率	%	95.3	93.8	1.5
5、移动电话期末用户	万户	331.34	299.88	10.5

注：计算机互联网用户计算口径有变化，本表为同口径相比。

6-8　民用车辆拥有量

	计量单位	2006年		比2005年±%	
		总计	# 私人	总计	# 私人
一、民用汽车合计	辆	398218	230293	25.6	48.0
1、载客汽车	辆	253109	150703	18.3	29.2
# 大型	辆	12660	1055	1.0	3.4
2、载货汽车	辆	87043	32475	-1.8	2.8
# 普通载货汽车	辆	61113	25185	-4.4	2.2
3、其他汽车	辆	58066	47115	300.5	542.2
二、轮胎式拖拉机	台	30230	30175	3.9	5.9
# 大中型	台	4180	4140	5.9	7.6
三、摩托车	辆	159767	156897	0.5	0.8
四、其他机动车	辆	30510	33694	-62.1	-56.7
五、载货挂车	辆	4118	186	-12.8	-15.5
六、机动车驾驶员	人	796127	-	10.1	-
# 汽车驾驶员	人	730345	-	4.1	-

注：2006年部分农用机动车纳入公安车辆管理范围，其他汽车和其他机动车数据口径有变化。

6-9 民用运输船舶拥有量

	计量单位	2006年	2005年	比2005年±%
一、机动船	艘	358	317	12.9
载客量	客位	21373	22313	-4.2
净载重量	吨位	3658048	2662393	37.4
总功率	千瓦	842059	685914	22.8
1、客　船	艘	26	24	8.3
载客量	客位	5435	5163	5.3
2、客货船	艘	22	22	-
载客量	客位	15938	17150	-7.1
净载重量	吨位	31446	32366	-2.8
3、货　船	艘	297	257	15.6
净载重量	吨位	3626602	2630027	37.9
4、拖　船	艘	13	14	-7.1
二、驳　船	艘	12	10	20.0
净载重量	吨位	19759	11330	74.4

6-10 大连境内公路线路里程

2006年末　　单位：公里

	公路里程	# 国道	# 省道	# 县道	# 乡道	# 村道
总　计	**10588**	**537**	**623**	**1550**	**2706**	**5172**
一、按等级分						
(一)等级公路	6033	537	623	1550	2706	617
境内高速公路	307		307	-	-	-
一级	466	186	108	163	7	2
二级	1971	351	182	1172	225	41
三级	2681	-	26	195	2194	266
四级	608	-	-	20	280	308
(二)等外公路	4555	-	-	-	-	4555
二、公路路面按高中低级分	10588	537	623	1550	2706	5172
高级	1853	472	496	636	184	65
次高级	3146	65	127	890	1822	242
中级和低级	5589	-	-	24	700	4865

注：①2006年公路里程达10588公里，其中村道数据加入汇总。2005年同口径公路里程数据为10606公里。
②高速公路为大连境内高速公路里程。

主要统计指标解释

【铁路营业里程】 又称营业长度，指办理客货运输业务的铁路正线总长度。凡是全线或部分建成双线及以上的线路，以第一线的实际长度计算；复线、站线、段管线、岔线和特殊用途线以及不计算运费的联络线都不计算营业里程。铁路营业里程是反映铁路运输业基础设施发展水平的重要指标，也是计算客货周转量、运输密度和机车车辆运用效率等指标的基础资料。

【货（客）运量】 指在一定时期内，各种运输工具实际运送的货物（旅客）数量。是反映运输业为国民经济和人民生活服务的数量指标，也是制定和检查运输生产计划，研究运输发展规模和速度的重要指标。货运按吨计算，客运按人计算。货物不论运输距离长短，货物类别，均按实际重量统计；旅客不论行程远近或票价多少，均按一人一次作为客运量统计。半价票、小孩票也按一人统计。

【货物（旅客）周转量】 指在一定时期内，由各种运输工具运送的货物（旅客）数量与其相应运输距离的乘积之总和。是反映运输业生产总成果的重要指标，也是编制和检查运输生产计划，计算运输效率、劳动生产率以及核算运输单位主要基础资料。通常以吨公里和人公里为计算单位。计算货物周转量通常按发出站与到达站之间的最短距离，也就是计费距离计算。

【邮电业务总量】 指以货币表现的邮电部门用于传递信息和提供其他邮电服务的总数量。它综合反映了一定时期邮电工作的总成果，是研究邮电业务量构成和发展趋势的重要指标。它用各种邮电分类业务量，如函件件数、电报份数、长话张数、市内电话和农村电话的年均户数、订销报刊累计份数等，分别乘以相应的平均单价（不变价），加总后再加上出租电路和设备的收入、代用户维护电话交换机和线路等设备的收入、其他业务收入求得。

国内贸易

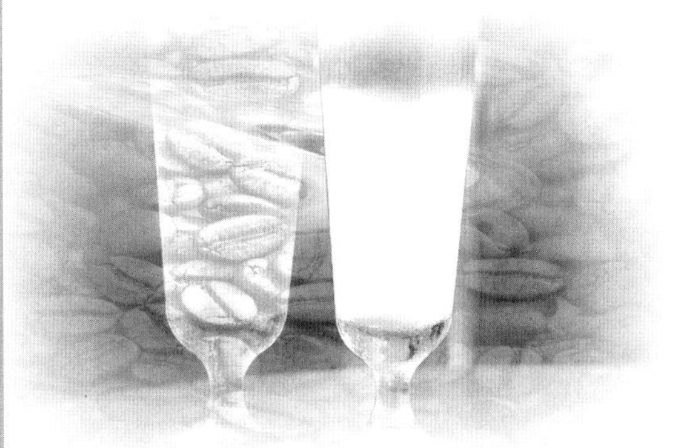

责任编辑

王　华　　万　红

耿　英　　侯文柏

刘严妍　　耿志良

7-1 社会消费品零售总额

指标名称	绝对量（万元）	增长（%）
社会消费品零售总额	8392965.6	14.7
一、按销售地区分		
市	7838895.8	14.7
县及县以下	554069.8	13.9
二、按行业分		
批发和零售业	6959044.6	15.4
住宿和餐饮业	1338910.7	11.7
其他	95010.3	2.0
三、按用途分		
吃	3904469.8	16.0
穿	1578212.8	14.3
用	2716296.6	11.8
烧	193986.4	36.5

7-2　亿元以上商品交易市场成交情况

指标名称	摊位数（个）	成交额（万元）
总　　计	**32367**	**5239736**
1、食品、饮料、烟酒类	10578	1979431
2、服装鞋帽、针、纺织品类	12744	528144
3、化妆品类	336	35772
4、金银珠宝类	82	11504
5、日用品类	1061	41319
6、五金、电料类	274	3312
7、体育、娱乐用品类	59	1839
8、书报杂志类	9	138
9、电子出版物及音像制品类	318	45023
10、家用电器和音像器材类	694	76427
11、中西药品类	3	237
12、文化办公用品类	461	36099
13、家具类	2880	80330
14、通讯器材类	124	3849
15、煤炭及制品类	–	–
16、木材及制品类	453	25755
17、石油及制品类	–	–
18、化工材料及制品类	434	1354745
19、金属材料类	172	156900
20、建筑及装潢材料类	563	12809
21、机电产品及设备类	448	16960
22、汽车类	509	822069
23、种子饲料类	–	–
24、棉麻类	–	–
25、其他类	165	7074

7-3 限额以上批发零售业商品

指标名称	法人企业（个）	产业活动单位（个）	年末从业人数（人）	购进总额
总　　计	**589**	**1607**	**46585**	**11329710.0**
一、批发业	397	757	17742	9141454.1
#国有及国有控股	71	381	8426	5626373.5
1.按登记注册类型分组				
内资企业	364	722	16935	8773445.1
国有企业	42	48	3766	2028999.2
集体企业	13	13	632	42117.7
股份合作企业	–	–	–	–
联营企业	–	–	–	–
国有联营企业	–	–	–	–
集体联营企业	–	–	–	–
国有与集体联营企业	–	–	–	–
其他联营企业	–	–	–	–
有限责任公司	93	96	5614	1604318.5
国有独资公司	2	2	154	63272.7
其他有限责任公司	91	94	5460	1541045.8
股份有限公司	13	317	2317	3190539.1
私营企业	203	248	4606	1907470.6
私营独资企业	5	5	58	14478.1
私营合伙企业	–	–	–	–
私营有限责任公司	190	235	4492	1870887.7
私营股份有限公司	8	8	56	22104.8
其他企业	–	–	–	–
港、澳、台商投资企业	6	6	127	124618.5
合资经营企业(港或澳、台资)	3	3	62	58462.2
合作经营企业(港或澳、台资)	–	–	–	–
港、澳、台商独资经营企业	3	3	65	66156.3
港、澳、台商投资股份有限公司	–	–	–	–
外商投资企业	27	29	680	243390.5
中外合资经营企业	2	3	246	8722.5
中外合作经营企业	–	–	–	–
外资企业	25	26	434	234668.0
外商投资股份有限公司	–	–	–	–
2.按国民经济行业分组				
农畜产品批发业	23	23	969	392398.8
食品、饮料及烟草制品批发业	33	75	2538	455980.6

购进、销售、库存情况表（一）

单位：万元

进　口	销售总额 合　计	批　发	出　口	零　售	年末库存总额	年末零售营业面积（万平方米）
1009467.3	**12675975.1**	**10032130.8**	**1450562.2**	**2643844.3**	**997878.5**	**202.8**
889460.0	10094709.0	9807778.8	1437894.2	286930.2	463379.1	76.4
317198.1	6033532.4	5806188.9	754695.6	227343.5	210073.0	72.4
781417.5	9658319.7	9371723.6	1349636.1	286596.1	436654.8	76.3
157496.0	2207960.7	2188799.2	229644.5	19161.5	60563.2	2.7
31.9	57189.1	56483.0	1730.9	706.1	5646.4	–
–	–	–	–	–	–	–
–	–	–	–	–	–	–
–	–	–	–	–	–	–
–	–	–	–	–	–	–
–	–	–	–	–	–	–
–	–	–	–	–	–	–
154115.7	1752759.7	1741463.2	351156.9	11296.5	135312.5	1.5
–	63893.1	63893.1	619.0	–	8434.9	–
154115.7	1688866.6	1677570.1	350537.9	11296.5	126877.6	1.5
137561.7	3552245.5	3345280.3	521671.7	206965.2	113120.8	69.5
332212.2	2088164.7	2039697.9	245432.1	48466.8	122011.9	2.5
–	15129.5	15129.5	–	–	1415.9	0.1
–	–	–	–	–	–	–
332073.4	2052264.6	2003797.8	245108.2	48466.8	119468.7	2.2
138.8	20770.6	20770.6	323.9	–	1127.3	0.3
–	–	–	–	–	–	–
11915.5	130365.4	130031.3	63746.7	334.1	7800.7	–
864.6	57744.3	57410.2	–	334.1	1137.4	–
–	–	–	–	–	–	–
11050.9	72621.1	72621.1	63746.7	–	6663.3	–
–	–	–	–	–	–	–
96127.0	306023.9	306023.9	24511.4	–	18923.6	0.1
–	12775.4	12775.4	–	–	1017.1	0.1
–	–	–	–	–	–	–
96127.0	293248.5	293248.5	24511.4	–	17906.5	–
–	–	–	–	–	–	–
32504.5	443667.9	443667.9	59083.3	–	45645.1	2.0
22426.6	559143.6	553364.4	64562.8	5779.2	43426.8	0.6

7-3　限额以上批发零售业商品

指标名称	法人企业（个）	产业活动单位（个）	年末从业人数（人）	购进总额
米、面制品及食用油批发业	10	43	414	66990.0
烟草制品批发业	2	7	870	256352.3
纺织、服装及日用品批发业	30	30	1532	714033.8
服装批发业	13	13	682	346636.9
文化、体育用品及器材批发业	8	8	147	17857.2
医药及医疗器材批发业	13	13	640	99254.3
矿产品、建材及化工产品批发业	172	477	6243	6256065.3
煤炭及制品批发业	11	11	236	100487.7
石油及制品批发业	46	351	3087	3606639.4
金属及金属矿批发业	67	67	1582	1882591.5
建材批发业	10	10	155	29876.8
化肥批发业	5	5	76	26549.0
机械设备、五金交电及电子产品批发	100	113	5322	1036937.4
汽车、摩托车及零配件批发业	31	38	1013	259946.4
家用电器批发业	5	6	283	50717.1
计算机、软件及辅助设备批发业	10	10	170	42793.4
贸易经纪与代理	7	7	191	132929.3
其他批发业	11	11	160	35997.4
二、零售业	192	850	28843	2188255.9
其中：国有及国有控股	33	333	8195	515022.7
1.按登记注册类型分组				
内资企业	179	828	22724	1627026.1
国有企业	19	31	1163	57977.1
集体企业	2	2	46	2273.2
股份合作企业	1	1	15	341.8
联营企业	–	–	–	–
国有联营企业	–	–	–	–
集体联营企业	–	–	–	–
国有与集体联营企业	–	–	–	–
其他联营企业	–	–	–	–
有限责任公司	60	597	8316	569536.6
国有独资公司	1	1	154	2349.2
其他有限责任公司	59	596	8162	567187.4
股份有限公司	6	39	6635	589350.3
私营企业	91	158	6549	407547.1
私营独资企业	8	8	133	11947.4

购进、销售、库存情况表（二）

单位：万元

进　口	销售总额				年末库存总额	年末零售营业面积（万平方米）
	合　计	批　发	出　口	零　售		
–	65413.3	63127.9	14699.8	2285.4	14670.7	0.4
1827.1	358368.4	356456.3	6862.8	1912.1	17518.4	–
140526.7	656102.4	648943.7	474195.5	7158.7	42769.8	0.1
106250.2	290512.4	290512.4	218369.4	–	11968.7	–
499.5	20334.0	19788.3	11696.0	545.7	1433.5	–
4602.8	101969.2	90418.6	5033.1	11550.6	11494.6	0.2
327683.9	6863398.1	6639298.8	533249.8	224099.3	228316.3	70.4
–	114138.6	114138.6	–	–	2747.0	–
19002.8	3945307.1	3721421.0	71256.2	223886.1	161264.8	69.5
151025.5	1982814.0	1982814.0	127810.9	–	35872.6	0.2
13600.0	60598.6	60598.6	17386.9	–	1546.7	–
–	28766.4	28553.2	111.7	213.2	2971.8	0.4
345954.6	1235475.3	1197678.6	258863.7	37796.7	76579.4	3.1
138587.1	320383.5	293692.6	2864.0	26690.9	22004.7	1.5
–	60356.8	59650.7	–	706.1	1285.7	–
–	43178.2	40114.5	28.6	3063.7	1849.6	0.1
2536.8	179178.2	179178.2	31210.0	–	7321.2	–
12724.6	35440.3	35440.3	–	–	6392.4	–
120007.3	2581266.1	224352.0	12668.0	2356914.1	534499.4	126.4
338.5	593101.2	56198.2	–	536903.0	324738.3	43.5
107259.0	1941447.0	177529.7	12668.0	1763917.3	444343.6	101.2
338.5	66710.7	1112.1	–	65598.6	10695.6	8.6
–	2544.8	370.0	–	2174.8	365.8	0.1
–	300.1	–	–	300.1	41.7	–
–	–	–	–	–	–	–
–	–	–	–	–	–	–
–	–	–	–	–	–	–
–	–	–	–	–	–	–
–	–	–	–	–	–	–
74444.8	655607.7	24698.9	–	630908.8	74186.7	45.6
–	3314.3	–	–	3314.3	–	2.2
74444.8	652293.4	24698.9	–	627594.5	74186.7	43.4
4752.2	684297.3	111163.5	12668.0	573133.8	302046.4	22.3
27723.5	531986.4	40185.2	–	491801.2	57007.4	24.6
–	12372.3	1248.2	–	11124.1	790.1	0.8

7-3　限额以上批发零售业商品

指标名称	法人企业（个）	产业活动单位（个）	年末从业人数（人）	购进总额
私营合伙企业	2	2	281	4824.7
私营有限责任公司	77	144	5353	368527.9
私营股份有限公司	4	4	782	22247.1
其他企业	–	–	–	–
港、澳、台商投资企业	3	8	2867	362240.1
合资经营企业(港或澳、台资)	3	8	2867	362240.1
合作经营企业(港或澳、台资)	–	–	–	–
港、澳、台商独资经营企业	–	–	–	–
港、澳、台商投资股份有限公司	–	–	–	–
外商投资企业	10	14	3252	198989.7
中外合资经营企业	5	7	1530	126946.8
中外合作经营企业	–	2	200	31463.0
外资企业	5	5	1522	40579.9
外商投资股份有限公司	–	–	–	–
2.按国民经济行业分组				
综合零售业	33	434	18600	959023.7
百货零售业	17	62	11020	692317.6
超级市场零售业	14	31	5777	253035.5
食品、饮料及烟草制品专门零售业	5	30	774	16070.5
纺织、服装及日用品专门零售业	8	38	1140	45754.3
服装零售业	5	6	872	30484.7
文化、体育用品及器材专门零售业	12	23	998	29938.8
体育用品零售业	3	3	179	7054.5
图书零售业	7	18	773	16935.3
医药及医疗器材专门零售业	17	193	3258	174627.1
药品零售业	16	192	3253	173428.9
汽车、摩托车、燃料及零配件专门	87	89	2087	864962.5
汽车零售业	70	70	1796	842534.8
机动车燃料零售业	15	17	228	21361.2
家用电器及电子产品专门零售业	22	35	1549	78015.7
家用电器零售业	5	18	1170	40545.0
计算机、软件及辅助设备零售业	14	14	318	34728.7
通讯设备零售业	2	2	53	2449.8
五金、家具及室内装修材料专门零	7	7	411	19206.2
无店铺及其他零售业	1	1	26	657.1
邮购及电子销售业	–	–	–	–

购进、销售、库存情况表（三）

单位：万元

进口	销售总额				年末库存总额	年末零售营业面积（万平方米）
	合计	批发	出口	零售		
–	6060.1	–	–	6060.1	320.8	3.1
27723.5	487023.2	38207.8	–	448815.4	54016.8	18.3
–	26530.8	729.2	–	25801.6	1879.7	2.5
–	–	–	–	–	–	–
–	398382.5	39631.8	–	358750.7	18035.3	12.0
–	398382.5	39631.8	–	358750.7	18035.3	12.0
–	–	–	–	–	–	–
–	–	–	–	–	–	–
–	–	–	–	–	–	–
12748.3	241436.6	7190.5	–	234246.1	72120.5	13.2
–	142283.3	–	–	142283.3	64447.9	7.4
–	37669.2	–	–	37669.2	2798.1	0.8
12748.3	61484.1	7190.5	–	54293.6	4874.5	5.0
–	–	–	–	–	–	–
5090.7	1171717.9	70487.7	12668.0	1101230.2	400167.5	82.5
5090.7	843020.5	70487.7	12668.0	772532.8	308813.0	44.7
–	296320.2	–	–	296320.2	89375.8	23.4
–	18315.2	127.2	–	18188.0	2429.6	1.1
–	76383.2	2419.6	–	73963.6	4453.0	9.2
–	53997.6	2016.2	–	51981.4	3182.1	8.8
–	30978.6	2714.1	–	28264.5	5966.0	8.3
–	6847.4	1000.0	–	5847.4	3360.5	0.2
–	17317.1	984.9	–	16332.2	1987.2	8.1
–	214904.2	41839.2	–	173065.0	18707.7	5.3
–	213684.9	41839.2	–	171845.7	18635.4	5.3
114916.6	889460.1	95183.7	–	794276.4	81229.0	11.8
114916.6	865327.2	94696.2	–	770631.0	79575.7	10.2
–	22595.1	388.2	–	22206.9	821.4	1.4
–	169202.6	11580.5	–	157622.1	18764.8	6.1
–	125875.3	2768.7	–	123106.6	11495.0	5.9
–	38730.2	8443.4	–	30286.8	6798.4	0.2
–	4209.5	368.4	–	3841.1	454.8	–
–	9627.2	–	–	9627.2	2711.7	2.2
–	677.1	–	–	677.1	70.1	–
–	–	–	–	–	–	–

7-4　星级住宿业和限额以上

指标名称	法人企业（个）	产业活动单位（个）	从业人数（人）	营业额
总　　计	**218**	**290**	**30566**	**386554.6**
一、住宿业	120	123	18444	232527.5
#国有及国有控股	38	39	3915	37195.3
1.按登记注册类型分组				
内资企业	89	91	9973	97737.4
国有企业	29	30	3058	29590.2
集体企业	6	6	567	4906.2
股份合作企业	2	2	146	882.3
联营企业	1	1	50	265.0
国有联营企业	1	1	50	265.0
集体联营企业	–	–	–	–
国有与集体联营企业	–	–	–	–
其他联营企业	–	–	–	–
有限责任公司	25	26	3319	42262.2
国有独资公司	1	1	185	827.9
其他有限责任公司	24	25	3134	41434.3
股份有限公司	5	5	659	4336.9
私营企业	21	21	2174	15494.6
私营独资企业	4	4	348	2421.5
私营合伙企业	1	1	110	752.8
私营有限责任公司	15	15	1596	11334.9
私营股份有限公司	1	1	120	985.4
其他企业	–	–	–	–
港、澳、台商投资企业	17	17	4639	69401.6
合资经营企业(港或澳、台资)	14	14	3621	55284.6
合作经营企业(港或澳、台资)	3	3	1018	14117.0
港、澳、台商独资经营企业	–	–	–	–
港、澳、台商投资股份有限公司	–	–	–	–
外商投资企业	14	15	3832	65388.5
中外合资经营企业	8	9	1803	25592.0
中外合作经营企业	2	2	786	8043.5
外资企业	4	4	1243	31753.0
外商投资股份有限公司	–	–	–	–
2.按国民经济行业分组				
旅游饭店	115	118	17458	223926.0
一般旅馆	1	1	464	3825.0
其他住宿服务	4	4	522	4776.5

餐饮业经营情况表（一）

单位：万元

客房收入	餐费收入	商品销售收入	其他收入	年末餐饮营业面积（万平方米）	年末住宿和餐饮企业拥有床位数（万个）	年末住宿和餐饮企业拥有餐位数（万位）
115988.2	230581.2	8065.6	31919.6	42.0	3.1	8.4
111164.9	88894.3	4694.0	27774.3	22.9	2.8	4.7
17134.9	15686.0	576.0	3798.4	3.9	0.8	1.2
43054.6	43764.6	1130.7	9787.5	13.4	1.8	3.0
12549.1	13217.7	450.3	3373.1	3.0	0.6	0.9
1758.3	2787.9	41.6	318.4	0.9	0.1	0.2
292.8	586.8	–	2.7	0.2	–	–
265.0	–	–	–	–	–	–
265.0	–	–	–	–	–	–
–	–	–	–	–	–	–
–	–	–	–	–	–	–
–	–	–	–	–	–	–
20512.8	17998.9	341.0	3409.5	4.9	0.6	1.0
406.4	416.6	0.1	4.8	–	–	–
20106.4	17582.3	340.9	3404.7	4.8	0.6	1.0
2450.8	1737.9	22.6	125.6	0.4	0.1	0.1
5225.8	7435.4	275.2	2558.2	4.0	0.3	0.7
742.9	1549.6	–	129.0	0.6	–	0.1
272.9	332.1	–	147.8	0.3	–	0.1
3868.8	4909.5	275.2	2281.4	2.8	0.3	0.5
341.2	644.2	–	–	0.3	–	–
–	–	–	–	–	–	–
33455.4	25164.9	2303.0	8478.3	6.0	0.6	1.0
25870.9	21062.4	2162.0	6189.3	5.2	0.5	0.8
7584.5	4102.5	141.0	2289.0	0.9	0.1	0.2
–	–	–	–	–	–	–
–	–	–	–	–	–	–
34654.9	19964.8	1260.3	9508.5	3.4	0.4	0.7
14221.6	7017.4	332.4	4020.6	2.2	0.2	0.5
4179.3	3698.5	–	165.7	0.6	0.1	0.1
16254.0	9248.9	927.9	5322.2	0.6	0.2	0.1
–	–	–	–	–	–	–
106807.9	85046.6	4611.1	27460.4	22.2	2.7	4.5
2309.7	1385.6	50.0	79.7	0.3	–	0.1
2047.3	2462.1	32.9	234.2	0.4	0.1	0.1

7-4 星级住宿业和限额以上

指标名称	法人企业（个）	产业活动单位（个）	从业人数（人）	营业额
二、餐饮业	98	167	12122	154027.1
#国有及国有控股	3	3	251	2148.4
1.按登记注册类型分组				
内资企业	79	90	7053	92113.3
国有企业	2	2	128	1385.9
集体企业	5	5	386	2756.1
股份合作企业	–	–	–	–
联营企业	–	–	–	–
国有联营企业	–	–	–	–
集体联营企业	–	–	–	–
国有与集体联营企业	–	–	–	–
其他联营企业	–	–	–	–
有限责任公司	14	20	1604	20285.2
国有独资公司	–	–	–	–
其他有限责任公司	14	20	1604	20285.2
股份有限公司	1	1	123	762.5
私营企业	57	62	4812	66923.6
私营独资企业	11	11	922	13806.7
私营合伙企业	1	1	39	894.5
私营有限责任公司	43	48	3704	48946.8
私营股份有限公司	2	2	147	3275.6
其他企业	–	–	–	–
港、澳、台商投资企业	6	17	817	10344.3
合资经营企业(港或澳、台资)	2	2	248	2400.6
合作经营企业(港或澳、台资)	1	1	65	2158.3
港、澳、台商独资经营企业	3	14	504	5785.4
港、澳、台商投资股份有限公司	–	–	–	–
外商投资企业	13	60	4252	51569.5
中外合资经营企业	6	6	927	10122.7
中外合作经营企业	2	2	487	2424.1
外资企业	5	52	2838	39022.7
外商投资股份有限公司	–	–	–	–
2.按国民经济行业分组				
正餐服务业	86	97	7618	98140.6
快餐服务业	10	68	4214	53329.9
饮料及冷饮服务业	1	1	62	365.8
其他餐饮服务业	1	1	228	2190.8

餐饮业经营情况表（二）

单位：万元

客房收入	餐费收入	商品销售收入	其他收入	年末餐饮营业面积（万平方米）	年末住宿和餐饮企业拥有床位数（万个）	年末住宿和餐饮企业拥有餐位数（万位）
4823.3	141686.9	3371.6	4145.3	19.1	0.3	3.8
739.3	1299.1	–	110.0	0.4	–	0.1
4605.7	81980.1	3231.9	2295.6	15.6	0.3	2.7
393.4	924.2	–	68.3	0.3	–	–
105.7	2632.8	–	17.6	0.8	–	0.1
–	–	–	–	–	–	–
–	–	–	–	–	–	–
–	–	–	–	–	–	–
–	–	–	–	–	–	–
–	–	–	–	–	–	–
–	–	–	–	–	–	–
1466.2	15666.1	1560.4	1592.5	3.0	0.1	0.7
–	–	–	–	–	–	–
1466.2	15666.1	1560.4	1592.5	3.0	0.1	0.7
345.9	374.9	–	41.7	–	–	–
2294.5	62382.1	1671.5	575.5	11.5	0.1	1.9
75.9	13555.9	144.2	30.7	2.0	–	0.3
–	894.5	–	–	0.3	–	0.1
2218.6	44656.1	1527.3	544.8	8.7	0.1	1.4
–	3275.6	–	–	0.4	–	0.1
–	–	–	–	–	–	–
–	8360.3	139.7	1844.3	0.8	–	0.2
–	416.6	139.7	1844.3	0.1	–	–
–	2158.3	–	–	0.1	–	–
–	5785.4	–	–	0.6	–	0.1
–	–	–	–	–	–	–
217.6	51346.5	–	5.4	2.7	–	0.8
217.6	9899.7	–	5.4	0.5	–	0.1
–	2424.1	–	–	0.9	–	0.1
–	39022.7	–	–	1.3	–	0.6
–	–	–	–	–	–	–
4777.1	87875.8	3204.3	2283.4	17.0	0.2	2.9
46.2	53238.5	27.6	17.6	2.1	–	0.8
–	365.8	–	–	–	–	–
–	206.8	139.7	1844.3	0.1	–	–

7-5 限额以上批发和零售企业财务状况（一）

单位：万元

指标名称	年末资产负债				
	企业数(个)	亏损企业数(个)	流动资产合计	存 货	固定资产原价
总　　计	589	226	4574698.0	686945.1	992378.2
一、批发业	397	135	3681370.7	497625.1	392856.8
#国有及国有控股	71	28	1649077.5	263420.2	258880.3
1.按登记注册类型分组					
内资企业	364	127	3566242.4	469425.6	387072.5
国有企业	42	20	1019837.5	127545.5	121443.2
集体企业	13	5	21141.2	5751.5	3158.7
股份合作企业	–	–	–	–	–
联营企业	–	–	–	–	–
国有联营企业	–	–	–	–	–
集体联营企业	–	–	–	–	–
国有与集体联营企业	–	–	–	–	–
其他联营企业	–	–	–	–	–
有限责任公司	93	26	865446.4	115345.5	80400.1
国有独资公司	2	2	147124.9	7698.0	11439.6
其他有限责任公司	91	24	718321.5	107647.5	68960.5
股份有限公司	13	2	603739.6	102944.4	123335.1
私营企业	203	74	1056077.7	117838.7	58735.4
私营独资企业	5	2	14671.7	1421.5	252.5
私营合伙企业	–	–	–	–	–
私营有限责任公司	190	71	1029222.4	115594.1	58208.9
私营股份有限公司	8	1	12183.6	823.1	274.0
其他企业	–	–	–	–	–
港、澳、台商投资企业	6	3	31302.6	7881.5	857.9
合资经营企业(港或澳、台资)	3	2	14044.7	1204.5	470.8
合作经营企业(港或澳、台资)	–	–	–	–	–
港、澳、台商独资经营企业	3	1	17257.9	6677.0	387.1
港、澳、台商投资股份有限公司	–	–	–	–	–
外商投资企业	27	5	83825.7	20318.0	4926.4
中外合资经营企业	2	1	3930.6	902.9	1408.1
中外合作经营企业	–	–	–	–	–
外资企业	25	4	79895.1	19415.1	3518.3
外商投资股份有限公司	–	–	–	–	–
2.按国民经济行业分组					
农畜产品批发业	23	12	694967.1	46676.4	34630.0
食品、饮料及烟草制品批发业	33	13	252986.7	40580.8	54786.6

7-5 限额以上批发和零售企业财务状况（一）

7-6 续表

指标名称	年末资产负债				
	累计折旧	本年折旧	资产合计	负债合计	所有者权益合计
总　　计	284486.5	56404.7	6215703.9	4494241.7	1721462.2
一、批发业	132264.3	22309.5	4560568.3	3395940.5	1164627.8
#国有及国有控股	89093.5	14254.4	2241294.3	1413811.9	827482.4
1.按登记注册类型分组					
内资企业	129046.6	21970.2	4441215.5	3319312.2	1121903.3
国有企业	43156.6	6524.8	1211275.5	765052.6	446222.9
集体企业	1408.4	143.3	23472.4	16919.7	6552.7
股份合作企业	–	–	–	–	–
联营企业	–	–	–	–	–
国有联营企业	–	–	–	–	–
集体联营企业	–	–	–	–	–
国有与集体联营企业	–	–	–	–	–
其他联营企业	–	–	–	–	–
有限责任公司	25825.9	4086.7	974705.3	840062.7	134642.6
国有独资公司	4830.5	411.1	161203.9	172083.7	–10879.8
其他有限责任公司	20995.4	3675.6	813501.4	667979.0	145522.4
股份有限公司	41360.1	6864.5	1008899.7	619721.8	389177.9
私营企业	17295.6	4350.9	1222862.6	1077555.4	145307.2
私营独资企业	172.9	43.3	14755.8	14231.6	524.2
私营合伙企业	–	–	–	–	–
私营有限责任公司	17001.3	4286.0	1195200.9	1054034.3	141166.6
私营股份有限公司	121.4	21.6	12905.9	9289.5	3616.4
其他企业	–	–	–	–	–
港、澳、台商投资企业	594.9	53.8	32615.7	25016.6	7599.1
合资经营企业(港或澳、台资)	356.3	13.5	14391.3	11201.2	3190.1
合作经营企业(港或澳、台资)	–	–	–	–	–
港、澳、台商独资经营企业	238.6	40.3	18224.4	13815.4	4409.0
港、澳、台商投资股份有限公司	–	–	–	–	–
外商投资企业	2622.8	285.5	86737.1	51611.7	35125.4
中外合资经营企业	882.0	37.0	4461.9	1683.6	2778.3
中外合作经营企业	–	–	–	–	–
外资企业	1740.8	248.5	82275.2	49928.1	32347.1
外商投资股份有限公司	–	–	–	–	–
2.按国民经济行业分组					
农畜产品批发业	11369.2	1285.8	830695.8	779134.5	51561.3
食品、饮料及烟草制品批发业	19460.2	3416.1	315036.5	92411.6	222624.9

7–5　限额以上批发和零售企业财务状况（一）

7–5 续表

指标名称	年末资产负债				
	实收资本	国家资本	集体资本	法人资本	个人资本
总　　计	927787.3	182596.9	21151.1	437442.2	187969.2
一、批发业	654494.7	163280.9	18720.2	314538.6	133267.8
#国有及国有控股	411533.4	153119.2	80.0	231907.8	26142.9
1.按登记注册类型分组					
内资企业	627170.3	163280.9	18586.3	311751.8	133267.8
国有企业	244252.1	67050.9	80.0	176671.3	449.9
集体企业	3635.5	–	2920.9	109.3	605.3
股份合作企业	–	–	–	–	–
联营企业	–	–	–	–	–
国有联营企业	–	–	–	–	–
集体联营企业	–	–	–	–	–
国有与集体联营企业	–	–	–	–	–
其他联营企业	–	–	–	–	–
有限责任公司	155974.4	68452.2	3275.4	65009.9	18953.4
国有独资公司	21400.7	6085.3	–	15315.4	–
其他有限责任公司	134573.7	62366.9	3275.4	49694.5	18953.4
股份有限公司	103670.9	27777.8	11000.0	37957.1	26936.0
私营企业	119637.4	–	1310.0	32004.2	86323.2
私营独资企业	1105.0	–	–	665.0	440.0
私营合伙企业	–	–	–	–	–
私营有限责任公司	116021.4	–	810.0	30919.2	84292.2
私营股份有限公司	2511.0	–	500.0	420.0	1591.0
其他企业	–	–	–	–	–
港、澳、台商投资企业	5718.9	–	133.9	2359.8	–
合资经营企业(港或澳、台资)	2835.2	–	133.9	2359.8	–
合作经营企业(港或澳、台资)	–	–	–	–	–
港、澳、台商独资经营企业	2883.7	–	–	–	–
港、澳、台商投资股份有限公司	–	–	–	–	–
外商投资企业	21605.5	–	–	427.0	–
中外合资经营企业	5370.1	–	–	427.0	–
中外合作经营企业	–	–	–	–	–
外资企业	16235.4	–	–	–	–
外商投资股份有限公司	–	–	–	–	–
2.按国民经济行业分组					
农畜产品批发业	52615.1	11528.7	–	28315.4	11990.1
食品、饮料及烟草制品批发业	33039.4	16199.3	870.0	1797.2	8898.7

7-5　限额以上批发和零售企业财务状况（一）

7-5 续表

指标名称	年末资产负债		损益及分配		
	港澳台资本	外商资本	营业收入合计	主营业务收入	主营业务成本
总　　计	23245.4	75382.5	11850791.1	11825111.4	10927482.1
一、批发业	3225.2	21462.0	9429589.5	9412262.8	8764167.9
#国有及国有控股	–	283.5	5472276.3	5466042.0	5080270.5
1.按登记注册类型分组					
内资企业	–	283.5	9034675.6	9018819.6	8415239.0
国有企业	–	–	2099274.0	2098107.8	1935165.6
集体企业	–	–	49833.7	49833.7	45986.6
股份合作企业	–	–	–	–	–
联营企业	–	–	–	–	–
国有联营企业	–	–	–	–	–
集体联营企业	–	–	–	–	–
国有与集体联营企业	–	–	–	–	–
其他联营企业	–	–	–	–	–
有限责任公司	–	283.5	1702088.0	1700307.9	1598022.4
国有独资公司	–	–	56707.3	56705.7	52528.4
其他有限责任公司	–	283.5	1645380.7	1643602.2	1545494.0
股份有限公司	–	–	3119169.2	3113657.3	2902528.8
私营企业	–	–	2064310.7	2056912.9	1933535.6
私营独资企业	–	–	15129.6	15129.6	14739.5
私营合伙企业	–	–	–	–	–
私营有限责任公司	–	–	2023063.6	2015665.8	1894497.3
私营股份有限公司	–	–	26117.5	26117.5	24298.8
其他企业	–	–	–	–	–
港、澳、台商投资企业	3225.2	–	131801.7	131801.7	120764.4
合资经营企业(港或澳、台资)	341.5	–	57744.3	57744.3	56410.8
合作经营企业(港或澳、台资)	–	–	–	–	–
港、澳、台商独资经营企业	2883.7	–	74057.4	74057.4	64353.6
港、澳、台商投资股份有限公司	–	–	–	–	–
外商投资企业	–	21178.5	263112.2	261641.5	228164.5
中外合资经营企业	–	4943.1	9880.4	9846.8	8957.5
中外合作经营企业	–	–	–	–	–
外资企业	–	16235.4	253231.8	251794.7	219207.0
外商投资股份有限公司	–	–	–	–	–
2.按国民经济行业分组					
农畜产品批发业	–	780.9	452568.5	451516.3	415813.6
食品、饮料及烟草制品批发业	–	5274.2	547571.8	546913.1	445999.3

7-5　限额以上批发和零售企业财务状况（一）

7-5 续表

指标名称	损益及分配				
	主营业务税金及附加	主营业务利润	其他业务利润	营业费用	管理费用
总　　计	14559.9	882408.8	96817.8	485889.1	286858.9
一、批发业	7894.9	639839.4	28105.1	357964.5	136469.7
#国有及国有控股	4871.1	380900.4	14188.0	223576.6	67570.6
1.按登记注册类型分组					
内资企业	7893.7	595326.4	25880.6	335574.1	125233.1
国有企业	2229.4	160712.8	5357.9	71969.8	35255.1
集体企业	132.4	3714.7	721.0	1505.5	2344.2
股份合作企业	–	–	–	–	–
联营企业	–	–	–	–	–
国有联营企业	–	–	–	–	–
集体联营企业	–	–	–	–	–
国有与集体联营企业	–	–	–	–	–
其他联营企业	–	–	–	–	–
有限责任公司	1133.7	101151.8	7308.4	56233.8	28005.1
国有独资公司	–	4177.3	386.3	4770.4	2488.1
其他有限责任公司	1133.7	96974.5	6922.1	51463.4	25517.0
股份有限公司	2395.8	208732.7	8214.4	136047.2	28649.1
私营企业	2002.4	121014.4	4278.9	69817.8	30979.6
私营独资企业	12.3	377.7	–	445.1	267.8
私营合伙企业	–	–	–	–	–
私营有限责任公司	1964.4	118843.7	4248.3	68682.6	29992.2
私营股份有限公司	25.7	1793.0	30.6	690.1	719.6
其他企业	–	–	–	–	–
港、澳、台商投资企业	–	11037.3	-939.2	6238.5	1442.9
合资经营企业(港或澳、台资)	–	1333.5	-939.2	78.0	280.8
合作经营企业(港或澳、台资)	–	–	–	–	–
港、澳、台商独资经营企业	–	9703.8	–	6160.5	1162.1
港、澳、台商投资股份有限公司	–	–	–	–	–
外商投资企业	1.2	33475.7	3163.7	16151.9	9793.7
中外合资经营企业	–	889.3	13.4	724.2	181.6
中外合作经营企业	–	–	–	–	–
外资企业	1.2	32586.4	3150.3	15427.7	9612.1
外商投资股份有限公司	–	–	–	–	–
2.按国民经济行业分组					
农畜产品批发业	369.6	35333.1	4210.4	27101.5	11578.4
食品、饮料及烟草制品批发业	1608.6	98944.8	1900.7	25226.1	16471.6

7-5　限额以上批发和零售企业财务状况（一）

7-5 续表

指标名称	损益及分配				
	税　金	差旅费	工会经费	财务费用	利息支出
总　　计	9051.5	7259.1	1308.5	59478.7	26970.1
一、批发业	4816.5	5785.3	648.9	45675.7	18418.0
#国有及国有控股	2582.7	2165.6	566.5	9518.7	7351.3
1.按登记注册类型分组					
内资企业	4571.3	5052.6	646.5	44701.7	17475.4
国有企业	1497.7	1043.7	259.5	1396.1	-450.9
集体企业	48.9	40.3	1.2	64.1	35.7
股份合作企业	–	–	–	–	–
联营企业	–	–	–	–	–
国有联营企业	–	–	–	–	–
集体联营企业	–	–	–	–	–
国有与集体联营企业	–	–	–	–	–
其他联营企业	–	–	–	–	–
有限责任公司	909.3	1184.7	112.2	9970.0	6102.8
国有独资公司	50.8	95.3	8.7	1641.7	1641.7
其他有限责任公司	858.5	1089.4	103.5	8328.3	4461.1
股份有限公司	1019.7	997.6	264.3	16733.1	5430.7
私营企业	1095.7	1786.3	9.3	16538.4	6357.1
私营独资企业	4.2	3.8	–	41.4	7.4
私营合伙企业	–	–	–	–	–
私营有限责任公司	1087.2	1735.4	8.8	16411.6	6352.4
私营股份有限公司	4.3	47.1	0.5	85.4	-2.7
其他企业	–	–	–	–	–
港、澳、台商投资企业	91.1	46.4	–	1466.5	1115.1
合资经营企业(港或澳、台资)	33.9	36.9	–	59.5	-4.5
合作经营企业(港或澳、台资)	–	–	–	–	–
港、澳、台商独资经营企业	57.2	9.5	–	1407.0	1119.6
港、澳、台商投资股份有限公司	–	–	–	–	–
外商投资企业	154.1	686.3	2.4	-492.5	-172.5
中外合资经营企业	8.1	5.3	2.4	-9.7	-7.4
中外合作经营企业	–	–	–	–	–
外资企业	146.0	681.0	–	-482.8	-165.1
外商投资股份有限公司	–	–	–	–	–
2.按国民经济行业分组					
农畜产品批发业	288.5	346.8	32.3	14406.9	5931.7
食品、饮料及烟草制品批发业	584.1	431.1	119.5	-754.7	-1171.0

7-5　限额以上批发和零售企业财务状况（一）

7-5 续表

指标名称	损益及分配				
	营业利润	利润总额	应交所得税	劳动、失业保险费	住房公积金和住房补贴
总　　计	148564.3	221704.0	62271.1	21764.4	14572.7
一、批发业	129098.9	201691.3	49335.5	11533.5	11844.0
#国有及国有控股	94422.5	160984.3	34969.7	9229.8	10971.2
1.按登记注册类型分组					
内资企业	116962.3	189524.3	45637.5	11227.0	11571.9
国有企业	57449.7	80186.1	23701.2	5612.0	1473.6
集体企业	521.9	334.1	105.2	41.7	10.7
股份合作企业	–	–	–	–	–
联营企业	–	–	–	–	–
国有联营企业	–	–	–	–	–
集体联营企业	–	–	–	–	–
国有与集体联营企业	–	–	–	–	–
其他联营企业	–	–	–	–	–
有限责任公司	14267.1	20735.7	7042.4	1679.2	530.1
国有独资公司	−4336.6	−87.1	–	166.5	32.1
其他有限责任公司	18603.7	20822.8	7042.4	1512.7	498.0
股份有限公司	35517.7	77377.0	8694.8	3150.7	9350.4
私营企业	9205.9	10891.4	6093.9	743.4	207.1
私营独资企业	−376.5	−376.4	3.6	3.0	–
私营合伙企业	–	–	–	–	–
私营有限责任公司	9253.9	10925.2	5984.2	701.6	200.2
私营股份有限公司	328.5	342.6	106.1	38.8	6.9
其他企业	–	–	–	–	–
港、澳、台商投资企业	950.2	943.8	234.3	17.5	7.6
合资经营企业(港或澳、台资)	−24.0	−2.7	14.4	6.3	5.1
合作经营企业(港或澳、台资)	–	–	–	–	–
港、澳、台商独资经营企业	974.2	946.5	219.9	11.2	2.5
港、澳、台商投资股份有限公司	–	–	–	–	–
外商投资企业	11186.4	11223.2	3463.7	289.0	264.5
中外合资经营企业	6.6	33.5	–	28.8	7.8
中外合作经营企业	–	–	–	–	–
外资企业	11179.8	11189.7	3463.7	260.2	256.7
外商投资股份有限公司	–	–	–	–	–
2.按国民经济行业分组					
农畜产品批发业	−13543.3	−3282.5	814.1	488.3	143.7
食品、饮料及烟草制品批发业	60542.0	69931.5	22127.5	1579.4	635.6

7–5 限额以上批发和零售企业财务状况（一）

7–5 续表

指标名称	工资、福利、增值税			全部从业人员年平均人数（人）
	本年应付工资总额	本年应付福利费总额	本年应交增值税	
总　　计	110038.9	14286.3	107103.9	47186.0
一、批发业	52793.6	8917.2	59540.1	18997.0
#国有及国有控股	33071.3	5926.9	37525.8	9401.0
1.按登记注册类型分组				
内资企业	49108.1	8503.2	55525.5	18317.0
国有企业	14529.8	3404.1	17704.5	3688.0
集体企业	849.0	233.6	550.5	704.0
股份合作企业	–	–	–	–
联营企业	–	–	–	–
国有联营企业	–	–	–	–
集体联营企业	–	–	–	–
国有与集体联营企业	–	–	–	–
其他联营企业	–	–	–	–
有限责任公司	8810.0	1138.5	5913.9	4061.0
国有独资公司	366.6	51.3	–	154.0
其他有限责任公司	8443.4	1087.2	5913.9	3907.0
股份有限公司	17541.1	2864.6	18975.2	5085.0
私营企业	7378.2	862.4	12381.4	4779.0
私营独资企业	113.6	24.4	57.8	62.0
私营合伙企业	–	–	–	–
私营有限责任公司	7117.3	816.7	12144.5	4628.0
私营股份有限公司	147.3	21.3	179.1	89.0
其他企业	–	–	–	–
港、澳、台商投资企业	339.2	42.9	624.0	118.0
合资经营企业(港或澳、台资)	71.6	–	306.5	51.0
合作经营企业(港或澳、台资)	–	–	–	–
港、澳、台商独资经营企业	267.6	42.9	317.5	67.0
港、澳、台商投资股份有限公司	–	–	–	–
外商投资企业	3346.3	371.1	3390.6	562.0
中外合资经营企业	123.0	–	67.8	160.0
中外合作经营企业	–	–	–	–
外资企业	3223.3	371.1	3322.8	402.0
外商投资股份有限公司	–	–	–	–
2.按国民经济行业分组				
农畜产品批发业	2473.5	323.5	230.2	1011.0
食品、饮料及烟草制品批发业	6181.0	1990.8	16117.8	2448.0

7-5　限额以上批发和零售企业财务状况（二）

7-5 续表

指标名称	年末资产负债				
	企业数(个)	亏损企业数(个)	流动资产合计	存 货	固定资产原价
米、面制品及食用油批发业	10	5	39452.3	14769.5	2048.7
烟草制品批发业	2	1	174160.3	15224.0	43572.3
纺织、服装及日用品批发业	30	6	221472.2	33053.9	49284.9
服装批发业	13	3	77555.2	12407.1	7070.9
文化、体育用品及器材批发业	8	6	14885.5	1435.3	2419.0
医药及医疗器材批发业	13	6	69334.9	10838.9	10763.1
矿产品、建材及化工产品批发业	172	49	1544809.4	264843.6	180469.4
煤炭及制品批发业	11	5	69570.6	5893.5	2951.6
石油及制品批发业	46	11	259859.4	124680.9	122977.6
金属及金属矿批发业	67	16	910384.3	101233.5	24597.1
建材批发业	10	5	31600.0	1756.9	1057.7
化肥批发业	5	1	25285.4	2448.5	3446.9
机械设备、五金交电及电子产品批发	100	37	810892.6	86218.5	52706.1
汽车、摩托车及零配件批发业	31	15	173012.3	23423.2	12681.9
家用电器批发业	5	1	9314.8	2272.1	1400.4
计算机、软件及辅助设备批发业	10	5	28472.7	1798.4	327.6
贸易经纪与代理	7	2	57443.0	7575.7	5826.5
其他批发业	11	4	14579.3	6402.0	1971.2
二、零售业	192	91	893327.3	189320.0	599521.4
其中：国有及国有控股	33	11	278308.7	52498.0	221327.7
1.按登记注册类型分组					
内资企业	179	87	745740.6	162618.5	414053.4
国有企业	19	8	23900.9	8236.0	14105.9
集体企业	2	2	636.1	360.0	87.7
股份合作企业	1	1	133.8	41.7	45.2
联营企业	–	–	–	–	–
国有联营企业	–	–	–	–	–
集体联营企业	–	–	–	–	–
国有与集体联营企业	–	–	–	–	–
其他联营企业	–	–	–	–	–
有限责任公司	60	28	153008.2	48955.7	99689.7
国有独资公司	1	1	2816.4	5.4	31437.2
其他有限责任公司	59	27	150191.8	48950.3	68252.5
股份有限公司	6	3	394824.1	52035.2	247568.9
私营企业	91	45	173237.5	52989.9	52556.0
私营独资企业	8	1	3261.8	756.1	1012.5

7-5 限额以上批发和零售企业财务状况（二）

7-5 续表

指标名称	年末资产负债				
	累计折旧	本年折旧	资产合计	负债合计	所有者权益合计
米、面制品及食用油批发业	1358.1	168.5	40724.9	33838.2	6886.7
烟草制品批发业	14887.0	2637.5	223243.2	24330.7	198912.5
纺织、服装及日用品批发业	13823.0	2620.7	448678.5	203865.1	244813.4
服装批发业	2724.4	472.3	104122.8	45278.3	58844.5
文化、体育用品及器材批发业	610.0	148.9	20066.8	18822.5	1244.3
医药及医疗器材批发业	3458.4	590.7	78139.2	70349.4	7789.8
矿产品、建材及化工产品批发业	62287.6	11174.3	1873273.8	1399126.6	474147.2
煤炭及制品批发业	704.1	166.2	72182.4	53446.8	18735.6
石油及制品批发业	44014.0	7636.6	466514.8	250816.6	215698.2
金属及金属矿批发业	5508.3	1813.6	997354.1	800119.6	197234.5
建材批发业	622.3	153.4	35649.5	25327.2	10322.3
化肥批发业	1736.9	188.2	28549.5	24142.4	4407.1
机械设备、五金交电及电子产品批发	18014.4	2751.0	897719.1	731196.4	166522.7
汽车、摩托车及零配件批发业	4623.0	1010.7	200573.2	139654.7	60918.5
家用电器批发业	204.9	52.1	10626.2	8523.1	2103.1
计算机、软件及辅助设备批发业	165.4	39.0	31370.2	24125.7	7244.5
贸易经纪与代理	2475.6	244.5	80718.8	87147.9	−6429.1
其他批发业	765.9	77.5	16239.8	13886.5	2353.3
二、零售业	152222.2	34095.2	1655135.6	1098301.2	556834.4
其中：国有及国有控股	48166.7	10591.5	622147.4	370119.8	252027.6
1.按登记注册类型分组					
内资企业	102313.8	21828.2	1350026.0	900197.3	449828.7
国有企业	4644.6	590.7	34239.4	22731.7	11507.7
集体企业	43.7	9.7	705.8	482.9	222.9
股份合作企业	14.7	2.4	164.3	121.7	42.6
联营企业	−	−	−	−	−
国有联营企业	−	−	−	−	−
集体联营企业	−	−	−	−	−
国有与集体联营企业	−	−	−	−	−
其他联营企业	−	−	−	−	−
有限责任公司	25265.2	7315.8	243172.2	204485.3	38686.9
国有独资公司	4413.9	814.0	29912.6	30436.2	−523.6
其他有限责任公司	20851.3	6501.8	213259.6	174049.1	39210.5
股份有限公司	56035.8	10615.7	832170.7	474921.1	357249.6
私营企业	16309.8	3293.9	239573.6	197454.6	42119.0
私营独资企业	387.2	45.4	4051.2	2691.2	1360.0

7-5　限额以上批发和零售企业财务状况（二）

7-5 续表

指标名称	年末资产负债				
	实收资本	国家资本	集体资本	法人资本	个人资本
米、面制品及食用油批发业	5544.7	–	210.0	134.7	5200.0
烟草制品批发业	11649.3	11649.3	–	–	–
纺织、服装及日用品批发业	81292.8	21677.4	1633.9	23524.1	34040.0
服装批发业	19572.2	12429.7	500.0	331.0	6028.0
文化、体育用品及器材批发业	3596.0	135.0	–	15.0	3446.0
医药及医疗器材批发业	11636.8	276.7	–	4353.2	7006.9
矿产品、建材及化工产品批发业	319141.7	51227.6	953.1	213181.5	46711.8
煤炭及制品批发业	10349.6	–	–	5964.6	4385.0
石油及制品批发业	70806.1	28250.1	253.0	38019.5	4283.5
金属及金属矿批发业	185322.5	3075.8	4.6	159126.6	21099.0
建材批发业	6338.6	100.0	–	933.0	4323.3
化肥批发业	3943.1	–	553.1	270.0	3120.0
机械设备、五金交电及电子产品批发	130762.0	59979.7	5408.5	40425.2	19196.5
汽车、摩托车及零配件批发业	32288.3	510.0	2438.6	17011.6	8730.0
家用电器批发业	1950.0	–	600.0	50.0	1300.0
计算机、软件及辅助设备批发业	8411.0	–	–	3910.0	4501.0
贸易经纪与代理	18922.0	2256.5	8990.0	2500.0	1010.0
其他批发业	3488.9	–	864.7	427.0	967.8
二、零售业	273292.6	19316.0	2430.9	122903.6	54701.4
其中：国有及国有控股	47480.3	17458.3	–	8036.1	21985.9
1.按登记注册类型分组					
内资企业	166471.8	19316.0	2430.9	88443.5	54701.4
国有企业	7970.8	7768.8	–	200.0	2.0
集体企业	80.0	–	80.0	–	–
股份合作企业	45.3	–	–	45.3	–
联营企业	–	–	–	–	–
国有联营企业	–	–	–	–	–
集体联营企业	–	–	–	–	–
国有与集体联营企业	–	–	–	–	–
其他联营企业	–	–	–	–	–
有限责任公司	46610.7	10042.3	1175.7	25488.4	8324.3
国有独资公司	160.0	160.0	–	–	–
其他有限责任公司	46450.7	9882.3	1175.7	25488.4	8324.3
股份有限公司	68935.6	1504.9	10.2	41850.5	25570.0
私营企业	42829.4	–	1165.0	20859.3	20805.1
私营独资企业	1154.9	–	–	928.9	226.0

7-5 限额以上批发和零售企业财务状况（二）

7-5 续表

指标名称	年末资产负债		损益及分配		
	港澳台资本	外商资本	营业收入合计	主营业务收入	主营业务成本
米、面制品及食用油批发业	–	–	111054.3	111054.3	101132.9
烟草制品批发业	–	–	307595.1	307595.1	231333.2
纺织、服装及日用品批发业	133.9	283.5	636062.6	629109.3	584720.4
服装批发业	–	283.5	279394.3	272471.9	253282.6
文化、体育用品及器材批发业	–	–	20143.6	20143.6	18118.6
医药及医疗器材批发业	–	–	92931.5	92931.5	87917.0
矿产品、建材及化工产品批发业	1518.2	5549.5	6310224.0	6302934.6	5953501.5
煤炭及制品批发业	–	–	136226.2	136226.2	129030.8
石油及制品批发业	–	–	3427507.8	3422339.5	3212316.4
金属及金属矿批发业	207.6	1808.9	1975961.1	1974514.2	1898335.6
建材批发业	–	982.3	59423.7	59423.7	50296.6
化肥批发业	–	–	23900.1	23900.1	22996.5
机械设备、五金交电及电子产品批发	509.1	5243.0	1157910.6	1156979.5	1069663.3
汽车、摩托车及零配件批发业	509.1	3089.0	316154.0	316084.8	292735.2
家用电器批发业	–	–	22212.8	22212.8	20491.1
计算机、软件及辅助设备批发业	–	–	43735.9	43656.2	42708.1
贸易经纪与代理	–	4165.5	175242.9	174881.8	153847.2
其他批发业	1064.0	165.4	36934.0	36853.1	34587.0
二、零售业	20020.2	53920.5	2421201.6	2412848.6	2163314.2
其中：国有及国有控股	–	–	663021.8	662010.3	590826.0
1.按登记注册类型分组					
内资企业	1580.0	–	1886093.7	1878318.6	1699550.0
国有企业	–	–	46446.7	46273.9	41888.5
集体企业	–	–	2289.1	2289.1	2156.7
股份合作企业	–	–	300.1	300.1	266.4
联营企业	–	–	–	–	–
国有联营企业	–	–	–	–	–
集体联营企业	–	–	–	–	–
国有与集体联营企业	–	–	–	–	–
其他联营企业	–	–	–	–	–
有限责任公司	1580.0	–	581891.4	578595.8	524789.6
国有独资公司	–	–	2858.5	2858.5	2349.2
其他有限责任公司	1580.0	–	579032.9	575737.3	522440.4
股份有限公司	–	–	750000.8	750000.8	667749.4
私营企业	–	–	505165.6	500858.9	462699.4
私营独资企业	–	–	12182.9	12182.9	11099.4

7-5　限额以上批发和零售企业财务状况（二）

7-5 续表

指标名称	损益及分配				
	主营业务税金及附加	主营业务利润	其他业务利润	营业费用	管理费用
米、面制品及食用油批发业	18.6	9542.4	244.9	8152.1	1275.8
烟草制品批发业	1416.0	74845.9	803.4	7249.9	10544.6
纺织、服装及日用品批发业	114.2	44274.7	2789.7	19311.6	18072.2
服装批发业	36.2	19153.1	321.3	10595.9	5747.9
文化、体育用品及器材批发业	5.6	2019.4	48.4	1160.3	1348.0
医药及医疗器材批发业	113.0	4901.5	434.9	2571.8	2874.9
矿产品、建材及化工产品批发业	4340.0	345092.9	12549.2	234619.9	57496.1
煤炭及制品批发业	87.2	7108.1	118.1	3871.8	1982.1
石油及制品批发业	3413.1	206610.0	6309.7	143558.4	25258.4
金属及金属矿批发业	495.7	75682.9	1544.2	53756.9	16344.6
建材批发业	39.9	9087.1	658.1	2659.8	1463.6
化肥批发业	2.8	900.8	222.4	510.9	476.9
机械设备、五金交电及电子产品批发	1256.3	86059.9	5554.1	36209.0	24197.4
汽车、摩托车及零配件批发业	619.5	22730.1	1999.4	10529.6	5976.9
家用电器批发业	60.6	1661.1	179.4	1023.6	533.0
计算机、软件及辅助设备批发业	22.7	925.4	109.4	497.0	672.6
贸易经纪与代理	75.1	20959.5	447.0	10739.0	3268.1
其他批发业	12.5	2253.6	170.7	1025.3	1163.0
二、零售业	6665.0	242569.4	68712.7	127924.6	150389.2
其中：国有及国有控股	2817.4	68366.9	41633.2	31360.9	67658.4
1.按登记注册类型分组					
内资企业	5400.6	173068.0	61896.6	94398.2	118150.7
国有企业	75.2	4310.2	431.6	2142.2	3717.2
集体企业	4.3	128.1	6.9	116.7	74.3
股份合作企业	0.2	33.5	–	26.5	7.6
联营企业	–	–	–	–	–
国有联营企业	–	–	–	–	–
集体联营企业	–	–	–	–	–
国有与集体联营企业	–	–	–	–	–
其他联营企业	–	–	–	–	–
有限责任公司	909.6	52596.6	16281.3	40962.9	24578.5
国有独资公司	5.0	504.3	2786.7	532.8	1789.9
其他有限责任公司	904.6	52092.3	13494.6	40430.1	22788.6
股份有限公司	3404.8	78846.6	36919.3	28884.6	69229.2
私营企业	1006.5	37153.0	8257.5	22265.3	20543.9
私营独资企业	22.9	1060.6	186.8	371.1	266.3

7-5 限额以上批发和零售企业财务状况（二）

7-6 续表

指标名称	损益及分配				
	税 金	差旅费	工会经费	财务费用	利息支出
米、面制品及食用油批发业	45.6	56.4	–	612.1	486.4
烟草制品批发业	446.4	194.7	106.8	−1792.9	−1794.5
纺织、服装及日用品批发业	429.3	733.0	78.7	5467.9	4249.1
服装批发业	91.9	459.1	31.7	1060.0	877.1
文化、体育用品及器材批发业	15.9	64.4	–	274.9	197.2
医药及医疗器材批发业	47.7	298.1	2.3	429.4	325.1
矿产品、建材及化工产品批发业	2441.9	2267.5	351.9	10455.1	6785.4
煤炭及制品批发业	53.1	47.9	1.7	212.0	−15.7
石油及制品批发业	881.2	548.5	266.3	3255.6	2433.1
金属及金属矿批发业	1071.2	865.7	25.4	3096.5	1522.5
建材批发业	20.7	297.9	4.5	118.1	176.9
化肥批发业	32.8	24.7	0.2	461.0	241.0
机械设备、五金交电及电子产品批发	860.7	1521.1	54.4	15477.7	2210.2
汽车、摩托车及零配件批发业	281.6	400.5	5.6	1487.2	698.4
家用电器批发业	40.4	23.7	–	13.3	12.8
计算机、软件及辅助设备批发业	9.1	11.7	–	49.6	28.4
贸易经纪与代理	120.1	107.6	7.5	48.8	15.0
其他批发业	28.3	15.7	2.3	−130.3	−124.7
二、零售业	4235.0	1473.8	659.6	13803.0	8552.1
其中：国有及国有控股	1840.5	150.5	197.4	2031.0	995.0
1.按登记注册类型分组					
内资企业	3186.2	1265.5	580.9	8424.3	6428.4
国有企业	103.8	75.3	33.6	80.9	50.5
集体企业	1.8	4.6	0.7	0.3	−0.3
股份合作企业	–	–	–	–	–
联营企业	–	–	–	–	–
国有联营企业	–	–	–	–	–
集体联营企业	–	–	–	–	–
国有与集体联营企业	–	–	–	–	–
其他联营企业	–	–	–	–	–
有限责任公司	854.6	373.0	46.3	3835.2	2867.7
国有独资公司	386.2	–	7.7	1579.9	1568.3
其他有限责任公司	468.4	373.0	38.6	2255.3	1299.4
股份有限公司	1808.2	505.9	464.0	2263.7	1806.8
私营企业	417.8	306.7	36.3	2244.2	1703.7
私营独资企业	7.5	2.4	0.2	26.5	13.2

7–5　限额以上批发和零售企业财务状况（二）

7–5 续表

指标名称	损益及分配				
	营业利润	利润总额	应交所得税	劳动、失业保险费	住房公积金和住房补贴
米、面制品及食用油批发业	107.7	138.4	73.8	50.5	7.1
烟草制品批发业	59647.7	68987.9	21709.4	1306.2	551.0
纺织、服装及日用品批发业	4804.1	44644.6	1968.9	680.3	451.1
服装批发业	2662.0	3010.3	951.0	392.0	260.8
文化、体育用品及器材批发业	−715.4	−685.5	1.2	51.2	24.1
医药及医疗器材批发业	−539.7	−189.7	87.7	172.2	33.5
矿产品、建材及化工产品批发业	55087.6	63686.2	14896.7	7070.1	10034.6
煤炭及制品批发业	1160.4	1299.4	842.8	47.9	10.8
石油及制品批发业	40847.3	41454.1	10066.0	5936.8	9464.3
金属及金属矿批发业	4045.5	11773.7	1188.6	526.6	208.5
建材批发业	5503.8	5218.7	1673.7	68.2	91.6
化肥批发业	−325.6	31.4	10.4	17.9	2.9
机械设备、五金交电及电子产品批发	15746.7	19186.7	6759.2	1284.5	444.5
汽车、摩托车及零配件批发业	6735.8	7859.1	2857.0	381.1	148.6
家用电器批发业	270.6	283.5	44.1	19.5	–
计算机、软件及辅助设备批发业	−184.4	−185.3	16.0	58.0	16.4
贸易经纪与代理	7350.6	8070.1	2484.5	115.4	63.2
其他批发业	366.3	329.9	195.7	92.1	13.7
二、零售业	19465.4	20012.7	12935.6	10230.9	2728.7
其中：国有及国有控股	8949.8	9316.4	6636.3	4740.5	1128.6
1.按登记注册类型分组					
内资企业	14291.5	18023.0	10603.9	8723.5	2255.0
国有企业	−1198.5	−109.9	16.0	517.4	182.6
集体企业	−56.3	−56.8	–	11.7	2.4
股份合作企业	−0.6	−0.6	–	–	–
联营企业	–	–	–	–	–
国有联营企业	–	–	–	–	–
集体联营企业	–	–	–	–	–
国有与集体联营企业	–	–	–	–	–
其他联营企业	–	–	–	–	–
有限责任公司	−198.7	708.1	1749.4	2382.1	616.4
国有独资公司	−611.6	−621.3	–	72.8	29.5
其他有限责任公司	412.9	1329.4	1749.4	2309.3	586.9
股份有限公司	15388.4	16304.2	7448.3	4736.0	1163.9
私营企业	357.2	1178.0	1390.2	1076.3	289.7
私营独资企业	583.6	579.7	27.0	15.9	0.4

7-5　限额以上批发和零售企业财务状况（二）

7-5 续表

指标名称	工资、福利、增值税			全部从业人员年平均人数（人）
	本年应付工资总额	本年应付福利费总额	本年应交增值税	
米、面制品及食用油批发业	262.3	41.6	516.2	426.0
烟草制品批发业	3914.2	1656.9	14068.6	839.0
纺织、服装及日用品批发业	5727.4	801.5	602.1	1553.0
服装批发业	1988.6	238.4	186.8	732.0
文化、体育用品及器材批发业	318.9	26.9	291.8	172.0
医药及医疗器材批发业	770.4	124.5	725.5	661.0
矿产品、建材及化工产品批发业	27576.6	3942.7	31889.2	9209.0
煤炭及制品批发业	529.4	49.2	710.3	246.0
石油及制品批发业	16455.4	2631.6	25307.0	5970.0
金属及金属矿批发业	5574.3	723.6	3474.8	1673.0
建材批发业	787.0	46.0	961.2	187.0
化肥批发业	90.8	15.3	0.2	60.0
机械设备、五金交电及电子产品批发	8489.3	1531.1	6522.1	3555.0
汽车、摩托车及零配件批发业	2352.1	260.1	3142.6	1081.0
家用电器批发业	76.6	10.5	320.6	206.0
计算机、软件及辅助设备批发业	250.5	24.3	178.0	167.0
贸易经纪与代理	961.5	151.4	2780.7	179.0
其他批发业	295.0	24.8	380.7	209.0
二、零售业	57245.3	5369.1	47563.8	28189.0
其中：国有及国有控股	29023.1	2860.6	13955.5	9390.0
1.按登记注册类型分组				
内资企业	47484.9	5120.6	40478.6	23400.0
国有企业	9960.4	235.5	606.5	907.0
集体企业	60.6	8.2	8.6	46.0
股份合作企业	15.5	2.4	8.9	15.0
联营企业	–	–	–	–
国有联营企业	–	–	–	–
集体联营企业	–	–	–	–
国有与集体联营企业	–	–	–	–
其他联营企业	–	–	–	–
有限责任公司	8721.1	999.0	15972.0	7843.0
国有独资公司	385.0	53.9	39.9	154.0
其他有限责任公司	8336.1	945.1	15932.1	7689.0
股份有限公司	21163.3	2945.0	18297.1	7932.0
私营企业	7564.0	930.5	5585.5	6657.0
私营独资企业	127.6	22.7	64.5	249.0

7-5 限额以上批发和零售企业财务状况（三）

7-5 续表

指标名称	年末资产负债				
	企业数(个)	亏损企业数(个)	流动资产合计	存 货	固定资产原价
私营合伙企业	2	–	1630.7	438.8	286.2
私营有限责任公司	77	42	163716.6	49160.8	38931.6
私营股份有限公司	4	2	4628.4	2634.2	12325.7
其他企业	–	–	–	–	–
港、澳、台商投资企业	3	1	98604.6	16176.5	127988.2
合资经营企业(港或澳、台资)	3	1	98604.6	16176.5	127988.2
合作经营企业(港或澳、台资)	–	–	–	–	–
港、澳、台商独资经营企业	–	–	–	–	–
港、澳、台商投资股份有限公司	–	–	–	–	–
外商投资企业	10	3	48982.1	10525.0	57479.8
中外合资经营企业	5	1	29263.4	6140.7	55454.4
中外合作经营企业	–	–	–	–	–
外资企业	5	2	19718.7	4384.3	2025.4
外商投资股份有限公司	–	–	–	–	–
2.按国民经济行业分组					
综合零售业	33	17	421098.0	75034.5	437904.8
百货零售业	17	8	367806.9	53885.0	372988.8
超级市场零售业	14	8	48896.4	18945.9	62871.5
食品、饮料及烟草制品专门零售业	5	3	13452.6	1298.9	7617.7
纺织、服装及日用品专门零售业	8	3	23783.6	3973.6	52037.8
服装零售业	5	2	22477.6	3114.7	50060.0
文化、体育用品及器材专门零售业	12	6	15494.7	9898.2	14341.7
体育用品零售业	3	2	4170.8	3538.4	1162.4
图书零售业	7	4	9543.3	5200.8	11362.9
医药及医疗器材专门零售业	17	13	112833.1	17509.0	45208.5
药品零售业	16	12	112735.6	17436.7	45208.3
汽车、摩托车、燃料及零配件专门	87	35	252040.1	66676.1	38411.5
汽车零售业	70	30	245898.6	64655.8	35286.9
机动车燃料零售业	15	4	4400.3	914.0	2769.8
家用电器及电子产品专门零售业	22	8	43394.1	13996.2	2407.1
家用电器零售业	5	–	33136.1	10369.0	703.5
计算机、软件及辅助设备零售业	14	7	9422.2	3158.1	1063.2
通讯设备零售业	2	–	765.1	454.9	636.1
五金、家具及室内装修材料专门零	7	6	10504.8	863.4	1583.5
无店铺及其他零售业	1	–	726.3	70.1	8.8
邮购及电子销售业	–	–	–	–	–

7-5 限额以上批发和零售企业财务状况（三）

7-5 续表

指标名称	年末资产负债				
	累计折旧	本年折旧	资产合计	负债合计	所有者权益合计
私营合伙企业	80.1	35.0	1877.9	1115.0	762.9
私营有限责任公司	12837.3	2802.2	219222.5	180881.6	38340.9
私营股份有限公司	3005.2	411.3	14422.0	12766.8	1655.2
其他企业	–	–	–	–	–
港、澳、台商投资企业	30944.2	3469.5	204576.5	149100.2	55476.3
合资经营企业(港或澳、台资)	30944.2	3469.5	204576.5	149100.2	55476.3
合作经营企业(港或澳、台资)	–	–	–	–	–
港、澳、台商独资经营企业	–	–	–	–	–
港、澳、台商投资股份有限公司	–	–	–	–	–
外商投资企业	18964.2	8797.5	100533.1	49003.7	51529.4
中外合资经营企业	18426.8	8451.8	74979.6	26021.7	48957.9
中外合作经营企业	–	–	–	–	–
外资企业	537.4	345.7	25553.5	22982.0	2571.5
外商投资股份有限公司	–	–	–	–	–
2.按国民经济行业分组					
综合零售业	113967.5	24803.7	984559.2	606706.1	377853.1
百货零售业	91278.5	13630.1	870237.9	503205.8	367032.1
超级市场零售业	21452.4	9990.4	107103.6	96581.6	10522.0
食品、饮料及烟草制品专门零售业	2260.2	368.3	21048.7	16691.4	4357.3
纺织、服装及日用品专门零售业	9704.0	2639.2	76386.0	48752.8	27633.2
服装零售业	8750.0	2501.3	74055.1	46425.4	27629.7
文化、体育用品及器材专门零售业	5105.6	689.4	25696.7	13284.8	12411.9
体育用品零售业	507.3	68.4	5385.5	4643.8	741.7
图书零售业	3995.0	451.4	17137.4	6502.2	10635.2
医药及医疗器材专门零售业	9865.9	2268.2	187462.3	125766.2	61696.1
药品零售业	9865.8	2268.2	187359.6	125651.0	61708.6
汽车、摩托车、燃料及零配件专门	9943.9	2983.1	301652.2	234998.0	66654.2
汽车零售业	8688.4	2775.6	293002.0	229419.3	63582.7
机动车燃料零售业	1207.5	176.8	6602.2	3622.7	2979.5
家用电器及电子产品专门零售业	991.7	263.2	45867.4	35722.5	10144.9
家用电器零售业	320.5	100.6	34563.1	29596.8	4966.3
计算机、软件及辅助设备零售业	446.8	99.6	10052.5	5418.4	4634.1
通讯设备零售业	221.1	62.4	1180.1	681.9	498.2
五金、家具及室内装修材料专门零	378.2	78.9	11728.0	15621.6	−3893.6
无店铺及其他零售业	5.2	1.2	735.1	757.8	−22.7
邮购及电子销售业	–	–	–	–	–

7-5　限额以上批发和零售企业财务状况（三）

7-5 续表

指标名称	年末资产负债				
	实收资本	国家资本	集体资本	法人资本	个人资本
私营合伙企业	750.0	–	–	600.0	150.0
私营有限责任公司	39256.1	–	1165.0	17891.0	20200.1
私营股份有限公司	1668.4	–	–	1439.4	229.0
其他企业	–	–	–	–	–
港、澳、台商投资企业	42417.1	–	–	25976.9	–
合资经营企业(港或澳、台资)	42417.1	–	–	25976.9	–
合作经营企业(港或澳、台资)	–	–	–	–	–
港、澳、台商独资经营企业	–	–	–	–	–
港、澳、台商投资股份有限公司	–	–	–	–	–
外商投资企业	64403.7	–	–	8483.2	–
中外合资经营企业	58017.9	–	–	8483.2	–
中外合作经营企业	–	–	–	–	–
外资企业	6385.8	–	–	–	–
外商投资股份有限公司	–	–	–	–	–
2.按国民经济行业分组					
综合零售业	137563.6	10201.6	601.9	74733.2	23321.6
百货零售业	102798.1	4701.6	481.9	59195.0	22919.6
超级市场零售业	32665.5	5000.0	120.0	13938.2	402.0
食品、饮料及烟草制品专门零售业	3457.0	92.0	1165.0	–	2200.0
纺织、服装及日用品专门零售业	42712.4	160.0	50.0	1760.0	150.0
服装零售业	42462.4	160.0	–	1710.0	–
文化、体育用品及器材专门零售业	7661.0	6774.6	–	637.4	249.0
体育用品零售业	331.0	–	–	132.0	199.0
图书零售业	6774.6	6774.6	–	–	–
医药及医疗器材专门零售业	20418.8	516.8	69.0	13113.0	6720.0
药品零售业	20368.8	516.8	69.0	13113.0	6670.0
汽车、摩托车、燃料及零配件专门	49601.8	1571.0	545.0	25211.0	17631.8
汽车零售业	47234.7	1421.0	500.0	23454.9	17215.8
机动车燃料零售业	2187.1	150.0	45.0	1596.1	396.0
家用电器及电子产品专门零售业	9018.0	–	–	6669.0	2349.0
家用电器零售业	3860.0	–	–	3860.0	–
计算机、软件及辅助设备零售业	5008.0	–	–	2759.0	2249.0
通讯设备零售业	100.0	–	–	50.0	50.0
五金、家具及室内装修材料专门零	2850.0	–	–	780.0	2070.0
无店铺及其他零售业	10.0	–	–	–	10.0
邮购及电子销售业	–	–	–	–	–

7-5 限额以上批发和零售企业财务状况（三）

7-5 续表

指标名称	年末资产负债		损益及分配		
	港澳台资本	外商资本	营业收入合计	主营业务收入	主营业务成本
私营合伙企业	–	–	6060.1	6060.1	4979.2
私营有限责任公司	–	–	467445.0	463138.3	429229.3
私营股份有限公司	–	–	19477.6	19477.6	17391.5
其他企业	–	–	–	–	–
港、澳、台商投资企业	16440.2	–	357973.2	357973.2	310876.6
合资经营企业(港或澳、台资)	16440.2	–	357973.2	357973.2	310876.6
合作经营企业(港或澳、台资)	–	–	–	–	–
港、澳、台商独资经营企业	–	–	–	–	–
港、澳、台商投资股份有限公司	–	–	–	–	–
外商投资企业	2000.0	53920.5	177134.7	176556.8	152887.6
中外合资经营企业	–	49534.7	119433.9	119169.3	100770.6
中外合作经营企业	–	–	–	–	–
外资企业	2000.0	4385.8	57700.8	57387.5	52117.0
外商投资股份有限公司	–	–	–	–	–
2.按国民经济行业分组					
综合零售业	15957.2	12748.1	1164265.1	1161548.3	997166.2
百货零售业	9500.0	6000.0	881383.9	880944.6	757592.1
超级市场零售业	6457.2	6748.1	253751.2	251473.7	216986.1
食品、饮料及烟草制品专门零售业	–	–	10956.7	10956.7	8143.5
纺织、服装及日用品专门零售业	–	40592.4	49922.5	49657.9	38757.9
服装零售业	–	40592.4	45235.6	44971.0	36005.2
文化、体育用品及器材专门零售业	–	–	26110.3	25937.6	20784.0
体育用品零售业	–	–	6531.7	6531.7	5570.1
图书零售业	–	–	15235.4	15062.7	11371.5
医药及医疗器材专门零售业	–	–	180161.5	180071.7	159459.3
药品零售业	–	–	178926.3	178836.5	158313.1
汽车、摩托车、燃料及零配件专门	4063.0	580.0	826174.8	826156.4	791389.7
汽车零售业	4063.0	580.0	802974.2	802955.8	769869.8
机动车燃料零售业	–	–	21799.9	21799.9	20334.0
家用电器及电子产品专门零售业	–	–	150530.7	146663.3	136842.9
家用电器零售业	–	–	109262.8	105416.1	97048.9
计算机、软件及辅助设备零售业	–	–	36715.5	36706.3	35515.1
通讯设备零售业	–	–	4221.1	4209.6	3975.5
五金、家具及室内装修材料专门零	–	–	12402.9	11179.6	10296.9
无店铺及其他零售业	–	–	677.1	677.1	473.8
邮购及电子销售业	–	–	–	–	–

7-5　限额以上批发和零售企业财务状况（三）

7-5 续表

指标名称	损益及分配				
	主营业务税金及附加	主营业务利润	其他业务利润	营业费用	管理费用
私营合伙企业	131.4	949.5	166.7	456.4	453.1
私营有限责任公司	782.0	33127.0	7321.1	20568.9	18509.8
私营股份有限公司	70.2	2015.9	582.9	868.9	1314.7
其他企业	–	–	–	–	–
港、澳、台商投资企业	1087.1	46009.5	1006.0	16000.8	18571.2
合资经营企业(港或澳、台资)	1087.1	46009.5	1006.0	16000.8	18571.2
合作经营企业(港或澳、台资)	–	–	–	–	–
港、澳、台商独资经营企业	–	–	–	–	–
港、澳、台商投资股份有限公司	–	–	–	–	–
外商投资企业	177.3	23491.9	5810.1	17525.6	13667.3
中外合资经营企业	97.6	18301.1	4437.2	10712.5	11918.7
中外合作经营企业	–	–	–	–	–
外资企业	79.7	5190.8	1372.9	6813.1	1748.6
外商投资股份有限公司	–	–	–	–	–
2.按国民经济行业分组					
综合零售业	5132.2	158949.9	57260.7	84346.7	109096.5
百货零售业	4693.1	118359.4	42193.8	39127.7	95868.5
超级市场零售业	357.3	34130.3	14577.8	38740.0	12564.5
食品、饮料及烟草制品专门零售业	126.6	2686.6	798.1	1540.9	3132.7
纺织、服装及日用品专门零售业	233.1	10666.9	3306.7	6981.8	7575.9
服装零售业	188.9	8776.9	3261.9	5706.7	6946.1
文化、体育用品及器材专门零售业	69.6	5084.0	411.6	2074.7	3890.4
体育用品零售业	4.2	957.4	–	233.7	925.8
图书零售业	45.7	3645.5	313.2	1617.1	2699.5
医药及医疗器材专门零售业	394.1	20218.3	601.7	9796.8	8076.2
药品零售业	392.9	20130.5	601.7	9796.8	7989.9
汽车、摩托车、燃料及零配件专门	533.3	34233.4	809.0	12301.7	14664.8
汽车零售业	493.1	32592.9	486.1	11415.4	13814.6
机动车燃料零售业	32.8	1433.1	190.0	660.0	714.1
家用电器及电子产品专门零售业	163.2	9657.2	4357.9	8062.5	3447.5
家用电器零售业	132.0	8235.2	4108.9	7409.3	2410.8
计算机、软件及辅助设备零售业	26.2	1165.0	195.7	645.6	780.2
通讯设备零售业	3.5	230.6	53.3	5.0	231.2
五金、家具及室内装修材料专门零	12.2	870.5	1159.2	2767.1	482.0
无店铺及其他零售业	0.7	202.6	7.8	52.4	23.2
邮购及电子销售业	–	–	–	–	–

7-5　限额以上批发和零售企业财务状况（三）

7-5 续表

指标名称	损益及分配				
	税　金	差旅费	工会经费	财务费用	利息支出
私营合伙企业	6.6	5.1	7.2	2.9	1.1
私营有限责任公司	316.3	297.2	20.3	1815.4	1317.9
私营股份有限公司	87.4	2.0	8.6	399.4	371.5
其他企业	–	–	–	–	–
港、澳、台商投资企业	721.4	102.0	52.8	4888.4	1609.3
合资经营企业(港或澳、台资)	721.4	102.0	52.8	4888.4	1609.3
合作经营企业(港或澳、台资)	–	–	–	–	–
港、澳、台商独资经营企业	–	–	–	–	–
港、澳、台商投资股份有限公司	–	–	–	–	–
外商投资企业	327.4	106.3	25.9	490.3	514.4
中外合资经营企业	320.2	30.4	19.3	−83.3	−23.6
中外合作经营企业	–	–	–	–	–
外资企业	7.2	75.9	6.6	573.6	538.0
外商投资股份有限公司	–	–	–	–	–
2.按国民经济行业分组					
综合零售业	2824.1	356.9	297.4	6068.5	3167.9
百货零售业	2717.6	270.8	281.5	4463.3	2283.3
超级市场零售业	104.3	56.8	13.8	1612.0	899.9
食品、饮料及烟草制品专门零售业	16.6	16.5	12.1	143.3	96.5
纺织、服装及日用品专门零售业	588.5	79.1	12.7	1812.5	1737.8
服装零售业	573.9	53.0	7.7	1748.2	1682.1
文化、体育用品及器材专门零售业	111.8	65.8	31.4	112.2	71.2
体育用品零售业	3.0	2.6	–	64.0	33.1
图书零售业	97.9	62.9	31.4	−13.6	−18.0
医药及医疗器材专门零售业	266.5	540.0	287.1	1162.4	1671.3
药品零售业	266.1	531.5	287.1	1158.2	1667.1
汽车、摩托车、燃料及零配件专门	356.0	357.9	17.8	3980.4	1741.8
汽车零售业	340.1	335.3	13.3	3976.0	1731.6
机动车燃料零售业	15.4	14.4	4.5	13.4	19.9
家用电器及电子产品专门零售业	63.8	49.3	–	541.2	14.8
家用电器零售业	42.8	29.8	–	490.4	8.9
计算机、软件及辅助设备零售业	9.8	15.1	–	7.4	5.9
通讯设备零售业	11.1	3.0	–	43.4	–
五金、家具及室内装修材料专门零	5.1	8.2	1.1	−49.3	50.5
无店铺及其他零售业	2.6	0.1	–	31.8	0.3
邮购及电子销售业	–	–	–	–	–

7-5 限额以上批发和零售企业财务状况（三）

7-5 续表

指标名称	损益及分配				
	营业利润	利润总额	应交所得税	劳动、失业保险费	住房公积金和住房补贴
私营合伙企业	203.8	220.8	1.4	–	15.4
私营有限责任公司	−446.0	356.2	1361.3	845.8	273.9
私营股份有限公司	15.8	21.3	0.5	214.6	–
其他企业	–	–	–	–	–
港、澳、台商投资企业	7555.1	5825.9	1981.6	591.9	135.7
合资经营企业(港或澳、台资)	7555.1	5825.9	1981.6	591.9	135.7
合作经营企业(港或澳、台资)	–	–	–	–	–
港、澳、台商独资经营企业	–	–	–	–	–
港、澳、台商投资股份有限公司	–	–	–	–	–
外商投资企业	−2381.2	−3836.2	350.1	915.5	338.0
中外合资经营企业	190.4	−1304.5	277.0	739.5	277.0
中外合作经营企业	–	–	–	–	–
外资企业	−2571.6	−2531.7	73.1	176.0	61.0
外商投资股份有限公司	–	–	–	–	–
2.按国民经济行业分组					
综合零售业	16998.9	15209.4	9691.6	7386.1	1648.0
百货零售业	21393.7	19543.2	9395.7	6316.5	1358.7
超级市场零售业	−4208.4	−4147.6	295.9	917.0	279.8
食品、饮料及烟草制品专门零售业	−1332.2	−364.2	77.9	229.7	54.7
纺织、服装及日用品专门零售业	−2396.6	−2609.7	290.8	429.8	149.6
服装零售业	−2362.2	−2576.7	288.4	329.2	143.4
文化、体育用品及器材专门零售业	−581.7	−451.3	13.6	500.0	169.1
体育用品零售业	−266.1	−266.1	–	6.5	–
图书零售业	−344.3	−213.8	12.3	469.2	169.1
医药及医疗器材专门零售业	1784.6	2328.9	391.6	954.5	368.7
药品零售业	1787.3	2331.6	391.6	952.0	368.7
汽车、摩托车、燃料及零配件专门	4095.6	5002.6	1930.5	416.0	230.3
汽车零售业	3873.1	4784.8	1854.5	368.4	191.3
机动车燃料零售业	235.6	230.6	71.0	36.2	32.9
家用电器及电子产品专门零售业	1963.9	1963.1	538.6	294.6	105.8
家用电器零售业	2033.6	2027.0	524.3	185.5	105.8
计算机、软件及辅助设备零售业	−72.5	−78.2	12.0	89.3	–
通讯设备零售业	4.3	15.8	2.3	19.8	–
五金、家具及室内装修材料专门零	−1170.1	−1169.1	0.5	20.2	2.5
无店铺及其他零售业	103.0	103.0	0.5	–	–
邮购及电子销售业	–	–	–	–	–

7-5 限额以上批发和零售企业财务状况（三）

7-5 续表

指标名称	工资、福利、增值税			全部从业人员年平均人数（人）
	本年应付工资总额	本年应付福利费总额	本年应交增值税	
私营合伙企业	508.7	68.1	26.4	271.0
私营有限责任公司	6372.4	760.4	5254.2	5348.0
私营股份有限公司	555.3	79.3	240.4	789.0
其他企业	–	–	–	–
港、澳、台商投资企业	6039.6	–	1669.6	2870.0
合资经营企业(港或澳、台资)	6039.6	–	1669.6	2870.0
合作经营企业(港或澳、台资)	–	–	–	–
港、澳、台商独资经营企业	–	–	–	–
港、澳、台商投资股份有限公司	–	–	–	–
外商投资企业	3720.8	248.5	5415.6	1919.0
中外合资经营企业	2796.8	204.2	4616.5	1547.0
中外合作经营企业	–	–	–	–
外资企业	924.0	44.3	799.1	372.0
外商投资股份有限公司	–	–	–	–
2.按国民经济行业分组				
综合零售业	34189.8	3675.1	24046.7	18461.0
百货零售业	26009.3	3051.2	18830.6	11074.0
超级市场零售业	7535.1	533.7	4932.8	5577.0
食品、饮料及烟草制品专门零售业	815.8	102.2	440.5	710.0
纺织、服装及日用品专门零售业	2497.3	247.8	1851.2	1200.0
服装零售业	1979.8	171.2	1548.5	959.0
文化、体育用品及器材专门零售业	9956.8	232.7	502.8	950.0
体育用品零售业	107.0	14.3	33.7	179.0
图书零售业	9768.0	212.0	411.8	712.0
医药及医疗器材专门零售业	3577.7	379.0	3441.6	2840.0
药品零售业	3574.7	378.5	3430.9	2825.0
汽车、摩托车、燃料及零配件专门	3714.0	402.7	14095.4	2243.0
汽车零售业	3216.5	337.5	11912.2	1832.0
机动车燃料零售业	375.9	51.0	2173.6	348.0
家用电器及电子产品专门零售业	2159.4	291.4	1733.5	1548.0
家用电器零售业	1763.0	245.8	1530.9	1185.0
计算机、软件及辅助设备零售业	329.9	36.3	161.5	305.0
通讯设备零售业	52.2	7.3	27.3	50.0
五金、家具及室内装修材料专门零	303.6	34.1	1446.9	211.0
无店铺及其他零售业	30.9	4.1	5.2	26.0
邮购及电子销售业	–	–	–	–

7-6 星级住宿业和限额以上餐饮企业财务状况（一）

单位：万元

指标名称	年末资产负债				
	企业数(个)	亏损企业数(个)	流动资产合计	存 货	固定资产原价
总 计	218	143	248352.5	18370.8	1073365.7
一、住宿业	120	90	199071.8	10980.5	939605.1
#国有及国有控股	38	29	15745.3	1856.5	207867.2
1.按登记注册类型分组					
内资企业	89	70	56805.2	5220.6	414561.2
国有企业	29	21	13455.3	1482.1	119193.5
集体企业	6	6	2145.1	384.7	19428.4
股份合作企业	2	2	340.7	49.6	2907.3
联营企业	1	1	507.2	13.3	–
国有联营企业	1	1	507.2	13.3	–
集体联营企业	–	–	–	–	–
国有与集体联营企业	–	–	–	–	–
其他联营企业	–	–	–	–	–
有限责任公司	25	20	30231.5	2057.6	156584.6
国有独资公司	1	1	112.5	26.0	14899.3
其他有限责任公司	24	19	30119.0	2031.6	141685.3
股份有限公司	5	3	2173.5	248.1	34719.9
私营企业	21	17	7951.9	985.2	81727.5
私营独资企业	4	3	968.5	109.5	11753.0
私营合伙企业	1	1	170.4	26.2	88.0
私营有限责任公司	15	12	4389.9	789.2	64677.9
私营股份有限公司	1	1	2423.1	60.3	5208.6
其他企业	–	–	–	–	–
港、澳、台商投资企业	17	11	78469.4	2658.5	249539.8
合资经营企业(港或澳、台资)	14	9	65585.2	2523.4	214566.5
合作经营企业(港或澳、台资)	3	2	12884.2	135.1	34973.3
港、澳、台商独资经营企业	–	–	–	–	–
港、澳、台商投资股份有限公司	–	–	–	–	–
外商投资企业	14	9	63797.2	3101.4	275504.1
中外合资经营企业	8	5	23037.4	875.2	69609.3
中外合作经营企业	2	1	17466.7	507.2	70533.0
外资企业	4	3	23293.1	1719.0	135361.8
外商投资股份有限公司	–	–	–	–	–
2.按国民经济行业分组					
旅游饭店	115	87	195717.1	10588.5	898260.3
一般旅馆	1	1	1193.1	130.3	33326.6
其他住宿服务	4	2	2161.6	261.7	8018.2

7-6 星级住宿业和限额以上餐饮企业财务状况（一）

7-6 续表

指标名称	年末资产负债				
	累计折旧	本年折旧	资产合计	负债合计	所有者权益合计
总　　计	368343.9	51372.2	1094398.5	852641.9	241756.6
一、住宿业	328121.2	39813.7	930982.3	722500.5	208481.8
#国有及国有控股	57878.3	7442.8	183832.5	113733.5	70099.0
1.按登记注册类型分组					
内资企业	117930.0	18403.2	452932.3	315287.8	137644.5
国有企业	35487.7	4315.8	111062.2	82407.5	28654.7
集体企业	6831.5	773.7	15926.5	8646.3	7280.2
股份合作企业	348.3	160.2	3150.3	1209.2	1941.1
联营企业	–	–	552.1	1165.4	−613.3
国有联营企业	–	–	552.1	1165.4	−613.3
集体联营企业	–	–	–	–	–
国有与集体联营企业	–	–	–	–	–
其他联营企业	–	–	–	–	–
有限责任公司	45412.3	9776.0	217682.8	118417.0	99265.8
国有独资公司	3127.3	487.3	14973.1	11724.4	3248.7
其他有限责任公司	42285.0	9288.7	202709.7	106692.6	96017.1
股份有限公司	8429.1	983.8	30788.4	21273.2	9515.2
私营企业	21421.1	2393.7	73770.0	82169.2	−8399.2
私营独资企业	4211.9	101.0	9410.4	6396.5	3013.9
私营合伙企业	32.9	3.2	225.5	235.0	−9.5
私营有限责任公司	14746.0	2037.1	58932.7	72905.1	−13972.4
私营股份有限公司	2430.3	252.4	5201.4	2632.6	2568.8
其他企业	–	–	–	–	–
港、澳、台商投资企业	97804.2	10064.7	238486.0	205449.3	33036.7
合资经营企业(港或澳、台资)	94230.8	9026.0	192533.8	181484.3	11049.5
合作经营企业(港或澳、台资)	3573.4	1038.7	45952.2	23965.0	21987.2
港、澳、台商独资经营企业	–	–	–	–	–
港、澳、台商投资股份有限公司	–	–	–	–	–
外商投资企业	112387.0	11345.8	239564.0	201763.4	37800.6
中外合资经营企业	35622.2	3498.1	62105.6	67174.5	−5068.9
中外合作经营企业	19644.1	2615.3	60543.7	60660.3	−116.6
外资企业	57120.7	5232.4	116914.7	73928.6	42986.1
外商投资股份有限公司	–	–	–	–	–
2.按国民经济行业分组					
旅游饭店	322107.3	38481.8	890298.3	701867.7	188430.6
一般旅馆	3429.9	954.9	32711.7	19625.1	13086.6
其他住宿服务	2584.0	377.0	7972.3	1007.7	6964.6

7-6　星级住宿业和限额以上餐饮企业财务状况（一）

7-6 续表

指标名称	年末资产负债				
	实收资本	国家资本	集体资本	法人资本	个人资本
总　　计	439251.8	70140.2	19682.0	237191.4	15529.1
一、住宿业	384872.5	69307.1	16633.8	212656.1	6243.7
#国有及国有控股	129885.7	38717.6	51.2	88955.4	2161.5
1.按登记注册类型分组					
内资企业	200680.3	38720.6	13472.8	143006.8	5480.1
国有企业	105191.1	32143.6	51.2	72996.3	–
集体企业	7383.2	–	6821.6	561.6	–
股份合作企业	2050.0	–	2050.0	–	–
联营企业	25.0	25.0	–	–	–
国有联营企业	25.0	25.0	–	–	–
集体联营企业	–	–	–	–	–
国有与集体联营企业	–	–	–	–	–
其他联营企业	–	–	–	–	–
有限责任公司	81018.9	6489.5	4500.0	64930.3	5099.1
国有独资公司	5000.0	–	–	5000.0	–
其他有限责任公司	76018.9	6489.5	4500.0	59930.3	5099.1
股份有限公司	122.5	62.5	50.0	–	10.0
私营企业	4889.6	–	–	4518.6	371.0
私营独资企业	235.0	–	–	45.0	190.0
私营合伙企业	5.0	–	–	–	5.0
私营有限责任公司	4569.6	–	–	4393.6	176.0
私营股份有限公司	80.0	–	–	80.0	–
其他企业	–	–	–	–	–
港、澳、台商投资企业	78361.3	20233.3	3161.0	39972.2	165.3
合资经营企业(港或澳、台资)	66113.1	20233.3	3161.0	29633.2	–
合作经营企业(港或澳、台资)	12248.2	–	–	10339.0	165.3
港、澳、台商独资经营企业	–	–	–	–	–
港、澳、台商投资股份有限公司	–	–	–	–	–
外商投资企业	105830.9	10353.2	–	29677.1	598.3
中外合资经营企业	29205.2	10353.2	–	4035.2	598.3
中外合作经营企业	28209.6	–	–	25641.9	–
外资企业	48416.1	–	–	–	–
外商投资股份有限公司	–	–	–	–	–
2.按国民经济行业分组					
旅游饭店	365972.4	65058.8	13913.4	202317.1	6243.7
一般旅馆	11931.4	–	–	10339.0	–
其他住宿服务	6968.7	4248.3	2720.4	–	–

7-6 星级住宿业和限额以上餐饮企业财务状况（一）

7-6 续表

指标名称	年末资产负债		损益及分配		
	港澳台资本	外商资本	营业收入合计	主营业务收入	主营业务成本
总　　计	19500.1	77209.0	368980.1	367684.3	121605.8
一、住宿业	14931.0	65100.8	214833.3	213821.0	46602.0
#国有及国有控股	–	–	37098.0	36976.6	11248.9
1.按登记注册类型分组					
内资企业	–	–	90366.6	89371.8	27053.4
国有企业	–	–	29581.8	29460.4	9680.4
集体企业	–	–	4906.2	4906.2	2329.7
股份合作企业	–	–	882.3	882.3	376.8
联营企业	–	–	175.8	175.8	9.6
国有联营企业	–	–	175.8	175.8	9.6
集体联营企业	–	–	–	–	–
国有与集体联营企业	–	–	–	–	–
其他联营企业	–	–	–	–	–
有限责任公司	–	–	34949.1	34082.3	8248.8
国有独资公司	–	–	828.0	828.0	277.7
其他有限责任公司	–	–	34121.1	33254.3	7971.1
股份有限公司	–	–	4336.9	4336.9	1240.6
私营企业	–	–	15534.5	15527.9	5167.5
私营独资企业	–	–	2417.1	2417.1	968.2
私营合伙企业	–	–	752.8	752.8	345.7
私营有限责任公司	–	–	11379.2	11372.6	3346.7
私营股份有限公司	–	–	985.4	985.4	506.9
其他企业	–	–	–	–	–
港、澳、台商投资企业	10872.4	3957.1	69756.0	69756.0	12024.0
合资经营企业(港或澳、台资)	9128.5	3957.1	55639.0	55639.0	10185.1
合作经营企业(港或澳、台资)	1743.9	–	14117.0	14117.0	1838.9
港、澳、台商独资经营企业	–	–	–	–	–
港、澳、台商投资股份有限公司	–	–	–	–	–
外商投资企业	4058.6	61143.7	54710.7	54693.2	7524.6
中外合资经营企业	1563.9	12654.6	15168.1	15150.6	3015.5
中外合作经营企业	1654.7	913.0	7796.0	7796.0	1810.8
外资企业	840.0	47576.1	31746.6	31746.6	2698.3
外商投资股份有限公司	–	–	–	–	–
2.按国民经济行业分组					
旅游饭店	13338.6	65100.8	206261.8	205249.5	44337.2
一般旅馆	1592.4	–	3825.0	3825.0	752.0
其他住宿服务	–	–	4746.5	4746.5	1512.8

7-6　星级住宿业和限额以上餐饮企业财务状况（一）

7-6 续表

指标名称	损益及分配				
	主营业务税金及附加	主营业务利润	其他业务利润	营业费用	管理费用
总　　计	18730.6	227328.1	3122.5	116800.8	110439.1
一、住宿业	10940.7	156258.5	3270.7	68247.9	93077.3
#国有及国有控股	1878.6	23848.5	1083.9	15972.2	13395.7
1.按登记注册类型分组					
内资企业	4691.1	57626.7	2182.3	37355.8	31674.8
国有企业	1466.6	18312.8	487.2	11494.4	9491.2
集体企业	269.5	2307.0	–	1754.9	1443.5
股份合作企业	49.2	456.3	–	328.2	407.9
联营企业	9.7	156.5	0.6	158.4	38.5
国有联营企业	9.7	156.5	0.6	158.4	38.5
集体联营企业	–	–	–	–	–
国有与集体联营企业	–	–	–	–	–
其他联营企业	–	–	–	–	–
有限责任公司	1743.1	24090.4	1705.8	13667.2	14820.1
国有独资公司	46.0	504.3	593.9	870.7	398.8
其他有限责任公司	1697.1	23586.1	1111.9	12796.5	14421.3
股份有限公司	244.7	2851.6	–	2577.5	787.9
私营企业	908.3	9452.1	−11.3	7375.2	4685.7
私营独资企业	187.2	1261.7	2.0	1232.7	488.2
私营合伙企业	46.0	361.1	–	249.0	121.8
私营有限责任公司	620.4	7405.5	−13.3	5623.6	3737.5
私营股份有限公司	54.7	423.8	–	269.9	338.2
其他企业	–	–	–	–	–
港、澳、台商投资企业	3389.3	54342.5	995.8	18453.4	30560.3
合资经营企业(港或澳、台资)	2707.9	42745.8	995.8	15155.1	26273.8
合作经营企业(港或澳、台资)	681.4	11596.7	–	3298.3	4286.5
港、澳、台商独资经营企业	–	–	–	–	–
港、澳、台商投资股份有限公司	–	–	–	–	–
外商投资企业	2860.3	44289.3	92.6	12438.7	30842.2
中外合资经营企业	780.6	11354.5	92.6	3637.5	9615.1
中外合作经营企业	388.4	5577.8	–	2608.8	5319.7
外资企业	1691.3	27357.0	–	6192.4	15907.4
外商投资股份有限公司	–	–	–	–	–
2.按国民经济行业分组					
旅游饭店	10505.0	150387.5	3270.7	65474.7	89267.4
一般旅馆	187.2	2885.8	–	896.2	2811.9
其他住宿服务	248.5	2985.2	–	1877.0	998.0

7-6 星级住宿业和限额以上餐饮企业财务状况（一）

7-6 续表

指标名称	损益及分配				
	税　金	差旅费	工会经费	财务费用	利息支出
总　　计	4884.9	1500.2	178.7	9699.8	6451.0
一、住宿业	4373.2	647.4	162.9	6958.0	5611.6
#国有及国有控股	744.6	129.0	37.2	353.8	77.4
1.按登记注册类型分组					
内资企业	1701.8	197.1	58.8	3395.2	2355.1
国有企业	421.3	111.7	26.2	63.3	88.4
集体企业	65.4	1.7	1.7	16.9	13.6
股份合作企业	14.1	1.2	1.5	0.1	-0.1
联营企业	–	–	–	–	–
国有联营企业	–	–	–	–	–
集体联营企业	–	–	–	–	–
国有与集体联营企业	–	–	–	–	–
其他联营企业	–	–	–	–	–
有限责任公司	828.9	46.3	20.2	2420.9	1559.4
国有独资公司	86.0	3.3	1.1	2.3	–
其他有限责任公司	742.9	43.0	19.1	2418.6	1559.4
股份有限公司	213.8	11.2	7.3	22.0	18.6
私营企业	158.3	25.0	1.9	872.0	675.2
私营独资企业	–	–	–	121.0	25.0
私营合伙企业	–	–	–	3.6	–
私营有限责任公司	119.4	19.6	1.9	747.4	650.2
私营股份有限公司	38.9	5.4	–	–	–
其他企业	–	–	–	–	–
港、澳、台商投资企业	1320.2	219.7	48.8	1412.4	1679.8
合资经营企业(港或澳、台资)	1087.7	200.5	44.3	1373.7	1660.8
合作经营企业(港或澳、台资)	232.5	19.2	4.5	38.7	19.0
港、澳、台商独资经营企业	–	–	–	–	–
港、澳、台商投资股份有限公司	–	–	–	–	–
外商投资企业	1351.2	230.6	55.3	2150.4	1576.7
中外合资经营企业	421.1	95.6	18.6	1346.0	1380.8
中外合作经营企业	92.7	74.0	4.9	35.5	-10.0
外资企业	837.4	61.0	31.8	768.9	205.9
外商投资股份有限公司	–	–	–	–	–
2.按国民经济行业分组					
旅游饭店	4129.5	627.0	158.4	6921.2	5587.9
一般旅馆	225.5	16.2	4.5	38.5	18.8
其他住宿服务	18.2	4.2	–	-1.7	4.9

7-6 星级住宿业和限额以上餐饮企业财务状况（一）

7-6 续表

指标名称	损益及分配				
	营业利润	利润总额	应交所得税	劳动、失业保险费	住房公积金和住房补贴
总　　计	-6369.8	-7364.0	3623.7	3978.9	1106.8
一、住宿业	-8634.7	-10156.6	1649.7	3218.5	876.5
#国有及国有控股	-4693.0	-4668.9	2.9	914.3	207.0
1.按登记注册类型分组					
内资企业	-12520.5	-12443.0	91.5	1475.6	270.1
国有企业	-2152.6	-2130.6	2.9	820.6	180.7
集体企业	-908.3	-905.2	–	19.5	–
股份合作企业	-279.9	-279.9	–	0.2	0.8
联营企业	-39.8	-39.8	–	8.5	–
国有联营企业	-39.8	-39.8	–	8.5	–
集体联营企业	–	–	–	–	–
国有与集体联营企业	–	–	–	–	–
其他联营企业	–	–	–	–	–
有限责任公司	-5112.0	-5174.5	85.2	507.4	81.1
国有独资公司	-173.6	-173.4	–	10.4	5.8
其他有限责任公司	-4938.4	-5001.1	85.2	497.0	75.3
股份有限公司	-535.8	-534.4	–	40.9	7.0
私营企业	-3492.1	-3378.6	3.4	78.5	0.5
私营独资企业	-578.2	-578.2	–	–	–
私营合伙企业	-13.3	-14.0	–	–	–
私营有限责任公司	-2716.3	-2602.1	3.4	74.0	0.5
私营股份有限公司	-184.3	-184.3	–	4.5	–
其他企业	–	–	–	–	–
港、澳、台商投资企业	4912.2	3447.8	667.3	960.2	305.0
合资经营企业(港或澳、台资)	939.0	-546.6	667.3	956.1	256.8
合作经营企业(港或澳、台资)	3973.2	3994.4	–	4.1	48.2
港、澳、台商独资经营企业	–	–	–	–	–
港、澳、台商投资股份有限公司	–	–	–	–	–
外商投资企业	-1026.4	-1161.4	890.9	782.7	301.4
中外合资经营企业	-3151.5	-3104.8	54.1	340.4	180.8
中外合作经营企业	-2363.2	-2363.2	18.1	–	–
外资企业	4488.3	4306.6	818.7	442.3	120.6
外商投资股份有限公司	–	–	–	–	–
2.按国民经济行业分组					
旅游饭店	-7885.8	-9410.3	1649.7	3218.5	818.3
一般旅馆	-860.8	-839.6	–	–	48.2
其他住宿服务	111.9	93.3	–	–	10.0

7-6　星级住宿业和限额以上餐饮企业财务状况（一）

7-6 续表

指标名称	工资、福利费		全部从业人员年平均人数（人）
	本年应付工资总额	本年应付福利费总额	
总　计	34670.1	6423.5	29643.0
一、住宿业	24886.1	5686.4	18083.0
#国有及国有控股	4585.1	525.6	4254.0
1.按登记注册类型分组			
内资企业	9925.6	1240.9	9941.0
国有企业	3590.8	446.7	3003.0
集体企业	522.4	34.7	603.0
股份合作企业	75.0	8.3	117.0
联营企业	46.0	6.4	450.0
国有联营企业	46.0	6.4	450.0
集体联营企业	–	–	–
国有与集体联营企业	–	–	–
其他联营企业	–	–	–
有限责任公司	2998.4	419.0	3017.0
国有独资公司	44.0	6.2	190.0
其他有限责任公司	2954.4	412.8	2827.0
股份有限公司	745.2	26.8	643.0
私营企业	1947.8	299.0	2108.0
私营独资企业	341.8	31.0	378.0
私营合伙企业	82.1	–	90.0
私营有限责任公司	1509.1	162.1	1520.0
私营股份有限公司	14.8	105.9	120.0
其他企业	–	–	–
港、澳、台商投资企业	8846.5	2610.2	4886.0
合资经营企业(港或澳、台资)	7191.7	1812.6	3905.0
合作经营企业(港或澳、台资)	1654.8	797.6	981.0
港、澳、台商独资经营企业	–	–	–
港、澳、台商投资股份有限公司	–	–	–
外商投资企业	6114.0	1835.3	3256.0
中外合资经营企业	1563.0	221.6	1228.0
中外合作经营企业	963.9	70.8	803.0
外资企业	3587.1	1542.9	1225.0
外商投资股份有限公司	–	–	–
2.按国民经济行业分组			
旅游饭店	23971.8	5540.7	17115.0
一般旅馆	547.1	76.6	447.0
其他住宿服务	367.2	69.1	521.0

7-6 星级住宿业和限额以上餐饮企业财务状况（二）

7-6 续表

指标名称	年末资产负债				
	企业数(个)	亏损企业数(个)	流动资产合计	存 货	固定资产原价
二、餐饮业	98	53	49280.7	7390.3	133760.6
#国有及国有控股	3	3	230.3	144.5	4992.5
1.按登记注册类型分组					
内资企业	79	43	36531.0	5670.5	98960.1
国有企业	2	2	181.5	110.9	723.7
集体企业	5	3	360.4	78.6	1478.2
股份合作企业	–	–	–	–	–
联营企业	–	–	–	–	–
国有联营企业	–	–	–	–	–
集体联营企业	–	–	–	–	–
国有与集体联营企业	–	–	–	–	–
其他联营企业	–	–	–	–	–
有限责任公司	14	5	10547.7	1322.3	28344.1
国有独资公司	–	–	–	–	–
其他有限责任公司	14	5	10547.7	1322.3	28344.1
股份有限公司	1	1	48.8	33.6	4268.8
私营企业	57	32	25392.6	4125.1	64145.3
私营独资企业	11	3	2840.9	1131.2	15778.1
私营合伙企业	1	1	821.6	203.4	2761.5
私营有限责任公司	43	27	21058.4	2699.3	41240.2
私营股份有限公司	2	1	671.7	91.2	4365.5
其他企业	–	–	–	–	–
港、澳、台商投资企业	6	2	3455.9	446.5	4426.1
合资经营企业(港或澳、台资)	2	–	1234.7	91.7	2820.7
合作经营企业(港或澳、台资)	1	–	705.1	50.3	101.0
港、澳、台商独资经营企业	3	2	1516.1	304.5	1504.4
港、澳、台商投资股份有限公司	–	–	–	–	–
外商投资企业	13	8	9293.8	1273.3	30374.4
中外合资经营企业	6	5	3309.8	293.6	12034.3
中外合作经营企业	2	1	4014.8	77.4	1225.2
外资企业	5	2	1969.2	902.3	17114.9
外商投资股份有限公司	–	–	–	–	–
2.按国民经济行业分组					
正餐服务业	86	48	40580.2	5778.8	110236.4
快餐服务业	10	4	7429.5	1515.3	20637.5
饮料及冷饮服务业	1	1	87.7	6.3	115.8
其他餐饮服务业	1	–	1183.3	89.9	2770.9

7-6　星级住宿业和限额以上餐饮企业财务状况（二）

7-6 续表

指标名称	年末资产负债				
	累计折旧	本年折旧	资产合计	负债合计	所有者权益合计
二、餐饮业	40222.7	11558.5	163416.2	130141.4	33274.8
#国有及国有控股	844.1	474.7	5965.0	8800.4	-2835.4
1.按登记注册类型分组					
内资企业	25923.2	5979.6	119426.8	98812.6	20614.2
国有企业	479.3	109.9	1903.4	4529.8	-2626.4
集体企业	625.7	144.0	1399.2	3260.1	-1860.9
股份合作企业	–	–	–	–	–
联营企业	–	–	–	–	–
国有联营企业	–	–	–	–	–
集体联营企业	–	–	–	–	–
国有与集体联营企业	–	–	–	–	–
其他联营企业	–	–	–	–	–
有限责任公司	7596.7	1408.4	33110.4	23325.6	9784.8
国有独资公司	–	–	–	–	–
其他有限责任公司	7596.7	1408.4	33110.4	23325.6	9784.8
股份有限公司	364.8	364.8	4061.6	4270.6	-209.0
私营企业	16856.7	3952.5	78952.2	63426.5	15525.7
私营独资企业	2645.0	1119.5	16726.0	9578.6	7147.4
私营合伙企业	852.1	165.8	3059.6	3321.7	-262.1
私营有限责任公司	11724.4	2623.6	55649.4	44961.0	10688.4
私营股份有限公司	1635.2	43.6	3517.2	5565.2	-2048.0
其他企业	–	–	–	–	–
港、澳、台商投资企业	2280.8	363.4	6372.6	4563.5	1809.1
合资经营企业(港或澳、台资)	1396.3	147.8	2734.8	337.2	2397.6
合作经营企业(港或澳、台资)	80.7	8.3	725.4	153.3	572.1
港、澳、台商独资经营企业	803.8	207.3	2912.4	4073.0	-1160.6
港、澳、台商投资股份有限公司	–	–	–	–	–
外商投资企业	12018.7	5215.5	37616.8	26765.3	10851.5
中外合资经营企业	4800.0	2868.7	12592.5	1770.1	10822.4
中外合作经营企业	860.3	73.4	6978.0	5644.8	1333.2
外资企业	6358.4	2273.4	18046.3	19350.4	-1304.1
外商投资股份有限公司	–	–	–	–	–
2.按国民经济行业分组					
正餐服务业	30550.4	8848.8	134315.9	106930.9	27385.0
快餐服务业	8261.0	2548.6	26267.9	22806.4	3461.5
饮料及冷饮服务业	59.8	17.7	154.0	77.7	76.3
其他餐饮服务业	1351.5	143.4	2678.4	326.4	2352.0

7-6　星级住宿业和限额以上餐饮企业财务状况（二）

7-6 续表

指标名称	年末资产负债				
	实收资本	国家资本	集体资本	法人资本	个人资本
二、餐饮业	54379.3	833.1	3048.2	24535.3	9285.4
#国有及国有控股	110.0	110.0	–	–	–
1.按登记注册类型分组					
内资企业	27238.7	110.0	3048.2	14995.1	9085.4
国有企业	110.0	110.0	–	–	–
集体企业	265.3	–	265.3	–	–
股份合作企业	–	–	–	–	–
联营企业	–	–	–	–	–
国有联营企业	–	–	–	–	–
集体联营企业	–	–	–	–	–
国有与集体联营企业	–	–	–	–	–
其他联营企业	–	–	–	–	–
有限责任公司	11330.1	–	2510.0	8095.7	724.4
国有独资公司	–	–	–	–	–
其他有限责任公司	11330.1	–	2510.0	8095.7	724.4
股份有限公司	–	–	–	–	–
私营企业	15533.3	–	272.9	6899.4	8361.0
私营独资企业	605.0	–	42.9	36.0	526.1
私营合伙企业	100.0	–	–	–	100.0
私营有限责任公司	14828.3	–	230.0	6863.4	7734.9
私营股份有限公司	–	–	–	–	–
其他企业	–	–	–	–	–
港、澳、台商投资企业	2445.4	676.3	–	–	200.0
合资经营企业(港或澳、台资)	1386.0	676.3	–	–	–
合作经营企业(港或澳、台资)	500.0	–	–	–	200.0
港、澳、台商独资经营企业	559.4	–	–	–	–
港、澳、台商投资股份有限公司	–	–	–	–	–
外商投资企业	24695.2	46.8	–	9540.2	–
中外合资经营企业	14394.3	–	–	9436.2	–
中外合作经营企业	3497.0	46.8	–	104.0	–
外资企业	6803.9	–	–	–	–
外商投资股份有限公司	–	–	–	–	–
2.按国民经济行业分组					
正餐服务业	43357.6	110.0	2958.3	23547.2	9211.3
快餐服务业	9612.7	46.8	89.9	984.0	74.1
饮料及冷饮服务业	83.0	–	–	4.1	–
其他餐饮服务业	1326.0	676.3	–	–	–

7-6　星级住宿业和限额以上餐饮企业财务状况（二）

7-6 续表

指标名称	年末资产负债		损益及分配		
	港澳台资本	外商资本	营业收入合计	主营业务收入	主营业务成本
二、餐饮业	4569.1	12108.2	154146.8	153863.3	75003.8
#国有及国有控股	–	–	2148.4	2089.5	1291.8
1.按登记注册类型分组					
内资企业	–	–	92075.9	91879.8	49769.2
国有企业	–	–	1385.9	1327.0	529.3
集体企业	–	–	2756.1	2756.1	1622.4
股份合作企业	–	–	–	–	–
联营企业	–	–	–	–	–
国有联营企业	–	–	–	–	–
集体联营企业	–	–	–	–	–
国有与集体联营企业	–	–	–	–	–
其他联营企业	–	–	–	–	–
有限责任公司	–	–	20167.5	20146.1	9205.8
国有独资公司	–	–	–	–	–
其他有限责任公司	–	–	20167.5	20146.1	9205.8
股份有限公司	–	–	762.5	762.5	762.5
私营企业	–	–	67003.9	66888.1	37649.2
私营独资企业	–	–	13806.7	13690.9	8306.1
私营合伙企业	–	–	894.5	894.5	462.9
私营有限责任公司	–	–	49027.1	49027.1	26929.8
私营股份有限公司	–	–	3275.6	3275.6	1950.4
其他企业	–	–	–	–	–
港、澳、台商投资企业	1174.9	394.2	10419.2	10419.2	4832.9
合资经营企业(港或澳、台资)	709.7	–	2475.6	2475.6	744.8
合作经营企业(港或澳、台资)	300.0	–	2158.3	2158.3	1468.7
港、澳、台商独资经营企业	165.2	394.2	5785.3	5785.3	2619.4
港、澳、台商投资股份有限公司	–	–	–	–	–
外商投资企业	3394.2	11714.0	51651.7	51564.3	20401.7
中外合资经营企业	3394.2	1563.9	10204.7	10117.3	4518.7
中外合作经营企业	–	3346.2	2424.1	2424.1	1252.3
外资企业	–	6803.9	39022.9	39022.9	14630.7
外商投资股份有限公司	–	–	–	–	–
2.按国民经济行业分组					
正餐服务业	3019.4	4511.4	98087.0	97875.5	53278.5
快餐服务业	900.0	7517.9	53428.2	53356.2	20970.5
饮料及冷饮服务业	–	78.9	365.8	365.8	68.4
其他餐饮服务业	649.7	–	2265.8	2265.8	686.4

7-6　星级住宿业和限额以上餐饮企业财务状况（二）

7-6 续表

指标名称	损益及分配				
	主营业务税金及附加	主营业务利润	其他业务利润	营业费用	管理费用
二、餐饮业	7789.9	71069.6	−148.2	48552.9	17361.8
#国有及国有控股	73.7	724.0	−207.8	706.1	450.6
1.按登记注册类型分组					
内资企业	4779.5	37331.1	9.1	24269.4	11861.3
国有企业	73.7	724.0	−	706.1	450.6
集体企业	149.1	984.6	3.1	707.5	453.8
股份合作企业	−	−	−	−	−
联营企业	−	−	−	−	−
国有联营企业	−	−	−	−	−
集体联营企业	−	−	−	−	−
国有与集体联营企业	−	−	−	−	−
其他联营企业	−	−	−	−	−
有限责任公司	1183.3	9757.0	98.0	5593.2	3183.0
国有独资公司	−	−	−	−	−
其他有限责任公司	1183.3	9757.0	98.0	5593.2	3183.0
股份有限公司	−	−	−207.8	−	−
私营企业	3373.4	25865.5	115.8	17262.6	7773.9
私营独资企业	808.1	4576.7	115.8	2530.8	1436.0
私营合伙企业	49.6	382.0	−	194.1	260.2
私营有限责任公司	2334.0	19763.3	−	13639.0	6039.8
私营股份有限公司	181.7	1143.5	−	898.7	37.9
其他企业	−	−	−	−	−
港、澳、台商投资企业	422.7	5163.6	−	3361.5	1470.4
合资经营企业(港或澳、台资)	24.7	1706.1	−	811.6	664.4
合作经营企业(港或澳、台资)	107.9	581.7	−	364.1	181.1
港、澳、台商独资经营企业	290.1	2875.8	−	2185.8	624.9
港、澳、台商投资股份有限公司	−	−	−	−	−
外商投资企业	2587.7	28574.9	−157.3	20922.0	4030.1
中外合资经营企业	514.2	5084.4	86.9	4512.5	764.5
中外合作经营企业	123.1	1048.7	−	1072.8	263.8
外资企业	1950.4	22441.8	−244.2	15336.7	3001.8
外商投资股份有限公司	−	−	−	−	−
2.按国民经济行业分组					
正餐服务业	5073.2	39523.8	6.0	26467.3	12826.9
快餐服务业	2684.3	29701.4	−154.2	21217.6	3766.4
饮料及冷饮服务业	18.3	279.1	−	155.2	128.8
其他餐饮服务业	14.1	1565.3	−	712.8	639.7

7-6 星级住宿业和限额以上餐饮企业财务状况（二）

7-6 续表

指标名称	损益及分配				
	税　金	差旅费	工会经费	财务费用	利息支出
二、餐饮业	511.7	852.8	15.8	2741.8	839.4
#国有及国有控股	–	–	–	9.6	0.2
1.按登记注册类型分组					
内资企业	414.7	116.0	6.6	2055.0	874.0
国有企业	–	–	–	8.4	–
集体企业	0.9	–	0.9	3.0	−0.1
股份合作企业	–	–	–	–	–
联营企业	–	–	–	–	–
国有联营企业	–	–	–	–	–
集体联营企业	–	–	–	–	–
国有与集体联营企业	–	–	–	–	–
其他联营企业	–	–	–	–	–
有限责任公司	74.2	26.4	3.9	292.1	171.0
国有独资公司	–	–	–	–	–
其他有限责任公司	74.2	26.4	3.9	292.1	171.0
股份有限公司	–	–	–	1.2	0.2
私营企业	339.6	89.6	1.8	1750.3	702.9
私营独资企业	14.0	–	–	523.2	37.2
私营合伙企业	–	–	–	3.8	–
私营有限责任公司	322.0	82.2	1.8	1078.5	607.5
私营股份有限公司	3.6	7.4	–	144.8	58.2
其他企业	–	–	–	–	–
港、澳、台商投资企业	69.3	32.1	9.2	−0.8	−14.5
合资经营企业(港或澳、台资)	18.3	7.5	9.2	2.1	–
合作经营企业(港或澳、台资)	–	–	–	0.1	–
港、澳、台商独资经营企业	51.0	24.6	–	−3.0	−14.5
港、澳、台商投资股份有限公司	–	–	–	–	–
外商投资企业	27.7	704.7	–	687.6	−20.1
中外合资经营企业	27.7	5.3	–	9.3	−5.6
中外合作经营企业	–	2.1	–	−2.8	–
外资企业	–	697.3	–	681.1	−14.5
外商投资股份有限公司	–	–	–	–	–
2.按国民经济行业分组					
正餐服务业	490.5	107.2	6.6	2085.3	863.2
快餐服务业	2.9	732.8	–	652.5	−23.8
饮料及冷饮服务业	–	5.3	–	3.0	–
其他餐饮服务业	18.3	7.5	9.2	1.0	–

7-6 星级住宿业和限额以上餐饮企业财务状况（二）

7-6 续表

指标名称	损益及分配				
	营业利润	利润总额	应交所得税	劳动、失业保险费	住房公积金和住房补贴
二、餐饮业	2264.9	2792.6	1974.0	760.4	230.3
#国有及国有控股	−650.1	−620.5	−	−	−
1.按登记注册类型分组					
内资企业	−845.5	−238.2	444.4	382.3	90.4
国有企业	−441.1	−411.5	−	−	−
集体企业	−176.6	−177.5	−	6.4	11.8
股份合作企业	−	−	−	−	−
联营企业	−	−	−	−	−
国有联营企业	−	−	−	−	−
集体联营企业	−	−	−	−	−
国有与集体联营企业	−	−	−	−	−
其他联营企业	−	−	−	−	−
有限责任公司	786.7	592.2	50.6	100.8	66.4
国有独资公司	−	−	−	−	−
其他有限责任公司	786.7	592.2	50.6	100.8	66.4
股份有限公司	−209.0	−209.0	−	−	−
私营企业	−805.5	−32.4	393.8	275.1	12.2
私营独资企业	202.5	775.3	218.2	98.9	9.2
私营合伙企业	−76.1	−76.3	−	−	−
私营有限责任公司	−994.0	−793.9	175.6	172.7	3.0
私营股份有限公司	62.1	62.5	−	3.5	−
其他企业	−	−	−	−	−
港、澳、台商投资企业	332.5	325.3	204.3	128.8	82.8
合资经营企业(港或澳、台资)	228.0	227.5	57.1	57.2	69.5
合作经营企业(港或澳、台资)	36.4	36.4	5.0	25.4	5.5
港、澳、台商独资经营企业	68.1	61.4	142.2	46.2	7.8
港、澳、台商投资股份有限公司	−	−	−	−	−
外商投资企业	2777.9	2705.5	1325.3	249.3	57.1
中外合资经营企业	−115.0	−131.5	63.3	64.4	−
中外合作经营企业	−285.1	−287.8	30.0	32.9	3.1
外资企业	3178.0	3124.8	1232.0	152.0	54.0
外商投资股份有限公司	−	−	−	−	−
2.按国民经济行业分组					
正餐服务业	−1849.7	−1262.3	429.9	410.6	88.3
快餐服务业	3910.7	3851.5	1487.0	282.9	72.5
饮料及冷饮服务业	−7.9	−7.9	−	9.7	−
其他餐饮服务业	211.8	211.3	57.1	57.2	69.5

7-6 星级住宿业和限额以上餐饮企业财务状况（二）

7-6 续表

指标名称	工资、福利费		全部从业人员年平均人数（人）
	本年应付工资总额	本年应付福利费总额	
二、餐饮业	9784.0	737.1	11560.0
#国有及国有控股	333.4	17.9	173.0
1.按登记注册类型分组			
内资企业	5876.5	527.9	6837.0
国有企业	277.0	10.0	143.0
集体企业	242.8	55.7	380.0
股份合作企业	–	–	–
联营企业	–	–	–
国有联营企业	–	–	–
集体联营企业	–	–	–
国有与集体联营企业	–	–	–
其他联营企业	–	–	–
有限责任公司	1217.1	124.4	1461.0
国有独资公司	–	–	–
其他有限责任公司	1217.1	124.4	1461.0
股份有限公司	56.4	7.9	30.0
私营企业	4083.2	329.9	4823.0
私营独资企业	592.5	29.9	925.0
私营合伙企业	38.3	–	39.0
私营有限责任公司	3420.5	297.0	3712.0
私营股份有限公司	31.9	3.0	147.0
其他企业	–	–	–
港、澳、台商投资企业	751.2	34.1	698.0
合资经营企业(港或澳、台资)	498.1	14.1	146.0
合作经营企业(港或澳、台资)	69.0	9.2	65.0
港、澳、台商独资经营企业	184.1	10.8	487.0
港、澳、台商投资股份有限公司	–	–	–
外商投资企业	3156.3	175.1	4025.0
中外合资经营企业	867.0	13.1	896.0
中外合作经营企业	379.1	–	292.0
外资企业	1910.2	162.0	2837.0
外商投资股份有限公司	–	–	–
2.按国民经济行业分组			
正餐服务业	6313.9	506.3	7371.0
快餐服务业	2876.6	203.6	4000.0
饮料及冷饮服务业	134.8	13.1	63.0
其他餐饮服务业	458.7	14.1	126.0

主要统计指标解释

【社会消费品零售额】指各种经济类型的批发零售业、住宿餐饮业及其他行业对城乡居民、社会集团的消费品零售额。这个指标反映通过各种商品流通渠道向居民和社会集团供应的生活消费品和办公用品以满足他们需要，是研究人民生活、社会消费品购买力、货币流通等问题的重要指标。

【批发零售业商品购、销、存总额】指以各种经济类型的批发、零售贸易业（不包括个体）为总体的商品购进、销售、库存。

【商品购进总额】指从本企业（单位）以外的单位或个人购进（包括从国外直接购进）作为转卖或加工后转卖的商品。它反映批发零售贸易业从国内、国外市场上购进商品的总量。

【商品销售总额】指对本企业（单位）以外的单位和个人出售（包括对国（境）外直接出品）的商品。这个指标反映批发零售贸易业在国内市场上销售商品以及出口商品的总量。

【年末库存】指年末各种经济类型的批发零售贸易企业（单位）已取得所有权的商品。它反映各地区、各批发零售企业（单位）的库存情况，和对市场商品供应的保证程度。

外经、外贸及旅游业

责任编辑

于茉莉　赵　晖

张　欣　刘　嫔

2006年进出口构成

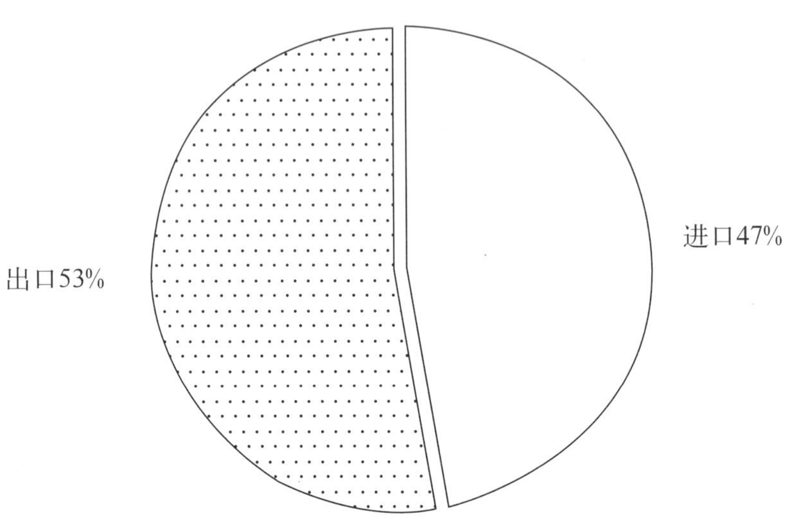

出口构成（按企业性质分）

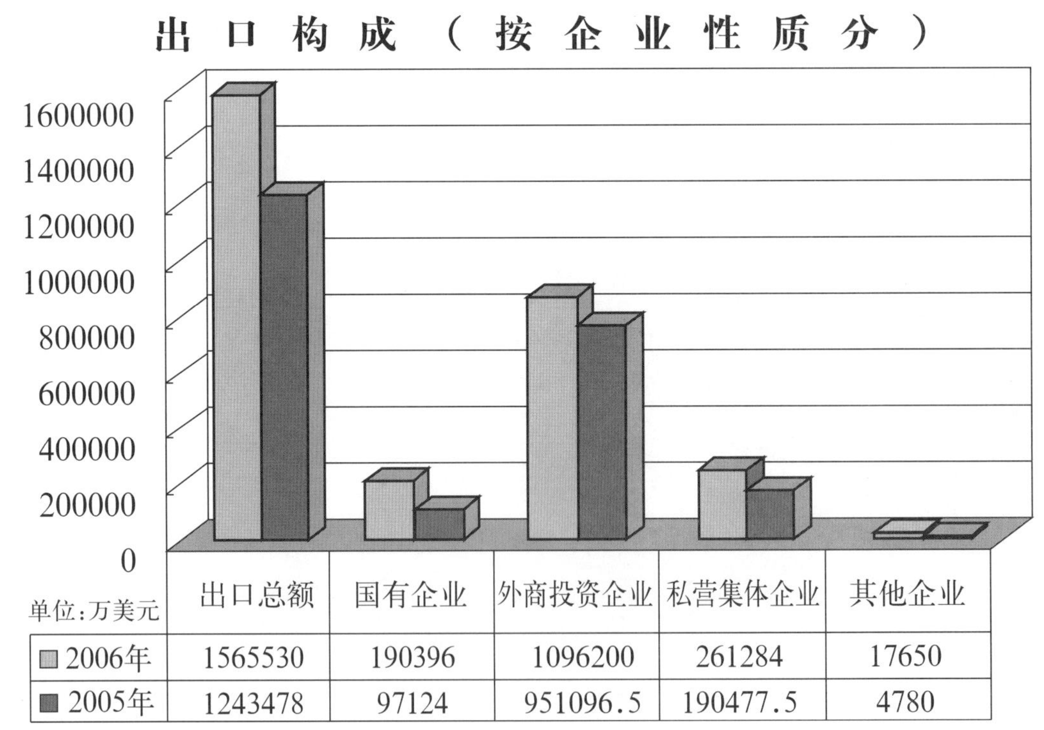

单位:万美元	出口总额	国有企业	外商投资企业	私营集体企业	其他企业
2006年	1565530	190396	1096200	261284	17650
2005年	1243478	97124	951096.5	190477.5	4780

8-1 大连市利用外资情况

	计量单位	总计	对外借款	外商直接投资				
				合计	合资企业	合作企业	独资企业	外商投资股份制
项目数								
2006年	个	854	1	853	261	35	556	1
2005年	个	1058	—	1058	292	35	731	—
投资总额								
2006年	万美元	794845	—	794845	218942	58246	481270	36387
2005年	万美元	840679	—	840679	229327	54474	556878	—
注册资本								
2006年	万美元	329558	—	329558	84886	12819	231853	—
2005年	万美元	181223	—	181223	68125	24887	88211	—
注册外资额								
2006年	万美元	476907	4000	472907	96310	21296	340986	14315
2005年	万美元	460362	—	460362	91249	33031	336082	—
实际使用外资								
2006年	万美元	226997	2520	224477	64435	9384	150658	—
2005年	万美元	100153	—	100153	35588	4369	60196	—

注：1、**注册资本**：为已在工商行政管理部门登记注册的资本。

2、**注册外资额**：即合同外资额。

8-2 大连市外商直接投资国别（地区）分布情况

单位：个、万美元

国别（地区）	项目个数		注册外资额		实际使用外资额	
	2006年	2005年	2006年	2005年	2006年	2005年
合　计	**853**	**1058**	**472907**	**460362**	**224477**	**100153**
亚洲	**648**	**817**	**294776**	**323693**	**144634**	**72822**
# 香港	123	150	127344	112784	42415	13130
台湾	26	27	19124	9264	4375	819
新加坡	7	16	9475	4279	16192	1218
日本	302	375	64590	114065	61547	48825
韩国	167	226	63627	70646	18928	8540
非洲	**3**	**1**	**911**	**-432**	**312**	**1240**
# 南非	0	-	787	-483	312	-
塞舌尔	2	-	95	-	-	-
欧洲	**45**	**66**	**16324**	**32566**	**17146**	**10223**
# 德国	5	16	3362	11669	9699	2828
法国	5	-	2105	41	175	108
意大利	4	8	1588	2841	664	936
英国	4	9	219	6117	518	275
瑞典	2	1	174	2091	-	700
奥地利	3	1	1534	175	328	1337
俄罗斯	7	11	171	3005	610	91
拉美洲	**39**	**20**	**66534**	**17145**	**28918**	**3530**
# 英属维尔京群岛	29	15	44656	11985	23059	974
北美洲	**96**	**131**	**67638**	**76599**	**23763**	**9598**
# 加拿大	28	24	19238	11364	7602	494
美国	68	107	48295	65235	16161	9103
大洋洲	**22**	**23**	**26724**	**10791**	**9704**	**2740**
# 澳大利亚	16	12	21997	8059	7236	2019
新西兰	4	2	62	775	188	220

8-3 大连市外商直接投资行业分布情况

单位：个、万美元

行业	项目个数		注册外资额		实际使用外资额	
	2006年	2005年	2006年	2005年	2006年	2005年
合计	**853**	**1058**	**472907**	**460362**	**224477**	**100153**
第一产业	**19**	**13**	**7570**	**1676**	**1062**	**372**
# 农业	5	6	1261	495	171	88
第二产业	**459**	**624**	**268503**	**298593**	**131849**	**69445**
采矿业	—	1	20	−1	13	—
制造业	440	605	261630	287744	131546	68164
# 农副食品加工业	39	71	3423	22089	3697	5079
饮料制造业	5	7	414	3601	458	3338
纺织服装、鞋、帽制造业	66	79	4730	23366	3291	2890
木材加工及木、竹、藤、棕、草制品业	15	21	2245	2827	3098	1992
家具制造业	16	16	2460	2903	1913	1771
化学原料及化学制品制造业	16	35	23931	15589	5322	625
医药制造业	9	10	5128	6805	1360	278
塑料制品业	11	17	3563	6705	586	596
非金属矿物制品业	15	26	26297	11928	10375	2449
金属制品业	15	30	7289	12549	6995	3928
通用设备制造业	57	67	25812	41803	5324	8843
专用设备制造业	50	47	35057	42672	18163	2887
交通运输设备制造业	32	38	40495	28886	28292	7909
电气机械及器材制造业	11	23	6171	13551	6430	1216
通信设备、计算机及其电子设备制造业	24	30	50681	24060	24908	7926
仪器仪表及文化、办公用机械制造业	10	11	4003	4146	1474	3629
电力、燃气及水的生产和供应业	4	1	4938	111	193	31
建筑业	15	17	1915	10739	97	1250
第三产业	**375**	**421**	**196834**	**160093**	**91566**	**30336**
# 交通运输、仓储和邮政业	15	3	22625	2042	6454	1989
信息传输、计算机服务和软件业	62	91	4245	32104	10187	4554
批发和零售业	111	144	14804	47952	10926	6312
住宿和餐饮业	31	38	6935	5727	1955	745
金融业	1	2	249	1600	334	9362
房地产业	64	47	113453	44262	42679	2671
租赁和商务服务业	58	62	8215	16386	6121	3643
科学研究、技术服务和地质勘查业	12	11	16617	864	1977	82
水利、环境和公共设施管理业	4	2	2091	−197	216	112
居民服务和其他服务业	10	16	4701	4389	7923	368
卫生、社会保障和社会福利业	—	1	—	2860	—	—
文化、体育和娱乐业	7	4	2894	2104	2794	498
教育	—	—	5	—	—	—

8-4 外商及港澳台

指　　标	单位个数	期末从业人员（人）	从业人员劳动报酬（万元）
合　计	**2628**	**412328**	**923409**
按投资方式分			
中外合资经营企业	1144	168342	349466
中外合作经营企业	207	28996	52981
外商独资企业	1275	212401	509258
外商投资股份有限公司	2	2589	11704
按国民经济行业分			
第一产业	**34**	**1915**	**2384**
农、林、牧、渔业	34	1915	2384
第二产业	**1931**	**359404**	**658161**
采矿业	3	37	33
制造业	1876	352650	646007
# 1.农副食品加工业	263	32978	42445
2.纺织服装、鞋、帽制造业	283	65846	89997
3.家具制造业	45	16339	18223
4.石油加工、炼焦及核燃料加工业	4	1174	9199
5.塑料制品业	85	14131	26822
6.装备制造业	614	150731	320920
# 金属制品业	86	14365	34646
通用设备制造业	199	31530	77957
专用设备制造业	74	9218	18558
交通运输设备制造业	73	9216	28111
电气机械及器材制造业	57	34863	62496
通信设备、计算机及其他电子设备制造业	75	42916	83221
仪器仪表及文化、办公用机械制造业	50	8623	15931
电力、煤气及水的生产和供应业	1	1	7
建筑业	51	6716	12114
第三产业	**663**	**51009**	**262864**
交通运输、仓储和邮政业	61	6532	24438
信息传输、计算机服务和软件业	151	13455	139774
批发和零售业	157	8102	24833
住宿和餐饮业	82	13475	31200
金融业	9	728	15501
房地产业	103	4949	11573
租赁和商务服务业	40	498	1877
科学研究、技术服务和地质勘查业	18	495	4206
水利、环境和公共设施管理业	4	601	1610
居民服务和其他服务业	21	1020	1460
教育业	6	878	5825
文化、体育和娱乐业	11	276	567
按国别（地区）分			
香港	436	69383	135534
台湾	120	7570	21068
日本	1161	197514	414811
韩国	333	52294	82674
美国	234	28457	137169

投资企业经营状况

总产值（营业额）（万元）	主营业务收入（万元）	主营业务成本（万元）	实交税金及附加费（万元）	利润总额（万元）	实际出口额（万美元）
17762206	**17716435**	**15279018**	**524921**	**595032**	**1095624**
11031590	11025424	9628052	342488	397435	571915
536401	524231	433244	12369	−13755	30835
5921902	5895447	5006370	157004	197270	492874
272313	271333	211352	13060	14082	—
35338	**43734**	**38783**	**40**	**−3280**	**1536**
35338	43734	38783	40	−3280	1536
14911657	**14852628**	**13085370**	**406796**	**485234**	**1020520**
381	411	240	33	102	6
14773058	14713883	12962775	402735	478086	1020514
1043360	1051713	990084	15676	5309	69519
601018	580712	485257	5247	18487	58137
420115	392070	294473	7714	48237	29328
3617746	3591709	3508347	124512	3930	177062
488839	547799	478167	12973	8993	27591
6287307	6093081	5187242	144455	301468	509308
514663	489148	424996	6960	25181	53549
1345716	1337155	1085365	55659	109612	68082
290792	300551	263129	9476	12239	21388
570358	565302	481611	13854	33039	34279
906625	882910	763169	13328	47840	91192
2437895	2305903	1983616	40048	70424	220404
221258	212112	185356	5130	3133	20414
138218	138334	122355	4028	7046	—
—	—	—	—	—	—
2815211	**2820073**	**2154865**	**118085**	**113078**	**73568**
476366	475126	352767	14361	49854	44235
216339	215195	120035	8778	21096	14883
1328884	1336556	1192195	32100	9978	14450
201090	201166	68547	12676	−846	—
116662	116662	87775	6644	28673	—
410723	410240	292834	39326	5458	—
13191	13190	7570	801	883	—
10690	10674	5995	741	−48	—
16745	16745	12261	819	−1981	—
7114	7113	1751	695	−14	—
11053	11053	10816	7	−402	—
6354	6353	2319	1137	427	—
2576185	2693901	2214236	85515	92916	72601
197413	200713	169155	5577	2419	9805
6723476	6561406	5541545	179830	325039	629012
827680	821407	734441	12615	−18815	64762
1204786	1200228	905500	36292	48596	40388

8-5 对外劳务承包工程及劳务合作情况

指标	计量单位	合计	
		2006年	2005年
合同个数	个	900	820
合同额	万美元	35348	30118
营业额	万美元	28050	25045
年内派出人次	人次	29150	26500
年末在境外人数	人	40238	30589

8-6 大连口岸进出口总值

单位：亿美元

指标	口岸进出口总值	
	2006年	2005年
进出口总额	487.29	422.87
# 出口额	257.32	220.51
进口额	229.97	202.36

注：总值中包括大连海关、大连新港海关统计数字。

8-7 大连地区（在地经营单位）进出口分企业类型情况

单位：万美元

企业类型	进出口总额		出口额		进口额	
	2006年	2005年	2006年	2005年	2006年	2005年
合计	**3179574**	**2559123**	**1725809**	**1378025**	**1453765**	**1181098**
国有企业	713482	423853	368028	246090	345454	177763
外商投资企业	2051873	1785558	1090987	938633	960886	846925
# 合资企业	1153264	943022	573382	463513	579882	479509
合作企业	53605	51573	40183	35722	13422	15851
独资企业	845004	790963	477422	439398	367582	351565
集体企业	56040	56901	32101	30270	23939	26631
私营企业	353786	282128	233956	162283	119830	119845
个体工商户	629	423	450	299	179	124
其他	3764	10260	287	450	3477	9810

8-8 自营进出口总值分国别（地区）情况（一）

单位：万美元

国家（地区）	进出口总额		出口额		进口额	
	2006年	2005年	2006年	2005年	2006年	2005年
合　　计	**2932404**	**2352314**	**1565530**	**1243478**	**1366874**	**1108836**
一、亚洲小计	2057050	1702272	1065970	845206	991080	857066
#孟加拉国	1776	1855	1664	1605	112	250
朝鲜	7209	6204	6431	5502	778	702
香港	153379	132964	82358	68795	71021	64169
印度	15099	10773	9178	5054	5921	5719
印度尼西亚	61970	41236	55291	37393	6679	3843
伊朗	90695	71712	4160	3605	86535	68107
伊拉克	124	8095	124	24	–	8071
以色列	1737	1139	1366	928	371	211
日本	868860	785976	520837	462173	348023	323803
约旦	466	318	449	318	17	–
科威特	26262	16732	346	330	25916	16402
马来西亚	28472	27282	17957	16955	10515	10327
蒙古	568	229	318	119	250	110
巴基斯坦	2338	2024	1943	1759	395	265
菲律宾	23431	18112	17140	12269	6291	5843
卡塔尔	12595	5354	745	75	11850	5279
沙特阿拉伯	147259	126358	3362	1082	143897	125276
新加坡	157137	70446	144005	62032	13132	8414
韩国	278625	240430	137953	109669	140672	130761
斯里兰卡	585	262	583	260	2	2
叙利亚	892	324	816	324	76	–
泰国	22483	17821	11710	9867	10773	7954
土耳其	5060	3886	3828	2836	1233	1050
阿联酋	87199	63160	6393	7205	80806	55955
越南	17521	23368	16376	22598	1145	770
台湾	36448	23789	16338	10468	20110	13321

8-8　自营进出口总值分国别（地区）情况（二）

单位：万美元

国家（地区）	进出口总额		出口额		进口额	
	2006年	2005年	2006年	2005年	2006年	2005年
二、非洲小计	125502	33766	14617	12857	110885	20909
# 阿尔及利亚	782	696	782	696	–	–
安哥拉	53627	13027	371	218	53256	12809
刚果	12826	107	258	62	12568	45
尼日利亚	1686	820	1661	815	25	5
南非	8513	6843	4625	3063	3888	3780
苏丹	40801	3429	459	165	40342	3264
三、欧洲小计	358823	283733	213902	176513	144921	107220
# 比利时	19959	22279	7369	11953	12590	10326
丹麦	6683	11209	2140	5568	4543	5641
英国	40933	32635	32597	27011	8336	5624
德国	91861	70275	39802	33591	52059	36684
法国	16627	10116	8299	6479	8328	3637
爱尔兰	1914	1407	1683	1307	231	100
意大利	24907	13792	16334	8107	8573	5685
荷兰	55568	50270	46046	42723	9522	7547
希腊	6776	5297	6546	5258	230	39
葡萄牙	2135	2042	2048	1894	87	148
西班牙	14911	9352	12309	6828	2602	2524
奥地利	3492	2356	1527	1464	1965	892
保加利亚	522	453	506	441	16	12
芬兰	3799	3409	2370	2151	1429	1258
匈牙利	1502	1652	1363	1564	139	88
挪威	8397	3881	1709	1332	6688	2549
波兰	4101	2489	3506	2318	595	171
罗马尼亚	894	759	623	502	271	256
瑞典	7006	7329	2123	2157	4883	5172
瑞士	1150	1105	484	458	666	647
爱沙尼亚	240	623	162	583	78	40

8-8 自营进出口总值分国别（地区）情况（三）

单位：万美元

国家（地区）	进出口总额		出口额		进口额	
	2006年	2005年	2006年	2005年	2006年	2005年
俄罗斯	36843	25979	17770	9704	19073	16275
乌克兰	3289	1464	3193	1076	96	388
捷克共和国	745	649	566	527	179	122
四、拉丁美洲小计	59660	55185	26690	18797	32970	36388
# 安提瓜	7	40	7	40	–	–
阿根廷	6638	20842	1005	718	5633	20124
巴西	27854	15664	3901	3294	23953	12370
智利	2598	2309	1164	678	1434	1631
哥伦比亚	1349	792	1349	792	–	–
哥斯达黎加	393	523	393	523	–	–
古巴	1482	491	1482	482	–	9
厄瓜多尔	426	804	424	285	2	519
危地马拉	757	385	757	385	–	–
墨西哥	8832	6058	8613	5892	219	166
巴拿马	1939	1868	1919	1755	20	113
秘鲁	2172	1659	982	710	1190	949
波多黎各	757	1004	755	989	2	15
乌拉圭	682	712	179	273	503	439
委内瑞拉	1802	1039	1799	1039	3	–
五、北美洲小计	292299	247330	224383	176137	67916	71193
# 加拿大	28606	24215	14479	11070	14127	13145
美国	257521	223088	203732	165061	53789	58027
六、大洋洲小计	39070	30027	19968	13968	19102	16059
# 澳大利亚	30024	22992	14951	11860	15073	11132
新西兰	6268	6804	2301	1884	3967	4920
七、区域集团情况						
1、东盟	312156	198793	263507	161577	48649	37216
2、中东	378023	298562	22942	17815	355081	280747
3、欧盟	306195	246046	188914	160130	117281	85916
4、东欧	2272	4136	1934	3544	338	592
5、原苏联	40573	27604	21399	10907	19174	16697
6、南美	43663	44008	10942	7965	32721	36043

8-9　自营进出口总值分企业类型情况

单位：万美元

企业类型	进出口总额	出口额	进口额
合　计	**2932404**	**1565530**	**1366874**
一、国有企业	**443804**	**190396**	**253408**
（一）国有外贸企业	225326	69801	155525
1、委属企业	236	82	154
2、双轨制企业	126749	48782	77967
3、其它外贸企业	28367	13710	14657
4、中央外贸企业	69975	7228	62747
（二）国有生产企业	214143	119191	94952
（三）科研院所	1381	420	961
（四）商业物资企业	2954	984	1970
二、外商投资企业	**2056561**	**1096200**	**960361**
三、集体企业	**48496**	**26091**	**22405**
（一）集体外贸企业	2503	1959	544
（二）集体生产企业	45993	24132	21861
四、私营企业	**342349**	**235193**	**107156**
（一）私营外贸企业	273679	183219	90460
（二）私营生产企业	68670	51973	16697
五、其它企业	**41194**	**17650**	**23544**

8-10 大连市进口50强企业排序

单位：万美元

序号	企业名称	2006年	2005年
1	大连西太平洋石油化工有限公司	356147	289204
2	中国石化国际事业大连公司	77929	4245
3	大连中联油国际贸易有限公司	48962	1486
4	大连船舶重工有限责任公司	41706	23062
5	中国华录.松下电子信息有限公司	37071	20427
6	大连东芝电视有限公司	35947	18854
7	佳能大连办公设备有限公司	31654	29161
8	大连东展有限责任公司	20595	11522
9	罗姆电子大连有限公司	19681	30305
10	日本电产(大连)有限公司	19015	20854
11	大连近铁国际物流有限公司	14771	7152
12	大连华农豆业集团股份有限公司	14303	15009
13	辉瑞制药有限公司	12883	12064
14	大连大显泛泰通信有限公司	10875	6015
15	中床进出口大连有限公司	10765	6995
16	大连阿尔派电子有限公司	9646	11032
17	中国船舶燃料供应大连公司	8878	1124
18	大连重型机械进出口有限公司	8469	3379
19	英可金属(大连)有限公司	8216	7128
20	大连今冈船务工程有限公司	8144	3905
21	大连日清制油有限公司	7265	16102
22	大连经济技术开发区汇远经贸有限公司	7192	17057
23	大众一汽发动机（大连）有限公司	6962	-
24	大连保税区正阳贸易有限公司	6764	5454
25	三菱电机大连机器有限公司	6296	4744
26	大连金阳进出口有限公司	5945	9928
27	大连松下汽车电子系统有限公司	5761	7560
28	大连藤洋钢材加工有限公司	5619	6446
29	大连通世泰建材有限公司	5168	5990
30	斯大精密(大连)有限公司	5084	5470
31	欧姆龙(大连)有限公司	5034	6107
32	大连齐化化工有限公司	4935	4080
33	大九国际流通有限公司	4898	2071
34	大连固特异轮胎有限公司	4694	4053
35	柯尼卡(大连)有限公司	4609	9894
36	松下通信系统设备（大连）有限公司	4560	552
37	万宝至马达大连有限公司	4553	4416
38	松日科技(大连)有限公司	4366	3404
39	丰源制靴大连有限公司	4149	4166
40	莫莱克斯(大连)有限公司	4124	4919
41	大连喜姆电子有限公司	4096	2776
42	大连鸿英机械制造有限公司	3964	2945
43	大连华芙国际贸易有限公司	3948	1797
44	大连尊荣汽车销售有限公司	3889	698
45	TDK大连电子有限公司	3767	3002
46	海尔集团大连国际电器有限公司	3700	5413
47	大连新海洋食品有限公司	3578	3664
48	中国大连国际合作(集团)股份有限公司	3570	1557
49	大连康健贸易有限公司	3567	3496
50	东芝大连有限公司	3554	4228

8-11　大连市出口50强企业排序

单位：万美元

序号	企业名称	2006年出口	2005年出口
1	大连西太平洋石油化工有限公司	163189	141996
2	大连船舶重工有限责任公司	69596	23699
3	中国华录.松下电子信息有限公司	52172	28090
4	大连日通外运货运公司	48214	40868
5	大连中石油国际事业有限公司	48162	10864
6	日本电产(大连)有限公司	35227	40029
7	大连东展有限责任公司	33246	4582
8	罗姆电子大连有限公司	27770	33413
9	大连东芝电视有限公司	27461	19215
10	大连阿尔派电子有限公司	20527	20096
11	大连中远船务工程有限公司	15251	10395
12	海尔集团大连电器产业有限公司	15083	16286
13	大连松下汽车电子系统有限公司	15003	8694
14	欧姆龙(大连)有限公司	12774	12532
15	大连爱丽思生活用品有限公司	12461	7299
16	大连阿尔卑斯电子有限公司	11507	10343
17	大连通世泰建材有限公司	11345	10555
18	大连中集集装箱有限公司	10836	11553
19	大连华丰家具有限公司	10558	8649
20	鞍钢新轧-蒂森克虏伯镀锌钢板有限公司	10497	8767
21	佳能大连办公设备有限公司	9337	9664
22	中国船舶燃料供应大连公司	9211	958
23	万宝至马达大连有限公司	9172	8936
24	大连凯美进出口集团有限公司	8670	7234
25	大连大显泛泰通信有限公司	8262	3927
26	大连今冈船务工程有限公司	7212	3101
27	三菱电机大连机器有限公司	7069	6826
28	丰源制靴大连有限公司	6664	6558
29	松下通信系统设备（大连）有限公司	6659	427
30	莫莱克斯(大连)有限公司	6534	5654
31	柯尼卡(大连)有限公司	6458	12721
32	大连汇恒国际贸易有限责任公司	6419	5986
33	斯大精密(大连)有限公司	5978	7682
34	大连日清制油有限公司	5954	5569
35	松日科技(大连)有限公司	5544	5097
36	大连进道集装箱有限公司	5500	7434
37	东芝大连有限公司	5426	5930
38	大连中集物流装备有限公司	5331	3147
39	利优比(大连)机器有限公司	5325	4801
40	大连固特异轮胎有限公司	5110	2118
41	大连原田工业有限公司	4949	4103
42	中联食品(大连)有限公司	4732	4030
43	大连道氏硅业有限公司	4675	4588
44	大连绿源药业有限责任公司	4654	3837
45	大连喜姆电子有限公司	4634	3028
46	大连新海洋食品有限公司	4499	3734
47	大连浦金钢板有限公司	4250	2512
48	大连杰迪高电器有限公司	4248	5970
49	中国大连国际合作(集团)股份有限公司	4234	2587
50	大连金阳进出口有限公司	3993	4582

8-12　旅游收入和主要宾馆酒店接待游客情况

指　　标	计量单位	2006年	2005年
一、旅游收入合计	亿元	260	210.9
# 外汇收入	万美元	46500	40000
二、星级宾馆酒店接待人员数	万人次	343.95	341.65
海外旅游者	万人次	70	60
外国人	万人次	61.6	52.53
港澳台同胞	万人次	8.4	7.47
国内旅游者	万人次	273.95	281.65

8-13　旅 行 社 基 本 情 况

指　　标	计量单位	2006年	2005年
企业数	家	373	362
# 国际旅行社	家	27	29
年末职工人数	人	4490	4410
接待旅游人数	万人次	163.3	147.33
国际旅游者	万人次	10.7	12.36
国内旅游者人数	万人次	152.6	134.97
本市居民出境旅游	万人次	4.6	2.8

注：本市居民出境旅游指经大连市的旅行社办理的旅游人数。

8-14 星级宾馆酒店数量及接待能力

指　　标	计量单位	2006年	2005年
一、宾馆酒店数	个	190	185
星级宾馆酒店	个	159	155
五星级	个	5	5
四星级	个	19	20
三星级	个	72	71
二星级	个	60	57
一星级	个	3	2
待评星级宾馆酒店	个	31	30
二、客房总数	万间	2.2	2.28
床位总数	万张	3.6	3.7

8-15 会展业情况

指　　标	单　位	2006年	2005年
展会数	个	119	123
展出面积	万平方米	88	68
参展国家和地区	个	70	70
参展企业	个	18525	9012
# 国外参展企业	个	1326	957
参展客商	人	79185	70000
# 国外参展客商	人	4792	9626
观众	万人次	475	410
# 国外观众	万人次	5	6.4
成交额	亿　元	223	323
# 外汇	亿美元	11.3	13.7

8-16 接待过夜者旅游人数

单位：人次、人天

月 份	合 计		# 外 国 人		# 香港同胞		# 澳门同胞		# 台湾同胞	
	人 数	人天数	人 数	人天数	人 数	人天数	人 数	人天数	人 数	人天数
合 计	**700032**	**2495793**	**616134**	**2204404**	**33439**	**114280**	**907**	**3181**	**49552**	**173928**
一月	43268	153388	37917	135338	2845	9383	63	228	2443	8439
二月	45975	169758	39415	146751	3022	10446	40	146	3498	12415
三月	54712	202192	48278	178886	3888	14247	142	501	2404	8558
四月	55622	197672	49808	177756	3032	10711	50	134	2732	9071
五月	61007	205976	53247	181327	3004	9510	95	286	4661	14853
六月	61202	236016	53147	205764	2452	9239	52	159	5551	20854
七月	62807	242163	55665	215618	2072	7213	66	264	5004	19068
八月	65521	250606	58495	225194	2192	7434	116	504	4718	17474
九月	67395	248486	58339	216380	2134	7448	58	217	6864	24441
十月	63776	231720	54323	199409	2906	10325	47	179	6500	21807
十一月	60580	227690	53822	202708	3427	12618	59	209	3272	12155
十二月	58167	130126	53678	119273	2465	5706	119	354	1905	4793

主要统计指标解释

(一)利用外资

【利用外资】指我国各级政府、部门、企业和其他经济组织通过对外借款、吸收外商直接投资以及用其他方式筹措的境外现汇、设备、技术等。

【对外借款】是我国利用外资的主要形式。包括我国通过外国政府贷款，国际金融组织贷款，外国银行商业贷款，出口信贷以及对外发行债券、股票等方式，从境外筹措的资金。

【外商直接投资】是指外国企业和经济组织或个人（包括华侨、港澳台同胞以及我国在境外注册的企业）按我国有关政策、法规，用现汇、实物、技术等在我国境内开办的外商独资企业、与我国境内的企业或经济组织共同举办的中外合资经营企业、合作经营企业或合作开发资源的投资（包括外商投资收益的再投资），以及经政府有关部门批准的项目在投资总额内直接投资者从境外借入的资金（即外方股东贷款）。

【新批项目数】指报告期内新批准的外国政府贷款和国际金融组织贷款等对外借款协议项目个数、新批准设立的外商直接投资企业个数、海洋石油勘探开发已签订的独立勘探开发的合同份数、新签订的外商其他投资合同份数。

【注册（合同）外资金额】是指报告期内新签中规定的外资金额。具体包括：（1）经批准对外正式签订的借款协议中规定的借款金额；（2）新批准外商直接投资企业合同规定的外商投资额（即合同外资额）；（3）新签订的加工装配和补偿贸易协议中的外商提供设备价款，国际租赁协议中我方应付的租金以及企业在境内外股票市场公开发行的以外币计价的股票发行总额。

【实际使用外资】是指协议（合同）正式签订并批准后，在协议（合同）执行过程中实际发生的资本拨交价值。它是衡量一个国家（或地区）实际利用外资规模的总量指标，具体包括：（1）实际提取的对外借款或拨交使用金额；（2）外商直接投资企业中外商实际投入的资本（即外商实际出资），包括现金、实物、工业产权、专有技术等，外商投资的再收益也包括在内；（3）“三来一补”（加工装配和补偿贸易）业务中外商作价提供的设备实际进口到货金额（即我方应付的设备款），国际租赁业务中租赁的设备实际进口到货后，我方应付的租金总额以企业在境内外股票市场公开发行的外币计价的股票发行总额。

(二)外资企业经营情况

【期末从业人员】指报告期最后一天在本企业工作并取得劳动报酬或经营收入的全部人员，包括中方人员和外方人员。

【总产值(营业额)】总产值指本年企业按现行价格生产产品价值和实现的营业收入。营业额指企业在经营活动中因提供服务或销售商品等取得的收入。其中：（1）第一、二产业为“总产值”；（2）第三产业中的批

发零售贸易企业为“销售总额”；（3）第三产业中除批发零售贸易企业外的其他行业均为“营业额”。

【主营业务收入】指企业从事某种主要生产、经营活动所取得的营业收入。由于各业财务上的区别，请参照各业“利润表”中的有关指标。农业企业为产品销售收入；工业企业为产品销售收入；建筑业企业为工程结算收入；交通运输业企业为营业收入；批发零售贸易业企业为商品销售收入；餐饮业企业为营业收入；金融企业为营业收入；房地产业企业为经营收入；服务业企业为营业收入；旅游业企业为营业收入；租赁业企业为经营收入。

【主营业务成本】指企业从事主营业务活动而发生的成本。由于各业财务上的区别，请参照各业“利润表”中的有关指标。农业企业为产品销售成本；工业企业为产品销售成本；建筑业企业为工程结算成本；交通运输业企业为营业成本；批发零售贸易业企业为商品销售成本；餐饮业企业为营业成本；金融企业为营业支出中的利息支出、金融企业往来支出、手续费支出、汇兑损失和其他营业支出之和；房地产业企业为经营成本；服务业企业为营业成本；旅游业企业为营业成本；租赁业企业为营业支出。

【实交税金及附加费】指企业在报告期内实际已上缴的各项税金及附加费。

【利润总额】指企业在一定时期内实现的盈亏总额。

【实际出口额】是指企业在报告期内自营组织的出口。不包括本企业将产品交给外贸部门的数额。

(三)对外贸易

【进出口总额】海关进出口总额是指实际进、出我国口岸、国境，并能引起我国境内物质资源增加或减少的进出口货物总金额。包括我国境内法人和其他组织以一般贸易、国家间或国际组织无偿援助和赠送的物资、补偿贸易、加工贸易、易货贸易、寄售代销贸易等方式进出口的货物、租赁期一年及以上的租赁进出口货物、边境小额贸易、保税区和保税仓库进出境货物等的金额合计。进出口总额用以观察一个国家在对外贸易方面的总规模。我国规定出口货物按离岸价格统计，进口货物按到岸价格统计。

【自营进出口】指企业自营组织的实际进、出我国口岸、国境，并能引起我国境内物质资源增加或减少的进出口货物总金额。本年鉴自营进出口口径范围指大连市所属企业(不包括经营地在大连的辽宁省省属企业和部分中央直属企业)。

(四)国际旅游

【旅游过夜人数】是指来我国参观、访问、旅行、探亲、访友、休养、考察、参加会议和从事经济、科技、文化、教育、体育、宗教等活动的外国人、华侨、港澳和台湾同胞的人数。不包括外国在我国的常驻机构，如使领馆、通讯社、企业办事处的工作人员；来我国常驻的外国专家、留学生以及在岸逗留不过夜人员。

【国际旅游（外汇）收入】是指入境旅游的外国人、华侨、港澳台同胞在中国大陆旅游过程中发生的一切旅游支出，对于国家来说就是旅游（外汇）收入。

(五)会展

【展览会】即展会，是指一定期限内在固定场所由一个或多个主办者组织若干个生产经营者（参展者），将物品陈列出来供人参观，达到产品、服务的推广和信息、技术交流的社会活动。本年鉴数据是指在我市两个专业展馆（大连星海会展中心、大连民办博览广场）的办展数据。

【展览面积】指展览会用于展出的面积总和，现指主办（承办）单位与展馆实际租用面积。

(六)其他

【对外承包工程】包括各对外承包公司以招标方式承揽的下列业务：（1）承包国外工程建设项目；（2）承包我国对外经援项目；（3）承包我国驻外机构的工程建设项目；（4）承包我国境内利用外资进行建设的工程项目；（5）与外国承包公司合营或联合承包工程项目时我国公司分包部分；（6）以服务成果向业主收费的技术服务项目（包括承担地形地貌测绘；地质资源勘探与普查；建设区域规划；提供设计文件、图纸、生产工艺技术资料和工程技术经济咨询；工程项目的可行性考察、研究和评估；进行技术指导和培训人员等）；（7）对外承包兼营的房屋开发业务。对外承包工程的营业额是以货币表现的本期内完成的对外承包工程的工作量，包括以前年度签定的合同和本年度新签定的合同在报告期完成的工作量。

【对外劳务合作】是指以收取工资的形式向业主承包商提供技术和劳动服务的活动。我国对外承包公司在境外开办的合营企业，中国公司同时又提供劳务的，其劳务部分也纳入劳务合作统计。劳务合作营业额按报告期内向雇主提交的结算数（包括工资、加班费和奖金等）统计。

财政、金融

大连统计年鉴 2007

责任编辑

桑凤民　王年新

殷　文　文　枫

李　莹　李仲壬

9-1 地区财政预算资金收入情况

单位：万元

收入项目	行次	合计	中央及省	市
一、增值税	1	1055224	791400	263824
二、营业税	2	632439	—	632439
三、企业所得税	3	452345	271400	180945
四、企业所得税退税	4	—	—	—
五、个人所得税	5	240311	144200	96111
六、资源税（船舶吨税）	6	17927	6600	11327
七、固定资产投资方向调节税	7	—	—	—
八、城市维护建设税	8	83833	—	83833
九、房产税	9	100454	—	100454
十、印花税	10	36439	—	36439
十一、城镇土地使用税	11	34800	—	34800
十二、土地增值税	12	31009	—	31009
十三、车船使用和牌照税	13	8440	—	8440
十四、车辆购置税	14	67800	67800	—
十五、屠宰税	15	—	—	—
十六、消费税	16	170100	170100	—
十七、农业税	17	—	—	—
十八、农业特产税	18	5	—	5
十九、牧业税	19	—	—	—
二十、耕地占用税	20	9512	—	9512
二十一、契税	21	132020	—	132020
二十二、关税	22	385900	385900	—
二十三、国有资产经营收益	23	314038	217971	96067
二十四、国有企业计划亏损补贴	24	−10453	—	−10453
二十五、债务收入	25	613683	613683	—
二十六、行政性收费收入	26	138917	1063	137854
二十七、罚没收入	27	36606	1509	35097
二十八、海域场地矿区使用费收入	28	10843	2773	8070
二十九、专项收入	29	52554	1472	51082
三十、其他收入	30	22538	56	22482
三十一、工交基金收入	31	2001	1000	1001
三十二、其他基金收入	32	93953	—	93953
三十三、土地有偿使用收入	33	721506	25165	696341
三十四、地方财政税费附加收入	34	10994	—	10994
三十五、一般预算调拨收入	35	—	—	—
三十六、海关代征增值税	36	1612000	1612000	—
三十七、海关代征消费税	37	77200	77200	—
本年收入总计	**38**	**7154938**	**4391292**	**2763646**

资料来源于：1、大连市全口径财政收入　2、人民银行大连地区国库收支表
3、大连市一般预算收入完成情况表　4、中央（省）直属单位财务状况表

9-2 地区财政预算资金支出情况

单位：万元

收入项目	行次	合　计	中央及省	市
一、基本建设支出	1	884851	425391	459460
二、企业挖潜改造资金	2	150764	–	150764
三、地质勘探费	3	–	–	
四、科技三项费用	4	110687	160	110527
五、流动资金(补贴收入)	5	1505463	1505463	
六、农业支出	6	123980	–	123980
七、林业支出	7	–	–	
八、水利和气象支出	8	73	73	
九、工业交通等部门的事业费	9	28474	–	28474
十、流通部门事业费	10	1829	–	1829
十一、文体广播事业费	11	39302	56	39246
十二、教育支出	12	415010	160867	254143
十三、科学支出	13	27169	21888	5281
十四、医疗卫生支出	14	73482	2118	71364
十五、其他部门的事业费	15	94395	5945	88450
十六、抚恤和社会福利救济费	16	83430	–	83430
十七、行政事业单位离退休支出	17	59131	–	59131
十八、社会保障补助支出	18	307534	–	307534
十九、国防支出	19	3030	–	3030
二十、行政管理费	20	231099	48354	182745
二十一、外交外事支出	21	3394	–	3394
二十二、武装警察部队支出	22	–	–	
二十三、公检法司支出	23	129142	–	129142
二十四、城市维护费	24	147568	–	147568
二十五、政策性补贴支出	25	60473	–	60473
二十六、债务支出	26	145480	–	145480
二十七、支援不发达地区支出	27	5891	–	5891
二十八、海域开发建设和场地使用费支出	28	326	–	326
二十九、专项支出	29	50533	–	50533
三　十、其他支出	30	153054	–	153054
三十一、基金支出	31	752827	–	752827
本年支出合计	**32**	**5588391**	**2170315**	**3418076**

注：本表资料来源于：（1）中央（省）直属单位财务状况表　（2）大连市一般预算支出完成情况表

9-3 银行金融机构现金收支情况

单位：万元

项　　目	2006年	2005年
一.商品销售收入	6113846	5393776
二.服务业收入	2548360	2282404
三.税款收入	255919	231949
四.城乡个体经营收入	1516153	1634640
五.储蓄收入	49208264	39734965
六.其他金融机构收入	183400	245629
七.居民归还贷款收入	639482	572756
八.汇兑收入	450295	514062
九.有价证券收入	205834	342004
十.其他收入	6344753	5309083
#兑换外币收入	75676	61130
收入合计	**67466306**	**56261269**
一.工资支出	2442798	2303795
1.国家工资及奖金支出	870936	940610
2.国家对个人其他支出	395765	445928
3.部队存款支出	169955	140081
4.其他单位工资性支出	1006141	777176
二.农副产品采购支出	1303334	1079334
三.工矿及其他产品采购支出	1648085	1216101
四.行政企事业管理费支出	3701693	3541282
五.城乡个体经营支出	2569827	2703569
六.储蓄机构支出	49558698	39875429
七.其他金融机构支出	200691	148587
八.居民提取贷款支出	538227	502470
九.汇兑支出	172987	205490
十.有价证券支出	179326	259742
十一.其他支出	5567150	4804252
#兑换外币支出	305953	228629
支出合计	**67882816**	**56640051**

9-4 银行金融机构本外币信贷收支情况

单位：万元

项　　目	2006年余额	2005年余额
一、各项存款	39748378	34510266
1.企事业单位存款	13335808	11015413
(1)活期存款	8602133	7209919
(2)定期存款	4733675	3805494
2.储蓄存款	18664886	16656295
(1)活期储蓄	5596346	4676992
(2)定期储蓄	13068539	11979303
3.信托存款	–	–
4.委托存款	95097	124078
5.其他存款	7652587	6714480
二、所有者权益	947927	570972
# 实收资本	905218	716757
当年结益	426628	161706
三、其他	−9563021	−8802636
资金来源总计	**31133284**	**26278602**
一、各项贷款	29745310	25551647
1.短期贷款	12579037	11629227
2.中长期贷款	14008987	11203373
3.信托贷款	–	3100
4.委托贷款	–	–
5.其它贷款	444367	380054
6.票据融资	2687811	2315981
7.各项垫款	25108	19912
二、有价证券及投资	1387974	726955
资金运用总计	**31133284**	**26278602**

9-5 大连市保险业经营状况表

项　　目	单位	本期累计数	同比增速（%）
一、保费收入	万元	648984	13.3
# 财产险	万元	197455	21.2
家财险	万元	846	38.1
机动车辆保险	万元	112215	31.4
农业险	万元	318	75.2
人身险	万元	451529	10.1
二、 赔款及给付支出	万元	174542	25.2
# 财产险	万元	108891	20.9
家财险	万元	419	13.5
机动车辆保险	万元	64464	21.0
农业险	万元	231	508.5
人身险	万元	65651	33.0
三、机构情况（含中介）	—	本期数	上年末数
保险公司、分公司	家	23	22
# 外资公司数	家	2	2
保险中介机构	家	46	33

注：表中数经中国保险业监督委员会大连监管局核准。

9-6 大连市证券业经营状况表

指标名称	单位	本期数	同比增速（%）
1、证券交易额合计	万元	19040775	110.8
股票	万元	16981924	206.5
基金	万元	676855	353.6
国债	万元	637599	-80.1
其他	万元	744397	417.8
2、证券机构客户资产合计	万元	2739660	137.8
客户交易结算资金	万元	547650	228.5
托管股份总市值	万元	2192010	122.5
3、资金帐户数	户	497858	23.4
4、期末从业人员数	人	778	11.0

注：“证券交易额”为本年数累计数，其余指标为年末时点数。

城市公用事业

责任编辑

李雪芬　陈文龙

10－1　城市园林绿化、建设用地情况

指　　标	2006年	指　　标	2006年
城市园林绿地面积（公顷）	10668	市区面积（平方公里）	2415
城市公园绿地面积（公顷）	2631	#建成区面积	258
建成区绿地率（%）	41.35	城市建设用地面积（平方公里）	315.39
建成区绿化覆盖率（%）	42.80	#工业用地	62.53
人均公园绿地面积（平方米/人）	9.50	仓储用地	10.10
公园（个）	50	对外交通用地	16.56
公园面积（公顷）	1105	居住用地	95.35
风景名胜区面积（平方公里）	370	公共设施用地	26.69
游人量（万人次）	1524	道路广场用地	49.32

注：此表源自市建委《2006城市（县城）建设统计年报》。

10－2　城市房屋面积及城市维护建设资金收支情况

指　　标	2006年	指　　标	2006年
一、房屋面积及住房情况		三、城市维护建设资金(财政性资金)支出（万元）	302509
实有房屋建筑面积（万平方米）	10927.5	1、按行业分	
实有住宅建筑面积（万平方米）	6512.1	道路桥梁	137896
人均住宅建筑面积（平方米/人）	26.35	供　水	11413
居住人口（万人）	247.15	燃　气	2000
二、城市维护建设资金(财政性资金)收入（万元）	256325	集中供热	9767
1、市（县）财政资金	146176	公共交通	12898
市（县）财政专项拨款	53851	排　水	14934
城市维护建设税	44135	园林绿化	20875
城镇公用事业附加	4000	市容环境卫生	22724
市政公用设施配套费	30000	其　他	70002
市政公用设施有偿使用费	9090	2、按构成分	
其他收入	5100	固定资产投资支出	246677
2、市（县）级以下财政资金	110149	维护支出	55832

注：此表源自市建委《2006城市（县城）建设统计年报》。

10−3 城市道路、公共交通、环境卫生情况

指　　标	2006年	指　　标	2006年
一、道路长度（公里）	1793	六、公共交通	
二、道路面积（万平方米）	2791	1、年末运营车辆数（辆）	4372
#人行道面积	934	#公共汽车	4218
三、年末桥梁数（座）	140	无轨电车	61
四、年末路灯盏数（千盏）	167	有轨电车	76
五、环境卫生		轻轨	17
环卫专用车辆总数（辆）	340	2、运营线路网长度（公里）	787
清运生活垃圾（万吨）	79.0	#公共汽车、无轨电车	714
垃圾无害化处理量（万吨）	79.0	有轨电车	24
清运粪便（万吨）	7.0	轻轨	49
粪便处理量（万吨）	7.0	3、公交专用车道长度（公里）	29
道路清扫保洁面积（万平方米）	2787	4、客运总数（万人次）	112786
公共厕所（座）	504	#公共汽车、无轨电车	105958
垃圾无害化处理厂（座）	1	有轨电车、轻轨	6828
垃圾无害化处理能力（吨/日）	2070	5、年末出租汽车数量（辆）	9643
		客运总数（万人次）	29115

注：此表源自市建委《2006城市（县城）建设统计年报》。

10-4　全市用电情况(2006)

指　　标	用电户数（户）	用电量（万千瓦时）
全市总计	**1541976**	**1839289**
一、全行业用电合计	169837	1540364
第一产业	5503	17440
第二产业	42046	1243037
#工业	37584	1224726
#轻工业	14645	217239
重工业	22939	1007487
#采矿业	557	11825
制造业	30043	896240
电力、燃气及水的生产和供应业	6984	316661
第三产业	122288	279887
#交通运输、仓储和邮政业	5499	49610
信息传输、计算机服务和软件业	3483	12041
商业、住宿和餐饮业	61010	89589
#批发和零售业	42788	54079
住宿和餐饮业	18222	35510
金融、房地产、商务及居民服务业	34575	55417
#金融业	3749	9478
房地产业	13901	22570
公共事业及管理组织	17721	73230
#科学研究、技术服务和地质勘查业	1565	4716
水利、环境和公共设施管理业	2500	11915
教育、文化、体育和娱乐业	5473	29890
卫生、社会保障和社会福利业	2577	9631
公共管理和社会组织、国际组织	5606	17078
二、城乡居民生活用电合计	1372139	298925
城镇居民	1274893	215403
乡村居民	97246	83522

10−5　城市供水、排水、煤气、液化石油气情况

指　　标	单　位	2006年	指　　标	单　位	2006年
供 水					
年末公用水厂生产能力	万立方米/日	169.2	储气能力	万立方米	51.0
年末供水管道总长度	公　里	4205	煤气管道长度	公　里	2036
供水总量	万立方米	37443	煤气供气总量	万立方米	25041
年末用水人口	万　人	276.97	#家庭用量	万立方米	16122
用水普及率	%	100.00	用气总人口	万　人	184.00
排 水			液化石油气		
排水管道总长度	公　里	1997	储气能力	吨	8263.5
污水年排放量	万立方米	30142	液化气购进量	吨	150084
污水年处理量	万立方米	22102	供气总量	吨	150083
人工煤气			#家庭用量	吨	55531
煤气生产能力	万立方米/日	75.0	用气总人口	万人	91.40

注：此表源自市建委《2006城市（县城）建设统计年报》。

能源

责任编辑

陈世荣　周庆利　常　阳

2006年全市规模以上工业综合能源消费量及分类

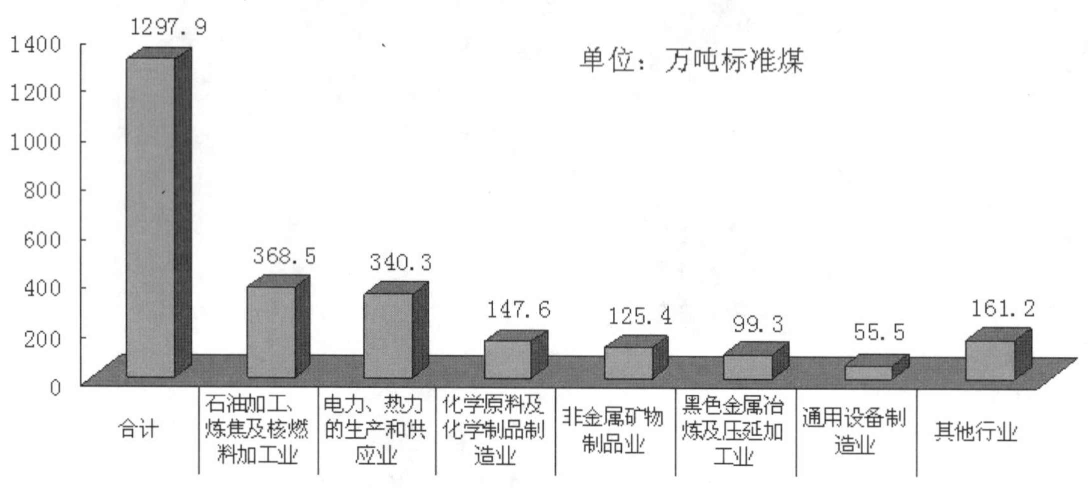

2006年全市规模以上工业综合能源消费行业分类比重

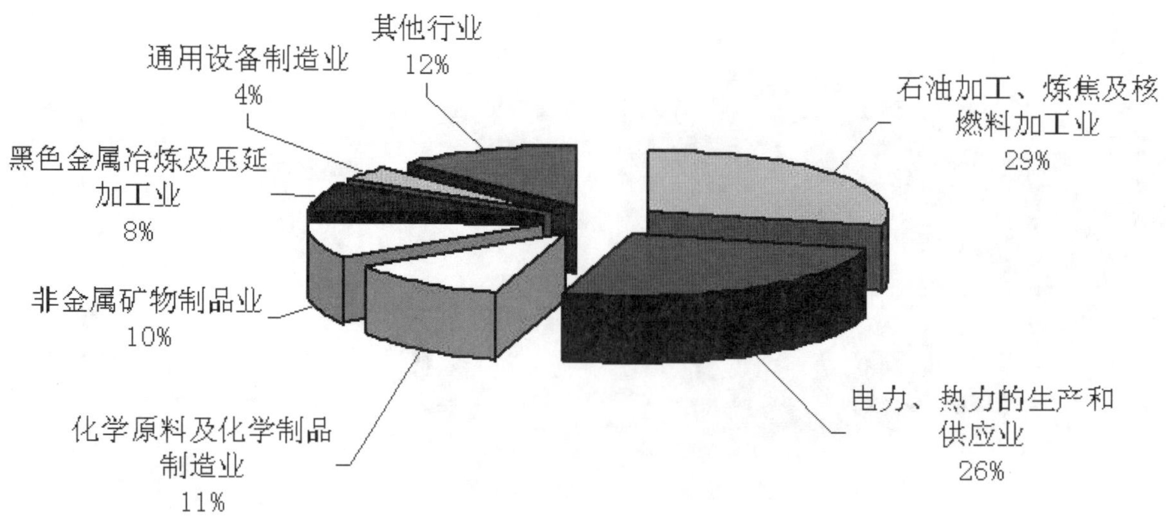

2006年全市规模以上工业取水总量及分类

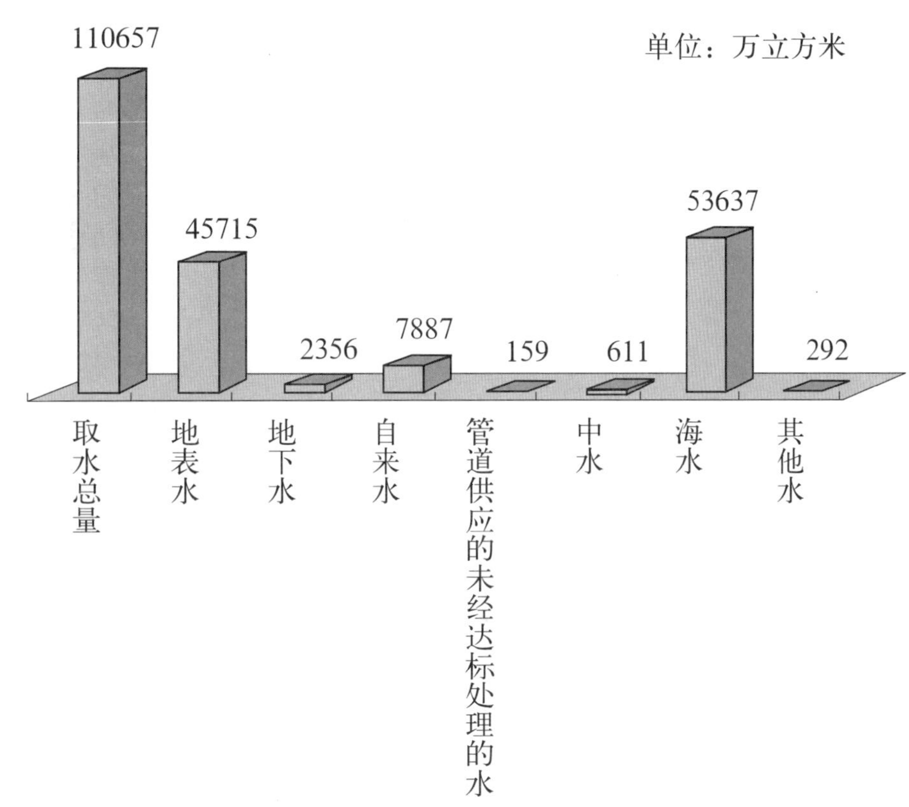

2006年全市规模以上工业取水分类比重

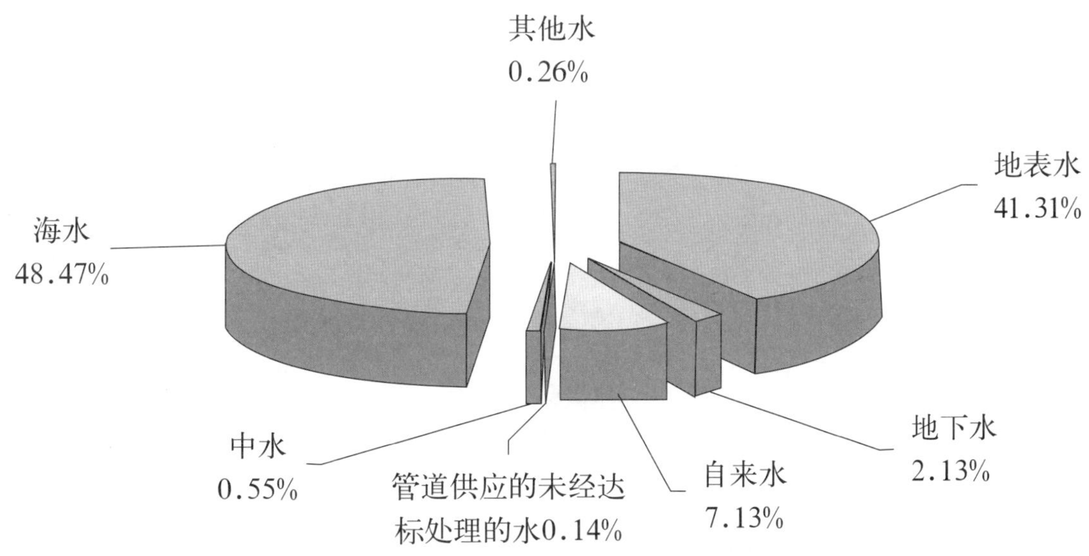

11-1 规模以上工业企业

名称	计量单位	年初库存	购进量	
			实物量	金额（千元）
原煤	吨	1158852	12817531	5023399.47
洗精煤	吨	50498	575838	334030.86
其他洗煤	吨	38123	240270	79828.97
煤制品	吨	524	15653	7424.51
型煤	吨	–	5477	2509.51
水煤浆	吨	–	–	–
煤粉	吨	60	222	125.00
焦炭	吨	8645	156992	179303.34
其他焦化产品	吨	–	–	–
焦炉煤气	万立方米	–	1411.00	4135.60
高炉煤气	万立方米	–	–	–
其他煤气	万立方米	–	27673.46	85315.22
天然气	万立方米	–	2245.00	15942.00
液化天然气	吨	–	–	–
原油	吨	1207688	21227185	85788850.00
汽油	吨	467	30659	144306.21
煤油	吨	377	8523	36299.33
柴油	吨	3038	117138	538159.61
燃料油	吨	13719	192563	471291.12
液化石油气	吨	1737	145456	638426.23
炼厂干气	吨	–	53034	105520.00
其他石油制品	吨	6375	51061	128679.74
热力	百万千焦	–	6649350.84	256222.58
电力	万千瓦时	–	911053.34	5197745.00
其他燃料	吨标准煤	–	9829.60	28262.60
煤矸石	吨	–	–	–
生物质能	吨标准煤	–	–	–
工业废料	吨标准煤	–	–	–
城市固体垃圾	吨标准煤	–	–	–
能源合计	吨标准煤	–	–	–

能源购进、消费及库存（一）

消费量					年末库存量
合　计	1. 工业生产消费	#用于原材料	2. 非工业生产消费	合计中：运输工具消费	
12844661	12805894	–	38767	–	1044304
592290	592025	–	265	–	33951
258629	253856	–	4773	–	19877
15545	15315	–	230	–	632
5477	5345	–	132	–	–
–	–	–	–	–	–
200	180	–	20	–	82
227654	227582	–	72	–	4885
4501	4501	–	–	–	–
3965.00	3965.00	–	–	–	–
–	–	–	–	–	–
76307.46	76305.00	–	2.46	–	–
2245.00	2245.00	–	–	–	–
–	–	–	–	–	–
21621060	21621060	–	–	–	792145
31762	20364	–	11398	17116	428
8045	8000	–	45	–	847
117210	102498	–	14712	23376	2804
465233	465031	–	202	–	5064
144968	143675	–	1293	–	2272
566443	566443	–	–	–	–
52294	52268	–	26	–	4487
16840634.84	16404460.41	–	436174.43	–	–
1068293.11	1057166.32	–	11126.79	–	–
9829.60	9829.60	–	–	–	–
–	–	–	–	–	–
–	–	–	–	–	–
–	–	–	–	–	–
–	–	–	–	–	–
45074253.52	44973177.28	–	101076.24	–	–

11-1 规模以上工业企业能源

名称	计量单位	工业生产消费量	加工转换投入合计	火力发电
原煤	吨	9947941	9586977	7007872
洗精煤	吨	241935	191135	–
其他洗煤	吨	135037	135037	–
煤制品	吨	–	–	–
型煤	吨	–	–	–
水煤浆	吨	–	–	–
煤粉	吨	–	–	–
焦炭	吨	67051	25561	–
其他焦化产品	吨	4501	–	–
焦炉煤气	万立方米	2554.00	–	–
高炉煤气	万立方米	–	–	–
其他煤气	万立方米	–	–	–
天然气	万立方米	–	–	–
液化天然气	吨	–	–	–
原油	吨	21621060	21569177	–
汽油	吨	1357	–	–
煤油	吨	–	–	–
柴油	吨	6317	1975	1420
燃料油	吨	372564	272461	39446
液化石油气	吨	22967	22967	–
炼厂干气	吨	566381	133582	23783
其他石油制品	吨	20887	20887	–
热力	百万千焦	10156955.00	–	–
电力	万千瓦时	257177.80	–	–
其他燃料	吨标准煤	–	–	–
煤矸石	吨	–	–	–
生物质能	吨标准煤	–	–	–
工业废料	吨标准煤	–	–	–
城市固体垃圾	吨标准煤	–	–	–
能源合计	吨标准煤	40456557.76	38521035.96	5150778.34

购进、消费及库存（二）

供　热	原煤入洗	炼　焦	炼　油	制　气	天然气液化	加工型煤	能源加工转换产出
2579105	–	–	–	–	–	–	–
2040	–	138935	–	50160	–	–	–
135037	–	–	–	–	–	–	–
–	–	–	–	–	–	–	–
–	–	–	–	–	–	–	–
–	–	–	–	–	–	–	–
–	–	–	–	–	–	–	–
–	–	–	–	25561	–	–	141414
–	–	–	–	–	–	–	6182
–	–	–	–	–	–	–	6684.00
–	–	–	–	–	–	–	–
–	–	–	–	–	–	–	21978.97
–	–	–	–	–	–	–	–
–	–	–	–	–	–	–	–
–	–	–	21569177	–	–	–	–
–	–	–	–	–	–	–	4087857
–	–	–	–	–	–	–	1587370
555	–	–	–	–	–	–	6540164
142432	–	–	80763	9820	–	–	1699901
–	–	–	–	22967	–	–	699745
56827	–	–	–	52972	–	–	355741
–	–	–	20887	–	–	–	6295363
–	–	–	–	–	–	–	41698987.14
–	–	–	–	–	–	–	1559263.00
–	–	–	–	–	–	–	–
–	–	–	–	–	–	–	–
–	–	–	–	–	–	–	–
–	–	–	–	–	–	–	–
–	–	–	–	–	–	–	–
2086108.69	–	127542.33	30949991.28	206615.33	–	–	31994324.82

11-2 规模以上工业企业水消费情况

指　　标	数量（立方米）	金额（千元）
取水总量	1106565399	1330450.55
1.地表水	457150834	944735.42
2.地下水	23556838	28972.91
3.自来水	78868317	283811.86
4.管道供应的未经达标处理的水	1586715	3684.57
5.中水	6111246	9157.44
6.海水	536368360	60088.35
7.其他水	2923089	–
重复用水	361578915	–

11-3 规模以上工业企业主要能源产品销售情况

	计量单位	销售量合计	出　口	售予外省	售予外市
原　煤	吨	–	–	–	–
洗精煤	吨	–	–	–	–
其他洗煤	吨	–	–	–	–
焦　炭	吨	62305	–	–	62305
其他焦化产品	吨	–	–	–	–
原　油	吨	–	–	–	–
汽　油	吨	1396801	1396801	–	–
煤　油	吨	1261475	214032	1047443	–
柴　油	吨	1787960	174532	–	1613428
燃料油	吨	1596615	3479	–	6000
液化石油气	吨	311901	2349	–	13200
其他石油制品	吨	–	–	–	–
其他燃料	吨	–	–	–	–

11-4 规模以上工业企业主要能源地区流向情况

	计量单位	购进量合计	进　口	外省购入	外市购入	销售量合计	售予外省	售予外市
原煤	吨	12817531	533	6928018	2819928	–	–	–
洗精煤	吨	575838	–	26619	34467	–	–	–
其他洗煤	吨	240270	–	41548	118494	–	–	–
焦炭	吨	156992	1285	39636	5350	–	–	–
其他焦化产品	吨	–	–	–	–	–	–	–
原油	吨	21227185	13503159	7704791	73	–	–	–
汽油	吨	30659	86	244	43220	–	–	–
煤油	吨	8523	39	3316	610	–	–	–
柴油	吨	117138	1023	655	1890	–	–	–
燃料油	吨	192563	–	–	33998	–	–	–
液化石油气	吨	145456	–	–	–	–	–	–
其他石油制品	吨	51061	95	20897	14661	–	–	–
其他燃料	吨	9830	–	–	–	–	–	–

11-5　规模以上工业企业分行业综合能源消费量

指　　标	综合能源消费量(吨标准煤)
工业合计	12978853
（一）采矿业	37004
煤炭开采和洗选业	–
石油和天然气开采业	–
黑色金属矿采选业	–
有色金属矿采选业	123
非金属矿采选业	36161
其他采矿业	720
（二）制造业	9404189
农副食品加工业	241672
食品制造业	47629
饮料制造业	117107
烟草制品业	–
纺织业	60026
纺织服装、鞋、帽制造业	62709
皮革、毛皮、羽毛(绒)及其制品业	8457
木材加工及木、竹、藤、棕、草制品业	20830
家具制造业	48170
造纸及纸制品业	43988
印刷业和记录媒介的复制	11928
文教体育用品制造业	2923
石油加工、炼焦及核燃料加工业	3684983
化学原料及化学制品制造业	1476394
医药制造业	49097
化学纤维制造业	6612
橡胶制品业	28999
塑料制品业	58909
非金属矿物制品业	1254096
黑色金属冶炼及压延加工业	993352
有色金属冶炼及压延加工业	11527
金属制品业	57295
通用设备制造业	554570
专用设备制造业	87842
交通运输设备制造业	286637
电气机械及器材制造业	76926
通信设备、计算机及其他电子设备制造业	75706
仪器仪表及文化、办公用机械制造业	15196
工艺品及其他制造业	20166
废弃资源和废旧材料回收加工业	439
（三）电力、燃气及水的生产和供应业	3537660
电力、热力的生产和供应业	3403058
燃气生产和供应业	73491
水的生产和供应业	61111

11-6　规模以上工业企业能源

行业名称	原煤(吨)	洗精煤(吨)	其他洗煤(吨)	煤制品(吨)
合　　计	**12844661**	**592290**	**258629**	**15545**
(一) 采矿业	44053	–	–	–
煤炭开采和洗选业	–	–	–	–
石油和天然气开采业	–	–	–	–
黑色金属矿采选业	–	–	–	–
有色金属矿采选业	–	–	–	–
非金属矿采选业	43137	–	–	–
其他采矿业	916	–	–	–
(二) 制造业	4282796	539918	111322	15545
农副食品加工业	135094	24683	19418	8085
食品制造业	41471	8656	4529	–
饮料制造业	121914	–	27310	–
烟草制品业	–	–	–	–
纺织业	16277	828	668	–
纺织服装、鞋、帽制造业	51129	4895	513	500
皮革、毛皮、羽毛(绒)及其制品业	1967	–	3454	–
木材加工及木、竹、藤、棕、草制品业	2238	1892	1401	–
家具制造业	23713	300	666	84
造纸及纸制品业	45042	716	1245	–
印刷业和记录媒介的复制	3336	–	477	–
文教体育用品制造业	277	–	100	–
石油加工、炼焦及核燃料加工业	2917	–	–	–
化学原料及化学制品制造业	1526659	202156	4662	78
医药制造业	44215	1847	–	–
化学纤维制造业	–	–	–	–
橡胶制品业	17277	–	17733	–
塑料制品业	5724	418	2095	–
非金属矿物制品业	1402560	55121	135	133
黑色金属冶炼及压延加工业	393488	215102	7133	–
有色金属冶炼及压延加工业	6238	–	–	–
金属制品业	23365	7331	186	300
通用设备制造业	229564	12967	18012	5795
专用设备制造业	20322	–	1461	85
交通运输设备制造业	81910	836	44	340
电气机械及器材制造业	46951	140	80	7
通信设备、计算机及其他电子设备制造业	23257	–	–	60
仪器仪表及文化、办公用机械制造业	1538	–	–	78
工艺品及其他制造业	14353	2030	–	–
废弃资源和废旧材料回收加工业	–	–	–	–
(三) 电力、燃气及水的生产和供应业	8517812	52372	147307	–
电力、热力的生产和供应业	8511240	2040	147307	–
燃气生产和供应业	300	50332	–	–
水的生产和供应业	6272	–	–	–

分品种分行业消费表（一）

型煤(吨)	水煤浆(吨)	煤粉(吨)	焦炭(吨)	其他焦化产品(吨)	焦炉煤气(万立方米)
5477	**–**	**200**	**227654**	**4501**	**3965.00**
–	–	–	40	–	–
–	–	–	–	–	–
–	–	–	–	–	–
–	–	–	–	–	–
–	–	–	–	–	–
–	–	–	40	–	–
–	–	–	–	–	–
5477	–	200	202053	4501	3965.00
40	–	–	19092	–	–
–	–	–	2	–	–
–	–	–	68	–	–
–	–	–	–	–	–
–	–	–	510	–	–
500	–	–	–	–	–
–	–	–	–	–	–
–	–	–	–	–	–
84	–	–	–	–	–
–	–	–	17	–	–
–	–	–	–	–	–
–	–	–	296	–	–
–	–	–	–	–	–
–	–	–	41711	4501	2554.00
–	–	–	–	–	–
–	–	–	–	–	–
–	–	–	–	–	–
–	–	–	5	–	–
–	–	–	4818	–	–
–	–	–	25613	–	1411.00
–	–	–	377	–	–
–	–	–	5433	–	–
4303	–	180	80377	–	–
85	–	–	15249	–	–
320	–	20	7447	–	–
7	–	–	1038	–	–
60	–	–	–	–	–
78	–	–	–	–	–
–	–	–	–	–	–
–	–	–	–	–	–
–	–	–	25561	–	–
–	–	–	–	–	–
–	–	–	25561	–	–
–	–	–	–	–	–

11-6 规模以上工业企业能源

行业名称	高炉煤气 (万立方米)	其他煤气 (万立方米)	天然气 (万立方米)	液化天然气 (吨)
合　　计	**–**	**76307.46**	**2245.00**	**–**
(一) 采矿业	–	–	–	–
煤炭开采和洗选业	–	–	–	–
石油和天然气开采业	–	–	–	–
黑色金属矿采选业	–	–	–	–
有色金属矿采选业	–	–	–	–
非金属矿采选业	–	–	–	–
其他采矿业	–	–	–	–
(二) 制造业	–	76307.46	2245.00	–
农副食品加工业	–	–	–	–
食品制造业	–	–	–	–
饮料制造业	–	–	–	–
烟草制品业	–	–	–	–
纺织业	–	–	–	–
纺织服装、鞋、帽制造业	–	60.00	–	–
皮革、毛皮、羽毛(绒)及其制品业	–	–	–	–
木材加工及木、竹、藤、棕、草制品业	–	–	–	–
家具制造业	–	–	–	–
造纸及纸制品业	–	–	–	–
印刷业和记录媒介的复制	–	–	–	–
文教体育用品制造业	–	5.00	–	–
石油加工、炼焦及核燃料加工业	–	–	–	–
化学原料及化学制品制造业	–	–.86	–	–
医药制造业	–	–	–	–
化学纤维制造业	–	–	–	–
橡胶制品业	–	–	–	–
塑料制品业	–	–	–	–
非金属矿物制品业	–	212.00	–	–
黑色金属冶炼及压延加工业	–	75880.00	2245.00	–
有色金属冶炼及压延加工业	–	–	–	–
金属制品业	–	–	–	–
通用设备制造业	–	–	–	–
专用设备制造业	–	–	–	–
交通运输设备制造业	–	116.00	–	–
电气机械及器材制造业	–	1.60	–	–
通信设备、计算机及其他电子设备制造业	–	32.00	–	–
仪器仪表及文化、办公用机械制造业	–	–	–	–
工艺品及其他制造业	–	–	–	–
废弃资源和废旧材料回收加工业	–	–	–	–
(三) 电力、燃气及水的生产和供应业	–	–	–	–
电力、热力的生产和供应业	–	–	–	–
燃气生产和供应业	–	–	–	–
水的生产和供应业	–	–	–	–

分品种分行业消费表（二）

原油(吨)	汽油(吨)	煤油(吨)	柴油(吨)	燃料油(吨)	液化石油气(吨)
21621060	**31762**	**8045**	**117210**	**465233**	**144968**
–	171	–	1126	–	–
–	–	–	–	–	–
–	–	–	–	–	–
–	–	–	–	–	–
–	–	–	–	–	–
–	164	–	1119	–	–
–	7	–	7	–	–
21621060	29247	8045	111847	451968	104471
–	1806	49	4422	51	858
–	527	–	1089	–	40
–	538	–	1263	–	–
–	–	–	–	–	–
–	478	–	432	5	1272
–	1307	5	2261	835	1796
–	458	–	1013	10	141
–	1128	5	1344	–	8
–	694	1	2498	–	5
–	642	–	1229	–	22
–	391	1	614	1130	9
–	118	–	483	–	142
21569177	1326	–	1335	266296	–
51883	1742	2996	5429	93382	871
–	266	–	173	1584	65
–	30	–	–	–	15
–	499	–	43	–	–
–	669	1	2584	2686	234
–	1456	3502	17631	43093	11297
–	697	–	2387	24071	12614
–	387	–	306	–	150
–	1525	140	4241	140	654
–	5322	645	13039	574	60357
–	2041	28	3074	1400	11064
–	2679	615	41394	16575	985
–	1398	27	1238	136	484
–	701	1	2141	–	971
–	323	29	141	–	399
–	99	–	43	–	18
–	–	–	–	–	–
–	2344	–	4237	13265	40497
–	770	–	3309	13265	8
–	690	–	411	–	40489
–	884	–	517	–	–

11-6 规模以上工业企业能源

行业名称	炼厂干气(吨)	其他石油制品(吨)	热力(百万千焦)	电力(万千瓦时)
合　　计	**566443**	**52294**	**16840634.84**	**1068293.11**
(一) 采矿业	–	–	–	4464.00
煤炭开采和洗选业	–	–	–	–
石油和天然气开采业	–	–	–	–
黑色金属矿采选业	–	–	–	–
有色金属矿采选业	–	–	–	100.00
非金属矿采选业	–	–	–	4327.00
其他采矿业	–	–	–	37.00
(二) 制造业	513471	52294	15331881.84	940419.35
农副食品加工业	–	527	838994.76	42439.16
食品制造业	–	–	75182.00	5040.94
饮料制造业	–	–	–	9489.86
烟草制品业	–	–	–	–
纺织业	–	4	619422.94	20540.09
纺织服装、鞋、帽制造业	–	–	44382.00	10049.13
皮革、毛皮、羽毛(绒)及其制品业	–	–	10608.00	2557.00
木材加工及木、竹、藤、棕、草制品业	–	–	12584.00	11325.71
家具制造业	–	–	897.00	22303.66
造纸及纸制品业	–	–	5436.00	6874.23
印刷业和记录媒介的复制	–	–	59715.00	3968.75
文教体育用品制造业	–	–	2133.00	1618.08
石油加工、炼焦及核燃料加工业	513409	21477	23860.80	124192.35
化学原料及化学制品制造业	–	283	9125175.03	85134.63
医药制造业	–	–	108285.15	7821.36
化学纤维制造业	–	–	–	5368.00
橡胶制品业	–	21	18162.17	3780.40
塑料制品业	–	36	96349.51	35569.92
非金属矿物制品业	–	28172	42918.16	55545.79
黑色金属冶炼及压延加工业	–	2	1215934.82	179601.81
有色金属冶炼及压延加工业	46	17	167.49	4661.20
金属制品业	–	–	39978.00	16221.07
通用设备制造业	16	100	800544.05	109982.54
专用设备制造业	–	25	105063.88	23065.63
交通运输设备制造业	–	1437	1417686.53	71352.04
电气机械及器材制造业	–	143	90433.01	32937.86
通信设备、计算机及其他电子设备制造业	–	–	444173.00	34888.92
仪器仪表及文化、办公用机械制造业	–	–	42132.14	9791.93
工艺品及其他制造业	–	50	87293.00	4035.07
废弃资源和废旧材料回收加工业	–	–	4370.40	262.22
(三) 电力、燃气及水的生产和供应业	52972	–	1508753.00	123409.76
电力、热力的生产和供应业	–	–	1384999.00	76811.64
燃气生产和供应业	52972	–	107754.00	2451.22
水的生产和供应业	–	–	16000.00	44146.90

分品种分行业消费表（三）

其他燃料 (吨标准煤)	煤矸石 (吨标准煤)	生物质能 (吨标准煤)	工业废料 (吨标准煤)	城市固体垃圾 (吨标准煤)	能源合计 (吨标准煤)
9830	**–**	**–**	**–**	**–**	**45074254**
–	–	–	–	–	37484
–	–	–	–	–	–
–	–	–	–	–	–
–	–	–	–	–	–
–	–	–	–	–	123
–	–	–	–	–	36641
–	–	–	–	–	720
9830	–	–	–	–	38489390
–	–	–	–	–	246463
–	–	–	–	–	49731
–	–	–	–	–	120561
–	–	–	–	–	–
–	–	–	–	–	63092
–	–	–	–	–	65187
–	–	–	–	–	9042
–	–	–	–	–	22223
–	–	–	–	–	49696
–	–	–	–	–	44977
–	–	–	–	–	12622
–	–	–	–	–	3758
–	–	–	–	–	32181831
1	–	–	–	–	1980436
–	–	–	–	–	49568
–	–	–	–	–	6667
–	–	–	–	–	29216
–	–	–	–	–	61970
–	–	–	–	–	1261857
9829	–	–	–	–	995368
–	–	–	–	–	11918
–	–	–	–	–	59938
–	–	–	–	–	575643
–	–	–	–	–	90811
–	–	–	–	–	296125
–	–	–	–	–	83350
–	–	–	–	–	80539
–	–	–	–	–	16024
–	–	–	–	–	20304
–	–	–	–	–	471
–	–	–	–	–	6547380
–	–	–	–	–	6254749
–	–	–	–	–	231295
–	–	–	–	–	61336

11-7　规模以上工业企业能源

行业名称	年初库存量	购进量	
		实物量	金额（千元）
合　　计	**–**	**–**	**–**
（一）采矿业	–	–	–
煤炭开采和洗选业	–	–	–
石油和天然气开采业	–	–	–
黑色金属矿采选业	–	–	–
有色金属矿采选业	–	–	–
非金属矿采选业	–	–	–
其他采矿业	–	–	–
（二）制造业	–	–	–
农副食品加工业	–	–	–
食品制造业	–	–	–
饮料制造业	–	–	–
烟草制品业	–	–	–
纺织业	–	–	–
纺织服装、鞋、帽制造业	–	–	–
皮革、毛皮、羽毛(绒)及其制品业	–	–	–
木材加工及木、竹、藤、棕、草制品业	–	–	–
家具制造业	–	–	–
造纸及纸制品业	–	–	–
印刷业和记录媒介的复制	–	–	–
文教体育用品制造业	–	–	–
石油加工、炼焦及核燃料加工业	–	–	–
化学原料及化学制品制造业	–	–	–
医药制造业	–	–	–
化学纤维制造业	–	–	–
橡胶制品业	–	–	–
塑料制品业	–	–	–
非金属矿物制品业	–	–	–
黑色金属冶炼及压延加工业	–	–	–
有色金属冶炼及压延加工业	–	–	–
金属制品业	–	–	–
通用设备制造业	–	–	–
专用设备制造业	–	–	–
交通运输设备制造业	–	–	–
电气机械及器材制造业	–	–	–
通信设备、计算机及其他电子设备制造业	–	–	–
仪器仪表及文化、办公用机械制造业	–	–	–
工艺品及其他制造业	–	–	–
废弃资源和废旧材料回收加工业	–	–	–
（三）电力、燃气及水的生产和供应业	–	–	–
电力、热力的生产和供应业	–	–	–
燃气生产和供应业	–	–	–
水的生产和供应业	–	–	–

购进、消费及库存（能源合计）

单位：吨标准煤

消费量					年末库存量
合计	1. 工业生产消费	#用于原材料	2. 非工业生产消费	合计中：运输工具消费	
45074254	**44973177**	**–**	**101076**	**–**	**–**
37484	37004	–	480	–	–
–	–	–	–	–	–
–	–	–	–	–	–
–	–	–	–	–	–
123	123	–	–	–	–
36641	36161	–	480	–	–
720	720	–	–	–	–
38489390	38394480	–	94909	–	–
246463	241672	–	4791	–	–
49731	47629	–	2101	–	–
120561	117107	–	3454	–	–
–	–	–	–	–	–
63092	60026	–	3066	–	–
65187	62709	–	2479	–	–
9042	8457	–	585	–	–
22223	20830	–	1394	–	–
49696	48170	–	1526	–	–
44977	43988	–	989	–	–
12622	11928	–	694	–	–
3758	2923	–	834	–	–
32181831	32178876	–	2954	–	–
1980436	1972793	–	7644	–	–
49568	49097	–	471	–	–
6667	6612	–	55	–	–
29216	28999	–	216	–	–
61970	58909	–	3061	–	–
1261857	1254096	–	7762	–	–
995368	993352	–	2016	–	–
11918	11527	–	391	–	–
59938	57296	–	2642	–	–
575643	554570	–	21073	–	–
90811	87842	–	2969	–	–
296125	286637	–	9487	–	–
83350	76926	–	6424	–	–
80539	75706	–	4833	–	–
16024	15196	–	828	–	–
20304	20166	–	138	–	–
471	439	–	32	–	–
6547380	6541693	–	5687	–	–
6254749	6250876	–	3873	–	–
231295	229706	–	1588	–	–
61336	61111	–	226	–	–

11-8　规模以上工业企业能源

行业名称	年初库存量	购进量	
		实物量	金额（千元）
合　　计	**1158852**	**12817531**	**5023399.47**
（一）采矿业	3034	42411	25187.00
煤炭开采和洗选业	–	–	–
石油和天然气开采业	–	–	–
黑色金属矿采选业	–	–	–
有色金属矿采选业	–	–	–
非金属矿采选业	3034	41495	24791.00
其他采矿业	–	916	396.00
（二）制造业	385855	4247065	1792658.91
农副食品加工业	12512	135106	64867.27
食品制造业	3420	40390	15860.20
饮料制造业	13388	123496	52011.79
烟草制品业	–	–	–
纺织业	1666	15281	7105.85
纺织服装、鞋、帽制造业	1374	52539	23129.07
皮革、毛皮、羽毛(绒)及其制品业	310	2097	951.67
木材加工及木、竹、藤、棕、草制品业	1	2548	1119.49
家具制造业	70	44694	18635.00
造纸及纸制品业	1872	44540	20294.76
印刷业和记录媒介的复制	177	3260	1663.23
文教体育用品制造业	–	277	113.99
石油加工、炼焦及核燃料加工业	20	2937	1007.00
化学原料及化学制品制造业	49104	1430934	605781.80
医药制造业	3897	58159	21786.85
化学纤维制造业	–	–	–
橡胶制品业	1143	17253	8610.40
塑料制品业	755	5691	2779.50
非金属矿物制品业	121582	1337249	533886.70
黑色金属冶炼及压延加工业	18209	440967	195232.92
有色金属冶炼及压延加工业	258	6566	3520.00
金属制品业	1617	23553	12513.40
通用设备制造业	132804	272715	119467.48
专用设备制造业	276	20588	9510.99
交通运输设备制造业	16318	79318	35360.76
电气机械及器材制造业	565	46745	22022.41
通信设备、计算机及其他电子设备制造业	4350	24395	9763.22
仪器仪表及文化、办公用机械制造业	167	1413	599.16
工艺品及其他制造业	–	14354	5064.00
废弃资源和废旧材料回收加工业	–	–	–
（三）电力、燃气及水的生产和供应业	769963	8528055	3205553.56
电力、热力的生产和供应业	769961	8521940	3202713.70
燃气生产和供应业	–	300	180.00
水的生产和供应业	2	5815	2659.86

购进、消费及库存（原煤）

单位：吨

消费量					年末库存量
合计	1. 工业生产消费	#用于原材料	2. 非工业生产消费	合计中：运输工具消费	
12844661	**12805894**	**–**	**38767**	**–**	**1044304**
44053	43978	–	75	–	1373
–	–	–	–	–	–
–	–	–	–	–	–
–	–	–	–	–	–
–	–	–	–	–	–
43137	43062	–	75	–	1373
916	916	–	–	–	–
4282796	4248229	–	34567	–	411129
135094	131729	–	3365	–	7061
41471	40443	–	1028	–	1945
121914	121784	–	130	–	14970
–	–	–	–	–	–
16277	15820	–	457	–	680
51129	50184	–	945	–	6411
1967	1790	–	177	–	440
2238	1991	–	247	–	320
23713	22816	–	897	–	21051
45042	44793	–	249	–	1370
3336	3274	–	62	–	345
277	197	–	80	–	–
2917	2900	–	17	–	40
1526659	1526604	–	55	–	16510
44215	44215	–	–	–	17841
–	–	–	–	–	–
17277	17160	–	117	–	1120
5724	4832	–	892	–	721
1402560	1399864	–	2696	–	104686
393488	392510	–	978	–	25059
6238	6081	–	157	–	607
23365	22506	–	859	–	1662
229564	215522	–	14042	–	177000
20322	19814	–	508	–	536
81910	77274	–	4636	–	5136
46951	45622	–	1329	–	345
23257	22656	–	601	–	5264
1538	1533	–	5	–	8
14353	14315	–	38	–	1
–	–	–	–	–	–
8517812	8513687	–	4125	–	631802
8511240	8507120	–	4120	–	631802
300	300	–	–	–	–
6272	6267	–	5	–	–

11-9　规模以上工业企业能源

行业名称	年初库存量	购进量	
		实物量	金额（千元）
合　　计	**50498**	**575838**	**334030.86**
（一）采矿业	–	–	–
煤炭开采和洗选业	–	–	–
石油和天然气开采业	–	–	–
黑色金属矿采选业	–	–	–
有色金属矿采选业	–	–	–
非金属矿采选业	–	–	–
其他采矿业	–	–	–
（二）制造业	23366	529163	304387.86
农副食品加工业	2419	24015	11598.00
食品制造业	6	8675	2645.00
饮料制造业	–	–	–
烟草制品业	–	–	–
纺织业	5	828	376.49
纺织服装、鞋、帽制造业	222	4960	2518.00
皮革、毛皮、羽毛(绒)及其制品业	–	–	–
木材加工及木、竹、藤、棕、草制品业	31	1955	778.00
家具制造业	–	300	120.00
造纸及纸制品业	22	722	289.00
印刷业和记录媒介的复制	–	–	–
文教体育用品制造业	–	–	–
石油加工、炼焦及核燃料加工业	–	–	–
化学原料及化学制品制造业	3410	204791	137147.00
医药制造业	286	1712	1063.16
化学纤维制造业	–	–	–
橡胶制品业	–	–	–
塑料制品业	199	333	184.00
非金属矿物制品业	7352	49858	22624.00
黑色金属冶炼及压延加工业	4475	211891	112439.11
有色金属冶炼及压延加工业	–	–	–
金属制品业	4409	3037	813.60
通用设备制造业	141	13061	10346.50
专用设备制造业	–	–	–
交通运输设备制造业	3	855	491.00
电气机械及器材制造业	–	140	31.00
通信设备、计算机及其他电子设备制造业	–	–	–
仪器仪表及文化、办公用机械制造业	–	–	–
工艺品及其他制造业	386	2030	924.00
废弃资源和废旧材料回收加工业	–	–	–
（三）电力、燃气及水的生产和供应业	27132	46675	29643.00
电力、热力的生产和供应业	240	3300	1400.00
燃气生产和供应业	26892	43375	28243.00
水的生产和供应业	–	–	–

购进、消费及库存（洗精煤）

单位：吨

消　费　量					年末库存量
合　计	1．工业生产消　费	#用于原材料	2．非工业生产消　费	合计中：运输工具消费	
592290	**592025**	**–**	**265**	**–**	**33951**
–	–	–	–	–	–
–	–	–	–	–	–
–	–	–	–	–	–
–	–	–	–	–	–
–	–	–	–	–	–
–	–	–	–	–	–
–	–	–	–	–	–
539918	539825	–	93	–	12516
24683	24683	–	–	–	1674
8656	8596	–	60	–	25
–	–	–	–	–	–
–	–	–	–	–	–
828	827	–	1	–	5
4895	4895	–	–	–	336
–	–	–	–	–	–
1892	1892	–	–	–	94
300	300	–	–	–	–
716	716	–	–	–	–
–	–	–	–	–	–
–	–	–	–	–	–
–	–	–	–	–	–
202156	202156	–	–	–	6045
1847	1847	–	–	–	151
–	–	–	–	–	–
–	–	–	–	–	–
418	415	–	3	–	–
55121	55121	–	–	–	2089
215102	215102	–	–	–	1262
–	–	–	–	–	–
7331	7318	–	13	–	115
12967	12951	–	16	–	234
–	–	–	–	–	–
836	836	–	–	–	19
140	140	–	–	–	–
–	–	–	–	–	–
–	–	–	–	–	–
2030	2030	–	–	–	467
–	–	–	–	–	–
52372	52200	–	172	–	21435
2040	2040	–	–	–	1500
50332	50160	–	172	–	19935
–	–	–	–	–	–

11-10　规模以上工业企业能源

行业名称	年初库存量	购进量	
		实物量	金额（千元）
合　　计	**38123**	**240270**	**79828.97**
（一）采矿业	–	–	–
煤炭开采和洗选业	–	–	–
石油和天然气开采业	–	–	–
黑色金属矿采选业	–	–	–
有色金属矿采选业	–	–	–
非金属矿采选业	–	–	–
其他采矿业	–	–	–
（二）制造业	11840	114476	44075.81
农副食品加工业	1554	22341	8006.00
食品制造业	54	5583	2723.00
饮料制造业	4900	28662	12003.40
烟草制品业	–	–	–
纺织业	–	676	324.00
纺织服装、鞋、帽制造业	52	513	305.00
皮革、毛皮、羽毛(绒)及其制品业	425	3413	1323.00
木材加工及木、竹、藤、棕、草制品业	–	2017	977.40
家具制造业	–	666	288.00
造纸及纸制品业	–	1245	559.00
印刷业和记录媒介的复制	–	647	324.50
文教体育用品制造业	–	100	30.00
石油加工、炼焦及核燃料加工业	–	–	–
化学原料及化学制品制造业	1244	4124	2287.00
医药制造业	–	–	–
化学纤维制造业	–	–	–
橡胶制品业	633	16968	5588.00
塑料制品业	255	1940	728.00
非金属矿物制品业	5	132	47.11
黑色金属冶炼及压延加工业	852	6691	415.00
有色金属冶炼及压延加工业	–	–	–
金属制品业	60	155	42.30
通用设备制造业	1756	16991	7443.90
专用设备制造业	50	1488	599.20
交通运输设备制造业	–	44	31.00
电气机械及器材制造业	–	80	31.00
通信设备、计算机及其他电子设备制造业	–	–	–
仪器仪表及文化、办公用机械制造业	–	–	–
工艺品及其他制造业	–	–	–
废弃资源和废旧材料回收加工业	–	–	–
（三）电力、燃气及水的生产和供应业	26283	125794	35753.16
电力、热力的生产和供应业	26283	125794	35753.16
燃气生产和供应业	–	–	–
水的生产和供应业	–	–	–

购进、消费及库存（其他洗煤）

单位：吨

消　费　量					年末库存量
合　计	1. 工业生产消　费	#用于原材料	2. 非工业生产消　费	合计中：运输工具消费	
258629	**253856**	**—**	**4773**	**—**	**19877**
—	—	—	—	—	—
—	—	—	—	—	—
—	—	—	—	—	—
—	—	—	—	—	—
—	—	—	—	—	—
—	—	—	—	—	—
—	—	—	—	—	—
111322	106549	—	4773	—	15077
19418	18783	—	635	—	4499
4529	4518	—	11	—	1084
27310	24125	—	3185	—	6252
—	—	—	—	—	—
668	668	—	—	—	8
513	513	—	—	—	55
3454	3354	—	100	—	384
1401	1401	—	—	—	—
666	596	—	70	—	—
1245	1245	—	—	—	90
477	281	—	196	—	170
100	—	—	100	—	—
—	—	—	—	—	—
4662	4662	—	—	—	706
—	—	—	—	—	—
—	—	—	—	—	—
17733	17733	—	—	—	490
2095	2052	—	43	—	100
135	135	—	—	—	2
7133	7133	—	—	—	410
—	—	—	—	—	—
186	163	—	23	—	20
18012	17633	—	379	—	730
1461	1430	—	31	—	77
44	44	—	—	—	—
80	80	—	—	—	—
—	—	—	—	—	—
—	—	—	—	—	—
—	—	—	—	—	—
—	—	—	—	—	—
147307	147307	—	—	—	4800
147307	147307	—	—	—	4800
—	—	—	—	—	—
—	—	—	—	—	—

11-11　规模以上工业企业能源

行业名称	年初库存量	购进量	
		实物量	金额（千元）
合　　计	**524**	**15653**	**7424.51**
（一）采矿业	–	–	–
煤炭开采和洗选业	–	–	–
石油和天然气开采业	–	–	–
黑色金属矿采选业	–	–	–
有色金属矿采选业	–	–	–
非金属矿采选业	–	–	–
其他采矿业	–	–	–
（二）制造业	524	15653	7424.51
农副食品加工业	369	8040	4027.00
食品制造业	–	–	–
饮料制造业	–	–	–
烟草制品业	–	–	–
纺织业	–	–	–
纺织服装、鞋、帽制造业	–	500	174.00
皮革、毛皮、羽毛(绒)及其制品业	–	–	–
木材加工及木、竹、藤、棕、草制品业	–	–	–
家具制造业	–	84	33.00
造纸及纸制品业	–	–	–
印刷业和记录媒介的复制	–	–	–
文教体育用品制造业	–	–	–
石油加工、炼焦及核燃料加工业	–	–	–
化学原料及化学制品制造业	–	172	68.00
医药制造业	–	–	–
化学纤维制造业	–	–	–
橡胶制品业	–	–	–
塑料制品业	–	–	–
非金属矿物制品业	–	133	56.00
黑色金属冶炼及压延加工业	–	–	–
有色金属冶炼及压延加工业	–	–	–
金属制品业	–	300	90.00
通用设备制造业	155	5802	2605.01
专用设备制造业	–	85	53.00
交通运输设备制造业	–	392	239.00
电气机械及器材制造业	–	7	1.50
通信设备、计算机及其他电子设备制造业	–	60	30.00
仪器仪表及文化、办公用机械制造业	–	78	48.00
工艺品及其他制造业	–	–	–
废弃资源和废旧材料回收加工业	–	–	–
（三）电力、燃气及水的生产和供应业	–	–	–
电力、热力的生产和供应业	–	–	–
燃气生产和供应业	–	–	–
水的生产和供应业	–	–	–

购进、消费及库存（煤制品）

单位：吨

消费量					年末库存量
合计	1．工业生产消费	#用于原材料	2．非工业生产消费	合计中：运输工具消费	
15545	**15315**	**—**	**230**	**—**	**632**
—	—	—	—	—	—
—	—	—	—	—	—
—	—	—	—	—	—
—	—	—	—	—	—
—	—	—	—	—	—
—	—	—	—	—	—
—	—	—	—	—	—
15545	15315	—	230	—	632
8085	8085	—	—	—	324
—	—	—	—	—	—
—	—	—	—	—	—
—	—	—	—	—	—
—	—	—	—	—	—
500	500	—	—	—	—
—	—	—	—	—	—
—	—	—	—	—	—
84	84	—	—	—	—
—	—	—	—	—	—
—	—	—	—	—	—
—	—	—	—	—	—
—	—	—	—	—	—
78	—	—	78	—	94
—	—	—	—	—	—
—	—	—	—	—	—
—	—	—	—	—	—
—	—	—	—	—	—
133	133	—	—	—	—
—	—	—	—	—	—
—	—	—	—	—	—
300	300	—	—	—	—
5795	5723	—	72	—	162
85	85	—	—	—	—
340	320	—	20	—	52
7	7	—	—	—	—
60	—	—	60	—	—
78	78	—	—	—	—
—	—	—	—	—	—
—	—	—	—	—	—
—	—	—	—	—	—
—	—	—	—	—	—
—	—	—	—	—	—
—	—	—	—	—	—

11-12 规模以上工业企业能源

行业名称	年初库存量	购进量	
		实物量	金额（千元）
合　　计	**–**	**5477**	**2509.51**
(一) 采矿业	–	–	–
煤炭开采和洗选业	–	–	–
石油和天然气开采业	–	–	–
黑色金属矿采选业	–	–	–
有色金属矿采选业	–	–	–
非金属矿采选业	–	–	–
其他采矿业	–	–	–
(二) 制造业	–	5477	2509.51
农副食品加工业	–	40	27.00
食品制造业	–	–	–
饮料制造业	–	–	–
烟草制品业	–	–	–
纺织业	–	–	–
纺织服装、鞋、帽制造业	–	500	174.00
皮革、毛皮、羽毛(绒)及其制品业	–	–	–
木材加工及木、竹、藤、棕、草制品业	–	–	–
家具制造业	–	84	33.00
造纸及纸制品业	–	–	–
印刷业和记录媒介的复制	–	–	–
文教体育用品制造业	–	–	–
石油加工、炼焦及核燃料加工业	–	–	–
化学原料及化学制品制造业	–	–	–
医药制造业	–	–	–
化学纤维制造业	–	–	–
橡胶制品业	–	–	–
塑料制品业	–	–	–
非金属矿物制品业	–	–	–
黑色金属冶炼及压延加工业	–	–	–
有色金属冶炼及压延加工业	–	–	–
金属制品业	–	–	–
通用设备制造业	–	4303	1957.01
专用设备制造业	–	85	53.00
交通运输设备制造业	–	320	186.00
电气机械及器材制造业	–	7	1.50
通信设备、计算机及其他电子设备制造业	–	60	30.00
仪器仪表及文化、办公用机械制造业	–	78	48.00
工艺品及其他制造业	–	–	–
废弃资源和废旧材料回收加工业	–	–	–
(三) 电力、燃气及水的生产和供应业	–	–	–
电力、热力的生产和供应业	–	–	–
燃气生产和供应业	–	–	–
水的生产和供应业	–	–	–

购进、消费及库存（型煤）

单位：吨

消费量					年末库存量
合计	1．工业生产消费	#用于原材料	2．非工业生产消费	合计中：运输工具消费	
5477	**5345**	**–**	**132**	**–**	**–**
–	–	–	–	–	–
–	–	–	–	–	–
–	–	–	–	–	–
–	–	–	–	–	–
–	–	–	–	–	–
–	–	–	–	–	–
–	–	–	–	–	–
5477	5345	–	132	–	–
40	40	–	–	–	–
–	–	–	–	–	–
–	–	–	–	–	–
–	–	–	–	–	–
–	–	–	–	–	–
500	500	–	–	–	–
–	–	–	–	–	–
–	–	–	–	–	–
84	84	–	–	–	–
–	–	–	–	–	–
–	–	–	–	–	–
–	–	–	–	–	–
–	–	–	–	–	–
–	–	–	–	–	–
–	–	–	–	–	–
–	–	–	–	–	–
–	–	–	–	–	–
–	–	–	–	–	–
–	–	–	–	–	–
–	–	–	–	–	–
–	–	–	–	–	–
–	–	–	–	–	–
4303	4231	–	72	–	–
85	85	–	–	–	–
320	320	–	–	–	–
7	7	–	–	–	–
60	–	–	60	–	–
78	78	–	–	–	–
–	–	–	–	–	–
–	–	–	–	–	–
–	–	–	–	–	–
–	–	–	–	–	–
–	–	–	–	–	–
–	–	–	–	–	–

11-13　规模以上工业企业能源

行业名称	年初库存量	购进量	
		实物量	金额（千元）
合　　计	**60**	**222**	**125.00**
（一）采矿业	–	–	–
煤炭开采和洗选业	–	–	–
石油和天然气开采业	–	–	–
黑色金属矿采选业	–	–	–
有色金属矿采选业	–	–	–
非金属矿采选业	–	–	–
其他采矿业	–	–	–
（二）制造业	60	222	125.00
农副食品加工业	–	–	–
食品制造业	–	–	–
饮料制造业	–	–	–
烟草制品业	–	–	–
纺织业	–	–	–
纺织服装、鞋、帽制造业	–	–	–
皮革、毛皮、羽毛(绒)及其制品业	–	–	–
木材加工及木、竹、藤、棕、草制品业	–	–	–
家具制造业	–	–	–
造纸及纸制品业	–	–	–
印刷业和记录媒介的复制	–	–	–
文教体育用品制造业	–	–	–
石油加工、炼焦及核燃料加工业	–	–	–
化学原料及化学制品制造业	–	–	–
医药制造业	–	–	–
化学纤维制造业	–	–	–
橡胶制品业	–	–	–
塑料制品业	–	–	–
非金属矿物制品业	–	–	–
黑色金属冶炼及压延加工业	–	–	–
有色金属冶炼及压延加工业	–	–	–
金属制品业	–	–	–
通用设备制造业	60	150	72.00
专用设备制造业	–	–	–
交通运输设备制造业	–	72	53.00
电气机械及器材制造业	–	–	–
通信设备、计算机及其他电子设备制造业	–	–	–
仪器仪表及文化、办公用机械制造业	–	–	–
工艺品及其他制造业	–	–	–
废弃资源和废旧材料回收加工业	–	–	–
（三）电力、燃气及水的生产和供应业	–	–	–
电力、热力的生产和供应业	–	–	–
燃气生产和供应业	–	–	–
水的生产和供应业	–	–	–

购进、消费及库存（煤粉）

单位：吨

消　费　量					年末库存量
合　计	1．工业生产消　费	#用于原材料	2．非工业生产消　费	合计中：运输工具消费	
200	**180**	**—**	**20**	**—**	**82**
—	—	—	—	—	—
—	—	—	—	—	—
—	—	—	—	—	—
—	—	—	—	—	—
—	—	—	—	—	—
—	—	—	—	—	—
—	—	—	—	—	—
200	180	—	20	—	82
—	—	—	—	—	—
—	—	—	—	—	—
—	—	—	—	—	—
—	—	—	—	—	—
—	—	—	—	—	—
—	—	—	—	—	—
—	—	—	—	—	—
—	—	—	—	—	—
—	—	—	—	—	—
—	—	—	—	—	—
—	—	—	—	—	—
—	—	—	—	—	—
—	—	—	—	—	—
—	—	—	—	—	—
—	—	—	—	—	—
—	—	—	—	—	—
—	—	—	—	—	—
—	—	—	—	—	—
—	—	—	—	—	—
—	—	—	—	—	—
—	—	—	—	—	—
—	—	—	—	—	—
180	180	—	—	—	30
—	—	—	—	—	—
20	—	—	20	—	52
—	—	—	—	—	—
—	—	—	—	—	—
—	—	—	—	—	—
—	—	—	—	—	—
—	—	—	—	—	—
—	—	—	—	—	—
—	—	—	—	—	—
—	—	—	—	—	—
—	—	—	—	—	—

11-14　规模以上工业企业能源

行业名称	年初库存量	购进量	
		实物量	金额（千元）
合　　计	**8645**	**156992**	**179303.34**
（一）采矿业	–	40	52.00
煤炭开采和洗选业	–	–	–
石油和天然气开采业	–	–	–
黑色金属矿采选业	–	–	–
有色金属矿采选业	–	–	–
非金属矿采选业	–	40	52.00
其他采矿业	–	–	–
（二）制造业	8645	156952	179251.34
农副食品加工业	–	19092	20243.00
食品制造业	–	8	9.20
饮料制造业	5	74	81.00
烟草制品业	–	–	–
纺织业	–	510	463.00
纺织服装、鞋、帽制造业	–	–	–
皮革、毛皮、羽毛(绒)及其制品业	–	–	–
木材加工及木、竹、藤、棕、草制品业	–	–	–
家具制造业	–	–	–
造纸及纸制品业	–	17	11.90
印刷业和记录媒介的复制	–	–	–
文教体育用品制造业	–	296	226.00
石油加工、炼焦及核燃料加工业	–	–	–
化学原料及化学制品制造业	–	189	180.00
医药制造业	–	–	–
化学纤维制造业	–	–	–
橡胶制品业	–	–	–
塑料制品业	5	–	–
非金属矿物制品业	1595	3321	3137.50
黑色金属冶炼及压延加工业	2949	23589	27254.32
有色金属冶炼及压延加工业	–	391	503.00
金属制品业	144	5527	5769.06
通用设备制造业	2271	80950	93162.49
专用设备制造业	185	15215	19236.35
交通运输设备制造业	1101	7072	8207.76
电气机械及器材制造业	390	701	766.76
通信设备、计算机及其他电子设备制造业	–	–	–
仪器仪表及文化、办公用机械制造业	–	–	–
工艺品及其他制造业	–	–	–
废弃资源和废旧材料回收加工业	–	–	–
（三）电力、燃气及水的生产和供应业	–	–	–
电力、热力的生产和供应业	–	–	–
燃气生产和供应业	–	–	–
水的生产和供应业	–	–	–

购进、消费及库存（焦炭）

单位：吨

消费量					年末库存量
合计	1．工业生产消费	#用于原材料	2．非工业生产消费	合计中：运输工具消费	
227654	**227582**	**–**	**72**	**–**	**4885**
40	40	–	–	–	–
–	–	–	–	–	–
–	–	–	–	–	–
–	–	–	–	–	–
–	–	–	–	–	–
40	40	–	–	–	–
–	–	–	–	–	–
202053	201981	–	72	–	4885
19092	19092	–	–	–	–
2	2	–	–	–	6
68	68	–	–	–	11
–	–	–	–	–	–
510	510	–	–	–	–
–	–	–	–	–	–
–	–	–	–	–	–
–	–	–	–	–	–
–	–	–	–	–	–
17	17	–	–	–	–
–	–	–	–	–	–
296	296	–	–	–	–
–	–	–	–	–	–
41711	41704	–	7	–	6
–	–	–	–	–	–
–	–	–	–	–	–
–	–	–	–	–	–
5	5	–	–	–	–
4818	4818	–	–	–	117
25613	25613	–	–	–	1453
377	377	–	–	–	–
5433	5429	–	4	–	238
80377	80324	–	53	–	2167
15249	15249	–	–	–	107
7447	7443	–	4	–	727
1038	1034	–	4	–	53
–	–	–	–	–	–
–	–	–	–	–	–
–	–	–	–	–	–
–	–	–	–	–	–
25561	25561	–	–	–	–
–	–	–	–	–	–
25561	25561	–	–	–	–
–	–	–	–	–	–

11-15 规模以上工业企业能源

行业名称	年初库存量	购进量	
		实物量	金额（千元）
合　　计	**－**	**－**	**－**
（一）采矿业	－	－	－
煤炭开采和洗选业	－	－	－
石油和天然气开采业	－	－	－
黑色金属矿采选业	－	－	－
有色金属矿采选业	－	－	－
非金属矿采选业	－	－	－
其他采矿业	－	－	－
（二）制造业	－	－	－
农副食品加工业	－	－	－
食品制造业	－	－	－
饮料制造业	－	－	－
烟草制品业	－	－	－
纺织业	－	－	－
纺织服装、鞋、帽制造业	－	－	－
皮革、毛皮、羽毛(绒)及其制品业	－	－	－
木材加工及木、竹、藤、棕、草制品业	－	－	－
家具制造业	－	－	－
造纸及纸制品业	－	－	－
印刷业和记录媒介的复制	－	－	－
文教体育用品制造业	－	－	－
石油加工、炼焦及核燃料加工业	－	－	－
化学原料及化学制品制造业	－	－	－
医药制造业	－	－	－
化学纤维制造业	－	－	－
橡胶制品业	－	－	－
塑料制品业	－	－	－
非金属矿物制品业	－	－	－
黑色金属冶炼及压延加工业	－	－	－
有色金属冶炼及压延加工业	－	－	－
金属制品业	－	－	－
通用设备制造业	－	－	－
专用设备制造业	－	－	－
交通运输设备制造业	－	－	－
电气机械及器材制造业	－	－	－
通信设备、计算机及其他电子设备制造业	－	－	－
仪器仪表及文化、办公用机械制造业	－	－	－
工艺品及其他制造业	－	－	－
废弃资源和废旧材料回收加工业	－	－	－
（三）电力、燃气及水的生产和供应业	－	－	－
电力、热力的生产和供应业	－	－	－
燃气生产和供应业	－	－	－
水的生产和供应业	－	－	－

购进、消费及库存（其他焦化产品）

单位：吨

消　费　量					年末库存量
合　计	1. 工业生产消　费	#用于原材料	2. 非工业生产消　费	合计中：运输工具消费	
4501	**4501**	**—**	**—**	**—**	**—**
—	—	—	—	—	—
—	—	—	—	—	—
—	—	—	—	—	—
—	—	—	—	—	—
—	—	—	—	—	—
—	—	—	—	—	—
—	—	—	—	—	—
4501	4501	—	—	—	—
—	—	—	—	—	—
—	—	—	—	—	—
—	—	—	—	—	—
—	—	—	—	—	—
—	—	—	—	—	—
—	—	—	—	—	—
—	—	—	—	—	—
—	—	—	—	—	—
—	—	—	—	—	—
—	—	—	—	—	—
—	—	—	—	—	—
—	—	—	—	—	—
—	—	—	—	—	—
4501	4501	—	—	—	—
—	—	—	—	—	—
—	—	—	—	—	—
—	—	—	—	—	—
—	—	—	—	—	—
—	—	—	—	—	—
—	—	—	—	—	—
—	—	—	—	—	—
—	—	—	—	—	—
—	—	—	—	—	—
—	—	—	—	—	—
—	—	—	—	—	—
—	—	—	—	—	—
—	—	—	—	—	—
—	—	—	—	—	—
—	—	—	—	—	—
—	—	—	—	—	—
—	—	—	—	—	—
—	—	—	—	—	—
—	—	—	—	—	—
—	—	—	—	—	—

11-16 规模以上工业企业能源

行业名称	年初库存量	购进量	
		实物量	金额（千元）
合　　计	**–**	**1411**	**4135.60**
（一）采矿业	–	–	–
煤炭开采和洗选业	–	–	–
石油和天然气开采业	–	–	–
黑色金属矿采选业	–	–	–
有色金属矿采选业	–	–	–
非金属矿采选业	–	–	–
其他采矿业	–	–	–
（二）制造业	–	1411	4135.60
农副食品加工业	–	–	–
食品制造业	–	–	–
饮料制造业	–	–	–
烟草制品业	–	–	–
纺织业	–	–	–
纺织服装、鞋、帽制造业	–	–	–
皮革、毛皮、羽毛(绒)及其制品业	–	–	–
木材加工及木、竹、藤、棕、草制品业	–	–	–
家具制造业	–	–	–
造纸及纸制品业	–	–	–
印刷业和记录媒介的复制	–	–	–
文教体育用品制造业	–	–	–
石油加工、炼焦及核燃料加工业	–	–	–
化学原料及化学制品制造业	–	–	–
医药制造业	–	–	–
化学纤维制造业	–	–	–
橡胶制品业	–	–	–
塑料制品业	–	–	–
非金属矿物制品业	–	–	–
黑色金属冶炼及压延加工业	–	1411	4135.60
有色金属冶炼及压延加工业	–	–	–
金属制品业	–	–	–
通用设备制造业	–	–	–
专用设备制造业	–	–	–
交通运输设备制造业	–	–	–
电气机械及器材制造业	–	–	–
通信设备、计算机及其他电子设备制造业	–	–	–
仪器仪表及文化、办公用机械制造业	–	–	–
工艺品及其他制造业	–	–	–
废弃资源和废旧材料回收加工业	–	–	–
（三）电力、燃气及水的生产和供应业	–	–	–
电力、热力的生产和供应业	–	–	–
燃气生产和供应业	–	–	–
水的生产和供应业	–	–	–

购进、消费及库存（焦炉煤气）

单位：万立方米

消费量					年末库存量
合计	1. 工业生产消费	#用于原材料	2. 非工业生产消费	合计中：运输工具消费	
3965	**3965**	–	–	–	–
–	–	–	–	–	–
–	–	–	–	–	–
–	–	–	–	–	–
–	–	–	–	–	–
–	–	–	–	–	–
–	–	–	–	–	–
–	–	–	–	–	–
3965	3965	–	–	–	–
–	–	–	–	–	–
–	–	–	–	–	–
–	–	–	–	–	–
–	–	–	–	–	–
–	–	–	–	–	–
–	–	–	–	–	–
–	–	–	–	–	–
–	–	–	–	–	–
–	–	–	–	–	–
–	–	–	–	–	–
–	–	–	–	–	–
–	–	–	–	–	–
–	–	–	–	–	–
2554	2554	–	–	–	–
–	–	–	–	–	–
–	–	–	–	–	–
–	–	–	–	–	–
–	–	–	–	–	–
–	–	–	–	–	–
1411	1411	–	–	–	–
–	–	–	–	–	–
–	–	–	–	–	–
–	–	–	–	–	–
–	–	–	–	–	–
–	–	–	–	–	–
–	–	–	–	–	–
–	–	–	–	–	–
–	–	–	–	–	–
–	–	–	–	–	–
–	–	–	–	–	–
–	–	–	–	–	–
–	–	–	–	–	–
–	–	–	–	–	–
–	–	–	–	–	–

11-17 规模以上工业企业能源

行业名称	年初库存量	购进量	
		实物量	金额（千元）
合　　计	**–**	**27673**	**85315.22**
（一）采矿业	–	–	–
煤炭开采和洗选业	–	–	–
石油和天然气开采业	–	–	–
黑色金属矿采选业	–	–	–
有色金属矿采选业	–	–	–
非金属矿采选业	–	–	–
其他采矿业	–	–	–
（二）制造业	–	27673	85315.22
农副食品加工业	–	–	–
食品制造业	–	–	–
饮料制造业	–	–	–
烟草制品业	–	–	–
纺织业	–	–	–
纺织服装、鞋、帽制造业	–	60	480.00
皮革、毛皮、羽毛(绒)及其制品业	–	–	–
木材加工及木、竹、藤、棕、草制品业	–	–	–
家具制造业	–	–	–
造纸及纸制品业	–	–	–
印刷业和记录媒介的复制	–	–	–
文教体育用品制造业	–	5	65.00
石油加工、炼焦及核燃料加工业	–	–	–
化学原料及化学制品制造业	–	1	11.62
医药制造业	–	–	–
化学纤维制造业	–	–	–
橡胶制品业	–	–	–
塑料制品业	–	–	–
非金属矿物制品业	–	212	912.00
黑色金属冶炼及压延加工业	–	27246	81739.00
有色金属冶炼及压延加工业	–	–	–
金属制品业	–	–	–
通用设备制造业	–	–	–
专用设备制造业	–	–	–
交通运输设备制造业	–	116	1635.60
电气机械及器材制造业	–	2	24.00
通信设备、计算机及其他电子设备制造业	–	32	448.00
仪器仪表及文化、办公用机械制造业	–	–	–
工艺品及其他制造业	–	–	–
废弃资源和废旧材料回收加工业	–	–	–
（三）电力、燃气及水的生产和供应业	–	–	–
电力、热力的生产和供应业	–	–	–
燃气生产和供应业	–	–	–
水的生产和供应业	–	–	–

购进、消费及库存（其他煤气）

单位：万立方米

消费量					年末库存量
合计	1．工业生产消费	#用于原材料	2．非工业生产消费	合计中：运输工具消费	
76307	**76305**	**–**	**2**	**–**	**–**
–	–	–	–	–	–
–	–	–	–	–	–
–	–	–	–	–	–
–	–	–	–	–	–
–	–	–	–	–	–
–	–	–	–	–	–
–	–	–	–	–	–
76307	76305	–	2	–	–
–	–	–	–	–	–
–	–	–	–	–	–
–	–	–	–	–	–
–	–	–	–	–	–
–	–	–	–	–	–
60	60	–	–	–	–
–	–	–	–	–	–
–	–	–	–	–	–
–	–	–	–	–	–
–	–	–	–	–	–
–	–	–	–	–	–
5	5	–	–	–	–
–	–	–	–	–	–
1	–	–	1	–	–
–	–	–	–	–	–
–	–	–	–	–	–
–	–	–	–	–	–
–	–	–	–	–	–
212	212	–	–	–	–
75880	75880	–	–	–	–
–	–	–	–	–	–
–	–	–	–	–	–
–	–	–	–	–	–
–	–	–	–	–	–
116	116	–	–	–	–
2	–	–	2	–	–
32	32	–	–	–	–
–	–	–	–	–	–
–	–	–	–	–	–
–	–	–	–	–	–
–	–	–	–	–	–
–	–	–	–	–	–
–	–	–	–	–	–
–	–	–	–	–	–

11-18 规模以上工业企业能源

行业名称	年初库存量	购进量	
		实物量	金额（千元）
合　计	**–**	**2245**	**15942.00**
（一）采矿业	–	–	–
煤炭开采和洗选业	–	–	–
石油和天然气开采业	–	–	–
黑色金属矿采选业	–	–	–
有色金属矿采选业	–	–	–
非金属矿采选业	–	–	–
其他采矿业	–	–	–
（二）制造业	–	2245	15942.00
农副食品加工业	–	–	–
食品制造业	–	–	–
饮料制造业	–	–	–
烟草制品业	–	–	–
纺织业	–	–	–
纺织服装、鞋、帽制造业	–	–	–
皮革、毛皮、羽毛(绒)及其制品业	–	–	–
木材加工及木、竹、藤、棕、草制品业	–	–	–
家具制造业	–	–	–
造纸及纸制品业	–	–	–
印刷业和记录媒介的复制	–	–	–
文教体育用品制造业	–	–	–
石油加工、炼焦及核燃料加工业	–	–	–
化学原料及化学制品制造业	–	–	–
医药制造业	–	–	–
化学纤维制造业	–	–	–
橡胶制品业	–	–	–
塑料制品业	–	–	–
非金属矿物制品业	–	–	–
黑色金属冶炼及压延加工业	–	2245	15942.00
有色金属冶炼及压延加工业	–	–	–
金属制品业	–	–	–
通用设备制造业	–	–	–
专用设备制造业	–	–	–
交通运输设备制造业	–	–	–
电气机械及器材制造业	–	–	–
通信设备、计算机及其他电子设备制造业	–	–	–
仪器仪表及文化、办公用机械制造业	–	–	–
工艺品及其他制造业	–	–	–
废弃资源和废旧材料回收加工业	–	–	–
（三）电力、燃气及水的生产和供应业	–	–	–
电力、热力的生产和供应业	–	–	–
燃气生产和供应业	–	–	–
水的生产和供应业	–	–	–

购进、消费及库存（天然气）

单位：万立方米

消　费　量					年末库存量
合　计	1．工业生产消　费	#用于原材料	2．非工业生产消　费	合计中：运输工具消费	
2245	**2245**	**—**	**—**	**—**	**—**
—	—	—	—	—	—
—	—	—	—	—	—
—	—	—	—	—	—
—	—	—	—	—	—
—	—	—	—	—	—
—	—	—	—	—	—
—	—	—	—	—	—
2245	2245	—	—	—	—
—	—	—	—	—	—
—	—	—	—	—	—
—	—	—	—	—	—
—	—	—	—	—	—
—	—	—	—	—	—
—	—	—	—	—	—
—	—	—	—	—	—
—	—	—	—	—	—
—	—	—	—	—	—
—	—	—	—	—	—
—	—	—	—	—	—
—	—	—	—	—	—
—	—	—	—	—	—
—	—	—	—	—	—
—	—	—	—	—	—
—	—	—	—	—	—
—	—	—	—	—	—
—	—	—	—	—	—
—	—	—	—	—	—
2245	2245	—	—	—	—
—	—	—	—	—	—
—	—	—	—	—	—
—	—	—	—	—	—
—	—	—	—	—	—
—	—	—	—	—	—
—	—	—	—	—	—
—	—	—	—	—	—
—	—	—	—	—	—
—	—	—	—	—	—
—	—	—	—	—	—
—	—	—	—	—	—
—	—	—	—	—	—
—	—	—	—	—	—
—	—	—	—	—	—

11−19 规模以上工业企业能源

行业名称	年初库存量	购进量	
		实物量	金额（千元）
合　　计	**1207688**	**21227185**	**85788850.00**
（一）采矿业	−	−	−
煤炭开采和洗选业	−	−	−
石油和天然气开采业	−	−	−
黑色金属矿采选业	−	−	−
有色金属矿采选业	−	−	−
非金属矿采选业	−	−	−
其他采矿业	−	−	−
（二）制造业	1207688	21227185	85788850
农副食品加工业	−	−	−
食品制造业	−	−	−
饮料制造业	−	−	−
烟草制品业	−	−	−
纺织业	−	−	−
纺织服装、鞋、帽制造业	−	−	−
皮革、毛皮、羽毛(绒)及其制品业	−	−	−
木材加工及木、竹、藤、棕、草制品业	−	−	−
家具制造业	−	−	−
造纸及纸制品业	−	−	−
印刷业和记录媒介的复制	−	−	−
文教体育用品制造业	−	−	−
石油加工、炼焦及核燃料加工业	1202837	21180000	85655930
化学原料及化学制品制造业	4851	47185	132920
医药制造业	−	−	−
化学纤维制造业	−	−	−
橡胶制品业	−	−	−
塑料制品业	−	−	−
非金属矿物制品业	−	−	−
黑色金属冶炼及压延加工业	−	−	−
有色金属冶炼及压延加工业	−	−	−
金属制品业	−	−	−
通用设备制造业	−	−	−
专用设备制造业	−	−	−
交通运输设备制造业	−	−	−
电气机械及器材制造业	−	−	−
通信设备、计算机及其他电子设备制造业	−	−	−
仪器仪表及文化、办公用机械制造业	−	−	−
工艺品及其他制造业	−	−	−
废弃资源和废旧材料回收加工业	−	−	−
（三）电力、燃气及水的生产和供应业	−	−	−
电力、热力的生产和供应业	−	−	−
燃气生产和供应业	−	−	−
水的生产和供应业	−	−	−

购进、消费及库存（原油）

单位：吨

消费量					年末库存量
合　　计	1．工业生产消费	#用于原材料	2．非工业生产消费	合计中：运输工具消费	
21621060	**21621060**	**—**	**—**	**—**	**792145**
—	—	—	—	—	—
—	—	—	—	—	—
—	—	—	—	—	—
—	—	—	—	—	—
—	—	—	—	—	—
—	—	—	—	—	—
—	—	—	—	—	—
21621060	21621060	—	—	—	792145
—	—	—	—	—	—
—	—	—	—	—	—
—	—	—	—	—	—
—	—	—	—	—	—
—	—	—	—	—	—
—	—	—	—	—	—
—	—	—	—	—	—
—	—	—	—	—	—
—	—	—	—	—	—
—	—	—	—	—	—
—	—	—	—	—	—
—	—	—	—	—	—
21569177	21569177	—	—	—	791992
51883	51883	—	—	—	153
—	—	—	—	—	—
—	—	—	—	—	—
—	—	—	—	—	—
—	—	—	—	—	—
—	—	—	—	—	—
—	—	—	—	—	—
—	—	—	—	—	—
—	—	—	—	—	—
—	—	—	—	—	—
—	—	—	—	—	—
—	—	—	—	—	—
—	—	—	—	—	—
—	—	—	—	—	—
—	—	—	—	—	—
—	—	—	—	—	—
—	—	—	—	—	—
—	—	—	—	—	—
—	—	—	—	—	—
—	—	—	—	—	—
—	—	—	—	—	—

11-20　规模以上工业企业能源

行业名称	年初库存量	购进量	
		实物量	金额（千元）
合　　计	**467**	**30659**	**144306.21**
（一）采矿业	10	161	757.60
煤炭开采和洗选业	–	–	–
石油和天然气开采业	–	–	–
黑色金属矿采选业	–	–	–
有色金属矿采选业	–	–	–
非金属矿采选业	10	154	727.60
其他采矿业	–	7	30.00
（二）制造业	379	28173	131176.88
农副食品加工业	33	1702	7119.73
食品制造业	3	497	2212.90
饮料制造业	–	538	2496.10
烟草制品业	–	–	–
纺织业	1	478	2384.88
纺织服装、鞋、帽制造业	7	1210	5913.74
皮革、毛皮、羽毛(绒)及其制品业	1	458	2102.86
木材加工及木、竹、藤、棕、草制品业	5	934	4900.95
家具制造业	–	694	3061.05
造纸及纸制品业	1	638	2848.33
印刷业和记录媒介的复制	1	390	2004.30
文教体育用品制造业	–	118	504.00
石油加工、炼焦及核燃料加工业	4	882	4502.60
化学原料及化学制品制造业	47	1675	8148.92
医药制造业	–	266	1277.23
化学纤维制造业	–	30	86.00
橡胶制品业	3	502	2406.55
塑料制品业	–	671	2960.82
非金属矿物制品业	42	1508	6897.77
黑色金属冶炼及压延加工业	71	673	2988.93
有色金属冶炼及压延加工业	–	387	1466.90
金属制品业	6	1537	6977.04
通用设备制造业	98	5231	23112.05
专用设备制造业	6	1920	9163.67
交通运输设备制造业	50	2701	13306.73
电气机械及器材制造业	–	1410	6487.67
通信设备、计算机及其他电子设备制造业	–	701	3738.28
仪器仪表及文化、办公用机械制造业	–	323	1692.28
工艺品及其他制造业	–	99	414.60
废弃资源和废旧材料回收加工业	–	–	–
（三）电力、燃气及水的生产和供应业	78	2325	12371.73
电力、热力的生产和供应业	46	749	3690.33
燃气生产和供应业	4	688	3463.60
水的生产和供应业	28	888	5217.80

购进、消费及库存（汽油）

单位：吨

消费量					年末库存量
合计	1. 工业生产消费	#用于原材料	2. 非工业生产消费	合计中：运输工具消费	
31762	**20364**	**–**	**11398**	**17116**	**428**
171	113	–	58	112	–
–	–	–	–	–	–
–	–	–	–	–	–
–	–	–	–	–	–
–	–	–	–	–	–
164	106	–	58	112	–
7	7	–	–	–	–
29247	18319	–	10928	15631	389
1806	1156	–	650	1133	13
527	354	–	173	166	–
538	373	–	165	338	–
–	–	–	–	–	–
478	136	–	342	372	1
1307	663	–	644	810	3
458	299	–	159	194	1
1128	742	–	386	358	1
694	388	–	306	624	–
642	467	–	175	466	–
391	203	–	188	204	–
118	20	–	98	99	–
1326	781	–	545	713	1
1742	965	–	777	1013	36
266	206	–	60	190	–
30	3	–	27	21	–
499	423	–	76	74	6
669	313	–	356	417	–
1456	1058	–	398	375	140
697	426	–	271	354	46
387	234	–	153	184	–
1525	798	–	727	814	9
5322	3588	–	1734	3004	60
2041	1388	–	653	1152	6
2679	2064	–	615	860	63
1398	701	–	697	830	3
701	314	–	387	578	–
323	200	–	123	260	–
99	56	–	43	28	–
–	–	–	–	–	–
2344	1932	–	412	1373	39
770	558	–	212	526	6
690	635	–	55	585	1
884	739	–	145	262	32

11-21 规模以上工业企业能源

行业名称	年初库存量	购进量	
		实物量	金额（千元）
合　　计	**377**	**8523**	**36299.33**
（一）采矿业	–	–	–
煤炭开采和洗选业	–	–	–
石油和天然气开采业	–	–	–
黑色金属矿采选业	–	–	–
有色金属矿采选业	–	–	–
非金属矿采选业	–	–	–
其他采矿业	–	–	–
（二）制造业	377	8523	36299.33
农副食品加工业	2	49	269.00
食品制造业	–	–	–
饮料制造业	–	–	–
烟草制品业	–	–	–
纺织业	–	–	–
纺织服装、鞋、帽制造业	–	5	30.00
皮革、毛皮、羽毛(绒)及其制品业	–	–	–
木材加工及木、竹、藤、棕、草制品业	–	5	21.00
家具制造业	–	1	4.00
造纸及纸制品业	–	–	–
印刷业和记录媒介的复制	–	1	6.00
文教体育用品制造业	–	–	–
石油加工、炼焦及核燃料加工业	–	–	–
化学原料及化学制品制造业	63	3329	12508.00
医药制造业	–	–	–
化学纤维制造业	–	–	–
橡胶制品业	–	–	–
塑料制品业	–	1	5.59
非金属矿物制品业	30	3502	15060.00
黑色金属冶炼及压延加工业	–	–	–
有色金属冶炼及压延加工业	–	–	–
金属制品业	15	140	652.10
通用设备制造业	63	595	2901.34
专用设备制造业	–	29	204.27
交通运输设备制造业	204	809	4321.63
电气机械及器材制造业	–	27	159.70
通信设备、计算机及其他电子设备制造业	–	1	4.70
仪器仪表及文化、办公用机械制造业	–	29	152.00
工艺品及其他制造业	–	–	–
废弃资源和废旧材料回收加工业	–	–	–
（三）电力、燃气及水的生产和供应业	–	–	–
电力、热力的生产和供应业	–	–	–
燃气生产和供应业	–	–	–
水的生产和供应业	–	–	–

购进、消费及库存（煤油）

单位：吨

消　费　量					年末库存量
合　计	1．工业生产消　费	#用于原材料	2．非工业生产消　费	合计中：运输工具消费	
8045	**8000**	**–**	**45**	**–**	**847**
–	–	–	–	–	–
–	–	–	–	–	–
–	–	–	–	–	–
–	–	–	–	–	–
–	–	–	–	–	–
–	–	–	–	–	–
–	–	–	–	–	–
8045	8000	–	45	–	847
49	49	–	–	–	1
–	–	–	–	–	–
–	–	–	–	–	–
–	–	–	–	–	–
–	–	–	–	–	–
5	5	–	–	–	–
–	–	–	–	–	–
5	–	–	5	–	–
1	1	–	–	–	–
–	–	–	–	–	–
1	1	–	–	–	–
–	–	–	–	–	–
–	–	–	–	–	–
2996	2996	–	–	–	389
–	–	–	–	–	–
–	–	–	–	–	–
–	–	–	–	–	–
1	–	–	1	–	–
3502	3500	–	2	–	30
–	–	–	–	–	–
–	–	–	–	–	–
140	127	–	13	–	4
645	631	–	14	–	29
28	28	–	–	–	–
615	615	–	–	–	394
27	17	–	10	–	–
1	1	–	–	–	–
29	29	–	–	–	–
–	–	–	–	–	–
–	–	–	–	–	–
–	–	–	–	–	–
–	–	–	–	–	–
–	–	–	–	–	–
–	–	–	–	–	–

11-22　规模以上工业企业能源

行业名称	年初库存量	购进量	
		实物量	金额（千元）
合　　计	**3038**	**117138**	**538159.61**
（一）采矿业	128	1002	4242.30
煤炭开采和洗选业	–	–	–
石油和天然气开采业	–	–	–
黑色金属矿采选业	–	–	–
有色金属矿采选业	–	–	–
非金属矿采选业	128	995	4213.30
其他采矿业	–	7	29.00
（二）制造业	1898	112015	516300.53
农副食品加工业	77	4424	15512.35
食品制造业	6	1088	4461.00
饮料制造业	–	1263	6473.21
烟草制品业	–	–	–
纺织业	5	431	1328.45
纺织服装、鞋、帽制造业	4	2276	10909.75
皮革、毛皮、羽毛(绒)及其制品业	–	1013	3496.62
木材加工及木、竹、藤、棕、草制品业	9	1305	6322.52
家具制造业	8	2498	10722.07
造纸及纸制品业	1	1219	5977.43
印刷业和记录媒介的复制	–	615	3162.69
文教体育用品制造业	–	483	2026.00
石油加工、炼焦及核燃料加工业	11	1031	4170.20
化学原料及化学制品制造业	216	4954	22600.81
医药制造业	4	170	622.98
化学纤维制造业	–	–	–
橡胶制品业	–	43	178.50
塑料制品业	284	2303	10887.53
非金属矿物制品业	307	17475	77862.24
黑色金属冶炼及压延加工业	28	2382	10333.71
有色金属冶炼及压延加工业	2	307	1447.60
金属制品业	25	4235	18146.02
通用设备制造业	271	13023	54979.24
专用设备制造业	13	3054	14967.53
交通运输设备制造业	627	42843	213961.86
电气机械及器材制造业	–	1244	5677.27
通信设备、计算机及其他电子设备制造业	–	2141	9096.37
仪器仪表及文化、办公用机械制造业	–	152	743.08
工艺品及其他制造业	–	43	233.50
废弃资源和废旧材料回收加工业	–	–	–
（三）电力、燃气及水的生产和供应业	1012	4121	17616.78
电力、热力的生产和供应业	998	3196	13325.08
燃气生产和供应业	1	412	1548.00
水的生产和供应业	13	513	2743.70

购进、消费及库存（柴油）

单位：吨

消费量					年末库存量
合　计	1. 工业生产消　费	#用于原材料	2. 非工业生产消　费	合计中：运输工具消费	
117210	**102498**	**–**	**14712**	**23376**	**2804**
1126	1064	–	62	302	4
–	–	–	–	–	–
–	–	–	–	–	–
–	–	–	–	–	–
–	–	–	–	–	–
1119	1057	–	62	302	4
7	7	–	–	–	–
111847	97524	–	14323	21840	1896
4422	4124	–	298	642	33
1089	664	–	425	367	5
1263	749	–	514	1213	–
–	–	–	–	–	–
432	288	–	144	104	2
2261	1933	–	328	378	9
1013	995	–	18	17	–
1344	982	–	362	524	–
2498	2321	–	177	2427	–
1229	990	–	239	486	–
614	450	–	164	147	–
483	74	–	409	12	–
1335	848	–	487	1003	11
5429	4757	–	672	1234	121
173	142	–	31	40	–
–	–	–	–	–	–
43	31	–	12	19	–
2584	2323	–	261	428	1
17631	15390	–	2241	3618	105
2387	2062	–	325	234	20
306	282	–	24	148	–
4241	3747	–	494	822	22
13039	10315	–	2724	3203	382
3074	2650	–	424	514	26
41394	39069	–	2325	2702	1156
1238	569	–	669	669	3
2141	1660	–	481	798	–
141	93	–	48	64	–
43	16	–	27	27	–
–	–	–	–	–	–
4237	3910	–	327	1234	904
3309	2982	–	327	989	893
411	411	–	–	115	2
517	517	–	–	130	9

11-23 规模以上工业企业能源

行业名称	年初库存量	购进量	
		实物量	金额（千元）
合　　计	**13719**	**192563**	**471291.12**
（一）采矿业	–	–	–
煤炭开采和洗选业	–	–	–
石油和天然气开采业	–	–	–
黑色金属矿采选业	–	–	–
有色金属矿采选业	–	–	–
非金属矿采选业	–	–	–
其他采矿业	–	–	–
（二）制造业	5241	187259	457605.61
农副食品加工业	–	51	200.00
食品制造业	–	–	–
饮料制造业	–	–	–
烟草制品业	–	–	–
纺织业	1	5	21.00
纺织服装、鞋、帽制造业	–	836	2981.40
皮革、毛皮、羽毛(绒)及其制品业	–	10	45.00
木材加工及木、竹、藤、棕、草制品业	–	–	–
家具制造业	–	–	–
造纸及纸制品业	–	–	–
印刷业和记录媒介的复制	–	1130	3390.00
文教体育用品制造业	–	–	–
石油加工、炼焦及核燃料加工业	–	51	214.00
化学原料及化学制品制造业	1325	92621	199663.00
医药制造业	753	1913	5783.90
化学纤维制造业	–	–	–
橡胶制品业	–	–	–
塑料制品业	–	2686	5776.00
非金属矿物制品业	25	43120	118000.55
黑色金属冶炼及压延加工业	1513	25338	62845.50
有色金属冶炼及压延加工业	–	–	–
金属制品业	18	128	553.33
通用设备制造业	1	568	1789.74
专用设备制造业	–	1400	5065.19
交通运输设备制造业	1605	17266	50899.00
电气机械及器材制造业	–	136	378.00
通信设备、计算机及其他电子设备制造业	–	–	–
仪器仪表及文化、办公用机械制造业	–	–	–
工艺品及其他制造业	–	–	–
废弃资源和废旧材料回收加工业	–	–	–
（三）电力、燃气及水的生产和供应业	8478	5304	13685.51
电力、热力的生产和供应业	8478	5304	13685.51
燃气生产和供应业	–	–	–
水的生产和供应业	–	–	–

购进、消费及库存（燃料油）

单位：吨

消费量					年末库存量
合　　计	1. 工业生产消　　费	#用于原材料	2. 非工业生产消　　费	合计中：运输工具消费	
465233	**465031**	**–**	**202**	**–**	**5064**
–	–	–	–	–	–
–	–	–	–	–	–
–	–	–	–	–	–
–	–	–	–	–	–
–	–	–	–	–	–
–	–	–	–	–	–
–	–	–	–	–	–
451968	451883	–	85	–	4547
51	51	–	–	–	–
–	–	–	–	–	–
–	–	–	–	–	–
–	–	–	–	–	–
5	–	–	5	–	1
835	824	–	11	–	1
10	10	–	–	–	–
–	–	–	–	–	–
–	–	–	–	–	–
–	–	–	–	–	–
1130	1130	–	–	–	–
–	–	–	–	–	–
266296	266296	–	–	–	–
93382	93382	–	–	–	564
1584	1584	–	–	–	1082
–	–	–	–	–	–
–	–	–	–	–	–
2686	2686	–	–	–	–
43093	43093	–	–	–	51
24071	24071	–	–	–	896
–	–	–	–	–	–
140	71	–	69	–	12
574	574	–	–	–	1
1400	1400	–	–	–	–
16575	16575	–	–	–	1939
136	136	–	–	–	–
–	–	–	–	–	–
–	–	–	–	–	–
–	–	–	–	–	–
–	–	–	–	–	–
13265	13148	–	117	–	517
13265	13148	–	117	–	517
–	–	–	–	–	–
–	–	–	–	–	–

11-24　规模以上工业企业能源

行业名称	年初库存量	购进量	
		实物量	金额（千元）
合　　计	**1737**	**145456**	**638426.23**
（一）采矿业	–	–	–
煤炭开采和洗选业	–	–	–
石油和天然气开采业	–	–	–
黑色金属矿采选业	–	–	–
有色金属矿采选业	–	–	–
非金属矿采选业	–	–	–
其他采矿业	–	–	–
（二）制造业	250	104323	465028.93
农副食品加工业	1	810	3898.30
食品制造业	–	40	245.60
饮料制造业	–	–	–
烟草制品业	–	–	–
纺织业	–	1272	5588.49
纺织服装、鞋、帽制造业	–	1796	9820.50
皮革、毛皮、羽毛(绒)及其制品业	–	141	625.30
木材加工及木、竹、藤、棕、草制品业	–	4	14.20
家具制造业	–	5	12.50
造纸及纸制品业	–	22	112.00
印刷业和记录媒介的复制	–	9	47.00
文教体育用品制造业	–	142	427.00
石油加工、炼焦及核燃料加工业	–	–	–
化学原料及化学制品制造业	22	865	5385.54
医药制造业	–	65	298.00
化学纤维制造业	–	15	57.00
橡胶制品业	–	–	–
塑料制品业	–	234	1291.00
非金属矿物制品业	16	11293	46831.16
黑色金属冶炼及压延加工业	84	12578	48489.00
有色金属冶炼及压延加工业	–	150	780.00
金属制品业	–	654	2808.06
通用设备制造业	60	60339	270203.45
专用设备制造业	3	11064	54716.64
交通运输设备制造业	4	992	4974.77
电气机械及器材制造业	60	445	1779.42
通信设备、计算机及其他电子设备制造业	–	971	4709.00
仪器仪表及文化、办公用机械制造业	–	399	1833.00
工艺品及其他制造业	–	18	82.00
废弃资源和废旧材料回收加工业	–	–	–
（三）电力、燃气及水的生产和供应业	1487	41133	173397.30
电力、热力的生产和供应业	–	8	46.30
燃气生产和供应业	1487	41125	173351.00
水的生产和供应业	–	–	–

购进、消费及库存（液化石油气）

单位：吨

消费量					年末库存量
合计	1. 工业生产消费	#用于原材料	2. 非工业生产消费	合计中：运输工具消费	
144968	**143675**	**–**	**1293**	**–**	**2272**
–	–	–	–	–	–
–	–	–	–	–	–
–	–	–	–	–	–
–	–	–	–	–	–
–	–	–	–	–	–
–	–	–	–	–	–
–	–	–	–	–	–
104471	103975	–	496	–	149
858	835	–	23	–	1
40	40	–	–	–	–
–	–	–	–	–	–
–	–	–	–	–	–
1272	1236	–	36	–	–
1796	1759	–	37	–	–
141	129	–	12	–	–
8	6	–	2	–	–
5	1	–	4	–	–
22	22	–	–	–	–
9	–	–	9	–	–
142	142	–	–	–	–
–	–	–	–	–	–
871	870	–	1	–	16
65	59	–	6	–	–
15	14	–	1	–	–
–	–	–	–	–	–
234	153	–	81	–	–
11297	11247	–	50	–	12
12614	12571	–	43	–	48
150	150	–	–	–	–
654	640	–	14	–	–
60357	60336	–	21	–	13
11064	10996	–	68	–	31
985	980	–	5	–	7
484	475	–	9	–	21
971	917	–	54	–	–
399	379	–	20	–	–
18	18	–	–	–	–
–	–	–	–	–	–
40497	39700	–	797	–	2123
8	–	–	8	–	–
40489	39700	–	789	–	2123
–	–	–	–	–	–

11-25 规模以上工业企业能源

行业名称	年初库存量	购进量	
		实物量	金额（千元）
合　　计	**–**	**53034**	**105520.00**
（一）采矿业	–	–	–
煤炭开采和洗选业	–	–	–
石油和天然气开采业	–	–	–
黑色金属矿采选业	–	–	–
有色金属矿采选业	–	–	–
非金属矿采选业	–	–	–
其他采矿业	–	–	–
（二）制造业	–	62	267.00
农副食品加工业	–	–	–
食品制造业	–	–	–
饮料制造业	–	–	–
烟草制品业	–	–	–
纺织业	–	–	–
纺织服装、鞋、帽制造业	–	–	–
皮革、毛皮、羽毛(绒)及其制品业	–	–	–
木材加工及木、竹、藤、棕、草制品业	–	–	–
家具制造业	–	–	–
造纸及纸制品业	–	–	–
印刷业和记录媒介的复制	–	–	–
文教体育用品制造业	–	–	–
石油加工、炼焦及核燃料加工业	–	–	–
化学原料及化学制品制造业	–	–	–
医药制造业	–	–	–
化学纤维制造业	–	–	–
橡胶制品业	–	–	–
塑料制品业	–	–	–
非金属矿物制品业	–	–	–
黑色金属冶炼及压延加工业	–	–	–
有色金属冶炼及压延加工业	–	46	253.00
金属制品业	–	–	–
通用设备制造业	–	16	14.00
专用设备制造业	–	–	–
交通运输设备制造业	–	–	–
电气机械及器材制造业	–	–	–
通信设备、计算机及其他电子设备制造业	–	–	–
仪器仪表及文化、办公用机械制造业	–	–	–
工艺品及其他制造业	–	–	–
废弃资源和废旧材料回收加工业	–	–	–
（三）电力、燃气及水的生产和供应业	–	52972	105253.00
电力、热力的生产和供应业	–	–	–
燃气生产和供应业	–	52972	105253.00
水的生产和供应业	–	–	–

购进、消费及库存（炼厂干气）

单位：吨

消费量					年末库存量
合　计	1. 工业生产消　费	#用于原材料	2. 非工业生产消　费	合计中：运输工具消费	
566443	**566443**	**—**	**—**	**—**	**—**
—	—	—	—	—	—
—	—	—	—	—	—
—	—	—	—	—	—
—	—	—	—	—	—
—	—	—	—	—	—
—	—	—	—	—	—
—	—	—	—	—	—
513471	513471	—	—	—	—
—	—	—	—	—	—
—	—	—	—	—	—
—	—	—	—	—	—
—	—	—	—	—	—
—	—	—	—	—	—
—	—	—	—	—	—
—	—	—	—	—	—
—	—	—	—	—	—
—	—	—	—	—	—
—	—	—	—	—	—
—	—	—	—	—	—
—	—	—	—	—	—
513409	513409	—	—	—	—
—	—	—	—	—	—
—	—	—	—	—	—
—	—	—	—	—	—
—	—	—	—	—	—
—	—	—	—	—	—
—	—	—	—	—	—
—	—	—	—	—	—
46	46	—	—	—	—
—	—	—	—	—	—
16	16	—	—	—	—
—	—	—	—	—	—
—	—	—	—	—	—
—	—	—	—	—	—
—	—	—	—	—	—
—	—	—	—	—	—
—	—	—	—	—	—
—	—	—	—	—	—
52972	52972	—	—	—	—
—	—	—	—	—	—
52972	52972	—	—	—	—
—	—	—	—	—	—

11-26 规模以上工业企业能源

行业名称	年初库存量	购进量	
		实物量	金额（千元）
合　　计	**6375**	**51061**	**128679.74**
（一）采矿业	–	–	–
煤炭开采和洗选业	–	–	–
石油和天然气开采业	–	–	–
黑色金属矿采选业	–	–	–
有色金属矿采选业	–	–	–
非金属矿采选业	–	–	–
其他采矿业	–	–	–
（二）制造业	6375	51061	128679.74
农副食品加工业	–	527	1800.00
食品制造业	–	–	–
饮料制造业	–	–	–
烟草制品业	–	–	–
纺织业	–	4	12.10
纺织服装、鞋、帽制造业	–	–	–
皮革、毛皮、羽毛(绒)及其制品业	–	–	–
木材加工及木、竹、藤、棕、草制品业	–	–	–
家具制造业	–	–	–
造纸及纸制品业	–	–	–
印刷业和记录媒介的复制	–	–	–
文教体育用品制造业	–	–	–
石油加工、炼焦及核燃料加工业	3677	21224	60573.00
化学原料及化学制品制造业	5	280	1977.67
医药制造业	–	–	–
化学纤维制造业	–	–	–
橡胶制品业	2	21	85.00
塑料制品业	–	36	144.00
非金属矿物制品业	1867	27011	47269.00
黑色金属冶炼及压延加工业	–	4	10.00
有色金属冶炼及压延加工业	–	17	187.00
金属制品业	3	–	–
通用设备制造业	–	101	566.49
专用设备制造业	–	25	156.00
交通运输设备制造业	315	1618	14468.47
电气机械及器材制造业	11	143	1181.01
通信设备、计算机及其他电子设备制造业	–	–	–
仪器仪表及文化、办公用机械制造业	–	–	–
工艺品及其他制造业	495	50	250.00
废弃资源和废旧材料回收加工业	–	–	–
（三）电力、燃气及水的生产和供应业	–	–	–
电力、热力的生产和供应业	–	–	–
燃气生产和供应业	–	–	–
水的生产和供应业	–	–	–

购进、消费及库存（其他石油制品）

单位：吨

消费量					年末库存量
合计	1．工业生产消费	#用于原材料	2．非工业生产消费	合计中：运输工具消费	
52294	**52268**	**–**	**26**	**–**	**4487**
–	–	–	–	–	–
–	–	–	–	–	–
–	–	–	–	–	–
–	–	–	–	–	–
–	–	–	–	–	–
–	–	–	–	–	–
–	–	–	–	–	–
52294	52268	–	26	–	4487
527	527	–	–	–	–
–	–	–	–	–	–
–	–	–	–	–	–
–	–	–	–	–	–
4	4	–	–	–	–
–	–	–	–	–	–
–	–	–	–	–	–
–	–	–	–	–	–
–	–	–	–	–	–
–	–	–	–	–	–
–	–	–	–	–	–
–	–	–	–	–	–
21477	21477	–	–	–	2915
283	259	–	24	–	2
–	–	–	–	–	–
–	–	–	–	–	–
21	19	–	2	–	2
36	36	–	–	–	–
28172	28172	–	–	–	706
2	2	–	–	–	–
17	17	–	–	–	–
–	–	–	–	–	3
100	100	–	–	–	2
25	25	–	–	–	–
1437	1437	–	–	–	496
143	143	–	–	–	11
–	–	–	–	–	–
–	–	–	–	–	–
50	50	–	–	–	350
–	–	–	–	–	–
–	–	–	–	–	–
–	–	–	–	–	–
–	–	–	–	–	–
–	–	–	–	–	–

11-27　规模以上工业企业能源

行业名称	年初库存量	购进量	
		实物量	金额（千元）
合　　计	**–**	**6649351**	**256222.58**
（一）采矿业	–	–	–
煤炭开采和洗选业	–	–	–
石油和天然气开采业	–	–	–
黑色金属矿采选业	–	–	–
有色金属矿采选业	–	–	–
非金属矿采选业	–	–	–
其他采矿业	–	–	–
（二）制造业	–	6525597	250730.58
农副食品加工业	–	838995	31516.35
食品制造业	–	75182	2815.00
饮料制造业	–	–	–
烟草制品业	–	–	–
纺织业	–	619423	24751.85
纺织服装、鞋、帽制造业	–	44382	1667.60
皮革、毛皮、羽毛(绒)及其制品业	–	10608	398.00
木材加工及木、竹、藤、棕、草制品业	–	12584	472.00
家具制造业	–	897	34.00
造纸及纸制品业	–	5436	203.71
印刷业和记录媒介的复制	–	59715	2720.00
文教体育用品制造业	–	2133	80.00
石油加工、炼焦及核燃料加工业	–	23861	1199.20
化学原料及化学制品制造业	–	318890	12914.91
医药制造业	–	108285	4933.31
化学纤维制造业	–	–	–
橡胶制品业	–	18162	825.85
塑料制品业	–	96350	3617.71
非金属矿物制品业	–	42918	1729.28
黑色金属冶炼及压延加工业	–	1215935	37225.33
有色金属冶炼及压延加工业	–	167	8.37
金属制品业	–	39978	1499.00
通用设备制造业	–	800544	31927.46
专用设备制造业	–	105064	4180.67
交通运输设备制造业	–	1417687	59996.98
电气机械及器材制造业	–	90433	3447.44
通信设备、计算机及其他电子设备制造业	–	444173	17737.00
仪器仪表及文化、办公用机械制造业	–	42132	1581.67
工艺品及其他制造业	–	87293	3084.00
废弃资源和废旧材料回收加工业	–	4370	163.89
（三）电力、燃气及水的生产和供应业	–	123754	5492.00
电力、热力的生产和供应业	–	–	–
燃气生产和供应业	–	107754	4892.00
水的生产和供应业	–	16000	600.00

购进、消费及库存（热力）

单位：百万千焦

消费量					年末库存量
合计	1．工业生产消费	#用于原材料	2．非工业生产消费	合计中：运输工具消费	
16840635	**16404460**	**–**	**436174**	**–**	**–**
–	–	–	–	–	–
–	–	–	–	–	–
–	–	–	–	–	–
–	–	–	–	–	–
–	–	–	–	–	–
–	–	–	–	–	–
–	–	–	–	–	–
15331882	14895707	–	436174	–	–
838995	838850	–	145	–	–
75182	64567	–	10615	–	–
–	–	–	–	–	–
–	–	–	–	–	–
619423	575619	–	43804	–	–
44382	41382	–	3000	–	–
10608	10608	–	–	–	–
12584	11584	–	1000	–	–
897	609	–	288	–	–
5436	4061	–	1375	–	–
59715	59715	–	–	–	–
2133	2000	–	133	–	–
23861	16520	–	7341	–	–
9125175	8997606	–	127569	–	–
108285	108285	–	–	–	–
–	–	–	–	–	–
18162	18117	–	45	–	–
96350	71306	–	25044	–	–
42918	20716	–	22202	–	–
1215935	1215935	–	–	–	–
167	167	–	–	–	–
39978	39978	–	–	–	–
800544	764077	–	36467	–	–
105064	91059	–	14005	–	–
1417687	1387518	–	30169	–	–
90433	44741	–	45692	–	–
444173	383256	–	60917	–	–
42132	35768	–	6364	–	–
87293	87293	–	–	–	–
4370	4370	–	–	–	–
1508753	1508753	–	–	–	–
1384999	1384999	–	–	–	–
107754	107754	–	–	–	–
16000	16000	–	–	–	–

11-28 规模以上工业企业能源

行业名称	年初库存量	购进量	
		实物量	金额（千元）
合　　计	**–**	**911053**	**5197745.00**
（一）采矿业	–	4464	27047.00
煤炭开采和洗选业	–	–	–
石油和天然气开采业	–	–	–
黑色金属矿采选业	–	–	–
有色金属矿采选业	–	100	500.00
非金属矿采选业	–	4327	26337.00
其他采矿业	–	37	210.00
（二）制造业	–	851616	4867898.51
农副食品加工业	–	42439	262293.37
食品制造业	–	5041	32962.27
饮料制造业	–	9490	53179.64
烟草制品业	–	–	–
纺织业	–	20540	121874.98
纺织服装、鞋、帽制造业	–	10049	80888.11
皮革、毛皮、羽毛(绒)及其制品业	–	2557	19662.21
木材加工及木、竹、藤、棕、草制品业	–	11326	72539.30
家具制造业	–	22304	130821.52
造纸及纸制品业	–	6874	49342.09
印刷业和记录媒介的复制	–	3969	24101.61
文教体育用品制造业	–	1618	9444.00
石油加工、炼焦及核燃料加工业	–	95043	458783.80
化学原料及化学制品制造业	–	31778	195582.15
医药制造业	–	7821	44610.65
化学纤维制造业	–	5368	35312.00
橡胶制品业	–	3780	24062.32
塑料制品业	–	35570	219316.79
非金属矿物制品业	–	55546	295506.40
黑色金属冶炼及压延加工业	–	179602	920383.50
有色金属冶炼及压延加工业	–	4661	25659.89
金属制品业	–	16221	99030.07
通用设备制造业	–	109983	673458.49
专用设备制造业	–	23066	152262.89
交通运输设备制造业	–	65054	391664.57
电气机械及器材制造业	–	32938	200851.76
通信设备、计算机及其他电子设备制造业	–	34889	184642.66
仪器仪表及文化、办公用机械制造业	–	9792	61308.27
工艺品及其他制造业	–	4035	26429.80
废弃资源和废旧材料回收加工业	–	262	1923.40
（三）电力、燃气及水的生产和供应业	–	54974	302799.49
电力、热力的生产和供应业	–	8376	60751.10
燃气生产和供应业	–	2451	13273.00
水的生产和供应业	–	44147	228775.39

购进、消费及库存（电力）

单位：万千瓦时

消费量 合计	1. 工业生产消费	#用于原材料	2. 非工业生产消费	合计中：运输工具消费	年末库存量
1068293	**1057166**	**–**	**11127**	**–**	**–**
4464	4258	–	206	–	–
–	–	–	–	–	–
–	–	–	–	–	–
–	–	–	–	–	–
100	100	–	–	–	–
4327	4121	–	206	–	–
37	37	–	–	–	–
940419	929968	–	10451	–	–
42439	41914	–	525	–	–
5041	4984	–	57	–	–
9490	9376	–	114	–	–
–	–	–	–	–	–
20540	20163	–	377	–	–
10049	9889	–	160	–	–
2557	2453	–	104	–	–
11326	11263	–	63	–	–
22304	22202	–	102	–	–
6874	6745	–	129	–	–
3969	3950	–	19	–	–
1618	1616	–	2	–	–
124192	123232	–	960	–	–
85135	84284	–	850	–	–
7821	7555	–	266	–	–
5368	5357	–	11	–	–
3780	3780	–	–	–	–
35570	35169	–	401	–	–
55546	54619	–	927	–	–
179602	179299	–	302	–	–
4661	4646	–	15	–	–
16221	16158	–	63	–	–
109983	108583	–	1399	–	–
23066	22718	–	348	–	–
71352	70678	–	674	–	–
32938	31409	–	1529	–	–
34889	34130	–	759	–	–
9792	9530	–	262	–	–
4035	4028	–	7	–	–
262	236	–	26	–	–
123410	122940	–	470	–	–
76812	76349	–	463	–	–
2451	2451	–	–	–	–
44147	44140	–	7	–	–

11-29 规模以上工业企业能源

行业名称	年初库存量	购进量	
		实物量	金额（千元）
合　　计	**—**	**9830**	**28262.60**
（一）采矿业	—	—	—
煤炭开采和洗选业	—	—	—
石油和天然气开采业	—	—	—
黑色金属矿采选业	—	—	—
有色金属矿采选业	—	—	—
非金属矿采选业	—	—	—
其他采矿业	—	—	—
（二）制造业	—	9830	28262.60
农副食品加工业	—	—	—
食品制造业	—	—	—
饮料制造业	—	—	—
烟草制品业	—	—	—
纺织业	—	—	—
纺织服装、鞋、帽制造业	—	—	—
皮革、毛皮、羽毛(绒)及其制品业	—	—	—
木材加工及木、竹、藤、棕、草制品业	—	—	—
家具制造业	—	—	—
造纸及纸制品业	—	—	—
印刷业和记录媒介的复制	—	—	—
文教体育用品制造业	—	—	—
石油加工、炼焦及核燃料加工业	—	—	—
化学原料及化学制品制造业	—	1	0.60
医药制造业	—	—	—
化学纤维制造业	—	—	—
橡胶制品业	—	—	—
塑料制品业	—	—	—
非金属矿物制品业	—	—	—
黑色金属冶炼及压延加工业	—	9829	28262.00
有色金属冶炼及压延加工业	—	—	—
金属制品业	—	—	—
通用设备制造业	—	—	—
专用设备制造业	—	—	—
交通运输设备制造业	—	—	—
电气机械及器材制造业	—	—	—
通信设备、计算机及其他电子设备制造业	—	—	—
仪器仪表及文化、办公用机械制造业	—	—	—
工艺品及其他制造业	—	—	—
废弃资源和废旧材料回收加工业	—	—	—
（三）电力、燃气及水的生产和供应业	—	—	—
电力、热力的生产和供应业	—	—	—
燃气生产和供应业	—	—	—
水的生产和供应业	—	—	—

购进、消费及库存（其他燃料）

单位：吨标准煤

消费量					年末库存量
合计	1．工业生产消费	#用于原材料	2．非工业生产消费	合计中：运输工具消费	
9830	**9830**	**—**	**—**	**—**	**—**
—	—	—	—	—	—
—	—	—	—	—	—
—	—	—	—	—	—
—	—	—	—	—	—
—	—	—	—	—	—
—	—	—	—	—	—
—	—	—	—	—	—
9830	9830	—	—	—	—
—	—	—	—	—	—
—	—	—	—	—	—
—	—	—	—	—	—
—	—	—	—	—	—
—	—	—	—	—	—
—	—	—	—	—	—
—	—	—	—	—	—
—	—	—	—	—	—
—	—	—	—	—	—
—	—	—	—	—	—
—	—	—	—	—	—
—	—	—	—	—	—
—	—	—	—	—	—
1	1	—	—	—	—
—	—	—	—	—	—
—	—	—	—	—	—
—	—	—	—	—	—
—	—	—	—	—	—
—	—	—	—	—	—
9829	9829	—	—	—	—
—	—	—	—	—	—
—	—	—	—	—	—
—	—	—	—	—	—
—	—	—	—	—	—
—	—	—	—	—	—
—	—	—	—	—	—
—	—	—	—	—	—
—	—	—	—	—	—
—	—	—	—	—	—
—	—	—	—	—	—
—	—	—	—	—	—
—	—	—	—	—	—
—	—	—	—	—	—
—	—	—	—	—	—

11-30　规模以上工业企业能源

行业名称	工业生产消费量	加工转换投入合　计	火力发电	供　热
合　　计	**40456558**	**38521036**	**5150778**	**2086109**
(一) 采矿业	−	−	−	−
煤炭开采和洗选业	−	−	−	−
石油和天然气开采业	−	−	−	−
黑色金属矿采选业	−	−	−	−
有色金属矿采选业	−	−	−	−
非金属矿采选业	−	−	−	−
其他采矿业	−	−	−	−
(二) 制造业	34022943	32236624	390646	754415
农副食品加工业	−	−	−	−
食品制造业	−	−	−	−
饮料制造业	−	−	−	−
烟草制品业	−	−	−	−
纺织业	−	−	−	−
纺织服装、鞋、帽制造业	−	−	−	−
皮革、毛皮、羽毛(绒)及其制品业	−	−	−	−
木材加工及木、竹、藤、棕、草制品业	−	−	−	−
家具制造业	−	−	−	−
造纸及纸制品业	−	−	−	−
印刷业和记录媒介的复制	−	−	−	−
文教体育用品制造业	−	−	−	−
石油加工、炼焦及核燃料加工业	32169432	31309526	85808	273727
化学原料及化学制品制造业	1853511	927097	304839	480688
医药制造业	−	−	−	−
化学纤维制造业	−	−	−	−
橡胶制品业	−	−	−	−
塑料制品业	−	−	−	−
非金属矿物制品业	−	−	−	−
黑色金属冶炼及压延加工业	−	−	−	−
有色金属冶炼及压延加工业	−	−	−	−
金属制品业	−	−	−	−
通用设备制造业	−	−	−	−
专用设备制造业	−	−	−	−
交通运输设备制造业	−	−	−	−
电气机械及器材制造业	−	−	−	−
通信设备、计算机及其他电子设备制造业	−	−	−	−
仪器仪表及文化、办公用机械制造业	−	−	−	−
工艺品及其他制造业	−	−	−	−
废弃资源和废旧材料回收加工业	−	−	−	−
(三) 电力、燃气及水的生产和供应业	6433615	6284412	4760132	1331694
电力、热力的生产和供应业	6233880	6091826	4760132	1331694
燃气生产和供应业	199735	192586	−	−
水的生产和供应业	−	−	−	−

购进、消费与库存情况附表（能源合计）

单位：吨标准煤

原煤入洗	炼　焦	炼　油	制　气	天然气液化	加工煤制品	能源加工转换产出
—	**127542**	**30949991**	**206615**	**—**	**—**	**31994325**
—	—	—	—	—	—	—
—	—	—	—	—	—	—
—	—	—	—	—	—	—
—	—	—	—	—	—	—
—	—	—	—	—	—	—
—	—	—	—	—	—	—
—	—	—	—	—	—	—
—	127542	30949991	14029	—	—	28990292
—	—	—	—	—	—	—
—	—	—	—	—	—	—
—	—	—	—	—	—	—
—	—	—	—	—	—	—
—	—	—	—	—	—	—
—	—	—	—	—	—	—
—	—	—	—	—	—	—
—	—	—	—	—	—	—
—	—	—	—	—	—	—
—	—	—	—	—	—	—
—	—	—	—	—	—	—
—	—	—	—	—	—	—
—	—	30949991	—	—	—	28493893
—	127542	—	14029	—	—	496399
—	—	—	—	—	—	—
—	—	—	—	—	—	—
—	—	—	—	—	—	—
—	—	—	—	—	—	—
—	—	—	—	—	—	—
—	—	—	—	—	—	—
—	—	—	—	—	—	—
—	—	—	—	—	—	—
—	—	—	—	—	—	—
—	—	—	—	—	—	—
—	—	—	—	—	—	—
—	—	—	—	—	—	—
—	—	—	—	—	—	—
—	—	—	—	—	—	—
—	—	—	—	—	—	—
—	—	—	—	—	—	—
—	—	—	192586	—	—	3004033
—	—	—	—	—	—	2847818
—	—	—	192586	—	—	156215
—	—	—	—	—	—	—

11-31　规模以上工业企业能源

行业名称	工业生产消费量	加工转换投入合　计	火力发电	供　热
合　　计	**9947941**	**9586977**	**7007872**	**2579105**
(一) 采矿业	–	–	–	–
煤炭开采和洗选业	–	–	–	–
石油和天然气开采业	–	–	–	–
黑色金属矿采选业	–	–	–	–
有色金属矿采选业	–	–	–	–
非金属矿采选业	–	–	–	–
其他采矿业	–	–	–	–
(二) 制造业	1450136	1089766	422908	666858
农副食品加工业	–	–	–	–
食品制造业	–	–	–	–
饮料制造业	–	–	–	–
烟草制品业	–	–	–	–
纺织业	–	–	–	–
纺织服装、鞋、帽制造业	–	–	–	–
皮革、毛皮、羽毛(绒)及其制品业	–	–	–	–
木材加工及木、竹、藤、棕、草制品业	–	–	–	–
家具制造业	–	–	–	–
造纸及纸制品业	–	–	–	–
印刷业和记录媒介的复制	–	–	–	–
文教体育用品制造业	–	–	–	–
石油加工、炼焦及核燃料加工业	–	–	–	–
化学原料及化学制品制造业	1450136	1089766	422908	666858
医药制造业	–	–	–	–
化学纤维制造业	–	–	–	–
橡胶制品业	–	–	–	–
塑料制品业	–	–	–	–
非金属矿物制品业	–	–	–	–
黑色金属冶炼及压延加工业	–	–	–	–
有色金属冶炼及压延加工业	–	–	–	–
金属制品业	–	–	–	–
通用设备制造业	–	–	–	–
专用设备制造业	–	–	–	–
交通运输设备制造业	–	–	–	–
电气机械及器材制造业	–	–	–	–
通信设备、计算机及其他电子设备制造业	–	–	–	–
仪器仪表及文化、办公用机械制造业	–	–	–	–
工艺品及其他制造业	–	–	–	–
废弃资源和废旧材料回收加工业	–	–	–	–
(三) 电力、燃气及水的生产和供应业	8497805	8497211	6584964	1912247
电力、热力的生产和供应业	8497805	8497211	6584964	1912247
燃气生产和供应业	–	–	–	–
水的生产和供应业	–	–	–	–

购进、消费与库存情况附表（原煤）

单位：吨

原煤入洗	炼 焦	炼 油	制 气	天然气液化	加工煤制品	能源加工转换产出
—	—	—	—	—	—	—
—	—	—	—	—	—	—
—	—	—	—	—	—	—
—	—	—	—	—	—	—
—	—	—	—	—	—	—
—	—	—	—	—	—	—
—	—	—	—	—	—	—
—	—	—	—	—	—	—
—	—	—	—	—	—	—
—	—	—	—	—	—	—
—	—	—	—	—	—	—
—	—	—	—	—	—	—
—	—	—	—	—	—	—
—	—	—	—	—	—	—
—	—	—	—	—	—	—
—	—	—	—	—	—	—
—	—	—	—	—	—	—
—	—	—	—	—	—	—
—	—	—	—	—	—	—
—	—	—	—	—	—	—
—	—	—	—	—	—	—
—	—	—	—	—	—	—
—	—	—	—	—	—	—
—	—	—	—	—	—	—
—	—	—	—	—	—	—
—	—	—	—	—	—	—
—	—	—	—	—	—	—
—	—	—	—	—	—	—
—	—	—	—	—	—	—
—	—	—	—	—	—	—
—	—	—	—	—	—	—
—	—	—	—	—	—	—
—	—	—	—	—	—	—
—	—	—	—	—	—	—
—	—	—	—	—	—	—
—	—	—	—	—	—	—
—	—	—	—	—	—	—
—	—	—	—	—	—	—
—	—	—	—	—	—	—
—	—	—	—	—	—	—
—	—	—	—	—	—	—
—	—	—	—	—	—	—
—	—	—	—	—	—	—

11-32　规模以上工业企业能源

行业名称	工业生产消费量	加工转换投入合计	火力发电	供热
合计	**241935**	**191135**	**–**	**2040**
（一）采矿业	–	–	–	–
煤炭开采和洗选业	–	–	–	–
石油和天然气开采业	–	–	–	–
黑色金属矿采选业	–	–	–	–
有色金属矿采选业	–	–	–	–
非金属矿采选业	–	–	–	–
其他采矿业	–	–	–	–
（二）制造业	189735	138935	–	–
农副食品加工业	–	–	–	–
食品制造业	–	–	–	–
饮料制造业	–	–	–	–
烟草制品业	–	–	–	–
纺织业	–	–	–	–
纺织服装、鞋、帽制造业	–	–	–	–
皮革、毛皮、羽毛(绒)及其制品业	–	–	–	–
木材加工及木、竹、藤、棕、草制品业	–	–	–	–
家具制造业	–	–	–	–
造纸及纸制品业	–	–	–	–
印刷业和记录媒介的复制	–	–	–	–
文教体育用品制造业	–	–	–	–
石油加工、炼焦及核燃料加工业	–	–	–	–
化学原料及化学制品制造业	189735	138935	–	–
医药制造业	–	–	–	–
化学纤维制造业	–	–	–	–
橡胶制品业	–	–	–	–
塑料制品业	–	–	–	–
非金属矿物制品业	–	–	–	–
黑色金属冶炼及压延加工业	–	–	–	–
有色金属冶炼及压延加工业	–	–	–	–
金属制品业	–	–	–	–
通用设备制造业	–	–	–	–
专用设备制造业	–	–	–	–
交通运输设备制造业	–	–	–	–
电气机械及器材制造业	–	–	–	–
通信设备、计算机及其他电子设备制造业	–	–	–	–
仪器仪表及文化、办公用机械制造业	–	–	–	–
工艺品及其他制造业	–	–	–	–
废弃资源和废旧材料回收加工业	–	–	–	–
（三）电力、燃气及水的生产和供应业	52200	52200	–	2040
电力、热力的生产和供应业	2040	2040	–	2040
燃气生产和供应业	50160	50160	–	–
水的生产和供应业	–	–	–	–

购进、消费与库存情况附表（洗精煤）

单位：吨

原煤入洗	炼　焦	炼　油	制　气	天然气液化	加工煤制品	能源加工转换产出
–	**138935**	**–**	**50160**	**–**	**–**	**–**
–	–	–	–	–	–	–
–	–	–	–	–	–	–
–	–	–	–	–	–	–
–	–	–	–	–	–	–
–	–	–	–	–	–	–
–	–	–	–	–	–	–
–	–	–	–	–	–	–
–	138935	–	–	–	–	–
–	–	–	–	–	–	–
–	–	–	–	–	–	–
–	–	–	–	–	–	–
–	–	–	–	–	–	–
–	–	–	–	–	–	–
–	–	–	–	–	–	–
–	–	–	–	–	–	–
–	–	–	–	–	–	–
–	–	–	–	–	–	–
–	–	–	–	–	–	–
–	–	–	–	–	–	–
–	–	–	–	–	–	–
–	–	–	–	–	–	–
–	138935	–	–	–	–	–
–	–	–	–	–	–	–
–	–	–	–	–	–	–
–	–	–	–	–	–	–
–	–	–	–	–	–	–
–	–	–	–	–	–	–
–	–	–	–	–	–	–
–	–	–	–	–	–	–
–	–	–	–	–	–	–
–	–	–	–	–	–	–
–	–	–	–	–	–	–
–	–	–	–	–	–	–
–	–	–	–	–	–	–
–	–	–	–	–	–	–
–	–	–	–	–	–	–
–	–	–	–	–	–	–
–	–	–	–	–	–	–
–	–	–	50160	–	–	–
–	–	–	–	–	–	–
–	–	–	50160	–	–	–
–	–	–	–	–	–	–

11-33　规模以上工业企业能源

行业名称	工业生产消费量	加工转换投入合　计	火力发电	供　热
合　　计	**135037**	**135037**	**—**	**135037**
（一）采矿业	—	—	—	—
煤炭开采和洗选业	—	—	—	—
石油和天然气开采业	—	—	—	—
黑色金属矿采选业	—	—	—	—
有色金属矿采选业	—	—	—	—
非金属矿采选业	—	—	—	—
其他采矿业	—	—	—	—
（二）制造业	—	—	—	—
农副食品加工业	—	—	—	—
食品制造业	—	—	—	—
饮料制造业	—	—	—	—
烟草制品业	—	—	—	—
纺织业	—	—	—	—
纺织服装、鞋、帽制造业	—	—	—	—
皮革、毛皮、羽毛(绒)及其制品业	—	—	—	—
木材加工及木、竹、藤、棕、草制品业	—	—	—	—
家具制造业	—	—	—	—
造纸及纸制品业	—	—	—	—
印刷业和记录媒介的复制	—	—	—	—
文教体育用品制造业	—	—	—	—
石油加工、炼焦及核燃料加工业	—	—	—	—
化学原料及化学制品制造业	—	—	—	—
医药制造业	—	—	—	—
化学纤维制造业	—	—	—	—
橡胶制品业	—	—	—	—
塑料制品业	—	—	—	—
非金属矿物制品业	—	—	—	—
黑色金属冶炼及压延加工业	—	—	—	—
有色金属冶炼及压延加工业	—	—	—	—
金属制品业	—	—	—	—
通用设备制造业	—	—	—	—
专用设备制造业	—	—	—	—
交通运输设备制造业	—	—	—	—
电气机械及器材制造业	—	—	—	—
通信设备、计算机及其他电子设备制造业	—	—	—	—
仪器仪表及文化、办公用机械制造业	—	—	—	—
工艺品及其他制造业	—	—	—	—
废弃资源和废旧材料回收加工业	—	—	—	—
（三）电力、燃气及水的生产和供应业	135037	135037	—	135037
电力、热力的生产和供应业	135037	135037	—	135037
燃气生产和供应业	—	—	—	—
水的生产和供应业	—	—	—	—

购进、消费与库存情况附表（其他洗煤）

单位：吨

原煤入洗	炼 焦	炼 油	制 气	天然气液化	加工煤制品	能源加工转换产出
—	—	—	—	—	—	—
—	—	—	—	—	—	—
—	—	—	—	—	—	—
—	—	—	—	—	—	—
—	—	—	—	—	—	—
—	—	—	—	—	—	—
—	—	—	—	—	—	—
—	—	—	—	—	—	—
—	—	—	—	—	—	—
—	—	—	—	—	—	—
—	—	—	—	—	—	—
—	—	—	—	—	—	—
—	—	—	—	—	—	—
—	—	—	—	—	—	—
—	—	—	—	—	—	—
—	—	—	—	—	—	—
—	—	—	—	—	—	—
—	—	—	—	—	—	—
—	—	—	—	—	—	—
—	—	—	—	—	—	—
—	—	—	—	—	—	—
—	—	—	—	—	—	—
—	—	—	—	—	—	—
—	—	—	—	—	—	—
—	—	—	—	—	—	—
—	—	—	—	—	—	—
—	—	—	—	—	—	—
—	—	—	—	—	—	—
—	—	—	—	—	—	—
—	—	—	—	—	—	—
—	—	—	—	—	—	—
—	—	—	—	—	—	—
—	—	—	—	—	—	—
—	—	—	—	—	—	—
—	—	—	—	—	—	—
—	—	—	—	—	—	—
—	—	—	—	—	—	—
—	—	—	—	—	—	—
—	—	—	—	—	—	—
—	—	—	—	—	—	—
—	—	—	—	—	—	—
—	—	—	—	—	—	—
—	—	—	—	—	—	—

11-34 规模以上工业企业能源

行业名称	工业生产消费量	加工转换投入合计	火力发电	供热
合计	**67051**	**25561**	**–**	**–**
(一) 采矿业	–	–	–	–
煤炭开采和洗选业	–	–	–	–
石油和天然气开采业	–	–	–	–
黑色金属矿采选业	–	–	–	–
有色金属矿采选业	–	–	–	–
非金属矿采选业	–	–	–	–
其他采矿业	–	–	–	–
(二) 制造业	41490	–	–	–
农副食品加工业	–	–	–	–
食品制造业	–	–	–	–
饮料制造业	–	–	–	–
烟草制品业	–	–	–	–
纺织业	–	–	–	–
纺织服装、鞋、帽制造业	–	–	–	–
皮革、毛皮、羽毛(绒)及其制品业	–	–	–	–
木材加工及木、竹、藤、棕、草制品业	–	–	–	–
家具制造业	–	–	–	–
造纸及纸制品业	–	–	–	–
印刷业和记录媒介的复制	–	–	–	–
文教体育用品制造业	–	–	–	–
石油加工、炼焦及核燃料加工业	–	–	–	–
化学原料及化学制品制造业	41490	–	–	–
医药制造业	–	–	–	–
化学纤维制造业	–	–	–	–
橡胶制品业	–	–	–	–
塑料制品业	–	–	–	–
非金属矿物制品业	–	–	–	–
黑色金属冶炼及压延加工业	–	–	–	–
有色金属冶炼及压延加工业	–	–	–	–
金属制品业	–	–	–	–
通用设备制造业	–	–	–	–
专用设备制造业	–	–	–	–
交通运输设备制造业	–	–	–	–
电气机械及器材制造业	–	–	–	–
通信设备、计算机及其他电子设备制造业	–	–	–	–
仪器仪表及文化、办公用机械制造业	–	–	–	–
工艺品及其他制造业	–	–	–	–
废弃资源和废旧材料回收加工业	–	–	–	–
(三) 电力、燃气及水的生产和供应业	25561	25561	–	–
电力、热力的生产和供应业	–	–	–	–
燃气生产和供应业	25561	25561	–	–
水的生产和供应业	–	–	–	–

购进、消费与库存情况附表（焦炭）

单位：吨

原煤入洗	炼 焦	炼 油	制 气	天然气液化	加工煤制品	能源加工转换产出
—	**—**	**—**	**25561**	**—**	**—**	**141414**
—	—	—	—	—	—	—
—	—	—	—	—	—	—
—	—	—	—	—	—	—
—	—	—	—	—	—	—
—	—	—	—	—	—	—
—	—	—	—	—	—	—
—	—	—	—	—	—	—
—	—	—	—	—	—	103794
—	—	—	—	—	—	—
—	—	—	—	—	—	—
—	—	—	—	—	—	—
—	—	—	—	—	—	—
—	—	—	—	—	—	—
—	—	—	—	—	—	—
—	—	—	—	—	—	—
—	—	—	—	—	—	—
—	—	—	—	—	—	—
—	—	—	—	—	—	—
—	—	—	—	—	—	—
—	—	—	—	—	—	—
—	—	—	—	—	—	—
—	—	—	—	—	—	103794
—	—	—	—	—	—	—
—	—	—	—	—	—	—
—	—	—	—	—	—	—
—	—	—	—	—	—	—
—	—	—	—	—	—	—
—	—	—	—	—	—	—
—	—	—	—	—	—	—
—	—	—	—	—	—	—
—	—	—	—	—	—	—
—	—	—	—	—	—	—
—	—	—	—	—	—	—
—	—	—	—	—	—	—
—	—	—	—	—	—	—
—	—	—	—	—	—	—
—	—	—	—	—	—	—
—	—	—	—	—	—	—
—	—	—	25561	—	—	37620
—	—	—	—	—	—	—
—	—	—	25561	—	—	37620
—	—	—	—	—	—	—

11-35 规模以上工业企业能源

行业名称	工业生产消费量	加工转换投入合计	火力发电	供热
合计	**4501**	**–**	**–**	**–**
(一)采矿业	–	–	–	–
煤炭开采和洗选业	–	–	–	–
石油和天然气开采业	–	–	–	–
黑色金属矿采选业	–	–	–	–
有色金属矿采选业	–	–	–	–
非金属矿采选业	–	–	–	–
其他采矿业	–	–	–	–
(二)制造业	4501	–	–	–
农副食品加工业	–	–	–	–
食品制造业	–	–	–	–
饮料制造业	–	–	–	–
烟草制品业	–	–	–	–
纺织业	–	–	–	–
纺织服装、鞋、帽制造业	–	–	–	–
皮革、毛皮、羽毛(绒)及其制品业	–	–	–	–
木材加工及木、竹、藤、棕、草制品业	–	–	–	–
家具制造业	–	–	–	–
造纸及纸制品业	–	–	–	–
印刷业和记录媒介的复制	–	–	–	–
文教体育用品制造业	–	–	–	–
石油加工、炼焦及核燃料加工业	–	–	–	–
化学原料及化学制品制造业	4501	–	–	–
医药制造业	–	–	–	–
化学纤维制造业	–	–	–	–
橡胶制品业	–	–	–	–
塑料制品业	–	–	–	–
非金属矿物制品业	–	–	–	–
黑色金属冶炼及压延加工业	–	–	–	–
有色金属冶炼及压延加工业	–	–	–	–
金属制品业	–	–	–	–
通用设备制造业	–	–	–	–
专用设备制造业	–	–	–	–
交通运输设备制造业	–	–	–	–
电气机械及器材制造业	–	–	–	–
通信设备、计算机及其他电子设备制造业	–	–	–	–
仪器仪表及文化、办公用机械制造业	–	–	–	–
工艺品及其他制造业	–	–	–	–
废弃资源和废旧材料回收加工业	–	–	–	–
(三)电力、燃气及水的生产和供应业	–	–	–	–
电力、热力的生产和供应业	–	–	–	–
燃气生产和供应业	–	–	–	–
水的生产和供应业	–	–	–	–

购进、消费与库存情况附表（其他焦化产品）

单位：吨

原煤入洗	炼　焦	炼　油	制　气	天然气液化	加工煤制品	能源加工转换产出
–	**–**	**–**	**–**	**–**	**–**	**6182**
–	–	–	–	–	–	–
–	–	–	–	–	–	–
–	–	–	–	–	–	–
–	–	–	–	–	–	–
–	–	–	–	–	–	–
–	–	–	–	–	–	–
–	–	–	–	–	–	–
–	–	–	–	–	–	4501
–	–	–	–	–	–	–
–	–	–	–	–	–	–
–	–	–	–	–	–	–
–	–	–	–	–	–	–
–	–	–	–	–	–	–
–	–	–	–	–	–	–
–	–	–	–	–	–	–
–	–	–	–	–	–	–
–	–	–	–	–	–	–
–	–	–	–	–	–	–
–	–	–	–	–	–	–
–	–	–	–	–	–	–
–	–	–	–	–	–	–
–	–	–	–	–	–	4501
–	–	–	–	–	–	–
–	–	–	–	–	–	–
–	–	–	–	–	–	–
–	–	–	–	–	–	–
–	–	–	–	–	–	–
–	–	–	–	–	–	–
–	–	–	–	–	–	–
–	–	–	–	–	–	–
–	–	–	–	–	–	–
–	–	–	–	–	–	–
–	–	–	–	–	–	–
–	–	–	–	–	–	–
–	–	–	–	–	–	–
–	–	–	–	–	–	–
–	–	–	–	–	–	–
–	–	–	–	–	–	–
–	–	–	–	–	–	1681
–	–	–	–	–	–	–
–	–	–	–	–	–	1681
–	–	–	–	–	–	–

11-36　规模以上工业企业能源

行业名称	工业生产消费量	加工转换投入合计	火力发电	供热
合计	**2554**	**–**	**–**	**–**
(一) 采矿业	–	–	–	–
煤炭开采和洗选业	–	–	–	–
石油和天然气开采业	–	–	–	–
黑色金属矿采选业	–	–	–	–
有色金属矿采选业	–	–	–	–
非金属矿采选业	–	–	–	–
其他采矿业	–	–	–	–
(二) 制造业	2554	–	–	–
农副食品加工业	–	–	–	–
食品制造业	–	–	–	–
饮料制造业	–	–	–	–
烟草制品业	–	–	–	–
纺织业	–	–	–	–
纺织服装、鞋、帽制造业	–	–	–	–
皮革、毛皮、羽毛(绒)及其制品业	–	–	–	–
木材加工及木、竹、藤、棕、草制品业	–	–	–	–
家具制造业	–	–	–	–
造纸及纸制品业	–	–	–	–
印刷业和记录媒介的复制	–	–	–	–
文教体育用品制造业	–	–	–	–
石油加工、炼焦及核燃料加工业	–	–	–	–
化学原料及化学制品制造业	2554	–	–	–
医药制造业	–	–	–	–
化学纤维制造业	–	–	–	–
橡胶制品业	–	–	–	–
塑料制品业	–	–	–	–
非金属矿物制品业	–	–	–	–
黑色金属冶炼及压延加工业	–	–	–	–
有色金属冶炼及压延加工业	–	–	–	–
金属制品业	–	–	–	–
通用设备制造业	–	–	–	–
专用设备制造业	–	–	–	–
交通运输设备制造业	–	–	–	–
电气机械及器材制造业	–	–	–	–
通信设备、计算机及其他电子设备制造业	–	–	–	–
仪器仪表及文化、办公用机械制造业	–	–	–	–
工艺品及其他制造业	–	–	–	–
废弃资源和废旧材料回收加工业	–	–	–	–
(三) 电力、燃气及水的生产和供应业	–	–	–	–
电力、热力的生产和供应业	–	–	–	–
燃气生产和供应业	–	–	–	–
水的生产和供应业	–	–	–	–

购进、消费与库存情况附表（焦炉煤气）

单位：万立方米

原煤入洗	炼　焦	炼　油	制　气	天然气液化	加工煤制品	能源加工转换产出
—	**—**	**—**	**—**	**—**	**—**	**6684**
—	—	—	—	—	—	—
—	—	—	—	—	—	—
—	—	—	—	—	—	—
—	—	—	—	—	—	—
—	—	—	—	—	—	—
—	—	—	—	—	—	—
—	—	—	—	—	—	—
—	—	—	—	—	—	5103
—	—	—	—	—	—	—
—	—	—	—	—	—	—
—	—	—	—	—	—	—
—	—	—	—	—	—	—
—	—	—	—	—	—	—
—	—	—	—	—	—	—
—	—	—	—	—	—	—
—	—	—	—	—	—	—
—	—	—	—	—	—	—
—	—	—	—	—	—	—
—	—	—	—	—	—	—
—	—	—	—	—	—	—
—	—	—	—	—	—	—
—	—	—	—	—	—	5103
—	—	—	—	—	—	—
—	—	—	—	—	—	—
—	—	—	—	—	—	—
—	—	—	—	—	—	—
—	—	—	—	—	—	—
—	—	—	—	—	—	—
—	—	—	—	—	—	—
—	—	—	—	—	—	—
—	—	—	—	—	—	—
—	—	—	—	—	—	—
—	—	—	—	—	—	—
—	—	—	—	—	—	—
—	—	—	—	—	—	—
—	—	—	—	—	—	—
—	—	—	—	—	—	—
—	—	—	—	—	—	—
—	—	—	—	—	—	1581
—	—	—	—	—	—	—
—	—	—	—	—	—	1581
—	—	—	—	—	—	—

11-37　规模以上工业企业能源

行业名称	工业生产消费量	加工转换投入合　计	火力发电	供　热
合　　计	–	–	–	–
（一）采矿业	–	–	–	–
煤炭开采和洗选业	–	–	–	–
石油和天然气开采业	–	–	–	–
黑色金属矿采选业	–	–	–	–
有色金属矿采选业	–	–	–	–
非金属矿采选业	–	–	–	–
其他采矿业	–	–	–	–
（二）制造业	–	–	–	–
农副食品加工业	–	–	–	–
食品制造业	–	–	–	–
饮料制造业	–	–	–	–
烟草制品业	–	–	–	–
纺织业	–	–	–	–
纺织服装、鞋、帽制造业	–	–	–	–
皮革、毛皮、羽毛(绒)及其制品业	–	–	–	–
木材加工及木、竹、藤、棕、草制品业	–	–	–	–
家具制造业	–	–	–	–
造纸及纸制品业	–	–	–	–
印刷业和记录媒介的复制	–	–	–	–
文教体育用品制造业	–	–	–	–
石油加工、炼焦及核燃料加工业	–	–	–	–
化学原料及化学制品制造业	–	–	–	–
医药制造业	–	–	–	–
化学纤维制造业	–	–	–	–
橡胶制品业	–	–	–	–
塑料制品业	–	–	–	–
非金属矿物制品业	–	–	–	–
黑色金属冶炼及压延加工业	–	–	–	–
有色金属冶炼及压延加工业	–	–	–	–
金属制品业	–	–	–	–
通用设备制造业	–	–	–	–
专用设备制造业	–	–	–	–
交通运输设备制造业	–	–	–	–
电气机械及器材制造业	–	–	–	–
通信设备、计算机及其他电子设备制造业	–	–	–	–
仪器仪表及文化、办公用机械制造业	–	–	–	–
工艺品及其他制造业	–	–	–	–
废弃资源和废旧材料回收加工业	–	–	–	–
（三）电力、燃气及水的生产和供应业	–	–	–	–
电力、热力的生产和供应业	–	–	–	–
燃气生产和供应业	–	–	–	–
水的生产和供应业	–	–	–	–

购进、消费与库存情况附表（其他煤气）

单位：万立方米

原煤入洗	炼　焦	炼　油	制　气	天然气液化	加工煤制品	能源加工转换产出
—	—	—	—	—	—	**21979**
—	—	—	—	—	—	—
—	—	—	—	—	—	—
—	—	—	—	—	—	—
—	—	—	—	—	—	—
—	—	—	—	—	—	—
—	—	—	—	—	—	—
—	—	—	—	—	—	—
—	—	—	—	—	—	—
—	—	—	—	—	—	—
—	—	—	—	—	—	—
—	—	—	—	—	—	—
—	—	—	—	—	—	—
—	—	—	—	—	—	—
—	—	—	—	—	—	—
—	—	—	—	—	—	—
—	—	—	—	—	—	—
—	—	—	—	—	—	—
—	—	—	—	—	—	—
—	—	—	—	—	—	—
—	—	—	—	—	—	—
—	—	—	—	—	—	—
—	—	—	—	—	—	—
—	—	—	—	—	—	—
—	—	—	—	—	—	—
—	—	—	—	—	—	—
—	—	—	—	—	—	—
—	—	—	—	—	—	—
—	—	—	—	—	—	—
—	—	—	—	—	—	—
—	—	—	—	—	—	—
—	—	—	—	—	—	—
—	—	—	—	—	—	—
—	—	—	—	—	—	—
—	—	—	—	—	—	—
—	—	—	—	—	—	—
—	—	—	—	—	—	—
—	—	—	—	—	—	—
—	—	—	—	—	—	—
—	—	—	—	—	—	21979
—	—	—	—	—	—	—
—	—	—	—	—	—	21979
—	—	—	—	—	—	—

11-38　规模以上工业企业能源

行业名称	工业生产消费量	加工转换投入合　计	火力发电	供　热
合　　计	**21621060**	**21569177**	**–**	**–**
（一）采矿业	–	–	–	–
煤炭开采和洗选业	–	–	–	–
石油和天然气开采业	–	–	–	–
黑色金属矿采选业	–	–	–	–
有色金属矿采选业	–	–	–	–
非金属矿采选业	–	–	–	–
其他采矿业	–	–	–	–
（二）制造业	21621060	21569177	–	–
农副食品加工业	–	–	–	–
食品制造业	–	–	–	–
饮料制造业	–	–	–	–
烟草制品业	–	–	–	–
纺织业	–	–	–	–
纺织服装、鞋、帽制造业	–	–	–	–
皮革、毛皮、羽毛(绒)及其制品业	–	–	–	–
木材加工及木、竹、藤、棕、草制品业	–	–	–	–
家具制造业	–	–	–	–
造纸及纸制品业	–	–	–	–
印刷业和记录媒介的复制	–	–	–	–
文教体育用品制造业	–	–	–	–
石油加工、炼焦及核燃料加工业	21569177	21569177	–	–
化学原料及化学制品制造业	51883	–	–	–
医药制造业	–	–	–	–
化学纤维制造业	–	–	–	–
橡胶制品业	–	–	–	–
塑料制品业	–	–	–	–
非金属矿物制品业	–	–	–	–
黑色金属冶炼及压延加工业	–	–	–	–
有色金属冶炼及压延加工业	–	–	–	–
金属制品业	–	–	–	–
通用设备制造业	–	–	–	–
专用设备制造业	–	–	–	–
交通运输设备制造业	–	–	–	–
电气机械及器材制造业	–	–	–	–
通信设备、计算机及其他电子设备制造业	–	–	–	–
仪器仪表及文化、办公用机械制造业	–	–	–	–
工艺品及其他制造业	–	–	–	–
废弃资源和废旧材料回收加工业	–	–	–	–
（三）电力、燃气及水的生产和供应业	–	–	–	–
电力、热力的生产和供应业	–	–	–	–
燃气生产和供应业	–	–	–	–
水的生产和供应业	–	–	–	–

购进、消费与库存情况附表（原油）

单位：吨

原煤入洗	炼　焦	炼　油	制　气	天然气液化	加工煤制品	能源加工转换产出
—	—	**21569177**	—	—	—	—
—	—	—	—	—	—	—
—	—	—	—	—	—	—
—	—	—	—	—	—	—
—	—	—	—	—	—	—
—	—	—	—	—	—	—
—	—	—	—	—	—	—
—	—	—	—	—	—	—
—	—	21569177	—	—	—	—
—	—	—	—	—	—	—
—	—	—	—	—	—	—
—	—	—	—	—	—	—
—	—	—	—	—	—	—
—	—	—	—	—	—	—
—	—	—	—	—	—	—
—	—	—	—	—	—	—
—	—	—	—	—	—	—
—	—	—	—	—	—	—
—	—	—	—	—	—	—
—	—	—	—	—	—	—
—	—	—	—	—	—	—
—	—	21569177	—	—	—	—
—	—	—	—	—	—	—
—	—	—	—	—	—	—
—	—	—	—	—	—	—
—	—	—	—	—	—	—
—	—	—	—	—	—	—
—	—	—	—	—	—	—
—	—	—	—	—	—	—
—	—	—	—	—	—	—
—	—	—	—	—	—	—
—	—	—	—	—	—	—
—	—	—	—	—	—	—
—	—	—	—	—	—	—
—	—	—	—	—	—	—
—	—	—	—	—	—	—
—	—	—	—	—	—	—
—	—	—	—	—	—	—
—	—	—	—	—	—	—
—	—	—	—	—	—	—
—	—	—	—	—	—	—
—	—	—	—	—	—	—
—	—	—	—	—	—	—

11-39 规模以上工业企业能源

行业名称	工业生产消费量	加工转换投入合计	火力发电	供热
合计	**1357**	**–**	**–**	**–**
(一)采矿业	–	–	–	–
煤炭开采和洗选业	–	–	–	–
石油和天然气开采业	–	–	–	–
黑色金属矿采选业	–	–	–	–
有色金属矿采选业	–	–	–	–
非金属矿采选业	–	–	–	–
其他采矿业	–	–	–	–
(二)制造业	329	–	–	–
农副食品加工业	–	–	–	–
食品制造业	–	–	–	–
饮料制造业	–	–	–	–
烟草制品业	–	–	–	–
纺织业	–	–	–	–
纺织服装、鞋、帽制造业	–	–	–	–
皮革、毛皮、羽毛(绒)及其制品业	–	–	–	–
木材加工及木、竹、藤、棕、草制品业	–	–	–	–
家具制造业	–	–	–	–
造纸及纸制品业	–	–	–	–
印刷业和记录媒介的复制	–	–	–	–
文教体育用品制造业	–	–	–	–
石油加工、炼焦及核燃料加工业	–	–	–	–
化学原料及化学制品制造业	329	–	–	–
医药制造业	–	–	–	–
化学纤维制造业	–	–	–	–
橡胶制品业	–	–	–	–
塑料制品业	–	–	–	–
非金属矿物制品业	–	–	–	–
黑色金属冶炼及压延加工业	–	–	–	–
有色金属冶炼及压延加工业	–	–	–	–
金属制品业	–	–	–	–
通用设备制造业	–	–	–	–
专用设备制造业	–	–	–	–
交通运输设备制造业	–	–	–	–
电气机械及器材制造业	–	–	–	–
通信设备、计算机及其他电子设备制造业	–	–	–	–
仪器仪表及文化、办公用机械制造业	–	–	–	–
工艺品及其他制造业	–	–	–	–
废弃资源和废旧材料回收加工业	–	–	–	–
(三)电力、燃气及水的生产和供应业	1028	–	–	–
电力、热力的生产和供应业	523	–	–	–
燃气生产和供应业	505	–	–	–
水的生产和供应业	–	–	–	–

购进、消费与库存情况附表（汽油）

单位：吨

原煤入洗	炼　焦	炼　油	制　气	天然气液化	加工煤制品	能源加工转换产出
—	**—**	**—**	**—**	**—**	**—**	**4087857**
—	—	—	—	—	—	—
—	—	—	—	—	—	—
—	—	—	—	—	—	—
—	—	—	—	—	—	—
—	—	—	—	—	—	—
—	—	—	—	—	—	—
—	—	—	—	—	—	—
—	—	—	—	—	—	4087857
—	—	—	—	—	—	—
—	—	—	—	—	—	—
—	—	—	—	—	—	—
—	—	—	—	—	—	—
—	—	—	—	—	—	—
—	—	—	—	—	—	—
—	—	—	—	—	—	—
—	—	—	—	—	—	—
—	—	—	—	—	—	—
—	—	—	—	—	—	—
—	—	—	—	—	—	—
—	—	—	—	—	—	—
—	—	—	—	—	—	4087857
—	—	—	—	—	—	—
—	—	—	—	—	—	—
—	—	—	—	—	—	—
—	—	—	—	—	—	—
—	—	—	—	—	—	—
—	—	—	—	—	—	—
—	—	—	—	—	—	—
—	—	—	—	—	—	—
—	—	—	—	—	—	—
—	—	—	—	—	—	—
—	—	—	—	—	—	—
—	—	—	—	—	—	—
—	—	—	—	—	—	—
—	—	—	—	—	—	—
—	—	—	—	—	—	—
—	—	—	—	—	—	—
—	—	—	—	—	—	—
—	—	—	—	—	—	—
—	—	—	—	—	—	—
—	—	—	—	—	—	—
—	—	—	—	—	—	—

11-40　规模以上工业企业能源

行业名称	工业生产消费量	加工转换投入合　计	火力发电	供　热
合　　计	—	—	—	—
（一）采矿业	—	—	—	—
煤炭开采和洗选业	—	—	—	—
石油和天然气开采业	—	—	—	—
黑色金属矿采选业	—	—	—	—
有色金属矿采选业	—	—	—	—
非金属矿采选业	—	—	—	—
其他采矿业	—	—	—	—
（二）制造业	—	—	—	—
农副食品加工业	—	—	—	—
食品制造业	—	—	—	—
饮料制造业	—	—	—	—
烟草制品业	—	—	—	—
纺织业	—	—	—	—
纺织服装、鞋、帽制造业	—	—	—	—
皮革、毛皮、羽毛(绒)及其制品业	—	—	—	—
木材加工及木、竹、藤、棕、草制品业	—	—	—	—
家具制造业	—	—	—	—
造纸及纸制品业	—	—	—	—
印刷业和记录媒介的复制	—	—	—	—
文教体育用品制造业	—	—	—	—
石油加工、炼焦及核燃料加工业	—	—	—	—
化学原料及化学制品制造业	—	—	—	—
医药制造业	—	—	—	—
化学纤维制造业	—	—	—	—
橡胶制品业	—	—	—	—
塑料制品业	—	—	—	—
非金属矿物制品业	—	—	—	—
黑色金属冶炼及压延加工业	—	—	—	—
有色金属冶炼及压延加工业	—	—	—	—
金属制品业	—	—	—	—
通用设备制造业	—	—	—	—
专用设备制造业	—	—	—	—
交通运输设备制造业	—	—	—	—
电气机械及器材制造业	—	—	—	—
通信设备、计算机及其他电子设备制造业	—	—	—	—
仪器仪表及文化、办公用机械制造业	—	—	—	—
工艺品及其他制造业	—	—	—	—
废弃资源和废旧材料回收加工业	—	—	—	—
（三）电力、燃气及水的生产和供应业	—	—	—	—
电力、热力的生产和供应业	—	—	—	—
燃气生产和供应业	—	—	—	—
水的生产和供应业	—	—	—	—

购进、消费与库存情况附表（煤油）

单位：吨

原煤入洗	炼　焦	炼　油	制　气	天然气液化	加工煤制品	能源加工转换产出
—	**—**	**—**	**—**	**—**	**—**	**1587370**
—	—	—	—	—	—	—
—	—	—	—	—	—	—
—	—	—	—	—	—	—
—	—	—	—	—	—	—
—	—	—	—	—	—	—
—	—	—	—	—	—	—
—	—	—	—	—	—	—
—	—	—	—	—	—	1587370
—	—	—	—	—	—	—
—	—	—	—	—	—	—
—	—	—	—	—	—	—
—	—	—	—	—	—	—
—	—	—	—	—	—	—
—	—	—	—	—	—	—
—	—	—	—	—	—	—
—	—	—	—	—	—	—
—	—	—	—	—	—	—
—	—	—	—	—	—	—
—	—	—	—	—	—	—
—	—	—	—	—	—	—
—	—	—	—	—	—	1587370
—	—	—	—	—	—	—
—	—	—	—	—	—	—
—	—	—	—	—	—	—
—	—	—	—	—	—	—
—	—	—	—	—	—	—
—	—	—	—	—	—	—
—	—	—	—	—	—	—
—	—	—	—	—	—	—
—	—	—	—	—	—	—
—	—	—	—	—	—	—
—	—	—	—	—	—	—
—	—	—	—	—	—	—
—	—	—	—	—	—	—
—	—	—	—	—	—	—
—	—	—	—	—	—	—
—	—	—	—	—	—	—
—	—	—	—	—	—	—
—	—	—	—	—	—	—
—	—	—	—	—	—	—
—	—	—	—	—	—	—
—	—	—	—	—	—	—

11-41 规模以上工业企业能源

行业名称	工业生产消费量	加工转换投入合计	火力发电	供热
合计	**6317**	**1975**	**1420**	**555**
（一）采矿业	–	–	–	–
煤炭开采和洗选业	–	–	–	–
石油和天然气开采业	–	–	–	–
黑色金属矿采选业	–	–	–	–
有色金属矿采选业	–	–	–	–
非金属矿采选业	–	–	–	–
其他采矿业	–	–	–	–
（二）制造业	3359	–	–	–
农副食品加工业	–	–	–	–
食品制造业	–	–	–	–
饮料制造业	–	–	–	–
烟草制品业	–	–	–	–
纺织业	–	–	–	–
纺织服装、鞋、帽制造业	–	–	–	–
皮革、毛皮、羽毛(绒)及其制品业	–	–	–	–
木材加工及木、竹、藤、棕、草制品业	–	–	–	–
家具制造业	–	–	–	–
造纸及纸制品业	–	–	–	–
印刷业和记录媒介的复制	–	–	–	–
文教体育用品制造业	–	–	–	–
石油加工、炼焦及核燃料加工业	–	–	–	–
化学原料及化学制品制造业	3359	–	–	–
医药制造业	–	–	–	–
化学纤维制造业	–	–	–	–
橡胶制品业	–	–	–	–
塑料制品业	–	–	–	–
非金属矿物制品业	–	–	–	–
黑色金属冶炼及压延加工业	–	–	–	–
有色金属冶炼及压延加工业	–	–	–	–
金属制品业	–	–	–	–
通用设备制造业	–	–	–	–
专用设备制造业	–	–	–	–
交通运输设备制造业	–	–	–	–
电气机械及器材制造业	–	–	–	–
通信设备、计算机及其他电子设备制造业	–	–	–	–
仪器仪表及文化、办公用机械制造业	–	–	–	–
工艺品及其他制造业	–	–	–	–
废弃资源和废旧材料回收加工业	–	–	–	–
（三）电力、燃气及水的生产和供应业	2958	1975	1420	555
电力、热力的生产和供应业	2958	1975	1420	555
燃气生产和供应业	–	–	–	–
水的生产和供应业	–	–	–	–

购进、消费与库存情况附表（柴油）

单位：吨

原煤入洗	炼　焦	炼　油	制　气	天然气液化	加工煤制品	能源加工转换产出
—	**—**	**—**	**—**	**—**	**—**	**6540164**
—	—	—	—	—	—	—
—	—	—	—	—	—	—
—	—	—	—	—	—	—
—	—	—	—	—	—	—
—	—	—	—	—	—	—
—	—	—	—	—	—	—
—	—	—	—	—	—	—
—	—	—	—	—	—	6540164
—	—	—	—	—	—	—
—	—	—	—	—	—	—
—	—	—	—	—	—	—
—	—	—	—	—	—	—
—	—	—	—	—	—	—
—	—	—	—	—	—	—
—	—	—	—	—	—	—
—	—	—	—	—	—	—
—	—	—	—	—	—	—
—	—	—	—	—	—	—
—	—	—	—	—	—	—
—	—	—	—	—	—	—
—	—	—	—	—	—	6540164
—	—	—	—	—	—	—
—	—	—	—	—	—	—
—	—	—	—	—	—	—
—	—	—	—	—	—	—
—	—	—	—	—	—	—
—	—	—	—	—	—	—
—	—	—	—	—	—	—
—	—	—	—	—	—	—
—	—	—	—	—	—	—
—	—	—	—	—	—	—
—	—	—	—	—	—	—
—	—	—	—	—	—	—
—	—	—	—	—	—	—
—	—	—	—	—	—	—
—	—	—	—	—	—	—
—	—	—	—	—	—	—
—	—	—	—	—	—	—
—	—	—	—	—	—	—
—	—	—	—	—	—	—
—	—	—	—	—	—	—
—	—	—	—	—	—	—

11-42 规模以上工业企业能源

行业名称	工业生产消费量	加工转换投入合计	火力发电	供热
合计	**372564**	**272461**	**39446**	**142432**
(一) 采矿业	–	–	–	–
煤炭开采和洗选业	–	–	–	–
石油和天然气开采业	–	–	–	–
黑色金属矿采选业	–	–	–	–
有色金属矿采选业	–	–	–	–
非金属矿采选业	–	–	–	–
其他采矿业	–	–	–	–
(二) 制造业	359416	259313	36196	132534
农副食品加工业	–	–	–	–
食品制造业	–	–	–	–
饮料制造业	–	–	–	–
烟草制品业	–	–	–	–
纺织业	–	–	–	–
纺织服装、鞋、帽制造业	–	–	–	–
皮革、毛皮、羽毛(绒)及其制品业	–	–	–	–
木材加工及木、竹、藤、棕、草制品业	–	–	–	–
家具制造业	–	–	–	–
造纸及纸制品业	–	–	–	–
印刷业和记录媒介的复制	–	–	–	–
文教体育用品制造业	–	–	–	–
石油加工、炼焦及核燃料加工业	266245	243765	33904	129098
化学原料及化学制品制造业	93171	15548	2292	3436
医药制造业	–	–	–	–
化学纤维制造业	–	–	–	–
橡胶制品业	–	–	–	–
塑料制品业	–	–	–	–
非金属矿物制品业	–	–	–	–
黑色金属冶炼及压延加工业	–	–	–	–
有色金属冶炼及压延加工业	–	–	–	–
金属制品业	–	–	–	–
通用设备制造业	–	–	–	–
专用设备制造业	–	–	–	–
交通运输设备制造业	–	–	–	–
电气机械及器材制造业	–	–	–	–
通信设备、计算机及其他电子设备制造业	–	–	–	–
仪器仪表及文化、办公用机械制造业	–	–	–	–
工艺品及其他制造业	–	–	–	–
废弃资源和废旧材料回收加工业	–	–	–	–
(三) 电力、燃气及水的生产和供应业	13148	13148	3250	9898
电力、热力的生产和供应业	13148	13148	3250	9898
燃气生产和供应业	–	–	–	–
水的生产和供应业	–	–	–	–

购进、消费与库存情况附表（燃料油）

单位：吨

原煤入洗	炼　焦	炼　油	制　气	天然气液化	加工煤制品	能源加工转换产出
–	**–**	**80763**	**9820**	**–**	**–**	**1699901**
–	–	–	–	–	–	–
–	–	–	–	–	–	–
–	–	–	–	–	–	–
–	–	–	–	–	–	–
–	–	–	–	–	–	–
–	–	–	–	–	–	–
–	–	–	–	–	–	–
–	–	80763	9820	–	–	1699901
–	–	–	–	–	–	–
–	–	–	–	–	–	–
–	–	–	–	–	–	–
–	–	–	–	–	–	–
–	–	–	–	–	–	–
–	–	–	–	–	–	–
–	–	–	–	–	–	–
–	–	–	–	–	–	–
–	–	–	–	–	–	–
–	–	–	–	–	–	–
–	–	–	–	–	–	–
–	–	–	–	–	–	–
–	–	80763	–	–	–	1699901
–	–	–	9820	–	–	–
–	–	–	–	–	–	–
–	–	–	–	–	–	–
–	–	–	–	–	–	–
–	–	–	–	–	–	–
–	–	–	–	–	–	–
–	–	–	–	–	–	–
–	–	–	–	–	–	–
–	–	–	–	–	–	–
–	–	–	–	–	–	–
–	–	–	–	–	–	–
–	–	–	–	–	–	–
–	–	–	–	–	–	–
–	–	–	–	–	–	–
–	–	–	–	–	–	–
–	–	–	–	–	–	–
–	–	–	–	–	–	–
–	–	–	–	–	–	–
–	–	–	–	–	–	–
–	–	–	–	–	–	–
–	–	–	–	–	–	–

11-43 规模以上工业企业能源

行业名称	工业生产消费量	加工转换投入合计	火力发电	供热
合计	**22967**	**22967**	**–**	**–**
(一) 采矿业	–	–	–	–
煤炭开采和洗选业	–	–	–	–
石油和天然气开采业	–	–	–	–
黑色金属矿采选业	–	–	–	–
有色金属矿采选业	–	–	–	–
非金属矿采选业	–	–	–	–
其他采矿业	–	–	–	–
(二) 制造业	–	–	–	–
农副食品加工业	–	–	–	–
食品制造业	–	–	–	–
饮料制造业	–	–	–	–
烟草制品业	–	–	–	–
纺织业	–	–	–	–
纺织服装、鞋、帽制造业	–	–	–	–
皮革、毛皮、羽毛(绒)及其制品业	–	–	–	–
木材加工及木、竹、藤、棕、草制品业	–	–	–	–
家具制造业	–	–	–	–
造纸及纸制品业	–	–	–	–
印刷业和记录媒介的复制	–	–	–	–
文教体育用品制造业	–	–	–	–
石油加工、炼焦及核燃料加工业	–	–	–	–
化学原料及化学制品制造业	–	–	–	–
医药制造业	–	–	–	–
化学纤维制造业	–	–	–	–
橡胶制品业	–	–	–	–
塑料制品业	–	–	–	–
非金属矿物制品业	–	–	–	–
黑色金属冶炼及压延加工业	–	–	–	–
有色金属冶炼及压延加工业	–	–	–	–
金属制品业	–	–	–	–
通用设备制造业	–	–	–	–
专用设备制造业	–	–	–	–
交通运输设备制造业	–	–	–	–
电气机械及器材制造业	–	–	–	–
通信设备、计算机及其他电子设备制造业	–	–	–	–
仪器仪表及文化、办公用机械制造业	–	–	–	–
工艺品及其他制造业	–	–	–	–
废弃资源和废旧材料回收加工业	–	–	–	–
(三) 电力、燃气及水的生产和供应业	22967	22967	–	–
电力、热力的生产和供应业	–	–	–	–
燃气生产和供应业	22967	22967	–	–
水的生产和供应业	–	–	–	–

购进、消费与库存情况附表（液化石油气）

单位：吨

原煤入洗	炼　焦	炼　油	制　气	天然气液化	加工煤制品	能源加工转换产出
—	**—**	**—**	**22967**	**—**	**—**	**699745**
—	—	—	—	—	—	—
—	—	—	—	—	—	—
—	—	—	—	—	—	—
—	—	—	—	—	—	—
—	—	—	—	—	—	—
—	—	—	—	—	—	—
—	—	—	—	—	—	—
—	—	—	—	—	—	699745
—	—	—	—	—	—	—
—	—	—	—	—	—	—
—	—	—	—	—	—	—
—	—	—	—	—	—	—
—	—	—	—	—	—	—
—	—	—	—	—	—	—
—	—	—	—	—	—	—
—	—	—	—	—	—	—
—	—	—	—	—	—	—
—	—	—	—	—	—	—
—	—	—	—	—	—	—
—	—	—	—	—	—	—
—	—	—	—	—	—	699745
—	—	—	—	—	—	—
—	—	—	—	—	—	—
—	—	—	—	—	—	—
—	—	—	—	—	—	—
—	—	—	—	—	—	—
—	—	—	—	—	—	—
—	—	—	—	—	—	—
—	—	—	—	—	—	—
—	—	—	—	—	—	—
—	—	—	—	—	—	—
—	—	—	—	—	—	—
—	—	—	—	—	—	—
—	—	—	—	—	—	—
—	—	—	—	—	—	—
—	—	—	—	—	—	—
—	—	—	—	—	—	—
—	—	—	—	—	—	—
—	—	—	22967	—	—	—
—	—	—	—	—	—	—
—	—	—	22967	—	—	—
—	—	—	—	—	—	—

11-44 规模以上工业企业能源

行业名称	工业生产消费量	加工转换投入合计	火力发电	供热
合计	**566381**	**133582**	**23783**	**56827**
(一) 采矿业	—	—	—	—
煤炭开采和洗选业	—	—	—	—
石油和天然气开采业	—	—	—	—
黑色金属矿采选业	—	—	—	—
有色金属矿采选业	—	—	—	—
非金属矿采选业	—	—	—	—
其他采矿业	—	—	—	—
(二) 制造业	513409	80610	23783	56827
农副食品加工业	—	—	—	—
食品制造业	—	—	—	—
饮料制造业	—	—	—	—
烟草制品业	—	—	—	—
纺织业	—	—	—	—
纺织服装、鞋、帽制造业	—	—	—	—
皮革、毛皮、羽毛(绒)及其制品业	—	—	—	—
木材加工及木、竹、藤、棕、草制品业	—	—	—	—
家具制造业	—	—	—	—
造纸及纸制品业	—	—	—	—
印刷业和记录媒介的复制	—	—	—	—
文教体育用品制造业	—	—	—	—
石油加工、炼焦及核燃料加工业	513409	80610	23783	56827
化学原料及化学制品制造业	—	—	—	—
医药制造业	—	—	—	—
化学纤维制造业	—	—	—	—
橡胶制品业	—	—	—	—
塑料制品业	—	—	—	—
非金属矿物制品业	—	—	—	—
黑色金属冶炼及压延加工业	—	—	—	—
有色金属冶炼及压延加工业	—	—	—	—
金属制品业	—	—	—	—
通用设备制造业	—	—	—	—
专用设备制造业	—	—	—	—
交通运输设备制造业	—	—	—	—
电气机械及器材制造业	—	—	—	—
通信设备、计算机及其他电子设备制造业	—	—	—	—
仪器仪表及文化、办公用机械制造业	—	—	—	—
工艺品及其他制造业	—	—	—	—
废弃资源和废旧材料回收加工业	—	—	—	—
(三) 电力、燃气及水的生产和供应业	52972	52972	—	—
电力、热力的生产和供应业	—	—	—	—
燃气生产和供应业	52972	52972	—	—
水的生产和供应业	—	—	—	—

购进、消费与库存情况附表（炼厂干气）

单位：吨

原煤入洗	炼　焦	炼　油	制　气	天然气液化	加工煤制品	能源加工转换产出
—	**—**	**—**	**52972**	**—**	**—**	**355741**
—	—	—	—	—	—	—
—	—	—	—	—	—	—
—	—	—	—	—	—	—
—	—	—	—	—	—	—
—	—	—	—	—	—	—
—	—	—	—	—	—	—
—	—	—	—	—	—	—
—	—	—	—	—	—	355741
—	—	—	—	—	—	—
—	—	—	—	—	—	—
—	—	—	—	—	—	—
—	—	—	—	—	—	—
—	—	—	—	—	—	—
—	—	—	—	—	—	—
—	—	—	—	—	—	—
—	—	—	—	—	—	—
—	—	—	—	—	—	—
—	—	—	—	—	—	—
—	—	—	—	—	—	—
—	—	—	—	—	—	—
—	—	—	—	—	—	355741
—	—	—	—	—	—	—
—	—	—	—	—	—	—
—	—	—	—	—	—	—
—	—	—	—	—	—	—
—	—	—	—	—	—	—
—	—	—	—	—	—	—
—	—	—	—	—	—	—
—	—	—	—	—	—	—
—	—	—	—	—	—	—
—	—	—	—	—	—	—
—	—	—	—	—	—	—
—	—	—	—	—	—	—
—	—	—	—	—	—	—
—	—	—	—	—	—	—
—	—	—	—	—	—	—
—	—	—	—	—	—	—
—	—	—	—	—	—	—
—	—	—	52972	—	—	—
—	—	—	—	—	—	—
—	—	—	52972	—	—	—
—	—	—	—	—	—	—

11-45 规模以上工业企业能源

行业名称	工业生产消费量	加工转换投入合计	火力发电	供热
合计	**20887**	**20887**	**–**	**–**
(一) 采矿业	–	–	–	–
煤炭开采和洗选业	–	–	–	–
石油和天然气开采业	–	–	–	–
黑色金属矿采选业	–	–	–	–
有色金属矿采选业	–	–	–	–
非金属矿采选业	–	–	–	–
其他采矿业	–	–	–	–
(二) 制造业	20887	20887	–	–
农副食品加工业	–	–	–	–
食品制造业	–	–	–	–
饮料制造业	–	–	–	–
烟草制品业	–	–	–	–
纺织业	–	–	–	–
纺织服装、鞋、帽制造业	–	–	–	–
皮革、毛皮、羽毛(绒)及其制品业	–	–	–	–
木材加工及木、竹、藤、棕、草制品业	–	–	–	–
家具制造业	–	–	–	–
造纸及纸制品业	–	–	–	–
印刷业和记录媒介的复制	–	–	–	–
文教体育用品制造业	–	–	–	–
石油加工、炼焦及核燃料加工业	20887	20887	–	–
化学原料及化学制品制造业	–	–	–	–
医药制造业	–	–	–	–
化学纤维制造业	–	–	–	–
橡胶制品业	–	–	–	–
塑料制品业	–	–	–	–
非金属矿物制品业	–	–	–	–
黑色金属冶炼及压延加工业	–	–	–	–
有色金属冶炼及压延加工业	–	–	–	–
金属制品业	–	–	–	–
通用设备制造业	–	–	–	–
专用设备制造业	–	–	–	–
交通运输设备制造业	–	–	–	–
电气机械及器材制造业	–	–	–	–
通信设备、计算机及其他电子设备制造业	–	–	–	–
仪器仪表及文化、办公用机械制造业	–	–	–	–
工艺品及其他制造业	–	–	–	–
废弃资源和废旧材料回收加工业	–	–	–	–
(三) 电力、燃气及水的生产和供应业	–	–	–	–
电力、热力的生产和供应业	–	–	–	–
燃气生产和供应业	–	–	–	–
水的生产和供应业	–	–	–	–

购进、消费与库存情况附表（其他石油制品）

单位：吨

原煤入洗	炼　焦	炼　油	制　气	天然气液化	加工煤制品	能源加工转换产出
—	**—**	**20887**	**—**	**—**	**—**	**6295363**
—	—	—	—	—	—	—
—	—	—	—	—	—	—
—	—	—	—	—	—	—
—	—	—	—	—	—	—
—	—	—	—	—	—	—
—	—	—	—	—	—	—
—	—	—	—	—	—	—
—	—	20887	—	—	—	6295363
—	—	—	—	—	—	—
—	—	—	—	—	—	—
—	—	—	—	—	—	—
—	—	—	—	—	—	—
—	—	—	—	—	—	—
—	—	—	—	—	—	—
—	—	—	—	—	—	—
—	—	—	—	—	—	—
—	—	—	—	—	—	—
—	—	—	—	—	—	—
—	—	—	—	—	—	—
—	—	—	—	—	—	—
—	—	20887	—	—	—	6295363
—	—	—	—	—	—	—
—	—	—	—	—	—	—
—	—	—	—	—	—	—
—	—	—	—	—	—	—
—	—	—	—	—	—	—
—	—	—	—	—	—	—
—	—	—	—	—	—	—
—	—	—	—	—	—	—
—	—	—	—	—	—	—
—	—	—	—	—	—	—
—	—	—	—	—	—	—
—	—	—	—	—	—	—
—	—	—	—	—	—	—
—	—	—	—	—	—	—
—	—	—	—	—	—	—
—	—	—	—	—	—	—
—	—	—	—	—	—	—
—	—	—	—	—	—	—
—	—	—	—	—	—	—
—	—	—	—	—	—	—
—	—	—	—	—	—	—

11-46 规模以上工业企业能源

行业名称	工业生产消费量	加工转换投入合计	火力发电	供热
合计	**10156955**	**–**	**–**	**–**
(一)采矿业	–	–	–	–
煤炭开采和洗选业	–	–	–	–
石油和天然气开采业	–	–	–	–
黑色金属矿采选业	–	–	–	–
有色金属矿采选业	–	–	–	–
非金属矿采选业	–	–	–	–
其他采矿业	–	–	–	–
(二)制造业	8664202	–	–	–
农副食品加工业	–	–	–	–
食品制造业	–	–	–	–
饮料制造业	–	–	–	–
烟草制品业	–	–	–	–
纺织业	–	–	–	–
纺织服装、鞋、帽制造业	–	–	–	–
皮革、毛皮、羽毛(绒)及其制品业	–	–	–	–
木材加工及木、竹、藤、棕、草制品业	–	–	–	–
家具制造业	–	–	–	–
造纸及纸制品业	–	–	–	–
印刷业和记录媒介的复制	–	–	–	–
文教体育用品制造业	–	–	–	–
石油加工、炼焦及核燃料加工业	–	–	–	–
化学原料及化学制品制造业	8664202	–	–	–
医药制造业	–	–	–	–
化学纤维制造业	–	–	–	–
橡胶制品业	–	–	–	–
塑料制品业	–	–	–	–
非金属矿物制品业	–	–	–	–
黑色金属冶炼及压延加工业	–	–	–	–
有色金属冶炼及压延加工业	–	–	–	–
金属制品业	–	–	–	–
通用设备制造业	–	–	–	–
专用设备制造业	–	–	–	–
交通运输设备制造业	–	–	–	–
电气机械及器材制造业	–	–	–	–
通信设备、计算机及其他电子设备制造业	–	–	–	–
仪器仪表及文化、办公用机械制造业	–	–	–	–
工艺品及其他制造业	–	–	–	–
废弃资源和废旧材料回收加工业	–	–	–	–
(三)电力、燃气及水的生产和供应业	1492753	–	–	–
电力、热力的生产和供应业	1384999	–	–	–
燃气生产和供应业	107754	–	–	–
水的生产和供应业	–	–	–	–

购进、消费与库存情况附表（热力）

单位：百万千焦

原煤入洗	炼　焦	炼　油	制　气	天然气液化	加工煤制品	能源加工转换产出
—	**—**	**—**	**—**	**—**	**—**	**41698987**
—	—	—	—	—	—	—
—	—	—	—	—	—	—
—	—	—	—	—	—	—
—	—	—	—	—	—	—
—	—	—	—	—	—	—
—	—	—	—	—	—	—
—	—	—	—	—	—	—
—	—	—	—	—	—	11389896
—	—	—	—	—	—	—
—	—	—	—	—	—	—
—	—	—	—	—	—	—
—	—	—	—	—	—	—
—	—	—	—	—	—	—
—	—	—	—	—	—	—
—	—	—	—	—	—	—
—	—	—	—	—	—	—
—	—	—	—	—	—	—
—	—	—	—	—	—	—
—	—	—	—	—	—	—
—	—	—	—	—	—	—
—	—	—	—	—	—	2941110
—	—	—	—	—	—	8448786
—	—	—	—	—	—	—
—	—	—	—	—	—	—
—	—	—	—	—	—	—
—	—	—	—	—	—	—
—	—	—	—	—	—	—
—	—	—	—	—	—	—
—	—	—	—	—	—	—
—	—	—	—	—	—	—
—	—	—	—	—	—	—
—	—	—	—	—	—	—
—	—	—	—	—	—	—
—	—	—	—	—	—	—
—	—	—	—	—	—	—
—	—	—	—	—	—	—
—	—	—	—	—	—	—
—	—	—	—	—	—	—
—	—	—	—	—	—	30309091
—	—	—	—	—	—	30309091
—	—	—	—	—	—	—
—	—	—	—	—	—	—

11-47　规模以上工业企业能源

行业名称	工业生产消费量	加工转换投入合计	火力发电	供热
合计	**257178**	**–**	**–**	**–**
(一) 采矿业	–	–	–	–
煤炭开采和洗选业	–	–	–	–
石油和天然气开采业	–	–	–	–
黑色金属矿采选业	–	–	–	–
有色金属矿采选业	–	–	–	–
非金属矿采选业	–	–	–	–
其他采矿业	–	–	–	–
(二) 制造业	179963	–	–	–
农副食品加工业	–	–	–	–
食品制造业	–	–	–	–
饮料制造业	–	–	–	–
烟草制品业	–	–	–	–
纺织业	–	–	–	–
纺织服装、鞋、帽制造业	–	–	–	–
皮革、毛皮、羽毛(绒)及其制品业	–	–	–	–
木材加工及木、竹、藤、棕、草制品业	–	–	–	–
家具制造业	–	–	–	–
造纸及纸制品业	–	–	–	–
印刷业和记录媒介的复制	–	–	–	–
文教体育用品制造业	–	–	–	–
石油加工、炼焦及核燃料加工业	120171	–	–	–
化学原料及化学制品制造业	59792	–	–	–
医药制造业	–	–	–	–
化学纤维制造业	–	–	–	–
橡胶制品业	–	–	–	–
塑料制品业	–	–	–	–
非金属矿物制品业	–	–	–	–
黑色金属冶炼及压延加工业	–	–	–	–
有色金属冶炼及压延加工业	–	–	–	–
金属制品业	–	–	–	–
通用设备制造业	–	–	–	–
专用设备制造业	–	–	–	–
交通运输设备制造业	–	–	–	–
电气机械及器材制造业	–	–	–	–
通信设备、计算机及其他电子设备制造业	–	–	–	–
仪器仪表及文化、办公用机械制造业	–	–	–	–
工艺品及其他制造业	–	–	–	–
废弃资源和废旧材料回收加工业	–	–	–	–
(三) 电力、燃气及水的生产和供应业	77215	–	–	–
电力、热力的生产和供应业	74993	–	–	–
燃气生产和供应业	2222	–	–	–
水的生产和供应业	–	–	–	–

购进、消费与库存情况附表（电力）

单位：万千瓦时

原煤入洗	炼　焦	炼　油	制　气	天然气液化	加工煤制品	能源加工转换产出
—	**—**	**—**	**—**	**—**	**—**	**1559263**
—	—	—	—	—	—	—
—	—	—	—	—	—	—
—	—	—	—	—	—	—
—	—	—	—	—	—	—
—	—	—	—	—	—	—
—	—	—	—	—	—	—
—	—	—	—	—	—	—
—	—	—	—	—	—	83040
—	—	—	—	—	—	—
—	—	—	—	—	—	—
—	—	—	—	—	—	—
—	—	—	—	—	—	—
—	—	—	—	—	—	—
—	—	—	—	—	—	—
—	—	—	—	—	—	—
—	—	—	—	—	—	—
—	—	—	—	—	—	—
—	—	—	—	—	—	—
—	—	—	—	—	—	—
—	—	—	—	—	—	—
—	—	—	—	—	—	25202
—	—	—	—	—	—	57838
—	—	—	—	—	—	—
—	—	—	—	—	—	—
—	—	—	—	—	—	—
—	—	—	—	—	—	—
—	—	—	—	—	—	—
—	—	—	—	—	—	—
—	—	—	—	—	—	—
—	—	—	—	—	—	—
—	—	—	—	—	—	—
—	—	—	—	—	—	—
—	—	—	—	—	—	—
—	—	—	—	—	—	—
—	—	—	—	—	—	—
—	—	—	—	—	—	—
—	—	—	—	—	—	—
—	—	—	—	—	—	—
—	—	—	—	—	—	1476223
—	—	—	—	—	—	1476223
—	—	—	—	—	—	—
—	—	—	—	—	—	—

11-48　规模以上工业企业水消费（取水总量）

行业名称	数量（万立方米）	金额（万元）
合　　计	**110656.54**	**133045.1**
（一）采矿业	1320.00	314.2
煤炭开采和洗选业	–	–
石油和天然气开采业	–	–
黑色金属矿采选业	–	–
有色金属矿采选业	415.45	75.1
非金属矿采选业	904.06	238.3
其他采矿业	0.48	0.8
（二）制造业	56264.87	31427.9
农副食品加工业	826.63	1275.1
食品制造业	2169.61	253.3
饮料制造业	397.06	1009.4
烟草制品业	–	–
纺织业	369.57	1217.4
纺织服装、鞋、帽制造业	91.65	258.6
皮革、毛皮、羽毛(绒)及其制品业	68.03	192.7
木材加工及木、竹、藤、棕、草制品业	58.93	166.6
家具制造业	284.54	856.1
造纸及纸制品业	95.18	104.8
印刷业和记录媒介的复制	15.53	44.9
文教体育用品制造业	5.58	17.4
石油加工、炼焦及核燃料加工业	26355.95	9600.2
化学原料及化学制品制造业	20430.42	4332.2
医药制造业	120.15	264.5
化学纤维制造业	1.95	6.2
橡胶制品业	64.22	245.3
塑料制品业	59.13	194.1
非金属矿物制品业	412.32	1315.7
黑色金属冶炼及压延加工业	473.68	1403.4
有色金属冶炼及压延加工业	12.33	42.9
金属制品业	70.82	195.1
通用设备制造业	831.35	2323.1
专用设备制造业	144.95	473.3
交通运输设备制造业	2114.28	2851.1
电气机械及器材制造业	172.67	567.4
通信设备、计算机及其他电子设备制造业	528.56	1918.1
仪器仪表及文化、办公用机械制造业	42.81	149.0
工艺品及其他制造业	45.83	146.6
废弃资源和废旧材料回收加工业	1.12	3.6
（三）电力、燃气及水的生产和供应业	53071.67	101302.9
电力、热力的生产和供应业	7129.96	6505.7
燃气生产和供应业	38.18	112.5
水的生产和供应业	45903.54	94684.7

11-49 规模以上工业企业水消费（地表水）

行业名称	数量（万立方米）	金额（万元）
合　　计	**45715.08**	**94473.5**
（一）采矿业	34.40	–
煤炭开采和洗选业	–	–
石油和天然气开采业	–	–
黑色金属矿采选业	–	–
有色金属矿采选业	–	–
非金属矿采选业	34.40	–
其他采矿业	–	–
（二）制造业	318.56	756.2
农副食品加工业	42.76	34.6
食品制造业	3.98	5.3
饮料制造业	4.80	1.5
烟草制品业	–	–
纺织业	1.62	1.8
纺织服装、鞋、帽制造业	2.96	7.9
皮革、毛皮、羽毛(绒)及其制品业	–	–
木材加工及木、竹、藤、棕、草制品业	0.38	1.1
家具制造业	0.29	0.8
造纸及纸制品业	11.92	4.6
印刷业和记录媒介的复制	–	–
文教体育用品制造业	–	–
石油加工、炼焦及核燃料加工业	–	–
化学原料及化学制品制造业	5.13	10.6
医药制造业	0.01	–
化学纤维制造业	–	–
橡胶制品业	0.70	0.5
塑料制品业	0.60	1.4
非金属矿物制品业	8.08	21.9
黑色金属冶炼及压延加工业	0.04	0.1
有色金属冶炼及压延加工业	0.01	–
金属制品业	0.39	0.3
通用设备制造业	213.98	630.4
专用设备制造业	0.02	–
交通运输设备制造业	8.72	16.7
电气机械及器材制造业	12.16	16.7
通信设备、计算机及其他电子设备制造业	–	–
仪器仪表及文化、办公用机械制造业	–	–
工艺品及其他制造业	–	–
废弃资源和废旧材料回收加工业	–	–
（三）电力、燃气及水的生产和供应业	45362.13	93717.3
电力、热力的生产和供应业	1.00	3.0
燃气生产和供应业	–	–
水的生产和供应业	45361.13	93714.3

11-50 规模以上工业企业水消费（地下水）

行业名称	数量（万立方米）	金额（万元）
合　　计	**2355.68**	**2897.3**
（一）采矿业	423.62	106.7
煤炭开采和洗选业	–	–
石油和天然气开采业	–	–
黑色金属矿采选业	–	–
有色金属矿采选业	414.72	72.3
非金属矿采选业	8.90	34.4
其他采矿业	–	–
（二）制造业	1391.80	1827.0
农副食品加工业	269.09	232.2
食品制造业	44.29	52.0
饮料制造业	213.72	425.2
烟草制品业	–	–
纺织业	28.35	21.9
纺织服装、鞋、帽制造业	20.51	30.8
皮革、毛皮、羽毛(绒)及其制品业	15.07	15.0
木材加工及木、竹、藤、棕、草制品业	5.28	4.8
家具制造业	12.84	11.5
造纸及纸制品业	52.53	25.6
印刷业和记录媒介的复制	0.51	1.7
文教体育用品制造业	0.65	0.2
石油加工、炼焦及核燃料加工业	0.12	–
化学原料及化学制品制造业	113.32	109.7
医药制造业	40.79	22.9
化学纤维制造业	0.02	–
橡胶制品业	7.72	7.8
塑料制品业	10.37	19.7
非金属矿物制品业	165.74	298.1
黑色金属冶炼及压延加工业	105.84	198.7
有色金属冶炼及压延加工业	1.11	0.9
金属制品业	19.81	13.8
通用设备制造业	132.92	117.0
专用设备制造业	46.86	82.2
交通运输设备制造业	58.04	106.6
电气机械及器材制造业	9.21	15.1
通信设备、计算机及其他电子设备制造业	14.35	9.7
仪器仪表及文化、办公用机械制造业	1.57	1.0
工艺品及其他制造业	1.17	2.8
废弃资源和废旧材料回收加工业	–	–
（三）电力、燃气及水的生产和供应业	540.27	963.6
电力、热力的生产和供应业	56.00	20.8
燃气生产和供应业	0.04	0.1
水的生产和供应业	484.22	942.7

11-51 规模以上工业企业水消费（自来水）

行业名称	数量（万立方米）	金额（万元）
合　　计	**7886.83**	**28381.2**
（一）采矿业	1.48	4.5
煤炭开采和洗选业	–	–
石油和天然气开采业	–	–
黑色金属矿采选业	–	–
有色金属矿采选业	0.73	2.8
非金属矿采选业	0.27	0.9
其他采矿业	0.48	0.8
（二）制造业	6298.43	22236.0
农副食品加工业	285.60	957.6
食品制造业	57.79	196.0
饮料制造业	178.54	582.7
烟草制品业	–	–
纺织业	339.60	1193.7
纺织服装、鞋、帽制造业	67.18	218.9
皮革、毛皮、羽毛(绒)及其制品业	52.96	177.8
木材加工及木、竹、藤、棕、草制品业	53.28	160.7
家具制造业	271.41	843.7
造纸及纸制品业	19.86	74.6
印刷业和记录媒介的复制	14.89	42.8
文教体育用品制造业	4.93	17.1
石油加工、炼焦及核燃料加工业	1170.71	3844.6
化学原料及化学制品制造业	1069.43	3844.0
医药制造业	79.36	241.6
化学纤维制造业	1.93	6.2
橡胶制品业	55.81	237.0
塑料制品业	47.22	171.8
非金属矿物制品业	176.81	722.4
黑色金属冶炼及压延加工业	324.30	1141.6
有色金属冶炼及压延加工业	11.20	41.9
金属制品业	48.38	172.6
通用设备制造业	481.92	1567.8
专用设备制造业	98.06	391.0
交通运输设备制造业	644.43	2665.6
电气机械及器材制造业	148.13	535.6
通信设备、计算机及其他电子设备制造业	508.19	1893.8
仪器仪表及文化、办公用机械制造业	40.72	145.5
工艺品及其他制造业	44.66	143.8
废弃资源和废旧材料回收加工业	1.12	3.6
（三）电力、燃气及水的生产和供应业	1586.92	6140.7
电力、热力的生产和供应业	1540.60	6006.8
燃气生产和供应业	38.13	112.3
水的生产和供应业	8.19	21.5

11-52　规模以上工业企业水消费（管道供应的未经达标处理的水）

行业名称	数量（万立方米）	金额（万元）
合　　计	**158.67**	**368.5**
（一）采矿业	–	–
煤炭开采和洗选业	–	–
石油和天然气开采业	–	–
黑色金属矿采选业	–	–
有色金属矿采选业	–	–
非金属矿采选业	–	–
其他采矿业	–	–
（二）制造业	52.51	232.5
农副食品加工业	–	–
食品制造业	–	–
饮料制造业	–	–
烟草制品业	–	–
纺织业	–	–
纺织服装、鞋、帽制造业	1.00	1.0
皮革、毛皮、羽毛(绒)及其制品业	–	–
木材加工及木、竹、藤、棕、草制品业	–	–
家具制造业	–	–
造纸及纸制品业	–	–
印刷业和记录媒介的复制	0.13	0.5
文教体育用品制造业	–	–
石油加工、炼焦及核燃料加工业	–	–
化学原料及化学制品制造业	–	–
医药制造业	–	–
化学纤维制造业	–	–
橡胶制品业	–	–
塑料制品业	0.40	1.2
非金属矿物制品业	45.75	211.1
黑色金属冶炼及压延加工业	–	–
有色金属冶炼及压延加工业	–	–
金属制品业	2.19	8.3
通用设备制造业	2.51	8.0
专用设备制造业	0.01	–
交通运输设备制造业	–	–
电气机械及器材制造业	–	–
通信设备、计算机及其他电子设备制造业	–	–
仪器仪表及文化、办公用机械制造业	0.52	2.4
工艺品及其他制造业	–	–
废弃资源和废旧材料回收加工业	–	–
（三）电力、燃气及水的生产和供应业	106.17	136.0
电力、热力的生产和供应业	56.17	129.8
燃气生产和供应业	–	–
水的生产和供应业	50.00	6.2

11-53 规模以上工业企业水消费（中水）

行业名称	数量（万立方米）	金额（万元）
合　　计	**611.12**	**915.7**
（一）采矿业	−	−
煤炭开采和洗选业	−	−
石油和天然气开采业	−	−
黑色金属矿采选业	−	−
有色金属矿采选业	−	−
非金属矿采选业	−	−
其他采矿业	−	−
（二）制造业	255.88	570.4
农副食品加工业	−	−
食品制造业	−	−
饮料制造业	−	−
烟草制品业	−	−
纺织业	−	−
纺织服装、鞋、帽制造业	−	−
皮革、毛皮、羽毛(绒)及其制品业	−	−
木材加工及木、竹、藤、棕、草制品业	−	−
家具制造业	−	−
造纸及纸制品业	−	−
印刷业和记录媒介的复制	−	−
文教体育用品制造业	−	−
石油加工、炼焦及核燃料加工业	205.27	431.1
化学原料及化学制品制造业	−	−
医药制造业	−	−
化学纤维制造业	−	−
橡胶制品业	−	−
塑料制品业	−	−
非金属矿物制品业	15.51	61.6
黑色金属冶炼及压延加工业	29.09	63.1
有色金属冶炼及压延加工业	−	−
金属制品业	−	−
通用设备制造业	−	−
专用设备制造业	−	−
交通运输设备制造业	0.02	−
电气机械及器材制造业	−	−
通信设备、计算机及其他电子设备制造业	5.99	14.6
仪器仪表及文化、办公用机械制造业	−	−
工艺品及其他制造业	−	−
废弃资源和废旧材料回收加工业	−	−
（三）电力、燃气及水的生产和供应业	355.24	345.3
电力、热力的生产和供应业	355.24	345.3
燃气生产和供应业	−	−
水的生产和供应业	−	−

11-54 规模以上工业企业水消费（海水）

行业名称	数量（万立方米）	金额（万元）
合　　计	**53636.84**	**6008.8**
（一）采矿业	860.50	203.0
煤炭开采和洗选业	–	–
石油和天然气开采业	–	–
黑色金属矿采选业	–	–
有色金属矿采选业	–	–
非金属矿采选业	860.50	203.0
其他采矿业	–	–
（二）制造业	47763.39	5805.8
农副食品加工业	229.09	50.7
食品制造业	2063.55	–
饮料制造业	–	–
烟草制品业	–	–
纺织业	–	–
纺织服装、鞋、帽制造业	–	–
皮革、毛皮、羽毛(绒)及其制品业	–	–
木材加工及木、竹、藤、棕、草制品业	–	–
家具制造业	–	–
造纸及纸制品业	4.71	–
印刷业和记录媒介的复制	–	–
文教体育用品制造业	–	–
石油加工、炼焦及核燃料加工业	24805.83	5324.4
化学原料及化学制品制造业	19242.38	367.9
医药制造业	–	–
化学纤维制造业	–	–
橡胶制品业	–	–
塑料制品业	–	–
非金属矿物制品业	0.30	0.6
黑色金属冶炼及压延加工业	14.40	–
有色金属冶炼及压延加工业	–	–
金属制品业	0.05	–
通用设备制造业	–	–
专用设备制造业	–	–
交通运输设备制造业	1403.08	62.2
电气机械及器材制造业	–	–
通信设备、计算机及其他电子设备制造业	–	–
仪器仪表及文化、办公用机械制造业	–	–
工艺品及其他制造业	–	–
废弃资源和废旧材料回收加工业	–	–
（三）电力、燃气及水的生产和供应业	5012.95	–
电力、热力的生产和供应业	5012.95	–
燃气生产和供应业	–	–
水的生产和供应业	–	–

11-55 规模以上工业企业水消费（其他水）

行业名称	数量（万立方米）
合　　计	**292.31**
（一）采矿业	-
煤炭开采和洗选业	-
石油和天然气开采业	-
黑色金属矿采选业	-
有色金属矿采选业	-
非金属矿采选业	-
其他采矿业	-
（二）制造业	184.31
农副食品加工业	0.09
食品制造业	-
饮料制造业	-
烟草制品业	-
纺织业	-
纺织服装、鞋、帽制造业	-
皮革、毛皮、羽毛(绒)及其制品业	-
木材加工及木、竹、藤、棕、草制品业	-
家具制造业	-
造纸及纸制品业	6.15
印刷业和记录媒介的复制	-
文教体育用品制造业	-
石油加工、炼焦及核燃料加工业	174.01
化学原料及化学制品制造业	0.16
医药制造业	-
化学纤维制造业	-
橡胶制品业	-
塑料制品业	0.54
非金属矿物制品业	0.13
黑色金属冶炼及压延加工业	-
有色金属冶炼及压延加工业	-
金属制品业	-
通用设备制造业	0.01
专用设备制造业	-
交通运输设备制造业	-
电气机械及器材制造业	3.18
通信设备、计算机及其他电子设备制造业	0.03
仪器仪表及文化、办公用机械制造业	-
工艺品及其他制造业	-
废弃资源和废旧材料回收加工业	-
（三）电力、燃气及水的生产和供应业	108.00
电力、热力的生产和供应业	108.00
燃气生产和供应业	-
水的生产和供应业	-

11-56 规模以上工业企业水消费（重复用水）

行业名称	数量（万立方米）
合　　计	**36157.89**
（一）采矿业	–
煤炭开采和洗选业	–
石油和天然气开采业	–
黑色金属矿采选业	–
有色金属矿采选业	–
非金属矿采选业	–
其他采矿业	–
（二）制造业	33988.00
农副食品加工业	7.80
食品制造业	0.52
饮料制造业	310.90
烟草制品业	–
纺织业	23.49
纺织服装、鞋、帽制造业	1.00
皮革、毛皮、羽毛(绒)及其制品业	–
木材加工及木、竹、藤、棕、草制品业	–
家具制造业	–
造纸及纸制品业	109.99
印刷业和记录媒介的复制	–
文教体育用品制造业	–
石油加工、炼焦及核燃料加工业	14191.11
化学原料及化学制品制造业	650.53
医药制造业	1003.17
化学纤维制造业	–
橡胶制品业	2.07
塑料制品业	0.46
非金属矿物制品业	9.13
黑色金属冶炼及压延加工业	14857.91
有色金属冶炼及压延加工业	1.00
金属制品业	0.20
通用设备制造业	1015.06
专用设备制造业	90.40
交通运输设备制造业	1607.05
电气机械及器材制造业	1.00
通信设备、计算机及其他电子设备制造业	104.87
仪器仪表及文化、办公用机械制造业	–
工艺品及其他制造业	–
废弃资源和废旧材料回收加工业	0.34
（三）电力、燃气及水的生产和供应业	2169.89
电力、热力的生产和供应业	2169.89
燃气生产和供应业	–
水的生产和供应业	–

科教文卫体和其他社会事业

责任编辑

刘　青　刘衍生　应　涛

12-1 工业企业科

指标名称	企业数(个)	有科技活动	科技活动人员(人)	#女性	#科学家和工程师	#R&D人员
总　　计	**2954**	**133**	**18147**	**3001**	**11500**	**13595**
一、按登记注册类型分组						
内资企业	1844	104	17144	2750	10898	12850
国有企业	87	8	1357	254	928	892
集体企业	54	2	43	7	10	43
股份合作企业	44	3	53	15	45	53
联营企业	4	–	–	–	–	–
国有联营企业	2	–	–	–	–	–
国有与集体联营企业	1	–	–	–	–	–
其他联营企业	1	–	–	–	–	–
有限责任公司	321	27	12716	1982	7951	9978
国有独资公司	11	5	4265	536	3517	3406
其他有限责任公司	310	22	8451	1446	4434	6572
股份有限公司	58	8	908	216	577	577
私营企业	1276	56	2067	276	1387	1307
私营独资企业	303	9	206	7	94	51
私营合伙企业	18	–	–	–	–	–
私营有限责任公司	863	40	1750	240	1196	1186
私营股份有限公司	92	7	111	29	97	70
港、澳、台商投资企业	204	6	390	71	220	340
合资经营企业(港或澳、台资)	106	2	100	11	48	100
合作经营企业(港或澳、台资)	19	2	155	1	59	148
港、澳、台商独资经营企业	77	2	135	59	113	92
港、澳、台商投资股份有限公司	2	–	–	–	–	–
外商投资企业	906	23	613	180	382	405
中外合资经营企业	356	14	373	122	204	266
中外合作经营企业	67	3	83	31	59	39
外资企业	480	6	157	27	119	100
外商投资股份有限公司	3	–	–	–	–	–
二、按工业行业大类分组						
采矿业	13	2	10	3	5	10
有色金属矿采选业	1	–	–	–	–	–
非金属矿采选业	11	1	–	–	–	–
其他采矿业	1	1	10	3	5	10

技 活 动 情 况（一）

单位：千元

#机构人员	R&D人员折合全时当量（人年）	科技活动经费筹集总额	#1.企业资金	2.金融机构贷款	3.政府资金	科技活动经费内部支出	#1.经常费支出
6272	**7933.73**	**2875797**	**2465186**	**195086**	**173870**	**2835299**	**2486954**
5961	7356.12	2717727	2326926	190636	173210	2719357	2375393
483	766.58	285806	196406	85500	–	282698	274898
–	37.00	821	821	–	–	821	821
–	53.00	9878	9874	4	–	9955	9878
–	–	–	–	–	–	–	–
–	–	–	–	–	–	–	–
–	–	–	–	–	–	–	–
–	–	–	–	–	–	–	–
4474	5185.96	1978778	1743911	67342	153210	2003100	1706994
1755	1857.57	723919	637034	51222	25000	866944	638798
2719	3328.39	1254859	1106877	16120	128210	1136156	1068196
232	317.16	97440	91040	4400	2000	61075	60275
772	996.42	345004	284874	33390	18000	361708	322527
53	34.71	25245	25005	–	–	27528	20725
–	–	–	–	–	–	–	–
689	905.71	301669	242279	32890	18000	310147	285989
30	56.00	18090	17590	500	–	24033	15813
155	262.53	41726	33026	–	–	40450	39949
–	93.25	10052	1952	–	–	9853	9352
155	102.12	21041	21041	–	–	19964	19964
–	67.16	10633	10033	–	–	10633	10633
–	–	–	–	–	–	–	–
156	315.08	116344	105234	4450	660	75492	71612
37	176.16	53318	42658	4000	660	54973	52973
71	39.00	49017	48567	450	–	5910	4630
48	99.92	14009	14009	–	–	14609	14009
–	–	–	–	–	–	–	–
–	–	2000	2000	–	–	3650	1600
–	–	–	–	–	–	–	–
–	–	–	–	–	–	50	–
–	–	2000	2000	–	–	3600	1600

12-1 工业企业科

指标名称	企业数(个)	有科技活动	科技活动人员(人)	#女性	#科学家和工程师	#R&D人员
制造业	2880	131	18137	2998	11495	13585
农副食品加工业	268	5	113	42	90	69
食品制造业	90	2	9	3	6	9
饮料制造业	17	–	–	–	–	–
纺织业	94	3	50	16	38	7
纺织服装、鞋、帽制造业	195	1	–	–	–	–
皮革、毛皮、羽毛(绒)及其制品业	23	–	–	–	–	–
木材加工及木、竹、藤、棕、草制品业	88	–	–	–	–	–
家具制造业	47	–	–	–	–	–
造纸及纸制品业	59	–	–	–	–	–
印刷业和记录媒介的复制	35	1	248	62	184	248
文教体育用品制造业	14	–	–	–	–	–
石油加工、炼焦及核燃料加工业	17	2	255	17	101	25
化学原料及化学制品制造业	134	8	967	190	664	725
医药制造业	34	6	273	122	218	211
化学纤维制造业	5	–	–	–	–	–
橡胶制品业	24	1	40	5	40	34
塑料制品业	124	4	39	–	36	39
非金属矿物制品业	154	5	26	5	16	12
黑色金属冶炼及压延加工业	63	4	693	79	574	317
有色金属冶炼及压延加工业	28	–	–	–	–	–
金属制品业	199	4	66	1	51	20
通用设备制造业	609	28	6081	1002	3791	4380
专用设备制造业	146	17	1662	200	1137	1199
交通运输设备制造业	136	11	5276	739	2836	4765
电气机械及器材制造业	133	11	453	39	303	404
通信设备、计算机及其他电子设备制造业	67	9	1640	447	1228	913
仪器仪表及文化、办公用机械制造业	59	6	155	19	113	147
工艺品及其他制造业	17	2	59	2	37	29
废弃资源和废旧材料回收加工业	1	1	32	8	32	32
电力、燃气及水的生产和供应业	61	–	–	–	–	–
电力、热力的生产和供应业	41	–	–	–	–	–
燃气生产和供应业	7	–	–	–	–	–
水的生产和供应业	13	–	–	–	–	–

技　活　动　情　况（一）

12-1 续表

#机构人员	R&D人员折合全时当量（人年）	科技活动经费筹集总额	#1.企业资金	2.金融机构贷款	3.政府资金	科技活动经费内部支出	#1.经常费支出
6272	7933.73	2873797	2463186	195086	173870	2831649	2485354
81	69.00	11528	8978	2050	–	30308	17428
9	9.00	3500	3500	–	–	3714	3500
–	–	–	–	–	–	–	–
9	7.00	12698	12258	200	–	12448	12448
–	–	–	–	–	–	10	–
–	–	–	–	–	–	–	–
–	–	–	–	–	–	–	–
–	–	–	–	–	–	–	–
–	–	–	–	–	–	–	–
237	248.00	44180	42880	1300	–	42350	42350
–	–	–	–	–	–	–	–
39	16.60	61775	57875	–	–	39027	31227
589	697.37	240504	126364	98140	16000	259445	239900
119	196.92	63810	62710	1100	–	50540	50540
–	–	–	–	–	–	–	–
–	10.20	10053	3774	6080	–	9213	9213
12	22.00	5490	5486	4	–	6510	5490
–	12.00	2284	2284	–	–	2074	1404
88	173.12	123778	123588	190	–	123989	123298
–	–	–	–	–	–	–	–
–	–	404	354	50	–	411	304
1574	2552.44	809245	659295	32150	117800	735331	670268
580	896.82	393237	363277	20960	4000	628534	390804
1754	1902.65	621488	582725	1400	33910	551113	551113
198	282.90	91747	81047	1200	1500	73225	73183
976	657.31	356990	315655	28412	660	243318	243318
7	140.25	18986	9086	1800	–	18809	18286
–	26.39	500	450	50	–	690	690
–	13.76	1600	1600	–	–	590	590
–	–	–	–	–	–	–	–
–	–	–	–	–	–	–	–
–	–	–	–	–	–	–	–
–	–	–	–	–	–	–	–

12-1 工业企业科

指标名称	2.科研基建支出	#R&D经费	#新产品开发经费	企业办科技机构（个）	科技项目数（项）	新产品项目
总　计	**348345**	**2323420**	**2037488**	**69**	**2645**	**2100**
一、按登记注册类型分组						
内资企业	343964	2225066	1931896	61	2212	1766
国有企业	7800	240071	234349	3	157	142
集体企业	–	821	800	–	3	3
股份合作企业	77	9878	9878	–	6	6
联营企业	–	–	–	–	–	–
国有联营企业	–	–	–	–	–	–
国有与集体联营企业	–	–	–	–	–	–
其他联营企业	–	–	–	–	–	–
有限责任公司	296106	1608130	1372823	28	1434	1114
国有独资公司	228146	614067	521450	14	902	761
其他有限责任公司	67960	994063	851373	14	532	353
股份有限公司	800	54037	49407	7	146	95
私营企业	39181	312129	264639	23	466	406
私营独资企业	6803	20341	9106	4	25	18
私营合伙企业	–	–	–	–	–	–
私营有限责任公司	24158	280455	247853	17	420	373
私营股份有限公司	8220	11333	7680	2	21	15
港、澳、台商投资企业	501	33281	39949	2	81	81
合资经营企业(港或澳、台资)	501	9402	9352	–	25	25
合作经营企业(港或澳、台资)	–	18964	19964	2	43	43
港、澳、台商独资经营企业	–	4915	10633	–	13	13
港、澳、台商投资股份有限公司	–	–	–	–	–	–
外商投资企业	3880	65073	65643	6	352	253
中外合资经营企业	2000	50003	49938	3	304	228
中外合作经营企业	1280	4238	2100	2	13	6
外资企业	600	10832	13605	1	35	19
外商投资股份有限公司	–	–	–	–	–	–
二、按工业行业大类分组						
采矿业	2050	1800	1600	–	14	14
有色金属矿采选业	–	–	–	–	–	–
非金属矿采选业	50	–	–	–	–	–
其他采矿业	2000	1800	1600	–	14	14

技 活 动 情 况（二）

单位：千元

项目经费	新产品产值	专利申请数（件）	发明专利	技术改造经费支出	技术引进经费支出	消化吸收经费支出	购买国内技术经费支出
2484308	**32103504**	**243**	**88**	**4899672**	**113772**	**27130**	**28043**
2373071	31556532	240	88	4884037	110732	25394	27523
274898	4188207	11	2	56725	–	–	1253
821	35595	–	–	1000	–	–	–
9878	220	–	–	–	–	–	–
–	–	–	–	–	–	–	–
–	–	–	–	–	–	–	–
–	–	–	–	–	–	–	–
–	–	–	–	–	–	–	–
1706994	26071910	113	41	1192930	100697	22174	25145
638798	5519159	45	12	704953	69404	5070	19334
1068196	20552751	68	29	487977	31293	17104	5811
57953	217929	13	3	3604946	1694	2800	544
322527	1042671	103	42	28436	8341	420	581
20725	83694	14	1	1416	250	170	410
–	–	–	–	–	–	–	–
285989	938517	68	39	26336	8091	250	171
15813	20460	21	2	684	–	–	–
39949	214054	3	–	3575	–	–	–
9352	24679	2	–	200	–	–	–
19964	189375	1	–	3375	–	–	–
10633	–	–	–	–	–	–	–
–	–	–	–	–	–	–	–
71288	332918	–	–	12060	3040	1736	520
52649	83520	–	–	10780	–	620	520
4630	37380	–	–	1280	–	–	–
14009	167198	–	–	–	3040	1116	–
–	44820	–	–	–	–	–	–
1600	4000	–	–	1500	–	–	400
–	–	–	–	–	–	–	–
–	–	–	–	–	–	–	–
1600	4000	–	–	1500	–	–	400

12-1 工业企业科

指标名称	2.科研基建支出	#R&D经费	#新产品开发经费	企业办科技机构(个)	科技项目数(项)	新产品项目
制造业	346295	2321620	2035888	69	2631	2086
农副食品加工业	12880	17636	13222	4	18	7
食品制造业	214	3500	3500	1	1	1
饮料制造业	–	–	–	–	–	–
纺织业	–	6300	12448	2	13	13
纺织服装、鞋、帽制造业	10	–	–	–	–	–
皮革、毛皮、羽毛(绒)及其制品业	–	–	–	–	–	–
木材加工及木、竹、藤、棕、草制品业	–	–	–	–	–	–
家具制造业	–	–	–	–	–	–
造纸及纸制品业	–	–	–	–	–	–
印刷业和记录媒介的复制	–	42350	41300	1	70	64
文教体育用品制造业	–	–	–	–	–	–
石油加工、炼焦及核燃料加工业	7800	21695	3100	1	63	9
化学原料及化学制品制造业	19545	234343	238619	7	77	73
医药制造业	–	47767	42407	3	61	40
化学纤维制造业	–	–	–	–	–	–
橡胶制品业	–	9213	9213	–	3	3
塑料制品业	1020	5490	5490	1	19	19
非金属矿物制品业	670	1336	1336	–	23	21
黑色金属冶炼及压延加工业	691	59903	68668	2	120	83
有色金属冶炼及压延加工业	–	–	–	–	–	–
金属制品业	107	150	154	–	27	8
通用设备制造业	65063	651490	483344	22	1418	1199
专用设备制造业	237730	400232	305627	5	353	271
交通运输设备制造业	–	518824	524266	3	159	93
电气机械及器材制造业	42	71175	32622	4	89	78
通信设备、计算机及其他电子设备制造业	–	211110	232216	12	84	78
仪器仪表及文化、办公用机械制造业	523	18156	18106	1	13	13
工艺品及其他制造业	–	360	250	–	18	13
废弃资源和废旧材料回收加工业	–	590	–	–	2	–
电力、燃气及水的生产和供应业	–	–	–	–	–	–
电力、热力的生产和供应业	–	–	–	–	–	–
燃气生产和供应业	–	–	–	–	–	–
水的生产和供应业	–	–	–	–	–	–

技　活　动　情　况（二）

单位：千元

项目经费	新产品产值	专利申请数（件）		技术改造经费支出	技术引进经费支出	消化吸收经费支出	购买国内技术经费支出
			发明专利				
2482708	32099504	243	88	4897668	113772	27130	27523
17428	195250	13	5	1280	–	–	–
3500	3756	2	2	310	–	–	–
–	44820	–	–	–	–	–	–
12448	6947	2	2	410	–	–	–
–	–	–	–	–	–	–	–
–	–	–	–	–	–	–	–
–	–	–	–	–	–	–	–
–	–	–	–	–	–	–	–
–	–	–	–	–	–	–	–
42350	319700	5	2	5165	–	–	1253
–	–	–	–	–	–	–	–
28905	12316	3	–	3569680	–	–	–
239900	803903	22	20	10792	3106	2820	120
50540	26493	–	–	10746	–	1116	544
–	–	–	–	–	–	–	–
9213	16300	–	–	130	–	–	–
5490	16220	1	1	550	–	–	–
1404	–	–	–	780	–	–	–
123298	270690	–	–	4272	–	–	–
–	–	–	–	–	–	–	–
304	73826	–	–	–	–	–	–
670233	9581204	56	20	237288	27686	9838	550
390804	3532014	90	21	606380	22301	5500	18975
551004	12803459	15	8	418230	18685	7684	5811
73183	340229	27	4	3880	–	2	–
243318	3972862	5	2	27305	41994	170	270
18106	79515	2	1	180	–	–	–
690	–	–	–	290	–	–	–
590	–	–	–	–	–	–	–
–	–	–	–	504	–	–	120
–	–	–	–	–	–	–	–
–	–	–	–	–	–	–	–
–	–	–	–	504	–	–	120

12-2　大连市各级各类学校概况（一）

指　　标	学校数（所）	毕业生数（人）	招生数（人）	在校生数（人）
研究生	−	5213	8818	25160
#普通高校研究生	−	5090	8570	24352
普通高等学校	21	39119	59473	201378
#市属	2	5932	7201	24965
成人高校	6	12299	23068	57360
独立设置成人高校	6	2771	8012	16393
高中阶段学校	195	66223	80443	232630
普通高中	80	35754	38463	121269
#市内四区	37	13202	14539	44718
综合高中	−	937	972	2836
职业高中（职业中专）	51	11481	14495	36949
普通中等专业学校	20	8328	10426	27357
#市属	13	6656	8973	22828
中等技工学校	44	8335	15049	41236
农广校	−	1388	1038	2983
九年义务教育阶段学校	1097	146182	123808	550277
小学	888	71815	51431	348888
#市内四区	142	19638	17547	108337
初中	198	74060	72265	199997
#市内四区	60	21816	21500	62345
特殊教育学校	10	129	96	1372
工读学校	1	178	16	20
幼儿园	1529	42692	32663	105446
#市内四区	360	13465	9888	40591
民办（非学历）培训机构	855	216971	−	243727

注：1.小学、初中和高中学生数中包含完全中学和九年一贯制学校中小学、初中和高中的学生数。

2.普通高中校数中含完全中学校数13所；初中校数中含九年一贯制学校18所。

3.职业中专（职业高中）中有6所学校因无在校生未统计在内。

4.全市共有研究生培养机构12所，其中科研机构2所，高校10所。

5.成人高校含空军第四职工大学，该校目前已无在校生。

6.成人高校的招生数为2006年3月开学时的实际招生人数。本年度大连市共有14所普通高校招收成人本专科生。

7.本表数据由市教育局提供。

12-2 大连市各级各类学校概况（二）

指　　标	教职工数(人)		校舍建筑面积（平方米）
	合　计	#专任教师	
研究生	—	3487	—
#普通高校研究生	—	3364	—
普通高等学校	23882	13212	6654293
#市属	2636	1473	627265
成人高校	1237	695	211148
#独立设置成人高校	1237	695	211148
高中阶段学校	15876	11543	
普通高中	8237	6710	1512528
#市内四区	3077	2502	576974
综合高中	—	—	—
职业高中（职业中专）	3209	2089	518182
普通中等专业学校	2152	1263	418959
#市属	1578	892	359807
中等技工学校	2278	1481	642247
农广校	—	—	—
九年义务教育阶段学校	37492	31718	
小学	20996	17767	2129312
#市内四区	6112	5131	656679
初中	16066	13636	1528986
#市内四区	5385	4562	566845
特殊教育学校	387	302	31861
工读学校	43	13	—
幼儿园	10724	6216	673771
#市内四区	5710	2850	341453
民办（非学历）培训机构	10272	5333	—

本表数据由市教育局提供。

12-3 普通高等学校情况（一）

单位：人

	校本部教职工			科研机构人员	其他附设机构人员
	合计	专任教师	教辅人员		
合计	**21462**	**13212**	**2585**	**533**	**1378**
中央所属	**5129**	**3207**	**716**	**340**	**476**
大连理工大学	2616	1653	309	330	106
大连海事大学	1706	981	310	10	370
大连民族学院	807	573	97	–	–
省属	**9733**	**5538**	**1237**	**121**	**622**
大连交通大学	1373	836	185	–	13
大连轻工业学院	1277	730	134	71	23
大连水产学院	961	638	91	–	14
大连医科大学	1050	607	200	–	–
辽宁师范大学	1707	879	313	16	105
大连外国语学院	889	573	53	–	–
东北财经大学	1636	841	193	34	467
辽宁警官高等专科学校	541	287	27	–	–
辽宁税务高等专科学校	299	147	41	–	–
市属	**2328**	**1473**	**292**	**28**	**280**
大连大学	1397	892	224	28	280
大连职业技术学院	931	581	68	–	–
民办	**4272**	**2994**	**340**	**44**	**–**
辽宁对外经贸学院	702	502	66	–	–
大连商务职业学院	298	134	55	4	–
大连艺术职业学院	226	134	17	–	–
大连东软信息技术职业学院	256	162	28	17	–
大连软件职业学院	197	133	20	–	–
大连翻译职业学院	207	106	21	–	–
大连枫叶职业技术学院	60	52	–	–	–
*大连理工大学城市学院	454	336	38	–	–
*大连轻工业学院艺术与信息工程学院	153	137	2	–	–
*大连交通大学信息工程学院	197	145	9	–	–
*大连医科大学中山学院	268	188	8	6	–
*辽宁师范大学海华学院	160	144	5	–	–
*东北财经大学津桥商学院	328	241	26	–	–
*东北大学大连艺术学院	373	281	17	–	–
*东北大学东软信息学院	393	299	28	17	–

注：带有*号的为公办普通高校的民办二级学院，不计校数。
本表数据由市教育局提供。

12-3 普通高等学校情况（二）

单位：人

研究生	毕业生数	招生数	在校学生数
总计	**5213**	**8818**	**25160**
大连理工大学	2357	3377	10020
大连海事大学	593	1067	3219
大连交通大学	152	334	869
大连轻工业学院	121	269	667
大连水产学院	93	182	488
大连医科大学	349	564	1448
辽宁师范大学	456	971	2475
大连外国语学院	113	217	547
东北财经大学	856	1469	4358
大连大学	–	120	261
大连测控技术研究所	2	8	20
中科院大连化学物理研究所	121	240	788

注：中科院大连化学物理研究所、大连测控技术研究所不计校数。
本表数据由市教育局提供。

12-3 普通高等学校情况（三）

单位：人

普通高等学校	毕业生数	招生数	在校学生数
合　计	**39119**	**59473**	**201378**
中央所属	**8471**	**11444**	**42183**
大连理工大学	3664	4599	18408
大连海事大学	2901	3905	13579
大连民族学院	1906	2940	10196
省　属	**16833**	**24198**	**84143**
大连交通大学	2066	4581	14818
大连轻工业学院	2217	3963	12821
大连水产学院	3138	3081	10999
大连医科大学	966	1219	5154
辽宁师范大学	2962	3294	12044
大连外国语学院	1808	3139	10914
东北财经大学	2384	2783	10594
辽宁警官高等专科学校	1292	2138	6044
*海军大连舰艇学院	–	–	755
市　属	**5932**	**7201**	**24965**
大连大学	3256	3340	13733
大连职业技术学院	2510	3861	10513
*大连市广播电视大学	166	–	719
民　办	**7883**	**16630**	**50087**
辽宁对外经贸学院	2469	3288	8757
大连商务职业学院	1167	422	2552
大连艺术职业学院	332	618	1592
大连东软信息技术职业学院	993	993	2834
大连软件职业学院	–	721	1836
大连翻译职业学院	–	714	1932
大连枫叶职业技术学院	–	65	88
*大连理工大学城市学院	–	2038	6327
*大连轻工业学院艺术与信息工程学院	454	675	1942
*大连交通大学信息工程学院	316	1145	2088
*大连医科大学中山学院	395	737	3041
*辽宁师范大学海华学院	787	846	3763
*东北财经大学津桥商学院	970	1019	4285
*东北大学大连艺术学院	–	1145	3679
*东北大学东软信息学院	–	2204	5371

注：带有*号的为公办普通高校的民办二级学院（电大及海军舰艇学院除外），不计校数。
　　本表数据由市教育局提供。

12-3 普通高等学校情况（四）

名　称	建筑面积（平方米）	占地面积（平方米）	图书藏量（万册）	教学用计算机（台）
合　计	**6654293**	**17312931**	**1742.83**	**68022**
中央所属	**1741027**	**4507084**	**444.95**	**22842**
大连理工大学	961948	3006969	232	14998
大连海事大学	517138	1135326	134.95	4772
大连民族学院	261941	364789	78	3072
省　属	**2570281**	**6262683**	**747.1**	**24408**
大连交通大学	393678	958564	89.98	3915
大连轻工业学院	345299	580358	70.2	3633
大连水产学院	185410	783875	69.66	2446
大连医科大学	184872	939731	58.52	1320
辽宁师范大学	280183	430000	162.18	4707
大连外国语学院	395747	1121335	83.8	2149
东北财经大学	491035	616202	138.92	4445
辽宁警官高等专科学校	228413	715279	61.5	1303
辽宁税务高等专科学校	65644	117339	12.34	490
市　属	**627265**	**1497642**	**183.83**	**8229**
大连大学	430778	1240000	121.66	4893
大连职业技术学院	196487	257642	62.17	3336
民　办	**1715720**	**5045522**	**366.95**	**12543**
辽宁对外经贸学院	250576	1507967	95.02	2785
大连商务职业学院	71029	270000	18.3	1038
大连艺术职业学院	138951	130000	13.42	232
大连东软信息技术职业学院	55600	205000	21.4	823
大连软件职业学院	77738	260900	20	1115
大连翻译职业学院	123921	526828	24.43	384
大连枫叶职业技术学院	35724	108933	8.5	180
*大连理工大学城市学院	237850	667000	26	1509
*大连轻工业学院艺术与信息工程学院	63375	123527	19.3	386
*大连交通大学信息工程学院	118179	200000	12.82	436
*大连医科大学中山学院	89805	122635	13.71	642
*辽宁师范大学海华学院	125615	106000	19.13	840
*东北财经大学津桥商学院	101441	80232	23.84	480
*东北大学大连艺术学院	96355	151500	15.48	420
*东北大学东软信息学院	129561	585000	35.6	1273

注：带有*号的为公办普通高校的民办二级学院，不计校数。
本表数据由市教育局提供。

12-4 大连市共青团组织情况

指　　标	单　位	本年实际数
14周岁至35周岁青年数	人	1205223
#14周岁至28周岁青年数	人	904663
现有团员	人	417619
#女团员	人	208352
#少数民族团员	人	38238
团员入党情况		
“推优”数	人	17059
团员入党数	人	10257
经“推优”入党的团员数	人	8863
发展新团员数	人	32381
#女团员	人	13517
团组织数		
基层团委数	个	983
团总支数	个	1038
团支部数	个	14650
基层团工委数	个	238
专职团干部配备数	人	1021

注：本表数据由团市委提供。

12-5　大连市文化艺术基本情况

指　　标	单　位	数　量
艺术表演团体		
剧团数	个	7
从业人员	人	442
演出场次	场次	997
#国内演出	场次	477
#农村演出	场次	36
国内演出观众人次	人次	656720
艺术表演场所		
机构数	个	4
从业人员	人	80
演（映）出场次	场	467
#艺术演出场次	场	124
#电影放映场次	场	271
观众人次合计	千人次	277
#艺术演出观众人次	千人次	135
#电影放映观众人次	千人次	75
公共图书馆		
机构数	个	13
从业人员	人	418
总藏量	册、件	5006076
累计发放有效借书证数	个	193775
本年新购藏量	册、件	267389
#新购图书	册、件	232821
公用房屋建筑面积	平方米	113725
阅览室座席数	个	6585
群众艺术馆、文化馆		
机构数	个	12
从业人员	人	268
举办展览个数	个	38
组织文艺活动次数	次	610
馆办文艺团体		33
基层文化示范点		47
农村集镇文化中心	个	62
文化户	户	394
群众业余文艺团队	个	469
文化站		
机构数	个	138
从业人员	人	160
举办展览个数	个	791
组织文艺活动次数	次	2412

注：本表数据由市文化局提供。

12-6　大连市卫生机构情况（一）

指　标	机构数（个）	实有床位数（张）	人员数（人）		
			合　计	卫生技术人员	
				小　计	执业医师
总　计	**516**	**28153**	**36621**	**28525**	**10680**
医院	128	22825	26632	20960	7682
疗养院	8	1706	469	210	51
社区卫生服务中心	72	–	1360	1096	398
卫生院	110	3337	2990	2364	754
门诊部	122	–	1776	1414	684
急救中心（站）	4	–	167	63	41
采供血机构	3	–	205	134	13
妇幼保健院（所、站）	12	285	997	802	375
专科疾病防治院（所、站）	8	–	290	211	86
疾病预防控制中心（防疫站）	14	–	893	689	305
卫生监督所	8	–	428	324	203
医学科学研究机构	3	–	62	19	16
其他卫生机构	24	–	352	239	72

12-6　大连市卫生机构情况（二）

指　标	人员数（人）							
	卫生技术人员					其他技术人员	管理人员	工勤人员
	执业助理医师	注册护士	药剂人员	检验人员	其　他			
总　计	**1077**	**10994**	**2059**	**1678**	**2037**	**1303**	**3190**	**3603**
医院	490	8952	1451	1029	1356	885	2176	2611
疗养院	2	108	16	6	27	24	116	119
社区卫生服务中心	31	388	152	79	48	37	113	114
卫生院	330	660	240	116	264	93	222	311
门诊部	53	396	132	95	54	53	176	133
急救中心（站）	–	17	2	–	3	11	15	78
采供血机构	6	61	1	28	25	38	15	18
妇幼保健院（所、站）	30	272	37	65	23	40	77	78
专科疾病防治院（防疫站）	30	50	10	8	27	12	50	17
疾病预防控制中心（防疫站）	48	15	3	192	126	53	83	68
卫生监督所	39	1	3	14	64	18	61	25
医学科学研究机构	2	–	–	–	1	16	26	1
其他卫生机构	16	74	12	46	19	23	60	30

注：本表数据由市卫生局提供。

12-7 全市平均每千人口医院床位与医生情况（一）

单位：张、人

指标	实有数		
	医院床位数	执业医师数	# 中医执业医师数
全市	**26162**	**14801**	**1630**
市区小计	18951	10867	1152
中山区	3445	1713	278
西岗区	3946	1872	175
沙河口区	4254	2871	229
甘井子区	3519	2057	206
旅顺口区	1094	584	57
金州区	1995	1090	133
开发区	698	680	74
县小计	7211	3934	478
长海县	192	125	6
瓦房店市	2849	1478	102
普兰店市	2240	1026	113
庄河市	1930	1305	257

12-7 全市平均每千人口医院床位与医生情况（二）

单位：张、人

指标	平均每千人口拥有		
	医院床位数	执业医师数	# 中医执业医师数
全市	**4.57**	**2.59**	**0.28**
市区小计	6.59	3.78	0.40
中山区	9.80	4.87	0.79
西岗区	12.80	6.07	0.57
沙河口区	6.52	4.40	0.35
甘井子区	5.38	3.14	0.31
旅顺口区	5.27	2.81	0.27
金州区	4.21	2.30	0.28
开发区	3.06	2.98	0.32
县小计	2.54	1.38	0.17
长海县	2.58	1.68	0.08
瓦房店市	2.78	1.44	0.10
普兰店市	2.72	1.24	0.14
庄河市	2.10	1.42	0.28

注：本表数据由市卫生局提供。

12-8　大连市城镇房屋概况

指　　　　标	单　位	数　量
一、房屋状况		
年末实有房屋建筑面积	万平方米	13234.30
#住宅	万平方米	7893.40
#私有（自有）住宅	万平方米	6818.28
年末成套住宅套数	套	960995
年末成套住宅建筑面积	万平方米	7588.98
本年房屋减少面积	万平方米	123.86
#住宅	万平方米	89.11
二、居住情况		
居住人口	万人	313.15
居住户数	户	1078238
人均住宅建筑面积	平方米/人	25.21

注：本表数据由市国土资源和房屋局提供。

12-9 大连市工会基本情况

指标	单位	数量
工会组织建设情况		
基层工会数	个	8745
工会会员	人	1019867
专职工会工作人员	人	3717
兼职工会工作人员	人	25372
工会集体合同和民主管理工作		
建立平等协商、集体合同制度的单位数	个	4148
建立职工（代表）大会制度的单位数	个	2778
开展民主评议领导干部的单位数	个	1761
实行厂务公开单位数	个	2257
工会劳动保护工作		
工会小组劳动保护检查员	人	17714
工会劳动保护监督组织受理举报案件数	件	658
工会参加安全生产检查次数	次	15039
工会参加处理工伤事故数	次	559
工会法律工作		
建立工会劳动法律监督组织的单位数	个	1229
工会劳动法律监督员人数	人	3686
本年度工会劳动法律监督组织受理的违法、违规案件数	件	207
工会经审和财务工作		
建立工会经费外审查组织的基层工会数	个	3761
工会经费审查委员会人数	人	10996
配备了专职经费审查干部的基层工会	个	476

注：本表数据由市总工会提供。

12-10　大连市审计工作情况

指　　标	单　位	数　量
审计单位	个	529
审计调查单位	个	496
违规金额	万元	68392
应上交财政	万元	16097
已上交财政	万元	8291
移送司法、纪检监察机关处理案件	件	13
审计提出建议	条	873
提交审计专题、综合性报告和信息简报	篇	665
被批示采用的审计专题、综合性报告和信息简报	篇	417

注：本表数据由市审计局提供。

12-11　大连市律师办理各类法律事务情况

指　　标	单　位	数　量
担任法律顾问	家	2008
刑事诉讼辩护及代理	件	2419
民事案件诉讼代理	件	8635
经济案件诉讼代理	件	3880
行政案件诉讼代理	件	357
非诉讼法律事务	件	16128
涉外及港澳台	件	326
解答法律咨询	人次	78278
代写法律事务文书	件	13149

注：本表数据由市司法局提供。

12-12 大连市公证工作情况

指 标	单 位	数 量
公证机构	个	11
办理国内公证		
出证	个	56157
民事公证	个	49118
经济公证	个	7039
办理涉外公证		
出证	个	44158
办理涉港、澳、台公证		
出证	个	253

注：本表数据由市司法局提供。

12-13 大连市户籍人口情况

单位:户、人

	总户数	总人口				平均人口
		合计	#男	#女	#非农业人口	
大连市	1985156	5720810	2883567	2837243	3288804	5687067.5
中山区	131539	351648	173351	178297	351648	352270.0
西岗区	114964	308252	153566	154686	308252	311843.0
沙河口区	229802	652638	326245	326393	652638	644024.5
甘井子区	231853	654655	337974	316681	620856	635213.0
旅顺口区	81159	207619	102854	104765	132329	207467.5
金州区	253848	702294	347951	354343	409331	693308.5
长海县	25837	74303	37055	37248	67187	74588.5
瓦房店市	357972	1025805	521995	503810	337357	1025755.5
普兰店市	275257	824974	418199	406775	225668	825005.0
庄河市	282925	918622	464377	454245	183538	917592.0

注：本表数据由市公安局提供。

12-14　大连市户籍人口自然变动情况

单位：人、‰

	出　生		死　亡		自然增加	
	人 口	出生率	人 口	死亡率	人 口	自然增长率
大 连 市	**31250**	**5.52**	**31473**	**5.56**	**-223**	**-0.04**
中 山 区	1390	3.95	2329	6.61	-939	-2.67
西 岗 区	1181	3.77	2102	6.72	-921	-2.94
沙河口区	2934	4.76	3413	5.54	-479	-0.78
甘井子区	3359	5.23	3479	5.41	-120	-0.19
旅顺口区	894	4.31	1474	7.10	-580	-2.79
金 州 区	3794	5.56	3392	4.97	402	0.59
长 海 县	527	6.44	404	4.94	123	1.50
瓦房店市	6214	6.06	5011	4.89	1203	1.17
普兰店市	5218	6.33	4657	5.65	561	0.68
庄 河 市	5739	6.27	5212	5.69	527	0.58

注：本表数据由市计生委提供。

12-15　大连市户籍人口机械变动情况

	迁　入		迁　出	
	省内迁入	省外迁入	迁往省内	迁往省外
大 连 市	**38489**	**56791**	**19511**	**15984**
中 山 区	3359	3535	200	921
西 岗 区	3353	2532	185	736
沙河口区	10396	12500	1589	4116
甘井子区	7052	13918	800	4997
旅顺口区	953	1484	68	293
金 州 区	7683	16635	779	2062
长 海 县	430	314	1225	98
瓦房店市	2099	2049	6124	1043
普兰店市	1874	2298	4670	922
庄 河 市	1290	1526	3871	796

注：本表数据由市公安局提供。

12-16　大连市计划生育、节育情况（一）

	计划内出生人口（人）	计划生育率（%）	已婚育龄妇女（人）
大　连　市	**31165**	**99.73**	**1078673**
中山区	1379	99.21	67764
西岗区	1175	99.49	52658
沙河口区	2927	99.76	115020
甘井子区	3357	99.94	122724
旅顺口区	893	99.89	41132
金州区	3776	99.53	139523
长海县	526	99.81	18338
瓦房店市	6190	99.61	193107
普兰店市	5204	99.73	158996
庄河市	5738	99.98	169411

12-16　大连市计划生育、节育情况（二）

	已婚有偶育龄夫妇对数（对）	采取节育措施人数（人）	节育率（%）	独生子女领证数（人）
大　连　市	**1025559**	**924475**	**85.70**	**351497**
中山区	60051	53200	78.51	23474
西岗区	48949	44249	84.03	26778
沙河口区	105494	92575	80.49	47934
甘井子区	113500	99775	81.30	49602
旅顺口区	39072	34747	84.48	13085
金州区	133220	122658	87.91	51028
长海县	17230	15820	86.27	2999
瓦房店市	187157	171383	88.75	49150
普兰店市	154595	141075	88.73	46118
庄河市	166291	148993	87.95	41329

注：本表数据由市计生委提供。其中：独生子女领证数为子女年龄在14周岁以下。

12-17　大连市妇联工作情况（一）

指　　标	单　位	本年实际数
科技培训		
接受技术培训人数	人	211224
获绿色证书人数	人	2356
妇代会主任获农民技术员职称人数	人	18
建立各类农业科技指导合作性组织数		
农村妇女科技指导中心	个	49
农村妇女专业技术协会或农村妇女专业合作社	个	318
“三八绿色工程”工程		
基地个数	个	13
基地亩数	亩	5485
扶贫工作		
脱贫户数	户	2335
扶持妇女人数	人	10175
巾帼建功活动		
巾帼建功标兵数	人	69
巾帼建功先进工作者数	人	8
巾帼建功先进协调单位数	个	6
“巾帼文明岗”数	个	165
下岗失业妇女再就业		
培训下岗失业妇女人数	人	15420
妇女就业服务机构数	个	18
从事家政服务人数	人	1411
妇联主办的劳务市场	个	5
实现再就业妇女人数	人	10582
妇联报刊发生情况		
全国公开发行报纸份数	份	1
期发行量	万份	816

注：本表数据由市妇联提供。

12-17　大连市妇联工作情况（二）

指　　标	单　位	本年实际数
三八红旗手	人	256
三八红旗集体	个	126
五好文明家庭户数	个	22014
活动中心情况		
妇女中心	个	1
儿童中心	个	5
妇女儿童中心	个	3
家庭教育情况		
家庭教育指导服务机构数	个	19
家长学校	所	1429
家庭教育媒体数	个	2
家庭教育专职工作者数	人	27
培训家庭教育工作骨干数	个	10299
妇联自办托幼园所数	所	1
实施春蕾计划		
女童班	个	1
资助妇童入学或返校数	人	624
社会捐资总额	万元	205019.61
维权服务机构	个	347
维权服务机构帮助的妇女人数	人	1039
人民陪审员人数	人	36
具有法律执业资格及律师资格人数	人	2
来信来访情况		
有关女职工劳动保护信访案件	件	100
有关侵犯妇女财产权利信访案件	件	328
普法工作		
妇联干部普法培训人数	人	1089
妇女法制宣传教育普及妇女人数	人	140400

注：本表数据由市妇联提供。

12-18　大连市残联工作情况（一）

康复情况	单　位	数　量
白内障复明		
白内障复明手术	例	1942
#贫困白内障患者免费手术数	例	459
低视力康复		
低视力配用助视器	人	118
培训低视力儿童家长	人	30
盲人定向行走训练	人	61
新收训聋儿	人	65
肢体残疾康复训练数	人	270
贫困智力残疾儿童训练数	人	139
精神病防治康复		
精神病人数	人	35090
监护病人数	人	33376
参与社会总人数	人	19817
接受医疗救助的贫困患者数	人	2506
年度经费投入	元	1223520
辅助器具供应服务		
辅助器具供应件数	件	4749
矫形器装配总例数	例	13
普及型假肢装配总例数	例	125

注：本表数据由市残联提供。

12-18　大连市残联工作情况（二）

教育情况	单　位	数　量
特教学校	所	11
普教附设特教班	个	15
在校接受特教的学生	人	1603
特教学校、特教班就读的学生	人	1417
普通学校随班就读的学生	人	186
学龄残疾儿童少年	人	1711
盲儿童少年	人	165
聋儿童少年	人	950
弱智儿童少年	人	596
达到普通高等院校录取分数线人数	人	38
高等特殊教育院校录取人数	人	4
职业培训机构	个	10
职业技术年培训	人次	7505
#城镇	人次	4025
#农村	人次	3480
未入学学龄残疾儿童少年总数	人	1016
本年度资助残疾儿童少年入学人数	人	1714

注：本表数据由市残联提供。

12-18　大连市残联工作情况（三）

就业情况	单　位	数　量
城镇残疾人就业状况		
就业人数合计	人	51830
#集中就业合计	人	24560
#本年度新安排	人	1991
按比例安排就业合计	人	18234
#本年度新安排	人	1233
个体及其他形式就业合计	人	9000
#本年度新安排	人	520
未就业合计	人	6806
农村残疾人就业状况		
就业人数合计	人	60952
未就业合计	人	15427
残疾人就业保障金		
累计收取金额	元	125615156
#本年度收取金额	元	21307026
累计支出金额	元	97492456
#本年度支出金额	元	10831060
累计培训支出	元	3953087
本年度培训支出	元	1013962
残联所属企业		
企业总数	个	272
职工总数	人	10747
#残疾职工	人	5326

注：本表数据由市残联提供。

12-18　大连市残联工作情况（四）

社会保障和扶贫	单　位	数　量
城镇残疾人社会保障情况		
参加社会保险人数	人	46339
#个体就业参加社会保险	人	9160
纳入最低社会保障范围	人	13714
临时救济	人	16864
农村残疾人社会保障情况		
纳入最低社会保障	人	16238
#五保供养	人	2304
#临时救济	人	9957
扶　贫		
本年度扶持贫困残疾人	人	5520
本年实用技术培训	人	3909
财政扶贫资金	元	9365600
享受优惠政策的贫困残疾人	人	22822
结对帮扶单位	个	984
结队帮扶个人	个	43568
帮扶物资折款及资金投入	元	5792000

注：本表数据由市残联提供。

12-18　大连市残联工作情况（五）

宣传文体和维权	单　位	数　量
宣 传 文 体		
宣 传		
报刊专栏	个	2
广播专题发稿量	个	540
电视专栏	个	1
文 化		
盲人有声读物阅览室	个	1
残疾人文化艺术类比赛及展览	个	1
体 育		
体育活动场所	个	4
残疾人体育基地	个	5
参赛残疾人运动员	人次	300
维 权		
制定或修改扶助残疾人的规定	个	1
制定残疾人权益保障政策文件	个	1
人大执法检查	次	6
政协视察或专题调研	次	5
残工委组织的专项检查	次	5
普法宣传教育活动	次	44

注：本表数据由市残联提供。

12-18　大连市残联工作情况（六）

机构建设	单　位	数　量
专门协会		
盲人协会	个	11
聋人协会	个	11
肢残人协会	个	11
智力残疾人及亲友协会	个	11
精神残疾人及亲友协会	个	11
医疗按摩人员当年培训	人	49
按摩机构	个	98
残疾人综合服务设施		
本年度新投入使用项目	个	5
#建设规模	平方米	7538
累计已投入使用项目	个	13
#建设规模	平方米	36839

注：本表数据由市残联提供。

12-19 大连市档案工作情况

指　　标	单　位	本　年　实　际	
		档案馆	档案室
机构、人员情况			
个数	个	13	632
面积	平方米	41983	59725
专职人员	人	263	356
兼职人员	人	–	1749
保存档案情况			
全宗	个	1820	675
案卷	卷	1173266	3385645
排架长度	米	24531	64992
录音、录像、影片档案	盘	2330	19909
照片档案	张	78210	238647
电子档案	张	1229	5837
馆藏档案历史分期			
建国前档案	卷	12135	3863
建国后档案	卷	1161131	3381782
档案馆利用档案情况			
本年利用档案人次	人次	22496	101031
本年利用档案卷次	卷次	160739	223302
政务信息公开场所			
本年利用现行文件人次	人	1371	–
本年利用现行文件件次	件	4605	–
机读目录			
案卷级	万条	26.77	70.83
文件级	万条	433.72	154.15
档案信息网站建设	个	12	–

注：本表数据由市档案局提供。

12-20　大连市科学技术普及情况

指　　标	单　位	合　计
举办科普讲座	次	700
听讲人数	人次	406580
举办科普展览	次	400
参观人数	人次	320400
举办科普宣传	次	400
科普场馆	个	2
科普教育基地	个	46
标准科普画廊	个	86
本年展览总长度	米	6034

注：本表数据由市科协提供。

12-21　大连市科协青少年科技教育情况

指　　标	单　位	本年实际数
举办青少年科普讲座（报告）	次	160
听讲人数	人次	24020
举办青少年科普展览	次	50
参观人数	人次	39100
举办青少年科技竞赛	次	42
参加人数	人次	21860
#举办青少年科技创新大赛	次	22
参加人数	人次	14460
组织青少年参加国际竞赛	次	–
参赛人数	人次	–
举办青少年科技夏冬令营	次	30
参加人数	人次	14700
举办青少年科技教育培训	次	330
参加人数	人次	13300

注：本表数据由市科协提供。

12-22 科技服务与科技传媒情况

指 标	单 位	合 计
科技服务		
无偿科技咨询	项	402
完成技术咨询合同	项	87
反映科技建议	项	15
接待科技工作者来信来访	件	8
举办培训班	个	17
培训人数	人次	5400
表彰奖励科技人员	人次	115
#女性科技人员	人次	22
境内举办学术交流活动	次	428
参加人数	人次	85600
国际及对港、澳、台学术交流活动	次	12
参加人数	人次	5033
科技传媒		
编著科技图书	种	5
总印数	册	18000
制作科技光盘	种	15
数量	张	360
主办科技网站	个	1
浏览人数	人次	397000

注：本表数据由市科协提供。

12-23　大连市文联工作情况

指　　标	单　位	合　计
文艺家协会	个	12
获省级以上奖项	项	67
#国家级奖项	项	50
举办大赛	个	24
展览和展演活动	个	53
专题座谈、研讨会	个	35
培训班	个	10
国外文艺交流	个	8
其它活动	项	27

注：本表数据由市文联提供。

12-24　大连市法院审结案件情况

	单　位	合　计
受理各类案件	件	55657
刑事	件	5668
民商事	件	47714
审结各类案件	件	50067
#中级法院	件	6174
刑事	件	5161
民商事	件	43282
执行	件	28656
执结	件	25062

注：本表数据由市法院提供。

12-25　大连市老龄事业情况

	老龄人口情况（人）					老年法律援助/救助案件（件）	老龄系统接待来信来访(次)	老年服务设施		老年社会组织(个)		老年教育	
	合计	60岁以上	65岁以上	80岁以上	100岁以上			活动站/中心/室（个）	老年医疗护理机构床位(床)	老年人协会	其他老年社团组织	各类老年学校（所）	在校人数（人）
合　计	**920528**	**393670**	**426145**	**100401**	**312**	**212**	**2992**	**805**	**2652**	**810**	**351**	**28**	**9891**
中山区	62830	17634	38466	6699	31	28	1978	58	179	59	112	10	853
西岗区	56049	21403	26973	7654	19	158	223	47	105	45	187	1	230
沙河口区	105468	42791	52139	10507	31	3	716	107	100	10	–	10	7897
甘井子区	94971	25419	50761	18759	32	1	11	146	116	138	2	2	240
旅顺口区	36654	12173	20171	4288	22	–	–	85	1720	85	–	–	–
金州区	72089	37711	28126	6213	39	–	32	130	350	4	–	1	131
开发区	31101	17368	11033	2694	6	3	12	40	–	89	–	–	–
长海县	10945	3190	5779	1968	8	–	3	35	–	7	–	1	365
瓦房店市	166392	101404	43582	21356	50	18	–	35	50	12	–	1	60
普兰店市	135124	64587	60239	10263	35	1	7	62	12	88	44	1	75
庄河市	148905	49990	88876	10000	39	–	10	60	20	273	6	1	40

注：本表数据由市民政局提供。

12-26　大连市结婚及离婚登记情况

	结婚登记（对）	#再婚人数（人）	离婚登记（对）
合　计	**52723**	**16366**	**10437**
大连市本级	745	694	41
中山区	4286	1112	1051
西岗区	3429	1530	862
沙河口区	8660	2324	1774
甘井子区	7123	2193	1419
旅顺口区	1838	550	367
金州区	4003	1134	860
开发区	2845	1062	570
长海县	524	199	114
瓦房店市	7735	1928	1343
普兰店市	5761	1932	825
庄河市	5774	1708	1211

注：本表数据由市民政局提供。

12-27　大连市各类技术合同情况

单位：项、金额

合同类别	合同数	合同成交金额	
		合　计	#技术交易额
合　计	**4660**	**316036.17**	**277189.77**
技术开发合同	1723	168943.65	153844.00
技术转让合同	108	74401.36	51682.10
技术咨询合同	1148	33155.70	32702.61
技术服务合同	1681	39535.47	38961.06

注：本表数据由市科技局提供。

12-28　大连市国内专利申请受理情况

单位：件

地 区	总 累 计	当年累计	发 明	实用新型	外观设计
大 连	31253	7104	1409	3399	2296

12-29　大连市专利授权情况

单位：件

地 区	总 累 计	当年累计	发 明	实用新型	外观设计
大 连	11549	2118	327	1567	224

注：本表数据由市科技局提供。

12-30 大连市质量技术监督情况

指　　标	单　位	指标数量
执法情况		
质量技术监督违法行为	类	156
质量技术监督违法行为处罚标准	项	240
执法案件	起	898
名牌战略情况		
荣获中国名牌	个	12
荣获辽宁名牌	个	138
荣获大连名牌	个	185
专业技术认可情况		
获全国质量专业技术人员资格证书	人	592
获质量认证企业	家	2530
获强制性产品生认证企业	家	235
制定农业标准规范	项	103
完成采标成果	项	180
获得国家农业标准化示范区	个	22
计量器具		
计量器具受检	万台（件）	30
#强制检定器具	万台（件）	15.9
特种设备		
特种设备事故结案率	%	100
特种设备作业人员上岗率	%	95

注：本表数据由市质监局提供。

12-31 大连市全民健身活动设施情况(一)

		数量	占地面积 (平方米)	建筑面积 (平方米)	投资金额 (万元)
室外全民健身公园、广场		12034	598910	123000	396
健身路径	条	10528	245490	—	712
小篮板	个	365	159580	—	233
乒乓球台	个	732	68810	—	446
室内全民健身中心	个	409	27200	14510	4000
篮排球房	个	12	10400	13800	2000
羽毛球房	个	15	9400	8500	1000
乒乓球房	个	136	31770	31870	1000
棋牌室	个	172	17410	28370	—
健身房	个	45	13450	13750	—
游泳池	个	14	15400	12200	—
青少年俱乐部	个	15	—	—	—

注：本表数据由市体育局提供。

12-31 大连市全民健身活动设施情况(二)

	合计	室外全民健身公园、广场			室内全民健身中心						青少年俱乐部
		健身路径	小篮板	乒乓球台	蓝排球房	羽毛球房	乒乓球房	棋牌室	健身房	游泳池	
合　　计	**12034**	**10528**	**365**	**732**	**12**	**15**	**136**	**172**	**45**	**14**	**15**
市本级	9255	8678	149	396	4	4	4	3	4	2	11
中山区	215	62	40	50	—	5	30	20	—	8	—
西岗区	262	64	2	140	3	2	5	42	3	1	—
沙河口区	122	122	—	—	—	—	—	—	—	—	—
甘井子区	1100	1100	—	—	—	—	—	—	—	—	—
旅顺口区	42	42	—	—	—	—	—	—	—	—	—
金州区	790	378	105	74	5	2	77	106	37	3	3
长海县	62	60		2	—	—	—	—	—	—	—
瓦房店市	80	—	28	52	—	—	—	—	—	—	—
普兰店市	55	16	21	18	—	—	—	—	—	—	—
庄河市	51	6	20	—	—	2	20	1	1	—	1

注：本表数据由市体育局提供。

12-32 大连市二级

	合　计	田　径		足　球		篮　球		排　球	
		总数	#女	总数	#女	总数	#女	总数	#女
合　计	**410**	**63**	**29**	**3**	**3**	**81**	**35**	**5**	**2**
西岗区	342	15	10	–	–	70	35	–	–
甘井子区	13	7	7	3	3	–	–	2	2
长海县	30	16	–	–	–	11	–	3	–
普兰店市	25	25	12	–	–	–	–	–	–

注：本表数据由市体育局提供。

12-33 大连市二级

项　目 地　区		田　径		游　泳		足　球		篮　球		排　球		乒乓球	
		总数	#女	总数	#女	总数	#女	总数	#女	总数	#女	总数	#女
合　计	641	266	105	4	3	51	20	2	–	4	4	4	–
市本级	404	177	58	–	–	51	20	1	–	4	4	4	–
沙河口区	28	17	7	–	–	–	–	–	–	–	–	–	–
甘井子区	79	31	23	4	3	–	–	1	–	–	–	–	–
金州区	103	41	12	–	–	–	–	–	–	–	–	–	–
普兰店市	27	22	5	–	–	–	–	–	–	–	–	–	–

注：本表数据由市体育局提供。

裁判员发展情况

乒乓球		网　球		门　球		台　球		跆拳道	
总数	#女	总数	#女	总数	#女	总数	#女	总数	#女
121	**41**	**5**	**1**	**60**	**25**	**50**	**19**	**22**	**8**
120	40	5	1	60	25	50	19	22	8
1	1	–	–	–	–	–	–	–	–
–	–	–	–	–	–	–	–	–	–
–	–	–	–	–	–	–	–	–	–

运动员发展情况

网　球		垒　球		武　术		航空模型		围　棋		跆拳道		健美操	
总数	#女	总数	#女	总数	#女	总数	#女	总数	#女	总数	#女	总数	#女
57	9	2	2	8	1	1	–	1	1	7	–	41	26
11	5	2	2	8	1	1	–	1	1	7	–	27	19
–	–	–	–	–	–	–	–	–	–	–	–	2	2
–	–	–	–	–	–	–	–	–	–	–	–	12	5
46	4	–	–	–	–	–	–	–	–	–	–	–	–
–	–	–	–	–	–	–	–	–	–	–	–	–	–

12-34　大连市举办体育业务情况

单位：次、人、人次

	举办运动会或比赛情况		举办全民健身活动情况			国际体育活动情况	
	举办综合运动会	举办单项比赛	举办全民健身活动	#1000人以上的活动	参加活动人数	出访次数	出访人次
合　计	23	507	567	213	4038890	9	58
市本级	–	194	307	123	3200000	9	58
中山区	1	26	24	6	11490	–	–
西岗区	3	12	13	6	20000	–	–
沙河口区	1	22	12	5	100000	–	–
甘井子区	4	12	22	15	30000	–	–
旅顺口区	2	16	118	8	300000	–	–
金州区	2	43	63	23	95000	–	–
长海县	6	120	–	2	–	–	–
瓦房店市	–	12	–	17	20000	–	–
普兰店市	4	28	5	4	250000	–	–
庄河市	–	22	3	4	12400	–	–

注：本表数据由市体育局提供。

12-35　大连市各类学校《国家体育锻炼标准》达标情况(一)

单位：所、人

	小学			中学			中专中技		
	应参加达标学校	应参加达标活动学生数	达标学生数	应参加达标学校	应参加达标活动学生数	达标学生数	应参加达标学校	应参加达标活动学生数	达标学生数
合　计	252	249317	196488	159	162894	135454	14	21898	21598
西岗区	25	14251	14009	10	8793	8660	2	1889	1841
沙河口区	32	29923	29423	19	17688	17210	–	–	–
甘井子区	46	52480	–	25	23120	–	–	–	–
旅顺口区	40	10680	15806	15	11520	11182	1	1420	1390
金州区	32	34400	32680	22	28600	27170	–	–	–
瓦房店市	43	57746	56368	36	36775	35721	11	18589	18367
庄河市	34	49837	48202	32	36398	35511	–	–	–

注：本表数据由市体育局提供。

12-36 大连市各类学校《国家体育锻炼标准》达标情况(二)

单位：所、人

	合 计	小 学	中 学	中专中技
应参加达标学校数	425	252	159	14
应参加达标活动学生数	434109	249317	162894	21898
达标学生数	353540	196488	135454	21598

注：本表数据由市体育局提供。

12-37 大连市少年儿童业余体校在训学生情况

单位：人

	合计	田径	举重	足球	篮球	排球	乒乓球	羽毛球	武术	击剑	轮滑	曲棍球	自行车	游泳
合 计	1246	240	51	192	197	228	139	28	18	10	50	18	15	60
市本级	203	–	–	–	42	110	23	–	18	10	–	–	–	–
中山区	440	63	–	120	90	80	59	28	–	–	–	–	–	–
甘井子区	153	22	11	32	35	38	15	–	–	–	–	–	–	–
旅顺口区	53	–	–	–	–	–	–	–	–	–	–	18	15	20
金州区	280	110	40	40	–	–	–	–	–	–	50	–	–	40
庄河市	117	45	–	–	30	–	42	–	–	–	–	–	–	–

注：本表数据由市体育局提供。

12-38　大连市在队优秀运动员情况

单位：人

	合计	田径	游泳	自行车	射箭	赛艇	皮划艇	帆船	足球	篮球	排球	网球	摩托车	举重	乒乓球	武术
合　计	209	49	21	10	2	17	21	3	28	12	9	8	3	12	6	8
市本级	101	4	21	10	2	17	21	3	6	–	–	8	3	6	–	–
西岗区	19	4	–	–	–	–	–	–	15	–	–	–	–	–	–	–
瓦房店市	89	41	–	–	–	–	–	–	7	12	9	–	–	6	6	8

注：本表数据由市体育局提供。

12-39　大连市体育系统从业人员情况

单位：人

	合计	公务员	教练员			运动员			科研人员	医务人员	文化教师	管理人员	其他人员
			计	在聘	待聘	计	在队	待分					
合　计	1324	107	106	142	13	209	187	22	8	1	23	256	250
体育行政机关	151	107	–	–	–	–	–	–	–	–	–	35	9
优秀运动员	418	–	–	–	–	209	187	22	–	–	–	–	–
体育运动学校	230	–	48	48	–	–	–	–	–	–	18	58	58
业余体校	215	–	58	48	10	–	–	–	–	–	5	36	58
体育场馆	119	–	–	15	3	–	–	–	–	1	–	72	28
其他事业单位	191	–	–	31	–	–	–	–	8	–	–	55	97

注：本表数据由市体育局提供。

12-40　大连市体育运动学校运动班学生情况

单位：人

	合计	田径	游泳	举重	拳击	自行车	足球	篮球	排球	乒乓球	曲棍球	武术	击剑	羽毛球
合　　计	1447	370	60	51	6	85	244	209	237	103	18	26	10	28
市本级	273	–	–	–	–	70	–	42	110	23	–	18	10	–
中山区	440	63	–	–	–	–	120	90	80	59	–	–	–	28
西岗区	60	15	–	–	–	–	45	–	–	–	–	–	–	–
甘井子区	153	22	–	11	–	–	32	35	38	15	–	–	–	–
旅顺口区	133	80	20	–	–	15	–	–	–	–	18	–	–	–
金州区	230	110	40	40	–	–	40	–	–	–	–	–	–	–
瓦房店市	83	35	–	–	6	–	7	12	9	6	–	8	–	–
庄河市	75	45	–	–	–	–	–	30	–	–	–	–	–	–

注：本表数据由市体育局提供。

12-41　大连市社会指导员人数

单位：人

	累计	累计当年发展数	指导师		高级		中级		初级	
			累计	当年发展数	累计	当年发展数	累计	当年发展数	累计	当年发展数
合　　计	15138	3507	7	–	401	37	1167	327	13563	3143
市本级	8524	1483	–	–	206	18	686	136	7632	1329
中山区	608	506	–	–	38	6	–	–	570	500
西岗区	558	142	1	–	29	3	54	29	474	110
沙河口区	1102	29	5	–	38	5	129	24	930	–
甘井子区	1251	267	–	–	18	5	133	62	1100	200
旅顺口区	455	126	–	–	26	–	47	20	382	106
金州区	730	285	1	–	17	–	82	47	630	238
长海县	178	60	–	–	4	–	5	–	169	60
瓦房店市	1114	500	–	–	7	–	7	–	1100	500
普兰店市	200	0	–	–	8	–	13	–	179	–
庄河市	418	109	–	–	10	–	11	9	397	100

注：本表数据由市体育局提供。

12-42　大连市广播电视覆盖情况（一）

	广播综合人口覆盖		无线广播综合覆盖	
	人口（万人）	覆盖率（%）	人口（万人）	覆盖率（%）
大连市	553.11	97.84	551.38	97.53

注：本表数据由市广电局提供。

12-42　大连市广播电视覆盖情况（二）

	电视人口综合覆盖		无线电视综合覆盖	
	人口（万人）	覆盖率（%）	人口（万人）	覆盖率（%）
大连市合计	559	98.88	551.87	97.62

注：本表数据由市广电局提供。

12-43　大连市人工造林情况

项　　目	单　　位	人工造林
合　计	公顷	410345.5
用材林	公顷	56848.7
经济林	公顷	132666
防护林	公顷	219502.8
薪炭林	公顷	1328

注：本表数据由市林业局提供。

12-44 大连市区环境质量情况

指标名称	单　位	指标数值
自然降尘年均值	吨/平方公里.月	19.1
可吸入颗粒物年均值	毫克/立方米	0.094
二氧化硫年均值	毫克/立方米	0.048
二氧化氮年均值	毫克/立方米	0.041
一氧化碳年均值	毫克/立方米	0.60
交通干线噪声均值	分贝	69.9
功能区环境噪声均值（昼间）	分贝	55.8
功能区环境噪声均值（夜间）	分贝	46.8

注：本表数据由市环保局提供。

12-45 大连市工业废水、废气污染防治情况

指标名称	单　位	指标数值
工业废水排放达标量	万吨	32996.99
化学需氧量去除量	吨	16266.06
氨氮去除量	吨	2349.91
石油类去除量	吨	449.30
挥发酚去除量	吨	73.57
氰化物去除量	吨	2.01
工业废气		
二氧化硫去除量	吨	138080.36
氮氧化物去除量	吨	798.99
烟尘去除量	吨	777929.63
粉尘去除量	吨	282952.64
工业固体废物综合利用量	万吨	216.56
工业固体废物处置量	万吨	47.51
完成污染治理项目	项	58
完成污染治理投资	亿元	21.23

注：本表数据由市环保局提供。

12-46　大连市工业废水、工业废气主要污染物排放情况

指标名称	单　位	指标数值
工业废水排放量	万吨	33708.77
化学需氧量	吨	14301.74
氨氮	吨	2158.66
石油类	吨	300.05
挥发酚	吨	16.17
氰化物	吨	2.09
工业废气排放量	亿标立方米	1679.97
二氧化硫	吨	89447.31
烟尘	吨	21514.80
粉尘	吨	19989.51
工业固体废物产生量	万吨	272.21
＃危险废物	吨	51532.25

注：本表数据由市环保局提供

12-47　大连海区海洋环境质量状况（一）

项　　目	单　位	数　量
较清洁海域	平方公里	1002
轻度污染海域	平方公里	604
中度污染海域	平方公里	329
严重污染海域	平方公里	279

注：此表数据出自大连海洋渔业局《2006年大连市海洋环境质量公报》。

12-47　大连海区海洋环境质量状况（二）

全年赤潮发生情况

发生时间	发生海区	赤潮面积	赤潮生物种
5月8日	庄河市石城岛附近海域	20	夜光藻

注：此表数据出自大连海洋渔业局《2006年大连市海洋环境质量公报》。

主要统计指标解释

【科技活动人员】指工业企业在报告年度直接从事(或参与)科技活动、以及专门从事科技活动管理和为科技活动提供直接服务的人员。累计从事科技活动的时间占制度工作时间10%(不含)以下的人员不统计。(1)直接从事(或参与)科技活动的人员包括：工业企业所属的技术开发中心及中试车间(基地)等机构中从事科技活动的研究人员、工程技术人员、技术工人及其它辅助人员；虽不在上述机构工作，但编入科技活动项目组(攻关小组)的人员。(2)专门从事科技活动管理和为科技活动提供直接服务的人员包括：工业企业主管科技工作的负责人，企业科技管理部门(科研管理处、部、科等)的工作人员，直接为科技活动提供资料文献、材料供应、设备维护等服务的人员。不包括保卫、医疗保健、司机、食堂人员、茶炉工、水暖工、清洁工等间接服务人员。

【科技活动全时人员】指企业科技活动人员中在报告年度实际从事科技活动的时间占制度工作时间90%以上(含90%)的人员。在企业科技管理部门(科研管理处、部、科等)专职从事科技管理工作的人员、企业所属常年有开发任务的科技机构中专职从事科技活动及其管理和直接服务的人员，以及上述人员以外在报告年度主要从事科技项目开发的人员可视作科技活动全时人员。

【高中级技术职称人员】指企业科技活动人员中已评定高级和中级技术职称(职务)的人员。高级技术职称人员包括：高级工程师、高级经济师、高级会计师、高级统计师、正副教授、正副研究员等；中级技术职称人员包括：工程师、经济师、会计师、统计师、讲师、助理研究员等。

【无高中级技术职称的大学本科及以上学历人员】指企业科技活动人员中尚未评定高级和中级技术职称(职务)但拥有大学本科及以上学历的人员。

【研究与试验发展人员】指企业科技活动人员中从事基础研究、应用研究和试验发展三类活动的人员。包括直接参加上述三类项目活动的人员及这类项目的管理和服务人员。研究与试验发展项目的管理和服务人员，可按研究与试验发展(R&D)项目人员占全部科技项目人员的比重计算。

【科技活动经费筹集总额】指企业在报告年度从各种渠道筹集到的计划用于科技活动的经费，包括企业资金、金融机构贷款、政府资金、事业单位资金、国外资金、其他资金等。

【企业资金】指报告年度本企业从自有资金中提取或接受在国内注册的其他企业委托获得的计划用于科研和技术开发活动的经费，不包括来自政府有关部门、金融机构以及国外的计划用于科技活动的经费。

【金融机构贷款】指企业从各类金融机构获得的用于科技活动的贷款。

【来自政府部门的资金】指企业从各级政府部门获得的计划用于科技活动的经费，包括科技专项费、科研基建费和贷款等。

【来自事业单位的资金】指企业从独立的科研院所和高等学校等事业单位获得的计划用于科技活动的经

费，不包括来自其他企业、政府部门、金融机构以及国外的用于科技活动的经费。

【来自国外的资金】指本企业从中国境外的企业、大学、国际组织、民间组织、金融机构及外国政府获得的计划用于科技活动的经费。不包括从在国内注册的外资企业获得的计划用于科技活动的经费。

【其他资金】指科技活动执行单位从上述渠道以外获得的计划用于科技活动的经费，如来自民间非营利机构的资助和个人捐赠等。

【科技活动经费支出总额】指企业在报告年度实际支出的全部科技活动费用，包括列入技术开发的经费支出以及技措技改等资金实际用于科技活动的支出。不包括生产性支出和归还贷款支出。科技活动经费支出总额分为内部支出和外部支出。

【科技活动经费内部支出】指企业在报告年度用于内部开展科技活动实际支出的费用，包括外协加工费。不包括委托研制或合作研制而支付外单位的经费。科技活动经费内部支出按用途分为科技活动人员劳务费、原材料费、购买与自制设备支出、其他支出。

【科技活动人员劳务费】指以货币或实物形式直接或间接支付给科技活动人员的劳动报酬及各种费用，包括各种形式的工资、补助工资、津贴、价格补贴、奖金、福利、失业保险、养老保险、医疗保险、工伤保险、人民助学金等。为科技活动提供间接服务人员的劳务费计入其他支出。

【原材料费】指企业在报告年度开展科技活动实际消耗的原材料、辅助材料、备用配件、外购半成品、燃料、包装物及其他材料等。

【非基建项目资金购买和自制设备的支出】指使用非基建项目资金购买和自制用于科技活动的仪器设备等的费用支出。包括各类机器设备、试验测量仪器、运输工具、工装器具等购买和制造时实际支付的货币和制造成本。不属于上述主要设备的物品，单位价值在2000元以上，使用期限超过二年的也作为固定资产，按购买时实际支付的货币额统计在内。

【其他内部支出】包括科研项目前期论证费、调研差旅费、资料费、办公费、房租、水电费、维修费、印刷费、邮寄费、专题会议费、成果鉴定费等。提供间接服务的人员(如司机、保安人员、炊事人员、医疗保健人员等)的劳务费按其为科技活动提供服务的时间比例分摊计入本项支出。

【研究与试验发展经费支出】指报告年度在企业科技活动经费内部支出中用于基础研究、应用研究和试验发展三类项目以及这三类项目的管理和服务费用的支出。不论何种经费来源，只要实际用于上述三类项目的经费支出都应计算在内。具体计算办法：可将企业全部科技项目中确定为基础研究、应用研究和试验发展三类项目的经费支出加总，再加上按上述三类项目支出占全部科技项目经费支出比重计算分摊的科技管理和服务费用取得。上述三类项目经费支出包括的内容与科技活动经费内部支出按用途分组所列的支出项一致。

【基础研究支出】指报告年度在企业科技活动经费内部支出中用于基础研究项目以及这类项目的管理和服务费用的支出。具体计算办法：可将企业全部科技项目中确定为基础研究项目的经费支出加总，再加上按这类项目支出占全部科技项目经费支出比重计算分摊的科技管理和服务费用取得。

【应用研究支出】指报告年度在企业科技活动经费内部支出中用于应用研究项目以及这类项目的管理和服务费用的支出。具体计算办法：可将企业全部科技项目中确定为应用研究项目的经费支出加总，再加上按这类项目支出占全部科技项目经费支出比重计算分摊的科技管理和服务费用取得。

【试验发展支出】指报告年度在企业科技活动经费内部支出中用于试验发展项目以及这类项目的管理和服务费用的支出。具体计算办法：可将企业全部科技项目中确定为试验发展项目的经费支出加总，再加上按这类项目支出占全部科技项目经费支出比重计算分摊的科技管理和服务费用取得。

【新产品开发经费支出】指报告年度内企业用于新产品研究开发的经费支出。包括研究、设计、模型研制、测试、试验等费用支出。新产品的概念见“新产品工程准备和产出情况”中的有关解释。

【科技活动经费外部支出】指企业在报告年度委托其他单位或与其他单位合作开展科技活动而支付给其他单位的经费。不包括外协加工费。

【对国内独立研究院所的支出】指报告年度内企业委托或与国内独立研究院所进行合作开展科技活动而支付予其的经费。

【对国内高等学校支出】指报告年度内企业委托或与国内高等学校进行合作开展科技活动而支付予其的经费。

【对国内其他企业支出】指报告年度内企业委托或与国内其他企业进行合作开展科技活动而支付予其的经费。

【对国外机构支出】指报告年度内企业委托或与境外机构进行合作开展科技活动而支付予其的经费。

【用于科研的基建经费支出】指企业在报告年度为改善科研条件，提高研制开发能力，使用基本建设资金、技措技改等资金进行新建、改建、扩建、购置、安装科研用固定资产、以及进行科研设备改造及大修理等的实际支出。科研与生产共用的基建项目，按企业计划和生产使用安排进行分摊。

【科研土建工程支出】指企业用于科研的基建经费支出中购置土地、建造科研楼、中试车间和试验场地，或对现有科研用房和固定设施进行更新改造等的经费支出。

【新产品】指采用新技术原理、新设计构思研制、生产的全新产品，或在结构、材质、工艺等某一方面比原有产品有明显改进，从而显著提高了产品性能或扩大了使用功能的产品。本报表中的新产品产值、新产品销售收入、新产品销售利润等指标既包括经政府有关部门认定并在有效期内的新产品，也包括企业自行研制开发，未经政府有关部门认定，从投产之日起一年之内的新产品。

【新产品工程准备和试生产费用支出】指企业为生产新产品、应用新工艺发生的建筑物、机器设备、工装模具等固定资产的购买和建造，以及在生产线上进行试生产的费用支出。

【为生产新产品和应用新工艺发生的培训费支出】指企业为生产新产品、应用新工艺而对有关人员进行的设备使用和维护、工艺规程、质量检测、生产组织和系统管理等的培训费用支出。

【新产品试销费用】指报告年度企业为使新产品顺利进入市场而发生的市场调研、试销展销、广告等费用的支出，不包括建立市场销售网络的费用支出。

【新产品产值(现价)】指报告年度本企业生产的新产品的价值。

【新产品销售收入】指报告年度本企业销售新产品实现的销售收入。

【新产品出口收入】指报告年度本企业将新产品出售给外贸部门和直接出售给外商所实现的销售收入。

【新产品销售利润】指报告年度本企业销售新产品实现的利润。

【全部科技项目数】指企业在报告年度当年立项并开展研制工作、以前年份立项仍继续进行研制的科技项目数，包括当年完成和年内研制工作已告失败的科技项目，但不包括委托外单位进行研制的科技项目。

【新产品开发项目数】指企业在报告年度进行的全部科技项目中，属于新产品研制开发的项目数。

【研究与试验发展项目数】指企业在报告年度进行的全部科技项目中，属于研究与试验发展的项目数。

【科技项目参加人员合计】指企业在报告年度编入各个科技项目组的人员总数。报告年度一人参加两个及以上科技项目的人员，只能按一个人统计，不能重复计算。

【科技项目参加人员合计中高中级技术职称人员】指企业在报告年度编入各个科技项目组的人员中，具有高中级技术职称(职务)的人员。

【科技项目参加人员合计中无高中级技术职称的大学本科及以上学历人员】指企业在报告年度编入各个科技项目组的人员中，尚未评定高中级技术职称(职务)，但具有大学本科及以上学历的人员。

【全部科技项目经费内部支出合计】指报告年度本企业内部进行的全部科技项目的经费支出总额。包括外协加工费，但不包括因委托或与外单位合作而支付给对方的经费，也不包括企业科技管理部门的费用和用于科研目的基建支出，以及为科技活动提供间接服务人员的费用等。

【全部科技项目内部支出合计中研究与试验发展项目支出】指报告年度本企业内部进行的全部科技项目支出总额中用于基础研究、应用研究和试验发展三类项目的支出。可在全部科技项目中鉴别出上述三类项目，并加总这三类项目本年度的实际支出取得。

【专利申请数】指企业在报告年度内向专利行政部门提出专利申请并被受理的件数。

【发明专利申请数】指企业在报告年度内向专利行政部门提出发明专利申请并被受理的件数。

【拥有发明专利数】指企业作为专利权人在报告年度拥有的、经国内外专利行政部门授权且在有效期内的发明专利件数。

技术改造指企业在坚持科技进步的前提下，将科技成果应用于生产的各个领域(产品、设备、工艺等)，用先进技术改造落后技术，用先进工艺代替落后工艺、设备，实现以内涵为主的扩大再生产，从而提高产品质量、促进产品更新换代、节约能源、降低消耗，全面提高综合经济效益。

【技术改造经费支出】指本企业在报告年度进行技术改造而发生的费用支出。在技术改造经费支出中，属于研究与试验发展的经费支出，除了包含在技术改造经费支出中，还要计入企业研究与试验发展经费支出中。

【技术引进经费支出】指企业在报告年度用于购买国外技术，包括产品设计、工艺流程、图纸、配方、专利等技术资料的费用支出，以及购买关健设备、仪器、样机和样件等的费用支出。

【引进技术资料及关键设备等的支出】指企业在报告年度用于购买国外产品设计、工艺流程、图纸、配方、专利、技术诀窍及关键设备的费用支出。

【消化吸收的经费支出】指本企业在报告年度对国外引进项目进行消化吸收所支付的经费总额。包括：人员培训费、测绘费、参加消化吸收人员的工资、工装、工艺开发费、必备的配套设备费、翻版费等。引进技术的消化吸收指对引进技术的掌握、应用、复制而开展的工作，以及在此基础上的创新。通过消化吸收国外技术，达到掌握引进技术，提高自我创新能力的目的。消化吸收经费支出中属于研究与试验发展的经费支出，除包含在消化吸收经费支出中，还要计入企业研究与试验发展经费支出中。

【购买国内技术经费支出】指本企业在报告年度购买国内其他单位科技成果的经费支出。包括购买产品设计、工艺流程、图纸、配方、专利、技术诀窍及关健设备的费用支出。

【有经常性开发任务的机构】有经常性开发任务的机构指所从事的科技活动任务是按经常性计划安排实施的，而不是间断或零散的任务。

【有稳定经费来源的机构】有稳定经费来源的机构指能从各种渠道较稳定地获得科技活动经费，如：科技三项费用、科技活动贷款、从销售收入中提取的技术开发经费、基本建设及技措技改资金中用于科研基建的经费、按国家规定范围摊入生产成本的费用等，这样的企业办科技活动机构视为有稳定经费来源的机构。

【有一定测试条件的机构】指在科技活动工作中有一定试验、测试条件，或试验、测试可在企业内部进行的企业办科技活动机构。

【科技活动人员】指企业办科技机构中从事科技活动时间占制度工作时间在10%及以上的人员。不包括保卫人员、医疗保健人员、司机、食堂人员及勤杂人员等。

【高中级技术职称人员】指在企业办科技机构中具有高中级技术职称(职务)的人员。

【无高中级技术职称大学本科及以上学历人员】指在企业办科技机构中，虽无高中级技术职称，但具有大学本科及以上学历的人员。

【科技经费内部支出】指报告年度内企业办科技机构内部用于科技活动的经费支出。包括科技机构人员劳务费(含工资)支出、科技机构业务费支出、科技机构管理费支出、科技机构固定资产购建费用及其他维持科技机构正常工作的日常费用等的支出总和。没有独立帐目的科技机构可根据上述范围测算。

【研究与试验发展经费支出】指报告年度内企业办科技活动机构用于研究与试验发展活动经费的内部支出。具体包括研究与试验发展项目经费支出、从事研究与试验发展项目的管理与服务费用以及其他用于研究与试验发展活动的经费支出。

【研究与试验发展人员数】指报告年度企业办科技活动机构内参与研究与试验发展活动的人员，具体包括直接参加研究与试验发展项目组的人员，参与上述项目的管理和直接为上述项目提供服务的人员。

物价与人民生活

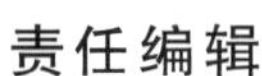

责任编辑

邢国军　姜美华　陈丽莉

魏雨桃　程　风　姜　玲

谭清海　王　景　肖　丽

大连市2006年居民消费价格变动趋势图（以2005全年价格为100）

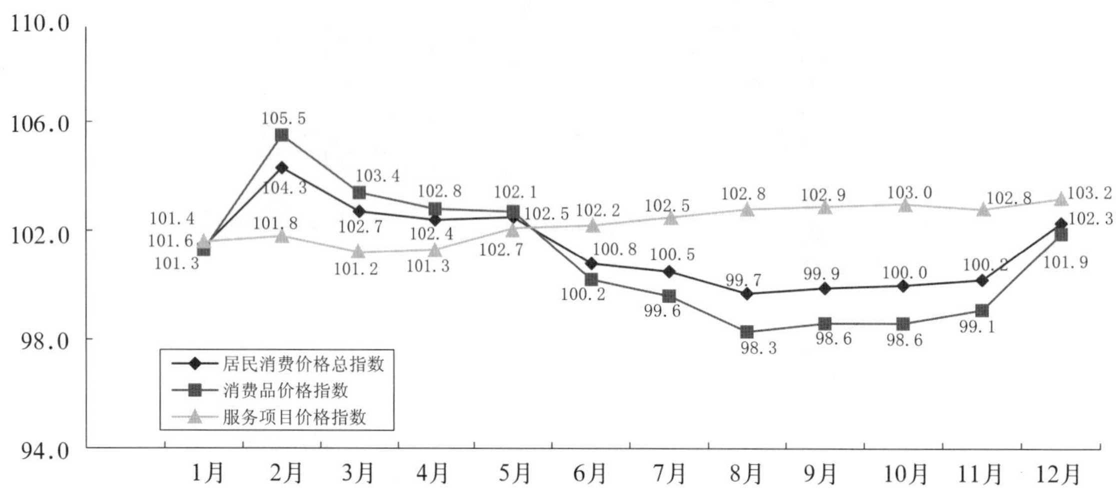

大连市2006年居民消费价格指数（以上年价格为100）

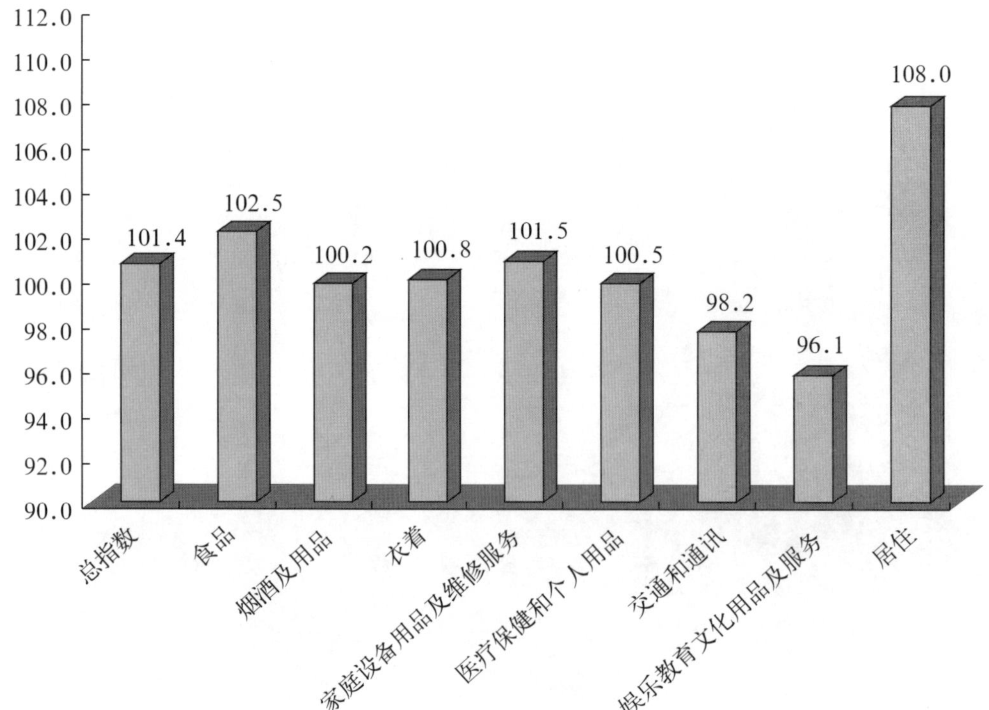

13-1 城市居民消费价格分类指数

商品类别	指数（以上年价格为100）	商品类别	指数（以上年价格为100）
居民消费价格总指数	101.4	虾蟹类	97.0
非食品价格指数	100.8	其他	107.6
服务项目价格指数	102.3	8.菜	113.8
工业品价格指数	99.4	鲜菜	113.6
扣除食品和能源价格指数	100.8	干菜及菜制品	109.8
扣除鲜菜鲜果总指数	100.5	薯类	123.6
消费品价格指数	101.0	9.调味品	97.8
一、食品	102.5	盐	100.0
1.粮食	99.8	酱油	99.9
大米	100.5	醋	99.9
面粉	98.1	味精	103.3
粮食制品	99.5	其他	89.6
其他	102.9	10.糖	104.6
2.淀粉	100.2	食糖	129.2
淀粉	100.2	糖果	102.6
3.干豆类及豆制品	96.4	巧克力制品	97.4
干豆	101.3	糖类小食品	104.8
豆制品	94.5	11.茶及饮料	99.8
4.油脂	101.0	(1)茶叶	98.7
食用植物油	98.2	茶叶	98.7
植物油制品	102.9	(2)饮料	100.2
其他	88.5	固体饮料	98.4
5.肉禽及其制品	95.8	液体饮料	100.6
(1)食用畜肉及副产品	94.4	冷冻饮品	100.0
猪肉	89.6	12.干鲜瓜果	113.4
牛肉	104.3	鲜瓜果	115.0
羊肉	104.2	干(坚)果	104.7
畜肉副产品	95.8	13.糕点饼干	101.0
其他	92.7	糕点	101.5
(2)禽	97.2	饼干	103.0
鸡	96.2	面包	99.6
鸭	92.0	14.液体乳及乳制品	101.1
其他	108.3	巴氏杀菌奶或消毒奶	102.0
(3)加工肉禽	99.2	酸奶	98.8
畜肉制品	99.0	奶粉	97.9
禽制品	99.9	其他	102.1
6.蛋	86.9	15.在外用膳食品	100.6
鲜蛋	85.2	主食	100.6
蛋制品	100.2	炒菜	100.6
7.水产品	101.9	地方小吃	100.0
(1)鱼	99.3	16.其他食品	100.2
淡水鱼	94.3	其他食品	100.2
海水鱼	99.8	二、烟酒及用品	100.2
(2)其他水产品	103.5	1.烟草	99.0

13-1　城市居民消费价格分类指数

13-1　续表

商品类别	指数(以上年价格为100)	商品类别	指数(以上年价格为100)
国产卷烟	98.9	棉混纺布	100.0
进口卷烟	100.1	化纤布	92.4
其他	95.5	毛线	100.9
2.酒	100.2	3.鞋袜帽	93.1
白酒	100.9	(1)鞋	93.2
葡萄酒	105.4	男鞋	88.8
啤酒	99.1	女鞋	96.0
其他	100.0	童鞋	91.6
3.吸烟、饮酒用品	115.1	(2)袜子	90.4
吸烟用品	108.0	男袜	89.8
饮酒用品	125.9	女袜	90.8
三、衣着	100.8	(3)帽子	101.6
1.服装	104.1	男帽	107.2
(1)男式服装	108.1	女帽	98.8
大衣	104.3	4.衣着加工服务费	100.0
毛线衣	108.3	缝纫	100.0
夹克衫	109.3	清洗	100.0
衬衫	98.3	四、家庭设备用品及维修服务	101.5
T恤衫	99.6	1.耐用消费品	100.1
裤子	133.0	(1)家具	96.3
西服	100.3	柜	105.7
运动衫裤	107.6	床	99.0
内衣	106.4	桌	87.7
羽绒衣	100.7	椅	99.5
其他	110.5	沙发	86.2
(2)女式服装	103.4	其他	102.6
大衣	105.7	(2)家庭设备	102.1
毛线衣	119.7	洗衣机	100.8
羽绒衣	111.7	电风扇	100.0
套装	105.0	电冰箱(柜)	103.5
衬衫	88.8	吸排油烟机	127.0
T恤衫	115.7	空调器	103.5
裙子	102.8	热水器	95.0
裤子	93.8	微波炉	95.9
运动衫裤	97.2	电炊具	101.1
内衣	94.4	2.室内装饰品	93.7
其他	100.9	纺织装饰品	93.2
(3)儿童服装	89.2	装饰灯具	104.5
套装	91.0	其他	89.0
裤子	80.6	3.床上用品	106.4
裙子	108.8	毛毯	116.8
其他	55.4	被子	115.9
2.衣着材料	100.6	床上套件	103.1
棉布	100.0	其他	89.5

13-1 城市居民消费价格分类指数

13-1 续表

商品类别	指数(以上年价格为100)	商品类别	指数(以上年价格为100)
4.家庭日用杂品	101.4	护肤品	97.9
茶具	115.2	护发美容品	97.8
餐具	103.3	(2)清洁化妆用品	98.8
厨具	98.3	洗发用品	99.3
家用手工工具	100.0	洗浴用品	98.0
洗涤用品	101.7	其他	100.4
其他	100.7	(3)个人饰品	113.9
5.家庭服务及加工维修服务	110.2	首饰	122.3
家庭服务	113.6	皮件	104.4
加工维修服务	108.1	手表	104.2
五、医疗保健和个人用品	100.5	领带	99.2
1.医疗保健	99.5	其他	103.5
(1)医疗器具及用品	100.2	(4)个人服务	100.8
医疗器具及用品	100.2	美容	98.6
(2)中药材及中成药	96.4	理(烫)发	102.2
中药材	82.2	洗浴	101.2
中成药	98.1	其他	99.9
(3)西药	101.4	六、交通和通信	98.2
抗微生物药	99.0	1.交通	102.1
消化系统用药	99.4	(1)交通工具	98.2
呼吸系统用药	114.4	摩托车	100.0
解热镇痛及非甾体抗炎药	100.2	自行车	100.0
抗肿瘤药	95.0	轿车	96.2
激素及调节内分泌功能药	99.5	其他	100.0
循环系统用药	101.1	(2)车用燃料及零配件	110.5
神经系统用药	96.6	汽油	115.8
专科用药	103.2	柴油	116.8
其他	101.6	零配件	91.3
(4)保健器具及用品	101.6	其他	111.2
保健器具	100.0	(3)车辆使用及维修费	97.2
滋补保健用品	101.7	驾驶证	109.6
(5)医疗保健服务	99.3	保险费	89.1
挂号费	100.0	停车费	100.0
注射费	100.0	车辆修理服务费	95.5
检查费	94.3	其他	125.0
手术费	102.0	(4)市区公共交通费	101.1
住院费	100.0	公共汽车票	100.2
理疗费	99.1	出租汽车	103.1
化验费	100.0	其他	100.0
其他	100.0	(5)城市间交通费	104.4
2.个人用品及服务	102.3	飞机票	107.9
(1)化妆美容用品	98.6	火车票	100.0
化妆美容器具	100.5	长途汽车	104.1
美容化妆品	100.0	其他	106.5

13-1　城市居民消费价格分类指数

13-1　续表

商品类别	指数（以上年价格为100）	商品类别	指数（以上年价格为100）
2.通信	95.5	文　具	99.5
(1)通信工具	64.7	体育用品	99.6
固定电话机	95.4	其　他	99.3
移动电话机	63.2	(2)书报杂志	100.0
其　他	132.0	书　籍	100.0
(2)通信服务	100.0	报　纸	100.0
移动通信费	100.0	杂　志	100.0
市内电话费	100.0	(3)文娱费	112.3
长途电话费	100.0	电影票	96.2
月租费	100.0	景点门票	102.3
上网费	100.0	有线电视	141.4
信件邮寄	105.0	健身活动	82.1
包裹邮寄	100.0	其　他	100.0
其　他	100.0	4.旅游	101.9
七、娱乐教育文化用品及服务	96.1	旅行社收费	102.2
1.文娱用耐用消费品及服务	85.6	宾馆住宿	102.2
电视机	79.5	其他住宿	99.7
激光视盘机	80.8	八、居住	108.0
摄像机	84.0	1.建房及装修材料	102.6
照相机	78.6	木　材	101.0
家用音响	98.9	木地板	98.5
便携式音响	90.5	砖	97.8
电　脑	87.0	水　泥	108.3
修理服务	100.0	涂　料	101.6
其　他	100.0	胶合板	100.9
2.教育	95.9	玻　璃	97.5
(1)教材及参考书	102.9	粘　胶	106.6
工具书	100.0	油　漆	110.2
教　材	104.3	其　他	129.2
参考书	104.6	2.租房	105.0
教育软件	100.0	公房房租	100.0
(2)学杂托幼费	95.3	私房房租	107.8
义务教育杂费	100.0	其他费用	100.0
非义务教育学杂费	89.8	3.自有住房	112.9
技能培训学费	100.0	房屋贷款利率	104.0
托幼费	100.0	物业管理费用	100.0
其　他	100.0	维护修理费用	100.0
3.文化娱乐类	104.6	其　他	122.1
(1)文化娱乐用品	99.8	4.水、电、燃料	102.2
乐　器	97.0	水	100.0
音响光盘和磁带	100.0	电	103.3
照相胶卷和存储卡	104.0	液化石油气	113.2
录像磁带和视盘	90.7	管道燃气	100.0
儿童玩具	103.0	其他燃料	105.0
纸张本册	100.3		

13-2 主要商品平均价格

规 格（分类）名 称	计量单位	全年平均价格（元）
一、食品		
1.粮食		
大　　米		
粳米　一等散装　黑龙江	千克	3.29
利是精洁米 5kg\袋 盘锦	千克	4.96
面　　粉		
天狗超级饺子粉　2.5kg/袋　大连	千克	4.99
精粉　25kg/袋　山东	千克	2.57
粮食制品		
龙凤汤圆 黑芝麻200克/袋　天津	袋	4.93
棒棰岛馒头　精粉600克/袋　大连	袋	2.50
馄饨皮　精粉 散装　大连	千克	3.41
其　　他		
小　米　一等散装　河北	千克	4.25
2.淀粉		
淀　　粉		
淀粉　地瓜粉 400g/袋 大连	袋	3.00
3.干豆类及豆制品		
干　　豆		
黄豆　一等散装　黑龙江	千克	4.25
绿豆　一等散装　河北	千克	7.28
豆 制 品		
棒棰岛水豆腐　一级　大连	千克	2.00
棒槌岛豆腐皮　一级　大连	千克	5.27
棒棰岛酱豆腐块　一级　大连	千克	4.85
4.油脂		
食用植物油		
豆油　一级散装　大连	千克	6.32
金龙鱼精炼一级大豆油 5L 营口	桶	36.40
植物油制品		
鲁花压榨一级花生油　桶装（5L）　山东	桶	78.68
金龙鱼第二代食用调和油　桶装（5L）　营口	桶	48.30
其　　他		
大树牌特纯橄榄油初榨（绿）1000ml 西班牙	瓶	92.31
5.肉禽及其制品		
(1)食用畜肉及副产品		
猪　　肉		
后肘肉　一等散装　大连	千克	12.69
五花肉　一等散装　大连	千克	11.92
牛　　肉		
当腰肉　一等散装　大连	千克	17.77
精　肉　一等散装　大连	千克	18.86
羊　　肉		
去皮骨新鲜羊肉　一等散装　大连	千克	21.44
羊肉片　一等散装　新西兰	千克	20.14

13-2　主要商品平均价格

13-2　续表

规格（分类）名称	计量单位	全年平均价格（元）
畜肉副产品		
猪腰子　一等散装　大连	千克	13.67
猪蹄子　一等散装　大连	千克	12.17
其　　他		
猪排骨（肋排）	千克	16.48
(2)禽		
鸡		
白条鸡　公鸡　大连	千克	14.78
白条鸡　母鸡　大连	千克	8.70
鸭		
西装鸭　千克	9.20	
其　　他		
鸽子　肉食　活　大连	只	14.72
(3)加工肉禽		
畜肉制品		
酱牛肉 熟制品 一级 大连	千克	27.06
盐水肠　诚信牌　大连	千克	17.38
猪头肉　熟制品　一级　大连	千克	24.00
禽 制 品		
烧鸡　熟制品　一级　大连	千克	20.96
鸡爪　熟制品　一级　大连	千克	23.67
鸡腿　熟制品　一级　大连	千克	20.60
6.蛋		
鲜　　蛋		
鸡蛋　新鲜完整　散装　大连	千克	5.10
咯咯嗒　精装　大连	千克	9.29
蛋 制 品		
松花蛋　一等散装（16个/kg）外地	千克	12.39
咸鸭蛋　一等散装（14个/kg）大连	千克	11.65
7.水产品		
(1)鱼		
淡 水 鱼		
鲤鱼　活一等　500g以上/条　大连	千克	8.52
鲢鱼　新鲜　500g以上/条　大连	千克	10.29
鲫鱼　新鲜　250g左右/条　大连	千克	11.72
海 水 鱼		
小黄花鱼　新鲜　大连	千克	12.52
偏口鱼　新鲜　150g左右/条　大连	千克	17.06
鲅　鱼　新鲜　500g左右/条　大连	千克	13.83
带鱼　新鲜200-300g/条　大连	千克	23.32
(2)其他水产品		
虾 蟹 类		
虾 新鲜养殖 25-30头/500克 大连	千克	32.47
飞蟹（母2个/斤）大连	千克	82.00
花盖蟹（5个/斤）大连	千克	45.22

13-2　主要商品平均价格

13-2　续表

规 格（分类）名 称	计量单位	全年平均价格（元）
其　他		
蚬子 新鲜 一等 大连	千克	9.92
8.菜		
鲜　菜		
大白菜　一等　大连	千克	1.63
洋白菜　一等　大连	千克	2.60
菠　菜　一等　大连	千克	5.16
油　菜　一等　大连	千克	3.37
芹　菜　一等　大连	千克	3.32
韭　菜　一等　大连	千克	3.78
空心菜　一等　外地	千克	4.08
菜　花　一等　大连	千克	4.47
生　笋　一等　外地	千克	3.98
黄　瓜　一等　大连	千克	3.84
冬　瓜　一等　大连	千克	2.61
丝　瓜　一等　大连	千克	4.00
西红柿　一等　大连	千克	3.74
茄　子　一等　大连	千克	4.11
萝　卜　一等　大连	千克	2.37
胡萝卜　一等　大连	千克	3.05
青　椒　一等　大连	千克	4.64
生　姜　一等　大连	千克	5.66
豆　角　一等　大连	千克	5.63
洋葱头　一等　大连	千克	2.84
大　葱　一等　大连	千克	3.58
大　蒜　一等　大连	千克	6.70
蒜　薹　一等　大连	千克	7.00
莲　藕　一等　外地	千克	5.94
豆　芽　绿豆芽　大连	千克	1.95
生　菜　一等　大连	千克	4.37
茭　瓜　一等　大连	千克	3.13
茼　蒿　一等　大连	千克	4.84
小白菜　一等　大连	千克	2.96
干菜及菜制品		
黑木耳　一级散装　东北	千克	71.40
干香菇　一级散装　东北	千克	72.73
干辣椒　一级散装　外地	千克	27.93
榨　菜　一级散装　外地	千克	3.00
薯　类		
土豆　大连	千克	2.50
9.调 味 品		
盐		
辽海牌　加碘精制盐　袋装（500g）大连	袋	0.83
酱　油		
精制一级酱油　瓶装（500ml）　大连	瓶	4.20

13-2　主要商品平均价格

13-2　续表

规格（分类）名称	计量单位	全年平均价格（元）
棒棰岛酱油　三级袋装（350ml）　大连	袋	1.00
醋		
大连米醋　含酸量4.0g/100ml 瓶装（500ml）	瓶	2.15
大连棒棰岛米醋 含酸量4.0g/100ml袋装300ml	袋	0.98
味　精		
红梅牌　袋装（400g）含谷氨酸钠99%　沈阳	袋	7.49
太太乐牌袋装（1千克）含谷氨酸钠99% 上海	袋	13.82
其　他		
花椒　一级散装　外地	千克	34.00
大料　一级散装　外地	千克	34.00
10.糖		
食　糖		
中糖牌优质绵白糖　500g/袋　内蒙古	袋	3.85
中糖牌红糖　500g/袋　内蒙古	袋	4.33
糖　果		
阿尔卑斯奶糖　150g/袋　上海	袋	6.98
上好佳薄荷糖 120g/袋 上海	袋	2.39
巧克力制品		
德芙丝滑牛奶巧克力 90g/袋 北京	袋	10.02
mm牛奶巧克力豆　袋装（45g）北京	袋	3.18
糖类小食品		
喜之郎cici果冻爽 150g/管 广东	管	1.83
米老头农夫小舍麦通 400g/袋　四川	袋	7.88
11.茶及饮料		
(1)茶叶		
茶　叶		
茉莉花茶　一级散装　福建	千克	145.00
绿茶　一级散装　福建	千克	180.00
(2)饮料		
固体饮料		
果珍　袋装（500g）天津	袋	10.30
阿华田　袋装（400g）上海	袋	19.51
雀巢咖啡　瓶装（200g）广东	瓶	50.42
液体饮料		
可口可乐　瓶装（2.5L）大连	瓶	6.14
娃哈哈纯净水　瓶装（596ml）杭州	瓶	0.94
杏仁露 露露牌 听装（240ml）承德	听	2.10
康师傅冰红茶　瓶装（490ml）天津	瓶	2.04
冷冻饮品		
宏宝莱沙皇枣雪糕　85g/支　四平	支	1.00
和路雪可爱多　68g/支　北京	支	2.50
12.干鲜瓜果		
鲜 瓜 果		
苹果　一等　大连	千克	7.04
梨　一等　大连	千克	7.83

13-2 主要商品平均价格

13-2 续表

规 格 (分类) 名 称	计量单位	全年平均价格(元)
橙子 一等 外地	千克	6.27
桃子 一等 大连	千克	7.05
西瓜 一等 外地	千克	3.97
香蕉 一等 进口	千克	5.46
桔 一等 外地	千克	4.80
葡萄 巨峰一等 大连	千克	9.50
草莓 一等 大连	千克	17.34
樱桃 一等 大连	千克	38.77
香瓜 一等 大连	千克	11.13
干(坚)果		
花生米 一等散装 大连	千克	7.51
熟葵花子 一等散装 外地	千克	12.00
红 枣 一等散装 外地	千克	9.93
13.糕点饼干		
糕 点		
蛋 糕 散装 大连	千克	16.78
徐福记牌鸡蛋沙琪玛 720g/袋 广东	袋	11.20
好丽友巧克力派夹心蛋糕 360g/盒 上海	盒	11.89
饼 干		
旺仔小馒头 袋装500g/袋 北京	袋	13.96
香草饼干 一级散装 大连	千克	14.91
康师傅3+2松派夹心 袋装 118g/袋 沈阳	袋	3.24
面 包		
麦香园黄金条 140g/袋 大连	袋	2.29
桃 李 袋装切片 (330g) 大连	袋	4.48
14.液体乳及乳制品		
巴氏杀菌奶或消毒奶		
三寰牌超高温灭菌无菌鲜牛奶 (486ml) 大连	袋	1.67
伊利纯牛奶 (221ml) 内蒙古	袋	0.99
酸 奶		
伊利优酸乳 盒装 (250ml) 内蒙古	盒	1.56
佳福牌双歧因子原味酸牛奶 盒 (175克) 大连	盒	1.38
奶 粉		
雀巢全脂甜奶粉 400g/袋 黑龙江	袋	12.02
多美滋金装多学1加奶粉 桶装 (900g) 上海	桶	137.56
其 他		
光明奶酪 100g6片/袋 上海	袋	8.25
15.在外用膳食品		
主 食		
米饭 大连	千克	10.00
馅饼 肉馅大连	千克	10.00
油条 大连	千克	5.08
水饺 肉馅大连	千克	30.00
葱油饼 大连	张	2.00
炒 菜		

13-2　主要商品平均价格

13-2　续表

规格（分类）名称	计量单位	全年平均价格（元）
麻辣豆腐　投料500克 大连	盘	6.00
红 油 肉　投料250克 大连	盘	14.33
糖醋鱼块　投料250克 大连	盘	14.00
溜 虾 仁　投料200克 大连	盘	46.17
地 三 鲜　投料600-700克 大连	盘	11.33
鱼香肉丝　投料200克 大连	盘	13.22
京酱肉丝　投料200克 大连	盘	13.22
炒蚬子　投料500克 大连	盘	11.13
辣 鸡 丁　投料250克 大连	盘	13.61
铁板牛柳　投料250克 大连	盘	20.94
地方小吃		
豆腐脑　500克/碗　大连	碗	1.00
焖子 大连	份	2.00
馄饨　肉馅 大连	千克	23.33
16.其他食品		
其他食品		
八宝粥　娃哈哈听装（360g）杭州	听	2.86
麦片 西麦血（脑）维营养燕麦片700g/袋 桂林	袋	21.93
妙脆角　巴西烤肉味　75g/袋 南京	袋	4.77
二、烟酒及用品		
1.烟草		
国产卷烟		
新红红塔山　红盒软盒　84mm　云南	盒	9.63
玉溪　软盒　84mm　云南	盒	21.26
小福 软盒　84mm　云南	盒	6.50
进口卷烟		
三五　普通硬盒84mm　英国	盒	13.85
七星　普通硬盒84mm　日本	盒	14.18
其　他		
烟叶　一级　贵州	千克	53.50
2.酒		
白　酒		
金六福　2星级52度　500ml　宜宾	瓶	28.80
大连百年窖藏 53度　500ml　大连	瓶	108.00
红星二锅头　筒装56度　500ml　北京	瓶	9.82
葡 萄 酒		
香格里拉藏秘干白葡萄酒　750ml　云南	瓶	66.80
长城干红葡萄酒　750ml　河北沙城	瓶	31.86
啤　酒		
青岛啤酒　600ml　青岛	瓶	3.30
黑狮超纯金冠　500ml　大连	瓶	5.66
其　他		
雄蚕蛾养生酒 250ml*2　大连	盒	30.61
即墨黄酒 470ml　山东	瓶	3.45
3.吸烟、饮酒用品		

13-2　主要商品平均价格

13-2　续表

规格（分类）名称	计量单位	全年平均价格（元）
吸烟用品		
打火机　zippo　美国	个	233.25
烟嘴　雷登牌烟嘴　8个/盒　上海	盒	5.00
饮酒用品		
葡萄酒杯　银环酒杯　山东	个	25.36
刻花杯　山东	个	16.88
波西米亚玻璃酒具　001七件套　捷克	套	353.38
三、衣着		
1.服　装		
(1)男式服装		
大　衣		
奥豹牌　绵羊皮中褛1910　北京	件	3361.42
马克华菲　绵羊皮中褛 8154008063-099　上海	件	4257.04
毛线衣		
正大牌　翻领羊毛衫　5268　上海	件	620.17
鹿王牌　圆领羊绒衫 SMC246200　内蒙包头	件	1727.96
夹克衫		
鳄鱼牌　休闲夹克衫　K05033　福建	件	594.85
雄牌　休闲夹克衫　6603 常熟	件	277.75
衬　衫		
成吉思汗牌　高支棉衬衫 C471 大连	件	168.83
亚瑟王牌　高支棉衬衫　0001　大连	件	79.00
T恤衫		
添多利牌丝光棉T恤衫 5AH6205　大连	件	417.25
华伦天奴羊毛天丝T恤衫　5808　常熟	件	67.71
裤　子		
虎都牌　纯棉休闲裤 XDH5-005A　福建	条	274.50
九牧王牌　毛涤西裤　51252 福建晋江	条	253.90
西　服		
乔顿牌　毛涤西服QJ90246-1 深圳	套	2292.02
富哥牌　纯毛高支纱西服　04010 大连	套	1522.13
运动衫裤		
耐克牌　聚脂纤维上衣 142552101 苏州	件	498.00
阿迪牌　针织连帽套装 979749 苏州	套	538.50
内　衣		
宜而爽　纯棉套装　M1607　上海	套	89.02
三　枪　纯棉背心　30141　上海	件	22.31
羽绒衣		
鸭鸭牌　半大羽绒衣　517 江西	件	372.60
波司登牌　半大活面　2019 江苏	件	385.50
其　他		
宜而爽内裤　上海	条	16.23
(2)女式服装		
大　衣		
绿宾牌 羊驼毛大衣 755 北京	件	770.25

13-2　主要商品平均价格

13-2　续表

规格（分类）名称	计量单位	全年平均价格（元）
应大牌　绵羊皮半大衣　106469　天津	件	3154.67
毛线衣		
正大牌　小翻领羊毛衫 14836 上海	件	620.31
鄂尔多斯牌羊绒衫　94840 内蒙古	件	1391.42
羽绒衣		
寒思牌　半大休闲　585 威海	件	351.21
汤普勒牌　半大休闲 3307 天津	件	372.56
套　装		
声雨竹套装　24017 21012 广州	套	1640.00
华鑫牌双面毛绒套裙 541B203 541D709 广州	套	1046.71
衬　衫		
哥弟牌涤棉长袖衬衫 31866E26211-5 广州	件	419.46
绿宾牌 涤棉长袖衬衫　北京	件	198.17
T　恤衫		
佐丹奴牌T恤衫　02578　广州	件	65.83
班尼路牌T恤衫 88533237　广东	件	75.29
裙　子		
演绎牌时装裙　4514001　大连	条	226.71
幸福女人牌 时装裙 2562007　大连	条	206.40
裤　子		
星语牌　涤纶裤　81041 大连	条	213.08
百斯盾牌　休闲女裤　55001-4 广州	条	254.21
运动衫裤		
美津浓牌　涤纶运动衣 C67WS557 上海	件	390.00
李宁牌　运动衣 YY5018　北京	件	185.65
内　衣		
桑扶兰牌文胸　花边 AK507 大连	件	279.63
婷美牌 保健内衣两件套 新佳丽款　北京	套	686.00
其　他		
旗袍　彩路牌短袖丝绒 08 大连	件	271.17
(3)儿童服装		
套　装		
巴布豆牌　涤棉2件套 54D03 53A10 上海	套	364.21
米奇妙涤棉两件套M05GE6805 M05GG6803 广州	套	378.90
裤　子		
波姆斯牌 牛仔裤　53GBF034-018 北京	条	183.83
斯乃纳牌 休闲长裤　SBGBA01M　上海	条	181.25
裙　子		
常春藤牌童裙　532125 上海	件	100.27
丽婴房牌童裙　BD53AE21LV030　深圳	件	167.09
其　他		
波姆斯 休闲衬衫 53EDC078492 北京	件	116.73
2.衣着材料		
棉　布		
纯棉白布 幅宽95cm　山西	米	6.90

13-2 主要商品平均价格

13-2 续表

规 格（分类）名 称	计量单位	全年平均价格（元）
纯棉色布 幅宽85cm 红色 山西	米	7.40
棉混纺布		
漂白涤棉细布 幅宽1.1m 山西	米	8.70
靠色涤棉布 幅宽1.8m 山西	米	15.00
化 纤 布		
涤时装呢 幅宽1.45m 绍兴	米	25.67
化纤混纺裤子呢 幅宽1.5m 沈阳	米	25.67
毛 线		
恒源祥 中细 16 上海	千克	97.33
双鹿牌 中粗纯毛 285 北京	千克	88.50
3.鞋袜帽		
(1)鞋		
男 鞋		
康奈 牛皮压花 28W222A 温州	双	283.10
森达牌 牛皮鞋 SM550450 青岛	双	388.38
李宁 运动鞋 5315-4 北京	双	295.60
女 鞋		
富贵鸟 牛皮 F4897102 石狮	双	361.67
哈 森 牛皮 HL50703 深圳	双	325.65
接吻猫牌 时装鞋 15324-004 广东	双	400.25
童 鞋		
路豹太郎牌 休闲鞋 3006 福建	双	128.46
艾的牌 休闲旅游鞋 06609B 广东	双	180.77
斯乃纳牌 童皮鞋 6502-1 上海	双	299.88
(2)袜子		
男 袜		
鳄鱼牌 精棉休闲袜 5071 上海	双	27.00
金利来牌 丝光棉袜 5011 广东	双	43.39
女 袜		
鳄鱼牌 纯棉女袜 8769 上海	双	15.66
皮尔.卡丹 连裤袜 8060 上海	双	48.56
(3)帽子		
男 帽		
纯毛男礼帽 2107 大连	顶	68.00
男棒球帽 大连	顶	25.00
女 帽		
纯毛时装帽 大连	顶	100.00
普通兔毛帽 大连	顶	97.00
4.衣着加工服务费		
缝 纫		
西服套装 纯毛料	套	240.00
裤子 毛涤料	条	70.00
清 洗		
干洗 羊绒大衣	次	36.50
干洗 纯毛西服套装	次	25.00

13-2 主要商品平均价格

13-2 续表

规格（分类）名称	计量单位	全年平均价格（元）
四、家庭设备用品及维修服务		
1.耐用消费品		
(1)家　具		
柜		
华丰牌衣柜 W-68G A级1700*600*2055 大连	个	7511.11
华丰牌五斗橱 W-09C 950*600*1000 大连	个	3600.00
华丰牌书柜 H-05A 1350*420*2000 大连	个	3980.00
床		
华丰牌床 B-111D 1846*2101*980 大连	张	4960.00
华源轩牌床 R7105AL 1930*2200*980 深圳	张	2159.07
桌		
华丰牌餐桌 T-021 1350*800*700 大连	张	1560.00
华源轩牌餐桌 T9101 1600*950*880 深圳	张	5755.07
椅		
华丰牌餐椅 C-356 455*535*858 大连	把	490.00
华源轩牌餐椅 CD9103 深圳	把	567.62
沙　发		
华丰牌沙发 S126LC 大连	个	4250.00
华源轩牌三人皮沙发 F001 1.9*0.9*0.88 深圳	个	2360.60
其　他		
华丰牌茶几 T-103 1300*700*400 大连	个	2360.00
(2)家庭设备		
洗衣机		
海尔 XQG52-HDY800(白) 青岛	台	3353.89
LG N80105 南京	台	2878.67
西门子 WM1078XS 无锡	台	2598.13
电风扇		
美的牌 FS40-S1 顺德	台	220.00
格力 台扇TA30A 珠海	台	122.01
电冰箱(柜)		
海尔电冰箱 BCD-242BCZA 青岛	台	4955.56
西门子电冰箱 KK22F56 安徽	台	4590.50
海尔电冰柜 LC-130WBP 青岛	台	3515.83
吸排油烟机		
方太 189-D5GH 宁波	台	3137.42
老板 CXW-165-3012 杭州	台	1299.51
空调器		
三菱电机 MFH-51ZV 上海	台	7291.75
海尔 KFRD-27GW/U（ZXF） 青岛	台	3372.07
海信 KFR-26GW/29VBP 青岛	台	2732.33
热水器		
海尔 JTHM050-Ⅲ 青岛	台	1940.47
阿里斯顿 AM80H-T13 无锡	台	2480.00
微波炉		
格兰仕 G8023CSL-K3（白） 顺德	台	584.53

13-2 主要商品平均价格

13-2 续表

规 格（分类）名 称	计量单位	全年平均价格（元）
美的 KD23B-AH 顺德	台	788.42
电 炊 具		
美的电瓷炉 SH204 顺德	个	397.78
美的电饭煲 yD302 顺德	个	329.67
2.室内装饰品		
纺织装饰品		
沙发垫 港龙RX-4瑞尔雪系列 70*140cm 海南	个	148.00
窗帘 纯棉提花布 2.8m SKU：459084 广东	米	120.38
装饰灯具		
永大82985-1A 白布信壁灯 广东	个	98.00
华迪环型吸顶灯 40W 广东	个	95.48
其 他		
艺宝装饰画 28*38 大连	幅	69.00
港龙 H100*60 挂毯 天津	个	160.00
3.床上用品		
毛 毯		
兴洋牌 拉舍尔毛毯2*2.3m L20502S 宁波	条	997.14
海欣牌 拉舍尔毯1.8*2.3m 上海	条	688.00
被 子		
恒源祥羊毛被 2*2.3m 上海	条	458.96
冬冬宝时尚羊毛被 2*2.3m 江西	条	305.50
床上套件		
富仕牌纯棉四件套 FA467Q 广东	套	826.00
富安娜牌四件套 如画 深圳	套	468.00
其 他		
冬冬宝牌枕头 江西	个	90.60
4.家庭日用杂品		
茶 具		
隆达牌金色维也纳13头茶具 唐山	套	660.38
隆达牌金蔷薇咖啡具 15头 唐山	套	655.80
餐 具		
饭碗 4.25寸韩碗 韩国	个	16.15
筷子 双枪牌含香木筷10双 台山	捆	16.00
厨 具		
压力锅 苏泊尔牌（带蒸格）24CM 玉环	个	151.54
阳江十八子菜刀 切味王 S211	把	72.75
家用手工工具		
钳子 朝华7寸兰色绝缘柄镍铁合金 上海	把	21.60
朝华防滑手柄十字螺丝刀 6*150 上海	把	7.80
洗涤用品		
洗衣粉 汰渍360度全能怡人清香 1100g 广州	袋	8.58
洗洁精 田七奥奇丽草本除菌500g 梧州	瓶	2.86
其 他		
电 池 南孚5号 4块/板 福建南平	板	7.87
5.家庭服务及加工维修服务		

13-2　主要商品平均价格

13-2　续表

规格（分类）名称	计量单位	全年平均价格（元）
家庭服务		
保姆费　包吃住	月	758.33
家务钟点工	小时	10.00
加工维修服务		
海尔波轮洗衣机更换电容检修费	次	35.00
冰箱检修费 换加热管	次	110.00
五、医疗保健和个人用品		
1.医疗保健		
(1)医疗器具及用品		
医疗器具及用品		
血压计　水银柱握式　江苏	台	111.75
体温计　口腔用　洪江	支	3.85
注射器　一次性5ml　天津	支	0.50
(2)中药材及中成药		
中 药 材		
黄芪　一等　辽宁	千克	55.79
党参　一等　甘肃	千克	53.33
当归　一等　甘肃	千克	46.83
黄莲　一等　四川	千克	230.50
甘草　一等　内蒙	千克	45.27
银花　一等　山东	千克	174.56
中 成 药		
牛黄解毒片 3板*10片/盒　北京同仁堂	盒	11.55
世一治感佳 12粒/盒　哈尔滨世一堂	盒	9.48
复方丹参片 60片/瓶　广州白云山	瓶	4.00
消　渴　丸 30g/瓶　广州中一牌	瓶	12.85
六味地黄丸（水丸）360g/盒　北京同仁堂	盒	12.24
(3)西药		
抗微生物药		
安必仙　24粒/盒　珠海联邦	盒	14.30
欣美罗　75mg*20片/盒　大连美罗	盒	16.75
消化系统用药		
美罗胃痛宁片 0.25g*45片/瓶　大连	瓶	14.91
吗丁啉　10mg*30片/盒　西安杨森	盒	16.83
呼吸系统用药		
可坦　12片/盒　大连	盒	11.30
复方甘草片　100片/瓶　内蒙	瓶	4.11
解热镇痛及非甾体抗炎药		
感康 12片/盒　吉林吴太集团	盒	10.47
新康泰克 10粒/盒　中美史克	盒	12.47
抗肿瘤药		
泰素 30mg：5ml　美国	支	1638.67
参莲胶囊 0.5g*60s 通化	盒	111.14
激素及调节内分泌功能药		
盐酸二甲双胍片 0.25g*48片/瓶　天津	瓶	3.12

13-2 主要商品平均价格

13-2 续表

名 称 规 格 特 征	计量单位	全年平均价格（元）
甲状腺片 40mg*100片/瓶 兖州	瓶	7.79
循环系统用药		
硝酸甘油 100片/瓶 北京	瓶	2.95
北京降压0号 30片 /瓶 北京	瓶	24.31
神经系统用药		
妥泰 25mg*60片/盒 西安杨森	盒	103.94
赛乐特 20mg*10片/盒 中美史克	盒	111.68
专科用药		
三九皮炎平膏 20g/管 广州	管	8.28
珍珠明目滴眼液 8ml/瓶 苏州	瓶	1.62
其 他		
芬必得 0.3g*20粒/盒 中美天津史克	盒	14.45
散利痛 10片/盒 上海罗氏制药厂	盒	9.09
(4)保健器具及用品		
保健器具		
东方神按摩器 508-3A 福建	台	3150.00
京磁五行罐 （12个罐）北京	套	185.00
便携式制氧器 氧立得 北京	台	289.00
滋补保健用品		
人参蜂王浆 10ml*10/盒 北京	盒	13.60
脑白金 250mg*20粒*500ml/盒 珠海康奇	盒	138.94
肠清茶 4g*12代 北京	盒	28.00
(5)医疗保健服务		
挂 号 费		
专家诊 三级甲等医院（享受市政府津贴）	次	16.50
平 诊	次	3.00
注 射 费		
肌肉注射	次	2.00
静脉注射	次	3.00
检 查 费		
彩超（彩色多普勒超声常规检查）	次	99.00
CT（脑部）	次	264.00
手 术 费		
阑尾炎	人/次	840.00
剖腹产	人/次	800.00
住 院 费		
普通病房 市级医院	天/人	22.00
普通病房 省级医院	天/人	29.00
理 疗 费		
低频脉冲电治疗	次	10.50
颈椎牵引（电动）	次	31.50
化 验 费		
肝功化验（病毒性肝炎系列检测）	次	106.00
血常规（5 分类）	次	27.50
其 他		

13-2　主要商品平均价格

13-2　续表

规 格（分类）名 称	计量单位	全年平均价格（元）
局部伤口处置费 （中换药）	人/次	15.33
2.个人用品及服务		
(1)化妆美容用品		
化妆美容器具		
电吹风 博朗风雅A1000 上海	个	99.00
剃须刀 飞利浦HQ9070 珠海	个	799.25
羽西美容套刷（6件套） 深圳	套	72.00
美容化妆品		
玉兰油活肤菁华霜 50g 广州	瓶	59.00
贝丽丝（桃花盛开）香水 30ml 南京	瓶	144.00
美宝莲3X柔润极致唇膏 2g 苏州	支	45.00
护肤品		
大宝SOD蜜 100ml 北京	瓶	6.92
丁家宜美白保湿霜 50g 江苏	瓶	30.38
护发美容品		
峰花营养护发素 蓝瓶 400ml 上海	瓶	6.27
美涛弹性滋养着哩 240g 广州	瓶	26.92
(2)清洁化妆用品		
洗发用品		
飘柔滋润去屑二合一 400ml 绿瓶 广州	瓶	24.67
海飞丝洗发水 750ml 黄 广州	瓶	60.79
舒蕾局油洗发水 200ml 红 广州	瓶	13.70
洗浴用品		
玉兰油多效呵护沐浴乳 400ml 粉 广州	瓶	22.08
舒肤佳香皂 125g 柠檬香型 广州	块	3.85
六神沐浴露 450ml 黄、粉、绿 上海家化	瓶	16.76
其　他		
卫生棉条 o.b.量多型16个/盒 上海	盒	12.57
卫生纸 清风145g/卷*10 绿 苏州	包	19.14
(3)个人饰品		
首　饰		
黄金饰品 足金24K 北京	克	185.14
铂金饰品 PT950 深圳	克	352.93
皮　件		
皮夹 花花公子 男式短款 广州	个	159.13
腰带 金利来男式休闲款腰带 广州	条	251.50
依莉莎女士休闲包 深圳	个	593.13
手　表		
飞亚达女表 L324 深圳	块	620.38
罗西尼男表 G1309 珠海	块	1563.92
依波男表 222313 深圳	块	420.96
领　带		
法尔狮特涤丝领带 广东	条	98.50
皮尔卡丹 真丝领带 浙江	条	210.25
其　他		

13-2　主要商品平均价格

13-2　续表

规格（分类）名称	计量单位	全年平均价格（元）
丝　巾　玛特仙妮（小方）深圳	条	30.00
胸　花　依泰莲娜 1501866-2 广州	个	326.25
(4)个人服务		
美　容		
面部护理（普通）	次	91.98
纹眉（手绣）	次	252.00
理(烫)发		
男理全活	次	25.42
女烫发　波美烫（中发）威娜进口水	次	127.54
洗　浴		
洗澡（男票）	次	11.25
搓澡（男票）	次	11.52
其　他		
足底按摩	次	28.00
六、交通和通信		
1.交通		
(1)交通工具		
摩托车		
欧豹OB150-6	辆	5460.00
自行车		
宝岛减振山地车 24　天津	辆	629.00
凤凰自行车 26　上海	辆	432.00
赛克山地车 26　广东	辆	1152.00
轿　车		
桑塔纳轿车 SVW7180CEI（家庭用）上海	辆	76383.33
宝来轿车 BORA1.6 自动档 长春	辆	146530.00
捷达轿车　FV7160GIF 都市春天自动档 长春	辆	109083.33
其　他		
赛克电动车　22寸 天津	辆	2412.00
(2)车用燃料及零配件		
汽　油		
90#乙醇汽油（按日加权平均）　大连	升	4.30
93#乙醇汽油（按日加权平均）　大连	升	4.56
柴　油		
零#柴油（按日加权平均）大连	升	4.34
-10#柴油（按日加权平均）大连	升	4.60
零配件		
三滤　　电喷车　　上海	个	135.00
其　他		
机油　4L/桶　上海	桶	72.50
(3)车辆使用及维修费		
驾驶证		
大货　B证	个	3392.67
小货　C证	个	2939.42
保险费		

13-2　主要商品平均价格

13-2　续表

规格（分类）名称	计量单位	全年平均价格（元）
轿车车损标准保费　购车价格12万元新车	年	1626.14
轿车盗抢险　购车价格12万元新车	年	768.60
停车费		
轿车　夜间	次	5.00
轿车　临时	次	3.00
车辆修理服务费		
四轮保养	工时费	173.00
换三滤	工时费	32.00
其　他		
年检费　轿车	次	100.00
(4)市区公共交通费		
公共汽车票		
专线月票　413路公共汽车	张	39.19
零票　16路公共汽车	张	1.00
出租汽车		
起步价　白天	次	8.00
每公里计价　白天	公里	1.91
其　他		
公共电车票　201路有轨电车　零票	张	1.00
(5)城市间交通费		
飞机票		
经济仓　大连--东京　南方航空公司	人/百公里	146.64
经济仓　大连--北京　早8点航班　南方航空公司	人/百公里	137.59
火车票		
大连--沈阳　特快T453次	人/百公里	21.75
长途汽车		
大连--瓦房店　双大高速	人/百公里	22.49
大连--沈阳　虎悦高速	人/百公里	26.05
其　他		
船票　大连--烟台　棒棰岛号三等舱	人/百海里	253.56
2.通信		
(1)通信工具		
固定电话机		
步步高　HWCD007（82）　广东	部	513.42
西门子　HW8518（3）　P/TSDL　广东	部	393.00
移动电话机		
诺基亚　N7260　北京	部	1468.58
摩托罗拉　U6　天津	部	1940.89
三星　X648　天津	部	1398.47
其　他		
诺基亚手机电池　BL-5C	个	278.75
(2)通信服务		
移动通信费		
神州行	分钟	0.60
如意通	分钟	0.54

13-2　主要商品平均价格

13-2　续表

规格（分类）名称	计量单位	全年平均价格（元）
市内电话费		
住宅电话　三分钟内	次	0.20
长途电话费		
国内长途　大连--沈阳	分钟	0.70
月租费		
住宅电话	月	20.00
上网费		
上网费　96163	小时	3.00
信件邮寄		
平信外埠	封	0.84
包裹邮寄		
普通包裹　大连-北京	千克	2.10
其　他		
全球通短信	条	0.10
七、娱乐教育文化用品及服务		
1.文娱用耐用消费品及服务		
电视机		
海信 HDP2978H 青岛	台	2945.47
长虹　LT4219B　四川	台	16300.85
TCL王牌 HD29B06　深圳	台	2413.54
索尼　KF-E50A10　上海	台	17947.58
激光视盘机		
步步高 DV979　东莞	台	783.42
厦新 DVD 728D　厦门	台	508.42
摄像机		
松下数码　GS78　日本	台	4743.25
索尼DCR-HC43E　上海	台	4359.47
JVC GZ-MG20AC　北京	台	5266.89
照相机		
三星　i50　天津	台	2448.72
索尼数码　N1　上海	台	3923.81
家用音响		
三洋　DC-MCR350V 组合音响 深圳	台	1366.28
CAV丽声音响　飞扬1号系列　广东	台	12531.39
便携式音响		
三星MP3机 YP-CiH（128MB）天津	台	684.97
三洋CD机　XJ780（面包机）　南通	台	273.00
电　脑		
联想　天骄S5000X　北京	台	11915.67
IBM　R51E-A28　深圳	台	10617.29
方正　卓越K100-1036　北京	台	6115.67
修理服务		
彩电检修费　国产29寸开盖	次	150.00
摄像机检修费　进口	次	350.00
其　他		

13-2　主要商品平均价格

13-2　续表

规格（分类）名称	计量单位	全年平均价格（元）
录放像机　松下MV-FJ630　大连	台	1800.00
2.教育		
(1)教材及参考书		
工具书		
《现代汉语词典》第五版　商务印书馆	本	68.00
《新英汉词典》（增补本）上海译文出版社	本	49.00
《新华字典》第十版　商务印书馆	本	15.00
教　材		
小学《语文》第五册　人民教育出版社	本	6.45
初中《英语》第一册　外语教学与研究出版社	本	8.30
高中《数学》第一册　人民教育出版社	本	9.75
参考书		
《尖子生题库八年级物理》辽宁教育出版社	本	12.50
《中学英语1+1》（下）天津人民出版社	本	14.80
《海淀-黄岗黄金组合AB卷》四年级语文下	套	5.00
教育软件		
电脑世纪行3　北京	套	268.00
开天辟地3　北京	套	127.00
(2)学杂托幼费		
义务教育杂费		
小学	学期	85.00
初中	学期	120.00
非义务教育学杂费		
重点高中 学期	300.00	
辽宁师范大学 中文系	学年	3500.00
技能培训学费		
烹饪专业培训	学年	2880.00
面点专业培训	学年	2760.00
托幼费		
日托　省级示范园	月	280.00
长托　省级示范园	月	450.00
其　他		
自学考试单科《大学语文》业余班	学期	80.00
3.文化娱乐类		
(1)文化娱乐用品		
乐　器		
电子琴　雅玛哈KB-220　天津	台	1908.33
红木二胡　一级04A-4A　上海	把	732.50
吉　他　伊普风ECS-10　青岛	把	725.83
音响光盘和磁带		
索尼空白录音带　90分钟　泰国	盒	11.00
《命运》CD碟 北京敦煌音像发行总公司	张	15.00
照相胶卷和存储卡		
富士100 彩色胶卷　日本	个	16.50
乐凯超金100 彩色胶卷　保定	个	11.97

13-2 主要商品平均价格

13-2 续表

规格（分类）名称	计量单位	全年平均价格（元）
录像磁带和视盘		
索尼摄像带 E-180 法国	盒	30.40
松下数码摄像带 DV60 日本	盒	56.56
《哈利.波特》VCD碟 第三集 北京	张	20.00
儿童玩具		
芭比娃娃 G8399 南海	件	169.00
百利威 电动吉普车125133 广州	件	138.42
奥迪 遥控摩托车 218210 广东	件	261.96
纸张本册		
大红纸 787*1092 佳木斯	张	1.25
蜡光纸 510*750 青岛	张	0.75
备课本 1092*787*25 大连	本	1.75
文　　具		
圆珠笔 三菱SA-S 日本	支	4.63
墨水 鸵鸟高级蓝黑313 天津	瓶	3.38
铱金笔 英雄616（大） 上海	支	11.44
体育用品		
篮球 斯伯丁银标 福建	个	149.38
扑克 三A 宁波	付	2.24
象棋 木制60＃ 辽宁	付	24.90
其　　他		
电子字典 文曲星NC3000 北京	个	698.00
影集 5寸100张佳太子 潮阳	本	18.00
⑵书报杂志		
书　　籍		
《细节决定成败》新华出版社	本	48.00
《年轻人要读的50篇小说》光明时报出版社	本	29.80
《思念依然无尽-回忆父亲胡耀邦》北京出版社	本	39.00
《健康在你手中》人民卫生出版社	本	8.00
报　　纸		
《环球时报》CN11-0215	份	1.00
《半岛晨报》CN21-0021	份	0.50
《大连晚报》CN21-0045	份	0.50
杂　　志		
《读者》 54-17 甘肃人民出版社	本	3.00
《知音》 38-132 湖北省妇女联合会	本	3.50
《青年文摘》 2-301 中国青年出版社	本	3.00
⑶文娱费		
电 影 票		
电影票 国产片 大厅普座	张	19.51
电影票 国外大片 大厅普座	张	22.49
景点门票		
大连老虎滩极地海洋动物馆门票	张	100.00
大连老虎滩极地馆+海兽馆+欢乐剧场套票	张	140.00
有线电视		

13-2　主要商品平均价格

13-2　续表

规格（分类）名称	计量单位	全年平均价格（元）
大连有线电视　月租费	月	24.00
大连有线电视　初装费	次	350.00
健身活动		
游　泳	人/次	48.00
乒乓球	小时/台	15.00
台球	小时/台	15.00
其　他		
京剧门票　大型古装戏B等票价	张	50.00
4.旅游		
旅行社收费		
昆明、版纳、大理、俪江八日游	次/人	5062.75
港、澳五日游	次/人	2642.00
宾馆住宿		
大连瑞士酒店　五星级标准间	间/天	651.22
大连留连宾馆　三星级标准间	间/天	120.90
其他住宿		
大连渤海饭店　标准间	间/天	162.92
大连友好广场招待所　普通间	普通间	21.86
八、居住		
1.建房及装修材料		
木　材		
同达A级白松木方 30*50*3800MM　辽宁	立方米	1775.03
同达落叶松地板方　A级30*50*4000MM　辽宁	立方米	1999.24
木 地 板		
保得利91125仟皮玉芯实木地板910*125*18 广东	平方米	221.25
禧路D-1224暖王系列强化复合板1212*164*12辽宁	平方米	85.14
砖		
蒙娜丽莎6LSP0003玻化砖 600*600　广东	块	35.50
皇冠30811地砖　300*300mm 淄博	块	5.29
百特TAR7800墙砖 300*450mm （厨） 广东	块	7.98
水　泥		
白水泥　双吉牌500#　50kg　山东	千克	2.00
海鸥硅酸盐325#水泥 50kg　大连	袋	23.30
涂　料		
立邦时时丽内墙乳胶漆　18升　廊坊	桶	175.44
华润高级内墙漆 V400 18升 广东	桶	377.89
胶 合 板		
兔宝宝三厘柳桉胶合板 2440*1220*3　浙江	张	42.59
鹏鸿无醛胶山桂花面细木工板2440*1220*18 辽宁	张	135.64
玻　璃		
飞翔艺术玻璃　10mm　沈阳	平方米	320.00
磨砂玻璃 4mm　大连	平方米	25.00
粘　胶		
西卡卫浴专用填缝胶白 310ML　广东	瓶	38.04
汉港环保白胶0101型　0.5kg　陕西	桶	4.90

13-2 主要商品平均价格

13-2 续表

规格（分类）名称	计量单位	全年平均价格（元）
油　　漆		
立邦晶雅6系列面漆 5公斤　廊坊	组	317.36
大宝真好聚酯5分透明漆 7.5公斤 广东	盒	300.88
其　　他		
伊力麻花地板钉60mm 哈尔滨	斤	5.30
2.租房		
公房房租		
混合租价	平方米	2.14
私房房租		
混合租价	平方米	14.23
其他费用		
房屋租赁中介费	平方米	100.00
3.自有住房		
房屋贷款利率		
商业贷款　30年期	年利率%	5.69
公积金贷款　15年期	年利率%	4.52
物业管理费用		
物业管理费 中档	平方米	0.65
维护修理费用		
下水疏通	次	50.00
其　　他		
取暖费	平方米	23.00
4.水、电、燃料		
水		
民用自来水	吨	2.90
电		
民用电	度	0.47
液化石油气		
民用　15kg罐	千克	4.92
管道燃气		
民用人工煤气	立方米	1.00
其他燃料		
蜂窝煤	吨	440.00

13-3　500户居民家庭住房情况

项　目	计量单位	附加单位	合　计
1.家庭人口	人	户	2.87
2.现住房总建筑面积	平方米	人	23.63
3.现住房屋总使用面积	平方米	人	17.49
4.房屋产权(合计)	–	%	100.00
租赁公房	–	%	30.20
租赁私房	–	%	1.00
原有私房	–	%	–
房改私房	–	%	47.40
商品房	–	%	21.40
其他	–	%	–
5.住宅建筑式样(合计)	–	%	100.00
单栋住宅	–	%	–
四居室	–	%	1.40
三居室	–	%	20.00
二居室	–	%	62.00
一居室	–	%	14.80
普通楼房	–	%	1.00
平房及其他	–	%	0.80
6.建筑年份	–	户	14.78
7.装修状况(合计)	–	%	100.00
有装修	–	%	73.20
未装修	–	%	26.80
如果装修过,最近一次装修年份	–	户	5.43
如果装修过,最近一次装修花费	元	户	17586.72
8.现有住房按市场价估计值	元	户	149840.60
9.租赁房房租	元	户	27.43
10.自有房房租折算	元	户	76.15
11.购房年份	–	户	4.70
12.购房总金额	元	户	66044.32
购房实际支出金额	元	户	57894.57
13.饮水情况(合计)	–	%	100.00
自来水	–	%	92.60
矿泉水	–	%	4.40
纯净水	–	%	3.00
井、河水	–	%	–

13-3 500户居民家庭住房情况

13-3 续表

项　　目	计量单位	附加单位	合　　计
其他	–	%	–
14.用水情况(合计)	–	%	100.00
独用自来水	–	%	99.20
公用自来水	–	%	0.80
井、河水	–	%	–
其他	–	%	–
15.卫生设备(合计)	–	%	100.00
无卫生设备	–	%	–
有厕所浴室	–	%	83.40
有厕所无浴室	–	%	15.80
公用	–	%	0.80
16.取暖设备(合计)	–	%	100.00
无取暖设备	–	%	–
空调设备	–	%	0.00
暖气	–	%	98.60
其他	–	%	1.40
17.炊用燃料使用情况(合计)	–	%	100.00
管道煤气	–	%	92.20
液化石油气	–	%	7.20
煤	–	%	–
其他	–	%	0.60
18.通信设备使用情况	–		–
(1)无电话(合计)	–	%	100.00
是	–	%	0.20
否	–	%	99.80
(2)固定电话	部	百户	95.80
(3)移动电话	部	百户	157.40
(4)使用互联网	条	百户	38.40
19.除了现住房，还有几处其他住房	套	户	0.11
①出租房	套	户	0.06
使用面积	平方米	户	2.67
②偶尔居住房	套	户	0.04
使用面积	平方米	户	2.74
③其它用途房	套	户	0.01
使用面积	平方米	户	1.20

13-4　500户居民家庭平均每月每百户主要消费品拥有量

项　目	单　位	数　量
1.成套家具	套	39.40
2.摩托车	辆	4.00
3.自行车	辆	29.80
4.助力车	辆	0.80
5.家用汽车	辆	1.80
6.洗衣机	台	93.40
7.电风扇	台	83.80
8.电冰箱	台	95.80
9.冰柜	台	10.20
10.彩色电视机	台	131.60
11.影碟机	台	60.20
12.录音机	台	55.40
13.录放像机	台	43.20
14.家用电脑	台	58.60
15.组合音响	套	33.60
16.摄像机	架	10.80
17.照相机	架	71.80
18.钢琴	架	3.60
19.其他中高档乐器	件	7.60
20.微波炉	台	66.60
21.空调器	台	23.00
22.取暖器	台	28.00
23.电炊具	台	86.40
24.淋浴热水器	台	82.80
25.排油烟机	台	88.20
26.消毒碗柜	台	9.20
27.洗碗机	台	1.40
28.饮水机	台	25.80
29.吸尘器	台	30.00
30.健身器材	套	7.40
31.普通电话	部	95.80
32.移动电话	部	157.40
33.传真机	部	0.80
34.接入有线电视电视机	台	102.40
35.接入互连网计算机	台	37.20
36.接入互连网移动电话	部	3.00

13-5　500户居民家庭人口情况

项　　目	计量单位	附加单位	500户	平均每户
人口就业情况				
家庭类型(世代层次)(合计)	–	%	100.00	–
1.单身户	–	%	1.90	–
2.一对夫妇户	–	%	20.65	–
3.两代人单亲	–	%	4.60	–
4.两代人一个小孩	–	%	56.12	–
5.两代人两个小孩	–	%	3.32	–
6.两代人多个小孩	–	%	0.00	–
7.与父母	–	%	1.25	–
8.三代人	–	%	10.13	–
9.其他	–	%	2.03	–
一、家庭人口数	人	户	1446.75	2.89
(一)有收入者人数	人	户	1145.90	2.29
1.就业人口数	人	户	807.00	1.61
(1)国有经济单位职工人数	人	户	350.65	0.70
(2)城镇集体经济单位职工人数	人	户	107.25	0.21
(3)其他各种经济类型单位职工	人	户	94.60	0.19
(4)城镇个体经营者人员数	人	户	43.00	0.09
(5)城镇个体被雇人员数	人	户	111.40	0.22
(6)离退休再就业人员数	人	户	50.90	0.10
(7)其他就业人员数	人	户	49.15	0.10
2.离退休人数	人	户	326.75	0.65
3.其他有收入者人数	人	户	12.15	0.02
(二)无收入者人数	人	户	300.85	0.60
二、期末家庭人口数	人	户	1437.00	2.87
三、非家庭人口在家用餐人次数	人次	户	1877.85	3.76
四、家庭人口在外用餐人次数	人次	户	8689.60	17.38
五、负担系数	人	就业者	1.79	–
六、家庭折算人口数	人	户	2.70	–

13-6　500户居民家庭不同收入分组收支主要指标

单位：元/人均年

项　　目	计量单位	附加单位	合　计	低20%	较低20%	中间20%	较高20%	高20%
调查户数	户		500.00	100.00	100.00	100.00	100.00	100.00
家庭人口数	人	户	2.87	3.10	3.18	2.87	2.80	2.41
可支配收入	元	人	13350.10	6229.93	9058.21	11599.17	15211.09	28084.71
消费支出	元	人	10533.92	6121.08	8392.31	10195.82	12177.87	17528.70
其中:服务性消费支出	元	人	2742.59	1606.32	2100.85	2579.89	2960.93	4991.64
1. 食品	元	人	4205.21	2868.14	3576.78	4252.75	4749.59	6066.74
2. 衣着	元	人	1113.21	494.14	897.09	1010.96	1251.92	2155.61
3. 家庭设备用品及服务	元	人	532.62	224.42	323.31	542.17	705.68	992.57
4. 医疗保健	元	人	876.02	397.05	709.47	820.17	1096.07	1522.29
5. 交通和通信	元	人	1052.01	502.92	693.20	1001.99	1307.95	1993.17
6. 教育文化娱乐服务	元	人	1172.83	723.44	976.67	1054.25	1177.23	2146.25
7. 居住	元	人	1056.77	706.50	877.35	993.00	1345.71	1482.47
8. 杂项商品和服务	元	人	525.25	204.47	338.44	520.53	543.71	1169.59

13-7　500户居民家庭现金收支情况

单位：元/人均年

项　　目	金　额	项　　目	金　额
一、期初手存现金	10506.66	(一)消费支出	10533.92
二、家庭总收入	14878.84	其中：服务性消费支出	2742.59
其中：可支配收入	13350.10	1. 食品	4205.21
(一)工薪收入	9404.61	2. 衣着	1113.21
1. 工资及补贴收入	9029.87	3. 家庭设备用品及服务	532.62
2. 其他劳动收入	374.74	4. 医疗保健	876.02
(二)经营净收入	621.77	5. 交通和通信	1052.01
(三)财产性收入	309.37	6. 教育文化娱乐服务	1172.83
1. 利息收入	30.28	7. 居住	1056.77
2. 股息与红利收入	38.68	8. 杂项商品和服务	525.25
3. 保险收益	14.56	(二)购房与建房支出	1785.58
4. 其它投资收入	106.80	1. 购房	1785.58
5. 出租房屋收入	101.77	2. 建房	–
6. 知识产权收入	13.82	(三)转移性支出	1039.59
7. 其他财产性收入	3.46	1. 交纳的个人收入税	89.98
(四)转移性收入	4543.09	2. 捐赠支出	514.54
1. 养老金或离退休金	3349.48	3. 购买彩票	18.90
2. 社会救济收入	5.30	4. 赡养支出	393.09
3. 辞退金	–	其中：在外就学子女费用	148.75
4. 赔偿收入	147.69	5. 各种非储蓄性保险支出	9.19
5. 保险收入	23.25	其中：车辆保险支出	2.53
其中：失业保险金	18.09	6. 其他转移性支出	13.89
6. 赡养收入	309.53	(四)财产性支出	0.66
7. 捐赠收入	424.90	1. 非生产性利息支出	–
8. 亲友搭伙费	25.66	2. 其他	0.66
9. 提取住房公积金	201.39	(五)社会保障支出	1401.03
10. 记帐补贴	37.74	1. 个人交纳的养老基金	655.66
11. 其他转移性收入	18.15	2. 个人交纳的住房公积金	461.67
三、出售财物收入	339.32	3. 个人交纳的医疗基金	231.12
1. 出售住房收入	335.23	4. 个人交纳的失业基金	41.32
2. 出售其他物品收入	4.09	5. 其他社会保障支出	11.25
四、借贷收入	3444.02	六、借贷支出	3809.74
1. 提取储蓄存款	2304.60	1. 存入储蓄款	3153.00
2. 借入款	109.65	2. 借出款	90.63
3. 收回借出款	275.86	3. 归还借款	52.01
4. 收回储蓄性保险本	6.02	4. 储蓄性保险支出	147.69
5. 兑售有价证券	–	5. 购买有价证券	1.38
6. 收回投资本金	8.29	6. 其它投资支出	1.85
7. 住房贷款	739.59	7. 归还住房贷款	363.19
8. 汽车贷款	–	8. 归还汽车贷款	–
9. 教育贷款	–	9. 归还教育贷款	–
10. 其他贷款	–	10. 归还其他贷款	–
11. 其他借贷收入	–	11. 其他借贷支出	–
五、家庭总支出	14760.78	七、期末手存现金	10598.32

13-8　500户居民家庭消费支出情况

单位：元/人均年

项　　目	计量单位	附加单位	合　　计
一、食品	元	人	4205.21
㈠粮油类	元	人	513.07
1.粮食.数量	千克	人	81.20
.金额	元	人	324.50
(1)大米.数量	千克	人	30.04
.金额	元	人	101.24
(2)面粉.数量	千克	人	20.73
.金额	元	人	60.36
(3)其他粮食.数量	千克	人	8.51
.金额	元	人	36.19
(4)粮食制品.数量	千克	人	21.92
.金额	元	人	126.71
2.淀粉及薯类.数量	千克	人	23.89
.金额	元	人	49.81
3.干豆类及豆制品	元	人	37.98
4.油脂类.数量	千克	人	11.77
.金额	元	人	100.79
(1)食用植物油.数量	千克	人	11.70
.金额	元	人	100.10
(2)食用动物油.数量	千克	人	0.07
.金额	元	人	0.69
㈡肉禽蛋水产品类	元	人	1319.52
1.肉类.数量	千克	人	30.57
.金额	元	人	474.93
(1)猪肉.数量	千克	人	19.88
.金额	元	人	270.65
(2)牛肉.数量	千克	人	2.94
.金额	元	人	55.79
(3)羊肉.数量	千克	人	2.50
.金额	元	人	49.68
(4)其他肉.数量	千克	人	0.52
.金额	元	人	8.42
(5)肉制品.数量	千克	人	4.73
.金额	元	人	90.39
2.禽类.数量	千克	人	5.06
.金额	元	人	72.98

13-8 500户居民家庭消费支出情况

13-8 续表

项　　目	计量单位	附加单位	合　　计
(1)鸡.数量	千克	人	3.44
.金额	元	人	44.84
(2)鸭.数量	千克	人	0.13
.金额	元	人	1.50
(3)其他禽类.数量	千克	人	0.37
.金额	元	人	4.71
(4)禽制品.数量	千克	人	1.13
.金额	元	人	21.93
3.蛋类.数量	千克	人	21.25
.金额	元	人	125.62
(1)鲜蛋.数量	千克	人	19.74
.金额	元	人	107.80
(2)蛋制品.数量	千克	人	1.52
.金额	元	人	17.82
4.水产品类	元	人	645.99
(1)鱼.数量	千克	人	20.59
.金额	元	人	253.09
(2)虾.数量	千克	人	5.04
.金额	元	人	156.41
(3)其他水产品.数量	千克	人	9.90
.金额	元	人	201.28
(4)水产制品	元	人	35.22
(三)蔬菜类	元	人	392.08
1.鲜菜.数量	千克	人	148.98
.金额	元	人	355.40
2.干菜.数量	千克	人	0.67
.金额	元	人	29.88
3.菜制品	元	人	6.80
(四)调味品	元	人	62.02
(五)糖烟酒饮料类	元	人	566.00
1.糖类	元	人	59.10
2.烟草类	元	人	262.41
3.酒类.数量	千克	人	26.02
.金额	元	人	137.69
(1)白酒.数量	千克	人	3.44
.金额	元	人	49.56

13-8 500户居民家庭消费支出情况

单位：元/人均年

项 目	计量单位	附加单位	合 计
(2)果酒.数量	千克	人	0.41
.金额	元	人	8.92
(3)啤酒.数量	千克	人	22.00
.金额	元	人	77.73
(4)其他酒.数量	千克	人	0.17
.金额	元	人	1.48
4.饮料	元	人	106.80
(1)碳酸饮料.数量	千克	人	4.02
.金额	元	人	15.83
(2)果蔬饮料.数量	千克	人	2.08
.金额	元	人	10.76
(3)瓶装饮用水.数量	千克	人	3.54
.金额	元	人	5.90
(4)茶叶.数量	千克	人	0.22
.金额	元	人	36.95
(5)咖啡可可粉.数量	千克	人	0.07
.金额	元	人	5.12
(6)其他饮料	元	人	32.24
(六)干鲜瓜果类	元	人	451.33
1.鲜果.数量	千克	人	60.51
.金额	元	人	283.93
2.鲜瓜.数量	千克	人	21.55
.金额	元	人	56.08
3.干果.数量	千克	人	2.31
.金额	元	人	44.12
4.瓜果制品.数量	千克	人	0.91
.金额	元	人	10.27
5.坚果及果仁.数量	千克	人	4.75
.金额	元	人	56.94
(七)糕点、奶及奶制品	元	人	298.60
1.糕点.数量	千克	人	6.58
.金额	元	人	82.14
2.奶及奶制品	元	人	216.46
(1)鲜乳品.数量	千克	人	35.85
.金额	元	人	145.92
(2)奶粉.数量	千克	人	0.19
.金额	元	人	13.29

13-8　500户居民家庭消费支出情况

13-8　续表

项　　目	计量单位	附加单位	合　　计
(3)酸奶.数量	千克	人	4.67
.金额	元	人	36.22
(4)其他奶制品	元	人	21.03
(八)其他食品	元	人	41.83
其中：半成品	元	人	16.61
(九)饮食服务	元	人	560.76
1.食品加工服务费	元	人	3.32
2.在外饮食	元	人	557.44
(1)购自食堂	元	人	128.44
(2)购自饮食业	元	人	201.74
(3)在亲友家搭伙支出	元	人	227.26
非食品类	元	人	6328.71
二、衣着	元	人	1113.21
(一)服装.数量	件	人	6.53
.金额	元	人	758.54
1.男士服装.数量	件	人	2.33
.金额	元	人	298.37
2.女士服装.数量	件	人	3.65
.金额	元	人	434.21
3.童装.数量	件	人	0.55
.金额	元	人	25.95
(二)衣着材料	元	人	21.47
(三)鞋类.数量	双	人	2.77
.金额	元	人	288.43
(四)其他衣着用品	元	人	35.28
(五)衣着加工服务费	元	人	9.50
三、家庭设备用品及服务	元	人	532.62
(一)耐用消费品	元	人	242.40
1.家具	元	人	70.89
(1)成套家具	元	人	13.17
(2)其他家具	元	人	57.72
2.家庭设备	元	人	171.51
(1)洗衣机.数量	台	百户	5.40
.金额	元	人	26.98
(2)电风扇.数量	台	百户	3.24
.金额	元	人	1.66

13-8　500户居民家庭消费支出情况

单位：元/人均年

项　　目	计量单位	附加单位	合　　计
(3)电冰箱.数量	台	百户	3.36
.金额	元	人	25.96
(4)冰柜.数量	台	百户	0.36
.金额	元	人	1.43
(5)微波炉.数量	台	百户	4.44
.金额	元	人	7.68
(6)空调器.数量	台	百户	1.80
.金额	元	人	24.93
(7)电炊具.数量	台	百户	14.40
.金额	元	人	15.46
(8)淋浴热水器.数量	台	百户	5.76
.金额	元	人	21.31
(9)排油烟机.数量	台	百户	3.96
.金额	元	人	8.02
(10)吸尘器.数量	台	百户	1.80
.金额	元	人	2.80
(11)消毒碗柜.数量	台	百户	0.60
.金额	元	人	2.00
(12)洗碗机.数量	台	百户	–
.金额	元	人	–
(13)饮水机.数量	台	百户	2.04
.金额	元	人	9.94
(14)取暖器.数量	台	百户	2.40
.金额	元	人	3.46
(15)其他	元	人	19.85
(二)室内装饰品	元	人	23.84
1.纺织装饰品	元	人	5.98
2.装饰灯具	元	人	3.60
3.其他装饰品	元	人	14.26
(三)床上用品	元	人	60.43
(四)家庭日用杂品	元	人	175.88
1.厨、餐、茶具	元	人	15.65
2.家用工具	元	人	5.65
3.家居清洁用品	元	人	37.80
4.其他日用杂品	元	人	116.77
(五)家具材料	元	人	5.20

13-8　500户居民家庭消费支出情况

13-8　续表

项　　目	计量单位	附加单位	合　　计
(六)家庭服务	元	人	24.87
1.家政服务	元	人	8.36
2.加工维修服务费	元	人	16.51
四、医疗保健	元	人	876.02
(一)医疗器具	元	人	12.93
(二)保健器具	元	人	20.45
(三)药品费	元	人	319.44
(四)滋补保健品	元	人	244.13
(五)医疗费	元	人	270.94
(六)其他	元	人	8.13
五、交通和通讯	元	人	1052.01
(一)交通	元	人	458.88
1.家庭交通工具	元	人	44.66
(1)摩托车.数量	辆	百户	-
.金额	元	人	-
(2)自行车.数量	辆	百户	3.36
.金额	元	人	2.69
(3)助力车.数量	辆	百户	-
.金额	元	人	-
(4)家用汽车.数量	辆	百户	0.24
.金额	元	人	41.47
(5)其他交通工具	元	人	0.50
2.车辆用燃料及零配件	元	人	25.60
(1)燃料	元	人	17.98
(2)零配件	元	人	2.22
(3)其他	元	人	5.40
3.交通工具服务支出	元	人	6.86
(1)维修费	元	人	6.63
(2)车辆使用税费	元	人	0.01
(3)其它车辆使用费用	元	人	0.22
4.交通费	元	人	381.75
(1)飞机	元	人	40.73
(2)火车	元	人	32.91
(3)长途汽车	元	人	17.24
(4)市内公共交通	元	人	176.21
(5)出租汽车费	元	人	103.08

13-8　500户居民家庭消费支出情况

13-8　续表

项　目	计量单位	附加单位	合　计
(6)其他交通费	元	人	11.57
(二)通信	元	人	593.13
1.通信工具	元	人	116.71
(1)电话机.数量	部	百户	8.40
.金额	元	人	4.21
(2)移动电话.数量	部	百户	23.04
.金额	元	人	107.32
(3)寻呼机.数量	部	人	–
.金额	元	人	–
(4)传真机.数量	部	百户	0.24
.金额	元	人	0.62
(5)其他通信工具	元	人	4.56
2.通信服务	元	人	476.43
(1)电信费	元	人	440.81
(2)邮费	元	人	4.62
(3)其他	元	人	30.99
六、教育文化娱乐服务	元	人	1172.83
(一)文化娱乐用品	元	人	306.34
1.彩色电视机.数量	台	百户	4.80
.金额	元	人	36.91
2.影碟机.数量	台	百户	2.76
.金额	元	人	3.49
3.录放像机.数量	台	百户	–
.金额	元	人	–
4.家用电脑	元	人	122.52
(1)整机电脑.数量	台	百户	4.80
.金额	元	人	99.84
(2)计算机外部设备	元	人	7.47
(3)各种零配件及耗材	元	人	15.21
5.组合音响.数量	台	百户	0.84
.金额	元	人	4.40
6.录音机.数量	台	百户	1.56
.金额	元	人	1.49
7.摄像机.数量	架	百户	0.96
.金额	元	人	11.77
8.照相机.数量	架	百户	2.76
.金额	元	人	29.65

13-8 500户居民家庭消费支出情况

13-8 续表

项　　目	计量单位	附加单位	合　　计
9.钢琴.数量	架	百户	-
.金额	元	人	-
10.其他中高档乐器.数量	件	百户	0.84
.金额	元	人	2.66
11.健身器材.数量	件	人	-
.金额	元	人	12.01
12.电子辞典.数量	部	人	0.01
.金额	元	人	9.63
13.音像制品及软件	元	人	10.71
14.体育用品	元	人	3.60
15.书报杂志	元	人	35.65
16.纸张文具	元	人	8.14
17.其他文娱用品	元	人	13.70
(二)文化娱乐服务	元	人	130.15
1.参观游览	元	人	27.55
2.健身活动	元	人	11.97
3.团体旅游	元	人	58.67
4.其它文娱活动	元	人	26.95
5.文娱用品修理服务费	元	人	5.01
(三)教育	元	人	736.34
1.教材	元	人	63.49
(1)课本及参考书	元	人	35.19
(2)教育软件	元	人	10.58
(3)其它教材	元	人	17.73
2.教育费用	元	人	672.84
(1)非义务教育学杂费	元	人	191.18
(2)义务教育学杂费	元	人	36.50
(3)托幼费	元	人	55.71
(4)成人教育费	元	人	94.60
(5)家教费	元	人	57.35
(6)培训班	元	人	135.20
(7)学校住宿费	元	人	23.13
(8)其他	元	人	79.18
七、居住	元	人	1056.77
(一)住房	元	人	248.45
1.租赁房房租	元	人	112.16

13-8　500户居民家庭消费支出情况

13-8　续表

项　　目	计量单位	附加单位	合　　计
2.自有房租金折算	元	人	-
3.住房装潢支出	元	人	115.28
4.维修用建筑材料	元	人	21.02
5.其他	元	人	-
(二)水电燃料及其他	元	人	768.41
1.水.数量	吨	人	14.81
.金额	元	人	42.96
2.电.数量	度	人	419.99
.金额	元	人	192.65
3.燃料	元	人	125.25
(1)煤炭.数量	千克	人	0.88
.金额	元	人	0.48
(2)液化石油气.数量	千克	人	2.38
.金额	元	人	9.61
(3)管道煤气.数量	立方米	人	114.20
.金额	元	人	114.97
(4)其他燃料	元	人	0.19
4.其他	元	人	407.55
(三)居住服务费	元	人	39.90
1.物业管理费	元	人	33.76
2.维修服务费	元	人	6.14
3.其它	元	人	-
八、杂项商品和服务	元	人	525.25
(一)杂项商品	元	人	236.22
1.金银珠宝饰品	元	人	42.31
2.手表.数量	只	人	0.05
.金额	元	人	13.78
3.理发美容用具	元	人	10.30
4.化妆品	元	人	99.00
5.其他杂品	元	人	70.83
(二)服务	元	人	289.03
1.旅馆住宿费	元	人	5.86
2.理发洗澡费	元	人	149.06
3.美容费	元	人	32.94
4.其他服务	元	人	101.16

13-9 工业品出厂价格指数

类别	指数
全部工业品	102.67
其中：轻工业	98.71
以农产品为原料	99.53
以非农产品为原料	98.16
重工业	105.87
采掘	90.63
原料	114.94
加工	99.54
其中：生产资料	103.69
01采掘	90.63
02原料	114.76
03加工	98.86
生活资料	99.43
01食品	98.68
02衣着	98.85
03一般日用品	103.40
04耐用消费品	97.89
按工业部门分	
01冶金工业	102.55
02电力工业	103.91
03煤炭及炼焦工业	99.50
04石油工业	122.43
05化学工业	98.71
06机械工业	98.30
07建筑材料工业	102.40
08森林工业	104.76
09食品工业	98.22
10纺织工业	99.35
11缝纫工业	98.38
12皮革工业	101.38
13造纸工业	99.54
14文教艺术用品工业	99.38
15其他工业	100.09

13-9 工业品出厂价格指数

13-9 续表

类别	指数
按行业分：	
06 煤炭开采和洗选业	–
07 石油和天然气开采业	–
08 黑色金属矿采选业	–
09 有色金属矿采选业	–
10 非金属矿采选业	90.63
11 其他采矿业	100.00
13 农副食品加工业	97.48
14 食品制造业	99.48
15 饮料制造业	100.29
16 烟草制品业	–
17 纺织业	99.47
18 纺织服装、鞋、帽制造业	98.00
19 皮革、毛皮、羽毛(绒)及其制品业	100.88
20 木材加工及木、竹、藤、棕、草制品业	107.36
21 家具制造业	100.76
22 造纸及纸制品业	99.54
23 印刷业和记录媒介的复制	101.56
24 文教体育用品制造业	99.85
25 石油加工、炼焦及核燃料加工业	122.32
26 化学原料及化学制品制造业	98.25
27 医药制造业	97.81
28 化学纤维制造业	106.60
29 橡胶制品业	101.47
30 塑料制品业	100.10
31 非金属矿物制品业	102.30
32 黑色金属冶炼及压延加工业	98.81
33 有色金属冶炼及压延加工业	128.28
34 金属制品业	101.16
35 通用设备制造业	98.85
36 专用设备制造业	99.72
37 交通运输设备制造业	99.33
39 电气机械及器材制造业	99.09
40 通信设备、计算机及其他电子设备制造业	96.00
41 仪器仪表及文化、办公用机械制造业	96.93
42 工艺品及其他制造业	99.60
43 废弃资源和废旧材料回收加工业	106.62
44 电力、热力的生产和供应业	103.91
45 燃气生产和供应业	100.00
46 水的生产和供应业	102.00

13-10　原材料、燃料、动力购进价格指数

类　　别	指　　数
全部原材料	108.32
（一）燃料、动力类	117.18
（二）黑色金属材料类	98.09
其中：钢材	98.29
其他	96.40
（三）有色金属材料和电线类	137.13
（四）化工原料类	102.56
（五）木材及纸浆类	102.76
（六）建筑材料及非金属矿类	85.20
（七）其它工业原材料及半成品类	106.41
（八）农副产品类	101.75
（九）纺织原料类	103.59

说 明：

工业品价格包括工业品第一次出售时的出厂价格和企业作为中间投入的原材料、燃料、动力购进价格。工业品价格调查采用重点调查、抽样调查和典型调查多种调查方法相结合的方式，是以代表产品的价格变动来反映全部产品的价格变化趋势。

13-11 农 村 住 户

指标名称	单 位	大连市	甘井子区
一.总收入	元	9535.56	11713.6
(一)工资性收入	元	2726.21	7898.82
1.在非企业组织中劳动得到收入	元	645.22	640.43
(1)乡村干部收入	元	424.53	19.02
(2)乡村教师收入	元	96.19	239.62
(3)行政事业单位等职工收入	元	124.5	381.79
2.在本乡地域内劳动得到收入	元	1364.23	6334.47
(1)在企业中劳动得到收入	元	998.59	5959.36
a.乡镇企业收入	元	549.68	3958.33
b.其他企业收入	元	448.9	2001.03
(2)在国家投资基建项目得到收入	元	1.17	–
(3)提供其他劳务收入	元	364.47	375.11
3.外出从业得到收入	元	716.76	923.91
(1)在乡外县内从业得到收入	元	141.57	269.57
(2)在县外省内从业得到收入	元	387.3	–
(3)在省外国内从业得到收入	元	39.57	69.57
(4)在国外从业得到收入	元	148.32	584.78
(二)家庭经营收入	元	6160.13	1250.43
1.第一产业收入	元	5059.38	453.07
(1)农业收入	元	2682.16	94.76
A.农产品收入	元	2604.29	84.97
①粮食收入	元	913.82	8.3
②棉花收入	元	–	–
③油料收入	元	45.87	1.36
④麻类收入	元	–	–
⑤糖料收入	元	–	–
⑥烟草收入	元	–	–
⑦蔬菜收入	元	740.81	65.91
⑧花卉园艺收入	元	5.34	–
⑨瓜果收入	元	47.54	0.17
⑩园林收入	元	630.37	9.23
⑾茶叶和其他饮料收入	元	–	–
⑿香料收入	元	–	–
⒀中药材收入	元	–	–
⒁其他种植业产品收入	元	51.14	–
⒂野生植物采集收入	元	2.92	–
⒃农作物副产品收入	元	161.4	–
⒄用农产品加工手工业产品收入	元	1.57	–

基 本 情 况（一）

旅顺口区	金州区	长海县	瓦房店市	普兰店市	庄河市
11922.49	13919.16	22899.06	7717.17	8399.8	8364.68
3281.94	3449.56	5092.8	1916.55	2070.28	2463.4
988.54	1004.5	1718.38	593.68	570.38	453.08
806.44	869.36	714.37	477.63	401.06	206.11
–	47.72	147.71	80.3	124.4	89.47
182.1	87.43	856.3	35.75	44.91	157.5
1637.57	1826.03	2640.56	981.88	794.91	916.21
1354.93	1802.45	1870.26	661.99	511.81	334.79
1003.27	689.54	1105.14	186.05	331.98	251.27
351.67	1112.91	765.13	475.94	179.83	83.52
–	–	–	–	5.03	–
282.64	23.58	770.3	319.89	278.06	581.42
655.83	619.02	733.85	340.99	704.99	1094.11
308.64	235.03	–	36.36	60.8	237.95
347.19	321.13	10.97	103.64	628.74	599.57
–	33.85	249.38	8.26	–	84.43
–	29.01	473.5	192.73	15.45	172.17
6469.77	9474.44	16908.15	5458.2	5946.44	5503.5
4904.47	6157.84	12020.3	4828.87	5364.71	4776.27
2784.46	4063.83	255.02	3625.38	2579.4	2055.44
2454.25	3724.66	111.68	3558.18	2569.02	2046.17
407.58	441.9	51.76	1010.67	985.16	1286.29
–	–	–	–	–	–
30.93	33.98	–	28.52	73.11	59.65
–	–	–	–	–	–
–	–	–	–	–	–
–	–	–	–	–	–
667.66	985.69	42.4	892.88	952.14	533.51
–	1.92	–	18.93	0.27	0.33
1.16	54.74	–	17.05	100.7	50.48
1345.89	1189.72	–	1361.93	325.15	36.67
–	–	–	–	–	–
–	–	–	–	–	–
–	–	–	–	–	–
0.46	1.47	–	193.72	0.03	–
–	–	–	0.2	12.06	0.26
0.56	1015.23	17.52	32.71	104.2	75.64
–	–	–	1.57	1.04	3.33

13-11 农 村 住 户

指标名称	单位	大连市	甘井子区
⒅专用农产品收入	元	3.52	–
B.农业服务性收入	元	77.87	9.78
(2)林业收入	元	10.43	–
A.林业产品收入	元	7.54	–
①采集林产品收入	元	0.74	–
②竹木采伐收入	元	–	–
③育种、育苗收入	元	6.8	–
④林业副产品收入	元	–	–
⑤用林产品加工手工业产品收入	元	–	–
B.林业服务性收入	元	2.88	–
(3)牧业收入	元	1655.72	–
A.牧业产品收入	元	1649.95	–
①成龄家畜收入	元	752.86	–
其中:猪收入	元	675.44	–
菜羊收入	元	27.22	–
肉牛收入	元	18.58	–
②成龄家禽收入	元	370.67	–
③蛋类收入	元	71.57	–
④皮收入	元	174.75	–
⑤毛、绒收入	元	49.99	–
⑥奶类收入	元	28.32	–
⑦仔、幼畜、禽产品收入	元	76.38	–
⑧育肥畜收入	元	18.3	–
⑨其他牧业产品收入	元	103.22	–
⑩狩猎和捕捉野生动物收入	元	0.61	–
⑾牧业副产品收入	元	3.21	–
⑿牧业加工手工业收入	元	0.07	–
B.牧业服务性收入	元	5.77	–
(4)渔业收入	元	711.09	358.32
A.渔业产品收入	元	598.4	350.16
①海水产品收入	元	592.33	350.16
②淡水产品收入	元	5.9	–
③渔业副产品收入	元	–	–
④渔业加工手工业产品收入	元	0.17	–
B.渔业服务性收入	元	112.69	8.15
2.第二产业收入	元	307	16.3
(1)工业收入	元	244.41	16.3
A.工业产品收入	元	47.25	–

基　本　情　况（二）

旅顺口区	金州区	长海县	瓦房店市	普兰店市	庄河市
–	–	–	–	15.15	–
330.22	339.17	143.34	67.2	10.38	9.27
5.86	11.33	6.73	6.97	29.9	–
–	0.7	–	2.01	29.9	–
–	0.12	–	1.89	1.02	–
–	–	–	–	–	–
–	0.58	–	0.12	28.89	–
–	–	–	–	–	–
–	–	–	–	–	–
5.86	10.64	6.73	4.96	–	–
1391.26	1268.02	163.66	1169.6	2724.54	1878.24
1389.28	1258.93	163.66	1151.66	2724.54	1878.24
267.66	160.13	152.06	428.49	1411.73	1019.22
247.71	152.1	151.81	338.05	1224.18	988.74
4.22	4.71	–	73.91	11.35	16.28
–	–	–	16.54	44.53	14.2
138.46	856.75	9.85	339.51	197.98	504.85
59.61	76.4	1.68	29.58	68.5	135.37
198.8	0.85	0.07	5.37	700.52	6.39
–	–	–	174.95	5.3	10.01
470.62	39.84	–	1.06	11.75	–
51.17	86.28	–	105.62	82.96	65.42
–	0.54	–	66.52	–	2.73
200.8	31.62	–	–	233.33	134
–	5.8	–	–	–	–
2.16	0.11	–	0.56	12.46	0.24
–	0.62	–	–	–	–
1.98	9.09	–	17.93	–	–
722.89	814.66	11594.88	26.93	30.86	842.59
525.76	712.2	8557.8	3.46	29.65	842.53
522.06	712.2	8520.52	3.46	29.65	824.86
–	–	37.29	–	–	17.68
–	–	–	–	–	–
3.7	–	–	–	–	–
197.13	102.46	3037.07	23.47	1.21	0.06
208.74	1103.65	1665.84	64.38	151.44	294.75
94.54	810.78	1665.84	22.58	84.63	294.75
1.95	–	1663.34	–	–	–

13-11 农 村 住 户

指标名称	单位	大连市	甘井子区
其中：①金子收入	元	–	–
②煤收入	元	–	–
B.工业服务性收入	元	197.15	16.3
(2)建筑业收入	元	62.59	–
①建筑业产品收入	元	0.57	–
②建筑业服务性收入	元	62.03	–
3.第三产业收入	元	793.75	781.06
(1)其他产品收入	元	2.36	–
(2)第三产业服务性收入	元	791.39	781.06
①交通.运输.邮电业收入	元	331.11	416.44
②批零贸易业.饮食业收入	元	220.59	54.84
③社会服务业收入	元	96.55	202.2
④文教卫生业收入	元	12.5	48.48
⑤其他行业收入	元	130.65	59.1
(三)财产性收入	元	198.1	1416.74
1.利息	元	5.03	12.26
2.集体分配股息和红利	元	0.05	–
3.其他股息和红利	元	4.56	–
4.租金(包括农业机械)	元	74.46	1139.27
5.出让无形资产净收入	元	...	–
6.储蓄性保险投资收入	元	6.26	–
7.土地征用补偿收入	元	76.31	245.61
8.转让承包土地经营权收入	元	15.2	–
9.其他投资收益	元	5.97	–
10.其他	元	10.25	19.6
(四)转移性收入	元	451.11	1147.62
其中：1.家庭非常住人口寄回和带回收入	元	41.22	–
2.城市亲友赠送收入	元	39.15	291.4
3.农村亲友赠送收入	元	58.48	283.15
4.退耕还林还草补贴收入	元	16.7	–
#粮食收入	元	–	–
5.粮食直接补贴收入	元	36.75	–
二.总支出	元	7338.88	9659.16
(一)家庭经营费用支出	元	2299.4	32.85
1.第一产业生产费用支出	元	2040.83	23.36
(1)农业生产费用支出	元	676.23	9.3
A.农业生产资料支出	元	520.72	5.5
①种籽支出	元	72.54	2.91

基本情况(三)

旅顺口区	金州区	长海县	瓦房店市	普兰店市	庄河市
–	–	–	–	–	–
–	–	–	–	–	–
92.59	810.78	2.49	22.58	84.63	294.75
114.2	292.87	–	41.8	66.81	–
–	–	–	2.15	–	–
114.2	292.87	–	39.65	66.81	–
1356.55	2212.95	3222.02	564.95	430.29	432.48
–	0.12	–	8.9	0.01	–
1356.55	2212.82	3222.02	556.05	430.28	432.48
612.65	881.58	1348.86	246.63	297.62	60.52
592.17	122.5	1532.4	203.1	83.58	226.13
–	160.41	334.1	31.55	48.94	145.83
43.21	59.17	–	6.78	–	–
108.52	989.16	6.66	68	0.14	–
505.07	379.28	383.64	19.52	168.55	24.16
19.87	1.03	42.32	2.23	3.16	3.18
–	–	–	–	0.23	–
–	–	132.17	1.88	1.36	–
17.78	10.48	194.8	10.32	6.52	13.24
–	–	0.02	–	–	–
89.22	2.51	8.48	1.98	5.3	–
358.27	216.18	–	9.68	95.13	–
19.06	22.13	–	0.4	50.78	0.43
–	56.49	–	–	–	–
0.88	70.47	5.85	-6.96	6.06	7.31
1665.71	615.88	514.47	322.91	214.54	373.62
162.22	82.5	256.86	34.98	2.33	29.92
175.47	54.26	4.99	15.36	21.52	4.52
147.97	46.42	35.66	57.67	35.21	28.73
78.93	10.9	–	12.45	7.78	25.28
–	–	–	–	–	–
1.11	34.35	–	48.58	31.27	47.57
9236.76	12222	15094.96	4961.99	6840.48	6604.89
2202.8	4503.58	7114.41	1479.32	2202.17	2265.43
1830.01	3049.29	6004.91	1463.27	2040.38	2213.1
602.4	1630.99	20.5	835.22	602.05	424.3
446.74	903.41	18.28	741.23	502.46	338.58
24.47	43.91	7.16	80.26	81.94	96.07

13-11 农村住户

指标名称	单位	大连市	甘井子区
②饲料支出	元	22.87	–
③其他生产资料支出	元	425.31	2.59
B.农业服务性支出	元	155.51	3.8
①农业生产雇工工资支出	元	123.19	3.8
②其他生产服务支出	元	32.32	–
(2)林业生产费用支出	元	3.24	1.88
A.林业生产资料支出	元	3.01	1.88
①饲料支出	元	–	–
②其他生产资料支出	元	3.01	1.88
B.林业服务性支出	元	0.23	–
①林业生产雇工工资支出	元	0.08	–
②其他生产服务支出	元	0.15	–
(3)牧业生产费用支出	元	913.31	1.32
A.牧业生产资料支出	元	880.91	1.32
①饲料支出	元	726.52	1.05
②其他生产资料支出	元	154.39	0.26
B.牧业服务性支出	元	32.4	–
①牧业生产雇工工资支出	元	13.38	–
②其他生产服务支出	元	19.03	–
(4)渔业生产费用支出	元	448.05	10.87
A.渔业生产资料支出	元	338.44	10.87
①饲料支出	元	0.03	–
②其他生产资料支出	元	338.41	10.87
B.渔业服务性支出	元	109.61	–
①渔业生产雇工工资支出	元	76.17	–
②其他生产服务支出	元	33.44	–
2.第二产业生产费用支出	元	102.87	–
(1)工业生产费用支出	元	99.45	–
A.工业生产资料支出	元	86.97	–
其中:原料支出	元	82.11	–
燃料支出	元	4.66	–
B.工业服务性支出	元	12.48	–
①工业生产雇工工资支出	元	11.07	–
②其他生产服务支出	元	1.41	–
(2)建筑业生产费用支出	元	3.42	–
A.建筑业生产资料支出	元	0.62	–
其中:原料支出	元	0.42	–
燃料支出	元	–	–

基 本 情 况（四）

旅顺口区	金州区	长海县	瓦房店市	普兰店市	庄河市
12.55	7.65	0.52	39.9	28.04	16.35
409.72	851.85	10.61	621.07	392.48	226.17
155.66	727.58	2.22	93.99	99.59	85.72
53.67	695.52		47.12	66.01	70.48
101.99	32.07	2.22	46.86	33.58	15.23
6.15	4.37	2.7	7.37	1.63	0.06
6.15	4.12	0.21	6.87	1.62	0.06
–	–	–	–	–	–
6.15	4.12	0.21	6.87	1.62	0.06
–	0.25	2.49	0.5	0.02	–
–	0.08	2.49	–	–	–
–	0.17	–	0.5	0.02	–
935.12	761.51	146.95	620.56	1436.69	1058.25
853.33	727.99	144.31	605.4	1371.73	1036.15
690.17	658.16	127.49	472.51	1096.29	889.01
163.15	69.83	16.82	132.89	275.44	147.14
81.79	33.53	2.64	15.15	64.96	22.1
75.06	29.17	–	0.47	27.67	1.4
6.73	4.36	2.64	14.69	37.29	20.7
286.34	652.42	5834.76	0.13	0.01	730.5
129.19	315.44	4780.38	–	0.01	595.49
0.62	–	–	–	–	–
128.57	315.44	4780.38	–	0.01	595.49
157.15	336.98	1054.37	0.13	–	135.01
124.52	221.21	990.15	–	–	69.76
32.63	115.77	64.22	0.13	–	65.25
59.2	644.03	367.36	2.03	49.25	35.5
–	641.68	367.36	0.33	48.94	35.5
–	641.68	193.3	0.13	46.62	10.13
–	641.68	193.27	–	37.79	–
–	–	0.03	0.13	8.03	10.07
–	–	174.06	0.2	2.31	25.37
–	–	174.06	–	–	22.38
–	–	–	0.2	2.31	2.98
59.2	2.35	–	1.7	0.32	–
2.78	1.25	–	1.39	–	–
–	0.5	–	1.39	–	–
–	–	–	–	–	–

13-11 农村住户

指标名称	单位	大连市	甘井子区
B.建筑业服务性支出	元	2.8	–
①建筑业生产雇工工资支出	元	2.62	–
②其他生产服务支出	元	0.18	–
3.第三产业生产费用支出	元	155.7	9.49
(1)交通运输邮电业生产费用支出	元	106.1	8.64
A.交通运输邮电业生产资料支出	元	66.71	–
其中:燃料支出	元	49.22	–
B.交通运输邮电业服务性支出	元	39.39	8.64
①交通运输邮电业生产雇工工资支出	元	12.88	8.64
②其他生产服务支出	元	26.52	–
(2)批零贸易餐饮业生产费用支出	元	19.25	0.03
A.批零贸易餐饮业生产资料支出	元	10.57	0.03
其中:原料支出	元	3.91	–
燃料支出	元	0.62	0.03
B.批零贸易餐饮业服务性支出	元	8.67	–
①批零贸易餐饮业生产雇工工资支出	元	4.22	–
②其他生产服务支出	元	4.46	–
(3)社会服务业生产费用支出	元	3.58	0.65
A.社会服务业生产资料支出	元	2.44	0.65
其中:原料支出	元	0.96	–
燃料支出	元	0.72	–
B.社会服务业服务性支出	元	1.13	–
①社会服务业生产雇工工资支出	元	–	–
②其他生产服务支出	元	1.13	–
(4)文教卫生业生产费用支出	元	3.29	–
A.文教卫生业生产资料支出	元	1.15	–
其中:原料支出	元	–	–
燃料支出	元	–	–
B.文教卫生业服务性支出	元	2.14	–
①文教卫生业生产雇工工资支出	元	0.82	–
②其他生产服务支出	元	1.32	–
(5)其他行业生产费用支出	元	23.49	0.16
A.其他行业生产资料支出	元	4.29	0.16
其中:原料支出	元	0.01	0.16
燃料支出	元	4.1	–
B.其他行业服务性支出	元	19.21	–
①其他行业生产雇工工资支出	元	10.56	–
②其他生产服务支出	元	8.64	–

基 本 情 况（五）

旅顺口区	金州区	长海县	瓦房店市	普兰店市	庄河市
56.42	1.1	–	0.31	0.32	–
56.42	0.04	–	0.06	0.32	–
–	1.06	–	0.25	–	–
313.59	810.26	742.14	14.01	112.53	16.83
301.7	463.27	565.96	4.77	98.46	10.86
272.11	324.27	479.69	1.69	16.39	8.61
270.51	182.36	464.47	1.46	8.64	8.2
29.59	139	86.26	3.07	82.07	2.25
–	113.62	–	1.56	0.01	–
29.59	25.38	86.26	1.51	82.06	2.25
11.73	96.55	160.14	3	9.13	3.87
–	56.7	96.94	3	2.09	2.02
–	–	92.86	2.74	–	2.02
–	–	3.98	0.07	2.09	–
11.73	39.85	63.19	–	7.05	1.85
–	39.85	0.06	–	–	–
11.73	–	63.13	–	7.05	1.85
–	10.01	15.71	1.22	4.92	2.1
–	0.2	15.34	1.19	4.92	1.81
–	–	0.87	–	2.97	0.89
–	–	14.41	1.19	–	–
–	9.8	0.37	0.03	–	0.29
–	–	–	–	–	–
–	9.8	0.37	0.03	–	0.29
–	31.07	–	–	–	–
–	10.83	–	–	–	–
–	–	–	–	–	–
–	–	–	–	–	–
–	20.24	–	–	–	–
–	7.74	–	–	–	–
–	12.5	–	–	–	–
0.15	209.36	0.33	5.03	0.02	–
0.15	33.34	0.04	2.83	–	–
–	0.06	–	–	–	–
0.15	33.28	–	2.17	–	–
–	176.03	0.29	2.2	0.02	–
–	96.77	0.29	1.21	0.02	–
–	79.26	–	1	–	–

13-11 农村住户

指标名称	单位	大连市	甘井子区
(二)购置生产性固定资产支出	元	169.41	38.55
(三)建.造生产性固定资产雇工支出	元	0.9	-
(四)税费支出	元	20.97	3.57
1.第一产业税	元	0.12	-
2.第二产业税	元	4.96	0.03
(1)工业生产纳税	元	4.95	-
(2)建筑业生产纳税	元	0.01	0.03
3.第三产业税	元	2.89	-
4.其他各种收费	元	13	3.53
#未实行税费改革地税费支出	元	9.3	3.57
1.农业生产纳税	元	0.02	-
2.林业生产纳税	元	-	-
3.牧业生产纳税	元	...	-
4.渔业生产纳税	元	0.05	-
5.工业生产纳税	元	-	-
6.建筑业生产纳税	元	...	0.03
7.其他行业生产纳税	元	2.11	-
8.村提留	元	0.01	-
9.乡统筹	元	-	-
10.各种收费	元	7.1	3.53
#已实行税费改革地区税费支出	元	11.68	-
1.农业税	元	0.05	-
2.农业特产税	元	-	-
3.两税附加	元	-	-
4.“一事一议”筹资	元	-	-
5.工业生产纳税	元	4.95	-
6.建筑业生产纳税	元	0.01	-
7.其他行业生产纳税	元	0.78	-
8.其他各种收费	元	5.89	-
(五)生活消费支出	元	4281.95	8154.27
其中：服务性支出	元	1290.3	3292.27
1.食品消费支出	元	1702.94	2381.75
A.食品消费品支出	元	1554.75	1831.09
(1)谷物	元	230.73	162.34
(2)薯类	元	6.63	17.85
(3)豆类	元	26.25	3
(4)食用油	元	45.04	44.04
(5)蔬菜及制品	元	284.86	188.67

基 本 情 况（六）

旅顺口区	金州区	长海县	瓦房店市	普兰店市	庄河市
79.23	669.77	296.13	134.8	102.14	92.93
–	–	–	1.65	2.02	–
1.2	59.6	374.27	0.55	0.14	13.29
–	–	3.36	–	0.1	0.01
–	–	174.96	–	–	–
–	–	174.56	–	–	–
–	–	0.4	–	–	–
–	19.95	23.34	–	–	0.44
1.2	39.65	172.6	0.55	0.05	12.84
–	59.6	56.11	–	0.1	4.35
–	–	–	–	0.1	–
–	–	–	–	–	–
–	–	–	–	–	0.01
–	–	1.62	–	–	–
–	–	–	–	–	–
–	–	–	–	–	–
–	19.95	–	–	–	–
–	–	–	–	–	0.03
–	–	–	–	–	–
–	39.65	54.5	–	–	4.31
1.2	–	318.15	0.55	0.05	8.93
–	–	1.75	–	–	–
–	–	–	–	–	–
–	–	–	–	–	–
–	–	–	–	–	–
–	–	174.56	–	–	–
–	–	0.4	–	–	–
–	–	23.34	–	–	0.44
1.2	–	118.1	0.55	0.05	8.5
6300.04	6200.61	6526.69	2997.68	4070.19	3656.97
2194.56	2005.61	1769.93	806.16	1245.43	939.83
2171.08	1948.13	1916.46	1316.99	1719.95	1736.99
1810.06	1750.96	1751.4	1219.68	1553.77	1686.99
209.35	218.53	217.06	237.68	204.27	269.07
12.35	7.54	7.69	4.7	9.52	2.52
27.14	42.75	8.29	42.81	13.8	20.66
40.15	36.71	67.05	19.56	106.54	19.33
191.64	319.19	198.15	159.82	337.27	389.72

13-11 农 村 住 户

指标名称	单位	大连市	甘井子区
(6)肉.禽.蛋.奶及制品	元	463.68	417.75
(7)水产品及制品	元	123.23	341.02
(8)烟.酒	元	118.55	163.35
(9)茶叶.饮料	元	24.56	67.33
(10)其它类食品	元	231.21	425.73
B.食品消费服务性支出	元	148.19	550.65
(1)在外饮食	元	142.13	549.12
(2)食品加工费	元	5.18	0.2
(3)其他服务性支出	元	0.88	1.33
2.衣着消费支出	元	344.77	1105.05
A.衣着消费品支出	元	343.66	1100.02
(1)服装	元	213.66	576.79
(2)服装材料	元	4.62	8.06
(3)鞋类	元	90.08	331.74
(4)其他	元	35.3	183.42
B.衣着消费服务性支出	元	1.11	5.03
(1)衣着加工费	元	0.65	3.71
(2)其他服务性支出	元	0.46	1.32
3.居住消费支出	元	656.07	1097.43
A.居住消费品支出	元	472.82	634.55
(1)建筑生活用房材料	元	73.01	245.42
(2)维修生活用房材料	元	32.4	44.41
(3)装修生活用房材料	元	54.51	23.44
(4)生活用房	元	52.14	13.61
(5)生活用燃料	元	260.76	307.68
B.居住消费服务性支出	元	183.25	462.88
(1)建筑.维修生活用房雇工工资	元	35.56	150.11
(2)房租	元	3.09	3.59
(3)生活用水	元	5.81	12.68
(4)生活用电	元	97.79	213.65
(5)清洁费.卫生费	元	2.63	21.23
(6)其他服务性支出	元	38.37	61.63
4.家庭设备.用品消费支出	元	167.15	401.67
A.家庭设备用品消费品支出	元	157.75	385.89
(1)日用品	元	55.11	106.5
(2)床上用品	元	15.22	93.8
(3)室内装饰品	元	8.79	16.35
(4)家俱类	元	14.39	50.49

基 本 情 况（七）

旅顺口区	金州区	长海县	瓦房店市	普兰店市	庄河市
435.37	384.09	422.02	355.95	491.19	592.17
313.17	218.89	192.26	63.66	80.69	100.02
174.56	177.77	202.21	115.03	91.37	95.76
45.81	32.83	56.17	16.38	19.15	18.97
360.52	312.65	380.5	204.09	199.98	178.79
361.03	197.17	165.06	97.32	166.18	50
356.01	192.04	163.85	89.98	161.18	42.38
4.93	4.43	1.04	6.21	4.28	6.67
0.09	0.7	0.18	1.13	0.72	0.96
552.3	463.22	666.48	258.04	248.98	252.05
548.24	462.9	666.18	257.37	247.84	251.38
397.63	298.07	507	149.48	164.47	155.04
1.97	4.55	2.98	4.77	4.51	4.54
120.1	111.83	135.97	74.02	67.76	60.54
28.53	48.45	20.23	29.1	11.1	31.26
4.07	0.32	0.3	0.68	1.14	0.67
2.41	0.2	0.01	0.49	0.64	0.19
1.66	0.12	0.3	0.18	0.5	0.48
1044.55	1680.99	1593.5	323.37	599.21	383.78
789.02	1233.57	1367.29	222.29	441.23	271.48
21.75	65.32	67.08	92.89	93.6	15.77
6.15	–	14.31	32.25	31.51	49.71
18.19	–	198.52	8.76	124.05	57.48
592.59	–	838.9	–	4.63	–
150.34	1168.25	248.46	88.4	187.43	148.53
255.53	447.42	226.21	101.08	157.98	112.3
3.7	29.07	20.05	13.31	54.6	28.42
	27.27	0.5	0.02	–	–
35.46	14.33	5.19	1.9	2.76	2.75
136.12	135.61	190.56	80.15	83.48	74.43
1.41	7.43	3.18	1.17	1.21	–
78.83	233.7	6.73	4.54	15.93	6.7
237.6	270.98	242.66	120.64	149.96	122.47
225.53	222.36	237.87	118.19	147.03	117.25
92.38	76.53	83.26	36.07	51.56	49.38
7.3	18.78	35.33	7.82	10.55	9.23
2.22	33.69	22.07	8.63	4.84	0.95
33.49	24.3	8.67	2.13	18.02	9.89

13-11 农村住户

指标名称	单位	大连市	甘井子区
(5)机电设备	元	64.24	118.76
B.家庭设备用品服务性消费支出	元	9.39	15.78
(1)家庭设备修理费	元	6.17	2.48
(2)日杂用品加工修理费	元	0.5	1.24
(3)家政服务费	元	0.73	–
(4)其他服务性支出	元	2	12.05
5.交通和通讯消费支出	元	413.27	624.26
A.交通和通讯用品支出	元	156.57	202.56
(1)交通工具	元	67.09	5.6
(2)交通工具用燃料	元	34.86	54.71
(3)交通工具用零配件	元	4.21	7.96
(4)通讯工具	元	49.99	133.97
(5)通讯工具用零配件	元	0.42	0.32
B.交通和通讯服务消费支出	元	256.71	421.7
(1)交通消费服务支出	元	100.22	134.98
①交通客运费	元	66.16	106.68
②生活物品货运费	元	0.18	0.11
③交通工具修理费	元	13.15	12.13
④其他(过路过桥费等)服务性支出	元	20.73	16.06
(2)通讯消费服务支出	元	156.48	286.72
①邮寄费	元	1.2	0.65
②通讯费	元	150.66	255.53
③通讯工具修理费	元	0.33	0.73
④其他	元	4.28	29.8
6.文化教育.娱乐消费支出	元	500.29	1678.43
A.文化教育.娱乐用品消费支出	元	93.45	258
(1)文教.娱乐用机电消费品	元	46.12	162.41
(2)书.报.杂志	元	13.05	54.56
(3)纸张.文具	元	6.1	18.9
(4)音像制品	元	0.55	2.33
(5)电脑软件	元	1.2	6.17
(6)体育用品	元	0.04	0.04
(7)计算机零配件及耗材	元	0.03	–
(8)鲜花	元	0.23	1.33
(9)娱乐用品	元	18.73	2.57
(10)其他用品	元	7.39	9.69
B.教育服务消费支出	元	362.08	1260.55
(1)托儿费	元	4.72	29.64

基 本 情 况（八）

旅顺口区	金州区	长海县	瓦房店市	普兰店市	庄河市
90.14	69.06	88.54	63.54	62.05	47.8
12.07	48.62	4.79	2.45	2.93	5.22
1.67	42.66	1.02	0.88	2.22	2.48
1.3	0.43	0.26	0.45	0.42	0.38
8.09	1.01	–	0.93	–	0.04
1.01	4.52	3.51	0.2	0.29	2.31
540.04	642.3	784.25	333.92	374.51	334.74
205.76	164.52	267.36	132.87	181.96	126.49
71.23	45.38	47.31	71.51	91.74	63.36
51.84	0.29	80.39	32.1	41.2	34.24
2.93	–	14.36	2.68	9.21	1.51
78.43	118.85	125.21	26.34	38.72	27.3
1.33	–	0.08	0.24	1.09	0.08
334.28	477.78	516.89	201.05	192.55	208.25
143.15	242.88	196.61	69.51	55.58	88.87
94.91	75.83	160.98	57.91	40.43	69.95
–	0.45	0.07	0.36	0.02	0.09
16.81	27.85	26.05	6.94	12.67	12.11
31.44	138.75	9.5	4.3	2.46	6.72
191.13	234.9	320.29	131.53	136.97	119.38
0.66	0.51	0.48	0.62	0.16	3.19
189.48	225.7	318.98	125.74	135.46	114.85
0.62	0.37	0.82	0.3	0.46	0.06
0.37	8.32	–	4.88	0.88	1.28
709.76	712.87	699.45	278.39	598.67	269.71
150.09	135.11	153.95	64	86.91	64.45
68.75	88.72	82.75	30.9	46.71	14.24
38.22	12.36	18.09	7.87	9.76	8.57
19.58	4.24	19.05	2.56	4.38	5.71
1.83	–	0.82	0.43	0.65	0.22
–	–	1.75	3.12	0.04	–
0.19	–	0.2	0.02	0.03	0.03
–	–	0.06	–	0.14	–
0.26	0.04	0.08	0.18	0.28	0.13
15.39	20.25	20.79	17.25	14.36	26.67
5.87	9.51	10.38	1.67	10.56	8.87
492.9	463.8	457.44	196.84	492.57	169.32
–	1.74	16.55	5.58	4.58	–

13-11 农 村 住 户

指标名称	单位	大连市	甘井子区
(2)幼儿园赞助费	元	0.08	–
(3)学杂费	元	295.78	963.95
(4)入学赞助费	元	0.12	–
(5)私立学校就读费	元	2.59	3.11
(6)成人培训费	元	4.44	8.64
(7)教育设备修理费	元	0.57	6.25
(8)其他服务性支出	元	53.77	248.97
C.文化.体育.娱乐服务消费支出	元	44.76	159.88
(1)旅游	元	24.48	133.58
(2)休闲娱乐费	元	8.06	8.34
(3)文化.体育.娱乐用品修理费	元	0.91	11.56
(4)其他服务性支出	元	11.32	6.4
7.医疗保健消费支出	元	371.93	559.25
A.医疗保健用品	元	130.56	240.44
(1)医疗卫生用品	元	125.07	193.66
①药品	元	124.53	192.52
②医疗卫生器械	元	0.14	–
③其他医疗卫生用品	元	0.41	1.14
(2)保健用品	元	5.48	46.78
①药品类保健品	元	4.52	45.68
②保健器材	元	0.96	1.1
B.医疗保健服务消费支出	元	241.37	318.81
(1)医疗费	元	237.9	311.27
(2)医疗设备修理费	元	0.07	–
(3)保健费	元	1.02	3.62
(4)保健设备修理费	元	0.01	–
(5)其他服务性支出	元	2.37	3.92
8.其他商品和服务消费支出	元	125.53	306.43
A.其他商品支出	元	82.1	209.44
(1)首饰	元	5.27	16.39
(2)手表	元	1.28	6.52
(3)化妆品	元	16.06	103.98
(4)迷信.宗教用品	元	21.67	16.53
(5)其他	元	37.82	66.02
B.其他消费服务支出	元	43.43	96.99
(1)旅馆住宿费	元	1.69	2.34
(2)美容美发	元	7.59	32.14
(3)殡殓费	元	14.01	3.86

基 本 情 况（九）

旅顺口区	金 州 区	长 海 县	瓦房店市	普兰店市	庄 河 市
–	–	–	0.24	0.08	–
299.73	341.23	334.53	157.47	434	162.62
–	1.15	–	–	0.01	–
–	9.07	–	1.67	–	3.77
6.16	7.98	17.79	6.46	2.65	0.19
–	0.36	–	0.77	–	–
187.01	102.27	88.57	24.66	51.25	2.73
66.77	113.96	88.06	17.55	19.19	35.94
16.85	97	46.46	3.14	6.02	10.9
39.1	4.53	23.13	7.72	11.24	0.35
1.73	0.08	0.36	0.37	0.34	0.13
9.09	12.35	18.11	6.31	1.59	24.56
863.75	281.28	460.17	260.36	270.92	474.46
282.75	115.31	193.46	93.05	93.7	151.43
274.54	106.21	187.23	92.17	88.56	150.97
274.41	104.47	187.07	92.01	88.22	150.34
–	0.93	–	0.13	0.03	–
0.12	0.81	0.16	0.02	0.31	0.63
8.21	9.09	6.23	0.87	5.14	0.45
0.93	8.55	6.23	0.85	2.93	0.45
7.28	0.54	–	0.02	2.22	–
581	165.98	266.71	167.32	177.22	323.03
563.62	161.2	261.85	163.14	175.24	322.65
–	0.01	0.06	–	0.3	–
5.12	1.15	3.57	–	1.64	–
–	0.08	–	–	–	–
12.26	3.54	1.22	4.17	0.04	0.38
180.96	200.84	163.71	105.96	108	82.78
94.04	110.27	119.25	84.08	72.32	47.67
4.03	2.73	38.46	0.56	1.12	8.93
1.94	0.94	3.61	1.74	0.49	0.28
21.22	14.43	50.82	7.79	11.09	7.75
14.98	21.89	6.82	21.62	32.86	15.77
51.86	70.29	19.54	52.37	26.75	14.94
86.92	90.57	44.46	21.89	35.68	35.11
5.71	2.61	18.27	1.55	0.46	–
15.1	20.79	8.05	3.21	5.12	2.86
28.87	–	…	4.36	19.71	24.79

13-11 农村住户

指标名称	单位	大连市	甘井子区
(4)生活消费借贷利息	元	0.37	0.54
(5)其他服务性支出	元	19.78	58.11
(六)财产性支出	元	25.55	–
1.宅基地有偿使用费	元	0.27	–
2.承包其他农户转让费	元	7.84	–
3.其他	元	17.44	–
(七)转移性支出	元	540.7	1429.92
其中:1.寄给带给家庭非常人口	元	93.23	122.59
2.赠送农村亲友	元	236.3	128.62
3.赠送城市亲友	元	29.87	94.01
一、全年纯收入	元	6984.49	11411.23
(一)工资性收入	元	2726.21	7898.82
1.在非企业组织中劳动得到收入	元	645.22	640.43
(1)乡村干部收入	元	424.53	19.02
(2)乡村教师收入	元	96.19	239.62
(3)行政事业单位等职工收入	元	124.5	381.79
2.在本乡地域内劳动得到收入	元	1364.23	6334.47
(1)在企业中劳动得到收入	元	998.59	5959.36
a.乡镇企业收入	元	549.68	3958.33
b.其他企业收入	元	448.9	2001.03
(2)在国家投资基建项目得到收入	元	1.17	–
(3)提供其他劳务收入	元	364.47	375.11
3.外出从业得到收入	元	716.76	923.91
(1)在乡外县内从业得到收入	元	141.57	269.57
(2)在县外省内从业得到收入	元	387.3	–
(3)在省外国内从业得到收入	元	39.57	69.57
(4)在国外从业得到收入	元	148.32	584.78
(二)家庭经营纯收入	元	3666.33	1209.67
1.第一产业纯收入	元	2883.94	429.49
(1)农业收入	元	1936.65	85.23
(2)林业收入	元	7.18	−1.88
(3)牧业收入	元	694.15	−1.32
(4)渔业收入	元	245.96	347.45
2.非农产业纯收入	元	782.39	780.18
A.第二产业纯收入	元	188.42	16.27
(1)工业收入	元	132.67	16.3
(2)建筑业收入	元	55.75	−0.03
B.第三产业纯收入	元	593.97	763.91

基 本 情 况（十）

旅顺口区	金州区	长海县	瓦房店市	普兰店市	庄河市
–	–	–	1.29	–	–
37.24	67.16	18.13	11.48	10.38	7.46
1.85	18	9.48	12.19	73.67	10.9
–	–	9.48	–	–	–
–	6.19	–	11.63	12.73	4.28
1.85	11.81	–	0.56	60.95	6.62
651.65	770.43	773.98	335.8	390.15	565.37
122.53	191.39	187.72	43.6	16.15	148.14
178.72	273.92	222.59	156.2	244.98	322.57
54.43	62.15	18.9	25.24	11.71	22.19
8837.78	9030.06	15012.19	6000.02	6000.27	6000.38
3281.94	3449.56	5092.8	1916.55	2070.28	2463.4
988.54	1004.5	1718.38	593.68	570.38	453.08
806.44	869.36	714.37	477.63	401.06	206.11
–	47.72	147.71	80.3	124.4	89.47
182.1	87.43	856.3	35.75	44.91	157.5
1637.57	1826.03	2640.56	981.88	794.91	916.21
1354.93	1802.45	1870.26	661.99	511.81	334.79
1003.27	689.54	1105.14	186.05	331.98	251.27
351.67	1112.91	765.13	475.94	179.83	83.52
–	–	–	–	5.03	–
282.64	23.58	770.3	319.89	278.06	581.42
655.83	619.02	733.85	340.99	704.99	1094.11
308.64	235.03	–	36.36	60.8	237.95
347.19	321.13	10.97	103.64	628.74	599.57
–	33.85	249.38	8.26	–	84.43
–	29.01	473.5	192.73	15.45	172.17
3533.02	4630.91	9056.95	3798.71	3582.12	3167.93
2515.31	2979.23	5658.51	3215.87	3174.69	2520.72
1945.05	2340.67	233.73	2681.44	1911	1613.32
−0.29	6.96	4.02	−0.4	28.27	−0.06
179.27	483.28	14.82	508.04	1204.57	808.27
391.28	148.32	5405.94	26.79	30.85	99.18
1017.7	1651.68	3398.44	582.84	407.42	647.21
128.97	389.52	1123.51	62.35	100.47	251.9
73.97	131.24	1123.91	22.24	33.98	251.9
55	258.28	−0.4	40.1	66.49	–
888.73	1262.16	2274.93	520.5	306.95	395.31

13-11 农村住户

指标名称	单位	大连市	甘井子区
(1)交通.运输.邮电业收入	元	194.73	405.22
(2)批零贸易业.饮食业收入	元	193.02	50.46
(3)社会服务业收入	元	91.86	201.35
(4)文教卫生业收入	元	9.03	48.48
(5)其他行业收入	元	105.34	58.4
(三)财产性纯收入	元	198.1	1416.74
1.利息	元	5.03	12.26
2.集体分配股息和红利	元	0.05	–
3.其他股息和红利	元	4.56	–
4.租金(包括农业机械)	元	74.46	1139.27
5.出让无形资产净收入	元	...	–
6.储蓄性保险投资收入	元	6.26	–
7.土地征用补偿收入	元	76.31	245.61
8.转让承包土地经营权收入	元	15.2	–
9.其他投资收益	元	5.97	–
10.其他	元	10.25	19.6
(四)转移性纯收入	元	393.85	886.01
1.家庭非常住人口寄回和带回	元	41.22	–
2.城市亲友赠送	元	39.15	291.4
3.离退休金.养老金	元	159.81	435.52
4.城市亲友支付赡养费	元	26.31	72.83
5.农村亲友支付赡养费	元	22	8.15
6.救济金	元	0.97	–
7.抚恤金	元	3.34	–
8.灾款	元	–	–
9.报销医疗费	元	14.66	8.9
10.退税	元	1.15	–
11.退耕还林还草补贴	元	16.7	–
12.无偿扶贫或扶持款	元	0.64	2.17
13.得到赔款	元	3.49	–
14.其他	元	64.4	67.04
其中:粮食直接补贴收入	元	36.75	–
购置和更新大型农机具补贴收入	元	–	–
良种补贴收入(粮食种植)	元	3.26	–
调查户数	户	1000	60
家庭常住人口	人	3226	184

基 本 情 况（十一）

旅顺口区	金州区	长海县	瓦房店市	普兰店市	庄河市
189.67	329.04	645.16	218.95	191.08	37.06
547.51	9.2	1340.08	193.27	73.74	215.05
–	150.27	300.2	30.32	42	143.34
43.21	28.09	–	6.08	–	–
108.34	745.56	−10.52	71.87	0.14	−0.14
505.07	379.28	383.64	19.52	168.55	24.16
19.87	1.03	42.32	2.23	3.16	3.18
–	–	–	–	0.23	–
–	–	132.17	1.88	1.36	–
17.78	10.48	194.8	10.32	6.52	13.24
–	–	0.02	–	–	–
89.22	2.51	8.48	1.98	5.3	–
358.27	216.18	–	9.68	95.13	–
19.06	22.13	–	0.4	50.78	0.43
–	56.49	–	–	–	–
0.88	70.47	5.85	−6.96	6.06	7.31
1517.74	570.32	478.81	265.24	179.33	344.89
162.22	82.5	256.86	34.98	2.33	29.92
175.47	54.26	4.99	15.36	21.52	4.52
874.67	224.04	195.01	70.45	77.16	117.93
41.36	73.17	4.99	12.4	23.64	14.78
76.54	24.47	–	27.52	5.45	25.74
–	3.87	–	1.29	0.45	0.43
–	8.7	–	0.5	–	8.35
–	–	–	–	–	–
40.57	–	–	1.31	2.58	41.72
–	–	–	4.38	–	–
78.93	10.9	–	12.45	7.78	25.28
–	2.99	–	–	0.91	–
16.05	21.73	7.48	0.99	–	–
51.93	63.69	9.48	83.62	37.5	76.23
1.11	34.35	–	48.58	31.27	47.57
–	–	–	–	–	–
–	0.16	0.05	4.39	0.17	7.48
60	160	120	200	200	200
162	517	401	605	660	697

主要统计指标解释

【城市居民家庭就业人口】包括：①国有经济单位职工。②城市集体经济单位职工。③其他各种经济类型单位职工。④个体经营者：指个体雇主与自营者。包括：雇主：指在工商行政管理部门领取个体营业执照并雇用一人以上（但不包括家属劳动者）进行生产、经营或服务性工作的人员。自营者：指在工商行政管理部门领取个体营业执照（除家属劳动者外未雇佣任何工作人员）自己进行生产、经营或服务性工作的人员。⑤个体被雇人员。⑥离退休再就业人员：指离退休人员接受原单位和其他单位聘用并单独领了一份离退休金以外报酬的人。包括离退休后领取个体执照、从事个体劳动的人以及在所调查的月份内从事社会劳动时间超过半个月，所取得的报酬在当地足以维持本人生活的离退休人员。⑦其他就业人口：指以上6 部分以外的就业人口，包括没有固定性职业，在所调查的月份内从事社会劳动时间超过半个月，所取得的报酬在当地足以维持本人生活的人员。如从企业领取原料在自己家里进行生产加工、家庭拆洗缝补、家庭托儿、保姆以及其他未领执照的个体劳动者。(初中、高中、大专院校的学生在假期参加劳动，虽然领取一定的劳动报酬，但不计算为就业人口。)

【城市居民家庭总收入】指住户全部家庭成员在调查期得到的劳动者收入、经营净收入、财产性收入、转移性收入、家庭副业净收入、出售家庭财物收入等各种收入的总和，不包括借贷收入。收入的统计标准以实际发生的数额为准，无论收入是补发还是预发，只要是调查期得到的都应如实计算，不作分摊。

【城市居民家庭可支配收入】指住户可用于最终消费支出和其它非义务性支出以及储蓄的总和，即居民家庭可以用来自由支配的收入。它是家庭总收入扣除交纳的个人所得税、个人交纳的社会保障费以及调查户的记账补贴后的收入。计算公式为：

可支配收入=家庭总收入−交纳的个人所得税−个人交纳的社会保障支出−记帐补贴

【家庭总支出】指家庭除借贷支出以外的全部实际支出。包括消费性支出、转移性支出、财产性支出、购房与建房支出、投资支出、社会保障支出。

【城市居民家庭消费支出】指调查户用于日常生活的全部支出，包括食品、衣着、家庭设备用品及服务、医疗保健、交通和通讯、娱乐教育文化服务、居住、杂项商品和服务八大类。

企业集团

责任编辑

徐　兵　　程玉玲

王大军　　李宝海

14-1　大连市企业集团主要经济指标

单位：万元

类别	集团单位数（个）	年末资产总计	固定资产原价	累计折旧	本年折旧
总计	**53**	**23000865**	**8814619**	**2521054**	**427316**
按集团审批部门分					
国务院	1	435458	194776	97707	86994
国务院主管部门	–	–	–	–	–
省级人民政府	6	4231240	2221348	754235	83366
省级人民政府主管部门	3	935922	204370	41553	5413
其他	43	17398245	6194125	1627559	251543
按控股情况分					
国有控股	20	13080908	6955549	1974605	348550
集体控股	9	2047463	347762	125116	21311
私人控股	23	7249672	1148912	338341	44168
港澳台商控股	–	–	–	–	–
外商控股	1	622822	362396	82992	13287
按主营行业分					
第一产业合计	3	375543	273965	84877	8197
农、林、牧、渔业	3	375543	273965	84877	8197
第二产业合计	27	12275425	5200321	1757091	306016
工业小计	19	10813774	4895609	1656035	280954
采矿业	–	–	–	–	–
制造业	17	10086971	4227107	1480682	261726
电力、燃气及水的生产和供应业	2	726803	668502	175353	19228
建筑业	8	1461651	304712	101056	25062
第三产业合计	23	10349897	3340333	679086	113103
交通运输、仓储和邮政业	3	2705345	1724892	344704	59315
信息传输、计算机服务和软件业	–	–	–	–	–
批发和零售业	9	2612296	1057435	233752	30279
住宿和餐饮业	–	–	–	–	–
金融业	–	–	–	–	–
房地产业	9	4827094	544294	98358	22986
其他合计	2	205162	13712	2272	523
租赁和商务服务业	2	205162	13712	2272	523
科学研究、技术服务和地质勘查业	–	–	–	–	–
水利、环境和公共设施管理业	–	–	–	–	–
居民服务和其他服务业	–	–	–	–	–
教育	–	–	–	–	–
卫生、社会保障和社会福利业	–	–	–	–	–
文化、体育和娱乐业	–	–	–	–	–
公共管理和社会组织	–	–	–	–	–
国际组织	–	–	–	–	–
按登记注册类型分					
国有企业	1	182340	162146	33553	7869
公司制企业小计	51	22780741	8646000	2485991	418924
国有独资企业	16	10435272	5433992	1463802	278172
其他有限责任公司	31	9669362	2689532	896242	119336
股份有限公司	2	1996065	144897	37709	7622
中外合资企业	1	622822	362396	82992	13287
外商投资股份有限公司	–	–	–	–	–
港澳台合资企业	1	57220	15183	5246	507
港澳台商投资股份有限公司	–	–	–	–	–
其他	1	37784	6473	1510	523

14-1 大连市企业集团主要经济指标

14-1 续表

类 别	累计对外投资	本年对外投资	存货	流动资产年平均余额	应收帐款
总 计	**850302**	**146515**	**4060655**	**10589629**	**1909087**
按集团审批部门分					
国务院	15806	15806	36669	254589	85175
国务院主管部门	—	—	—	—	—
省级人民政府	162040	65482	568989	1915601	390287
省级人民政府主管部门	6159	55	315953	237774	236685
其他	666297	65172	3139044	8181665	1196940
按控股情况分					
国有控股	579109	114159	1399165	5233462	1187481
集体控股	37397	3006	251227	1087950	97778
私人控股	231945	29350	2322103	4091116	551058
港澳台商控股	—	—	—	—	—
外商控股	1851	—	88160	177101	72770
按主营行业分					
第一产业合计	37080	33131	45833	125758	11214
农、林、牧、渔业	37080	33131	45833	125758	11214
第二产业合计	447604	76194	1636350	5635633	1402343
工业小计	410953	72072	1321290	4907149	1254180
采矿业	—	—	—	—	—
制造业	402823	64477	1299158	4754709	1176431
电力、燃气及水的生产和供应业	8130	7595	22132	152440	77749
建筑业	36651	4122	315060	728484	148163
第三产业合计	365618	37190	2378472	4828238	495530
交通运输、仓储和邮政业	88383	147	130604	465543	29653
信息传输、计算机服务和软件业	—	—	—	—	—
批发和零售业	189549	32497	260483	1235081	81248
住宿和餐饮业	—	—	—	—	—
金融业	—	—	—	—	—
房地产业	79241	2661	1929608	3023958	291249
其他合计	8445	1885	57777	103656	93380
租赁和商务服务业	8445	1885	57777	103656	93380
科学研究、技术服务和地质勘查业	—	—	—	—	—
水利、环境和公共设施管理业	—	—	—	—	—
居民服务和其他服务业	—	—	—	—	—
教育	—	—	—	—	—
卫生、社会保障和社会福利业	—	—	—	—	—
文化、体育和娱乐业	—	—	—	—	—
公共管理和社会组织	—	—	—	—	—
国际组织	—	—	—	—	—
按登记注册类型分					
国有企业	3364	—	3070	36009	3220
公司制企业小计	840313	144630	4057303	10535367	1905743
国有独资企业	565012	106564	1135014	4151165	941843
其他有限责任公司	248200	38066	1782700	4355036	870407
股份有限公司	25250	—	1050561	1834732	20167
中外合资企业	1851	—	88160	177101	72770
外商投资股份有限公司	—	—	—	—	—
港澳台合资企业	—	—	868	17333	556
港澳台商投资股份有限公司	—	—	—	—	—
其他	6625	1885	282	18253	124

14-1　大连市企业集团主要经济指标

14-1　续表

类　　别	年末负债合　　计	流动负债	年末股东权益总计	股　　本	营业收入
总　　计	**15083922**	**11551287**	**6230893**	**3793230**	**13800324**
按集团审批部门分					
国务院	217025	185879	218433	100182	520169
国务院主管部门	—	—	—	—	—
省级人民政府	2730149	2135880	838971	775306	2747298
省级人民政府主管部门	317903	279743	543750	204910	591217
其他	11818845	8949785	4629739	2712832	9941640
按控股情况分					
国有控股	8096553	6069380	3834690	2389630	8480648
集体控股	1286703	1269120	714913	692345	949044
私人控股	5346969	3940132	1479095	603826	3842888
港澳台商控股	—	—	—	—	—
外商控股	353697	272655	202195	107429	527744
按主营行业分					
第一产业合计	249004	210711	102364	83040	225341
农、林、牧、渔业	249004	210711	102364	83040	225341
第二产业合计	7832313	6420003	3518200	2585377	8680959
工业小计	6946357	5687364	3076764	2400422	7787857
采矿业	—	—	—	—	—
制造业	6592467	5390843	2753599	2314470	7604765
电力、燃气及水的生产和供应业	353890	296521	323165	85952	183092
建筑业	885956	732639	441436	184955	893102
第三产业合计	7002605	4920573	2610329	1124813	4894024
交通运输、仓储和邮政业	1250239	336853	1087926	492357	424387
信息传输、计算机服务和软件业	—	—	—	—	—
批发和零售业	1804421	1654439	563812	338265	2784422
住宿和餐饮业	—	—	—	—	—
金融业	—	—	—	—	—
房地产业	3760301	2798387	941073	278491	1643577
其他合计	187644	130894	17518	15700	41638
租赁和商务服务业	187644	130894	17518	15700	41638
科学研究、技术服务和地质勘查业	—	—	—	—	—
水利、环境和公共设施管理业	—	—	—	—	—
居民服务和其他服务业	—	—	—	—	—
教育	—	—	—	—	—
卫生、社会保障和社会福利业	—	—	—	—	—
文化、体育和娱乐业	—	—	—	—	—
公共管理和社会组织	—	—	—	—	—
国际组织	—	—	—	—	—
按登记注册类型分					
国有企业	48346	—	111210	91757	51056
公司制企业小计	15003453	11520914	6114022	3695873	13745951
国有独资企业	6313939	4538623	3318610	1874387	6971655
其他有限责任公司	6484761	5549600	2404561	1641545	5537320
股份有限公司	1833376	1143324	149116	44977	699426
中外合资企业	353697	272655	202195	107429	527744
外商投资股份有限公司	—	—	—	—	—
港澳台合资企业	17680	16712	39540	27535	9806
港澳台商投资股份有限公司	—	—	—	—	—
其他	32123	30373	5661	5600	3317

14-1 大连市企业集团主要经济指标

14-1 续表

类别	主营业务收入	其他业务收入	主营业务成本	主营业务税金及附加	新产品销售收入
总计	**13145257**	**655067**	**10839806**	**146587**	**1845189**
按集团审批部门分					
国务院	520169	–	447135	–	–
国务院主管部门	–	–	–	–	–
省级人民政府	2397873	349425	2099041	14666	148956
省级人民政府主管部门	588726	2491	461832	6548	866
其他	9638489	303151	7831798	125373	1695367
按控股情况分					
国有控股	7901973	578675	6616957	44687	1005117
集体控股	928001	21043	781124	13133	15604
私人控股	3809734	33154	3083692	88674	824468
港澳台商控股	–	–	–	–	–
外商控股	505549	22195	358033	93	–
按主营行业分					
第一产业合计	215928	9413	178249	2727	–
农、林、牧、渔业	215928	9413	178249	2727	–
第二产业合计	8229088	451871	6936015	47810	1287834
工业小计	7348707	439150	6219147	18847	1275834
采矿业	–	–	–	–	–
制造业	7170477	434288	6077177	17251	1275834
电力、燃气及水的生产和供应业	178230	4862	141970	1596	–
建筑业	880381	12721	716868	28963	12000
第三产业合计	4700241	193783	3725542	96050	557355
交通运输、仓储和邮政业	387879	36508	223758	14913	–
信息传输、计算机服务和软件业	–	–	–	–	–
批发和零售业	2638303	146119	2313938	14605	17277
住宿和餐饮业	–	–	–	–	–
金融业	–	–	–	–	–
房地产业	1632523	11054	1162258	63812	540078
其他合计	41536	102	25588	2720	–
租赁和商务服务业	41536	102	25588	2720	–
科学研究、技术服务和地质勘查业	–	–	–	–	–
水利、环境和公共设施管理业	–	–	–	–	–
居民服务和其他服务业	–	–	–	–	–
教育	–	–	–	–	–
卫生、社会保障和社会福利业	–	–	–	–	–
文化、体育和娱乐业	–	–	–	–	–
公共管理和社会组织	–	–	–	–	–
国际组织	–	–	–	–	–
按登记注册类型分					
国有企业	50697	359	33201	1540	–
公司制企业小计	13091345	654606	10806605	144869	1845189
国有独资企业	6670208	301447	5545640	37115	871022
其他有限责任公司	5220868	316452	4365204	76741	437693
股份有限公司	685349	14077	530722	30804	536474
中外合资企业	505549	22195	358033	93	–
外商投资股份有限公司	–	–	–	–	–
港澳台合资企业	9371	435	7006	116	–
港澳台商投资股份有限公司	–	–	–	–	–
其他	3215	102	–	178	–

14-1　大连市企业集团主要经济指标

14-1　续表

类　　别	营业费用	管理费用	税　金	劳动、待业保险费	投资收益
总　　计	**472588**	**958072**	**38920**	**80760**	**82820**
按集团审批部门分					
国务院	11811	49989	5975	1315	6977
国务院主管部门	—	—	—	—	—
省级人民政府	70532	133400	7032	16423	39893
省级人民政府主管部门	13548	19520	468	1715	132
其他	376697	755163	25445	61307	35818
按控股情况分					
国有控股	331662	645349	27545	61575	60575
集体控股	20447	54883	2416	4416	2314
私人控股	102980	224181	8572	10531	19873
港澳台商控股	—	—	—	—	—
外商控股	17499	33659	387	4238	58
按主营行业分					
第一产业合计	6651	22534	829	1404	593
农、林、牧、渔业	6651	22534	829	1404	593
第二产业合计	309376	500197	22893	49832	35168
工业小计	293645	458161	21262	45751	33216
采矿业	—	—	—	—	—
制造业	286531	440259	20380	42929	32638
电力、燃气及水的生产和供应业	7114	17902	882	2822	578
建筑业	15731	42036	1631	4081	1952
第三产业合计	156561	435341	15198	29524	47059
交通运输、仓储和邮政业	1458	73967	3252	13035	5696
信息传输、计算机服务和软件业	—	—	—	—	—
批发和零售业	100219	223105	7378	13750	36501
住宿和餐饮业	—	—	—	—	—
金融业	—	—	—	—	—
房地产业	52992	135792	4204	2606	4742
其他合计	1892	2477	364	133	120
租赁和商务服务业	1892	2477	364	133	120
科学研究、技术服务和地质勘查业	—	—	—	—	—
水利、环境和公共设施管理业	—	—	—	—	—
居民服务和其他服务业	—	—	—	—	—
教育	—	—	—	—	—
卫生、社会保障和社会福利业	—	—	—	—	—
文化、体育和娱乐业	—	—	—	—	—
公共管理和社会组织	—	—	—	—	—
国际组织	—	—	—	—	—
按登记注册类型分					
国有企业	721	9122	724	1710	154
公司制企业小计	470150	947677	37895	79022	82546
国有独资企业	298581	580404	23383	47900	58875
其他有限责任公司	132469	279137	11353	25480	22185
股份有限公司	20971	51710	2132	1088	248
中外合资企业	17499	33659	387	4238	58
外商投资股份有限公司	—	—	—	—	—
港澳台合资企业	630	2767	640	316	1180
港澳台商投资股份有限公司	—	—	—	—	—
其他	1717	1273	301	28	120

14-1 大连市企业集团主要经济指标

14-1 续表

类 别	利润总额	应交所得税	应交增值税	固定资产投资完成额	研究开发(R&D)费用
总 计	**763852**	**173251**	**235317**	**1284477**	**180268**
按集团审批部门分					
国务院	16613	1887	990	30977	13000
国务院主管部门	—	—	—	—	—
省级人民政府	84903	17062	48331	129925	61391
省级人民政府主管部门	86357	1157	39779	1764	112
其他	575979	153145	146217	1121811	105765
按控股情况分					
国有控股	294560	71576	208351	740923	147042
集体控股	71526	20433	6609	221577	3484
私人控股	286848	70945	25513	194740	29469
港澳台商控股	—	—	—	—	—
外商控股	110918	10297	−5156	127237	273
按主营行业分					
第一产业合计	9130	4610	2693	25101	1325
农、林、牧、渔业	9130	4610	2693	25101	1325
第二产业合计	364799	76409	154563	464615	175678
工业小计	286782	50856	153004	450698	173178
采矿业	—	—	—	—	—
制造业	283513	49766	144523	392678	173176
电力、燃气及水的生产和供应业	3269	1090	8481	58020	2
建筑业	78017	25553	1559	13917	2500
第三产业合计	389923	92232	78061	794761	3265
交通运输、仓储和邮政业	60586	9688	1352	425074	—
信息传输、计算机服务和软件业	—	—	—	—	—
批发和零售业	109187	28891	74180	16258	2327
住宿和餐饮业	—	—	—	—	—
金融业	—	—	—	—	—
房地产业	214584	51855	2528	353429	938
其他合计	5566	1798	1	—	—
租赁和商务服务业	5566	1798	1	—	—
科学研究、技术服务和地质勘查业	—	—	—	—	—
水利、环境和公共设施管理业	—	—	—	—	—
居民服务和其他服务业	—	—	—	—	—
教育	—	—	—	—	—
卫生、社会保障和社会福利业	—	—	—	—	—
文化、体育和娱乐业	—	—	—	—	—
公共管理和社会组织	—	—	—	—	—
国际组织	—	—	—	—	—
按登记注册类型分					
国有企业	3624	946	657	13369	—
公司制企业小计	759807	172304	234659	1271108	180268
国有独资企业	274689	64077	170745	693783	106635
其他有限责任公司	320920	70748	68174	449356	73333
股份有限公司	52651	27080	805	732	27
中外合资企业	110918	10297	−5156	127237	273
外商投资股份有限公司	—	—	—	—	—
港澳台合资企业	629	102	91	—	—
港澳台商投资股份有限公司	—	—	—	—	—
其他	421	1	1	—	—

14-2 企业景气指数

类　　别	一季度	二季度	三季度	四季度
全　　市	**142.4**	**146.3**	**143.9**	**143.4**
按行业分组				
1、工业	138.7	142.6	134.7	132.9
2、建筑业	133.3	142.1	148.5	179
3、交通运输、仓储和邮政业	169.6	180.7	191.8	160.1
4、批发零售餐饮业	179.8	180	181	181
5、房地产业	139	132.2	135.1	100.7
6、社会服务业	72.7	90.9	89.2	126.5
7、信息传输和计算机	175	153.2	174.3	175.4
8、住宿和餐饮业	106	118.4	141.4	111.9
按国民经济类型分组				
1、国有企业	152	167.6	177.5	163.9
2、集体企业	150	100	100	100
3、有限责任公司	153.9	153.3	157.2	159
4、股份有限公司	149.9	149.4	153	153.6
5、私营企业	100	100	128.6	114.3
6、外商及港澳台企业	123.3	138	102.8	104.3
按企业规模分组				
1、特大型及大型	159.1	163.7	152.7	153
2、中型	106.1	113.9	130.8	122.1
3、小型	180	140	120	100

14-3 企业家信心指数

类　　别	一季度	二季度	三季度	四季度
全　　市	**139.3**	**134.9**	**132.1**	**132.5**
按行业分组				
1、工业	130.2	125.5	118.9	121.4
2、建筑业	160.6	156.1	166.7	166.8
3、交通运输、仓储和邮政业	167.3	128.1	163.1	141.5
4、批发零售餐饮业	172.4	172.8	168.4	170
5、房地产业	136.5	172.7	126.5	116.5
6、社会服务业	102.2	84	92.4	102.2
7、信息传输和计算机	169.6	160	160	164.3
8、住宿和餐饮业	100.3	141.4	135	123.3
按国民经济类型分组				
1、国有企业	155.6	161.9	168.1	163.7
2、集体企业	100	100	100	100
3、有限责任公司	147.9	131.5	136.4	137.4
4、股份有限公司	142.4	139.6	143.9	139.2
5、私营企业	85.7	100	71.4	85.7
6、外商及港澳台企业	122.3	135.1	101.6	107.7
按企业规模分组				
1、特大型及大型	152	146.8	140.3	139
2、中型	113.6	118.5	116.9	123.5
3、小型	120	160	160	150

企业集团统计说明

(一)调查目的：

为了反映我国企业(集团)的发展情况，为国家组织与指导企业集团工作提供科学依据与咨询建议，更好地满足国家宏观管理的需要，特制订本制度。

(二)企业集团的定义及统计范围：

企业集团是指以母子公司为主体，通过投资及生产经营协作等多种方式，与众多的企事业单位共同组成的经济联合体。企业集团不具有企业法人资格。企业集团的统计范围包括：一是中央企业；二是由国务院批准的国家试点企业集团；三是国家重点企业(包括520户和重组为集团公司的原512户国家重点企业)；四是国务院确定的建立现代企业制度原百户试点企业；五是由国务院主管部门批准的企业集团；六是由省、自治区、直辖市人民政府批准的企业集团；七是年营业收入(主营业务收入与其他业务收入之和，下同)和资产总计均在5亿元及以上的其他各类企业(集团)。企业集团的统计调查单位是以母子公司为整体的企业集团，即包括企业集团的母公司、在中国境内和境外的全资子公司(单位)、绝对控股子公司(单位)和相对控股子公司(单位)；不包括参股和协作企业(单位)。上述企业集团中交叉重复的只报一套报表。除企业集团外的重点企业以独立核算的法人企业为统计调查单位。

区市县主要经济指标

责任编辑

姜美华　于福崚　冒建骅

李雪芬　陈文龙

15-1　中山区社会经济发展主要指标

指　　标	单 位	2006年	指　　标	单 位	2006年
一、人口与就业			建筑业：		
年末总人口	万人	35	建筑业企业个数	个	120
当年出生人口	人	1539	期末从业人员数	人	16820
当年死亡人口	人	2351	建筑业总产值	万元	231113
年末总户数	户	131539	**四、贸易、外经**		
年末单位从业人员数	人	28476	社会消费品零售总额	万元	1169984
#第二产业	人	7116	限额以上批发和零售贸易业商品销售总额	万元	131033
第三产业	人	21166	出口总额	万美元	59699
二、综合经济			当年合同外资金额	万美元	166
(一)地区生产总值	万元	1024506	当年实际使用外资金额	万美元	9218
第一产业增加值	万元	36526	**五、固定资产投资**		
第二产业增加值	万元	139417	城镇固定资产投资完成额	万元	920842
#工业	万元	47681	城镇新增固定资产	万元	146762
第三产业增加值	万元	848563	城镇固定资产投资项目个数	个	77
(二)财政			房地产开发投资完成额	万元	531813
地方财政一般预算收入	万元	77899	#住宅	万元	314493
#各项税收	万元	74410	**六、教育、卫生**		
地方财政一般预算支出	万元	77104	普通中学数	所	11
#农业支出	万元	413	小学数	所	24
科学支出	万元	174	普通中学专任教师数	人	1094
科技三项费	万元	1280	小学专任教师数	人	964
教育支出	万元	12013	普通中学在校学生数	人	12704
三、工业及建筑业			小学在校学生数	人	16515
国有及年主营业务收入500万元以上的非国有：			学龄儿童入学率	%	100
工业企业数	个	52	初中升学率	%	100
工业总产值(现价)	万元	127739	高中升学率	%	—
内资企业	万元	31188	医院、卫生院数	所	13
港、澳、台商投资企业	万元	11015	医院、卫生院床位数	床	3445
外商投资企业	万元	85535	医院、卫生院卫生技术人员数	人	2992
从业人员年平均数	人	3349	#执业（助理）医师	人	1138
流动资产年平均余额	万元	47848	卫生防疫人员数	人	144
固定资产净值年平均余额	万元	20305	**七、人民生活**		
产品销售收入	万元	126567	城镇在岗职工年平均人数	人	25375
#产品销售税金及附加	万元	144	城镇在岗职工工资总额	万元	47730.5
本年应交增值税	万元	2261			
利润总额	万元	6072			

15-2　西岗区社会经济发展主要指标

指　　标	单　位	2006年	指　　标	单　位	2006年
一、人口与就业			建筑业：		
年末总人口	万人	30.8	建筑业企业个数	个	149
当年出生人口	人	1328	期末从业人员数	人	20869
当年死亡人口	人	2129	建筑业总产值	万元	260562
年末总户数	户	114964	**四、贸易、外经**		
年末单位从业人员数	人	—	社会消费品零售总额	万元	680553
#第二产业	人	—	限额以上批发和零售贸易业商品销售总额	万元	77492
第三产业	人	—	出口总额	万美元	15000
二、综合经济			当年合同外资金额	万美元	10100
(一)地区生产总值	万元	617812	当年实际使用外资金额	万美元	6630
第一产业增加值	万元	—	**五 、固定资产投资**		
第二产业增加值	万元	151775	城镇固定资产投资完成额	万元	652009
#工业	万元	61733	城镇新增固定资产	万元	268789
第三产业增加值	万元	466037	城镇固定资产投资项目个数	个	30
(二)财政			房地产开发投资完成额	万元	505792
地方财政一般预算收入	万元	57698	#住宅	万元	321580
#各项税收	万元	54718	**六 、教育、卫生**		
地方财政一般预算支出	万元	74790	普通中学数	所	11
#农业支出	万元	—	小学数	所	24
科学支出	万元	16	普通中学专任教师数	人	820
科技三项费	万元	1460	小学专任教师数	人	701
教育支出	万元	9646	普通中学在校学生数	人	10315
三、工业及建筑业			小学在校学生数	人	13960
国有及年主营业务收入500万元以上的非国有：			学龄儿童入学率	%	100
工业企业数	个	53	初中升学率	%	—
工业总产值(现价)	万元	448981	高中升学率	%	—
内资企业	万元	286661	医院、卫生院数	所	18
港、澳、台商投资企业	万元	10785	医院、卫生院床位数	床	3946
外商投资企业	万元	151535	医院、卫生院卫生技术人员数	人	3325
从业人员年平均数	人	13953	#执业（助理）医师	人	1299
流动资产年平均余额	万元	514297	卫生防疫人员数	人	105
固定资产净值年平均余额	万元	540931			
产品销售收入	万元	528328			
#产品销售税金及附加	万元	1873			
本年应交增值税	万元	17807			
利润总额	万元	12641			

15-3　沙河口区社会经济发展主要指标

指　　标	单　位	2006年	指　　标	单　位	2006年
一、人口与就业			建筑业：		
年末总人口	万人	65.3	建筑业企业个数	个	220
当年出生人口	人	3462	期末从业人员数	人	27574
当年死亡人口	人	3573	建筑业总产值	万元	250946
年末总户数	户	229802	**四、贸易、外经**		
年末单位从业人员数	人	20635	社会消费品零售总额	万元	1307472
#第二产业	人	5717	限额以上批发和零售贸易业商品销售总额	万元	1165418
第三产业	人	14904	出口总额	万美元	20192
二、综合经济			当年合同外资金额	万美元	15215
(一)地区生产总值	万元	936037	当年实际使用外资金额	万美元	8103
第一产业增加值	万元	—	**五、固定资产投资**		
第二产业增加值	万元	161840	城镇固定资产投资完成额	万元	811000
#工业	万元	77877	城镇新增固定资产	万元	700000
第三产业增加值	万元	774197	城镇固定资产投资项目个数	个	60
(二)财政			房地产开发投资完成额	万元	577040
地方财政一般预算收入	万元	67025	#住宅	万元	403000
#各项税收	万元	62127	**六、教育、卫生**		
地方财政一般预算支出	万元	82746	普通中学数	所	19
#农业支出	万元	—	小学数	所	33
科学支出	万元	—	普通中学专任教师数	人	1503
科技三项费	万元	1000	小学专任教师数	人	1546
教育支出	万元	12358	普通中学在校学生数	人	16017
三、工业及建筑业			小学在校学生数	人	27318
国有及年主营业务收入500万元以上的非国有：			学龄儿童入学率	%	100
工业企业数	个	86	初中升学率	%	100
工业总产值(现价)	万元	162447	高中升学率	%	—
内资企业	万元	121038	医院、卫生院数	所	25
港、澳、台商投资企业	万元	9157	医院、卫生院床位数	床	4254
外商投资企业	万元	32252	医院、卫生院卫生技术人员数	人	4484
从业人员年平均数	人	5345	#执业（助理）医师	人	1797
流动资产年平均余额	万元	109094	卫生防疫人员数	人	233
固定资产净值年平均余额	万元	48349	**七、人民生活**		
产品销售收入	万元	165861	城镇在岗职工年平均人数	人	16323
#产品销售税金及附加	万元	1015	城镇在岗职工工资总额	万元	32479.1
本年应交增值税	万元	7259			
利润总额	万元	−2527			

15-4　甘井子区社会经济发展主要指标

指　　标	单　位	2006年	指　　标	单　位	2006年
一、人口与就业			建筑业：		
年末总人口	万人	65.5	建筑业企业个数	个	187
# 乡村人口	万人	15	期末从业人员数	人	49101
年末总户数	户	231853	四、交通运输、邮电通讯		
# 乡村户数	户	58992	境内公路里程	公里	247
年末单位从业人员数	人	28858	境内铁路营业里程	公里	14
# 第二产业	人	13359	本地电话年末用户	户	141000
第三产业	人	14491	# 农村电话年末用户	户	51895
二、综合经济			五、贸易、外经		
（一）地区生产总值	万元	2252764	限额以上批发和零售贸易业商品销售总额	万元	716776
第一产业增加值	万元	106684	出口总额	万美元	105376
第二产业增加值	万元	1182997	当年实际使用外资金额	万美元	106021
第三产业增加值	万元	963083	六、固定资产投资		
（二）财政、金融			城镇固定资产投资完成额	万元	1900073
财政总收入	万元	121250	城镇新增固定资产	万元	976106
# 地方财政一般预算收入	万元	117228	城镇固定资产投资项目个数	个	384
地方财政一般预算支出	万元	154493	房地产开发投资完成额	万元	899794
年末金融机构各项存款余额	万元	2583712	# 住宅	万元	721850
# 城乡居民储蓄存款余额	万元	1615069	七、文教、卫生		
年末金融机构各项贷款余额	万元	1360000	普通中学数	所	26
三、工业及建筑业			小学数	所	64
规模以上工业企业：			普通中学在校学生数	人	29922
工业企业数	个	402	小学在校学生数	人	57538
工业总产值（现价）	万元	1447173	医院、卫生院数	所	30
内资企业	万元	909804	医院、卫生院床位数	床	3803
港、澳、台商投资企业	万元	44453	医院、卫生院技术人员数	人	3406
外商投资企业	万元	492916	# 医生	人	1169
从业人员年平均数	人	58046	八、人民生活		
固定资产净值年平均余额	万元	417263	城镇在岗职工年平均人数	人	28858
产品销售收入	万元	1436059	城镇在岗职工工资总额	万元	54641
			农村居民人均纯收入	元	11411

15-5　旅顺口区社会经济发展主要指标

指　　标	单 位	2006年	指　　标	单 位	2006年
一、人口与就业			建筑业:		
年末总人口	万人	20.8	建筑业企业个数	个	37
# 乡村人口	万人	14.5	期末从业人员数	人	8890
年末总户数	户	81159	**四、交通运输、邮电通讯**		
# 乡村户数	户	52625	境内公路里程	公里	222
年末单位从业人员数	人	32345	境内铁路营业里程	公里	46
# 第二产业	人	19939	本地电话年末用户	户	91207
第三产业	人	11170	# 农村电话年末用户	户	35780
二、综合经济			**五、贸易、外经**		
(一) 地区生产总值	万元	750000	限额以上批发和零售贸易业商品销售总额	万元	114238
第一产业增加值	万元	138826	出口总额	万美元	20000
第二产业增加值	万元	345130	当年实际使用外资金额	万美元	6206
第三产业增加值	万元	266044	**六、固定资产投资**		
(二) 财政、金融			城镇固定资产投资完成额	万元	416670
财政总收入	万元	89789	城镇新增固定资产	万元	111377
# 地方财政一般预算收入	万元	47779	城镇固定资产投资项目个数	个	220
地方财政一般预算支出	万元	69731	房地产开发投资完成额	万元	149141
年末金融机构各项存款余额	万元	1040082	# 住宅	万元	123358
# 城乡居民储蓄存款余额	万元	652846	**七、文教、卫生**		
年末金融机构各项贷款余额	万元	441712	普通中学数	所	15
三、工业及建筑业			小学数	所	36
规模以上工业企业:			普通中学在校学生数	人	13989
工业企业数	个	220	小学在校学生数	人	15696
工业总产值(现价)	万元	551546	医院、卫生院数	所	16
内资企业	万元	318213	医院、卫生院床位数	床	1094
港、澳、台商投资企业	万元	23928	医院、卫生院技术人员数	人	980
外商投资企业	万元	209405	# 医生	人	353
从业人员年平均数	人	27099	**八、人民生活**		
固定资产净值年平均余额	万元	216764	城镇在岗职工年平均人数	人	30251
产品销售收入	万元	530846	城镇在岗职工工资总额	万元	50275
			农村居民人均纯收入	元	8838

15-6　金州区社会经济发展主要指标

指　标	单　位	2006年	指　标	单　位	2006年
一、人口与就业			建筑业：		
年末总人口	万人	46.8	建筑业企业个数	个	112
# 乡村人口	万人	29.7	期末从业人员数	人	94192
年末总户数	户	178414	**四、交通运输、邮电通讯**		
# 乡村户数	户	107175	境内公路里程	公里	689
年末单位从业人员数	人	46037	境内铁路营业里程	公里	128
# 第二产业	人	28764	本地电话年末用户	户	268033
第三产业	人	16279	# 农村电话年末用户	户	92286
二、综合经济			**五、贸易、外经**		
（一）地区生产总值	万元	2900000	限额以上批发和零售贸易业商品销售总额	万元	126455
第一产业增加值	万元	222155	出口总额	万美元	125197
第二产业增加值	万元	1720845	当年实际使用外资金额	万美元	12208
第三产业增加值	万元	957000	**六、固定资产投资**		
（二）财政、金融			城镇固定资产投资完成额	万元	485513
财政总收入	万元	336351	城镇新增固定资产	万元	174963
# 地方财政一般预算收入	万元	101000	城镇固定资产投资项目个数	个	83
地方财政一般预算支出	万元	136203	房地产开发投资完成额	万元	284076
年末金融机构各项存款余额	万元	1796077	# 住宅	万元	209348
# 城乡居民储蓄存款余额	万元	1181993	**七、文教、卫生**		
年末金融机构各项贷款余额	万元	945326	普通中学数	所	23
三、工业及建筑业			小学数	所	41
规模以上工业企业：			普通中学在校学生数	人	31490
工业企业数	个	480	小学在校学生数	人	35071
工业总产值（现价）	万元	1915821	医院、卫生院数	所	34
内资企业	万元	1068617	医院、卫生院床位数	床	2375
港、澳、台商投资企业	万元	244635	医院、卫生院技术人员数	人	2275
外商投资企业	万元	602569	# 医生	人	862
从业人员年平均数	人	77377	**八、人民生活**		
固定资产净值年平均余额	万元	496328	城镇在岗职工年平均人数	人	44680
产品销售收入	万元	1902309	城镇在岗职工工资总额	万元	80178
			农村居民人均纯收入	元	9030

15-7　瓦房店市社会经济发展主要指标

指　　标	单　位	2006年	指　　标	单　位	2006年
一、人口与就业			建筑业：		
年末总人口	万人	102.6	建筑业企业个数	个	49
# 乡村人口	万人	66.1	期末从业人员数	人	26341
年末总户数	户	347972	**四、交通运输、邮电通讯**		
# 乡村户数	户	230507	境内公路里程	公里	3168
年末单位从业人员数	人	125686	境内铁路营业里程	公里	230.4
# 第二产业	人	88041	本地电话年末用户	户	398839
第三产业	人	33867	# 农村电话年末用户	户	190564
二、综合经济			**五、贸易、外经**		
（一）地区生产总值	万元	2825867	限额以上批发和零售贸易业商品销售总额	万元	30585
第一产业增加值	万元	465457	出口总额	万美元	59628
第二产业增加值	万元	1573073	当年实际使用外资金额	万美元	25432
第三产业增加值	万元	787337	**六、固定资产投资**		
（二）财政、金融			城镇固定资产投资完成额	万元	1512000
财政总收入	万元	168185	城镇新增固定资产	万元	818451
# 地方财政一般预算收入	万元	106789	城镇固定资产投资项目个数	个	557
地方财政一般预算支出	万元	158089	房地产开发投资完成额	万元	90421
年末金融机构各项存款余额	万元	1839413	# 住宅	万元	63293
# 城乡居民储蓄存款余额	万元	1224423	**七、文教、卫生**		
年末金融机构各项贷款余额	万元	1314098	普通中学数	所	46
三、工业及建筑业			小学数	所	189
规模以上工业企业：			普通中学在校学生数	人	54063
工业企业数	个	413	小学在校学生数	人	53366
工业总产值（现价）	万元	2474305	医院、卫生院数	所	40
内资企业	万元	1880421	医院、卫生院床位数	床	3407
港、澳、台商投资企业	万元	257733	医院、卫生院技术人员数	人	4371
外商投资企业	万元	336151	# 医生	人	2362
从业人员年平均数	人	56606	**八、人民生活**		
固定资产净值年平均余额	万元	625120	城镇在岗职工年平均人数	人	44293
产品销售收入	万元	2548516	城镇在岗职工工资总额	万元	84156.7
			农村居民人均纯收入	元	6000

15－8　普兰店市社会经济发展主要指标

指　　标	单　位	2006年
一、人口与就业		
年末总人口	万人	82.5
# 乡村人口	万人	64.1
年末总户数	户	275257
# 乡村户数	户	205037
年末单位从业人员数	人	59805
# 第二产业	人	41009
第三产业	人	18658
二、综合经济		
（一）地区生产总值	万元	2153958
第一产业增加值	万元	323260
第二产业增加值	万元	1316521
第三产业增加值	万元	514177
（二）财政、金融		
财政总收入	万元	116400
# 地方财政一般预算收入	万元	105755
地方财政一般预算支出	万元	118600
年末金融机构各项存款余额	万元	1268373
# 城乡居民储蓄存款余额	万元	959442
年末金融机构各项贷款余额	万元	830363
三、工业及建筑业		
规模以上工业企业：		
工业企业数	个	254
工业总产值（现价）	万元	1581143
内资企业	万元	1145300
港、澳、台商投资企业	万元	89074
外商投资企业	万元	346769
从业人员年平均数	人	48131
固定资产净值年平均余额	万元	365806
产品销售收入	万元	1412777
建筑业：		
建筑业企业个数	个	50
期末从业人员数	人	44412
四、交通运输、邮电通讯		
境内公路里程	公里	1810
境内铁路营业里程	公里	30
本地电话年末用户	户	273100
# 农村电话年末用户	户	202880
五、贸易、外经		
限额以上批发和零售贸易业商品销售总额	万元	42912
出口总额	万美元	55430
当年实际使用外资金额	万美元	20447
六、固定资产投资		
城镇固定资产投资完成额	万元	719297
城镇新增固定资产	万元	423667
城镇固定资产投资项目个数	个	133
房地产开发投资完成额	万元	43254
# 住宅	万元	35634
七、文教、卫生		
普通中学数	所	38
小学数	所	196
普通中学在校学生数	人	44605
小学在校学生数	人	46159
医院、卫生院数	所	38
医院、卫生院床位数	床	2988
医院、卫生院技术人员数	人	2739
# 医生	人	820
八、人民生活		
城镇在岗职工年平均人数	人	59127
城镇在岗职工工资总额	万元	97914
农村居民人均纯收入	元	6000

15-9　庄河市社会经济发展主要指标

指　　标	单　位	2006年	指　　标	单　位	2006年
一、人口与就业			建筑业：		
年末总人口	万人	91.9	建筑业企业个数	个	124
# 乡村人口	万人	73.7	期末从业人员数	人	73066
年末总户数	户	282925	**四、交通运输、邮电通讯**		
# 乡村户数	户	229847	境内公路里程	公里	3306
年末单位从业人员数	人	39127	境内铁路营业里程	公里	48.5
# 第二产业	人	21939	本地电话年末用户	户	297071
第三产业	人	16621	# 农村电话年末用户	户	192056
二、综合经济			**五、贸易、外经**		
（一）地区生产总值	万元	1962773	限额以上批发和零售贸易业商品销售总额	万元	50958
第一产业增加值	万元	433067	出口总额	万美元	48070
第二产业增加值	万元	923516	当年实际使用外资金额	万美元	18254
第三产业增加值	万元	606190	**六、固定资产投资**		
（二）财政、金融			城镇固定资产投资完成额	万元	580432
财政总收入	万元	103728	城镇新增固定资产	万元	69651
# 地方财政一般预算收入	万元	71089	城镇固定资产投资项目个数	个	61
地方财政一般预算支出	万元	113837	房地产开发投资完成额	万元	48300
年末金融机构各项存款余额	万元	1074255	# 住宅	万元	35200
# 城乡居民储蓄存款余额	万元	899387	**七、文教、卫生**		
年末金融机构各项贷款余额	万元	1040657	普通中学数	所	34
三、工业及建筑业			小学数	所	244
规模以上工业企业：			普通中学在校学生数	人	63770
工业企业数	个	205	小学在校学生数	人	52250
工业总产值（现价）	人	1087934	医院、卫生院数	所	43
内资企业	万元	484785	医院、卫生院床位数	床	3210
港、澳、台商投资企业	万元	69050	医院、卫生院技术人员数	人	3280
外商投资企业	万元	534099	# 医生	人	1819
从业人员年平均数	人	27198	**八、人民生活**		
固定资产净值年平均余额	万元	348779	城镇在岗职工年平均人数	人	40102
产品销售收入	万元	1002947	城镇在岗职工工资总额	万元	73506
			农村居民人均纯收入	元	6000

15-10　长海县社会经济发展主要指标

指　　标	单　位	2006年	指　　标	单　位	2006年
一、人口与就业			建筑业：		
年末总人口	万人	7.4	建筑企业个数	个	8
# 乡村人口	万人	8.3	期末从业人员数	人	1719
年末总户数	户	25837	四、交通运输、邮电通讯		
# 乡村户数	户	26644	境内公路里程	公里	180
年末单位从业人员数	人	7542	境内铁路营业里程	公里	-
# 第二产业	人	268	本地电话年末用户	户	27880
第三产业	人	2899	# 农村电话年末用户	户	19615
二、综合经济			五、贸易、外经		
（一）地区生产总值	万元	262803	限额以上批发和零售贸易业商品销售总额	万元	586
第一产业增加值	万元	190803	出口总额	万美元	4247
第二产业增加值	万元	26000	当年实际使用外资金额	万美元	-
第三产业增加值	万元	46000	六、固定资产投资		
（二）财政、金融			城镇固定资产投资完成额	万元	58946
财政总收入	万元	34706	城镇新增固定资产	万元	69075
# 地方财政一般预算收入	万元	13057	城镇固定资产投资项目个数	个	57
地方财政一般预算支出	万元	32908	房地产开发投资完成额	万元	11294
年末金融机构各项存款余额	万元	234122	# 住宅	万元	11294
# 城乡居民储蓄存款余额	万元	155789	七、文教、卫生		
年末金融机构各项贷款余额	万元	89567	普通中学数	所	7
三、工业及建筑业			小学数	所	12
规模以上工业企业：			普通中学在校学生数	人	4583
工业企业数	个	12	小学在校学生数	人	6599
工业总产值（现价）	万元	25272	医院、卫生院数	所	5
内资企业	万元	17654	医院、卫生院床位数	床	192
港、澳、台商投资企业	万元	4507	医院、卫生院技术人员数	人	284
外商投资企业	万元	3111	# 医生	人	114
从业人员年平均数	人	790	八、人民生活		
固定资产净值年平均余额	万元	4915	城镇在岗职工年平均人数	人	7353
产品销售收入	万元	23512	城镇在岗职工工资总额	万元	16633
			农村居民人均纯收入	元	15012

附 录

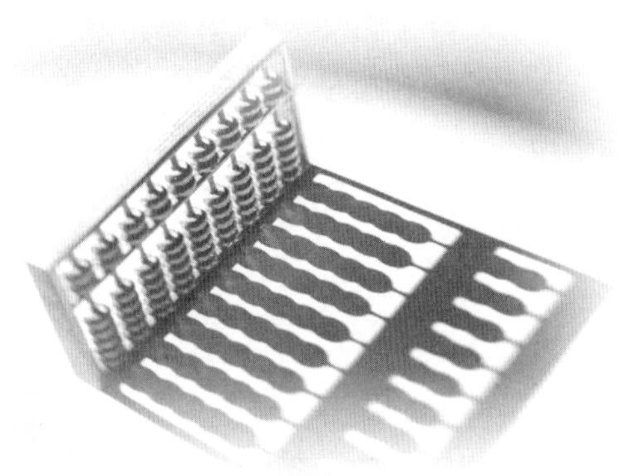

责任编辑

李雪芬　滕毅斌

于宏圣　陈文龙

附录一

中华人民共和国
2006年国民经济和社会发展统计公报

中华人民共和国国家统计局

（2007年2月28日）

2006年，全国各族人民在党中央、国务院的领导下，以邓小平理论和“三个代表”重要思想为指导，坚持以科学发展观统领经济社会发展全局，努力构建社会主义和谐社会，认真贯彻落实宏观调控的各项政策措施，国民经济和社会发展取得重大成就。经济社会发展中存在的主要问题是：经济增长方式粗放，经济结构矛盾突出。

一、综合

初步核算，全年国内生产总值209407亿元，比上年增长10.7%。其中，第一产业增加值24700亿元，增长5.0%；第二产业增加值102004亿元，增长12.5%；第三产业增加值82703亿元，增长10.3%。第一、第二和第三产业增加值占国内生产总值的比重分别为11.8%、48.7%和39.5%。

图1　2002−2006年国内生产总值及其增长速度

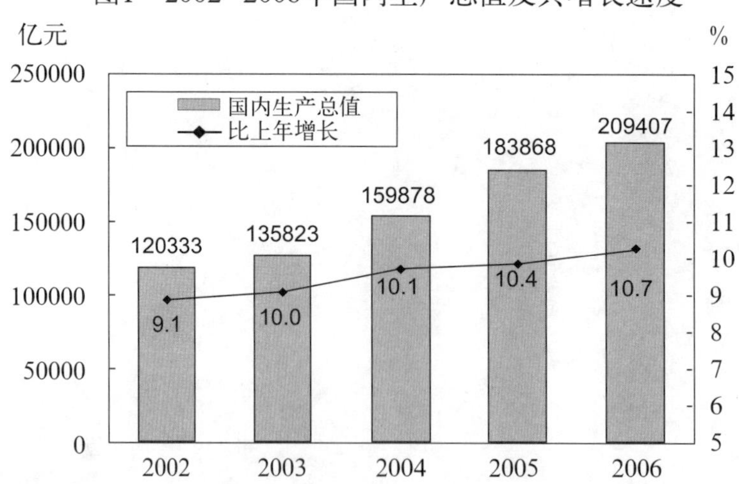

居民消费价格比上年上涨1.5%，其中服务价格上涨1.8%。商品零售价格上涨1.0%。工业品出厂价格上涨3.0%。原材料、燃料、动力购进价格上涨6.0%。固定资产投资价格上涨1.5%。农产品生产价格上涨1.2%。70个大中城市房屋销售价格上涨5.5%。

表1　2006年居民消费价格比上年涨跌幅度

单位：%

指　　标	全　国	城　市	农　村
居民消费价格	1.5	1.5	1.5
食　品	2.3	2.5	2.1
其中：粮食	2.7	2.7	2.9
烟酒及用品	0.6	0.8	0.3
衣　着	−0.6	−0.6	−0.4
家庭设备用品及服务	1.2	1.3	1.0
医疗保健及个人用品	1.1	0.9	1.5
交通和通信	−0.1	−0.7	1.3
娱乐教育文化用品及服务	−0.5	0.0	−1.4
居　住	4.6	4.7	4.6

年末全国就业人员76400万人，比上年末增加575万人。其中城镇就业人员28310万人，新增加1184万人，净增加979万人。年末城镇登记失业率为4.1%，比上年末下降0.1个百分点。

年末国家外汇储备10663亿美元，比上年末增加2475亿美元。年末人民币汇率为1美元兑7.8087元人民币，比上年末升值3.35%。

全年全国税收收入37636亿元（不包括关税、耕地占用税和契税），比上年增加6770亿元，增长21.9%。

二、农 业

全年粮食种植面积10538万公顷，比上年增加110万公顷；棉花种植面积540万公顷，增加34万公顷；油料种植面积1380万公顷，减少52万公顷；糖料种植面积178万公顷，增加22万公顷；蔬菜种植面积1818万公顷，增加46万公顷。

全年粮食产量49746万吨，比上年增加1344万吨，增产2.8%；棉花产量673万吨，增产17.8%；油料产量3062万吨，减产0.5%；糖料产量10987万吨，增产16.2%。

表2　2006年主要农产品产量及其增长速度

单位：万吨

产品名称	产量	比上年增长%
粮　　食	49746	2.8
夏　粮	11381	7.0
早　稻	3187	0.0
秋　粮	35178	1.7
油　　料	3062	−0.5
花　生	1461	1.8
油菜籽	1270	−2.7
棉　　花	673	17.8
糖　　料	10987	16.2
甘　蔗	9925	14.6
甜　菜	1062	34.8
烤　　烟	247	1.3
茶　　叶	102	9.0
水　　果	17050	5.8
蔬　　菜	58233	3.2

图2　2002—2006年粮食产量及其增长速度

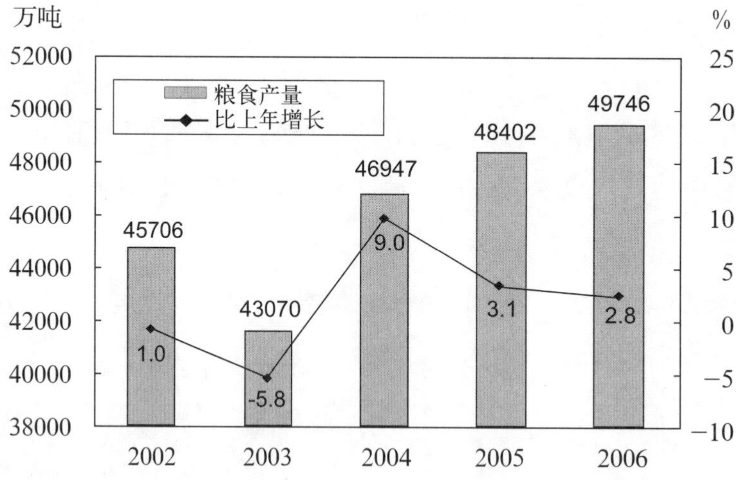

全年肉类总产量8100万吨，比上年增长4.6%。其中，猪、牛、羊肉分别增长4.3%、5.3%和7.8%。全年水产品产量5250万吨，增长2.8%。全年木材产量7800万立方米，比上年增长40.3%。

全年新增有效灌溉面积108万公顷，新增节水灌溉面积128万公顷。

三、工业和建筑业

全年全部工业增加值90351亿元，比上年增长12.5%。规模以上工业增加值增长16.6%；产品销售率98.1%。

表3　2006年规模以上工业增加值及其增长速度

单位：亿元

指　　标	增加值	比上年增长%
规模以上工业	79752	16.6
其中：国有及国有控股企业	28396	12.6
其中：集体企业	2558	11.6
股份制企业	39918	17.8
外商及港澳台投资企业	22502	16.9
其中：私营企业	15547	24.4
其中：轻工业	24314	13.8
重工业	55438	17.9

图3　2002-2006年工业增加值及其增长速度

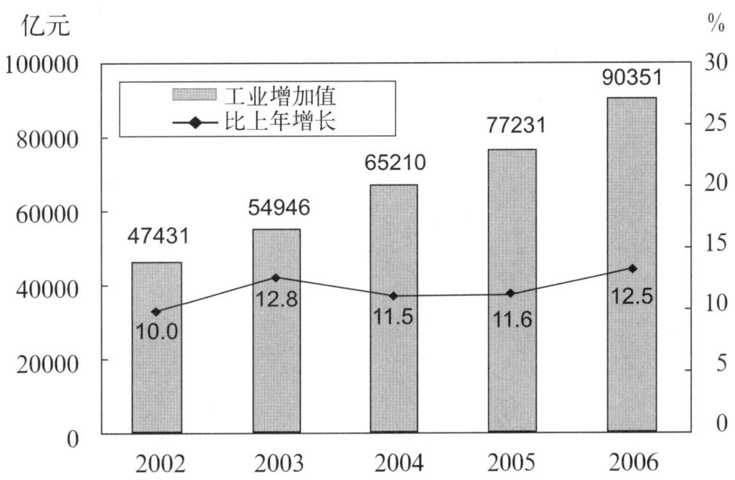

全年一次能源生产总量22.1亿吨标准煤，比上年增长7.3%；发电量28344亿千瓦小时，增长13.4%；原煤23.8亿吨，增长8.0%；原油1.84亿吨，增长1.7%。

粗钢产量4.2亿吨，比上年增长19.7%；钢材4.7亿吨，增长25.3%；水泥12.4亿吨，增长15.5%；十种有色金属增长17.2%；硫酸、纯碱、烧碱、乙烯等主要化工产品增长9.6%至24.5%。

汽车产量728万辆，比上年增长27.6%，其中轿车387万辆，增长39.7%。

移动通信手持机、微型电子计算机等高技术产品产量分别比上年增长58.2%和15.5%。全年规模以上工业中，高技术产业增加值比上年增长18.7%。

表4　2006年主要工业产品产量及其增长速度

产品名称	单　位	产　量	比上年增长%
纱	万吨	1740.0	20.0
布	亿米	550.0	13.5
化学纤维	万吨	2025.5	21.7
成 品 糖	万吨	949.1	4.0
卷　　烟	亿支	20218.1	4.3
彩色电视机	万台	8375.4	1.1
家用电冰箱	万台	3530.9	18.2
房间空气调节器	万台	6849.4	1.3
一次能源生产总量	亿吨标准煤	22.1	7.3
原　煤	亿吨	23.8	8.0
原　油	亿吨	1.84	1.7
天然气	亿立方米	585.5	18.7
发电量	亿千瓦小时	28344.0	13.4
其中：火电	亿千瓦小时	23573.0	15.1
水电	亿千瓦小时	4167.0	5.0
粗　钢	万吨	42266.0	19.7
钢　材	万吨	47339.6	25.3
十种有色金属	万吨	1917.0	17.2
其中：精炼铜（铜）	万吨	299.8	15.0
电解铝	万吨	935.0	20.1
氧化铝	万吨	1370.0	59.4
水　泥	亿吨	12.4	15.5
硫　酸	万吨	4981.0	9.6
纯　碱	万吨	1597.2	12.4
烧　碱	万吨	1511.8	21.9
乙　烯	万吨	940.5	24.5
化　肥（折100%）	万吨	5592.8	8.0
发电设备	万千瓦	11000.0	19.6
汽　车	万辆	727.9	27.6
其中：轿车	万辆	386.9	39.7
大中型拖拉机	万台	19.9	22.0
集成电路	亿块	335.8	24.4
程控交换机	万线	7404.6	-4.1
移动通信手持机（手机）	万台	48013.8	58.2
微型电子计算机	万台	9336.4	15.5

全年全国规模以上工业企业实现利润18784亿元，比上年增长31%。

表5　2006年规模以上工业企业实现利润及其增长速度

单位：亿元

指　　标	利润总额	比上年增长%
规模以上工业	18784	31.0
其中：国有及国有控股企业	8072	27.0
其中：集体企业	561	29.5
股份制企业	10073	32.3
外商及港澳台投资企业	5162	26.7
其中：私营企业	2948	43.6

全年全社会建筑业实现增加值11653亿元，比上年增长12.4%。全国具有资质等级的总承包和专业承包建筑业企业实现利润1071亿元，增长18.1%；上缴税金1404亿元，增长21.0%。

四、固定资产投资

全年全社会固定资产投资109870亿元，比上年增长24%。其中，城镇投资93472亿元，增长24.5%；农村投资16397亿元，增长21.3%。

图4　2002－2006年固定资产投资及其增长速度

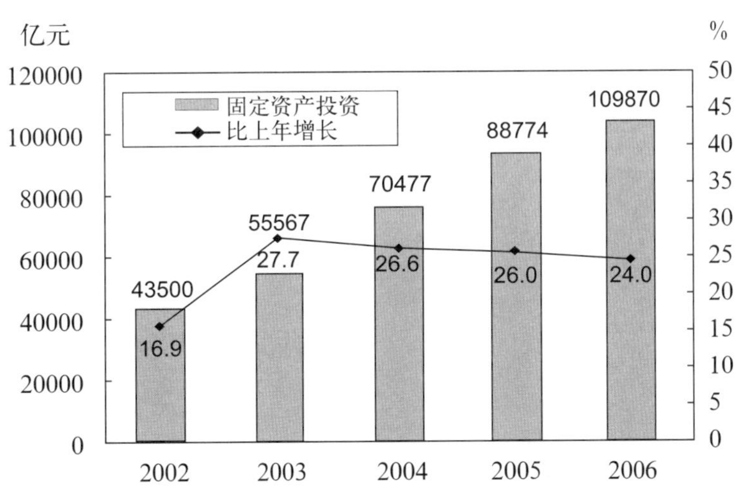

分地区看，东部地区完成54546亿元，比上年增长19.3%；中部地区完成20905亿元，增长30.6%；西部地区完成21916亿元，增长25.4%；东北地区完成10520亿元，增长36.2%。

在城镇投资中，国有及国有控股单位投资45212亿元，比上年增长16.9%。第一产业投资1102亿元，增长30.7%；第二产业投资39760亿元，增长25.9%；第三产业投资52611亿元，增长23.3%。

表6　2006年分行业城镇固定资产投资及其增长速度

单位：亿元

行　　业	投资额	比上年增长%
总　　计	93472	24.5
农、林、牧、渔业	1102	30.7
采矿业	4168	28.9
制造业	26399	29.4
其中：化学原料及化学制品制造业	2556	19.9
非金属矿物制品业	1854	33.0
黑色金属冶炼及压延加工业	2247	-2.5
交通运输设备制造业	1974	25.2
通信设备、计算机及其他电子设备制造业	1687	38.7
电力、燃气及水的生产和供应业	8196	12.5
建筑业	997	50.1
交通运输、仓储和邮政业	11140	25.7
信息传输、计算机服务和软件业	1786	14.4
批发和零售业	1885	23.0
住宿和餐饮业	929	37.4
金融业	118	11.7
房地产业	21446	25.4
租赁和商务服务业	666	37.0
科学研究、技术服务和地质勘查业	465	9.5
水利、环境和公共设施管理业	7453	22.2
居民服务和其他服务业	182	34.5
教育	2114	7.5
卫生、社会保障和社会福利业	693	17.0
文化、体育和娱乐业	850	23.9
公共管理和社会组织	2885	18.3

全年房地产开发投资19382亿元，比上年增长21.8%，其中，商品住宅投资13612亿元，增长25.3%。商品房竣工面积53019万平方米，下降0.6%。商品房销售额20510亿元。其中，期房销售额为14366亿元，所占比重为70.0%。

表7　2006年固定资产投资新增主要生产能力

指　　标	单　位	绝对数
新增发电机组容量	万千瓦	10117
22万伏及以上变电设备	万千伏安	15531
新建铁路投产里程	公里	1605
增建铁路复线投产里程	公里	705
电气化铁路投产里程	公里	3960
新建公路	公里	93720
#高速公路	公里	4325
港口万吨级码头泊位新增吞吐能力	万吨	45726
新增局用交换机容量	万门	3067
新增光缆线路长度	万公里	19
新增数字蜂窝移动电话交换机容量	万户	12818

青藏铁路于2006年7月1日实现全线通车。南水北调东、中线一期工程累计完成投资119亿元。三峡工程建设累计完成投资1313亿元。三峡电站已投产机组全年发电492亿千瓦小时，累计发电已达1461亿千瓦小时。

五、国内贸易

全年社会消费品零售总额76410亿元，比上年增长13.7%。分城乡看，城市消费品零售额51543亿元，增长14.3%；县及县以下消费品零售额24867亿元，增长12.6%。分行业看，批发和零售业零售额64326亿元，增长13.7%；住宿和餐饮业零售额10345亿元，增长16.4%；其他行业零售额1739亿元，增长2.3%。

在限额以上批发和零售业零售额中，汽车类零售额比上年增长26.3%，石油及制品类增长36.2%，文化办公用品类增长14.5%，通讯器材类增长22.0%，家用电器和音像器材类增长19.2%，建筑及装潢材料类增长24.0%，日用品类增长15.7%，家具类增长21.3%，食品、饮料、烟酒类增长15.5%，服装类增长19.2%，化妆品类增长18.6%，金银珠宝类增长28.5%。

图5　2002-2006年社会消费品零售总额及其增长速度

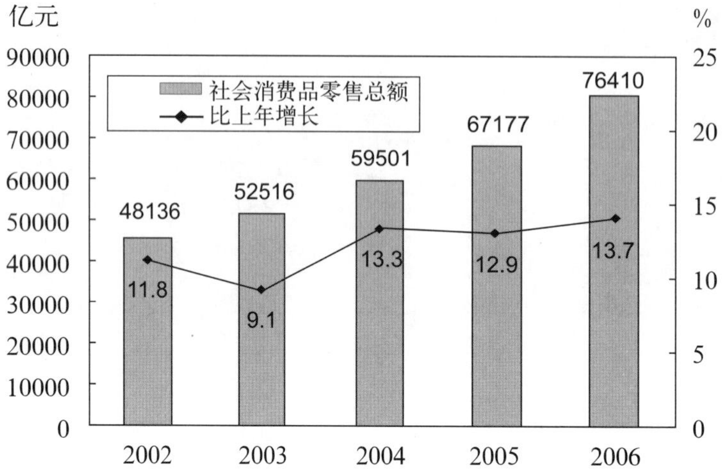

六、对外经济

全年进出口总额17607亿美元，比上年增长23.8%。其中，出口9691亿美元，增长27.2%；进口7916亿美元，增长20.0%。出口大于进口1775亿美元，比上年增加755亿美元。

表8　2006年进出口总额及其增长速度

单位：亿美元

指　标	绝对数	比上年增长%
进出口总额	17607	23.8
出口额	9691	27.2
其中：一般贸易	4163	32.1
加工贸易	5104	22.5
其中：机电产品	5494	28.8
高新技术产品	2815	29.0
其中：国有企业	1913	13.4
外商投资企业	5638	26.9
其他企业	2139	43.6
进口额	7916	20.0
其中：一般贸易	3332	19.1
加工贸易	3215	17.3
其中：机电产品	4277	22.1
高新技术产品	2473	25.1
其中：国有企业	2252	14.2
外商投资企业	4726	22.0
其他企业	938	24.4
出口大于进口	1775	—
其中：一般贸易	831	—
加工贸易	1889	—
其他贸易	-945	—

表9　2006年对主要国家和地区进出口总额及其增长速度

单位：亿美元

国家和地区	出口额	比上年增长%	进口额	比上年增长%
美国	2035	24.9	592	21.8
欧盟	1820	26.6	903	22.7
中国香港	1554	24.8	108	−11.8
日本	916	9.1	1157	15.2
东盟	713	28.8	895	19.4
韩国	445	26.8	898	16.9
中国台湾	207	25.3	871	16.6
俄罗斯	158	19.8	176	10.5

图6　2002−2006年进出口总额及其增长速度

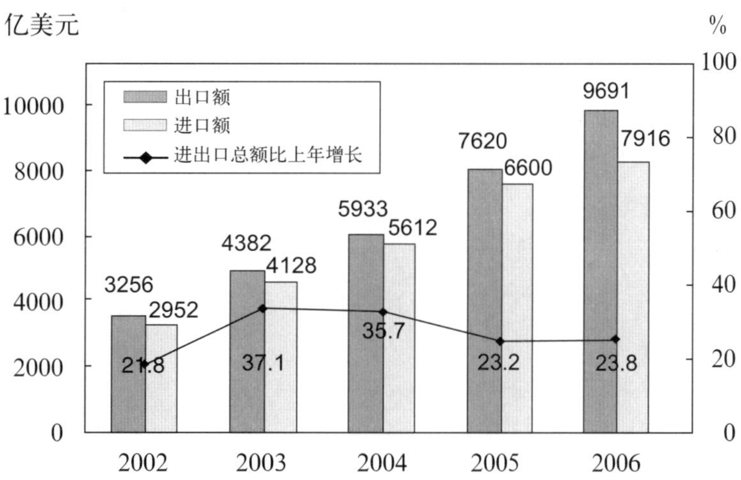

全年新设立外商直接投资企业41485家，比上年下降5.8%。实际使用外商直接投资金额694.7亿美元，下降4.1%。其中，制造业所占比重为57.7%；房地产业为11.8%；金融业为9.7%；租赁和商务服务业为6.1%；交通运输、仓储和邮政业为2.9%。

表10　2006年分行业外商直接投资及其增长速度

金额单位：亿美元

行业名称	合同项目(个)	比上年增长%	实际使用金额	比上年增长%
总　计	41485	-5.8	694.7	-4.1
农、林、牧、渔业	951	-10.1	6.0	-16.5
采矿业	208	-17.5	4.6	29.7
制造业	24790	-14.3	400.8	-5.6
电力、燃气及水的生产和供应业	375	-3.9	12.8	-8.1
建筑业	352	-23.0	6.9	40.4
交通运输、仓储和邮政业	665	-9.4	19.8	9.5
信息传输、计算机服务和软件业	1378	-7.7	10.7	5.5
批发和零售业	4664	79.3	17.9	72.3
住宿和餐饮业	1060	-12.2	8.3	47.8
金融业	64	10.3	67.4	-45.2
房地产业	2398	13.1	82.3	51.9
租赁和商务服务业	2885	-3.2	42.2	12.8
科学研究、技术服务和地质勘查业	1035	11.8	5.0	48.1
水利、环境和公共设施管理业	132	-5.0	2.0	40.4
居民服务和其他服务业	236	-28.3	5.0	93.9
教育	27	-47.1	0.3	65.6
卫生、社会保障和社会福利业	20	-9.1	0.2	-61.4
文化、体育和娱乐业	241	-11.4	2.4	-21.0
公共管理和社会组织	4	-	0.07	91.1

全年对外直接投资额（非金融部分）161亿美元，比上年增长31.6%。

全年对外承包工程完成营业额300亿美元，比上年增长37.9%；对外劳务合作完成营业额54亿美元，增长12.3%。

七、交通、邮电和旅游

全年交通运输、仓储和邮政业增加值12032亿元，比上年增长8.3%。

表11　2006年各种运输方式完成货物运输量及其增长速度

指　　标	单　位	绝对数	比上年增长%
货物运输总量	亿　　吨	202.5	8.9
铁路	亿　　吨	28.8	7.1
公路	亿　　吨	146.1	8.9
水运	亿　　吨	24.4	11.0
民航	万　　吨	349.4	13.9
管道	亿　　吨	3.2	6.7
货物运输周转量	亿吨公里	86921.2	8.4
铁路	亿吨公里	21954.0	5.9
公路	亿吨公里	9647.0	11.0
水运	亿吨公里	53907.8	8.5
民航	亿吨公里	94.3	19.5
管道	亿吨公里	1318.2	29.5

表12　2006年各种运输方式完成旅客运输量及其增长速度

指　　标	单　位	绝对数	比上年增长%
旅客运输总量	亿　　人	200.8	8.7
铁路	亿　　人	12.6	8.7
公路	亿　　人	184.5	8.7
水运	亿　　人	2.2	6.3
民航	万　　人	15961.3	15.4
旅客运输周转量	亿人公里	19202.7	9.9
铁路	亿人公里	6622.0	9.2
公路	亿人公里	10135.9	9.1
水运	亿人公里	74.9	10.5
民航	亿人公里	2369.9	15.9

全年全国规模以上港口完成货物吞吐量45.6亿吨，比上年增长15.6%，其中外贸货物吞吐量15.7亿吨，增长16.8%。全国港口集装箱吞吐量9300万标准箱，增长23.0%。

年末全国民用汽车保有量达到4985万辆（包括三轮汽车和低速货车1399万辆），比上年末增长15.2%，其中年末私人汽车保有量2925万辆，增长23.7%。民用轿车保有量1545万辆，增长27.2%，其中私人轿车1149万辆，增长33.5%。

全年完成邮电业务总量15321亿元，比上年增长25.6%。其中，邮政业务总量729亿元，增长16.9%；电信业务总量14592亿元，增长26.1%。全年新增局用交换机3067万门，总容量达到5.0亿门。新增固定电话用户1737万户，年末达到36781万户。其中，城市电话用户25139万户，农村电话用户11642万户。新增移动电话用户6768万户，年末达到46108万户。年末全国固定及移动电话用户总数达到82889万户，比上年末增加8505万户。电话普及率达到63部/百人。

图7　2002－2006年年末电话用户数

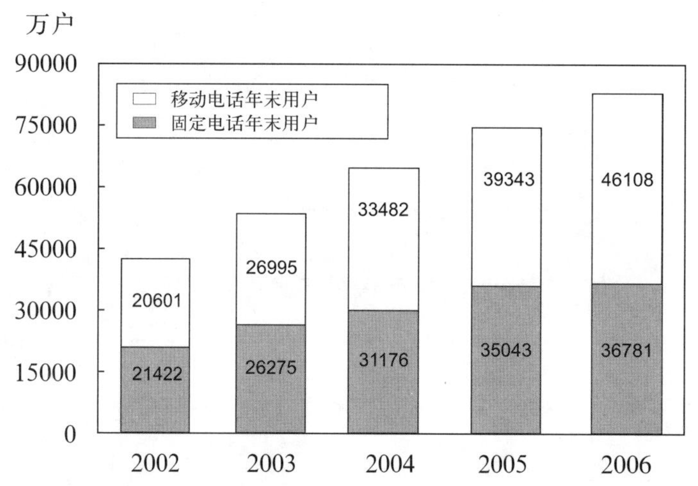

全年入境人数12494万人次，比上年增长3.9%。其中，外国人2221万人次，增长9.7%；香港、澳门和台湾同胞10273万人次，增长2.7%。在入境旅游者中，过夜人数4991万人次，增长6.6%。国际旅游外汇收入339.5亿美元，增长15.9%。全年国内出境人数达3452万人次，增长11.3%。其中因私出境2880万人次，增长14.6%，占出境人数的83.4%。全年国内出游人数达13.9亿人次，增长15%；国内旅游总收入6230亿元，增长17.9%。

八、金融、证券和保险

年末广义货币供应量（M_2）余额为34.6万亿元，比上年末增长16.9%；狭义货币供应量（M_1）余额为12.6万亿元，增长17.5%；流通中现金（M_0）余额为2.7万亿元，增长12.7%。年末全部金融机构本外币各项存款余额34.8万亿元，增长16.0%；全部金融机构本外币各项贷款余额23.9万亿元，增长14.7%。

表13　2006年全部金融机构本外币存贷款及其增长速度

单位：亿元

指　　标	年末数	比上年末增长%
各项存款余额	348065	16.0
其中：企业存款	118881	16.8
城乡居民储蓄存款	166617	13.3
其中：人民币	161587	14.6
各项贷款余额	238519	14.7
其中：短期贷款	101762	10.9
中长期贷款	113173	21.3

图8　2002－2006年城乡居民人民币储蓄存款余额及其增长速度

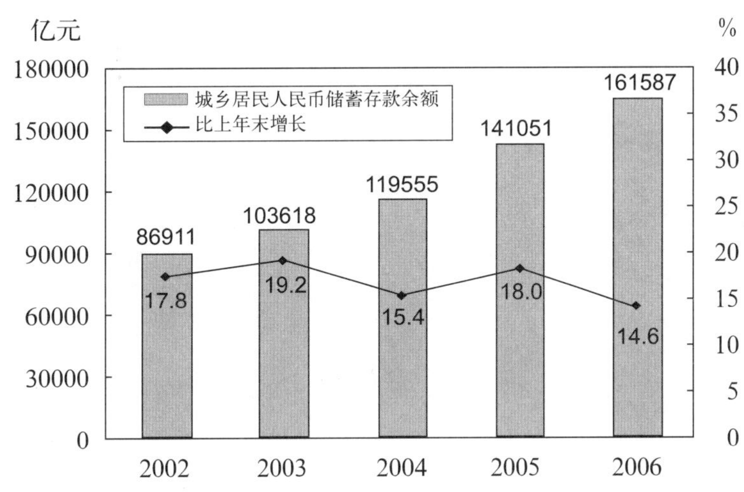

全年农村金融合作机构（农村信用社、农村合作银行、农村商业银行）人民币贷款余额2.6万亿元，比上年末增加4277亿元。全部金融机构人民币消费贷款余额2.4万亿元，增加2068亿元。其中个人住房贷款余额1.99万亿元，增加1439亿元。

全年企业通过证券市场发行、配售股票共筹集资金5594亿元，比上年增加3712亿元。其中，发行A股（包括增发及可转债）128只，配股2只，筹集资金2464亿元，增加2126亿元；发行H股共34只，筹集资金3131亿元，增加1586亿元。年末境内上市公司（A、B股）数量由上年末的1381家增加到1434家，市价总值89404亿元，比上年末增长175.7%。

全年发行企业债券1015亿元，比上年增加361亿元；发行短期融资券2943亿元，增加1551亿元。

全年保险公司保费收入5641亿元，比上年增长14.4%，其中寿险业务保费收入3593亿元；健康险和意外伤害险业务保费收入539亿元；财产险业务保费收入1509亿元。支付各类赔款及给付1439亿元，其中寿险业务给付465亿元；健康险和意外伤害险赔款及给付177亿元；财产险业务赔款796亿元。

九、教育和科学技术

全年研究生教育招生40万人，在学研究生110万人，毕业生26万人。普通高等教育招生540万人，在校生1739万人，毕业生377万人。各类中等职业教育招生741万人，在校生1809万人，毕业生476万人。全国普通高中招生871万人，在校生2515万人，毕业生727万人。全国初中招生1930万人，在校生5958万人，毕业生2072万人。普通小学招生1729万人，在校生10712万人，毕业生1928万人。特殊教育招生5万人，在校生36万人。幼儿园在园幼儿2264万人。

图9　2002－2006年各类教育招生人数

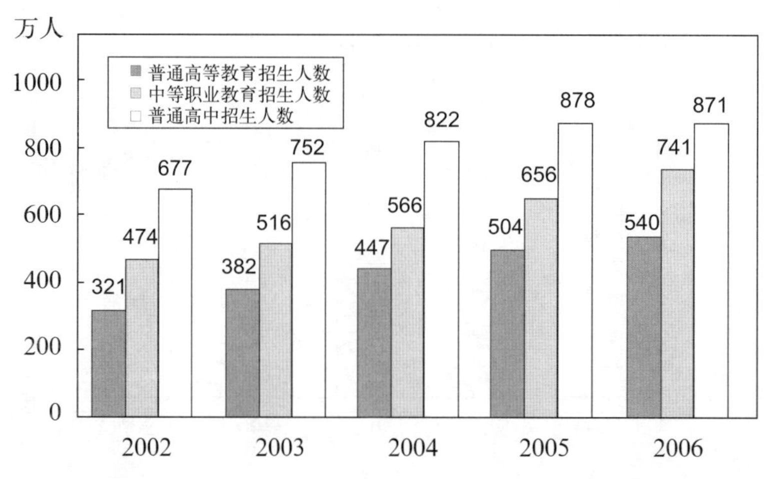

全年研究与试验发展（R&D）经费支出2943亿元，比上年增长20.1%，占国内生产总值的1.41%，其中基础研究经费148亿元。全年国家安排了1409项科技支撑计划课题和2841项“863”计划课题。新建国家工程研究中心7个、国家工程实验室3个。国家认定企业技术中心达到438家。全年共取得省部级以上科技成果3.3万项。全年受理国内外专利申请57.3万件，其中国内申请47万件，占82.1%；受理国内外发明专利申请21万件，其中国内申请12.2万件，占58.1%；全年授予专利权26.8万件，其中国内授权22.4万件，占83.5%；授予发明专利权5.8万件，其中国内授权2.5万件，占43.4%。全年共签订技术合同20.6万项，技术合同成交金额1818亿元，比上年增长20.4%。

年末全国共有产品检测实验室21458个，其中国家检测中心325个。全国现有产品质量、体系认证机构184个，已累计完成对4.9万个企业的产品认证。全国共有法定计量技术机构3750个，全年强制检定计量器具3730万台（件）。全年制定、修订国家标准1950项，其中新制定1100项。全国共有各类气象台站18053个，其中国家气候观象台249个，国家气象观测站2297个，区域气象观测站15507个。全国共有地震台站1253个，地震遥测台网31个。全国共有8800个海洋观测站、监测站位。测绘部门公开出版地图1779种，测绘图书532种。

十、文化、卫生和体育

年末全国共有艺术表演团体2766个，文化馆2889个，公共图书馆2767个，博物馆1593个。广播电台267座，电视台296座，教育台46个。全国有线电视用户13862万户，209个城市开展有线数字电视业务，用户1262万户。年末广播综合人口覆盖率为95.0%；电视综合人口覆盖率为96.2%。全年生产故事影片330部，科教、纪录、动画影片62部。全国出版各类报纸416亿份，各类期刊30亿册，图书62亿册（张）。年末全国共有档案馆3994个，已开放各类档案6355万卷（件）。国家颁布了首批518项国家级非物质文化遗产名录。

年末全国共有卫生机构30万个，其中医院、卫生院5.9万个，妇幼保健院（所、站）3006个，专科疾病防治院（所、站）1404个，疾病预防控制中心（防疫站）3587个，卫生监督检验机构2256个。卫生技术人员452.5万人，其中执业医师和执业助理医师197万人，注册护士138.6万人。医院和卫生院床位321.6万张。乡镇卫生院4万个，床位68万张，卫生技术人员85.7万人。全年全国报告甲、乙类传染病发病人数348.9万例，报告死亡10623人；报告传染病发病率266.84/10万，死亡率0.81/10万。全国1451个县（市、区）开展了新型农村合作医疗试点工作，占全国县（市、区）总数的50.7%；4.1亿农民参加了新型农村合作医疗，参合率80.5%。

全年我国运动健儿在24个项目中共获得了141个世界冠军，11人3队25次创21项世界纪录。在2006年12月第十五届多哈亚运会上，我国运动员共获得165枚金牌，88枚银牌，63枚铜牌，金牌和奖牌数均超过上届亚运会，第七次蝉联金牌榜第一。

十一、人口、人民生活和社会保障

年末全国总人口为131448万人，比上年末增加692万人。全年出生人口1584万人，出生率为12.09‰；死亡人口892万人，死亡率为6.81‰；自然增长率为5.28‰。出生人口性别比为119.25。

表14　2006年人口数及其构成

单位：万人

指　　标	年末数	比重（%）
全国总人口	131448	100.0
其中：城镇	57706	43.9
乡村	73742	56.1
其中：男性	67728	51.5
女性	63720	48.5
其中：0-14岁	25961	19.8
15-59岁	90586	68.9
60岁及以上	14901	11.3
其中：65岁及以上	10419	7.9

全年农村居民人均纯收入3587元，扣除价格上涨因素，比上年实际增长7.4%；城镇居民人均可支配收入11759元，实际增长10.4%。农村居民家庭恩格尔系数（即居民家庭食品消费支出占家庭消费总支出的比重）为43%，城镇居民家庭恩格尔系数为35.8%。按农村绝对贫困人口标准低于693元测算，年末农村贫困人口为2148万人，比上年末减少217万人；按低收入人口标准694-958元测算，年末农村低收入人口为3550万人，比上年末减少517万人。

图10　2002-2006年城镇居民人均可支配收入及其增长速度

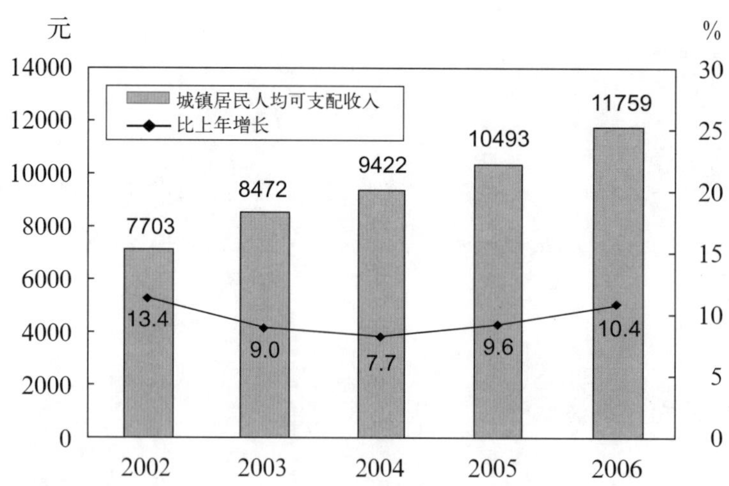

图11　2002－2006年农村居民人均纯收入及其增长速度

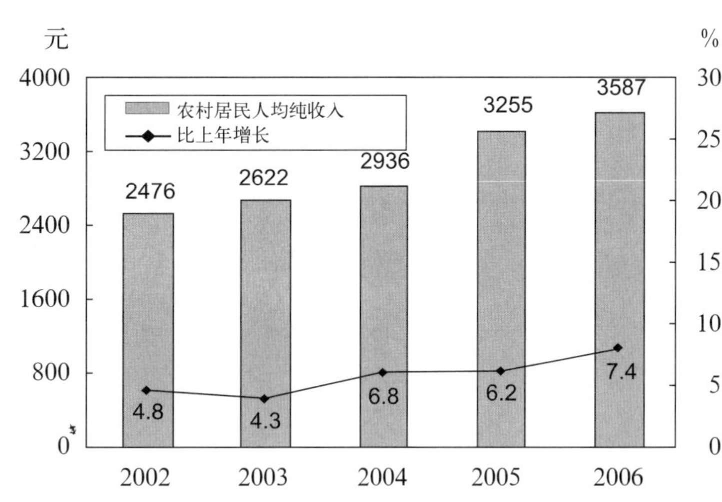

年末全国参加城镇基本养老保险人数为18649万人，比上年末增加1162万人。其中参保职工14028万人，参保离退休人员4621万人。全国参加城镇基本医疗保险的人数为15737万人，增加1954万人。其中参保职工11587万人，参保退休人员4150万人。全国参加失业保险的人数为11187万人，增加539万人。全国参加工伤保险的人数为10235万人，增加1757万人。其中参保农民工2538万人，增加1286万人。全国参加生育保险的人数为6446万人，增加1038万人。

全年各项社会保险基金总收入8517亿元，总支出6583亿元。年末全国领取失业保险金人数为327万人。全年2241万城镇居民得到政府最低生活保障，比上年增加6.7万人；1509万农村居民得到政府最低生活保障，增加684万人。

年末全国各类收养性社会福利单位床位175万张，收养各类人员136万人。城镇建立各种社区服务设施12万个，其中综合性社区服务中心9817个。全年销售社会福利彩票496亿元,筹集社会福利资金174亿元，直接接收社会捐赠款35亿元。

十二、资源、环境和安全生产

全年实际建设占用耕地16.7万公顷。灾毁耕地3.6万公顷。生态退耕33.9万公顷，因农业结构调整减少耕地4万公顷。查出往年建设未变更上报的建设占用耕地9.1万公顷。土地整理复垦开发补充耕地36.7万公顷。当年净减少耕地30.6万公顷。

全年水资源总量25500亿立方米，比上年减少9.1%；人均水资源1945立方米，减少9.6%。全年平均降水量604毫米，减少6.2%。年末全国大型水库蓄水总量1806亿立方米，比上年末减少245亿立方米。全年总用水量5670亿立方米，比上年增长0.7%。其中，生活用水增长0.7%，工业用水增长1.9%，农业用水增长0.2%。万元国内生产总值用水量279立方米，比上年下降8.8%。万元工业增加值用水量151立方米，下降9.0%。全国人均用水量为432立方米，与上年基本持平。全年曾有3578万人口、2936万头大牲畜因干旱发生临时性饮水困难。

国土资源调查及地质勘查新发现大中型矿产地213处，其中，能源矿产地42处，金属矿产地85处，非金属矿产地85处，水气矿产地1处。有72种矿产新增查明资源储量，其中，石油9.44亿吨，天然气5381亿立方米，原煤367亿吨。

全年完成营造林面积457万公顷，其中人工造林完成252万公顷。林业重点工程完成营造林面积297万公顷，占全年营造林面积的65%。全民义务植树18.9亿株。截至2006年底，全国共命名国家级生态示范区233个，自然保护区达到2395个，其中国家级自然保护区265个，自然保护区面积15154万公顷，占国土面积的15%。新增综合治理水土流失面积4.2万平方公里，新增实施水土流失地区封育保护面积6.2万平方公里。

初步测算，全年能源消费总量24.6亿吨标准煤，比上年增长9.3%。其中，煤炭消费量23.7亿吨，增长9.6%；原油3.2亿吨，增长7.1%；天然气556亿立方米，增长19.9%；水电4167亿千瓦小时，增长5.0%；核电543亿千瓦小时，增长2.4%。主要原材料消费中，钢材4.5亿吨，增长17.2%；铜372万吨，下降4.0%；铝865万吨，增长32.1%；乙烯939万吨，增长23.9%；水泥12.0亿吨，增长14.5%。万元国内生产总值能源消耗1.21吨标准煤，比上年下降1.23%。

图12　2002-2006年能源消费总量及其增长速度

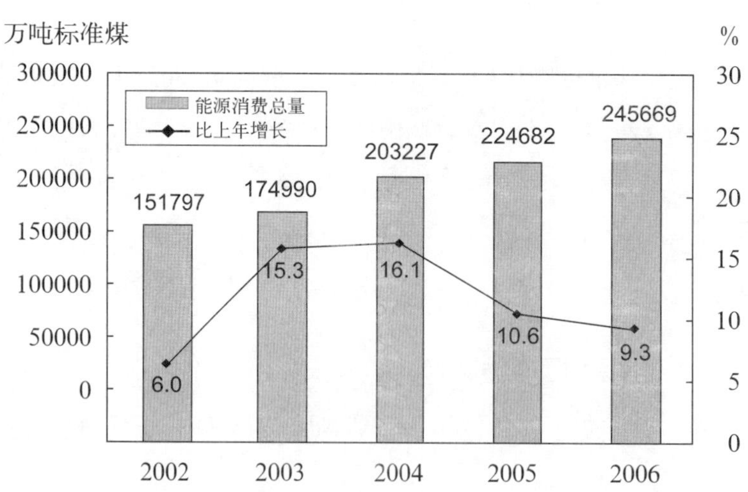

七大水系的408个水质监测断面中，有46%的断面满足国家地表水Ⅲ类标准；28%的断面为Ⅳ～Ⅴ类水质；超过Ⅴ类水质的断面比例占26%。与上年相比，七大水系水质状况无明显变化。

全国近岸海域288个海水水质监测点中，达到国家一、二类海水水质标准的监测点占67.7%，比上年上升0.4个百分点；三类海水占8.0%，下降0.9个百分点；四类、劣四类海水占24.3%，上升0.5个百分点。全国海域未达到清洁海域水质标准的面积约14.9万平方公里，比上年增加约1.0万平方公里，其中，严重污染海域面积约为2.9万平方公里。

在监测的559个城市中，有349个城市空气质量达到二级以上（含二级）标准，占监测城市数的62.4%；有159个城市为三级，占28.4%；有51个城市为劣三级，占9.1%。在监测的378个城市中，城市区域声环境质量好的城市占5.0%，较好的占63.8%，轻度污染的占29.3%，中度污染的占1.6%，重度污染的占0.3%。

全年全国化学需氧量（COD）排放总量1431万吨，比上年增长1.2%；二氧化硫（SO_2）排放总量2594万吨，比上年增长1.8%。

2006年底城市污水处理厂日处理能力达6122万立方米，比上年增长6.9%；城市污水处理率达到56%，提高4个百分点；集中供热面积26.5亿平方米，增长5.1%；建成区绿化覆盖率达到33.5%，提高1个百分点。

全年各类自然灾害造成直接经济损失2528亿元，比上年上升23.8%。全年农作物受灾面积4109万公顷，上升5.9%。其中，绝收541万公顷，上升17.7%。全年共发生森林火灾7775起，比上年减少3767起。发生特大森林火灾5起，比上年增加2起。因森林火灾造成受害森林面积41万公顷，增加4.5倍。全年因海洋灾害造成直接经济损失约218亿元，减少34.3%。全年发生赤潮93次，增加11次；累计赤潮面积约19840平方公里，减少26.7%。全年共发生各类地质灾害10.28万起，造成663人死亡，直接经济损失44.2亿元。全年我国大陆地区共发生5级以上地震14次，地震成灾事件10次。地震灾害共造成大陆地区约66.7万人受灾，减少68%；受灾面积约7168平方公里，减少52.3%；造成直接经济损失约8亿元，减少69.6%。

全年生产安全事故死亡112822人，比上年下降11.2%。亿元GDP生产安全事故死亡人数为0.56人，下降20.4%；工矿商贸企业就业人员生产安全事故10万人死亡人数为3.33人，下降13.5%；煤矿百万吨死亡人数为2.04人，下降27.4%。全年共发生道路交通事故378781起，造成89455人死亡、43.1万人受伤，直接财产损失14.9亿元；道路交通万车死亡人数为6.20人，下降18.4%。

注：

1. 本公报中数据均为初步统计数。

2. 各项统计数据均未包括香港特别行政区、澳 门特别行政区和台湾省。

3. 部分数据因四舍五入的原因，存在着与分项合计不等的情况。

4. 国内生产总值、各产业增加值绝对数按现价计算，增长速度按可比价计算。

5. 钢材产量及消费量数据中均含部分使用钢材加工成其他钢材的重复计算因素。

6. 固定资产投资按东部、中部、西部、东北地区计算的合计数据小于全国数据，是因为有部分不分地区的投资未计算在地区数据中。

7. 房地产业投资中除房地产开发投资外，还包括建设单位自建房屋以及物业管理、中介服务和其他房地产投资。

8. 万元国内生产总值用水量、万元国内生产总值能源消耗按2005年不变价格计算，邮电业务总量按2000年不变价格计算。

附录二

2006年辽宁省国民经济和社会发展统计公报

辽宁省统计局

（2007年4月2日）

根据年快报初步统计，现将2006年全省国民经济和社会发展情况公报如下：

2006年是推进辽宁老工业基地全面振兴的关键一年。一年来，在省委、省政府的正确领导下，全省上下坚持以科学发展观统领全局，解放思想，开拓进取，励精图治，扎实工作，经济发展和各项社会事业都取得了显著成绩，为全面振兴老工业基地，全面建设小康社会，构建和谐辽宁奠定了良好的基础。

1、经济总量

国民经济持续快速增长。初步核算，全年全省生产总值9257.05亿元，按可比价格计算，比上年增长13.8%。其中，第一产业增加值976.44亿元，增长6.9%；第二产业增加值4720.76亿元，增长18.4%；第三产业增加值3559.85亿元，增长10.1%。三次产业增加值占全省生产总值的比重分别为10.5%、51.0%和38.5%。人均生产总值21802元，按可比价格计算，比上年增长12.5%。

2、农业

农业产业结构有所变化。全年农林牧渔业增加值976.44亿元，按可比价格计算，比上年增长6.9%。其中，农业增加值426.85亿元，增长3.4%；林业增加值30.99亿元，增长10.8%；牧业增加值269.61亿元，增长7.9%；渔业增加值217.86亿元，增长10.8%。全省粮食作物播种面积3249.70千公顷，比上年增长2.2%；非粮食作物播种面积610.44千公顷，下降1.8%。

农业生产情况良好。全年粮食产量1725万吨，为历史第三个丰收年，比上年(历史第二个丰收年)下降1.2%。其中，水稻产量460.5万吨，增长11.1%；玉米产量1300.4万吨，下降3.0%；大豆产量36.9万吨，下降15.2%。在非粮食作物中，油料产量38.1万吨，比上年增长3.5%；甜菜产量5.3万吨，下降14.5%。蔬菜产量2129.8万吨，比上年增长9.0%。水果产量343.7万吨，比上年增长4.4%。全年肉类总产量372.10万吨，比上年增长7.5%。其中，猪肉产量199.66万吨，增长8.1%；牛肉产量47.36万吨，增长12.1%；羊肉产量12.35万吨，增长4.0%；禽肉产量106.72万吨，增长4.5%。牛奶产量100.86万吨，比上年增长34.7%。禽蛋产量250.26万吨，比上年增长11.7%。全年水产品产量438.7万吨，比上年增长

3.2%。其中，淡水产品产量69.0万吨，增长12.7%；海水产品产量369.7万吨，增长1.4%。

植树造林取得新进展。全年造林作业面积240.66千公顷，其中，经济林17.26千公顷，防护林188.13千公顷，用材林34.13千公顷，薪炭林1.14千公顷。退耕还林合格面积53.33千公顷，比上年下降46.8%。

农业科技推广应用和现代农业建设取得进步。全年良种面积占粮食播种面积的98.0%；测土配方施肥面积1340.0千公顷，占粮食播种面积的41.2%。化肥施用量(折纯)121.1万吨，比上年增长1.0%。现代农业示范基地27个。蔬菜保护地面积231.53千公顷，比上年增长26.9%。

农业机械化程度稳步提高。年末农业机械总动力(不包括渔船)1863.36万千瓦，比上年末增长3.5%。全省机耕、机播、机收水平分别为77.97%、51.58%、11.36%。全年农村(包括县城)售电量219.0亿千瓦小时。

农田基本建设取得一定成效。年末农田节水灌溉面积394千公顷，比上年末增长2.4%。

3、工业

工业生产较快增长，全年全部工业增加值4167.57亿元，按可比价格计算，比上年增长18.7%。

全年规模以上工业企业（全部国有和主营业务收入500万元及以上非国有工业企业，下同）完成工业增加值3850.00亿元，按可比价格计算，比上年增长20.0%。按经济类型分，国有及国有控股企业完成增加值1817.50亿元，增长12.2%；集体企业完成增加值131.11亿元，增长23.6%；股份制企业完成增加值1998.43亿元，增长18.8%；外商及港澳台商投资企业完成增加值809.90亿元，增长18.3%。按轻、重工业分，轻工业增加值697.66亿元，比上年增长21.1%；重工业增加值3152.34亿元，增长19.6%。工业出口交货值1951.25亿元，比上年增长20.0%，占全省规模以上工业销售产值的14.0%。

原材料工业稳定增长。全年原材料工业增加值1851.65亿元，占规模以上工业增加值的48.1%，比上年增长16.6%。其中，冶金工业增加值801.55亿元，增长17.3%；石化工业增加值880.46亿元，增长13.1%；建材工业增加值169.63亿元，增长28.1%。其主要产品中，生铁产量比上年增长20.1%，钢材产量增长21.6%，原油加工量增长4.5%，橡胶轮胎外胎产量增长3.6%，水泥产量增长25.2%。

装备制造业快速增长。全年装备制造业增加值983.91亿元，占规模以上工业增加值的25.6%，比上年增长24.8%。其中，通用设备制造业增加值265.76亿元，增长34.3%；专用设备制造业增加值100.66亿元，增长29.3%；交通运输设备制造业增加值260.20亿元，增长30.0%；电气机械及器材制造业增加值142.82亿元，增长9.6%；通信设备、计算机及电子设备制造业增加值98.02亿元，增长11.0%；金属制品业增加值96.50亿元，增长32.1%；仪器、仪表及文化、办公用机械制造业增加值19.95亿元，增长10.9%。其主要产品中，金属切削机床产量比上年增长15.2%，其中数控机床产量增长43.2%，内燃机产量增长37.1%，制冷空调设备产量增长61.0%，金属轧制设备产量增长1.0倍，金属冶炼设备产量增长26.8%，

水泥专用设备产量增长21.9%，汽车产量增长93.0%。

农产品加工业增长迅速。全年农产品加工业增加值523.35亿元，比上年增长27.7%。其中，农副食品加工业增加值208.69亿元，增长28.9%；饮料制造业增加值40.30亿元，增长20.3%。其主要产品中，白酒产量比上年增长36.4%，啤酒产量增长12.6%，液体乳产量增长40.4%。

能源产品生产量增加。全年原煤产量6907.61万吨，比上年增长15.0%；发电量1013.40亿千瓦小时，增长12.1%。

工业产销衔接略低于上年水平。全年规模以上工业企业产品销售率为98.10%，比上年下降0.4个百分点。按轻重工业分，轻工业产销率97.46%，比上年提高0.5个百分点；重工业产销率98.23%，下降0.6个百分点。按经济类型分，国有及国有控股企业产销率99.23%，比上年下降0.7个百分点；集体企业产销率为96.82%，下降1.0个百分点；外商及港澳台商投资企业产销率97.65%，下降1.7个百分点。

工业经济效益有所改善。全年规模以上工业企业经济效益综合指数为174.43%，比上年提高19.45个百分点。规模以上工业企业实现主营业务收入13756.37亿元，比上年增长27.1%；实现利税995.18亿元，增长24.0%；实现利润434.33亿元，增长21.9%；亏损企业亏损额249.98亿元，增长15.0%。其中，国有及国有控股工业实现主营业务收入6988.60亿元，比上年增长19.2%；实现利税529.56亿元，增长17.3%；实现利润173.47亿元，增长8.4%；亏损企业亏损额191.91亿元，增长20.3%。

4、建筑业和房地产开发业

建筑业平稳增长，全年建筑业增加值553.19亿元，按可比价格计算，比上年增长16.0%。

全年3556户具有建筑业资质等级的总承包和专业承包建筑企业共签订工程合同额2553.4亿元，比上年增长15.7%，实际施工的房屋建筑面积12074.5万平方米。全员劳动生产率125306元/人，比上年增长9.0%；上缴税金90.9亿元，增长57.7%；实现利润63.5亿元，增长16.8%。亏损企业由上年的630户减少到600户。

房地产开发稳步增长。全年开工的房地产开发企业由上年的2744个增加到2995个，房地产开发投资1142.2亿元，比上年增长30.6%。其中，商品住宅投资839.0亿元，增长36.5%。全年商品房施工面积8621万平方米，比上年增长22.1%；竣工面积2845万平方米，增长16.4%。商品房屋销售面积3006万平方米，比上年增长24.5%；商品房销售额923.9亿元，增长37.4%。年末全省尚未销售的商品房面积1367万平方米，比上年末下降3.8%。

5、固定资产投资

固定资产投资再创新高。全年全社会固定资产投资5689亿元，比上年增长34.8%。按城乡分，城镇投资4977.1亿元，比上年增长35.7%；农村投资711.8亿元，增长28.5%。按产业分，第一产业投资182.5亿元，比上年增长27.1%；第二产业投资2654.4亿元，增长28.9%；第三产业投资2852.1亿元，增长41.4%。

老工业基地改造投资快速增长。全省工业投资2277.4亿元，比上年增长29.7%。装备制造、电力、建材和化学工业呈现出强劲的增长势头。全年装备制造业投资623.70亿元，增长38.0%，其中，专用设备、通讯设备和电气机械工业投资分别增长82.6%、49.1%和48.1%。原材料工业中的化学工业投资223.90亿元，增长61.2%；建材工业投资215.9亿元，增长44%；石油工业投资124.3亿元，增长31.1%。电力燃气水生产和供应业投资215.5亿元，增长49.6%。

投资结构进一步优化。全年非国有投资3964.7亿元，比上年增长34.8%，占全社会固定资产投资的69.7%。其中，民间投资3362.67亿元，增长35.1%。在民间投资中，私营个体投资1480.85亿元，增长40.3%；股份制及其他投资1693.10亿元，增长31.5%。地方项目投资5082.1亿元，比上年增长35.7%，占全社会固定资产投资比重由上年的88.7%上升到89.3%。

重点工程建设进展顺利。全省年投入超亿元的建设项目由上年的646个增加到907个，完成投资2102.5亿元，比上年增长29.3%，占全部50万元以上项目完成投资的55.6%。鞍钢西区500万吨精品钢材生产基地、本钢二号冷轧生产线、辽阳石化年产80万吨PTA、沈阳到抚顺高速公路、烟大火车轮渡、昌图风电厂等158个项目建成投产或基本达到投产条件；庄河电厂新建工程、华能营口二期工程、铁岭至朝阳高速公路、大伙房水库一期输水工程等建设进度加快；鞍钢营口鲅鱼圈500万吨宽厚板、营口五矿150万吨宽厚板、抚顺石化年产100万吨乙烯、康平发电厂、桓仁风电厂、沈阳地铁一二号线、大伙房水库二期输水、滨海公路等新建工程开工建设；红沿河核电一期工程前期工作取得重要进展。

全社会投资新增固定资产总值3153.7亿元，比上年增长10.1%，固定资产交付使用率55.4%。城镇交付使用的各类房屋建筑面积5584.3万平方米，增长12.6%，其中住宅2891.0万平方米，增长17.0%。共有8936个项目建成投产，新增生产能力主要有：焦炭110万吨、炼钢260.8万吨、钢材121万吨、铁合金40.3万吨、铝加工1.6万吨、水泥324.1万吨。

城市建设步伐加快，人居环境不断优化。全省城市用水普及率由上年的93.8%上升到95.0%；供气普及率由上年的88%上升到89%；万人拥有公交车辆由上年的8.9标台增加到9.5标台；城市人均道路面积由上年的7.95平方米增加到8.0平方米；人均公共绿地由上年的7.5平方米增加到7.8平方米；建成区绿化覆盖率由上年的36.5%上升到36.6%；污水处理率由上年的47%上升到48%；垃圾处理率由上年的50%上升到54%。

6、国内贸易

国内贸易稳定增长，全年批发和零售业增加值954.07亿元，按可比价格计算，比上年增长10.8%；住宿和餐饮业增加值197.41亿元，按可比价格计算，比上年增长9.8%。

消费品市场比较活跃。全年社会消费品零售总额3434.6亿元，比上年增长14.5%。按城乡分，城市消费品零售额2872.5亿元，比上年增长14.3%；县及县以下消费品零售额562.2亿元，增长15.9%。按行业分，批发零售业零售额2870.3亿元，比上年增长15.7%；住宿餐饮业零售额513.0亿元，增长13.3%。

全年限额以上批发零售贸易企业零售额870.9亿元，比上年增长27.0%。其中，汽车类零售额175.3亿元，比上年增长29.8%；石油及制品类零售额151.5亿元，增长39.9%；家用电器类零售额76.8亿元，增长16.3%；通讯器材类零售额25.8亿元，增长26.9%；体育娱乐用品类零售额5.4亿元，增长27.4%；文化办公用品类零售额17.3亿元，增长12.1%；服装类零售额100.9亿元，增长21.0%；鞋帽类零售额27.8亿元，增长23.1%；金银珠宝类零售额19.1亿元，增长29.4%；化妆品类零售额16.7亿元，增长14.3%；粮油类零售额12.5亿元，增长41.9%。

7、对外经济

外贸进出口保持较快增长。全年进出口总额483.9亿美元，比上年增长18.0%。其中，出口总额283.2亿美元，增长20.8%；进口总额200.7亿美元，增长14.2%。在出口总额中，一般贸易出口137.4亿美元，比上年增长27.1%；加工贸易出口134.1亿美元，增长13.9%。机电产品出口99.0亿美元，比上年增长22.5%；高新技术产品出口31.0亿美元，增长19.0%。各出口经营主体中，国有企业出口80.3亿美元，比上年增长34.4%；“三资”企业出口150.0亿美元，增长12.5%；其他企业出口52.9亿美元，增长28.1%。在进口总额中，一般贸易进口78.8亿美元，比上年增长6.4%；进料加工贸易进口73.2亿美元，增长18.5%；来料加工装配贸易进口21.1亿美元，增长24.9%；租赁贸易进口2.7亿美元，下降5.9%。

年末我省对外贸易国家（地区）217个。对外出口额位于前五名的是日本、美国、韩国、新加坡和香港。其中，全年对日本出口68.9亿美元，比上年增长9.2%；对美国出口41.9亿美元，增长25.0%；对韩国出口33.7亿美元，增长16.9%；对新加坡出口12.5亿美元，增长78.6%；对香港出口10.4亿美元，增长21.3%。

实际使用外资快速增长。全年新签外商直接投资合同项目2336项，比土年下降13.0%；合同外资金额152.4亿美元，增长0.8%。实际使用外商直接投资额59.9亿美元，比上年增长66.7%。在新签外商直接投资项目中，合同外资额在1000万美元以上的大项目有445个，合同外资额101.2亿美元，占外商直接投资合同额的66.4%。投向制造业、房地产业及信息传输、计算机服务和软件业的投资额128.4亿美元，占外商直接投资合同额的84.3%。年末工商登记注册的外商投资企业累计为16402户，其中，当年新增2033户。

对外经济合作发展稳定。全年在海外新办各类企业和机构68家，总投资额2.0亿美元，其中，中方投资1.8亿美元。对外承包工程和劳务合作新签合同项目1200个，比上年增长33.3%；新签合同金额8.5亿美元，增长19.4%；完成营业额7.2亿美元，增长9.7%。全年外派劳务人员7.6万人，比上年增长10.3%。年末在外劳务人员7.9万人，比上年末增加7400人。

8、交通、邮电和旅游

全年交通运输、仓储及邮政业增加值587.36亿元，按可比价格计算，比上年增长9.3%。

客货运输全面增长。全年各种运输方式完成货物周转量4090.9亿吨公里，比上年增长20.3%。其中，铁路1206.0亿吨公里，增长1.0%；公路474.7亿吨公里，增长14.2%；水运2361.6亿吨公里，增长35.9%；航空1.8亿吨公里，增长14.1%；管道46.7亿吨公里，下降7.5%。完成货运量109140万吨，比上年增长11.7%。其中，铁路15750万吨，增长10.4%；公路82142万吨，增长9.8%；水运7518万吨，增长31.2%；航空10.7万吨，增长13.8%；管道3719.3万吨，增长26.5%。完成旅客周转量747.2亿人公里，比上年增长11.0%。其中，铁路412.7亿人公里，增长8.2%；公路236.6亿人公里，增长12.6%；水运9.2亿人公里，增长9.2%；航空88.8亿人公里，增长21.2%。完成客运量64542.9万人，比上年增长6.5%。其中，铁路9883万人，增长4.0%；公路53317万人，增长6.8%；水运714万人，增长9.9%；航空628.9万人，增长19.0%。全年港口货物吞吐量35666万吨，比上年增长18.1%。其中，外贸货物吞吐量9985万吨，增长3.6%。

交通运输能力有所增强。年末全省铁路总里程3927.2公里，比上年末略有增长。公路总里程9.7万公里(含农村公路4.3万公里)，其中，高速公路1849公里，增加76公里。民航通航里程37.6万公里，比上年末增长14.3%。

邮政通信业迅速发展。全年邮电业务总量559.8亿元，比上年增长24.2%。其中，邮政业务总量27.7亿元，增长20.1%；电信业务总量532.1亿元，增长24.4%。在邮政业务中，全年函件9938.1万件，比上年下降20.3%；特快专递911.6万件，增长13.3%；邮政储蓄平均余额651.3亿元，增长24.4%。在长途电信业务中，全年国内长途电话25.3亿次，比上年增长2.4%；国际及港澳台长途电话2262.2万次，下降1.5%。年末局用交换机总容量2225万门，比上年末增长7.5%。年末固定电话用户1701.7万户，比上年末增长2.4%。其中，城市1218.9万户，增长1.3%；乡村472.1万户，增长4.9%。年末住宅电话用户1419.1万户，比上年末增长38.2%，占全省固定电话用户的83.4%。年末移动电话用户1677.8万户，比上年末增长20.3%。年末电话普及率80.1部/百人。年末国际互联网络宽带接入用户252.4万户，比上年末增长38.2%。年末数据通信总用户791万户，比上年末增长29.2%。

旅游业发展加快。全年接待国内外旅游者13327.6万人次，比上年增长33.4%。其中，接待国内旅游者13166.3万人次，增长33.5%；接待入境旅游者161.3万人次，增长23.9%，其中，外国人137.3万人次，港澳台同胞24.0万人次，分别增长23.5%和26.0%。全年旅游总收入970.5亿元，比上年增长32.0%。其中，国内旅游收入896.1亿元，增长32.8%；旅游外汇收入9.34亿美元，增长26.6%。

9、市场价格

居民消费价格总水平小幅上涨。全年居民消费价格总水平比上年上涨1.2%。其中，城市上涨1.1%，农村上涨1.6%。分类别看，食品类价格比上年上涨2.4%；烟酒及用品类价格上涨0.2%；衣着类价格与上年持平；家庭设备用品及服务类价格上涨0.2%；医疗保健及个人用品类价格上涨1.0%；交通和通讯类价格下降0.7%；娱乐教育文化用品及服务类价格下降1.3%；居住类价格上涨4.2%。

生产领域价格继续上涨。全年农业生产资料价格比上年上涨0.5%。工业品出厂价格比上年上涨4.1%。原材料、燃料、动力购进价格比上年上涨4.2%。固定资产投资价格比上年上涨2.1%。

10、财政

财政收入稳定增长。全年地区全口径税收(不含关税、扣出口退税)1384.18亿元，比上年增长13.8%。全年地方财政一般预算收入816.89亿元，比上年增长21.0%。其中，增值税124.40亿元，增长10.0%；营业税205.36亿元，增长24.7%；企业所得税72.98亿元，增长1.1%；个人所得税35.63亿元，增长8.6%。

支出结构进一步优化。全年地方财政一般预算支出1418.57亿元，比上年增长17.8%。其中，社会保障补助支出202.83亿元，增长22.9%。农业支出75.52亿元，比上年增长7.2%；科技支出34.62亿元，增长23.7%；教育支出183.37亿元，增长16.1%。

11、金融、证券和保险业

金融机构存贷款规模扩大。年末金融机构(不含外资)人民币各项存款余额13596.78亿元，比年初增加1659.39亿元。其中，企业存款余额3833.65亿元，比年初增加754.27亿元；储蓄存款余额7701.19亿元，比年初增加751.33亿元。金融机构人民币各项贷款余额9117.22亿元，比年初增加1194.83亿元。其中，短期贷款余额4206.80亿元，比年初增加401.22亿元；中长期贷款余额4161.52亿元，比年初增加720.86亿元；农村信用社贷款685.12亿元，比年初增加82.84亿元；消费贷款810.17亿元，比年初增加5.01亿元，其中个人住房贷款657.00亿元，比年初增加24.27亿元。全年金融机构现金收入34892.71亿元，比上年增长16.6%；现金支出34926.22亿元，增长16.6%；累计现金净投放33.51亿元。

证券市场平稳发展。年末全省共有上市公司74家（含境外），其中境内上市公司51家。年末全省已发行A股49只、B股5只。

保险业务平稳发展。全年保费收入253.45亿元，比上年增长13.3%。其中，寿险收入164.99亿元，增长10.4%；健康险和意外伤害险收入21.89亿元，增长12.8%；财产险收入67.59亿元，增长21.1%。支付各类赔款和给付总额73.83亿元，比上年增长42.7%。其中，寿险给付30.14亿元，增长96.4%；健康险和意外伤害险赔款7.11亿元，增长15.0%；财产险赔款36.59亿元，增长21.2%。

12、教育和科学技术

教育事业长足进步，基础教育均衡发展。全年研究生培养单位招生2.17万人，在学研究生6.07万人，毕业生1.20万人。普通高等教育招生22.06万人，在校生72.05万人，毕业生15.50万人。中等职业教育招生17.22万人，在校生44.19万人，毕业生12.59万人。普通高中招生25.85万人，在校生76.86万人，毕业生22.45万人。初中学校招生50.48万人，在校生149.99万人，毕业生54.19万人。普通小学招生38.87万人，在校生254.68万人，毕业生50.68万人。特殊教育招生753人，在校生8300人。幼儿园在园幼儿71.53万人。

科技创新能力增强，各项成果显著。全年科学研究与试验发展（R&D）经费内部支出150亿元，比上年增长20%。认定国家级企业（集团）技术中心26家。全年共取得科技成果984项(不含高校论文成果及专利成果)，其中，基础理论成果49项，应用技术成果84项，软科学成果51项。受理专利申请17052件，比上年增长8.8%；授权专利7399件，增长19.4%。签订技术合同12547项，技术合同成交金额80.6亿元。

综合技术服务不断加强。年末全省有产品检测实验室90个，其中国家检测中心10个。质量认证机构5个，产品认证机构4个，已累计完成对全省9000个企业的产品认证。法定计量技术机构161个，全年强制检定计量器具259.1万台件。气象雷达观测站点6个，卫星云图接受站点14个。地震台站51个，地震遥测台网5个。海洋观测、监测站点7个。

13、文化、卫生和体育

文化、新闻、出版和广播影视事业稳步发展。年末全省有艺术表演团体66个，文化馆111个，公共图书馆126个，博物馆37个，档案馆150个，已开放各类档案209万卷（件）。全年出版报纸15.9亿份，期刊出版量0.8亿册，图书出版量1.2亿册。年末广播电台15座，广播综合人口覆盖率98.23%；电视台16座，电视综合人口覆盖率98.29%；有线电视用户525.6万户。

卫生事业不断发展。年末全省有卫生机构15880个，其中，医院、卫生院2021个，妇幼保健院（所、站）110个，专科疾病防治院（所、站）104个。医院、卫生院病床床位16.55万张，比上年增长2.3%。卫生技术人员18.96万人，其中，执业医师和执业助理医师8.04万人，注册护士6.85万人。疾病预防控制中心（防疫站）129个，疾病预防控制中心（防疫站）卫生技术人员0.75万人。卫生监督所54个，卫生技术人员2029人。卫生监督检验（监测、检测）机构29个，卫生技术人员258人。乡（镇）卫生院1008个，床位2.21万张，卫生技术人员1.88万人。

体育事业蓬勃发展。全年在国内外的各项比赛中，我省运动健儿获得11个世界冠军、36个亚洲冠军、86个全国冠军。1人3次超3项世界纪录，2人3次创3项全国纪录。全年发行体育彩票17.5亿元，其中，足球彩票3.4亿元，共筹集公益资金5.2亿元。

14、人口、人民生活和社会保障

人口增长稳定。根据2006年1‰人口抽样调查推算，年末全省总人口4271万人。全年出生27.2万人，出生率6.40‰；全年死亡22.5万人，死亡率5.30‰；人口自然增长率1.10‰。

城乡居民收入继续增加。全年城镇居民人均可支配收入10370元，比上年增长13.9%，扣除价格因素，实际增长12.6%；农村居民人均纯收入4090元，增长10.8%，扣除价格因素，实际增长9.0%。

社会保障不断加强。年末全省城镇参加基本养老保险1247.2万人，比上年末增长4.5%，其中职工864.5万人，离退休人员382.7万人。城镇参加失业保险614.1万人，比上年末增长1.1%。城镇参加基本医疗保险958.9万人，比上年末增长11.0%，其中职工647.4万人，离退休人员311.5万人。城镇企业参加基本养老保险离退休人员354.9万人，比上年末增长6.1%。城镇领取失业保险金25.9万人，比上年下降44.3%。全省共有140.9万城镇居民得到政府最低生活保障。

社会福利事业继续发展。年末各类收养性社会福利单位床位7.8万张，收养各类人员5.6万人。城镇建立各种社区服务设施6752个，其中综合性社区服务中心602个。全年销售社会福利彩票39.9亿元，筹集社会福利资金13.6亿元，直接接受社会捐赠1亿元，其他物资折款287.6万元。

15、环境和安全生产

在监测的全省河流断面中，满足Ⅲ类标准的断面比例为19.4%，比上年上升2.7个百分点；满足Ⅳ类标准的断面比例为5.6%，下降5.5个百分点；满足Ⅴ类标准的断面比例为13.9%，上升11.2个百分点；超过Ⅴ类标准的断面比例为61.1%，下降8.3个百分点。

全省近岸海域为三类水质，仅无机氮一项超过国家二类标准。各海域中，大连海域为一类海水；丹东、葫芦岛为二类海水；锦州为三类海水；营口为四类海水；盘锦为劣四类海水。海域面积达标率为94.1%，其中，一类功能区面积达标率100%，二类功能区面积达标率93.7%，三类功能区面积达标率100%，四类功能区面积达标率99.9%。海域功能区达标率为90.2%，其中，一类功能区达标率100%，二类功能区达标率75.0%，三类功能区达标率100%，四类功能区达标率96.9%。

在对空气质量监测的14个城市中，达到二级标准的城市6个，占被监测城市总数的比重为42.9%，比上年增加2个城市，上升14.3个百分点；达到三级标准的城市8个，比重为57.1%，比上年减少2个城市，下降14.3个百分点。建成烟尘控制区101个，烟尘控制区面积1600.3平方公里，比上年增长5.0%。建成环境噪声达标区125个，环境噪声达标区面积1269.9平方公里，比上年增长23.6%。

城市道路交通噪声评价结果为好的城市比例为50%，比上年上升14.3个百分点；较好的城市比例为50%；轻度污染和中度污染的城市比例均为0。城市区域环境噪声评价结果较好的城市比例为78.6%，比上年提高21.5个百分点；评价结果为轻度污染的城市比例为21.4%，下降21.5个百分点。生态环境进一步改善。年末，全省已批准国家级生态示范区26个，自然保护区11个。

全年全省生产安全事故死亡3665人，比上年下降15.7%；亿元生产总值生产安全事故死亡率0.40，比上年下降25.9%；煤矿百万吨死亡率2.75，比上年下降45.1%；道路交通万车死亡率7.63，比上年下降2.33%。

注:

1、本公报为初步统计数或初步核算数。

2、公报中生产总值、各产业增加值绝对数按现价计算，增长速度按可比价格计算。

附录三

大连经济技术开发区
2006年经济发展情况

2006年，在先导区党工委和开发区管委会的正确领导下，全区上下深入落实科学发展观，抢抓机遇，认真谋划，扎实工作，卓有成效地推动了全区经济快速、健康、高效发展，各主要经济指标均保持了15%以上的增长，部分指标超额完成了年度预期目标。

一、主要经济指标完成情况

2006年，完成工业总产值1183.2亿元，同比增长23%，其中规模以上工业完成总产值1005.3亿元，同比增长26.1%；实际使用外资7.15亿美元，同比增长104%；完成进出口117.6亿美元，同比增长17.6%，其中，出口总额59.1亿美元，同比增长18%；完成固定资产投资135.6亿元，同比增长35.2%，其中，基础设施投资20.5亿元，同比下降6.4%，项目建设84亿元，同比增长40.7%，房地产投资31亿元，同比增长66.8%；社会消费品零售额预计实现58.1亿元，同比增长15%；财政一般预算收入19.96亿元，同比增长30.9%。

二、工业企业产出增长较快，企业效益略有下降

1．重点企业、重点行业拉动作用明显。

2006年全区排名前60位产值大户完成工业总产值851.9亿元，占全区的72%，同比增长15%，产值超10亿元的企业有13家，比去年同期增加2家，西太平洋石化、东芝电视、佳能大连公司、日本电产、罗姆电子、鞍钢新轧等6家重点企业产值超过20亿元，共实现540亿元，同比增长26.2%，强有力地拉动了全区经济增长；工业规模的集中度进一步增强，规模以上工业总产值排名前五位的支柱行业（石油加工、通信设备计算机及其他电子设备制造业、黑色金属冶炼及压延加工业、机械制造、电器机械制造）完成工业总产值683亿元，同比增长27%，拉动全区工业总产值增长15个百分点，五大行业合计工业总产值占全区工业总产值的59%，比上年同期上升3个百分点。

2．工业产销率保持较高水平，能耗水平大幅降低。

全区工业产销率始终处于较高水平。规模以上工业实现产品销售收入970.4亿元，同比增长20%，产销率98%。大力推进循环经济试点工作，在全区开展节能降耗活动，企业的能耗水平大幅降低，企业用水用电量低于去年水平，工业耗水量2457万吨，增长2%。工业耗电量17.1亿千瓦时，增长5%。

3．工业企业经济效益保持平稳增长。

2006年全区规模以上工业实现利润总额21.3亿元，同比增长 4.74%，但三资企业与去年同期相比效益有所下降，三资企业实现利润19.9亿元，同比下降3.59%。直接原因是原材料及能源价格快速上涨，与工业品出厂价格形成了严重反差，使工业成本大幅度上升，导致经济效益总体水平下降。

三、招商引资继续保持高速增长态势

新批项目：截至目前共批准外商投资项目170个，完成注册合同外资8.82亿美元，同比增长36%。其中：新引进项目88个，办理增资项目82家。注册外资500万美元以上的项目35个，完成市政府下达任务指标的117%。

实际到位外资：全年利用外资实现7.15亿美元，完成市政府下达的利用外资7亿美元工作任务的102%。预计共165个外商投资企业有注册资本进入张。到位外资50万美元以上的项目25个，完成市政府任务指标（15个）的167%。

招商工作呈现以下特点：一是利用外资成绩喜人，预计今年实际利用外资比去年增长104%，成为历年增长最高的一年，利用外资大幅攀升，为开发区实现经济跨越式发展夯实了项目基础，从项目结构上分析，到位外资也达到了较好的质量和水平，总部经济、投资性公司及区内的核心产业项目支撑了外资注入的主要部分，中远船坞、一汽大众、THK投资、东芝电视和旭硝子等五个项目到位外资总额达到了3.36亿美元。占全部外资到位的47%。其次，内资大项目取得重大突破。注册亿元以上内资企业（PX、PTA、碳化工）3家，注册资金总额10.9亿元，占到了内资投资额的49%。这些项目的引入，将有力地拉动开发区固定资产投资，推动主导产业的发展，拉长产业链。

四、固定资产投资继续保持较高的增长态势，全面完成全年工作目标

紧紧围绕管委会提出的加大固定资产投资力度，以确保经济可持续性的快速增长，为未来发展积蓄能量。

全年完成固定资产投资135亿元，超额完成全年计划。其中，基础设施及公共服务设施完成21亿元，同比下降4.1%；项目建设投资完成84亿元，同比增长40.1%；房地产建设投资完成31亿元，同比增长66.8%。

固定资产投资保持高速增长主要得益于以下几方面的推进：

一是充分发挥财政投资的杠杆作用，加大财政基础设施开发投入力度。全年共组织下达五批次财政投资建设计划，安排投资资金31.9亿元。制订了东拓，西进，中连的基础设施开发思路，围绕西南部海滨填海工程、西山小区改造，金马路全面升级改造，中部工业区、大孤山工业区基础设施完善以及启动大李家乡、得胜镇工业小区等重点项目，全面推进开发区的基础设施建设，经过一年来的开发建设，效果显著。截至到年底，基本完成了金马路的改造升级，西山小区克服动迁重重困难开始了一期建设，南部海滨填海工程进展顺利，可完成70 %。

二是着力推动项目开工建设，重点项目进展顺利。蒂森二期、大洋商船、东方精工、三洋高效、欧伦船业、通元模具、正兴圆通等23个重点项目全部开工。

三是调动镇街工作的的积极性，推动镇街固定资产投资。各镇街工业标准厂房建设进展顺利：大孤山红星标准厂房已经封顶，开始对外招商；董家沟树源科技园区已建成8万平方米标准厂房；金石滩标准厂房开始施工，面积10万平方米；海青岛街道2.4万平方米厂房封顶并开始招商。其他镇街的标准厂房建设都在按计划进行，2007年镇街第一批标准厂房都将投入使用。

五、科技工作取得新进展，启动了IT产业园区建设

高起点进行自主创新，提升开发区产业科技含量，适时调整产业结构，提高经济竞争力和可持续发展一直是科技工作的指导方针。

2006年以来，科技工作主要抓了两大产业园区的推进：

金石IT产业园建设：一是高起点做好园区的产业发展规划。在进行国内外考察比较基础上委托新加坡裕廊国际顾问公司编制产业区发展规划，目前已完成了产业定位及详细控制性规划和金石创新中心、IT沃都两个综合建设项目的前期策划；二是基本完成了起步区1平方公里的动迁和场平工作；三是启动了船舶电子、汽车电子、电子元器件、数控机床、IT服务业、半导体设备制造业、台湾电子产业等产业发展方向的专题研究，并取得初步成果。

光电子产业化基地建设：为加快促进光电子产业化基地建设，先后出台了《大连开发区促进光电子产业发展的暂行规定》和《大连开发区2006年度光电子产业发展的指导意见》等相关政策。协调规划部门就部分规划内容进行了调整，提出光电子产业园的综合服务工程——“光电沃都”的建设方案。路美芯片年产30亿支的扩产工程项目和美明外延片项目建设已基本完成。

六、消费品市场继续保持活跃，增长稳定

2006年全区消费品市场延续了今年以来的稳定增长势头，实现社会消费品零售额58.1亿元，同比增长15%。

分行业看批发零售业实现零售额36.8亿元，同比增长11.5%；餐饮业实现零售额22.2亿元，同比增长26.1%。

*摘自市发改委《2007年大连市国民经济和社会发展报告》

附录四

大连保税区
2006年经济发展情况

2006年，在市委、市政府和先导区党工委领导下，保税区深入贯彻中央11号文件和国办36号文件精神，不断提升保税物流园区运作水平，积极申办大窑湾保税港区，全力打造东北亚资源性商品集散地，不断开创航运中心核心功能区建设新局面。全区各项事业取得了新的发展，主要经济指标继续保持了快速增长的良好态势。

一、2006年主要经济指标完成情况

2006年全区实现地区生产总值61亿元，同比增长28.42%；完成工业总产值55亿元，同比增长20.88%；完成市场交易额505亿元，同比增长38.74%；完成实际使用外资3.11亿元，同比增长185.32%；完成自营出口11.79亿美元，同比增长29.56%；完成固定资产投资56亿元，同比增长38.03%；实现税收10.77亿元，同比增长28.52%。

二、2006年经济发展特点

1、招商引资成果突出

为确保完成市政府下达的任务指标，我们积极创新招商方式，不断加大招商力度，在日本、韩国、香港、欧洲、美洲等国家和地区组织多次大型招商活动，取得较好成效。万邦集团投资5000万美元，开发建设大连保税区填海区中心商务区和大连国际航运大厦。美国普洛斯公司投资9000万美元，开发经营保税物流园区仓储物流设施。凯雷、中集铁路装备、玛弗罗汽车配件等一批大项目落户我区。莫莱克斯、伯灵顿物流两个世界500强企业签约进驻。中石油保税库、嘉合食品、海铁联运公共场站、共济物流仓库、法伏安电器、东芝机车二期、兴杨工贸等38个项目开工建设。

随着保税区功能的不断拓展，尤其是保税港区获得了国务院的批准，保税区对物流、港口、临港工业项目的吸引力进一步增强。全年完成实际使用外资3.11亿美元，引进内资64亿元，分别同比增长185.32%、56.82%；新批项目496个，其中内资项目330个，外资项目166个。

2、保税物流园区运作良好，物流业成为区域重要的经济增长点

2006年新增并投入使用的物流设施面积44.5万平方米。两座现代多功能公共库房建成并投入运营。具有3万吨储存能力的冷藏物流中心建成并投入运营，填补了大窑湾口岸冷藏物流的空白。海铁联运项目正式启动，东北腹地大宗商品通过铁路专用线直接进入园区，保税物流园区与腹地产业联动效应得以实现。全年完成进出区货物19459票，仅出口货值78774万美元，货运量65万吨，相当于2005年的10倍。区港联动方案设计的主要功能全面实现，保税物流园区的运作水平进一步提高，货运量保持快速增长。全

区新引进东方海外、伊藤忠、普洛斯、台湾世邦等物流企业43家，保税区物流企业总数达到260家。物流业实现增加值25亿元，同比增长78%；货运量1900万吨，同比增长26.67%；集装箱承运量215万标箱，同比增长26.5%；物流企业实现营业收入43亿元，同比增长53.6%；行业利润9亿元，同比增长200%。

3、市场建设成效突出，促进区域经济强劲增长

全年完成市场交易额505亿元，同比增长38.74%；税收5亿元，同比增长31.6 %。市场总数达到17个，聚集了620家贸易企业，基本形成了以石化、车城、物资、工业部件四大市场为主体，以粮油、黄金珠宝、汽车零部件等市场为补充的市场集群。粮油市场、物资市场衍生的稻米、煤炭两个二级市场茁壮成长，稻米交易市场日交易量达10万吨。国际贸易与国内贸易并重，现货交易与电子交易并举，市场功能同区域码头功能结合越来越密切。

4、固定资产投资规模增大，重点工程进展顺利

全区完成固定资产投资56亿元，同比增长38.03%。大窑湾二期集装箱码头13、14号泊位投入使用。矿石码头15万吨转水泊位及后方保税堆场正式启用。汽车码头1号、2号泊位竣工并投入运营，完成转运车辆27000辆，日韩二手车国际过境业务、韩国商品车国际中转业务实现新突破。大孤山半岛油品储运基地建设进展顺利。国储油项目完成投资13亿元，共安装储罐14台。中石油国际储运项目加紧推进，目前已建成5个储罐，预期明年4月一期6个储罐建成投产。大窑湾疏港高速公路港区段建设工程启动。金窑铁路复线等重点项目开工建设。位于填海中心区、面积为17万平方米的大连国际航运大厦项目完成概念方案设计国际招标工作。

5、税收稳中攀升，财政实力快速增长

全区预计完成税收10.77亿元，同比增长28.52%；其中：国税完成6.31亿元，同比增长21.58%；地税完成4.46亿元，同比增长39.81%；工业企业完成税收2亿元，物流企业完成3亿元，贸易企业完成5亿元。

实现财政一般预算收入4.38亿元，同比增长42.21%。财政规模不断壮大，财政收入持续增长，收支更趋合理，适应区域经济发展的财政框架基本形成。

*摘自市发改委《2007年大连市国民经济和社会发展报告》

附录五

大连高新技术产业园区
2006年经济发展情况

2006年是“十一五”的开局之年，也是大连高新技术产业园区解放思想、抢抓机遇、乘势而上、旗开得胜的一年。我区今年继续认真贯彻国家和省市科技大会精神，以提高自主创新能力为核心，以特色产业发展为重点，加快推进创新体系建设，寻求差异化发展的道路，打造优势产业集群，拓展新的发展空间，转变经济增长方式，壮大经济实力，超额完成了全年各项任务，实现了新的跨越式发展。

一、园区主要经济指标完成情况

实现区内生产总值：105.13亿元（按可比口径修改）；

工业总产值：212.6亿元；

财政一般预算收入完成：7.44亿元；

实际利用外资：3.12亿美元（按新口径）；

实现固定资产投资：77.19亿元。

2006年全区经济增长全面提速，保持了持续、健康的发展态势，运行质量明显提高。高新园区各项经济指标均呈现不同程度的大幅增长，其中实际利用外资同比增长187.4%；财政收入、固定资产增长幅度超过40%；总收入、GDP等增长幅度达到25%以上。

二、园区经济运行的主要特点

1、“三大建筑群”建设迅速，特色产业基地建设成效突出

秉承了“建特色园区，创全国一流”的发展理念，我区针对主导产业、优势产业不明显的实际，对“电子视听、新材料、光机电一体化、节能环保”等产业做了相应的调整，集中力量，重点发展“软件和信息服务业、生物与医药、动漫游、数字化制造、集成电路”产业，具有国际竞争力的产业化集群的雏形已日渐显现。

一是腾飞及周边的创新产业园、智业广场建筑群的建设迅速。腾飞IT产业园一期建设已于10月末竣工，有两幢楼达到了入驻条件，为企业提供8万平方米的办公空间；创新产业园已完成基础设施，开始开工建设主体楼；智业广场竣工面积达到15万平方米；黄泥川软件园二期平整出2平方公里用地，启动占地面积约1000亩的东软国际软件园建设。

二是动漫产业基地建设规模扩大。“动漫走廊”一期总建筑面积达4万平方米的9座小楼已全部投入使用，二期的五栋高层建筑（嘉创大厦、志恒动漫、阳光数码大厦）建设进展迅速，年底前将全部投入

使用。“动漫新天地”也于10月1日开始营业，大力发展动漫下游产业，有效拉长了动漫游产业链条；企业引进力度也相应加大，不仅吸引了金山软件、水晶石等国内知名动漫企业，还吸引鲁迅美术学院、北京电影学院等院校共同开展合作。

三是建筑面积30万平方米的双D港生物医药产业园研发教育基地建成。该基地按照国际设计标准建设，目前是国内条件最好，环境一流的生物教育研发基地。中科院植物研究所等5家机构在研发中心设立研发实验室，建立了1个院士工作站，吸引和聚集高级科研人员300多人，承接科研项目60余项，其中，初步具备产业化水平的项目12项。

2、招商引资取得突破，产业聚集效应显著增强

2006年，我区招商引资工作取得了重大成果：实际使用外资3.12亿美元，同比增长187%。新批外资企业74家，增资44个项目，注册外资4.37亿美元。

首先，加大了重大项目引进力度，引进了包括肯沃基信息技术、西门子自动化仪表、美国ORACLE、NCR（美商安迅）全球咨询中心、NTT通讯大连开发中心、住友电装集团的软件开发中心和信息系统中心——住电装软件等多个世界500强企业投资项目，使园区引进世界500强企业达到43家。

其次，将引进资金与产业结构调整相结合，特色产业招商成果显著，其中生物与医药产业注册外资占全部注册外资的44%。创智型产业、生物与医药、数字化制造产业实际利用分别占总量的29%、37%和25%。埃默森超算中心和数据库中心等一批总部经济项目相继入驻，戴尔公司扩建呼叫中心、IBM扩建拓展软件开发业务、毕博扩建成立BPO中心加快推进，有利地提升了高新区科技型服务业的整体水平。尤其是百纳生命科技城项目，该项目必将大幅度提高生物医药产业集聚力、进一步完善生物医药产业链、推进生物与医药产业水平的提升。内资引进也充分体现了园区着力引进投资额较大、符合产业发展方向的项目的特点，如电子与信息、生物与医药、数字化制造、高效节能与环保等。今年园区引进内资投资达55.6亿元。

再次，加强了与国际风投公司、咨询公司的合作，积极引进了股权认购项目。引进了深圳冠日和东方现代两家创投机构，设立注册资本5000万元的中俄科技转化投资公司，创业中心还引进了美国蓝月亮基金2000万美元的风险投资。

3、固定资产投资快速增长，园区建设规模迅速扩大

2006年全区固定资产投资呈现平稳增长的态势。全年完成固定资产投资77.19亿元，同比增长42%。其中，产业化项目投资65.27亿元，同比增长64%；房地产投资11.92亿元，同比增长-18.2%。投资项目共计145个，其中，新开工项目99个，投资额31.57亿元，占投资总额的40.9%。投资额超千万元项目98个，投资额为75.58亿元，占投资总额的97.9%。

其中产业化项目大幅度增长是拉动固定资产投资增长的主要原因，它也将为今后经济跨越式发展提

供强大动能。

4、创新工程全面启动，全力打造创新型园区

根据全国和省市科技大会精神，以产业创新、知识和技术创新、体制创新、环境创新为重点，园区今年加快推进创新体系的建设步伐，全力打造创新型园区，构筑东北地区自主创新高地。

产业形态创新方面，今年继续大力发展特色主导产业。在七贤岭产业基地依托已有的软件和信息服务业的优势，扩展创智型产业的范围，打造科技型现代服务业的核心功能区；在双D港建设国内条件最好、环境一流的生物医药研发基地和东北地区数字化制造产业基地；在龙头打造以IC、高端电子（IT）产业为主体的微电子产业基地。

在技术创新上，一是构建公共技术平台，支持技术创新和成果转化。目前，总投资8000多万元的生物医药公共实验平台、动漫游技术平台、光电技术平台相继投入使用，设施条件和技术水平居国内领先地位；二是加强科技孵化体系建设，营造创新创业环境。目前已建成各类孵化器9个，孵化面积达30万平方米，在孵企业600多家，形成了集综合孵化、专业孵化、国际孵化和二次孵化于一体的孵化体系；三是广集科技创新资源，打造自主创新高地。启动了大连理工大学、沈阳药科大学、辽宁中医药大学等大学科技园及中科院大连创新园的建设，目前高新区各类研发中心、工程中心已达95个，其中国家级的有17个；四是技术水平显著增强。2006年，高新区科研经费、国家级项目数、科研机构、拥有专利、科技人员数等代表技术创新能力的主要指标都比上年实现了大幅增长。

5、七贤岭产业化基地升级改造全面启动，力争打造北方创智型产业示范区

2006年，园区认真贯彻党的十六届五中全会精神，紧密结合园区实际，以增强核心竞争力，建设创新型园区为基本目标，大力推进传统产业改造，开拓创智产业发展空间。

根据市委、市政府和先导区党工委关于七贤岭地区共1.98平方公里基地产业结构调整的部署，我区对基地内处于停产半停产企业实施“腾笼换鸟”之策，拆除40万平方米的旧工业厂房，使传统的加工逐步退出，代之以现代化的“楼宇经济”。整个区域改造提升分二期进行，一期1平方公里，其中起步区50万平方米。目前对15家企业开始进行搬迁，形成可出让土地面积约10万平方米，今年新开工项目共占地4万多平方米，规划建筑面积22万多平米，均为高层建筑。这些项目竣工后，除项目自身为创智型产业外，还拟安排戴尔、毕博、惠普、埃森哲、IBM等国际大公司扩展需要，可初显“楼宇经济”的效能。

6、现代服务业发展势头强劲

2006年，现代服务业实现收入90.2亿元，同比增长38.8%。

在软件及信息服务产业全球化和战略化转移进程中，园区逐渐成为东北亚软件及信息服务中心。截至2006年底，全球十大软件外包供应商中，已有国际商业机器（IBM）、惠普、NEC、埃森哲、甲骨文等6家落户园区。随着东软河口国际软件园、大连软件园二期、腾飞工业园的规划建设，软件产业将保持

较高的增长速度。

科技与创业服务产业、教育培训与文化创意产业成为园区发展最快的产业之一，全年分别实现收入16.4亿元和8.5亿元。

三、2006年经济发展面临的主要问题

一是空间发展的区域及体制尚未根本解决，从长远看仍是制约园区发展的关键问题。

二是适于新形势下的政策体系滞后，园区发展的根本优势体现的不充分。

三是高新区经济总量不强，具有产业牵动作用的有影响力的还不典型，园区在全市的经济份量不够重。

四是我们的干部和工作人员的思想意识不够解放、创新意识不够强，知识水平和科学素养还不高，体制机制上还不能适应形势发展的需要。

*摘自市发改委《2007年大连市国民经济和社会发展报告》

2006年商品房销售额50强企业排序

序号	企业名称
1	大连新型房地产开发有限公司
2	大连乾豪集团有限公司
3	大连锦绣房地产集团有限公司
4	大连万达房地产有限公司
5	大连名仕房地产开发有限公司
6	大连经济技术开发区华安房屋开发有限公司
7	大连亿锋房地产开发有限公司
8	大连北亚房屋开发有限公司
9	大连顺迈房地产开发有限公司
10	大连锦联地产集团有限公司
11	大连铁龙房地产开发有限公司
12	大连欧美亚集团有限公司
13	大连金广房地产开发有限公司
14	大连永辉房地产开发有限公司
15	大连亿达房地产股份有限公司
16	大连泰宸房地产开发有限责任公司
17	大连金信房地产开发有限公司
18	大连万科房地产开发有限公司
19	大连华通夕阳红房屋开发有限公司
20	大连永乐房地产开发有限公司
21	大连寰海房地产开发有限公司
22	大连新星房地产开发集团有限公司
23	大连光伸企业集团有限公司
24	大连圣岛房地产开发有限公司
25	大连运达房地产集团有限公司
26	大连华邦房地产开发有限公司
27	大连远东房屋开发有限公司
28	大连德邦房屋开发有公司
29	大连民兴房地产发展有限公司
30	大连辽大房地产开发有限公司
31	大连旅顺阳光世纪房屋开发有限公司
32	大连百年城房地产开发有限公司
33	大连浩江房地产开发有限公司
34	大连兴安房地产开发有限公司
35	大连宝嘉房地产开发有限公司
36	大连旅顺龙河房地产开发有限公司
37	大连宏都房地产开发有限公司
38	大连东特房地产有限公司
39	大连圣韬房地产开发有限公司
40	大连软件园开发有限公司
41	大连辰熙房地产开发有限公司
42	大连正源房地产开发有限公司
43	大连恒安房地产开发有限公司
44	大连开发区泰乐房地产开发有限公司
45	大连佳信房屋开发有限公司
46	大连嘉和房地产集团有限公司
47	大连深长城地产有限公司
48	大连蔚蓝海岸地产发展有限公司
49	大连良运房地产开发有限公司
50	大连悦泰集团有限公司

2006年商品房销售面积50强企业排序

序号	企业名称
1	大连新型房地产开发有限公司
2	大连锦绣房地产集团有限公司
3	大连乾豪集团有限公司
4	大连华通夕阳红房屋开发有限公司
5	大连北亚房屋开发有限公司
6	大连金信房地产开发有限公司
7	大连永乐房地产开发有限公司
8	大连经济技术开发区华安房屋开发有限公司
9	大连亿锋房地产开发有限公司
10	大连铁龙房地产开发有限公司
11	大连旅顺阳光世纪房屋开发有限公司
12	大连光伸企业集团有限公司
13	大连辽大房地产开发有限公司
14	大连新星房地产开发集团有限公司
15	大连佳信房屋开发有限公司
16	大连寰海房地产开发有限公司
17	大连名仕房地产开发有限公司
18	大连深长城地产有限公司
19	大连旅顺龙河房地产开发有限公司
20	大连万达房地产有限公司
21	大连亿达房地产股份有限公司
22	大连新纪元房地产开发有限公司
23	大连天泽房地产开发有限公司
24	庄河市龙达房地产开发有限公司
25	大连德邦房屋开发有限公司
26	大连万科房地产开发有限公司
27	大连锦联地产集团有限公司
28	大连欧美亚集团有限公司
29	大连昌盛房地产开发有限公司
30	大连圣岛房地产开发有限公司
31	大连东证置业有限公司
32	大连君达房地产开发有限公司
33	大连金广房地产开发有限公司
34	大连浩江房地产开发有限公司
35	大连狮城房地产开发有限公司
36	大连中和房屋开发有限公司
37	大连东特房地产有限公司
38	大连圣韬房地产开发有限公司
39	大连开发区泰乐房地产开发有限公司
40	大连华邦房地产开发有限公司
41	大连宏港房地产开发有限公司
42	大连金湾实业有限公司
43	大连金华房地产开发有限公司
44	大连康阳房屋开发有限公司
45	大连长信房地产开发有限公司
46	大连金州友谊房地产开发有限公司
47	大连鹏生房地产开发有限责任公司
48	大连泰宸房地产开发有限责任公司
49	大连文路置业有限公司
50	大连运达房地产集团有限公司

2006年自营出口总额50强企业排序

序号	企业名称
1	大连西太平洋石油化工有限公司
2	大连船舶重工有限责任公司
3	中国华录.松下电子信息有限公司
4	大连日通外运货运公司
5	大连中石油国际事业有限公司
6	日本电产(大连)有限公司
7	大连东展有限责任公司
8	罗姆电子大连有限公司
9	大连东芝电视有限公司
10	大连阿尔派电子有限公司
11	大连中远船务工程有限公司
12	海尔集团大连电器产业有限公司
13	大连松下汽车电子系统有限公司
14	欧姆龙(大连)有限公司
15	大连爱丽思生活用品有限公司
16	大连阿尔卑斯电子有限公司
17	大连通世泰建材有限公司
18	大连中集集装箱有限公司
19	大连华丰家具有限公司
20	鞍钢新轧-蒂森克虏伯镀锌钢板有限公司
21	佳能大连办公设备有限公司
22	中国船舶燃料供应大连公司
23	万宝至马达大连有限公司
24	大连凯美进出口集团有限公司
25	大连大显泛泰通信有限公司
26	大连今冈船务工程有限公司
27	三菱电机大连机器有限公司
28	丰源制靴大连有限公司
29	松下通信系统设备（大连）有限公司
30	莫莱克斯(大连)有限公司
31	柯尼卡(大连)有限公司
32	大连汇恒国际贸易有限责任公司
33	斯大精密(大连)有限公司
34	大连日清制油有限公司
35	松日科技(大连)有限公司
36	大连进道集装箱有限公司
37	东芝大连有限公司
38	大连中集物流装备有限公司
39	利优比(大连)机器有限公司
40	大连固特异轮胎有限公司
41	大连原田工业有限公司
42	中联食品(大连)有限公司
43	大连道氏硅业有限公司
44	大连绿源药业有限责任公司
45	大连喜姆电子有限公司
46	大连新海洋食品有限公司
47	大连浦金钢板有限公司
48	大连杰迪高电器有限公司
49	中国大连国际合作(集团)股份有限公司
50	大连金阳进出口有限公司

2006年规模以上工业销售收入50强企业排序

序号	企业名称
1	中国石油天然气股份有限公司大连石化公司
2	大连西太平洋石油化工有限公司
3	大连冰山集团有限公司
4	大连船舶重工集团有限公司
5	东北特殊钢集团有限责任公司
6	大连大显集团有限公司
7	大连机床集团有限公司
8	大连重工·起重集团有限公司
9	中国华录集团有限公司
10	中远船务工程集团有限公司
11	中国石油大连石油化工公司
12	佳能大连办公设备有限公司
13	瓦房店轴承集团有限责任公司
14	日本电产（大连）有限公司
15	中国北车集团大连机车车辆有限公司
16	华能国际电力股份有限公司大连电厂
17	大杨集团有限责任公司
18	罗姆电子大连有限公司
19	辽宁无线电二厂（集团）
20	大连华丰家具有限公司
21	鞍钢新轧－蒂森克虏伯镀锌钢板有限公司
22	大化集团有限责任公司
23	大连实德塑胶工业有限公司
24	大连惠良大豆科技有限公司
25	一汽解放汽车有限公司大连柴油机分公司
26	中国第一重型机械集团大连加氢反应器制造有限公司
27	大连中远船务工程有限公司
28	大连华良企业集团有限公司
29	辉瑞制药有限公司
30	大连中国天然气有限公司大连润滑油厂
31	大连石油添加剂厂
32	欧姆龙（大连）有限公司
33	大成食品（大连）有限公司
34	大连船用柴油机厂
35	大连星玛电梯有限公司
36	大连市热电集团有限公司
37	万宝至马达大连有限公司
38	大连通世泰建材有限公司
39	大连路明科技集团有限公司
40	大连爱丽思生活用品有限公司
41	瓦房店市农电局
42	大连日清制油有限公司
43	大连海尔空调器有限公司
44	斯大精密（大连）有限公司
45	三菱电机大连机器有限公司
46	大连中集集装箱有限公司
47	东芝大连有限公司
48	大连中粮麦芽有限公司
49	莫莱克斯（大连）有限公司
50	大连齐化化工有限公司

2006年规模以上工业利税50强企业排序

序号	企业名称
1	大连西太平洋石油化工有限公司
2	中远船务工程集团有限公司
3	大连冰山集团有限公司
4	华能国际电力股份有限公司大连电厂
5	大连重工·起重集团有限公司
6	大连华丰家具有限公司
7	大连机床集团有限公司
8	东北特殊钢集团有限责任公司
9	日本电产（大连）有限公司
10	大连中远船务工程有限公司
11	大连大显集团有限公司
12	瓦房店轴承集团有限责任公司
13	中国华录集团有限公司
14	大杨集团有限责任公司
15	大连船舶重工集团有限公司
16	大连路明科技集团有限公司
17	中国第一重型机械集团大连加氢反应器制造有限公司
18	大连小野田水泥有限公司
19	佳能大连办公设备有限公司
20	万宝至马达大连有限公司
21	华润雪花啤酒有限公司
22	辽宁无线电二厂（集团）
23	大连大雪啤酒股份有限公司
24	鞍钢新轧－蒂森克虏伯镀锌钢板有限公司
25	大连市热电集团有限公司
26	大连中粮麦芽有限公司
27	大连冶金轴承集团有限公司
28	国电电力公司大连开发区热电厂
29	辉瑞制药有限公司
30	珍奥集团股份有限公司
31	大连船用柴油机厂
32	瓦房店市农电局
33	大连通世泰建材有限公司
34	大化集团有限责任公司
35	大连吉田拉链有限公司
36	大连华克吉来特汽车消音器有限公司
37	中国北车集团大连机车车辆有限公司
38	中国石油大连石油化工公司
39	大连爱丽思生活用品有限公司
40	大连实德塑胶工业有限公司
41	罗姆电子大连有限公司
42	盘起工业（大连）有限公司
43	瓦房店市老虎电子产品制造厂
44	大连大轴承有限公司
45	大连亿达日平机床有限公司
46	大连富士塑料有限公司
47	大连煤气公司
48	大连新船重工船舶舾装有限公司
49	大连石油添加剂厂
50	大连美罗大药厂

2006年限额以上零售业销售额50强企业排序

序号	企业名称
1	大商集团股份有限公司
2	大连保税区丰田汽车销售有限公司
3	大连美罗药业股份有限公司
4	大连国际商贸大厦有限公司
5	大连友谊（集团）股份有限公司
6	大连中升汇迪汽车销售服务有限公司
7	大连国美电器有限公司
8	大连家乐福商业有限公司
9	大连沃尔玛百货有限公司
10	大连天河百盛购物中心有限公司
11	大连中升丰田汽车销售有限公司
12	大连沈大苏宁电器有限公司
13	大连中升奥通汽车销售有限公司
14	大连利星汽车销售有限公司
15	大连燕德宝汽车销售有限公司
16	大连上通汽车贸易有限公司
17	大连锦辉商城有限公司
18	大连鸿富佳汽车贸易有限公司
19	大连保税区国际车城汽车交易有限公司
20	大连连太百货有限公司
21	大连联华快客中山便利商业有限公司
22	大连裕德丰田汽车销售服务有限公司
23	北京华联（大连）综合超市有限公司
24	大连乐购生活购物有限公司
25	大连旅顺供销大厦有限公司
26	大连天巳汽车服务集团有限公司
27	大连保税区百事佳国际贸易有限公司
28	大连金晨汽车贸易有限公司
29	大连海王星辰医药有限公司
30	大连福斯达汽车销售服务有限公司
31	大连经济技术开发区昌临旺客隆连锁有限公司
32	大连友嘉购物有限公司
33	大连新盛荣贸易有限公司
34	大连时尚百盛商业发展有限公司
35	大连汽贸集团汽车销售服务有限公司
36	大连新世界百货有限公司
37	大连万海汽车销售服务有限公司
38	大连保税区允扬国际贸易有限公司
39	大连好又多百货商业广场有限公司学苑分公司
40	大连捷仕达汽车销售服务有限公司
41	大连经济技术开发区好又多百货业广场有限公司
42	大连立扬汽车销售有限公司
43	大连兆远汽车销售服务有限公司
44	大连友好乐购生活购物有限公司
45	北京宝盛道吉体育用品有限公司大连分公司
46	大连天港科技发展有限公司
47	大连市新华书店
48	大连万通汽车销售有限公司
49	大连百利加汽车贸易有限公司
50	大连经济技术开发区商场有限公司

2006年限额以上批发业销售额50强企业排序

序号	企业名称
1	中国石油天然气股份有限公司东北销售大连分公司
2	大连东展集团有限公司
3	中国石油天然气股份有限公司大连销售分公司
4	中国烟草总公司大连市烟草公司
5	辽宁成大股份有限公司
6	辽宁迈克集团股份有限公司
7	大连云铜营销有限公司
8	辽宁时代服装进出口股份有限公司
9	大连华锐重工国际贸易有限公司
10	大连中海金属集团有限公司
11	大连保税区奥威尔国际贸易商社
12	大连金信集团有限公司
13	辽宁省石油总公司大连保税区销售中心
14	中化辽宁进出口公司
15	大连凯美进出口集团有限公司
16	大连中纺粮油有限公司
17	大连缘福石化有限公司
18	大连隆汇工贸有限公司
19	大连经济技术开发区星航石化产品销售中心
20	大连中石油国际事业有限公司
21	大连保税区环能贸易有限公司
22	大连经济技术开发区汇远经贸有限公司
23	大连保税区闻达国际贸易有限公司
24	大连美邦化工供销有限公司
25	大连良运集团有限责任公司
26	中国航空油料有限责任公司大连分公司
27	中钢集团辽宁有限公司
28	辽宁新元纺织品进出口股份有限公司
29	大连保税区昌润化工有限公司
30	大连中嘉贸易有限公司
31	大连金华金属材料有限公司
32	辽宁机械进出口股份有限公司
33	大连铭源石油化工有限公司
34	大连保税区三洋空调机销售有限公司
35	中国船舶燃料供应大连公司
36	大连保税区正阳贸易有限公司
37	大连铁越集团北铁燃油物资供应有限公司
38	大连中油船用燃料经销有限责任公司
39	大连保税区华恒国际工贸有限公司
40	辽宁粮油进出口股份有限公司
41	大连海尔工贸有限公司
42	大连保税区祥顺国际贸易有限公司
43	大连信开数码有限公司
44	大连金达塑料化工有限公司
45	大连和顺汽车贸易有限公司
46	大连松源企业集团有限公司
47	辽宁佳益五金矿产有限公司
48	大连保税区康源国际贸易有限公司
49	辽宁汇明国际贸易有限公司
50	辽宁众汇实业发展有限公司

2006年纳税百强企业排序（一）

排名	企业名称
1	中国石油天然气股份有限公司大连石化分公司
2	大连西太平洋石油化工有限公司
3	辽宁省电力有限公司大连供电公司
4	中国烟草总公司大连市公司
5	华能国际电力股份有限公司大连电厂
6	大连新型房地产开发有限公司
7	日本电产(大连)有限公司
8	佳能大连办公设备有限公司
9	大商集团股份有限公司
10	中国华录·松下电子信息有限公司
11	大连正源房屋开发有限公司
12	大连金广建设集团有限公司
13	大连金牛股份有限公司
14	乾豪集团有限公司
15	中国石油天然气股份有限公司大连销售分公司
16	中国石油天然气股份有限公司东北销售大连分公司
17	辉瑞制药有限公司
18	大连中远船务工程有限公司
19	上海浦东发展银行大连分行
20	大连华丰家俱有限公司
21	大连市商业银行股份有限公司
22	大连船用柴油机厂
23	大连华根数控机床有限公司
24	中国网通（集团）有限公司大连市分公司
25	大连万峰房地产开发有限公司
26	大连小野田水泥有限公司
27	中国移动通信集团辽宁有限公司大连分公司
28	中国南方航空股份有限公司大连分公司
29	大连松下汽车电子系统有限公司
30	罗姆电子大连有限公司
31	大连重工·起重集团有限公司
32	华润雪花啤酒（大连）有限公司
33	中国银行股份有限公司辽宁省分行
34	大连亿达房地产股份有限公司

2006年纳税百强企业排序（二）

排名	企业名称
35	大连三洋压缩机有限公司
36	爱立信（中国）通信有限公司大连分公司
37	大连商品交易所
38	中国北车集团大连机车车辆有限公司
39	大连阿尔派电子有限公司
40	大连港集团有限公司
41	大连东芝电视有限公司
42	柯尼卡美能达精密光学（大连）有限公司
43	万宝至马达大连有限公司
44	大连冷冻机股份有限公司
45	三菱电机大连机器有限公司
46	斯大精密(大连)有限公司
47	大连华锐股份有限公司
48	珍奥集团股份有限公司
49	大连大雪啤酒股份有限公司
50	大连固特异轮胎有限公司
51	大连顺迈房地产开发有限公司
52	大连软件园开发有限公司
53	中国人民财产保险公司股份有限公司大连市分公司
54	大连阿尔卑斯电子有限公司
55	大连通世泰建材有限公司
56	大连中集集装箱有限公司
57	大连三洋冷链有限公司
58	华夏银行股份有限公司大连分行
59	大连热电股份有限公司
60	大连星玛电梯有限公司
61	大连港股份有限公司
62	中国建设银行股份有限公司大连市分行
63	中国石油大连石油化工公司
64	大连吉田拉链有限公司
65	盘起工业（大连）有限公司
66	瓦房店轴承股份有限公司
67	东芝大连有限公司
68	大连中粮麦芽有限公司

2006年纳税百强企业排序（三）

排名	企业名称
69	大连市商业银行股份有限公司营业部
70	一汽解放汽车有限公司大连柴油机分公司
71	大连金湾实业有限公司
72	中铁铁龙集装箱物流股份有限公司
73	中国民生银行股份有限公司大连分行
74	大连万科锦绣花城开发有限公司
75	辽宁省大连海洋渔业集团公司
76	国电电力发展股份有限公司大连开发区热电厂
77	大连重工铸钢有限公司
78	鞍钢新轧---蒂森克虏伯镀锌钢板有限公司
79	大连经济技术开发区华安房屋开发建设有限公司
80	大连亿锋实业有限公司
81	大连蔚蓝海岸地产发展有限公司
82	大连冰山集团金州重型机器有限公司
83	东软诺基亚通信技术有限公司
84	大连国际商贸大厦有限公司大连麦凯乐总店
85	大连集装箱码头有限公司
86	大连叉车有限责任公司
87	大连市自来水集团有限公司
88	大连泰山热电有限公司
89	大连发电有限责任公司
90	大连光伸企业集团有限公司
91	丰源制靴大连有限公司
92	欧姆龙(大连)有限公司
93	大连复州湾盐场
94	东北特殊钢集团有限责任公司
95	大连大显股份有限公司
96	大连第一互感器有限责任公司
97	大连三洋空调机有限公司
98	大连香格里拉酒店有限公司
99	大连石油添加剂厂
100	大商集团股份有限公司新玛特购物休闲广场

中国统计出版社最新资料书简目

(仅供参考，以最后出书为准)

中国统计年鉴-2007
中国统计摘要-2007
国际统计年鉴-2007
2007中国发展报告
中国区域经济统计年鉴-2007
长江和珠江三角洲及港澳特别行政区统计年鉴-2007
中国社会统计年鉴-2007
中国第三产业统计鉴-2007
中国城市统计年鉴-2006
中国劳动统计年鉴-2007
中国人口统计年鉴-2007
中国工业经济统计年鉴-2007
中国建筑业统计年鉴-2007
中国城市（镇）生活与价格年鉴-2007
中国商品交易市场统计年鉴-2007
中国连锁餐饮企业统计年鉴-2007
中国连锁零售业统计年鉴-2007
中国能源统计年鉴-2007
全国农产品成本收益资料汇编-2007
中国贸易外经统计年鉴-2007
中国基本单位统计年鉴-2006
中国民政统计年鉴-2007
中国农村统计年鉴-2007
中国农村住户调查年鉴-2007（中文）
中国农村住户调查年鉴-2007（英文）
中国县（市）社会经济调查年鉴-2007
中国农产品价格调查年鉴-2007
中国经济普查年鉴-2004
中国百强县（市）发展年鉴-2007
中国教育经费统计年鉴-2006
中国农村全面建设小康监测报告-2007
中国农村贫困监测报告-2007
中国国内生产总值核算历史资料(1952-2004)
中国高技术产业统计年鉴-2007
中国科学技术协会统计年鉴-2007
工业企业科技活动资料-2007
中国棉花年鉴-2006

2004年经济普查年鉴系列
2005年中国1%人口抽样调查系列资料

北京统计年鉴-2007
天津统计年鉴-2007
河北经济年鉴-2007
山西统计年鉴-2007
内蒙古统计年鉴-2007
辽宁统计年鉴-2007
吉林统计年鉴-2007
黑龙江统计年鉴-2007
上海统计年鉴-2007
江苏统计年鉴-2007
浙江统计年鉴-2007
安徽统计年鉴-2007
福建统计年鉴-2007
江西统计年鉴-2007
山东统计年鉴-2007
河南统计年鉴-2007
湖北统计年鉴-2007
湖南统计年鉴-2007
广东统计年鉴-2007
广西统计年鉴-2007
海南统计年鉴-2007
重庆统计年鉴-2007
四川统计年鉴-2007
贵州统计年鉴-2007
云南统计年鉴-2007
西藏统计年鉴-2007
陕西统计年鉴-2007
甘肃年鉴-2007
青海统计年鉴-2007
宁夏统计年鉴-2007
新疆统计年鉴-2007
新疆生产建设兵团统计年鉴-2007
石家庄统计年鉴-2007
唐山统计年鉴-2007
邯郸统计年鉴-2007
张家口统计年鉴-2007
呼和浩特经济统计年鉴-2007
包头统计年鉴-2007
沈阳年鉴-2007
大连统计年鉴-2007
长春统计年鉴-2007
吉林市社会经济统计年鉴-2007
四平统计年鉴-2007
延吉统计年鉴-2007
哈尔滨统计年鉴-2007
齐齐哈尔经济统计年鉴-2007
黑龙江垦区统计年鉴-2007
上海浦东新区统计年鉴-2007
南京统计年鉴-2007
苏州统计年鉴-2007
无锡统计年鉴-2007
常州统计年鉴-2007
徐州统计年鉴-2007
南通统计年鉴-2007
盐城统计年鉴-2007
镇江统计年鉴-2007
江阴统计年鉴-2007
杭州统计年鉴-2007
宁波统计年鉴-2007
绍兴统计年鉴-2007
台州统计年鉴-2007
舟山统计年鉴-2007
温州统计年鉴-2007
金华统计年鉴-2007
嘉兴统计年鉴-2007
湖州统计年鉴-2007
安庆经济统计年鉴-2007
福州统计年鉴-2007
厦门经济特区年鉴-2007
福州经济技术开发区年鉴-2007
南昌经济社会统计年鉴-2007
上饶经济社会统计年鉴-2007
九江经济统计年鉴-2007
济南统计年鉴-2007
青岛统计年鉴-2007
潍坊统计年鉴-2007
郑州统计年鉴-2007
洛阳统计年鉴-2007
三门峡统计年鉴-2007
南阳统计年鉴-2007
武汉统计年鉴-2007
宜昌统计年鉴-2007
十堰统计年鉴-2007
荆州统计年鉴-2007
长沙统计年鉴-2007
广州统计年鉴-2007
东莞统计年鉴-2007
惠州统计年鉴-2007
深圳统计年鉴-2007
南宁统计年鉴-2007
柳州经济统计年鉴-2007
来宾统计年鉴-2007
海口统计年鉴-2007
成都统计年鉴-2007
贵阳统计年鉴-2007
昆明统计年鉴-2007
西安统计年鉴-2007
兰州年鉴-2007
庆阳年鉴-2007
银川统计年鉴-2007
乌鲁木齐统计年鉴-2007
吐鲁番统计年鉴-2007

新疆调查年鉴-2007
内蒙古经济社会调查年鉴-2007

欲购以上图书请与中国统计出版社发行部联系。
电话：（010）63376907　63376908　同椇行书店电话：68783171　68783172
通讯地址：北京市西城区三里河月坛南街57号　邮政编码：100826